JN448309

테마틱스 한국문학

– 모티프의 순환과 변형을 찾아서 –

이재선(李在銑)

1936년 경상북도 의성에서 태어나 서울대학교 문리대 국어국문학과 및 동대학원 졸업 영남대학교 교수를 거쳐서 1969년부터 서강대학교 국어국문학과 교수로 재직 현재는 서강대학교명예교수로 있다. 하버드대학 E. A. L. C학과 객원교수역임 한국출판문화대상(저작상)과 대한민국문학상을 수상했다. 저서로는『한국 개화기 소설 연구』,『한국 단편 소설 연구』,『한국 소설사(근현대편』,『현대한국 소설사 1945-1990』,『현대소설의 서사 주제학』,『현대소설의 서사시학』,『한국문학 주제론』,『이광수문학의 지적 편력』 등 저서와 여러 편의 논문이 있다.

테마틱스 한국문학

– 모티프의 순환과 변형을 찾아서

이재선 지음

서강대학교출판부

테마틱스 한국문학

– 모티프의 순환과 변형을 찾아서

초판 1쇄 발행 | 2018년 9월 5일

지 은 이 | 이재선
발 행 인 | 박종구
편 집 인 | 이정재
발 행 처 | 서강대학교출판부
등록 번호 | 제2002-000170호

주 소 | 서울특별시 마포구 백범로 35(신수동)
전 화 | (02) 705-8212
팩 스 | (02) 705-8612

ⓒ 이재선, 2018 Printed in Korea

ISBN 978-89-7273-351-5 93810

값 40,000원

* 잘못된 책은 구입하신 곳에서 바꿔드립니다.
* 이 책의 판권은 지은이와 서강대학교출판부에 있습니다.
양측 서면 동의 없는 무단 전재 및 복제를 금합니다.

책머리에

나는 도시의 어부(漁父)가 아니다. '지국총 지국총' 배를 띄우는 고산(孤山) 윤선도(尹善道)의 어부(「어부사시사」)도 아니다. 나는 단지 한국 문학의 망망한 바다에 그물을 던지는 문학의 한 어부 일 뿐이다. 이 '어부'란 말이 내게는 참으로 아프면서도 뭉클한 지난 날의 한 자락 기억을 떠올리게 한다. 1992년 2월 집에서 일어난 불의의 화재로 인하여 병원 응급실로 실려가서 3개월을 입원한 적이 있다. 화상으로 몹시 위급한 상태에 있었던 그 기간 동안 내가 재직하는 대학교의 총장 P 신부님이 문병을 다녀간 적이 있다. 새까맣게 그을린 얼굴에다 참담한 내 몰골을 접하고 돌아가던 그는 내 희미한 의식 속에서 내게 무슨 간략한 의식인가를 하고 간다는 이상한 느낌을 받았는데, 다행이 퇴원을 하고 돌아와서 그에게 그때 무슨 일이 있었느냐고 물었다. 이에 대한 대답으로 신부님은 그때 내가 꼭 죽을 것만 같아서 대세와 함께 '베드로'란 영세명을 간단히 주었노라고 큰 체구에 어울리지 않게 웃었다. 이미 개신교 신자로 교회에 다니고 있는 나로서는 그대로 이를 받아 따를 수는 없지만, 나를 '베드로'라 일컬어 준 신부님의 이 선의만큼은 더 없이 고마웠다. 신앙적인 차원에서는 이 사실이 어떨런지는 모르겠지만 그건 넓은 바다에 그물을 던지는 어부로서의 베드로처럼 나를 문학의 어부로서 격려해주는 것이라 믿고 불 속에서 다시 얻은 나의 삶을 문학의 어부로서 더 성실하게 살리라고 다짐했었다.

문학자와 비평가는 비유적으로 보면 문학의 어부다. 넓은 문학의 바다에 그물을 던지면서 신선하고 보배같은 귀한 가치들을 건져 올려서 그것을 해석하고 평가하는 작업을 하기 때문이다. 문학의 어부로서의 나의 그물은 여럿이지만, 이번 작업을 위한 주된 그물(방법론)은 문학 작품의 기본 구성소로서의 테마 · 모티프 · 상징(이미지) · 비유 · 형상(Figure) 등의 탐색에 주력하는 문학 주제 비평 및 문학 주제학(thematics)이다. 처음은 소재사(Stoffgeschichte)에서 비롯되었고, 내재적 방법을 중시하는 구조주의 해석에 의해서 한 때는 거의 파문되다시피 했던 문학 주제학 또는 주제 비평은 이제 다시 새로운 연구의 시각으로 확연하게 재편되고 소생하였고, 혼동된 용어의 정리 정립과 함께 내재적 형태 구조론을 포용하는 새로운 이론으로써 다양성을 활기차게 이루어가는 모색의 추세에 있다.

이런 문학 주제학(론)적 연구는 크게 두 개의 살핌에 의해서 이끌어진다고 할 수 있다.

(1) 길고 넓은 시기를 걸쳐서 주로 구성소인 테마와 모티프들의 전개를 찾고 문학사나 사상사를 위한 이들의(역사–미학적) 의의를 보여주기

(2) 한 작가나 혹은 한 시대의 작품에서 특별한 테마나 모티프 상징들을 살피고 광대한 전통과 선택 · 문학 유산으로부터 충격을 받고 있는 후세 작가들에 의한 창조적 변형을 찾기이다.

이와 같은 주제론의 비평적인 관심은 오랜 시간을 거치는 가운데서 문학적인 구성 요소의 상수(常數)를 찾는 것도 물론이지만 오랜 망

각과 폐기의 시간을 지나서 다시 지속 · 소생하는 테마와 모티프 찾기의 효과성 및 그 창조적 변형(변화)의 추이를 찾아내는 일이다. 이런 테마 상징과 모티프 이미지의 문학적인 아이콘들을 찾는 주제학의 관건이 되는 술어가 크게 '테마(Theme)'와 '모티프(Motif)'이다. 테마와 모티프는 문학작품의 기본적인 구성소이다. 이들은 시간과 지역(공간)을 초월해서 지속 · 순환하고 또 발전 변형한다. 이에 대한 용어정의의 다기로운 규정이 있어 현재에도 다소 혼란스러움이 있는 것이 사실이지만, 우선 가장 범박하게 차이를 지적한다면 모티프는 서사의 구체적인 핵이나 상황이고, 테마는 추상적이고 지적 차원이다. 예컨대, '아버지 찾기'나 '부자 관계'가 모티프라면, '감금'이나 '자유', '성의', '사아 발전'은 테마에 해당된다. 그렇지만 이들은 변별적이기 보다는 서로 유기적인 관련을 지닌다. 그리고 'Symbol과 Figure'는 상징 형상, 즉 인물이다.

한국 문학의 주제적 다양성을 찾는 이 책에서 나는 모두 6개의 항목을 다루었다. 우리가 신는 신발의 역사 내지 문화사적 변천과 함께 이 신발들이 한국 문학에서 표상되는 상징성과 의미가 무엇인가, 그것에 대한 문학적 상상력을 넓게 살폈고, 흔히 금기시하는 배설의 생리학적 대상인 똥과 오줌을 매개로 해서 그로테스크한 한국 문학의 분변학(糞便學), 즉 문학적 스카톨로지(Scatology)의 현상과 특징을 연암 박지원의 예덕론(穢德論)에서부터 근대화시대의 위생론(衛生論)을 거쳐서 현대문학의 차원에 이르기까지 처음으로 넓게 밝혀 보았다. 존재로서의 아이덴티티인 이름의 호명 현상을 죽은 혼 부르기인 '초혼'이자 '복'으로부터 애도에 이르기까지, 그리고 부재자나 그리움과 애모와 향수의 대상으로서의 생자의 부름과 호명, 사물의 존재론적 이름 부르기와 아포스트로피의 경건하거나 그리운 산천의 이름부르기 시학에까지 연결하여 생과 사와 사물이 모두 연계되는 한국 문학의 호명의 시학 내지 칭명과 애도의 주제학인 부름의 시학을 체계화했고, 감금 · 감옥의 상징적인 모티프와 테마를 자신도 유신체제 긴급조치 하에서, 잠시(3개월) 갇혔던 감금 경험에 근거하면서 1960~70년대의 서울 구치소(서대문 형무소)를 공간적 배경으로 하고 있는 현대 한국 감옥 문학의 성격적 차원을 공간의 시학 내지 공간의 정치학으로 살피기도 했다. 한 가지 아쉬움이 있다면 오랫동안 내가 매달려 온 과제인 한국 문학에서의 사랑과 정(情)에 대한 고구를 아직도 미완 상태로 마무리 하지 못한 채 남겨놓은 점이다. 그리고 이 땅의 근대화가 비로소 열리는 공간적 기반 상징으로서 '바다의 모더니티'에의 논의도 마찬가지다.

나는 한국 문학에 대한 이런 주제학적 가능성이나 다양성이 후학들에 의해서 더욱 활발히 탐구되고, 또 술어와 이론 정립도 보다 튼튼하게 이루어지기를 간절히 바라는 마음이다. 주제학의 가능성이라는 단어를 굳이 언급한 것은, 후학들의 학문적 가능성을 열어놓고자 함이다. 이 작업을 하는 동안에 내 건강에 늘 신경을 써준 늙어가는 아내에게 깊은 고마움을 표한다. 그리고 책의 발간을 주선하고 독려해준 우찬제 교수와 번번이 도움을 준 오윤호 교수 및 원고 정리 등 힘든 작업을 불평 없이 감내해 준 박상익 박사 임보람 양에게도 마음 깊이 고맙다는 인사를 하고자 한다.

2018년 初夏 서초동 우거에서.

이재선

목 차

제1부 신발의 테마틱스 – 한국 문학과 신발의 인문학 _ 1

1장 반 고흐의 구두를 보는 세 개의 시선_3

2장 아홉 켤레의 구두가 함의하는 자존심과 바람의 투사 현상 _11

3장 군사정부와 군화의 시메트리 현상, 「화(靴)」의 다섯 켤레의 군화_26

4장 민주화의 시대사적 기억의 매개물 : 『L의 운동화』_37

5장 일제 권세의 상징 장화와 강물소리를 내는 도시 시인의 낡은 구두_44

1) 장화와 모주꾼 사법대서사의 행태 : 이무영의 「장화」_**47**

2) 강물소리를 내는 가난한 도시 시인의 낡은 구두와 고향: 산업화 시대의 도시와 고향사이_**47**

3) 체취가 남겨진, 닳은 어떤 구두 한 켤레 (나희덕)_**50**

6장 구두를 보는 이중의 반응: 풍자와 자기 동일화_54

1) 세태 풍자의 대상 하이힐: 김동인과 염상섭의 두 「구두」_**54**

2) 양운한의 시 〈구두〉의 자기동일성과 예찬_**63**

7장 잃어버린 신발을 찾아서_70

1) 설화-소설 「콩쥐팥쥐」의 꽃신 이야기_**70**

2) 전복과 새로운 사랑의 가능성 : 김인숙의 「유리구두」_**84**

3) 잃어버린 신발 되찾기 : 「헌구두」(이선구) 다시 찾은 구두와 여자의 일생_**92**

8장 짚신-미투리-꽃신(갓신)의 문화와 문학_95

1) 일과 죽음과 여행을 표상하는 짚신과 육날 미투리_**95**

2) 기억의 「꽃신」과 제화장인(匠人)의 일생_**103**

9장 한국인의 대표적 신발, 고무신의 문학_110

1) 고무신이 점묘(點描)된 문학의 정경들_**110**

2) 울음 고개를 넘어가는 옥색 고무신_**120**

3) 「큰 산」의 흰 고무신짝과 지카다비짝의 공포_**123**

10장 전쟁과 슈샤인 보이 아이들의 문학_129

1) 슈사인 보이 서사_**129**
2) 날지 못하는 '에프테릭스'와 일그러지는 영웅 : 「무익조」_**138**

11장 구두를 매개로 하는 여성적 욕망의 시학_146

12장 마무리_160

제2부 한국 문학의 스커톨로지 – 배설물 '똥' '오줌' 모티프와 그 문학적 함의_163

1장 문학에 있어서의 똥 · 오줌의 분변학(糞便學)_165

2장 박지원의 문학과 『흥부전』의 분변학_172

1) 박지원과 『열하일기』의 똥거름_**172**
2) 「호질」과 「예덕선생전」의 두 배설물 이미지_**176**
3) 「흥부전」의 똥타령 스커톨로지_**183**
4) 똥의 몰락과 위생의 탄생 : 예덕론(穢德論) 대 위생론(衛生論)_**185**

3장 김동인 「K 박사의 연구」의 배설물 연구 프로젝트_192

4장 이상(李箱) 문학의 분변학적 카프로필리아의 성격_202

1) 수필 「권태」의 유희로서의 배변행위_**202**
2) 오줌의 스커톨로지로서의 「Le Urine」_**205**

5장 측간의 문학미학과 문화사회학_212

1) 『질마재 神話』의 '소망'과 뒷간이란 공간_**212**
2) 다층 도시 공간의 화장실 : 이청준의 「무교빌딩 8층」_**220**
3) 변기의 스커톨로지_**225**

6장 김지하의 「똥바다」의 스커톨로지와 풍자_229

7장 현대 소설과 시에 나타난 스커톨로지 현상_237

1) 김승옥의 「차나 한 잔」 과 설사의 상징_**237**

2) 실금 · 변비 · 배설 현상 : 긴장 해소로서의 함의_242

8장 『남한산성』의 똥과 대춘(待春)_253

9장 기억 공간의 소멸과 배설 모티프_258

10장 마무리를 하면서_261

제3부 부름의 시학
–한국 문학에 있어서의 부름의 양상_265

1장 이름과 이름 부르기로서의 문학_267

2장 사자의 이름 부르기
– 죽은 자 부르기로서의 초혼(招魂)과 애도의 시학_274

1) 고복(皐復), 그 혼을 부르는 소리_**274**
2) 고은의 장편 굿시 『초혼』과 혼 부르기와 해원굿_**281**

3장 초혼굿과 해원굿의 문학적 서사_287

1) 소설 「무녀도」의 초혼굿과 무속 미학_**287**
2) 해원굿의 문학적 서사 : 『신화를 삼킨 섬』 (이청준)_**291**
3) 서사적 애도와 자기초혼의 서사 : 「초혼곡」 (전광용)_**299**

4장 애도와 도망(悼亡)의 시: 상실에 대한 시적 반응_306

1) 애도, 그 상실과 아픔의 기의(記意)_**306**
2) 도망시: 죽은 아내에 대한 그리움과 눈물의 현상학_**316**

5장 생자와 그리운 사람의 이름 부르기_325

1) 윤동주의 별과 어머니와 이름부름의 현상학_**325**
2) 행불자(行不者)와 부재자의 이름 부르기와 찾기_**334**

6장 사물과 자연 존재의 이름부르기_341

1) 김춘수의 꽃과 이름부름의 존재론적 시_**341**
2) 자연의 의인화와 아포스트로피로서의 부름의 사학_**356**

7장 이상화의 시세계와 부름의 시학_359

1) 시적 부름의 어법_**359**
2) '에로스'와 '타나토스'의 몽환적 원망공간으로_**364**
3) 농경의 상상력과 빼앗김, 디아스포라, 재난의 사회시학_**373**
4) 마무리_**385**
5) 추기(追記)_**387**

제4부 바리데기와 현대인들 –바라데기 상(像)의 순환과 변형_389

1장 '바리 매니아'와 소설적 변형_391

2장 바리신화의 서사구조와 서사모티브_398

1) 무가 『바리데기』는 어떤 이야기인가?_**398**
2) 『바리데기』의 서사구조적 분절과 모티프_**403**
3) 탐색 모티프로서의 생명수를 찾아서_**410**

3장 바리공주의 변신: 현대소설에 반복된 바리의 거울상_417

1) 시적 변용으로서의 김선우의 『바리공주』_**417**
2) 송경아의 「바리-길 위에서」와 강은교의 「바리데기 여행 노래」_**424**
3) 두 번 버려지는 바리 : 「프린세스 바리」_**426**

4장 이주와 치유를 위한 긴 여로: 황석영의 『바리데기』_433

1) 이주의 여정과 '가스트 아르바이터'로의 길_**433**
2) 큰 만신에의 길과 하얀 미학 · 희망의 원리_**443**

제5부 바보스러움의 미학과 정치학 –김유정 소설의 인간행동상_455

1장 가치의 전가치화로서의 바보상(像)_457

2장 놀이의 경쟁적 서사구조_463

1) 봄의 카니발과 사랑의 겨룸 놀이_**464**
2) 「봄 · 봄」과 어긋나는 결혼약속이 유발하는 쟁투_**470**

3장 노름의 우연과 요행 바라기 –황금광 시대의 사행적 행태구조_474

4장 웃음과 희극화를 이루는 서사 전략과 수사 양상_485

5장 결론_488

제6부 감금의 문학, 처형의 문학
-현대 소설 속의 '서울 구치소'라는 공간_491

1장 감옥 소설: 닫힌 세계의 문학적 토포그래피_493

2장 이병주의 「소설 · 알렉산드리아」와 감금-자유의 테마_499

3장 이병주의 「겨울밤」과 '황제'의 아파시아(Aphasia)_509

4장 처형 모티프와 사형에 대한 문학적 기소_517

5장 오래 갇힌 자의 사랑과 죽음의 역설:
「쥘부채」와 「삐에로와 국화」_526

6장 이호철의 단편 「문(門)」과 감금의 구금 반응_535

1) 상황적 닫힘으로서의 감방의 구금 반응_**536**
2) 키(Key)에 대한 구금의 공간 현상학적 반응_**540**
3) '홀로'에서 '서로'의 이웃 관계로_**542**

6장 닫힘의 상황과 열림의 욕망: 장편 『문(門)』_545

7장 장편 〈문〉의 처형 모티프-생명을 박탈하는 형벌_552

8장 감금 경험의 징후적 표상으로서의 벌레_558

1) 웜 포비아(Wormphobia)로서의 과민성 피해 망상_**559**
2) 벌레로 변신하는 완강한 벽 속의 저항자 : 〈벌레〉_**565**

9장 마무리의 장_572

참고문헌_575

찾아보기_583

제1부 신발의 테마틱스

– 한국 문학과 신발의 인문학

설월(雪月)이 만창(滿窓)한데 바람아 부지마라
예리성(曳履聲)[1] 아닌 줄 번연히 알건마는
그립고 아쉬운 정에 행여 귄가 하노라

– 옛 시조

우리 오빠 말 타고 서울 가시면
비단 구두 사가지고 오신다더니

– 동요「오빠 생각」

1 예리성(曳履聲) : 신발 끄는 소리

1장
반 고흐의 구두를 보는 세 개의 시선

고흐 〈구두〉

신발은 무엇인가. 인간은 태어나 두 발로 걸으면서부터 신발을 신고, 한 평생 동안 신발을 신고 생활하다가 죽어서도(특히 한국인은) 신발을 신고 저승으로 간다. 그러니까 신발은 삶의 총화와 다름없는 도구적 존재이고 사물이다. 인간이 대지와 접하는 신체적 최하층의 힘의 자리인 힘겨운 발을 지키고 감싸고 보호하는 주춧돌 같은 기능을 하는 것이 바로 신발이다. 그리고 신발은 인간의 육체와 영혼과 욕망을 과적하고서 갈 곳으로 밀고 가는 추동력으로서의 바지선(船)이며, 내딛는 몸과 발길과 밀착된 둘도 없는 생활의 동반자이다. 이렇게 감싸고 이끌면서 신은 가고 오는 길을 열고 세상과 대면시키면서 삶을 일구어낸다. 그래서 모든 길은 유구한 세월을 그 위에 수도 없이 발자국을 찍으며 오고 가는 인간들의 보행생활의 유적이며 동시에 현장이다. 또 신발이 맞으면 발도 아프지 않다. 그러나 맞지 않으면 상처도 주고 아프게도 한다. 또 발자취(발자욱)은 삶의 행보를 의미한다.

이런 신발의 대표적인 것으로서의 구두(신)를 두고서 우리는 무엇인가를 생각하며 또 그것이 누구의 구두일까를 철학적으로 예술적으로 생각하는 경우를 보게 된다. 그래서 빈센트 반 고흐(1853~1890)의 낡은 구두 그림인 「구두」(1896) 또는 「한 켤레의 구두」를 두고서 세 사람의 유명한 쟁론이 벌어진다. 철학자 마르틴 하이데거(1889~1976)· 예술사가 마이어 샤피로 그리고 해체주의 철학자 자크 데리다(1930~2004) 간에 이루어지는 세계적인 논쟁이 그것이다. 이 논쟁은 40년의 시간적 차이를 두고서 독일어와 영어와 프랑스어로 각각 이루어진다. 이로 인해서 고흐의 이 「구두」는 고흐의 다른 작품들 못지않게 명성을 얻게 되고, 20세기 미학과 인문학의 화두가 된다.

20세기가 낳은 가장 위대한 철학자의 한 사람인 하이데거(Martin Heidegger)는 「예술 작품의 근원 "Der Ursprung des Kunstwerks"」(1935~6)에서 구두라는 도구적 존재를 통해서 예술의 본질에 접근하면서 고흐의 구두가 바로 농부나 농부 아낙네(bauerin)의 것으로 보고 다음과 같이 매우 시적 상상력으로 구두를 해석한다.

> 닳아 헤져서 벌어진 구두의 안쪽 어두운 부분에서 밭일을 나선 이의 고단한 발걸음이 엿보인다. 딱딱하게 굳어 주저앉은 구두에는 황량한 바람이 휘몰아치는 들녘의 고랑, 하나같이 멀리 뻗쳐있는 고랑을 따

라 천천히 터덜터덜 고집스럽게 걸어온 그녀의 강인한 삶이 깃들어 있다. 구두 가죽에는 축축한 습기와 흙의 풍요로움이 묻어 있고 구두 밑창에는 저물어가는 들길의 고독함이 밀려온다. 신발 도구 속에서는 대지의 말없는 부름, 잘 익어가는 곡식을 선불해수는 내시의 베풂음이 그리고 거센 겨울 들판 황량한 휴경지에 나타나는 해명할 수 없는 대지의 거절이 울리고 있다. 더 나아가 이 도구에는 빵을 안전하게 확보하는 데 대한 불평 없는 근심, 궁핍을 다시 넘어선 데 대한 말없는 기쁨. 출산이 임박하기 직전에 겪어야 했던 떨림과 죽음의 위협 속에서의 전율이 깃들어 있다. 이 도구는 대지(Erde)에 속해 있으며 농부 아낙의 세계 안에서 포근히 감싸인 채 보호받고 있다. 이와 같은 보호된 귀속(Der Behüte Zugehören)으로부터 그 결과 도구 자체는 자기 안에 고요히 머무르게(Insichruhen) 된다.[2]

이렇게 하이데거는 가시적 사물인 반 고흐의 그림에 있어서의 한 켤레의 농부 구두에 대한 하나의 멋진 해석학을 제공한다. 아주 문학적인 언어로 표현한 이 해석에는 하이데거의 존재론적인 사상이 함축되어 있다고들 한다. 이어서 이런 하이데거의 회화론을 허구라고 신랄하게 비판하는 학자가 있다. 콜롬비아 대학 예술학 교수인 미술사가 메이어 샤피로(Meyer Schapiro)가 그다. 그는 「개인적 사물로서의 정물화 "The Still Life as a Personal Object"」라는 글에서 하이데거의 회화론은 미술사적 지식의 결핍과 무리한 상상력으로 이루어진 허구라고 지적한다. 샤피로는 예술사가 다운 여러 고증들과 비교를 통해서, 하이데거가 언급하는 구두 그림이 1886년 파리에서 그린 그림이고, 이 시기에 이미 고흐는 도시 사람이었다고 밝힘으로써 고흐의 구두는 농부의 구두

2 Martin Heidegger, *Holzwege*, Vittorio Klostermann, Frankfurt am Main, 1963, s. 228 f.

가 아니라 자신이 신은 구두를 모델로 하여 파리에서 도시 사람의, 그것도 자신이 신은 구두를 그린 것이라고 지적한다. "그것은 분명히 예술가 자신의 구두이지 농부의 구두가 아니다." "그것은 도시 사람인 예술가의 구두이다." 라고. 즉 샤피로에게 있어서 그 구두는 곧 반 고흐 자신의 구두이다. 이렇게 휴우 실버만이 지적하듯, 하이데거에 있어서의 반 고흐의 구두는 농부의 구두, 땅 가까이에 살고 있고 '세계 속의 존재자'로서 자신의 '도구적 특성'을 활용하는 농부의 구두인 반면, 샤피로에게 있어서 그 구두는 반 고흐 자신의 구두이다.[3] 이렇게 둘의 생각과 논쟁은 구두의 임자가 누구인가를 찾는 일과 적잖게 관련되어 있다.

한편, 자크 데리다(Jacques Derida, 1930~2004)는 「회화의 진리」(la Vérite en Peinture, 1978)에서 하이데거와 샤피로, 두 사람의 이야기를 다루면서 다시 이를 문제 삼는다. 샤피로와 하이데거의 고찰에 관해 데리다는 예술사가의 철학적 고찰과 철학자의 역사적 고찰을 읽으면서 샤피로와 하이데거 양자는 구두를 어떤 정당한 주인에게 돌려주는데 있어서의 불가능함을 행하고 있다고 지적하면서 데리다가 제기하는 문제는 그 구두를 한 켤레라고 확신하기 어렵다는 것. 하이데거와 샤피로의 주장과는 달리 그 구두의 주인공이 농촌의 아낙네인지 도시의 화가인지 결정할 수 없다는 것. 구두 주인의 농민적인 의미를 설파하는 하이데거나 그에 반박하는 샤피로 역시 그 구두 주인의 신상에 주관적 투사

---

3 Meyer Schapiro, "The Still Life as a Personal Object – A Note on Heidegger and Van Gogh", *The Reach of Mind: Essays in Memory of Kurt* Goldstein, ed Merianne L. Simmel, Springer, 1968, p. 205.
Frank Trommler, *Thematics Reconsidered*, Rodopi, 1994, pp. 272~3,

를 행하고 있다는 것 등 세 가지 의문을 제기한다.[4] 더구나 데리다에 따르면 그 구두를 한 켤레로 보아야 할 객관적 근거가 전혀 없다는 것이다. 반 고흐의 구두 그림은 각기 다른 짝을 지닌 두 구두일수도, 두 개의 같은 쪽 구두일수도, 구두 한 쪽과 그것의 유령(Ghost)을 그린 것일 수도 있다는 것이다.

이렇게 고흐의 그림 「구두」 하나가 현대 철학자들의 예술관과 미술사가의 관점에 의해서 서로 다른 시각으로 대상화되며 해명되고 주목받는다. 이렇게 하이데거의 고흐의 이 그림에 대한 특별한 관심 이래로 전개된 구두논쟁으로 인해서 반 고흐의 낡은 구두는 '세상에서 가장 철학적인 구두'[5]가 되어진 것이 분명하다.

한국의 시인인 박의상도 반 고흐의 이 구두 그림을 두고서 다음과 같은 시를 씀으로써 그 구두에 대한 시인의 미학적 반응을 드러내고 있다. 이런 시이다.

구두를 벗고

반 고흐는 물었을 것이다.
너는 어디를 그렇게 쏘다녔느냐고
무엇을 그렇게 많이 걷어차고

4 Jacques Derida, *The Truth in Painting*, tran. Geoff Bennington, Ian Mcleld, The University of Chicago press, 1987, p.259, 276, 312 참조.
강우성, 「데리다의 미술론」, 서동욱 엮음, 『미술은 철학의 눈이다』, 문학과 지성사, 2016, 418~21쪽.
김동규, 『행복한 시지프스의 사색 : 하이데거 존재론과 예술철학』, 마티, 2012 참조.

5 박정자, 「빈센트의 구두 : 하이데거, 사르트르, 푸코, 데리다」, 『그림으로 철학하기』, 기파랑 에크리, 2015, 128~131, 184~7쪽 참조.

어디에 그렇게 많이 차이고
왜 그렇게 많이 닳고 해지고 터졌느냐고
그는 구두 한 켤레를 그리면서 그 질문들을 그리면서
그러다가
웃었을 것이다
그렇게 헤매어서 다시
왔지 않느냐고
그냥 터덜터덜 떠도는
어떤 목적지를 모르는 너도
다시 지금 만난
네가 목적지가 된
그것이 당연하지 않느냐고
웃다가
그는 구두를 벗고 정중히
그 이마에 입 맞추고
이젠 맨 몸으로라도
맨발로라도
저를 이끌고 한세상
또 어디로
떠나려고 했을 것이다

「구두 1 – 반 고흐의 그림 〈구두〉」

여기서 먼저 시인은 고흐 자신이 신고 다니던 닳고 해지고 터진 구두를 벗어놓고 그 구두 그림을 그리면서 자신의 분신과도 같은 구두에게 질문을 던지는 상황을 상정하고 있다. '질문을 그린다'는 소리의 시각화 현상이 참 멋지다. 이 질문에 대한 응답이 고단하고 쉽지 않은 삶을 살아온 고흐 대신에 화자 자신이 대리적으로 대답을 내면화하며 짐작하고 헤아리고 추측의 어법으로 변주되어진다. 이 가운데 물음과 짐작이 모두 쏘다니고 헤매고 떠돌고 이끌고 떠나려한 고흐의 동적인 삶에 대한 회화적 통찰의 깊이가 내재되어 있다.

그렇다면 이런 전제들을 깔고 한국 문학에 있어서의 신발의 인문학은 과연 어떠한가. 한국인들의 신발은 어떤 역사성을 갖고 전개되었으며 그 역사성과 문화성 · 계급성 · 사회성을 지닌 신발들은 한국 문학에서 어떠한 유기적 의미와 상징성을 지니고 있는가. 이 문제를 퍼스펙티브를 넓게 해서 시간적으로 공간적으로 종횡으로서 구체적으로 살펴보고자 하는 것이 이 글이 지향하고자 하는 관점이다. 요컨대 신발과 구두를 우리 문학은 어떻게 보고 있는가라는 신발의 인문학이다.

이에 대한 기왕의 논의는 『한국 문화 상징 사전』(동아출판사, 1995) 등에서 부분적 사전 항목으로 다루어지고 있지만, 더 넓게 단순 신발사로서가 아니라 고전과 현대를 연계하면서 신발의 한국 문학론 및 인문학의 의미의 투시를 총체적으로 시도한 것을 이 글이 처음으로 밝히고자 한다.

달빛 내린 눈길 위로 신발을 끌고 오는 님의 발자취 소리와 이를 기다리는 그립고 아쉬운 마음은 얼마나 황홀한 경지인가. 서울 간 오빠가 사오겠다 약속한 선물인 비단구두를 마냥 기다리고 있는 시골 누이의 간절한 기다림의 마음은 얼마나 설레는가. 오래전부터 학교로 가는 입학의 첫 날은 운동화 신기에서 비롯된다. 세상이 싫어 자살하는 사람은 왜 신발을 벗어 놓고 가는 것일까. 흰 고무신은 우리들의 어머니들을 생각하게 한다. 신발을 거꾸로 신는다는 것은 연인간의 결별을 의미하는 오늘의 은유적 표현이다. 우리 한국인은 이렇게 두고두고 씻고 닦으며 신발에 매력적인 정감미를 부여해 온 것을 마음에 두면서 긴 시간 동안 이어져오는 신발과 문학과 역사의 상호 관계를 더듬어 가본다. 이 탐색은 곧 옛적부터 오늘에 이르기 까지 한국 문학의 신발의 주제학이며 인문학이다. 그리고 또 신발의 문학사이다. 글의 순서에서 역사적인 시간의 선조적 순서가 강조에 따라 다소 바뀌거나 이탈되는 현상이 불가피함을 이해해주길 바란다.

2장

아홉 켤레의 구두가 함의하는 자존심과 바람의 투사 현상

탐색의 출발을 우선 시대적 순서를 따라가는 길을 잠시 벗어나서 우리와 가장 근접적인 가까운데서 부터 일단 시작해 본다.

윤흥길(尹興吉~1942)의 소설 「아홉 켤레의 구두로 남은 사내」(1977)는 제목 그대로 한국 소설에서는 가장 슈어홀릭(shoeaholic : 구두에 몰입하는 사람)한 사람이 등장하는 소설이다. 주인공인 안동 권씨 권기용 씨는 제목 그대로 모두 아홉 켤레의 구두에다 또 한 켤레를 더해서 도합 열 켤레의 구두를 가진 남자이다. 소설 밖의 현실에서야 얼마든지 이 정도 보다 훨씬 더 많고 더 많은 수의 고급한 구두들을 갖고 있는 사람들이 수없이 많겠지만, 한국 소설의 공간에 등장하고 있는 남자들 치고 이만큼 많은 수의 구두를 소유하거나 구두에 집착하고 있는 인물의 경우는 현재에 이르기까지 드물거나 거의 없는 상태이다. 이 점에서 인간이 구두로 수리적으로 사물화 되는 듯한 표제의 작품 「아홉 켤레의 구두로 남은 사내」는 비유적으로 말하면 구두 소설이다. 구두가 차지하는 상징정인 의미나 기능이 그 만큼 월등하게 뚜렷한 작품이다. 이 작품의 구두와 관련된 현상은 주인공인 권씨의 변모를 제시하는 연작인 「직선과 곡선(曲線)」(1977)으로까지 이어진다. 다만 **이 연작에서는 그 구두들이 모두 다 불에 태워져 없어진다.**

이 「아홉 켤레의 구두로 남은 사내」는 동시대의 작가인 조세희(趙世熙)의 소외된 난장이 일가의 삶을 그로테스크하게 그린 『난장이가 쏘아올린 작은 공』(1978) 등과 함께 1960년대 후반과 1970년대에 산업화 도시화 및 도시 개발 과정에서 부수된 공간소외 현상인 철거의 심각한 사회적 부작용을 환기시키고 있는 대표적인 작품이다. 즉 1970년 8월 광주(지금의 성남) 단지(廣州團地) 시위 사건이 이 작품의 시대사적 배경이다. 이 사건은 1971년 8월 10일 경기도 광지 단지 주민 5만 여명이 정부의 무계획적이고 졸속한 이주 정책에 반발하여 일어난 대규모의 군중 시위를 지칭한다. 고흐의 허접스런 「구두」(1886) 한 켤레의 그림을 두고서 20세기의 세 사람의 대단한 철학자와 미술사가들이 서로 다른 비판적인 시각으로 치열한 논쟁을 펼쳤는데, 우리는 윤흥길의 이 예사롭지 않은 70년대의 아홉 켤레의 구두를 두고서 어떤 다양한 독서 반응을 펼쳐야 할까. 그럴만한 이유가 충분히 있을 것 같다.

우선 이 작품에 나타난 주인공 권씨와 그가 갖고 있는 구두에 관련된 여러 대목들 가운데서 몇 대목만을 임의적으로 옮겨 보면 다음과 같다.

① 먼지가 닦여 반짝반짝 광이 나는 구두를 내려다 보면서 비로소 그는 자기 구두코만큼이나 해맑은 표정이 되었다. …(중략)… 그의 구두는 제법 신품이었고 알맞게 질이 난 호사품이었다.

② 보아하니 권씨의 구두 닦기 실력은 보통에서 훨씬 벗어나 있었다. 사용하는 도구들도 전문 직업인 못잖이 구색을 맞춰 일습을 갖추고 있었다. 흙과 먼지를 죄 털어 낸 다음 그는 손가락에 감긴 헝겊에 약을 묻혀 퉤퉤 침을 뱉어 가며 칠했다. 비잉 둘러가며 구두 전체에 약을 한 벌 올리고 나서 가볍게 솔질을 가하여 웬만큼 윤이 나자 이번엔 우단조각으로 싹싹 문질러 결정적으로 광을 내었다. …(중략)… 구두를 구두 아닌 무엇으로, 구두 이상의 다른 어떤 것으로, 다시 말해서 인간이 발에다 꿰차는 물건이 아니라 얼굴 같은 데를 장식하는 것으로 바꿔 놓으려는 엉뚱한 의지의 소산이면서 동시에 신들린 마음에서 솟는 끈끈한 분비물이었다. 권씨의 손이 방추(紡錘)처럼 기민하게 좌우로 쉴 새 없이 움직이고 있었다.

③ 구태여 꼭 단서가 될 만한 흔적을 찾자면 그것은 구두일 것이었다. 가장 값나가는 세간의 자격으로 장롱 따위가 자리 잡고 있을 꼭 그런 자리에 아홉 켤레나 되는 구두들이 사열 받는 병정들 모양으로 가지런히 놓여 있었다. 정갈하게 닦인 것이 여섯 켤레, 그리고 먼지를 덮어쓴 게 세 켤레였다. 모두 해서 열 켤레 가운데 마음에 드는 일곱 켤레를 골라 한꺼번에 손질을 해서 매일매일 갈아 신을 한 주일의 소용에 당해온 모양이었다. 잘 닦여진 일곱 중에서 비어 있는 하나를 생각하던 중 나는 한 켤레의 그 구두가 그렇게 쉽사리는 돌아오지 않으리란 걸 알딸딸하게 깨달았다.

①과 ②는 주인공인 권기용이 구두에 유난히 집착하여서 아주 숙련된 구두닦이처럼 구두를 닦고 반짝반짝 광을 내면서 손질에 열중하는 모습이다. 이런 그에게 있어서 구두는 ②에서 보듯 단순히 발에 꿰차는 용도의 도구가 아니다. 그 이상으로 '얼굴의 장식과도 같은 존재'

이고 '신들린 마음의 분비물'로 간주될 만큼 그에게는 가치를 지닌 사물이다. 그러기 때문에 그는 여인들이 화장을 하듯이 구두를 계속 닦고 신들린 듯이 광을 내는 것이다. 그런 만큼 그는 아홉 켤레의 구두를 소유하고 있다. ③은 작품의 말미에서 주인공 권기용이 자신의 얼굴 같고 마음의 분비물 같은 존재이거나 자신의 존재와 다름없으며 생명만큼 아끼던 아홉 켤레의 구두만을 남겨두고 어떤 일 때문에 자신이 증발·실종해버리고 마는 사실에 대한 서술이다. 이 아홉 켤레 외에 열 번째의 한 켤레는 그가 가출하면서 신고 간 것임을 암시한다. 그래서 엄격히 말하자면 행방불명 상태에서 실종 시 없어진 실종된 하나를 더하여 모두 열 켤레인 것이다. 이에서 시사되고 있듯이 권기용이 자신의 존재나 삶 전부를 환유적으로 축약하는 아홉 켤레의 구두를 끝내 버리고 예사롭지 않게 실종해버리고 마는 이야기가 「아홉 켤레의 구두로 남는 사내」란 이야기의 핵심이다. 그렇다면, 주인공 권기용은 도시 어떤 인물이며 어떤 삶이기에 구두에 그렇듯 집착하는가. 그리고 구두가 상징하는 의미는 무엇이며, 권기용은 곧 자신과의 등가물들이요 분신 같은 아홉 켤레의 구두만을 남겨두고 왜 무엇 때문에 스스로 잠적해야만 하는 것일까. 이와 같은 문제들에 대답해야 하는 것이 바로 수수께끼 같은 소설인 「아홉 켤레의 구두로 남은 사내」 읽기의 요체가 될 수 있는 것이다.

서술자인 오 선생이라는 교사의 1인칭 서술 관점에서 관찰되는 권기용은 그 풍모가 키는 작고 꾀죄죄한 몰골의 삼십대 중반, 그래도 이목구비 중 눈 하나만은 난폭한 구석이 없고 맑고 섬세한 사나이다. 아내와 여섯 살 터울의 남매를 두고 그리 능력이 있는 것 같지는 않은 가장이다. 그런데다 어쩌다 가담한 시위의 전과자요 그것으로 현재도 경찰의 감시를 받고 있는 우여곡절이 많고 파란만장한 이력의 인물이다. 원래 출판사 사원이던 그는 내 집 마련의 꿈에 이끌려서 무리를 해서까지 서울 도시 철거민의 이주지인 광주 단지에 20만원을 변통해서 철거민의 입주권을 손에 넣는다. 원래 도시 철거민은 아니다. 그러나 당국의 입주 정책의 기준 없는 통지서의 횡포에 의해서 순박한 시민인 그의 내 집에 대한 간절한 꿈은 좌절된다. 거기에다 불합리한 정책에 반발하는 광주 단지 사건이 터지자 그는 선량한 시민이고 방관자의 거리를 지니다가 진흙탕 시위자들 속에서의 생존의 처절한 삶을 보면서 사건 속에 휩쓸려서 사건의 주동자의 한 사람으로 지목된다. 감당할 능력이나 뚜렷한 의지도 없이 철거민 대책 위원과 투쟁 위원이 됨으로써 도전적이고 극렬한 찬동자로 재차 수사 당국에 연행되어서 감옥살이를 함으로써 전과자가 된다. 그 후 다니던 출판사도 실직하고 제 집도 없이 그런 그에게 연민적인 태도를 보이는 교사인 서술자 오 선생의 집에 기습적으로 세 들어서 일자리 없이 공사판을 떠돌며 궁핍하게 산다. 그는 어쩔 수 없이 빈민으로 전락해버린 존재가 되어버린 것이다. 오 선생에게 스스로 밝히고 있듯이 그는 자주 "이래봬도 나는 대학까지 나온 사람이오!" "이래봬도 나 안동 권 씨요!"라며 궁색한 자존심과 명문가 출신이라는 자기변호의 변명인지도 모를 말을 거듭 내뱉곤 한다. 그리고 앞서의 인용들에서 보는 것처럼 셋방살이를 전전하는 가난한 삶에도 불구하고 자존심의 시위인 듯 외형상으로 어울리지 않게 언제부터인지는 확실하지 않지만 구두를 좋아하고 구두에 대한 불가사의한 애착을 보이고 있는 것이다. 따라서 냉철한 시각으로 보면 그는 현실에 대해서 능동적이거나 합리적으로 대처하거나 대응할 능력을 갖추지 못한 존재이고, 병적인 자존심에 갇혀 있는 사람이기 때문에 그의 행동거취 자체가 이성적이기보다는 충동적이고 일관성이 없는 것처럼 보인다. 이런 인물이기 때문에 급기야는 그의 아내가 해산을 하는 절박한 때에도 수술비를 감당할 수가 없어 막막하게 되자 즉흥적이고 우발적인 행각으로서 어설프고 엉뚱하게 주인집에 강도 행위를 하다가 들킴으로써 마침내는 아홉 켤레의 구두만 남긴 채 실종해 버리고 만다. 따지고 보면 그는 자신의 무능과 함께 그가 휘말린 현실적이고 사회적인 위력에 눌려서 애써 지키려는 스스로의 버팀목인 자존심과 위신마저 끝내 스스로 지켜 내지를 못함으로써 엉뚱하고 충동적인 행동을 감행하게 된 것이다. 이로 보면 그는 지키려는 위신과 그렇지 못하게 하는 괴리된 현실과의 틈 사이에 끼어서 삶의 균형을 유지하지 못하고 허물어지는 연약하고 무능하고 직정 · 충동적이며 순진하기조차 한 성격의 소유자인 것이다. 이 작품의 말미는 그가 세든 집주인 오 선생 집에서 오 선생의 목에 식칼을 들이대는 어설프고 우발적인 강도 행각이 미수로 끝나면서 자신을 용서한 집주인 오 선생의 눈초리를 느끼고 그가 어제까지 고집스럽게 지속해온 자존심이 끝장이 남으로써 행방불명이 되는 증발 상태로 끝난다. 이 전락한 자존심의 끝장이 가출의 원인이다.

그렇다면, 집도 직장도 없이 전과자에다 가난한 셋방살이를 하는 그가 그렇듯 집착해서 갖고 있는 아홉 켤레의 구두가 의미하는 것은 도시 무엇인가. 다시 말해서 은유적인 표제와 같이 한 인간이 인간으로서가 아니라 사물화(事物化)되고 있는 구두는 그와 어떤 관계이며 무엇을 상징하는 것일까. 이를 두고서 김치수(金治洙)는 그의 「산업 사회와 소설의 변화」(1985)에서 구두는 주인공을 '체면과 교양과 자존심에 묶어놓는 끈'이라고 지적한다. 그리고 천이두(千二斗) 또한 어느 「해설」에서 소설의 본문을 인용해서 권기용을 '얼굴에서 잃은 체면을 발에서 되찾고자 기를 쓰는 위인'이라고 지적했다. 모두 적절하고 옳은 지적이다. 구두는 주인공 권기용에게 있어서는 지적된 그대로 체면과 교양과 자존을 위한 자기변호나 긍지의 상징이고 찢어진 한 줌의 자존심의 현상인 것으로 보일 것이 분명하다. 끼니조차 제대로 감당하지 못할 정도로 처자식을 고생시키는 초라하고 공사판을 떠도는 전락하고 궁핍한 삶에도 불구하고 분에 넘치게 아홉 켤레나 되는 구두로 혼자만 호사한다는 것은 병적인 집착이 아니면 위장과 허위의식의 행위로 밖에 보일 수 없기 때문이다. 이렇게 구두를 권기용의 자존심이나 체면의 상징체로 보려는 관점에 있어서는 별 이견이나 차이가 있을 수가 없다. 이 점은 작가 자신도 1인칭의 권기용의 시점으로 서술되는 연작 「직선과 곡선」에서 권기용이 가출 6일 만에 귀가해서 문제의 구두들을 모두 태워 없애는 번제의 행위의 수행을 서술하거나 묘사하는 대목들에서 구두에 대해서 이와 비슷하거나 동일한 부정적 반응과 인식을 상당부분 드러낸다. 구두에 대한 미숙하거나 부정적인 반응을 나타내는 부분은 이런 대목들이다.

> 아홉 켤레의 구두가 권 씨에게 과연 어떤 의미를 가지는가, 끼니조차 감당 못 할 정도로 처자식을 고생시키는 주제에 아홉 켤레나 되는 구두로 자기 혼자만 호사한다는 것은 병적인 집착이며 부도덕한 행위가 아닌가 하는 등등으로…….

흔히들 말하는 저 수비안고(手卑眼高)의 딱한 처지가 지니는 일종의 병짓에 가까운 자존심의 상징체로서 구두의 존재가 들먹여지는 모양이다. 좀 더 유식한 사람들은 심리학 지식까지 동원해 가며 대상적(代償的) 행위의 일종으로 단정하고는, 역시 권기용다운 반응이거니 하고 고개를 끄덕이기도 하는 모양이다. 아무렇게나 해석해도 좋다.

거개가 싸구려 기성화요 더러는 수제의 정교한 고급품으로서, 분에 겨운 호사라고 지탄을 받아 마땅할 만큼 나를 터무니없을 정도로 집착하게 만들던 그것들이 꺼멓게 엉겨 붙은 한줌의 그을음괴로 변해 갔다.

나는 불꽃의 율동에 넋을 빼앗기고 있었다. 그러면서 내 더럽고 지저분한 과거가 깡그리 불꽃 속에 녹아 스러지고, 녹아 스러진 그 자리에 지금까지와는 전혀 다른 성질의 또 하나의 더러움과 지저분함이 보다 견고하고 완강하게 제련(製鍊)되어 대치되는 연금술의 기적을 절절히 소망했다. 얼굴에서 잃은 체면을 엉뚱하게 발에서 되찾고자 기를 쓰던 내 병적인 자존심 대신에 철면피의 뻔뻔함이, 그리고 인면수심(人面獸心)의 사악함이 아홉 켤레의 구두를 희생으로 드리는 번제(燔祭)를 통해서 굳건히 자리 잡게 되기를 간절히 기대했다.

그러나 좀 더 이들을 면밀히 살펴보면 구두에 대한 이런 부정적 반응들이 권기용 자신의 직접적인 말이 아니고 '들리는 바에 의하면'이라든가 '……모양이다'라고 간접 기술을 함으로써 그것들을 자신이 아니라 타자들의 반응이나 해석으로 돌리거나 인용되어진 것임을 보게 된다. 그리고 권기용은 그 같은 단점들에 대해서 권기용다운 수긍과 긍정의 반응을 보이는가 하면 아홉 켤레가 남아 있다고 해서 그것이 전부였다는 듯이 남아있는 아홉보다 (신고 감으로써) 없어진 하나가 갖는 절실한 의미를 쉽게 몰각하고 있는 타자들의 알량한 추리력을 비판하기도 한다. 권기용은 「직선과 곡선」에서 구두를 태우면서 더럽고 지저분한 과거 · 병적 집착과 자존심으로 반응하면서도 다른 한편으로는 '내 신체의 일부' '생명만큼이나 아끼던 구두'라는 애착의 반응도 보여줌으로써 구두에 대한 권기용의 반응이 일방적이지 않고 긍정과 부정의 양변 가치적인 것을 볼 수 있다. 이로 보면 권기용의 구두에 대한 의미 반응도 권기용의 허위적 체면과 병적 자존심의 상징으로서만 고정화하는 해석으로 일반화 될 수만은 없을 것 같다. 이는 권기용과 그의 구두가 단순히 과시의 도구나 무시당하고 싶지 않다는 자존심의 보호를 위한 자기 방어 혹은 병적 자존심의 허세성만으로는 이해될 수 없을 정도의 다른 의미를 담고 있기 때문이다.

그가 '이래봬도' 지체 있는 안동 권 씨 양반 가문에 후예임을 뇌이고 또 '이래봬도' 대학을 나온 사람이라고 하는 말을 자기 과시적이고 병적 자존심을 드러내는 현상으로 해석하고 있지만, 이것이 자존심이 허물어지는 절박한 절망적인 처지에서 최소한 자아와 자기 정체성(Identity)을 지키려는 자기 방어적이고 자기 지탱적인 막기의 마지막 방어기제적 기능임을 하고 있음도 간과해서는 안 될 것 같다. '이래봬도……'라는 부사의 선행 조건절에 내포된 비록 현실적으로는 초라하지만 자기 정체성 지키기로서 의미론을 유의할 필요가 있는 것이다. 그러기 때문에 그는 실직하여 일정한 직장이 없음에도 불구하고 아침이 되면 출근 복장을 하고 밖으로 나간다. 이는 실직자로서의 업신여김을 받지 않으려는 것이고 대학 출신임을 밝히고 안동 권 씨 후예를 들먹이는 것도 시대착오적 과시책의 행위나 언사라기보다는 괄시를 덜 받기위한 것이고 결코 한심스런 존재가 아니라는 자기 방어의 대응적 마지노(magino)선을 치는 최후의 절박한 자기 방어책의 행위인 것이다.

그렇다면 왜 권기용이 이런 바닥으로 전락한 삶이 되어버릴 수밖에 없었는가. 그의 하층 빈민으로서 그리고 전과자로서의 불행한 전락에는 사회적인 급격한 변화라는 사회 환경적 상황의 원인으로서 깊이 연계되어 있다. 물론 그의 불안정하고 냉철성이 없는, 때로는 도발적이기까지 한 심리적 정신적 자아가 지닌 취약함에 그 이유가 적잖이 있는 것도 사실이지만 그가 명문 양반의 후예에다 대학까지 나온 사람으로서 그가 원초적으로 염원하고 희망했던 보다 훌륭한 생활이 지향되는 '업워드 모빌리티(Upward Mobility)'에의 상승적 진전이 가능할 수 있음에도 불구하고 '지상 낙원'의 들뜨고 소문에 말려들게 하고 대학에서 많이 배웠다는 것이 오히려 세속적인 삶과 이익에 장애가 되게 하고, 고지서나 통지서로 표징 되는 강압적인 정책에 의해서 이주 주민을 거의 초주검으로 모는 행정 당국의 횡포 등 그로 하여금 따를 수도 없고 적응할 수도 없게 하는 70년대적 사회 환경적인 구조의 요인이 큰 몫으로 작용하고 있는 것이다. 즉 그의 전락에는 개인인 그를 그렇게 만드는 사회적인 위력의 작용이 큰 것이다.

결과적으로 권기용이야말로 1970년대의 성격인 도시적 삶의 근원적인 뿌리박음이 상실되거나 박탈되어버린 '공간소외(Raumentfernung)'와 공간 상실(Raumverlorenheit)의 사회적 상황에 있는 인간이다. 이는 공간현상학자들이 말하는 철학적이거나 사변적인 상황이나 조건이 아니다. 1970년의 들뜬 우리 사회가 안고 있는 문제, 급속한 도시화와 산업화가 이루어져 가는 과정이 산출한 부작용으로서의 사회적 그늘이고 그 그늘의 이면에 내재된 소외된 도시 빈민들의 상처 입은 현실적인 삶의 조건이다. 그런 점에서 권기용은 개인이면서 개인이 아닌 개발 소외 시대의 도시 철거민 상의 이질적인 전형이다.

그렇다면 구두는 무엇이고, 아홉 켤레의 구두가 표상하는 의미는 무엇인가. 한마디로 구두는 발에 신는 신발이다. 신발은 발을 보호해주고, 인간이 땅을 딛고서 서게 하고 목적하는 어디든지 가게하고 헤매게 하는데 있어서 생활필수품으로서의 도구이다. 이같이 보호와 지향과 이동 · 신분의 도구로서의 구두는 주인공 권기용에게 있어서는 곧 대상(객체)으로서의 자아(Self as Object)이다. 구두는 그에게 있어서 생명만큼 아끼고 애착하는 대상화된 자아인 것이다. 즉 구두는 곧 권기용 자신이며, 아홉 켤레나 되는 복수의 구두는 권기용의 바람 즉 부재 상태에서의 욕망의 부수적 약호요 징표들인 것이다. 욕망의 프리즘적 수리현상이다. 아홉 켤레의 구두는 이루어지지 않지만, 이루고 싶은 욕구와 바람의 수리적인 복수인 것이다. 레오 버사니(Leo Bersani)는 그의 책「아스티야낙스를 위한 미래 : 문학에 있어서의 인물과 욕망」(1978)에서 욕망은 결핍의 행위 즉, 부재에 의해서 자극되는 욕구이며 만족의 원천이 부재한 상태 속에서의 환각적인 만족이라고 규정한다. '욕망의 삼각형'을 제시한 라캉(Jacque Lacan)도 역시 욕망은 결핍에 대한 존재의 관계이고 결핍이란 엄격히 말해서 존재의 결핍이라고 규정한다.

권기용의 경우도 마찬가지이다. 그는 부재의 상태이고 결핍의 상태이다. 현실적으로 안주와 비호(庇護)의 공간이 세든 좁디좁은 문간방뿐이고 매일매일 일터도 갈 곳도 없이 정해진 곳도 없이 출근을 하는 삶으로서의 결핍과 부재의 상태이다. 그는 이런 부재와 결핍 상태에서도 넉넉해짐을 바라고 가고자 하는 갈 곳들을 바라고 몽상하는 것이 구두를 통해서 표출되고 있기 때문이다. 그의 아홉 켤레의 구두가 언제부터 모아졌는지는 확실치 않지만, 구두들에 대한 그의 집착은 문학 주제학의 관점에서 보면 욕망의 모티프란 점에서 욕망의 프리즘 현상을 제시한 김만중의 『구운몽(九雲夢)』의 꿈꾸는 성진(性眞)과 상당히 친연성을 갖는다. '아홉(九)'이란 숫자가 함축하는 동양적 수리 관념에서 그런 것이 아니라, 바람이나 욕망하는 대상의 복수화 현상이 그렇다는 것이다. 이런 바람이나 몽상은 그가 그렇듯 고집스럽게 지속하면서 살아온 긍지와 갈기갈기 찢어진 자존적인 자기 방어가 우발적인 강도짓을 하면서 오 선생의 조롱과 경멸의 눈초리를 느끼면서 삽시간에 허물어져 내리며 끝장이 난다. 이것이 열 켤레 중 남아있는 아홉을 두고 없어진 하나의 구두로 그가 증발 · 실종해 버리는 요인이 된 것이다.

가출한 뒤 실종된 뒤 엿새 만에 죽다시피 한 상태에서 다시 귀가한 첫날, 그는 아홉 켤레의 구두를 모두 번제를 행하듯 불태우고 삶의 현실로의 새로운 재생의 전환점으로 삼으려고 한다. 이를 두고서 늙은 창녀와의 동반 자살 기도 등 '죽음이라는 통과의례의 관문을 통과함으로써 삶과의 화해'(천이두)를 기도한다고 지적한다. 화해라기보다는 삶과의 타협과 더 가까운 이 전기(轉機) 다음의 삶에도 그의 결코 예사롭거나 순탄스럽지 않을 것이라는 미래에 대한 이른바 서사적인 예시(Vorausdeutung)가 이미 구두를 태우는 번제 의식에서 제시되고 있다.

> 더럽고 지저분한 과거가 깡그리 불꽃 속에 녹아 스러지고, 녹아 스러진 그 자리에 지금까지와는 전혀 다른 성질의 또 하나의 더러움과 지저분함이 보다 견고하고 완강하게 제련(製鍊)되어 대치되는 연금술의 기적을 절절히 소망했다.

이 예시처럼 권기용의 삶은 전과자의 약점을 지닌 권기용의 불의의 교통사고를 자해 상습범으로 이용, 피해자와 가해자를 뒤바뀌게 하고 자선의 선행 미담으로 조작하는 동림산업 오 사장에 의해서 회사 사원으로 특채된다. 이전과는 다른 성질의 또 하나의 더러움과 지저분함의 제의가 있는 이런 합의서를 작성하고 나서 비서는 변모해가는 권기용을 보고 카메라 앞에서 '권 씨 웃으시오. 웃어요'하고 웃음을 강요한다. 마치 게오르규의 소설『25시』의 마지막에서 요한 모리츠에게 '킵 스마일(Keep Smile)'을 강요하는 미군 병사들의 장면이 연상된다. 그가 화해하기를 '소망'하고 바라는 현실에의 입문은 처음부터 이렇게 예사롭지 않게 냉혹하다.

그래서 비록 수동적이긴 하지만 현실에 타협하면서 무섭게 변모해가는 권기용을 보면서 경계하고 경원하는 빛으로 보는 오 선생의 응시에서 시사되고 있듯이, 구두를 깡그리 불태워 치워 없앤 권기용의 삶이 속편인「직선과 곡선」에서 과연 현실과 당면하면서 이전의 삶보다도 더 가치 있는 삶으로 비춰지거나 향상적으로 전개되어 갈 수 있을는지 또는 더러움과 지저분함이 더 완강해질는지는 좀 더 생각해 보아야 할 문제인 것 같다. 어쨌거나 이 〈아홉 켤레의 구두로 남은 사내〉는 도시화 산업화 시대의 거친 사회구조의 현실을 구두라는 도구적 매체를 끌어들임으로써 은유적으로 비판하고 있는 특별한 소설이다.

이런 '아홉 켤레의 구두'와 '아홉 켤레의 신발'이 수적으로 아홉이란 수로 우연히 공교롭게도 일치를 보이는 작품으로서 박목월의「가정」이란 시가 있다.

지상에는

아홉 켤레의 신발.
아니 현관에는 아니 들깐에는
아니 어느 시인의 가정에는
알전등이 켜질 무렵을
문수(文數)가 다른 아홉 켤레의 신발을.

내 신발은
십 구문 반(十九文半).
눈과 얼음의 길을 걸어,
그들 옆에 벗으면
육문 삼(六文三)의 코가 납짝한
귀염둥아 귀염둥아
우리 막내둥아.

미소하는
내 얼굴을 보아라.
얼음과 눈으로 벽(壁)을 짜올린
여기는
지상.
연민한 삶의 길이여.
내 신발은 십 구문 반(十九文半).

아랫목에 모인
아홉 마리의 강아지야
강아지 같은 것들아.
굴욕과 굶주림의 추운 길을 걸어
내가 왔다.
아버지가 왔다.
아니 십 구문 반(十九文半)의 신발이 왔다.
아니 지상에는

아버지라는 어설픈 것이
존재한다.
미소하는
내 얼굴을 보아라.

각기 문수(사이즈, 즉 신 따위의 크기를 재는 치수)가 다른 아홉 켤레의 신발은 곧 가족이다. 가족이 모두 아홉 명인 모양이다. 십구문 반은 가장 큰 가장으로서 시작 자아의 신발이고 가장 작은 육문 반은 귀여운 막내의 신발이다. 추운 눈과 얼음의 길을 걸어서 알전등이 켜질 늦은 저녁 무렵에야 귀가한 가장은 집에 있는 가족들의 신발 옆에 험한 삶의 길을 걸어온 자신의 신발을 벗으면서 그것도 막내의 작은 신발 옆에 벗고서 바깥세상에서의 피곤을 잊고 미소 짓는 시인의 마음의 내면풍경에서 가족이라는 의미와 넉넉한 가족애를 느끼게 된다.

3장
군사정부와 군화의 시메트리 현상, 「화(靴)」의 다섯 켤레의 군화

「에리직톤의 초상」, 「구평목씨의 바퀴벌레」, 「못」 등의 소설로 잘 알려진 당대의 작가 이승우(1959~)의 단편 「화」(1985)는 참 특이한 작품이다. 이름 그대로 「화」는 가죽구두이지만 여기에서는 신발이나 구두 가운데서도 특히 군인들의 신발인 워커화, 군화의 이미지를 도구적 존재로 삼고 있다. 이 작품에는 네 켤레의 군화가 그려진 그림과 한 켤레의 군화가 추가되어 수적으로 보면 모두 다섯 켤레의 군화가 등장한다. 그런데 이 군화들의 성격은 군인용 구두라는 일반적이고 보편적인 단순한 의미나 가치와는 달리 훨씬 제한적인 가치나 비호감적이고 왜곡적으로 대상화되어 있다. '군화'는 흔히 군대나 경찰 기동대를 지칭하는 환유적인 대체나 대리화로서의 수사학적 기호이다. 그런데 여기서는 한 걸음 더 나아가서 그것이 비인간적 · 조직적 · 전체주의적 군사 체제나 계엄령, 밀리탈리즘(Militarism)의 부정적 군사 메카니즘을 일컫거나 암시하거나 표상하는 '군발이'로서의 다소 부정적인 닉네임으로 대체화 되어 있다. 이것은 5 · 16 군사정변으로 인해서 탄압과 통제의 군사적 현상이 편재되어 있던 60년대나 70년대의 시대와 관련되어있다. 군사 독재 시대의 전체주의적 사회와 유신 체제 그리고 긴급조치라는 갇혀진 정치적 부자유 상황으로부터 인권과 자유와 민주를 갈망했던 시대적인 열망 및 군사 정부에 대한 거부반응이 왜곡화된 군화라는 도구를 반작용의 대상으로 이용하여 비판하려는 비유적 잠복 의식의 발현 현상임이 분명하다. 그렇다면, 이 작품 속에 제시된 그림 속에 그려진 네 켤레의 구두와 마지막 전철 속에서의 '까맣고 두툼한 군화 두 짝'의 군화가 의미하는 것은 무엇일까. 그것의 해명이 이 작품의 주제이다.

모두 3장으로 구성된 이 작품은 각 장의 서두마다 어느 유명한 만찬(장)의 시작과 진행 · 끝을 알리는 방송 뉴스의 단락화 된 보도 통신으로 제시되어 있다. 자세히 보니 이 방송 뉴스의 기사들은 1979년 10월 26일 밤 궁정동의 안가에서 있었던 박정희 대통령이 그 측근인 김재규로부터 시해당하는 만찬 장면 사건의 전말임을 알아 챌 수 있게 된다. 즉 인명은 무기명 화했지만 이들 보도 기사 속의 '그 분'과 '그'가 박 대통령과 김재규 부장을 암시한다는 것을 동시대를 산 독자들은 어렵지 않게 감지할 수 있게 된다. 3부의 마지막은 긴급사태로 비상계엄이 선포되는 방송 뉴스로 끝을 맺게 된다. 이런 방송 뉴스의 시사적 사실 보도문의 특별한 문학적 활용은 사실과 현장에서의 박진성 및 사건의 시대적 배경을 명시하는 데에 있어서 매우 효율적인 제시 방법이다.

1장은 만찬장의 배치와 화기애애한 분위기 보도 장면, 그리고 초소

근무 중 애인의 변심으로 총기와 실탄을 갖고 탈영을 감행하여 인질 소동을 벌린 일병 인봉수(22세)에 관한 뉴스로 비롯된다. 주인공인 '그녀'는 이런 뉴스를 보고 들으면서 바람도 추위를 타는 겨울 속을 뚫고 버스로 휴전선이 바로 지척인 군인들의 땅, 철원으로 찾아가고 있다. 그녀의 이 철원행은 한 때는 사랑하는 사이였지만, 지금은 1년 넘게 두 사람의 관계가 단절되어 있었고 그 사이 그녀가 태인의 친구와 약혼을 하고 결혼식의 일자까지 확정된 처지에서 그래도 아슬아슬하게 이어진 가느다란 줄 하나 때문에 애인 정태인에게 느끼는 이른바 '신발을 거꾸로 신은'데 대한 일말의 배신의 죄의식과 채무의식의 찝찝함으로부터 해방되기 위해서 결행한 여행이다. 거기에다가 텔레비전 화면에서 애인 김효숙의 변심으로 인질극을 벌이다 유서를 남기고 사랑 때문에 M1 소총으로 자결한 한 무장 탈영병의 피투성이 된 화면이 군복 입은 태인과 교묘하게 겹치고 뒤섞여져 태인을 상기하게 한 점도 그녀가 이 돌발적인 철원행에의 결단을 가져오게 한 다른 계기가 된 것이다.

흔들리는 차중에서 신문으로 본 탈영병의 발뒤꿈치를 보인 연인에 대한 원망과 용서를 담은 유서는 그녀로 하여금 갑작스럽게 결행된 철원행에 대해 돌연 알 수 없는 불안과 공포 그리고 괴로움을 느끼게 하고 혼란스럽게 한다. 이 괴로움은 자신이 어떤 속악(俗惡)한 배신행위의 은폐된 실행자와 동일시되는데서 오는 심각한 모멸감과 자기 비참감의 무게를 견디는 것이 얼마나 힘에 부치는 일인지를 이해하는데서 비롯된 것이었다. 자살자의 유서가 마치 자신을 수신인으로 강요하는 것 같은 묘한 착각을 하게 한다. 이는 버스의 옆자리에 동석한 낯선 중년 남자가 그 인질범 기사를 두고 "요런 끔직한 사고도 따지고 보면 사고를 저지른 군인만 허물할 게 못 된다구. 자주 다녀서 딴 생각 안 먹게 해야 하는데. 안 그렇소?"라고 하는 반응과도 연결되어 있다. 2장은 무르익어가는 만찬과 '그 분'이 '그'의 실책에 대해 힐난하고 옆에 있던 두 사람이 덩달아 '그'를 공박하는 상황의 장면이 보도된다. 다시 그녀는 매서운 찬바람을 뚫고 '임전태세완비' '제○○○○부대'라는 명패가 달린 폐쇄적인 고성(古城)같은 부대의 허름한 위병소 앞에 마침내 서게 된다. 위병 하사의 요구대로 주민등록증을 내밀고 방명일지에 자신의 이름이 적히는 것을 물끄러미 내려다보다 그녀는 돌연 내심으로 자신이 부질없는 짓을 하고 있다는 수상한 충동의 엄습을 받으며 당황해 하고 또 망설인다.

> 그를 만나서 어쩌자는 거지? 1년이 넘게 소식을 두절시키고 지내다가 돌발적으로 나타나「나, 결혼해. 그걸 알려주러 왔어.」하고 말한다는 것은 얼마나 가당찮은 짓거리일까.「이야기하지 않으면 안 될 것 같았어. 꼭 무슨 죄를 짓는 것 같고, 반드시 너에게랄 건 없지만, 암튼……내가 형편없이 나쁜 여자가 되어버리는 것도 같고 해서……」어쩌고 하며 좀 더 덧붙인다고 해서 달라질 것이 무엇인가. 기체처럼 형체도 없이 침범해 들어와 어느 순간엔가 자신을 사로잡아버린 수상한 죄의식과 불안을 그에게 토해냄으로써 심리적인 해방감을 그의 관용과 침묵으로부터 차용하려는 이 비굴한 정신 상태. ……부질없는 짓이야. 돌아가. 이제라도 돌아서……

그러나 그녀는 이런 의식의 망설임과는 달리 그 자리에서 돌아서 가는 대신 위병 하사의 질문에 고개를 숙인채로 또박또박 방문자의 이름을 이렇게 밝힌다.

일병, 어쩌면 상병인지도 모르겠네요. 소속 14중대. 성명 정태인. 관계 친구.

그런데 하사는 쓰는 동작을 중지하며 태인이 어떤 증상으로 한 달 전 후송된 사실을 일러준다. 그녀는 무엇이 잘 된 것인지 명확하게 집어낼 수는 없지만 "차라리 잘 되었는지도 몰라"라며 말을 주문처럼 속으로 되뇐다. 이것은 어쩌면 멀쩡한 정신으로 그 앞에 서서 태인이 기대하는 것과는 전혀 상반된 고백을 치러야 하는 노역(勞役)으로부터 자신이 해방된 것 같은 의식을 스스로 반기고 있는 결과인지도 모르는 일이다. 그녀가 면회실의 좁은 PX에서 막 일어서려는데 상병 계급장의 태인이 친구가 나타나서 태인에 관한 소상한 이야기를 들려준다. 내용인즉 요령과 편법으로 적당히 적응해내는 구멍이 없이 힘들게 군대 생활을 하며 나서지 않아도 될 일을 공연히 나섰다가 낭패를 당한 것이라며 갓 전입된 신병에 대해서 장난처럼 느물거리며 잔혹스럽고 가혹한 형벌을 가하는 고참병을 보다 못해 밀친 것으로 해서 그에게 가해지는 가혹 행위로 해서 끝내 괴성을 지르고 쓰러지게 되었다는 것이다. 이때 그녀가 죽은 탈영병의 사진에 태인의 얼굴이 아무런 저항감 없이 의식에 얹히자 이를 거부하며 지푸라기라도 잡는 듯 허둥대는 그녀의 눈에 무엇인가가 잡힌다. 그것은 한 장의 그림, '전령전'이라는 군 사무용지의 뒷면에 태인이 편지와 함께 연필로 그려서 보냈던 한 장의 그림이었다.

이 그림 역시 그녀가 철원행의 버스에 오르도록 떠미는 데 일익(一翼)을 한 것이다. 여기서부터 군화가 서사적 진행을 위한 상징적인 초점이 된다. 태인이 그린 네 켤레 군화로 구성된 공포로서의 그림의 묘사와 내용은 이러하다. 공포의 도상이란 점에 있어서는 이는 이상(李箱)

의 시「오감도(烏瞰圖)」와 친족 관계라고도 할 수 있다.

단조로우면서도 견고한 선으로, 태인은 사방에 일정한 간격으로 한 켤레씩 네 켤레의 새까만 군화를 그려놓고 있었다. 그 군화들은 중심부로 운동의 방향을 잡고 있었는데, 금방이라도 뛰어들 것처럼 생동감 있게 묘사되어 있었다. 그 과감한 생략에도 불구하고 네 켤레의 군화들은, 은밀히 암시된 속도감으로 하여 살아있는 자의 다리에 신겨진 것임을 유추하기는 그리 어렵지 않았다. 그랬다. 군화들은 살아 있었다. 여차하면 뛰어들 기세로 만반의 준비를 갖추고, 군화들은 살아서 꿈틀거리고 있었다. 그리고 그 군화들의 운동 방향의 대칭점이 되는 위치에, 군화와의 유비로 하여 사실 이상으로 훨씬 더 위축되고 궁상스럽게 보이는 생명체가 하나 잔뜩 웅크린 채 배치되어 있었다. 군화의 팔팔 넘치는 생명감 때문에 역으로 마치 딱딱한 무슨 물건처럼 굳어져 보이는 그 생명체는 한 마리의 쥐였다. 그 쥐는 최대한으로 웅크려 몸을 공처럼 둥그렇게 만들고 꼬리를 안테나처럼 위로 세우고 있었는데, 공포에 질린 커다란 눈으로 이곳저곳 눈치를 살피고 있는 중이었다. 겁에 질린 생쥐의 그 비굴한 눈빛으로 미루어 보아 동서남북에 하나씩 지키고 선 군화들의 위협 때문에 출구를 빼앗겨 안절부절 못하면서도 그냥 포기해버릴 순 없으나 포기하지 않을 다른 어떤 방도도 있을 수 없어 한곳에 붙박여버린 형국이 분명했다.

이런 그림설명이 끝나는 하단의 여백에 태인은 깨알 같은 글씨로 이렇게 부서를 적어놓고 있다.

우리는 보초 교대를 위해 정문 쪽을 향해 걸어가고 있었다. 저녁식사가 끝난 시간이었으니까 막 어두워지기 시작하는 초저녁이었다. 어디에서 튀어나온 것일까. 매우 작은 생쥐 한 마리가 길 한복판에서 발견된 것과, 그 생쥐를 향해 우리들이 잽싸게 달려간 것은 동시의 일이었다. 우리들은 물론 총을 메고 있었고 철모와 탄띠와 워커를 착용하고 있었다. 우리는, 놈을 포위했다. 놈은 이쪽저쪽으로 왔다 갔다 하며 돌파구를 노렸으나 우리들은 잔발을 뛰어가며 놈의 출구를 차단했다. 난폭한 군화의 자잘한 움직임이 벽이 되자 생쥐는 곧 한 개의 정물로 굳어져 갔다.

나는 종종 내가 생쥐 이상의 존재일 수 없다는 인식 때문에 절망한다. 그보다 더 현실적인 절망감은, 이 그림의 공포로부터 내가 하룻밤도 자유롭지 못하다는 사실이다. 내가 밤중에 보는 쥐새끼는 이 그림의 쥐새끼보다 더 가공스런 폭력의 무차별주의를 경악하고 있어 훨씬 절망적임을 알려주마.

그림의 구두는 사방에 일정한 간격으로 한 켤레씩 네 켤레의 생동감 있는 군화가 기하학적으로 중심부를 향해 방향을 잡고 있다. 이 군화들의 역학적인 운동 방향의 대칭점(Point of Symmetry)에 위축되고 궁상스럽게 보이는 생명체 하나가 있다. 그것은 한 마리의 쥐다. 속도감 있고 살아서 꿈틀거리는 집단적인 위협의 군화와는 대비적으로 그 공포도의 군화들의 위협에 출구를 빼앗긴 채로 개체인 쥐는 비굴할 정도로 공포와 겁에 질려서 한 곳에 붙박여 있는 형국이다. 이런 공포도의 그림을 그린 태인은 그림과 연관하여 한 개의 정물로 굳어져간 사실을 기술하고 있다. 이 사실을 두고 태인은 종종 자신이 그 생쥐 이상의 존재일 수밖에 없다는 인식 때문에 절망하며 보다 더 현실적인 절망감은 이 그림의 공포로부터 자신이 하룻밤도 자유롭지 못하다는 사실의 독백이다. 태인의 그림과 관련된 절망감은 "내가 밤중에 보는 쥐새끼는 이 그림의 쥐새끼보다 더 가공스런 폭력의 무차별주의를 경악하고 있어 훨씬 절망적임을 알려주마."라고 고백되고 있다. 가공스런 폭력에 내몰린 쥐새끼는 쥐새끼가 아니라 네 켤레의 구두가 표상하고 있는 폭력의 무차별주의의 횡포에 내몰려 경악하고 절망하는 개인 인간 태인의 분신에 다름이 아닌 것이다. 그렇기 때문에 그녀는 태인의 이 그림을 받은 후 자주 군화들이 벽을 만들어 포위하고 있는 가운데에 생쥐 대신 산뜩 비틀어진 사지를 사정없이 뒤체는 태인이 대치되어 나타나는 악몽에 불안해하면서 식은땀을 흘린 것이다.

그럴 뿐만 아니라 군화들이 사방으로 배치되어 있는 사각의 화면 구도는 개인 태인 뿐만 아니라 전체주의적 군사체제의 비인간적(개인적)이고 위압적인 부자연스런 시대적 상황의 환경 속에서 퇴로와 출구를 찾지 못하고 공포에 질리고 굳어져 가는 쥐새끼는 거대한 밀리탈리즘의 통제 속에 갇혀 있는 위축되고 왜소화 된 개인들이나 인간 조건의 표상이다. 여기서 군화는 군사적 · 정치적 억압의 표징이고 개인을 무시하거나 압도하는 힘의 독점을 행사하는 조직의 환유적 표상으로서 파악되고 있다. 그녀는 편지와 그림을 보면서 가슴이 타는 갈증과 뿌옇게 흐려지며 눈물이 쏟아질 것 같은 눈을 인식한다.

3장은 총기 난사의 만찬장에 대한 기사로 다시 시작한다. '그'가 권총을 뽑아 옆에 있는 한 사람에게 한 발을 쏘고 '그 분'에게도 한 발을 쏜다. '그 분'은 앉은 자세로 가슴에 관통상을 입고 왼쪽으로 쓰러지는 장면이다. 이 장은 태인이 아니라 그녀가 난폭한 군화에 의해서 짓밟히는 장이다. 어둔 밤 귀로의 그녀는 덜컹거리는 전철을 타고 종착역인 인천으로 간다. 영등포역과 개봉역 · 부천역을 지나면서 승객들은 무더기로 빠져나가고 일순 알 수 없이 엄습하는 불안과 초조한 상태가 된 그녀는 굽히면 손이 닿을 정도로 가까운 바닥에 떨어져 있는 사과 한 개를 발견한다. 탐욕스런 형광 빛 아래 무방비 상태로 탄력 있는 피부를 노출하고 있는 사과의 선정적인 아름다움을 채취하면서 그녀는 잠시 불가사의하게 비약하는 자신의 엉뚱한 상상을 난감해한다. 그리고는 곧 이 상황이 '위태롭다'라고 생각을 하게 된다.

종착역을 앞두고 이제 아무도 남지 않은 차 안에서 그녀는 주변을 둘러본다. 자신만이 유일하게 살아 있고 생명체이고 완강하게 닫힌 철제의 문 그 쪽으로 앞쪽으로도 뒤쪽으로도 이어진 길도 없고 또 거긴 길이 아니며 그녀는 근원을 알 수 없고 불가항력의, 그래서 대치할 수 없고 막막한 공포—그 공포는 그 순간 '위태로움에 대한 인식'과 조우(遭遇)하여 극도로 팽창한—가 전신에 소름처럼 솟아오른다.

바로 그때 그녀는 난폭한 공포 속에서 그 공포와 울림이 같은 금속성과 무게감의 둔탁한 군화의 발자국 소리를 들음과 함께 까맣고 두툼한 군화 두 짝이 시선에 잡힌다. 그녀의 무의미한 뒷걸음질에 맞추어 다가드는 얼굴 없는 흉기의 군화 발은 사과를 짓밟아 버리고서 새처럼 떨고 있는 그녀 앞을 가로막아 선다. 막다른 그 순간 그녀는 환영으로 뒤범벅이 되어 죽어 엎드러져 있는 탈영병의 사진과 그 뒷모습뿐인 사진 위에 태인이의 고통으로 일그러진 얼굴이 아무런 저항감 없이 얹히는 것을, 그리고 환청 속에 태인이가 "내가 밤중에 보는 쥐새끼는 이 그림의 쥐새끼보다 더 가공스런 폭력의 무차별주의를 경악하고 있어 훨씬 절망적임을 알려주마."라고 말하는 목소리를 듣는다. 이것은 군화 앞에서 태인이나 그녀의 경우가 다를 바 없는 사태나 상황이란 것을 암시한다. 결국 짓밟히는 사과의 운명처럼 무력한 그녀는 공포처럼 확실한 충동의 사주(使嗾)를 받아들이며 성별된 제단에 희생으로 바쳐진 제물처럼 담담하고 엄숙하며, 무상(無想)인 상태 속에 함몰해 들어가며 남자를 받아들이는 체위를 갖춘다. 마치 그것이 전혀 낯설지 않고 친숙한 어떤 종류의 죄책감이나 불안에 대한 보상 심리 및 죄의식의 불가사의한 굴레로부터 해방되기 위한 눈물겨운 시도인 것처럼 그녀의 속죄와 죄의식이란 가공스런 폭력의 무차별주의에 경악하고 절망적인 태인을 향한 것이고, 자신을 던짐으로서 '이렇게 속죄하는 거야'라는 자기희생이기도 하다. 상황의 절박함도 물론이지만 태인에 대한 죄의식과 속죄감 때문에 근본의 폭력 앞에 번제물처럼 스스로를 희생으로 던진 것이다. 그러나 그것은 분명 폭력에 의한 여성유린이다.

> 그녀는, 아무 생각도 붙잡을 수 없는 무념의 경지에 빠져 들었다. '생각'은 그녀를 구속할 수 없었다. 다리를 벌리고 반듯하게 누워서 그 때, 그녀는 놀랍게도 편안했다. 벌려진 다리 사이에 지옥의 수문장처럼 우뚝 선 거대한 형체의 흙색 제복이 결코 낯설지 않게 그녀의 감긴 눈 속으로 서서히 빨려들어 오고,……개별적인 개성체(個性體)의 의사 따위와 상관없이 발생하는 돌발적 사고란, 우리들의 도시 도처에 쥐덫처럼 널려 있다는 평범한 사실을, 그리도 그녀는 이해하지 못하고 있었다.

그러나 나레이터는 '그래도 그녀는 이해하지 못하고 있었다'라고 서술함으로써 그녀의 쥐덫 같은 폭력과 사고가 깔린 세상에 대한 순진하고 무분별한 이해력을 지적하고 있다. 하기는 그녀는 이 시대의 보편적 상식으로 팽만해 있고, 뿌리 깊은 그래서 대항할 방안이 없고 난해하기만 한 죄의식의 불가사의함의 둘레에서 해방되기 위한 눈물겨운 시도를 그 밖에 다른 무엇으로 수행할 수가 있겠는가. 마지막은 대통령의 유고라고 긴급 사태를 알리는 속보와 함께 전국에 비상계엄이 선포된다는 뉴스가 전해진다.

작품「화」는 철저히 군화의 부정적인 이미지를 통해서 조직의 억압적이고 차별적인 획일주의 및 우리들의 도시사회에도 도처에 쥐덫처럼 널려있는 폭력성을 비판하고 있다. 이점에서 상징의 효과성에서 성공하고 있는 이 「화」에서는 신발의 상징으로 보면 이 시대의 대응적으로는 군화 대 운동화의 대립으로 극단화되고 있다. 군사정부는 사람들로 하여금 군화를 '군발이' 등의 부정적인 이미지화함에 있어 일조화한 것이 사실이다. 군화는 군인(군대) 및 전경의 표상이다. 이런 구두의 폭력과 능멸의 일방적인 이미지로서 철저한 일상적 전형화 및 부정적 편향화는 물론 작가의 자유의 영역이긴 하지만 그러나, 이렇게 긍정과 지향에 대한 비전의 암시를 배제시킨다면 작가가 경계한 군사조직사회의 획일주의적 현상과 닮아가거나 그리 먼 거리일 수는 없기 때문이다. 전철 속에서 구두에 의한 사과 쪽의 유린으로 비유된 폭력으로서의 결말을 꼭 그렇게 철저하게 여성적인 것에 까지 폭력적인 잔혹함으로 끝내야만 했을까, 다른 지향은 없었을까. 아무리 군사정부와 그 체제가 미워도 국민 된 의무로 우리나라 청년들이 군복무를 하면서 함께 신었던 군화가 지닌 긍정성과 연대성마저도 '군발'로 비칭되는 군부 세력으로 인해서 군이 깡그리 부정화되고 문학의 이름으로 모조리 훼손하는 흉기 같은 것으로 비하시킬 수 있겠는가하는 안타까움 때문이다. 군이 부정되고 여유로움이 없는 작가의 각박한 획일적, 인식도 문제인 것이다. 어쨌거나 작품 「화」는 군사 정권시대의 군화의 마이너스 이미지의 집합이다.

4장
민주화의 시대사적 기억의 매개물 :
『L의 운동화』

작품 「화」에서의 군화라는 신발과 대척 관계에 있는 세력의 전형적인 신발은 대학생들의 신발인 운동화이다. 이름 그대로 운동할 때의 운동화는 처음으로 1920년대 초에 출현한 것으로 주로 학생들의 신발이다. 운동화하면 사적으로는 해방 전후의 소학교 시대에 입학식 때 처음 신어 본 '와싱톤'이란 운동화에의 기억과 여학생들이 하교 때마다 깨끗이 씻어서 햇빛 속에 가지런하게 놓아둔 흰 운동화의 기억이다. 그간 운동화는 형태상의 많은 변화가 있어 왔지만 1970년대와 80년대에 계엄령과 군사 정권에 맞서서 민주화의 사회적 동선이 대학가를 중심으로 격랑처럼 일렁거린 격동의 그 시대에 있어서 군대나 기동대의 환유인 군화에 대한 대항 세력으로서의 대학생들이 많이 신은 신발인 나이키 운동화 그리고 슈레린저 농구화나 구두가 항쟁의 시대사적 표현으로서의 대표 신발 이미지로서의 역사적 가치를 지니고 있는 물품으로서의 상징적인 의미를 지니고 있다. 7 · 80년대의 운동화는 군화에 대응되는 당시 대학생들의 환유적 표상이다. 당대의 저명한 예술사가인 클라크(T. J. Clark)의 역저 『절대 부르조아 : 1848~1851, 프랑스의 예술가와 정치(*The Absolute Bourgeois : Artist and Poetics in France 1848~1851*)』는 그 제 1장이 「바리케이드의 그림(*The Picture of the Barricade*)」이다. 1984~85년 두 해에 걸쳐서 하버드 대학에 체류하면서 그 대학의 와이드너 · 라몬트 · 옌칭 도서관 등에 처박혀서 내가 읽은 수많은 책들 가운데서 문학론을 제외하고서 충격과 함께 깊은 감동을 준 책 중의 하나가 바로 이 책이다. 함께 읽은 그의 『민인의 이미지(Image of the People)』(1969~70) 역시 이와는 같은 한 짝이 되는 책이다. 클라크는 '어떤 그림도 그 시대의 전형적인 이미지로부터 멀어질 수 없다'(p.24)는 전제적 관점 하에 프랑스 혁명 이후 1848~1851년간의 회화의 특성을 기술하고 있는 이 장과 그 다음 장 「공화국의 예술」에서 바로 이 시대의 상징으로서의 바리케이드를 포착하고 마네 · 들라클루아 · 뤼미에르 · 장 루이 에른스트 메소니에 등의 바리케이드 그림들을 중심적으로 제시하고 해석함으로써 이 시대의 예술 사회사를 독특하게 조명한 것이다.

왜 내가 이 책에서 특별한 충격과 감동을 받았을까. 바리케이드의 이미지와 그에 대한 클라크의 혜안(慧眼)의 사회 역사적 해석이 내가 그 속에 있다가 마악 떠나온 7 · 80년대 악몽과도 같이 체감한 한국의 대학 캠퍼스의 정경과 상황이 바로 방어벽으로 인해서 선연하게 떠올랐기 때문이다. 이 시대를 처절하게 겪은 대학의 한 구성원이었기 때문이다. 민주화를 지향하며 시위하는 학생들과 체제 수호를 지향하는 편에 있는 기동대의 극성화(極性化)된 서로 다른 두 세력의 충돌과 공방전으로 영일(寧日)이 없이 소용돌이 친 대학가와 비상시국 상태의 1980년대의 한국 사회를 표상하는 두 이미지는 바리케이드와 최루탄 대 보드블럭(돌멩이)과 화염병으로써 결합된다. 훌라송을 부르며 학생들은 기를 쓰고 거리로 진출하려하고 전경 기동대는 교문에 바리케이드를 치며 이를 때려 막으려 하는 상충하는 두 힘의 역학적 격돌과 대치로 캠퍼스와 서울의 거리거리는 전장 같은 소란스럽고 어지러운 난장판을 이룬 것이 1970-1980년대의 한국의 사회적 상황이었던 것이다. 거듭되는 계엄령과 휴교령과 계엄군의 진주, 닫혀버린 교문과 연행, 성난 분노와 적대감과 매운 최루탄의 냄새, 유인물과 대자보의 난무로 정상적인 수업과 연구 활동은 진공화되고 이성과 지성이 떠나버린 현장인 대학 캠퍼스. 바로 그것이 70-80년대 대학의 시대적 상황이었던 것이다. 교수란 존재는 양 틈에 끼어있는 참담한 방관자에 불과했을 뿐이다. 이 시대의 충돌 상황을 신발의 이미지로 표출하면 기동대의 군화와 학생들의 운동화로 축약되고 대비된다. 양측 간의 한바탕 집회 시위에서의 공방의 충돌이 벌어진 어지러운 현장에는 매운 최루탄의 매연과 함께 화염병 조각과 벗겨져서 주인을 잃어버린 운동화와 농구화와 구두가 부지기수로 여기저기 흩어져 산만하게 있는 것을 본 경험에서 아주 익숙한 정경이다. 특히 80년대는 이런 기동대의 구두와 나이키나 슈레진저 운동화(농구화)가 벌이는 신발 전쟁의 시대이다.

이렇게 이 시대의 시위와 관련되어 대학생의 신발인 운동화나 농구화가 문학적으로 특별한 의미와 상징성을 갖고 제시된 대표적인 작품이 바로 김숨의 근작 장편소설 『L의 운동화』(2016)이다. 데모와 운동화가 부분적으로 연계된 작품들은 이전에도 여럿 있었지만 이 작품은 삼화 고무에서 대량 생산된 기성품으로서의 운동화를 한 시대의 희생을 기억케 하는 상징적 가치로서 그 의미를 확연하게 정립시키고 떠올리게 하는 의의가 있는 특별한 소설이다. 표제의 'L'은 1970년대를 넘어서 1987년 6월 항쟁의 도화선이 된 실제인물인 연대생 이한열의 이니셜이다. 이야기는 지금으로부터 28년 전인 1987년 6월 항쟁의 시위 중 그가 최루탄 피격을 받고 7월 5일에 사망한 L의 발에 신겨 있다가 다른 한 짝을 잃어버리는 상태의 한 짝 운동화를 현재에 되살리는 복원 작업 과정을 소설화하는 아주 특이한 작품이다. 서술자는 바로 1인칭의 복원 전문가이다. 복원의 대상이 된 L의 운동화는 만신창이가 된 밑창을 위로 향하고 있고 본체는 트럭 바퀴가 짓밟고 지나간 듯 눌려 있는 상태이고 굽 부분은 절단이 나 있다. 복원을 위한 다른 물질을 받아들일 수 없을 만큼 심각해서 사람으로 치면 몸 속 장기들이 망가져 약물 처방조차 함부로 내릴 수 없는 치명적인 결손 상태이다. 그러니까 복원해야 하는 작업은 28년이라는 시간을 홀로 버틴 L의 운동화를 역사를 기억하는 구체적인 매개물로 되살리고 동시에 28년이라는 시간을 고스란히 담아내야 하는 지난하지만 의미 있는 일이다. L과 운동화와의 관계, 그리고 그의 한 짝의 운동화가 피격 현장에서 수습되는 경위에 대해서 작품은 다음과 같이 기술하고 있다.

> L이 머리에 최루탄을 맞은 날짜는 1987년 6월 9일이었다. 집회가 끝나고 매캐한 최루탄 냄새를 머리카락 속까지 뒤집어 쓴 학생들이 흩어질 때, 한 여학생이 주인 잃은 운동화 한 짝을 집회 사회를 맡은 학생에게 가져다주었다. 운동화를 찾아가라는 방송을 했지만, 끝끝내 주인이 나타나지 않았다. 날들이 흘러 아무도 찾아가지 않던 운동화 한 짝

이 L의 것이라는 사실을 알았을 때, 그것은 이내 치워지고 없었다.

"쓰레기통 속으로 들어갔는지 운동화 한 짝의 행방을 기억하고 있는 이가 단 한명도 없었어요. 혹시 대학 시절 집회에 참가한 경험이 있으세요? 집회가 끝나면 으레 주인을 잃고 바다에 나뒹구는 신발이 몇 짝씩 나왔어요. 집회가 격렬할수록 더 많이 나왔지요. 주인을 잃고 미아처럼 떠도는 신발짝을 찾아주는 의식은 말하자면 집회의 가장 마지막 순서였던 셈이지요. 제가 말씀드리고 싶은 것은 신발을 잃어버리는 일이 부지기수였다는 것에요. 대부분의 잃어버린 신발은 무사히 제 주인을 찾아갔고요.

1987년 6월 9일. 집회가 열리는 그곳에는 천여 명의 학생이. 따라서 이천 개의 발들이 운집해 있었다. 집회가 끝난 뒤 이천 개의 발들은 분주히 흩어졌을 것이다. 그리고 L의 왼발에서 운동화가 벗겨질 때 L은 그것을 알아 차렸을까. 나처럼 허물이 벗겨지는 것 같은 기분이 들었을까. 벗겨진 운동화를 다시 신으려고 L은 허둥거렸을까.

단발이거나 긴 생머리이거나 어색하게 파마를 한 여학생이 L의 운동화를 주워드는 모습을 상상해보다 날개를 다쳐 날지 못하는 새를 주워드는 심정으로 L의 운동화를 여학생의 손이 뻗어와 혼비백산한 자신을 들어 올리는 순간 L의 운동화는 구원의 손길을 만난 듯 안도했으려나.

이한열이라는 Y대 대학생 개인의 운동화 한 짝이 쓰레기통으로 들어가 버리지 않고 시대의 (?)물로서 의미적 전환하는 계기가 되는 장면에 대한 묘사이다. 그리고 집회 시위대의 운집적인 현상을 이천 개의 발 및 운동화로써 계량한 점도 특이하고 날개를 다쳐 날지 못하는 새 같은 L의 신발이, 아니 L의 분신이 괴테의 『파우스트』에서의 이른바 '영원히 여성적인 것'(Ewig-weibliche)과 다를 바 없이 한 여학생의 구원의 손길에 의해서 들어 올려 진다는 것은 참으로 의미심장하다. 남자는 사건을 만들지만 그것을 역사적 가치로 수습하게 하는 것은 여자다.

작품의 후미장인 26장에서 L의 운동화의 밑창 앞부분의 탈락한 조각들을 메우는 작업을 진행하는 복원자 및 서술자에게 밤 9시경 관장의 전화가 걸려온다. 28년 동안 틀림없는 L의 운동화에 대해서 어떻게 세월을 버티어서 오늘에 이를 수 있었는지에 대한 경과를 알려주는 새롭고 중요한 증언 대목이다.

> 밤 9시경, 채 관장이 전화를 걸어와 내게 전날 새롭게 알게 된 사실을 들려준다. 내가 꼭 알아야만 하는 사실을 전하듯, 그녀의 목소리는 다소 흥분해 있다.
>
> "오늘 낮에 L의 운동화를 주웠다는 이를 만났어요. 뜻밖에도 제 지인의 친구분이었어요. 여자분으로, 자신도 그날 L이 피격을 당하던 현장에 있었다고 했어요. 사람들이 부축해 가는 L의 발에서 떨어진 운동화를 자신이 주웠다고요. 운동화를 찾아 주려고 병원까지 따라갔다고 했어요. 나아서 집에 가려면 운동화가 있어야 할 텐데 싶어서……. 그 여자분은 L이 나아서 집에 갈 수 있을 것이라고 생각했던 것 같아요. L과는 개인적으로 모르는 사이라고 했어요. 운동화를 아무에게나 줄 수 없어서 손에 꼭 들고 있었대요. 밤 11시가 넘도록 운동화를 손에 꼭 들고 응급실 한쪽에 가만히 서 있다가 L의 어머니께 전해 드렸대요. 그 후로 까맣게 잊고 살다가, 신문에서 L의 운동화를 복원한다는 기사를 읽고 무척 놀랐대요. 그날 병원 응급실까지 따라가 집에도 못 가고 기다리다가 L의 어머니께 전해 드린 운동화가, 신문 한 귀퉁에 실린 L의 운동화가 맞나 싶어 혼란스러웠다고 했어요."
>
> 전화 통화를 끝내고 나는 한동안 우두커니 서 있다. 운동화가 있어야 집에 갈 텐데 싶어서 L의 어머니가 올 때까지 운동화를 꼭 들고 응급실 한쪽에 서 있었던 마음, 그 마음이 지난 28년 동안 L의 운동화를 버티게 해 준 게 아닌가 싶어서.

이로써 28년이라는 시간을 홀로 버틴 L의 운동화는 선한 수습의 손길을 지닌 한 여인의 진솔한 증언의 진실성에 의해서 마침내 역사적 과거로서의 복원이 가능해진다. 복원이란 무엇인가. 복원은 이름 그대로 원래의 모습과 형태로 되돌린다는 의미이다. 그래서 복원은 애도의 한 행위기도 하지만, 망실되거나 망각된 존재를 되살리고 영구적 존재로서 발견하고 기억케 하는 것이고 역사적인 가치로서의 의의와 의미를 부여하는 행위인 것이다. L은 죽었지만 그는 그의 분신 같은 그의 망가진 운동화를 통해 민주화를 위한 희생의 상징물로서의 유품으로 오래도록 역사적 생명으로서 기억되어질 것이다.

L이 죽고 28년이라는 시간을 홀로 버틴 L의 운동화는 격동의 한 시대의 역사를 대변해주고 있기 때문이다. 한편 검정 운동화가 소설에서 충격적인 이미지로서 제시된 것은 김문수의 「증묘」(1971)에서의 6.25 전쟁시기와 관련된 다음과 같은 장면이다.

> 그 봇도랑의 너비가 꼭 어른들의 앉은키 때문인지 그 시체는 L자로 꺾어져 있었고 양 쪽 발에서 아직 벗겨지지 않은 껌정 운동화의 밑바닥이 하늘을 향하고 있었다……신기료장수들이 들고 다니는 신 걸이에 징을 치기 위해 걸어 둔 짝처럼 살점이 떨어져 허옇게 드러나기 시작한 발목뼈에 걸친 껌정 운동화짝……

인민군에게 잡혀 처형된 국군 출신의 '나'의 삼촌의 시신이 논두렁에서 발견된 장면의 묘사다. 주인공의 공포의 원천적 기억상이 된 시신의 발에 걸려있는 검정 운동화의 모습이다. 시대나 상황이 다를 뿐 두 운동화는 죽은 젊은이들의 신발로 모두 시대사적 기억의 아픈 매개물이다.

5장

일제 권세의 상징 장화와 강물소리를 내는 도시 시인의 낡은 구두

1) 장화와 모주꾼 사법대서사의 행태 : 이무영의 「장화」

앞서의 「아홉 켤레의 구두로 남은 사내」와 「화(靴)」와는 28년 및 36년이란 소급적 시차를 두고 있지만 구두가 시대 역사성을 반영하는 매개적 의미로 제시된 작품으로 이무영(李無影, 1908~1960)의 「장화(長靴)」(1949)가 있다. 여기서 장화는 식민지 지배적 권세와 그 체제 하에서의 영화의 상징으로서 또 어떤 경우에는 굴욕과 은폐와 기피의 대상으로서의 양면 기제적 의의를 지닌다.

시골 A읍 장터의 사법대서인 김달영의 현재, 그는 전에 얼마동안 누리던 권세와 세도가 한꺼번에 뚝 떨어진데다, 온종일 가봐야 출생신고 한 장도 못 쓰는 영락한 처지라, 심기가 여간 평안치 않고 울분이 가득한 상태이다. 모주꾼인 그에게 어느 한 사람 술 한 턱 내는 자가 없을 지경인데, 왜정 일제 강점기 순사를 한 과거의 이력이 두려운 강창복이 제 손으로 갖다 준 가죽 장화를 이제 도로 내어 놓으라고 하니 실로 한심한 자신의 처지이다. 달면 삼키고 쓰면 뱉는 강가의 소행으로 인해서 한껏 비위가 상한 상태이다. '더러운 놈의 세상 또 한 번 뒤집히지 않나!' 울분은 그로 하여금 이렇게 자신이 초라하게 변하고 전도된 시국을 탓하면서 다시 세상이 뒤집어 지는 시대 상황적 전복과 전기(轉機)만을 은근히 고대한다.

일제가 패망한 해방 직후의 무정부 상태의 한 때―이 때를 오늘날 사람들은 흔히 '해방공간'이라고 일컫지만, 이것이 적절한 용어인지 아닌지 더 냉철하게 검토할 필요가 있다―는 김달영에게는 그야말로 기세가 등등하고 잘 나가던 시절이다. 해방 전 일제 강점기에는 일개 시골 사법서사요 술 잘하는 모주꾼에 불과할 정도로 존재가 미미했던 그가 해방을 맞으면서 시골바닥에서 나는 새도 떨어트릴 정도의 막강한 권세와 영웅적인 존재로 신분이 부상한다. 중앙에서 친일파 민족 반역자 소탕의 깃발을 든 매형의 덕으로 자치회 회장, A읍 경제 위원회 회장, 혈맹단 단장, 전위대 총사령에 적산관리 위원장 등에 추대됨으로써 온갖 감투란 감투는 다 쓰게 된다. A읍 사람들이 다 두려워하지 않을 사람이 없을 정도로 네모진 우람한 체격과 같이 '사각 장군'이란 칭호로 불리게 된다. 그래서 단장이란 권력의 완장을 하고 권력의 표상인 가죽 장화의 굽소리를 당당히 내는 사각 장군의 출현은 특히 친일파 · 민족 반역자는 물론 조무래기 친일파들에게까지도 더없이 무서운 존재가 된 것이다.

김달영이 권력 장치의 일부분으로서 세도가 이렇게 도도할 때 왜정 시대의 순사를 지낸 강창복이 전력 때문에 두려워서 사법 주임으로 있던 일인 경부보가 자기에게 주고 간 가죽 장화를 김달영의 비위를 사기 위해서 제 손으로 진상한다. 김달영은 삼사십 명의 몽둥이를 든 부하들을 끌고 강창복이 가져다 준 위엄과 권세의 표상인 장화에다 단장 곤봉을 든 위풍과 세도로 일본인의 집을 습격하여 적산가옥을 접수하고 빼앗은 물품들은 언제든 자기가 필요할 때는 갖다 쓰고 귀한 생활용품들은 삼일병원 간호부인 조경애에게 선사한다.

그런데 이런 영화와 권세의 상징인 가죽 장화를 강창복이 제 손으로 갖다 주고서 이제 다시 내 놓으라는 것이다. 가까이 지내던 조 간호부도 떠나서 어느새 강창복의 품으로 돌아간 것이다. 친일파를 소탕 · 처단하는 시기가 가고 군수나 경찰서장은 물론 그보다 더 높은 자리도 바라볼 수 있으리라 믿었던 김달영의 꿈도 '축 UN 승인…'이란 대한민국의 건국을 알리는 벽보의 등장과 함께 모두 수포가 되어 버렸기 때문이다.

"더러운 놈의 세상 또 한 번 뒤집히지 않나!" 자신이 누리던 권세도 여자도 다 잃은 상태인 건국상태는 그에게는 '더러운 놈의 세상'일 뿐이다. 다시 한 번 세상이 뒤집히기를 바라는 밤길 취중 모주꾼의 눈앞에 다시 벽보가 눈에 띄자 김달영은 벽보를 뜯어 젖힌다.

> "뭣이? 빛내라 UN? 당당한 대한민국? 흐흐흐흐, 이것 좀 봐라! 뭐가 UN야!"

이렇게 그가 벽보를 뜯던 순간 억센 손아귀에 꽉 잡히면서 "가자면 가지요, 모두가 장화 때문이올시다. 그눔의 장화 때문예요. 비까번쩍하는 가죽장화요!"란 넋두릴 뇌는 것으로 끝나게 된다.

여기에는 정부 수립과 함께 친일파 척결의 강도가 한결 느슨해져 가는 정책에 대한 비판이 암시되어 있기도 하다. 그러나 더 중요한 것은 장화라고 하는 식민지 권세(권력)의 환유적 수사를 통해서 인간의 본성 가운데 내재되어 있는 권력에 대한 한계 모르는 집착과 충동을 제시함은 물론 일본인 경부에서 김달영으로 옮겨지는 '권불십년(權不十年), 세불백년(勢不百年)'이란 권력의 위세와 소멸의 양가적 추세 및 시세의 변화에 따라서 이루어지는 일제 강점기와 해방기의 권력의 역할교대에 의한 세태의 처신변모에 대한 풍자적 해부라는 점이다. 가죽 장화의 운명적 순환과 덧없는 굴곡을 통해서 권력이란 무엇인가, 권력이란 타인을 지배하고 복종시키기 위한 사회적 힘, 즉 남보다 우수하고 남을 지배하려 하는 힘이 아닌가. 이 같은 변화에 따른 처신의 모티브는 어느 시대의 서사의 경우에도 반복 · 순환된다.

2) 강물소리를 내는 가난한 도시 시인의 낡은 구두와 고향: 산업화 시대의 도시와 고향사이

차례를 지내고 돌아온
구두 밑바닥에
고향의 저문 강물 소리가 묻어 있다.
겨울 보리 파랗게 꽂힌 강둑에서
살얼음만 몇 발자국 밟고 왔는데
쑥골 상엿집 흰 눈 속을 넘을 때도

골목 앞 보세점 흐린 불빛 아래서도
찰랑찰랑 강물 소리가 들린다.
내 귀는 얼어
한 소절도 듣지 못한 강물 소리를
구두 혼자 어떻게 듣고 왔을까.
구두는 지금 황혼
뒤축의 꿈이 몇 번 수습되고
지난 가을 터진 가슴의 어둠 새로
누군가의 살아 있는 오늘의 부끄러운 촉수가
싸리 유채 꽃잎처럼 꿈틀댄다.
고향 텃밭의 허름한 꽃과 어둠과
구두는 초면 나는 구면
건성으로 겨울을 보내고 돌아온 내게
고향은 꽃잎 하나 바람 한 점 꾸려 주지 않고
영하 속을 흔들리며 떠나는 내 낡은 구두가
저문 고향의 강물 소리를 들려준다.
출렁출렁 아니 덜그럭덜그럭.

이는 「사평역에서」(1983)의 시인 곽재구(郭在九, 1954~)의 「구두 한 켤레의 시」(1981)란 시이다. 표제 그대로 양운한(楊雲閒)의 「구두」(1935) 이래로 구두에 대한 새로운 시적 발견이고 영상 발견의 시적 행위가 놀랍게 발휘되어 있다. 젊으나 늙으나 고향처럼 그립고 정다운 곳이 세상에 어디 또 있으랴. 도시에 사는 것이 분명한 시적 화자 또는 가난한 시인은 조상의 혹은 부모의 차례(茶禮)를 지내려고 오랜만에 고향을 다녀온 모양이다. 고향땅에 발자국을 남기고 온 시인은 자신의 낡은 구두를 매개로 하여 막 다녀온 고향의 전경들을 강물 소리란 청각 이미지에 의해서 재현적으로 형상화하고 있다. 즉 고향을 다녀온 구두 밑바닥에 고향의 저문 강물 소리가 묻어 있다는 표현을 통해서 고향의 모습을 떠올리고 있다. 그래서 끝에서 낡은 강물소리와 '덜그덕 덜그덕'하는 구두 소리의 이중 의성어가 교차하는 것이다. 저문 강물소리와 낡은 구두소리가 음향적으로 절묘하게 연합 대비되어 있다. 뿐만 아니라 시인은 구두를 강물소리를 듣고 또 그 소리를 들려준다고 하여 의인화(Prosopopaia)의 시적 어법으로서 구두란 사물을 살리고 있기도 하다. 봄과 들음의 두 감각적 미학으로 짜인 감동 깊은 작품이다.

그렇다면 마치 횔덜린(F. Hölderlin(1770−1843)의 시)의 '고향의 강물'과 같은 고향의 강물소리가 이 시에서 한 켤레 구두와 관련해서 함축하고 있는 시적 의미는 무엇인가. 여기서 공간 이동과 지향의 수단인 구두는 우선 고향과 타향이란 이질적인 두 공간을 연결시키는 매개일 뿐 아니라 시간적 기억의 매체이기도 하다. 즉 구두로 인해서 고향과 현주소의 공간이 연결되고 시인은 현재 환청적인 감성으로 구두의 밑창에 묻어 있는 고향의 강물소리를 듣는다. 그것은 시인이 재구해내는 기억의 강물소리인 것이다. 구두가 촉매가 되어서 고향의 강물소리와 연결된 구두는 시인과의 동일성과 이중의 양기능을 하고 있다.

고향에 다녀온 시인과 그의 낡은 구두는 일체화 된다. 그러면서도 "내 귀는 얼어/한 소절도 듣지 못한 강물 소리를/구두 혼자 어떻게 듣고 왔을까" "구두는 초면 나는 구면"이라고 해서 감정이 각질처럼 굳어지고 둔감해진 나와는 동행의 타자로서 의인화함으로써 구두와 시인(화자)는 대비적으로 이중화되기도 한다.

이 시의 구두는 몹시 낡아 있는 상태이다. 끝부분에서 '내 낡은 구두'라고 명시하고 또 그 구두소리를 '덜그덕 덜그덕'이라고 표현함에서도 드러나고 있지만, 이를 가장 은유적으로 제시한 것이 다음의 시행들이다.

구두는 지금 황혼
뒤축의 꿈이 몇 번 수습되고
지난 가을 터진 가슴의 어둠 새로
누군가의 살아 있는 오늘의 부끄러운 촉수가
싸리 유채 꽃잎처럼 꿈틀댄다.

'황혼'은 낡음의 이미지다. 사람 같으면 여러 번 수술을 받았듯이 구두는 몇 번이나 뒤축이 번갈아서 수선되고, 앞부분은 해지고 해져서 밖으로 드러난 어두운 틈새 사이로 발가락인 듯한 현재 살아있는 촉수가 꿈틀대고 있을 만큼 헌 구두이다. '누군가'의 누구는 누구일까. 한 켤레의 구두를 닳고 헐도록 그리고 수습하여 산업화 도시화 시대의 객체화된 고단하고 힘겨운 삶을 살아온 도시 사람을, 그것도 시인 자신이 그런데도 이 구두의 주인이 지닌 삶이 전혀 누추해 보이지 않는 것도 무엇 때문인가. 터진 구두 속으로 내다보이고 살아 있는 촉수 같은 발이 구두를 신은 시인의 가난한 삶을 우리에게 싸리 유채꽃처럼 오히려 아름답게 다가오는 청빈(淸貧)이다. 구두 속에 있는 '부끄러운 촉수'는 자랑할 것은 없지만 느끼고 감촉하는 삶의 자세는 생동한다. 하이데거의 고흐의 구두론이 여기에 얼마쯤 긍정적인 영향으로 작용한 듯도 싶다.

3) 체취가 남겨진, 닳은 어떤 구두 한 켤레 (나희덕)

한편, 여성시인 나희덕(羅喜德, 1966-)은 그의 산문집 〈보라빛은 어디에서 오는가〉(2003)의 '낡은 구두와 「낡은 구두」'장에서 고희의 그림을 두고서 제기된 하이데거 · 샤피로 · 데리다의 논쟁의 요지를 그 나름으로 간명하게 기술한다. 구두에 대한 그의 이런 특별한 관심과 인지가 그로 하여금 〈구두가 남겨졌다〉란 특출한 구두시를 산출케 한다. 여기에 또 하나 더 결정적인 것은 그가 위의 글에서 밝히고 있는 것처럼 1994년 겨울 유명한 M목사의 죽음과 문상 간 영안실에서 직접 목격한 그의 낡고 닳은 한 켤레 구두에의 잊을 수 없는 기억이 그 기반으로서 작용하고 있는 것이 사실이다. 그러니까 문학사가적인 시각만으로 보면 이 시는 M목사의 구두시라고 할 수가 있다. 그러나 그런 외연적인 사실과의 관련을 감안하지 않더라도 이 시는 그 자체가 단순히 한편의 애도시가 아닌 시로서의 내재적 독자성을 충분히 발휘하고 있는 작품이다.

구두가 남겨졌다

그는 가고
그가 남기고 간 또 하나의 육체,
삶은 어차피 낡은 가죽 냄새 같은 게 나지 않던가
씹을 수도 없이 질긴 것,
그러다가도 홀연 구두 한 켤레로 남는 것

그가 구두를 끌고 다닌 게 아니라
구두가 여기까지 그를 이끌어 온 게 아니었을까
구두가 멈춘 그 자리에서
그의 생도 문득 걸음을 멈추었으니

얼마나 많이 걸었던지
납작해진 뒷굽, 어느 한쪽은 유독 닳아
그의 몸 마지막엔 심하게 기우뚱거렸을 것이다
밑 모를 우물 속에 던져진 돌이

바닥에 가 닿는 소리
생이 끝나는 순간에야 듣고 소스라쳤을지도 모른다
노고는 길고 회오의 순간은 짧다

고래 뱃속에서 마악 토해져 나온 듯한
구두 한 켤레, 그 속에는
그의 발이 연주하던 생의 냄새 같은 게
그를 품고 있던 어둠 같은 게
온기처럼 한 웅큼 남겨져 있다 날아간다

'남겨졌다'는 표제처럼 유품이 된 구두에 대한 미학적인 통찰이 담긴 시다. 흔히 사람이 죽으면 이름을 남긴다는데 여기서는 남아 있는 것은 오직 한 켤레의 낡은 구두뿐이라 시인은 죽은 이의 이 구두를 두고서 우선 구두의 주인공이 남기고 간 '또 하나의 육체'라고 비유적으로 언술한다. 기묘한 몸의 시학이다. 아마도 구두는 인간의 몸이 세상의 가장 낮은 곳과 맞대면하는 밑바닥인 몸으로서의 육체이고 현생동안 고된 삶을 감당하면서 움직이고 끌고 걸어가야 할 몸과 생활의 실존적 행동의 가장 긴밀한 도구적 상징이기 때문일 것이다.

그래서 시인은 구두가 멈춘 자리에서 구두 주인공의 삶과 멈추어버린 것이라고 「그」를 운명적인 일체화시키고 있다. '그가 구두를 끌고 다닌 게 아니라 / 구두가 여기까지 그를 이끌어온 것'이라는 주객의 전도적 퍼스팩티브를 응용시키는 '끌고 다님'의 사유를 펼친다.

그런데 이 남겨진 유품으로서의 구두는 어떤 상태인가. 얼마나 많이 걸었던지 '납작해진 뒷굽'과 '어느 한쪽은 유달리 닳아진 상태'여서 마지막에는 그 주인공을 심하게 기우뚱거리게 했을 거라는 짐작의 상태로 되고 있다. 이것은 그 구두의 주인공의 삶이 순조롭지 않고 아주

심히 험하고 궁핍하고 고단했음을, 또 부지런하고 절제적이고 근검한 삶을 살아왔으리란 것은 유추할 수 있게 한다. 이상태는 생의 행로와 역경은 증명하는 근거가 된다.

그래서 시인은 구두 한 켤레 속에 주인공의 '발이 연주하던 생의 냄새', 즉 고단한 삶의 흔적과 체취와 그를 품은 어둠이 남아있다고 표현한다. 이는 구두에 대한 시적 사물만으로서는 예사로지 않는 절묘한 인식이다. '노고는 길고 희노의 순간은 짧다'의 대비적 구조의 아포리즘도 깊이 음미해 볼 가치가 충분하다.

이상의 구두들의 탐색을 통해서 산업화 · 도시화 및 군사 통치와 일제와 해방기 · 전쟁 및 민주화 시대를 관통해 온 역사적 굴곡의 현상을 구두에 대한 문학적 상상력을 통해서 살핀 셈이다. 근대 개화 이후 구두는 지금까지 우리에게 있어서는 가장 대표적인 신발이다. 그래서 구두는 가죽을 원료로 하여 만든 신의 총체이며, 발의 방한 · 방서 · 오염 · 해독, 침륜을 막으며 장식과 신분표시이다. 남자들의 구두는 개화 · 신식 신사 · 모던 보이 · 부자 멋쟁이의 출근과 외출의 표상이 된다. 30년대의 댄디 이상(李箱)은 백구두를 애용했었다. 계용묵(1904-1961)의 수필 「구두」는 징을 박은 구두의 금속성 소리가 타자(여자)에게 주는 위협성을 위트와 유머로 제시한다. 부정적으로는 구두는 탐욕스런 지주 · 바람둥이(특히 백구두) · 허세 등을 위한 환유로서의 기능도 한다. 신은 실용성 · 계급성 · 심미성 · 과시성 · 유행성 · 유인성 · 계절성의 기호론적 의미가 있는 것이다. 신은 크게 보아 역사성과 신분과 계급의 표징이 되기도 한다.

6장
구두를 보는 이중의 반응: 풍자와 자기 동일화

1) 세태 풍자의 대상 하이힐: 김동인과 염상섭의 두 「구두」

1920-30년대의 동시대 작가인 김동인(金東仁, 1900~1951)과 염상섭(廉想涉, 1897~1963)은 거의 같은 시기에 「구두」라는 동명의 작품을 쓴다. 김동인의 작품 「구두」는 1930년에 그리고 염상섭의 「구두」는 그보다 4년 뒤인 1934년에 발표된다. 이 두 작품은 공통적으로 여성의 구두인 하이힐을 매개로 하여 너나없이 구두를 찾는 '모던걸' 시대의 세태를 풍자하는 소설이다. 장르상으로 보면 둘 다 세태 소설과 풍자가 혼합되어진 형태이다. 1930년대는 양복점과 구둣방이 즐비한 시대였던 것이다.

구두가 우리나라에 유입된 것은 1880년대 개화파 정객들과 일본·미국 등지로 나갔던 외교관들이 구두를 신고 들어오면서부터이다. 이렇게 양혜(洋鞋), 양화(洋靴)인 구두가 이 나라에 유입됨으로써 신발 문화에 큰 충격을 줌으로써 생활에 변화가 시작되었고 갑오경장(甲午更張) 이후 양복이 공인되면서 고종과 엄비가 모두 구두를 신게 된다. 이러한 영향으로 1895년경부터 상류사회에서 양복과 양장에 구두를 신는 사람들이 늘어나기 시작한 것이다.[6] 이 시기 남성들 중에서는 왕족 · 정부의 고관들을 비롯해서 외교관 · 개화인사 · 유학생들이 구두를 신은 선두 그룹이었고 처음 구두를 신은 여성은 기독교의 전도부인, 해외 유학생 등 서양 문물을 먼저 접할 수 있었던 계층이다.

1920-30년대에 이르면서 신발 문화의 변화가 일어나면서 구두는 신여성이나 '모던걸'들에게는 필수적인 패션 신발이 되었고 세창 양화점, 박희경 양화점, 박덕유 양화점, 창흥 양화점 등과 같은 양화점이 등장함으로써 구두 복식의 사치스런 유행 열풍이 거세게 일어나게 된다. 굽 높은 하이힐과 여성용품인 핸드백, 파라솔이 등장한다. 이런 구두 유행의 선도자인 신여성은 모든 여성들의 선망의 대상일 수밖에 없었고, 유한계급의 첩 · 기생들에 이르기까지 모던걸은 모방의 대상이었다. 따라서 이 시대의 경성(京城)에 전파되고 유행하는 복식과 신발의 사치화 현상을 두고 당시의 〈동아일보〉, 〈조선일보〉, 〈별건곤〉 등 신문과 잡지 등에서는 하이힐과 구두를 매개로한 여성들의 유행과 사치를 비판하는 풍자적 만화나 만평 등이 많이 출현, 성행하게 된다. 여컨대 〈별건곤(別乾坤)」 2318호(1927) "아버지 저의 구두 좀 보셔오. 18원이라나요", "깃도 구두 한 켜레=벼 두섬 용맹스러운 아가씨"란 김규택의

6 유수경, 『한국여성 양장 변천사』, 일지사, 1990, 136쪽과 김명웅, 『신발의 역사』, 선진문화사, 2004/2013, 213쪽을 참조.

풍자화가 실려 있다.

여류작가 백신애(白信愛)(1906~1939)는 이런 하이힐 유행의 정황에 대해서 「인텔리 여성의 집」이라는 글에서 이렇게 꼬집는다.

> 하이힐 한 켤레의 가격은 조선의 다수민의 생활에서는 쌀 한 섬의 가격입니다. 유행품이 빛나는 이면에는 무너져가는 무언가가 있는 것입니다.

김동인과 염상섭의 두 작품은 하이힐(구두)이 의장패션의 전염병적인 욕망의 대상이 되는 이런 세태에 대한 풍자화 현상과 맥을 같이 한다. 김동인의 「구두」는 일곱 개의 짧은 서사 연속소(시퀀스) 또는 분절 단락으로 구성된 꽁트급 단형 서사 작품이다.

제 1 단락 : 며칠 전 어느 날, 부박한 남성인 수철은 K양이 자기를 따르는 숭배자들 앞에서 흰 구두를 가졌으면 하는 혼잣말 같은 말을 할 때, 이를 엿듣고 그녀의 환심을 차지하려고 기민하게 변소에 가는 체하고 몰래 나온다. 그 길로 시내에서 제 1류로 꼽는 S 양화점에 가서 여자의 흰 구두 한 켤레를 맞추게 된다. 오늘이 바로 그 구두를 찾는 날이어서, 조반을 마치자 달음박질쳐서 구둣방으로 간다. 마침 구두는 완성되어 있어서 내심으로 만족하며 나온다. 그 구두는 끝이 뾰족하고 뒤가 드높으며 그 구두 허리의 곡선이라든지 뒤축의 높이라든지 어디 내다 놓아도 흠잡을 점이 없고 '이 도시에서는 아깝도록 사치한' 구두이다. K를 위한 구두 지음과 찾음의 시퀀스다.

제 2 단락 : 구둣방을 나오자마자 노상에서 '거머리'라는 별명을 가진 친구 X를 만난다. 새 구두를 지었으니 한 턱 쓰라는 강권에 못 이겨서 어쩔 도리가 없이 그들은 근처 양식점으로 들어간다. 장애의 시퀀스.

제 3 단락 : X와 작별하고 그로 인해서 허비된 시간을 회복할 양으로 바쁜 걸음으로 K양의 집에 이른다. 그러나 K양 집에는 이미 한 발 먼저 T(K양의 숭배자의 하나)가 구두를 지어 와서 구두를 신겨주고 있는 것을 발견한다. 수철이는 성이 나서 그 집을 뛰쳐나온다. 지각의 시퀀스.

제 4 단락 : 공원에 이른 수철은 X때문에 늦어진 것을 성을 내며 선헌권(先獻權 : 먼저 바치는 권리)을 빼앗긴 구두가 그만 보기 싫어져서 내다 버리자고 결심을 한다. 실패와 방기 결심의 시퀀스.

제 5 단락 : 두 시간 정도 우두커니 벤치에 앉아 있다 구두곽을 버린 채 공원 밖으로 나선다. 그때 거지 하나가 버린 구두곽을 들고 오며 잊어버린 듯하니 가져가라고 한다. 거지에게 가지고 싶으면 가져도 좋다고 했으나 거지가 거절하자 수철은 20전을 거지에게 던져주고 구두곽을 들고 뒤도 안돌아보고 달아난다. 제 1 버림 실패의 시퀀스.

제 6 단락 : 그날 밤 수철이는 활동사진 구경을 가서 그 곽을 의자 아래 두고 돌아온다. 그런데 이튿날 아침 외출하려는 즈음, 구두를 맞춘 양화점 사환이 찾아온다. 활동사진관에서 버린 구두곽을 발견, 구둣집을 찾아서 확인. 다시 구두가 수철에게 돌아온 것이다. 구둣방 사환 아이는 돌아가면서 활동사진관 아이에게 50전을 주었다고 알린다. 수철이는 수없이 쥐어박고 싶은 심정이지만, 70전을 사진관 사환에게 던져준다. 제 2 버림의 실패의 시퀀스.

제 7 단락 : 이전 다른 단락들에 비해서 약간은 긴 결말 단락이다.[7] 수철이는 곽을 끌러서 속을 꺼내본다. "뾰족한 코 · 드높은 뒤축 · 곱게 곡선을 지은 윤곽. 어디를 보든 흠할 곳 없는 구두"다. 이 사단을 만든 T에 대한 분노로 들창을 열고 구두를 홱 밖으로 던지려다 다시 생각하고 주인집 딸을 찾는다. 그 구두를 열두 살 밖에 안 된 그 집 딸 순실에게 강권하여 주며 이 다음에 시집갈 때 신으라고 한다. 이렇게라도 구두를 처리한 것을 안도하면서 오랫동안 미궁에 들어갔던 사건을 해결한 듯한 기분이 된다. 버림의 성공 시퀀스.

제 8 단락(분절화가 가시적으로 명시되지 않았지만)[8] : 이튿날 아침 늦잠을 깬 수철은 머리맡에 가져다 놓은 몇 장의 편지 봉투를 보게 된다. 첫째–둘째–셋째를 거쳐 넷째 장의 편지 봉투를 열어보니, 시골 사는 사촌 누이의 편지다. 학생시대와는 달리 몸치장도 해야 하니 흰 구두 한 켤레를 보내달라는 사연이다. 처치하지 못해서 안달하다가 겨우 어린 순실에게 주어버린 구두를 참으로 처치할 곳이 이제야 생겼다고 생각한다. 순실에게 도로 살 밑천으로 2원까지 꺼내어서 순실을 부른다. 순실이는 도난 신고 차 경찰서에 가고 없고, 순실 어머니의 대답인즉, 어젯밤에 도둑이 들어와서 대청에 있는 물건을 죄 훔쳐 갔으며 그 구두도 집어간 모양이라는 것이다. 반전의 시퀀스.

---

7 그러나 이전의 분절화의 논리로 보면 제 7의 이 단락은 둘로 나누어져야 할 것 같다.

8 서사 분절화로 보면 여기서부터 제 8 단락으로 분절되는 것이 더 타당할 듯함.

위에서 보듯, 새 구두를 갖겠다는 여성의 욕망과 환심을 얻고 유혹하기 위해서 부박한 남성들이 구두를 매개로 경합하는 이야기이다. 그러나 결과는 멍텅구리 헛물켜기이다 뛰는 놈 위에 나는 놈이 있다. 주인공은 T와 같은 더 약삭빠르고 기민한 자에 의해서 그 경합에서 지는 실패담이다. 그런데 소용없어진 구두를 버리면 다시 찾게 되는 낭패의 반복을 거치다 그것이 정작 꼭 필요해진 경우에 가서는 도둑에 의해서 회수가 불가능해진다는 반전(反轉)의 상황적 아이러니에 의해서 전체적으로 서사 전체가 주인공이 의도한 바와는 달리 전개되고 실패와 낭패의 연속 논리로 이루어져 있다. 여기에 구두와 연관된 여자 유혹의 부박하고 헛물켜는 어리석은 남성 생태에 대한 시니컬한 폭로와 풍자의 의도도 잠재되어 있는 것이다.

염상섭의 「구두」는 간결 · 단순한 김동인의 「구두」에 비해서 여성 복식에 대한 제시가 상당히 디테일하고 또 여성들 사이에 오가는 부러움과 시샘의 감정 구조적 얽힘이 미묘하고 복합적이면서 여실하게 묘사된 작품이다. 플롯의 중심적 초점 대상은 표제 그대로 신여성들의 징표요 전유물인 구두에 모아져 있다.

한 술집의 작부들인 옥향이, 월선이, 순자 등 세 여인이 주인공이다. 이들의 공통된 꿈과 소망은 직업으로는 카페 여급이 목표이고 행세로는 여학생이 표준이다. 그러기 위한 첫 걸음으로 외양적으로 우선 신여성스런 단장을 하는 것이다. 이들은 현실적으로 처지가 여의치 않는 상태이니 돈푼이나 있는 손님이 나타나서 유행하는 구두를 사줄 것을 바라고 기다린다. 진달래 · 개나리가 피고 먼 산에 아지랑이가 끼는 봄철이 닥치자 올해에는 무슨 짓을 해서든지 구두(하이힐)를 신고 창경원

구경을 가야하겠다는 목표와 생각에-그것이 이루어지기를 셋이 제각기 경쟁적으로 은밀히 벼른다.

그로부터 보름이 지나서 제일 나이가 든 옥향이 먼저 아침에 불려 나가더니 오정 때 구두 상자를 들고 옆구리에는 핸드백을 낀 채 의기양양하게 돌아온다. 이 집에 구두 한 켤레가 들어왔다는 것은 일대 사변이다. 그래서 이에 대한 다른 타자의 반응으로서 월선이는 샐쭉한 낯빛으로 까닭도 없이 샘을 내고 질투에다 분하고 야속한 감정까지 드러낸다. 이와는 달리 덤벙덤벙하고 선머슴 같은 순자는 겉으로 어떤 내색도 보이지 않는다. 맨 처음 구두를 갖게 된 옥향이는 어깻바람이 나서 더 나은 식당이나 카페에 자리를 얻으려 다니는지 구두를 지어준 사람과 놀러다니는지 외출이 잦아지고 창경원에도 두어 번 다녀온다.

얼마 뒤에는 월선이도 구두를 신게 된다. 구두를 지어준 '나지매'(일어로 '단골'이란 의미) 남자는 양복점과 관련된 직업의 사람이다. 전부터 이 술집을 다니면서 옥향이와 월선이 사이를 오간 과거가 있는 사람이다. 한동안 발을 끊었다가 옥향이를 보러 왔는지 월선이를 보러 오는지 알 수 없으나 돌아와서 월선이에게 구두를 사준 것이다. 구두가 생기며 월선이도 어깻바람이 나고 구두에 바람을 쏘이느라 여기저기를 다니다가 양쪽 새끼발가락이 벗겨지고 발꿈치가 개겨서 빨갛게 벗겨지는 등 발이 상처투성이가 된다. 이를 보고 혼자 구두 없이 개밥에 도토리처럼 외톨이가 된 순자도 월선의 그런 꼴을 보고는 고소해 하면서 비꼰다.

"흥! 여학생이 되려면 남은 십년씩 공부하는데 고까짓 것 쯤!"

월선이 역시 구두를 갖게 되니 옥향이와 마찬가지로 식당이나 카

페로 진출하려는 이상을 실현해 보고 싶은 마음을 갖게 된다. 다만 이 길을 어느 길로 어떻게 뚫어야 할지를 몰라 우선은 양복 신사와 나란히 걷기도 하고 산보도 해 보고 싶어 한다. 그래서 벗겨지고 부르튼 발을 조리하면서 양복점을 경영하는지 직공인지를 확실히 알 수 없는 그 사람을 마냥 기다린다. 이번에 그가 오면 초여름 달밤에 틈을 내어 한강 철교에 나가 함께 바람도 쐬고 들어오다가는 진고개에 들러 식사도 함께 하고 그 길에 핸드백을 사달라고 하리라 공상한다.

발의 상태가 어느 전도 진전되자, 마침내 기다리던 그가 왔다. 둘은 내일 밤 아홉 점 전으로 한강통 종점에서 만나기로 약속한다. 다음 날 월선이는 약속 장소인 한강 종점에서 아홉 시 반이 넘도록 내내 기다린다. 그런데 기다리는 동안 다 나은 줄 알았던 발가락이 다시 덧나서 옥신옥신 콕콕 쑤시기 시작하고 발꿈치 딱지도 다시 벗겨지고 구두 뒤턱이 개겨서 쓰리기 시작한다. 그럼에도 불구하고 전차가 일곱 여덟 대 지나도 약속한 그 사람은 그림자조차 안 비친다. 그냥 그 자리에 우두커니 섰기도 진력이 나서 인도교 쪽으로 걸어가는데, 그때 약속한 그 사람이 다름 아닌 옥향이와 함께 걸어가는 것을 목격하게 된다. 눈에 쌍심지가 돋은 월선이가 난간에서 구두 한 짝을 벗어 놓은 채 있다가 그 신을 억지로 비틀거리며 꿰차며 이들을 추적하려는 순간 구두 한 켤레가 그만 강물 속으로 떨어져 버린다. 주변 사람들은 이 소리에 자살자로 오인하고 주변으로 몰려든다. 이 소동에 뒤돌아온 그 사람과 옥향이를 만나게 되고 셋은 파출소에 가서 순사로부터 조사와 힐난을 받고 30분 후에야 풀려난다. 밖으로 나와 월선은 구두 한 짝만 신고 절름절름하며 정류장으로 와서 구경꾼들을 헤치고 전차 속에 숨듯이 뛰어

오른다. 옥향이는 그대로 쫒아 다니며 무엇이 그리 우스운지 깔깔댄다. 월선이는 뺨따귀를 갈기고 싶을 정도로 화가 난다. 남자는 전차에서 내리는 길로 고무신을 사서 월선에게 신겨준다. 월선이는 간신히 절름발이를 면하게 되었지만 화가 나서 남은 구두 한 짝을 팽개쳐 버린다.

> "이 사람아 왜 버리나. 이것도 오원일세. 오원만 더 주고 똑 요대로 한 짝만 더 사서 줌세"
>
> 남자는 이런 소리를 하며 껄껄 웃고 구두짝을 집어서 대롱대롱 들고 가다가 집문께까지 와서는 길바닥에 새끼를 집어 구두허리를 질끈 동이더니 장난으로 월선이 목에다가 걸어주려니까 월선이는 인제는 구두라면 이에서 신물이 나다는 듯이 뺏어서 동당머리를 쳐버린다.

시대의 유행인 구두를 가지고 싶어 하는 여심을 이리저리 농락하듯 이용하는 부박한 남성들, 그 유행의 구두를 가짐으로써 그것이 마치 신분 상승이나 되는 것처럼 외양적으로나마 카페 여급이나 여학생처럼 되려는 의식적이고 허황된 꿈을 꾸는 작부들의 행태가 희극화됨으로써 경박한 세태의 모습을 풍자하고 있다. 다시 말해서 돈푼이나 있는 부박한 남성들에 의탁해 신여성인 듯 행세해보려는 비천한 여성들의 허황된 욕망을 꼬집고 있다. 구두로 인해서 연출되어지는 온갖 유행과 시대적 병폐가 해학과 과장 · 아이러니 및 캐리커처의 수법들에 의해서 비하화되고 풍자화된 것이다. 동시대의 세태 만평등 비평은 이렇게 지적한다.

> 동포들은 굶는데 신여성의 '굽 높은 구두'(하이힐)로 표상되고 유행과 사치에 전염되어가고 있는 세태이다.

이 시대의 여성들의 하이힐이 이렇게 세태 비판의 대상이 된 것이다. 이에 비해서 남성용 구두는 그만큼 강도 있는 부정과 비판의 표적이 되지는 않고 있다.

2) 양운한의 시 〈구두〉의 자기동일성과 예찬

I

바람 부는 거리
비뿌린 「아스필드」 우에로
오늘도 구멍난 나를 실고
철드럭 거리며 간다
최신형(最新型) 자동차(自動車)는
복 좋은 허영남녀(虛榮男女)를 실고
봄을 잡으러 가고
하늘에 뜬 구름은
서늘한 바람을 타고
산너머로 간다거든
무직자(無職者)를 실은 나의 구두는
어데로 가려는고?
나의 구두의 조종사(操縱師) –
먼지투성이의 뺑갓을
눌러 쓴 나의 머리에는
만닛불처럼 등대가 아른기린다.
차를 돌리라 나의 머리여
바람 부는 거리
비뿌린 「아스팔트」 우에서
저벗거리는 나의 조종사여
청아한 금수강산의 일각(一角)으로,

싹트기 시작한 「포플라」 나무들이
호위병(護衛兵)처럼 둘러선 곳으로
가자. 나의 구두여
저 몸이 헤어지도록
나를 실고 다니는 나의 구두 –
지금 와서는 너만이 나를 안다.
여섯 식구의 빈 밥주머니를 …….
채워야만 할 나의 책임(責任)을 …….
아아 친절(親切)한 나의 구두여!
철드럭거리며 와 닿은 곳이
푸른 정원(庭園) 안은 양관(洋館)이다.
양관의 열어제친 「윈도–」
「윈도–」의 푸른 「커–틴」
「커–틴」을 새어 나오는 피아노의 음조(音調)
음조(音調)와 희롱하는 나뭇가지에 걸린 바람
바람에 풀러진 봄
풀러진 봄에 둘러 쌔운 양관(洋館).
봄을 잃은 나의 마음에는
스러져가는 반디불이 하나
그러면 스러지기전에나 잡어를 보자.
힘없이 반짝이는 반디불이 하나
조심스럽게 눌러 짚은 반디불
오오 나의 희망의 줄이 달린 「요비링」이여!
현관 출입문((出入門) 저편
푸른별 담은 실내(室內) –
어른거리는 마루 우에로
「슬리퍼 – 」의 찰드락 거리는 발소리는
가분가분이 가까워 온다
발소리 멎아 방싯이 열린 문(門)에
다람쥐처럼 내밀은 하녀(下女)의 얼굴
나의 모양을 살피는 그 두 눈

「면회사절」(面會謝絕)을 말하는 그 입모습.
아아 파충(爬蟲)이 잠자고 있는 곳 ―
어서 이곳을 떠나자 나의 구두여.
발길가는 곳으로, 길다운 곳으로 …….

II

바람부는 거리
그림자 어리운 「아스팔트」 우에로
오늘 저녁도 구멍난 나의 구두는
취직전선(就職戰線)의 패배자(敗北者) ― 나를 실고
철드럭 거리며 가련다
나뭇가지에 놀던 참새 무리는
제각기 저녁 바람을 타고
포근한 길을 찾아가고
푸른 하늘 길을 떠난 해는
저 다니는 궤도(軌道)를 타고
서산(西山) 너머로 간다거든.
무직자(無職者)를 실은 나의 구두는
어데로 가려는고?
대리(大理) 깔린 현관 ―
이곳도 너 머물 곳은 아니다.
이곳을 떠나자 나의 구두여!
일년(一年)이나 진날 마른날 할 것 없이
이 몸을 실고 다니는 나의 구두 ―
오늘 날 ᄭᅡ지도 니민이
나를 버리지 아니하였다. ―
초췌하나마 젊은 피는 뛸때가 있다.
느려졌으나마 젊은 어깨는 한목 멜 때가 있다…….
바람부는 거리
썩어진 유행가(流行歌) 흐르는 「아스팔트」 우에로

나를 실은 구멍 난 나의 구두는
길어진 나의 그림자를 앞에 세우고
오늘 저녁도 철드럭거리며 간다.
썩어진 유행가의 작자(作者)는
어떤 유(類)의 시인(詩人)인고?
이 땅 일류시인(一流詩人)!
그렇다 이 땅의 일류시인도 있다.
남생이가 아닌 일류시인도 있다.
한번 얻어먹으면
열흘 스무날 살수 있다는
남생이가 아닌 일류시인도 있다.
시인을 굶기는 놈은 어떤 놈들인고?
굶는다고 썩어진 유행가를 쓰는
일류 시인은 어떤 놈인고?
오오 어리석은 일류시인아
웃음을 파는 창부(娼婦)를 비웃지 말어라
자기(自己)의 지조(志操)를 버리지 않는 나의 구두 –
제 몸이 헤어지도록
나를 실고 다니는 나의 구두 –
철드럭 거리며 와 닿은 곳이
저녁바람 부는 강변(江邊)이다.
강변을 스치고 흐르는 물
흐르는 물 위에 어리운 나의 그림자
나의 그림자의 적막한 얼굴
얼굴과 함께 물결에 흔들리는 나의 뻥갓
나의 뻥갓이 가져온 나의 생활(生活)의 변화(變化)
나의 생활의 변화에 정세(情勢)를 주는 강변(江邊).
흐르는 물이 가는 곳은
희망의 물길이 춤추는 바다.
나의 이상(理想) 깃드린 곳은
멀지 않은 미래(未來)의 「카렌다 –」

이 시는 〈단층〉(斷層)파의 시인 양운한(楊雲閒)이 1935년 6월 「조선문단」지에 발표한 작품이다. 모두 I, II부 115해이나 되는 장시이다. 평론가 백철(白鐵)이 이를 두고서 '룸펜 인델리의 비애를 산만하게 서사한 작품'으로 규정하고 있지만, 현대문학 최초의 구두 시로서의 자리에 있는 이 작품은 주제학의 영역에서는 배제되어서는 안 될 중요한 의의가 있는 시이다. 이 시의 외적인 상황은 1930년대의 세계적인 경제적 공황상태로 인한 조선에서의 실업 홍수로 수많은 지식인의 실업과 몰락과 취직난이 극심한 시대이다. 이런 지식인의 실업상태의 상황은 동시대의 채만식(蔡萬植)의 〈레디메이드 인생〉(1934), 조벽암의 〈구두와 고양이〉(1933)과 같은 소설에서도 제시된다.

시의 화자인 '나'는 여섯 식구의 '빈 밥주머니'를 채워야하는 책임을 져야 하는 가장이다. 그러나 현실적으로는 무직자이다. 그래서 '나'는 취직을 위하여 진날 마른날을 가리지 않고 비 뿌리고 바람 부는 거리를 헤매며 걸어야만 하는 가난한 '인텔렉츄얼 프롤레탈리아트'이다. 그런 그의 처지와 상황이 바로 그와 동행의 짝인 구두의 이미지로 자기 동일화되고 일체화되어 있다. '나'와 '구두'는 하나로서의 관계이다. 그런데 이 화자의 구두는 반복된 표현으로 '구멍 난 구두'의 상태이고 그런대도 이 구두는 나를 실고서 버리지 않고 바람 불고 비 뿌리는 아스팔트 위를 철드럭 거리면서 간다. 이 구멍 난 구두는 〈나〉의 짝이요 분신인 동시에 결코 배반하지 않는 동행의 조종사로서 '나'를 실고 이끌며 다니는 삶의 길잡이나 다름없는 도반(道伴)과 지로(指路)의 고마운 대상이다. 이 구두는 닳고 낡아서 구멍이 난 채 덜거덕 거리는 소리를 내는 것으로만 이루어지는 것으로서 계기는 바로 여기에서 비롯되는 것이다.

백철이 앞서 이 시를 지적하는 가운데 '서사'(敍事)라는 용어를 쓰고 있듯이, 이 시는 화자인 〈나〉가 구멍 난 구두와 함께 무직자로서 일자리를 찾는 길의 노정이나 과정이 제시됨으로써 서사적인 시다. 서정적이기 보다는 서사나 묘사로서 제시됨으로써 다분히 내러티브한 성격을 갖고 있다. 이 희망과 실망이 교차되는 것으로 제시된, 공간은 부르주아적 화려함이 그려진 '양관' – '대리 깔린 현관' – '유행가 흐르는 아스팔트'로 이어진다. 그래서 이곳들은 〈나〉에게는 모두 〈나〉가 머물 곳이 결코 못되는 뱀같은 '파충'이 잠자는 곳이고, 웃음을 파는 '창부'로서 강등 · 타락된 시인이 머무는 곳일 뿐이다. 그래서 이렇게 화자는 표출하고 있다.

〈그리고 구멍난 나의 구두를 / 꿈에라도 비웃지를 말어라. 자기의 지조를 버리지 않는 나의 구두 – / 제 몸이 헤어지도록 / 나를 실고 다니는 나의 구두.〉

여기서 비록 가난하고 무직상태의 화자지만, 그래도 자기는 '파충'이나 썩은 '창부'와 같은 류와는 다른 '지조'를 가지고 있음을, '자기의 지조를 버리지 않는' 구두를 자기 표출의 대리로서 끌어들인다. 이는 구두는 그냥 구두가 아니고, 〈나〉의 자긍과 지조의 동일체나 아이덴티티로 받아들이는 자기 동일화의 방법인 것이다. 마지막으로 도달한 '강변'으로의 장소적 변이와 이동은 화자의 의식의 변환을 가져오는 의미를 지닌다. 즉 강이란 흐르고 유동적인 동적인 강물의 이미지를 통해서 화자의 의식을 변화시키고 기획하는 것이다. 이는 흐르는 물의 가는 곳(지향)이 '희망의 불길이 춤추는 바다'이고 〈나〉의 이상이 깃들이는 곳, '이 멀지않은 미래의 카렌다'라는 시공적인 이미지의 상징적 의장에 의해서 현실의 곤고와 절망의 생활을 전회 · 변환시키고 있는 것이다. 여기서 더불어서 함께 가고 있는 공동체로서의 구두와 시적 자아는 일체화되고, 곧 구두는 〈나〉의 자아동일성의 표상이 되는 것이다. '구멍 난 구두'는 실업상태에서 고달프게 세상살이를 하고 있는 지식인의 이지러진 초상화이면서 자화상인 것이다. 그 가운데서도 그 속에 자긍심이 내재한다.

한편 이 시에서 우리가 간과해버릴 수 없는 것은 구두예찬론이다. 헤어지고 철드럭거리고 거기에다 구멍이 난 낡은 구두를 이 시는 생명화하고 인격화하는 의인화의 시학(詩學)을 통해서 인간에게 언제 어디까지나 동행해주고 변함없이 〈나〉를 이끌어가는 섬기는 대상으로서 지조있는 조종사로서 예찬하고 있다. 제 몸이 헤어져도 구멍이 나도 배신하지 않고 버리지도 않으면서 제 지조를 끝까지 버리지 않는 이 구두야말로 섬김의 표상인 것이다. 동시에 궁핍한 생존조건을 살아가면서도 타락하지 않는 시적 자아와 동일화된 존재이다. 무직의 지식인과 구멍 난 구두, 이것은 1930년대의 실업시대의 일그러진 자의식의 초상이다.

7장 잃어버린 신발을 찾아서

1) 설화-소설 「콩쥐팥쥐」의 꽃신 이야기

최순애가 작사한 애절한 기다림의 노래인 동시 「오빠 생각」(1925)의 가사에는 '비단구두'가 나온다. 그리고 아동문학가 강소천(姜小泉)의 동화에도 「꽃신」이 있다. 조선시대의 있는 집 아이들과 사대부집 여인들이 신는 신발인 비단 구두 및 꽃신은 꽃무늬의 화문(花紋)이 곱게 비단에 수놓아진 수혜(繡鞋)를 주로 일컫지만, 비단이나 가죽에 수와 무늬가 곱게 놓아진다는 점에서는 당초문(唐草紋) 운문(雲紋)의 갖신 · 마른신인 당혜(唐鞋)나 운혜(雲鞋)도 이와 동류의 신발이다. 이들 꽃신은 조선의 여인들이 호사스러운 차림과 발 맵씨를 보이기 위해서 가장 아끼고 좋아한 장식적 필수품이고 또 갖고 싶어 하는 은밀한 욕망의 대상이다. 그래서 한국 문학과 회화 속에 등장하고 있는 아름다운 여인들과 꽃신과의 관계는 매우 친밀하다. 『춘향전』에서 단옷날 향단(香丹)이를 앞세우고 광한루로 그네 뛰러가는 춘향이가 신고 있는 신발은 분명 '수당혜(繡唐鞋)'이다. 그래서 '자주 영 수당혜를 썩썩 벗어 던져주고'라 했다. 그리고 18세기 말 미인도의 화가 혜원 신윤복(申潤福, 1758 ~ ?)의 은유적인 연애 풍속도로 전해지는 〈사시장춘(四時長春)〉에서 문 밖에 벗어 놓은 두 켤레의 남녀 신발 중에서 검은 갖신인 가죽신이 남자의 신발이고 붉은 가죽신은 여자의 신발인 당혜이다. 그의 그림 〈월하정인(月下情人)〉의 여인 역시 당혜를 신었다. 그에 비해 술병을 받쳐 든 밖의 어린 하녀가 신은 신발은 짚신이다. 이로써 신분의 위상이 현저히 달라진다.

조지훈(趙芝薰)(1920~1968)의 시 「고풍의상(古風衣裳)」에는 봄밤 은은한 달빛 아래서 춤추는 고운 여인의 전아하고 은은한 의상 미학 속에는 곱게 감춘 듯 드러나는 모습의 신발 운혜와 당혜가 이렇게 출현한다.

> 치마 끝에 곱게 감춘 운혜(雲鞋) 당혜(唐鞋)
> 발자취 소리도 없이 대청을 건너 살며시 문을 열고,
> 그대는 어느 나라의 고전(古典)을 말하는 한 마리 호접(胡蝶)
> 호접인 양 사푸시 춤을 추라, 아미(蛾眉)를 숙이고…….

그리고 재미작가 김용익의 소설 「꽃신」(1956)은 그 제목 자체부터가 아예 꽃신이다. 이는 꽃신으로서 대리되는 잊히고 사라져가는 옛것에 대한 기억과 향수는 애틋하고 아련한 그리움과 아움이 짙게 묻어나고 있는 작품이다.

한국 문학에서 꽃신이 중요한 하나의 서사 모티프나 구성소(構成

素)로서 등장하는 대표적인 작품은 「콩쥐팥쥐」 이야기이다. 이는 세계에서 가장 유명하고 또 가장 폭넓게 그리고 오늘날에는 영화 버전이나 뮤지컬 및 텔레비전 버전으로까지 널리 퍼져 있는 신데렐라(Cinderella) 설화의 한국적 변종이다. 그래서 그런지 제목과 인명부터가 농경사회적인 명명법(命名法)이다. 최남선(崔南善)(1890~1957)은 1929년 조선의 콩쥐팥쥐는 서양 신데렐라 이야기라고 이미 밝힌바가 있다. 전승되고 있는 우리 버전들에 따라서는 이 꽃신이 '신발' '갖신' 또는 '미투리' 등으로 까지 대치된 경우들도 있지만, 평균적으로는 '신발' 또는 꽃신으로 표준화된다. 그러니까 설화 「콩쥐팥쥐」는 신발의 설화요 신발을 매개로 한 짝짓기의 서사이기도 한 것이다. 이 신발 또는 꽃신은 재질이 약간씩은 이질화되어 있긴 하지만, 그것이 모든 설화의 문학 테마틱스나 서사구조에 있어서 구혼시험(Freierprobe)[9]과 구혼(Brautwerbung), 잃어버린 신발(Verlorene schuh) 찾기 모티프이며 이는 모든 범세계적인 신데렐라 이야기의 공통의 모티프이기도 한 것이다.

이 신데렐라 설화의 유럽에서의 첫 출현은 보나벤튀르 데 페리에르(Bonaventure des Pèrier)의 『새로운 오락과 놀이』(1558)와 바실레(Giambattiste Basile, 1575~1632)의 『일 펜타메로네Il Pentamerone 1634-1636』이다. 이미 잘 알려진 대표적인 버전은 바로 프랑스의 샤를 페로(Charles Perrault, 1628~1703)의 「상드리옹 또는 작은 유리 구두(Cendrillon ou La Petite Pantoufle de Verre)」와 독일의 그림 형제(Jacob Grimm,

9 이 용어는 Elisabeth Frenzel : Motive der Weltliteratur, Atfred Kröner, 1976, S. 185에서 따옴. Hans Geld Röger : Märchen, C. C. Buchners Verlag, 1988 S. 143 참조. Udo Reinhardt : Mythen-Sagen-Märchen, Rombach Verlag, 2012, S. 327 f. 영어식 규정으로 보면 결혼을 위한 "Shoe Test"임.

1785~1863, Wilhelm Grimm, 1786~1859)의 「재투성이(Aschenputtel)」이다. 이들 이야기들은 인도-유럽 세계에서 주로 순환되었고 이미 오래전 9세기에 이와 유사하거나 친숙한 계모 이야기들을 갖고 있던 중국 민담의 규범에서 쉽게 동화되고 받아들여질 수 있었던 것이다. 특히 페로의 이야기는 1920년대 초 방정환(方定煥)의 『사랑의 선물』(개벽)에서 소개된 바 있다.

앨런 던데스(Alan Dundes)가 편저한 『신데렐라 : 케이스북*Cinderella : A Casebook*, 1988』[10]은 신데렐라 이야기에 대한 이제까지의 여러 분석 내용의 정리는 물론 전파되고 있는 다양한 신데렐라 이야기들 중에서 흥미 있고 대표적인 것을 수록함으로써 종합적인 해석과 연구서에 해당하는 책이다. 물론 여기에는 여타의 많은 다른 신데렐라 이야기도 포함되어 있지만, 가장 중심적이고 대표적인 대상으로서 다룬 케이스는 바실레의 「고양이 신데렐라」, 샤를 페로의 「상드리옹 또는 작은 유리 구두」, 그림 형제의 「재투성이」이다. 그리고 중국의 경우는 단성식(段成式, ? ~ 863)의 『유양잡조(酉陽雜俎)』에 실려 있는 「섭한(葉限)」이다. 그런데 중국의 경우 Sheh-hsein, Yeh-hsein이라 달리 불러지기도 하지만, 던데스의 책과는 달리 W. 에버하드 및 데스몬드 파슨스 그리고 마리아 테이터가 편집한 중국 설화[11]에서는 「린 란(LinLan)」이라는 「섭한」 이야

10 Alan Dundes, *Cinderella: A Casebook*, Madison, Wisconsin.: University of Wisconsin Press, 1988
주경철, 『신데렐라, 천년의 여행』, 산처럼, 2005. 주경철의 이 책은 그 내용의 상당 부분이 A. 던데스의 이 책을 주요 전거로 삼아서 이루어져 있음.

11 Wolfram Eberhard, *Chinese Fairy Tales and Fork Tales*, Norwood, 1977
Wolfram Eberhard · Desmond Parsons, Forktales of *China*, 1965.
Maria Tater ed, *The Classic Fairy Tales*, W. W. Norton & Co, 1999.

기와는 아주 다른 이름의 버전이 기재되어 있다.

그렇다면 우리의 이야기요 소설인 「콩쥐팥쥐」의 줄거리 내지 서사적 분절 단위의 부분은 어떠하며 신발 꽃신이 내포하고 있는 상징적 의미는 외측의 경우와는 비교의 관점에서 어떠한가. 여기에 대상이 된 「콩쥐팥쥐」는 구전적 전통의 스토리텔링과 서사쓰기의 교차점 즉 선(先) 문학적 민담 형태에서 소설의 전단계로의 이행과정에 있는 작품이다.

조선(이조) 중엽 전라도 전주(全州) 서문 밖 삼십리 되는 곳에[12] 퇴리(退吏) 최만춘이 늘그막에 콩쥐라는 딸을 얻는다. 그러나 산후 백 일만에 부인이 죽는다. 콩쥐가 열네 살이 되자 최만춘은 과부 배씨를 후처로 맞는다. 계모인 요악 간특한 성정의 배씨는 콩쥐보다 한 살 아래인 팥쥐를 데리고 들어가서 콩쥐를 심하게 구박한다. 아비 최만춘은 계모 배씨의 말만 듣는다. 계모는 콩쥐에게 여러 험하고 어려운 일들을 시킨다. 못생기고 간악한 팥쥐에게는 쇠호미를 주어서 집 근처의 모래밭을 매도록 하는 반면, 차별하여 콩쥐에게는 나무 호미를 주어서 산비탈 돌밭을 매게 한다. 콩쥐는 점심도 먹지 못한데다 나무 호미마저 목이 부러져서 계모가 허물 잡을 것을 걱정하며 울고 있다.

그때 하늘로부터 검은 소가 내려와서 '너는 곧장 하탕에 가서 발 씻

Maria Tater ed, *The Cambridge Companion Fairy Tales*, Cambridge UP, 2015, pp.160에는 'Yeh-hsien'이다.

12 단순 단형 서사 또는 서사적 단형 형태의 하나인 민담(Märchen)의 일반적 특징 및 본래 세계는 '옛날 어느 곳에'(Es war einmal)로 시작하기에 시간, 장소에 구속되지 않는(초시간성 · 초공간성) 여기서는 '조선 중엽', '전주' 등으로 제시된 것으로 보아 순수 설화(민담) 형태는 아니다.
Hans Geld Röger, 앞의 책, s. 7
Monika Schrader, *Epische Kurzformen*, Scriptor, 1986, s. 179.

고 중탕에 가서 손 씻고 상탕에 가서 낯 씻고 오라'라고 하기에 콩쥐는 그대로 한다. 한동안 지나서 콩쥐가 돌아오니 검은 소는 쇠호미와 과일을 준다. 콩쥐는 그 호미로 몇 두락의 남은 밭을 다 매고 배고픔을 참으며 과일을 한 개도 혼자 먹지 않고 가족과 함께 나누어 먹으러 집으로 가져온다. 그러나 문을 열어주지 않자 팥쥐에게 문틈으로 과일을 밀어 넣어주고서야 겨우 집안으로 들어갈 수 있게 된다.

계모는 두 번째로 콩쥐에게 밑 빠진 독에 물을 길어다가 채우라는 불가능한 일을 시킨다. 두꺼비 한 마리가 나타나서 독의 밑바닥을 막아줌으로써 이 일도 수행할 수 있게 된다. 그렇게 세월이 가서 콩쥐의 외갓집에서 잔치가 있게 되자 계모는 정작 콩쥐는 버려두고 자기가 먼저 잔치에 가려고 비단 저고리를 꺼내서 입고 팥쥐만 데리고 떠난다. 콩쥐에게는 잔치에 가려면 육십 자나 되는 한 필 베를 짜고 피 석 섬을 다 쓿어 놓고서 오라고 한다. 망연해서 울고 있는 콩쥐 앞에 직녀(織女)가 나타나서 베를 다 짜주고 새 떼들이 나타나서 겉피 석 섬을 다 쓿어준다. 직녀는 새로 지은 옷, 댕기와 새 신(꽃신)을 내어주며 외갓집에 가라고 한다.[13]

외갓집으로 가는 길에 감사의 부임행차가 위의(威儀)를 갖추고 오느라고 '에라 게 들 섰거라!' 외치는 벽제소리에 놀란 콩쥐가 허겁지겁 냇물을 건너뛰다 그만 신발 한 짝을 빠트린 채 외가로 달려간다. 그때

---

13 「콩쥐팥쥐」에 대한 이제까지의 대표적인 논의는 다음과 같다.
장덕순, 「「콩쥐팥쥐」와 「신데렐라(Cinderella)」 국문학 통론」, 신구문화사 1960.
「한국설화문학연구」(1970)
주종연, '「콩쥐팥쥐」와 「재투성이Aschenputtel」' 한독 민담 비교연구」, 1999.
류인균, 「「콩쥐팥쥐전」 연구 : 한국 고소설에 나타난 오이디푸스 콤플렉스」, 2004.

감사가 이상한 서기(瑞氣)가 어린 신발 한 짝이 있어 그 신을 주은 감사는 그 신발을 잃어버린 사람을 찾으라고 각처로 사람을 보낸다. 콩쥐의 외갓집에도 들른 관차전령들은 그 신발의 주인인 콩쥐를 찾아내서 감사에게 데려간다. 아들 하나 두지 못하고 상처하여 고적한 나날을 보내던 감사는 서기어린 신짝의 주인이 확인된 콩쥐의 지난 이야기를 듣고서 콩쥐를 후처로 맞아서 속현(續絃 : 재혼)한다.

그런데 계모 배씨는 당초에 제가 잘되어 영화를 누려 볼 요량으로 관차를 속여서 자기와 팥쥐가 잃어버린 신이라고 하다가 자매 경쟁에서 발각이 되어 무안을 당한 후 절치부심 콩쥐에게 복수의 해코지를 할 기회가 오기를 벼른다.

그러던 어느 여름날 감사가 출타 중에 감사의 사랑을 받으며 지내는 콩쥐를 시샘한 계모와 간특 요악한 팥쥐가 콩쥐를 찾아와 함께 연못에 가서 목욕을 하자고 꾀어서 콩쥐를 물에 빠트려 죽인다. 그리고는 콩쥐의 옷을 제가 주워 입고 콩쥐 인양 행세한다. 감사는 얼굴이 거무테테하고 얽은 가짜 콩쥐를 알아보지 못하고 팥쥐를 콩쥐로 믿고 함께 산다. 이로부터 얼마 뒤 연못에서 죽은 콩쥐는 연못의 연꽃으로 환생하여 감사의 주의를 끌게 된다. 감사는 그 꽃을 꺾어다가 방문 앞에 꽂아 놓게 하고 나며들며 사랑한다. 그런데 기이하게도 팥쥐가 방을 나올 때마다 꽃송이 속에 손이 있는 듯 꽃은 팥쥐의 머리채를 바당바당 쥐어뜯고 하자, 팥쥐는 그 연꽃을 아궁이에 던져 불태운다. 콩쥐는 다시 오색 구슬로 변해서 이웃 노파의 집 반닫이 속으로 옮겨졌고 감사 부인인 콩쥐는 노파에게 현신하여 연못에 빠져 죽게 된 사연을 낱낱이 밝히고 '여차여차 하여달라'는 묘계로 도움을 구한다. 이에 노파가 감사를 자기 집으로 초대하여 상위에 짝이 맞지 않는 젓가락을 내놓는다. 감사는 이에 화를 내고 노여워하는데 노파가 미처 대답도 하기 전에 홀연 병풍 뒤루부터 사람의 소리가 나면서 "젓가락 짝이 틀린 것은 저렇게 똑똑히 아시는 양반이 사람 짝이 틀린 것은 어찌하여 그토록 모르시나요?"라고 하면서 감사를 원망하며 그에게 지난 일을 얘기해 준다. 이 이야기를 들은 감사는 자기의 불찰을 부끄럽게 생각하고 팥쥐의 소행이 가증스럽고 콩쥐의 죽음이 절통하여 연못으로 가서 연못물을 빼게 하고 콩쥐의 시신을 건져낸다. 그 때 죽었던 콩쥐는 다시 숨을 돌리면서 되살아난다. 감사는 선화당(宣化堂 : 관찰사의 집무실)에 나아가 팥쥐를 잡아서 문초하고 자백을 받아낸 후 형리를 시켜서 죄인 팥쥐를 수레에 매어 찢어 죽이고 그 송장을 젓갈을 담가 항아리 속에 넣고 꼭꼭 봉하여 최만춘은 '고추막'–천한 계집애 서방–처럼 차버리고 다른 서방을 얻어간 어미 배씨에게 보낸다. 그것을 보고 팥쥐 어머니 배씨는 기절한 채로 영영 깨어나지 못하고 죽는다. 감사와 콩쥐는 미진한 인연을 이어서 아들 딸 낳고 행복하게 살고 콩쥐의 아버지 최만춘도 찾아내어 다시 숙덕(淑德)있는 여자와 결혼시켜서 단란한 삶을 누리게 한다.[14]

이 서사 에피소드 및 모티프들의 구조 단위를 분절화해 보면 다음과 같다. 신데렐라 이야기의 구성요소인 구박 · 과제(난제) · 원조자 · 시

14 이 작품의 결말 단락 부분은 특히 팥쥐의 시신을 항아리에 넣어서 그 어미 배씨에게 보내는 장면이나 그를 보고 기절사하는 대목이다. 이 부분은 중국의 콩쥐팥쥐 버전인 「린란」과 너무나 유사하다. 이 버전에서의 '콩쥐'에 해당하는 인물은 '미(beauty)'인데 비해서 '팥쥐'는 '곰보 얼굴(Pock Face)'이다. 한편 신데렐라 이야기의 베트남 버전인 「카론과 할락(Caron Tam)」의 마지막과 「린란」은 또한 상당히 유사하다. Maria Tater ed, *The Classic Fairy Tales*, W. W. Norton & Co, 1999, p.131.

험 · 결혼(구혼) · 징벌의 공통 요소가 포함되어 있다.

A. 콩쥐가 구박을 받는다.

a1. 어머니가 죽고 아버지가 재혼한다.

a2. 계모와 따라 들어온 팥쥐가 학대 · 구박한다.

a3. 아버지는 냉담하고 팥쥐는 구박한다.

B. 집에서 힘들고 불가능한 난제(難題)를 시킨다.

b1. 산비탈 돌밭을 나무 호미로 갈게 한다.(난제 1)

b2. 빈 독에 물을 길러다 채우게 한다.(난제 2)

b3. 겉피 석 섬을 쓿고 육십 척의 베를 짜게 한다.(난제 3)

C. 협조자의 도움으로 불가능한 과제를 해결한다.

c1. 하늘의 검은 소가 내려와 도운다.

c2. 두꺼비가 도와준다.

c3. 새 떼와 하늘의 직녀(織女)가 짜준다.

D. 잔칫집으로 가다 신발(꽃신) 한 짝을 잃어버린 신발 찾기

d1. 감사가 도임하는 길에 서기가 어린 신발을 발견한다.

d2. 감사는 신발 주인을 찾아 사람을 보낸다.

d3. 신발 주인 찾는 관가 사람이 콩쥐의 외가 잔치 집에 찾아온다.

E. 신발 시험에 의한 신분 상승

e1. 계모 배씨와 팥쥐는 시험에서 가짜로 들통 나 망신당한다.

e2. 콩쥐가 신발 임자로 확인된다.

F. 구혼–결혼[15] : 콩쥐는 감사와 결혼한다.

G. 간계와 죽음과 가장(假裝)

g1. 팥쥐가 간계를 부려 콩쥐를 죽게 한다.

g2. 팥쥐가 콩쥐로 가장한다.→신부 바꾸기

H. 변신과 재생

h1. 연꽃–구슬로의 변신을 거친다.

h2. 다시 사람(콩쥐)로 재생한다.

I. 잔혹한 응징의 벌–팥쥐는 죄의 응징을 받는다.

이 서사구조 분석에서 G–H–I는 결혼 이후의 이야기(후일담)이다. 여기에서 보듯, 「콩쥐팥쥐」의 서사단위에서 특이한 것은 '결혼'으로서 끝나는 「상드리옹 혹은 작은 유리구두」나 「재투성이」 등과는 달리 여기에서 끝나지 않고 G–H–I 로 이어지는 또 하나의 이야기가 이어져 있다는 점이다. 특히 재투성이를 시샘하는 결과로 실명하는 재투성이의 계모 딸들의 경우에 비해서 계모 배씨와 팥쥐가 받게 되는 응징은 더 가혹하고 잔인하기까지 하다. 한국 정신문화 연구원에서 나온 『한국 구전 문학 대계』에 나오는 구연자료에서도 이런 결말이 나타난다. 이와 유사한 것이 중국의 「린란」 · 베트남의 「카론과 할락」(캄탄)이다. 이와 비슷한 경우들이 적지 않다. 인도네시아의 신데렐라에서는 의붓자매가 끓는 가마솥에 던져져서 몸뚱이가 컵에 담겨지고 절여져서 그 어미의 소금반찬으로 보내진다.

15 이로써 많은 설화는 결말이 안정적 부분에 이르게 된다.

필리핀의 변형은 계모와 그 딸들이 야생말들에 의해서 그 몸이 여러 갈래로 찢겨진다. 이에 대해서 페로의 결말은 화해적이다. 상드리옹은 대모 요정이 신데렐라에게 세상에서 가장 작은 유리구두 한 벌을 주면서 절대로 자정을 넘는 시간까지 머물러서는 안 된다고 주의를 준다. 이 시간은 다른 신데렐라 이야기에는 없고 그림의 「생명수」와 마찬가지로 메르헨의 특별한 신화적 시간 형상의 방법인 '장벽시간(Barrier Time)'이다. 이 시간대에는 무엇을 꼭 해야 한다거나 해서는 안 된다는 규칙이 걸려 있다. 위반하면 파멸이 오는 시한폭탄이 걸려 있다. 신데렐라가 무도회에서 춤추다 도망질치는 것은 이 지켜야만 하는 장벽시간 때문이다. 시간이나 난제를 수행하게 하는 마법적 협조자로서 검은소 · 직녀가 있고, 동물 협조자로서 새와 두꺼비가 있다. 우리의 경우 축제나 파티의 무도회가 외갓집 잔치로 사회적인 경우에 따라서 변하고 있다.

팥쥐와 계모가 신발 시험에서 신발의 손상을 입어 피 흘리는 것은 억지로 유리 구두에 발을 맞추려고 우격다짐으로 발가락을 자르며 애쓰는 페로나 그림의 경우와는 달리 그런 피를 흘리는 손상의 어거지 짓을 하지 않는다.

그렇다면 신발은 「콩쥐팥쥐」에서 어떤 구조적 기능과 상징적인 의미를 지니고 있는 것일까. 1970년대 이래 많은 페미니스트들과 포스트모던 작가들은 왕자만을 기다리는 소녀(신데렐라)의 수동적인 신드롬 양상을 문제 삼으면서 '신데렐라 콤플렉스(Cinderella Complex)'란 용어를 만들게 된다. 이를 처음으로 말한 사람은 시몬느 드 보부아르다. 여성들이 자기 자신의 운명을 결정하지 못하고 혼란스럽게 살고 있는 상태를 일컬어서 한 지적이다. 사실 신데렐라는 희생적이고 수동적이다. 그러나 잃어버린 신발의 도움에 의해서, 즉 그녀의 인정에 의해서 그늘진 운명의 기간이 지나고 광명한 처지가 된다. 신데렐라는 결과적으로 미모와 신발로 높은 지위로 신분 상승할 뿐 아니라 그녀의 가련한 처지로부터 자유로워지게 하는 왕자를 만남으로써 결혼하여 이전과는 전혀 다른 가정을 이루게 되는 것이다. 여주인공의 성공은 보통 이렇게 좋은 남자와의 결혼과 재력으로써 이끌어 가게 되는 것이다.

데이비드 페이스(David Pace)는 「레비-스트로스와 설화의 분석」에서 클로드 레비-스트로스의 구조주의 분석 방법론에 근거, 페로의 판본(버전)들에 대한 네 개의 다이어그램을 작성하였는데, 그 중 신발(슬리퍼)와 관련된 것의 하나가 다음과 같은 페이스의 다이어그램이다.[16]

[다이어그램] 중개(사회적 · 영구적 중개)

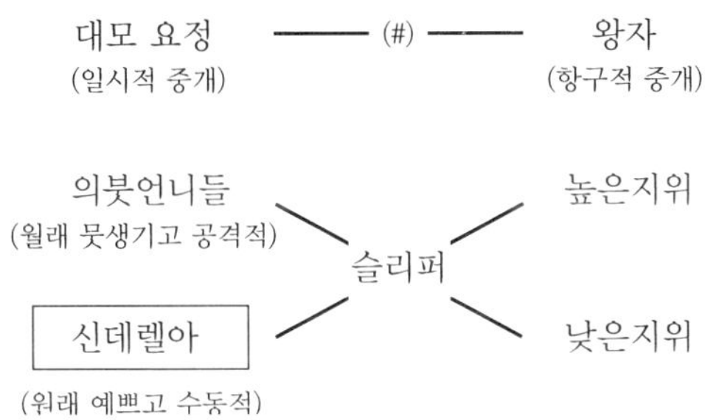

다이어그램에서는 구두가 '슬리퍼'로 제시되어 있다. 이 슬리퍼에 해당하는 여러 나라들의 버전에는 재질 상 유리 구두 · 샌들 · 수혜(꽃신) 등으로 나타난다. 페로의 유리 구두에 있어서는 'Verre(유리)'와

16 Alan Dundes, *Cinderella: A Casebook*, Madison, Wisconsin.: University of Wisconsin Press, 1988, p. 256.

'vain(가죽)'이 치환되었다는 설도 있다. 다이어그램에서 보는 것처럼, 원래 예쁘고 또 수동적이던 신데렐라는 그가 잃은 슬리퍼 한 짝과 그 신발을 매개로한 구혼 시험을 통과함으로써 별 노력 없이 남성의 사랑을 얻음은 물론 단번에 사회적인 신분 상승을 이루게 된다. 이와는 반대로 원래 못생기고 또 공격적인 의부 자매들은 탐욕스런 욕망을 위해서 발가락까지 자르며 발을 혹사하며 노력했음에도 불구하고 오히려 그로 인해서 낮은 신분이나 거지로 전락한다. 그림형제의 「재투성이」의 경우에는 비둘기에게 눈을 빼앗겨서 평생 실명하게 된다. 어쨌든 간에 신발은 신데렐라와 왕자를 매개시키는 가장 핵심적인 모티프의 기능을 한다. 만약에 신발을 잃지 않았다면 전화위복의 이야기는 가능했을까? 신발을 잃었다면 잃은 사람이 찾아야지 찾는 이는 왕자나 감사란 말인가. 그것이 이야기의 묘미이다.

신발(구두)은 남근 표상의 발이 들어가서 꼭 맞는 용기(容器)라는 점에서 흔히 여성의 성기를 상징한다고 한다. 아드 드 브리스(Ad de Vries) 등의 일련의 상징 사전들이 다 그렇게 기술하고 있다. 중국이나 우리의 경우도 그런 경향이 있다. 다시 말해서 신발은 여성 성기에 대한 상징이며 완곡어법(euphemism)이다. 페로의 판본에서처럼 그 신발이 유리 구두라면 깨지기 쉽다는 점에서 처녀막을 상징한다는 해석도 있지만, 어쨌거나 신발은 결혼과 관련된 그리고 한 짝 다른 한 짝을 찾는 남녀 합궁(合宮)의 상징물인 것은 분명하다. 우리나라 속담에서도 '짚신도 짝이 있다'라고 하지 않는가. 잃어버린 신발로 인해서 결혼이 이루어진다는 결혼 모티프의 이런 이야기는 비슷하게 잃어버린(또는 훔쳐진) 하늘 옷(천의 : 天衣)로 하여 결혼이 이루어지는 우리나라 설화 「선녀와 나무끈」 이야기와도 상통한다. 이 경우 어느 것이든 암시되는 것은 남녀의 관계나 결혼에 있어서 남자가 여자의 약점(신을 잃어버리거나 옷을 잃어버린 상태)을 가장 전략적으로 유효하게 최대한 이용하고 활용한다는 점이다. 그리고 설화의 경우에 있어서는 여성 프로타고니스트는 남성에 비해서 수동적인 역할로 격하되어 있다. 그 타자에게 인도와 유도와 문제의 해결을 의지하는 성향이 있다. 반면 감사는 잃어버린 신발의 한 짝을 관차를 동원하는 등 찾는 적극적인 역할을 수행함으로써 마침내 일생의 반려(伴侶)인 콩쥐를 찾을 수 있게 된 것이다.

신(가죽신)을 뜻하는 한자어는 '혜(鞋)'이다. 이는 왕문보(王文宝)편의 「중국상징사전」(1991) 등 중국의 상징사전류에 의하면 '해(偕)'나 '해(諧)'와 도음 또는 해음이 같다. 따라서 '동해(同偕)', '동해(同諧)'는 남녀 부분의 해로를 뜻하기 때문에, 부부가 함께 백년해로함을 '동해도로(同偕到老)'라 일컫는 것이다. 늙어 죽을 때까지 함께 동행한다는 뜻이다. 그래서 중국에서는 신랑 신부가 결혼할 때에는 함께 살면서 오래 해로하자는 바람을 표현하는 뜻으로 서로 신발을 교환한다. 설화나 동화의 세계에서 가장 유명하게 잘 알려진 신발은 신데렐라의 신발과 안데르센의 동화 「빨간 구두」의 허영심 많은 소녀 카렌의 빨간 구두이다. 꽃신 또는 유리 구두의 잠복 모티프는 시공을 초월해서 세계적으로 뒷날의 문학에서도 거듭 변형 순환된다. 이 모티프의 순환 변형의 모델 중 하나가 현대소설 김인숙의 「유리구두」이다.

2) 전복과 새로운 사랑의 가능성 : 김인숙의 「유리구두」

김인숙의 단편 「유리구두」(1993)는 그 표제나 모티프가 「콩쥐팥쥐」보다는 같은 류의 동화 샤를 페로의 「상드리옹 혹은 작은 유리구두」(약칭 : 「유리구두」)에 더 가까이 닿거나 변형되어 있는 작품이다. 그 이유는 우선 '유리구두'라는 표제에서 비롯하여 유리구두의 장면이 아주 여러 번 반복되어 등장하고 있고 또 페로의 신데렐라 이야기만이 갖고 있는 모라토리움(moratorium)의 시간 즉 그 시각에는 집으로 반드시 돌아와야 하고 그렇지 못하면 나쁜 결과가 온다는 밤 '12시'라는 금기의 장벽시간이 걸린 시간 형성 방법이 원용되고 있기 때문이다. 이렇게 「유리구두」는 페로의 동화(설화)와 관련됨으로써 이른바 '미래의 옛날(Once Upon a Time in the Future' 현상이 이루어진다.

> 밤 열두시의 종이 쳐 다른 모든 것이 잿더미 속의 모습으로 원상 복구될지라도 오로지 하나 변하지 않는, 그 유리 구두의 찬란함, 그것을 비밀스럽게 간직할 수만 있다면, 유선 그녀가 그것을 가능케 하지 않을 것이다.[17]

이 시대에 월평이라는 현장 문학비평에 파수꾼처럼 열중해 있는 부지런한 사람, 김윤식은 이 작품이 발표되자마자 진작 「빛나는 유리구두 – 후일담 문학의 심도 – 김인숙의 경우」라는 간명한 평을 쓴 바 있다. 그 중에 다음과 같은 대목이 포함되어 있는데, 우리가 유심히 주목해

17 이와 관련된 것으로 페로의 판본을 옮기면 다음과 같다.
"시계가 12시를 쳤다 … 신데렐라는 숨이 차서 집에 도착했는데, 이 때에는 화려한 옷은 온데간데없고 이전의 낡은 옷을 걸치고 있었다. 다만 작은 유리구두 한 짝만 남아 있었다."

볼 만한 해석적 평가 반응이다. 이를 옮겨보면 다음과 같은 단락이다.

> 세상이란 극복의 대상이 아니라 불연속성(죽음)에 속하는 인간이 '그 연속성을 초극하고자 하는 대상'이라는 명제가 그 것. 세상이란 또는 사회란 '나'의 실존으로서는 극복되지 않는 '타자'가 아니겠는가. 이 타자란 연속성으로 규정되는 것이 아니겠는가. 세상 · 사회 · 타자란 언제나 어느 시대 어느 곳에나 존재하는 연속성인 것. 불연속성인 인간이 연속성에도 향하고자 하는 것이야말로 당연한 일이 아니겠는가. 그것은 진 · 선 · 미에 대한 에로스화가 아닐 수 없는 것. 진 · 선 · 미에 대한 인간의 영원한 갈등. 그리움이 아니고 무엇일까. 말을 바꾸면, 죽음을 초극하기 위한 인간의 원초적인 몸부림이 바로 사회(세상)이며, 그것의 열망의 일도 조르주 바타이유가 말한 바와 같이 인간의 섹스의 에로티시즘이 인간이 본래 넘어설 수 없는 '죽음'을 넘어설 수 있게 하는 '가능성의 환상'으로 나타나는 것과 꼭 같은 현상이 아니겠는가. 이 유선도 노총각 그도 이 사실을 어렴풋이 알고 있었다 본 것입니다. 유리 구두와 에로티시즘의 등가성 말입니다.[18]

'~ 것.', '아니겠는가' 등 도사의 고압적인 설법 같은 그의 비평의 언어와 수사학이 다소 거슬리기는 하지만, 이른바 '첫 번째 독자'로서의 월평자가 처음으로 아주 거창한 명제로 세팅하고 조명해 낸 이 작품 읽기의 방향은 다음의 독자들에게 상당히 유용한 하나의 길잡이가 되기에 충분한 의의를 지니고 있다.

우선 이 「유리구두」에는 표제 그대로 유리구두를 언급하는 장면이나 대목이 상당 부분 발견된다. 이 것은 작가가 동화 유리구두의 모티프가 이 작품의 기조적 내지는 본질적 성격과 깊은 관련이 있다는 것을 인유적으로 암시한다는 뜻이다. 그만큼 신발의 상상력이 크게 작용

18 김윤식, 「세상에서 가장 예쁜 유리 구두 한 짝」, 『소설과 현장비평』, 새미, 123~4쪽.

하고 있는 것이다. 작품에 대한 보다 면밀한 이해를 위해서 주도 모티프가 될 유리구두가 등장하고 있는 장면이나 대목들을 일단 모두 한 번 옮겨보면 다음과 같다.

A . ──징그럽다. 어떻게 그렇게 변했냐? 너 학교 때는 그래도 꽤 괜찮았는데. 너 아냐? 사실은 내가 널 짝사랑할 뻔했다는 거 아니냐.

유선이 폭소를 터뜨렸다. 그녀는 탁자 위의 맥주잔을 엎어 가면서까지 웃음을 터뜨리며 그에게 엉뚱한 질문을 던졌다.
──유리 구두?
──무슨 구두?
──맙소사! 나 혼자 또 헛꿈 꿨구나!
유선은 노처녀의 교활한 눈빛을 빛내며 자신이 헛짚었다는 것을 과장해 수긍했지만 그러나 유선은 그 유리 구두라는 말을 이해하지 못하리라고는 결코 생각지 않았을 것이다. 사실이었다. 대학교 1학년 말쯤이었을까. 아니면 그 이듬해 겨울이었던가. 그는 집으로 돌아가던 학교 앞의 거리에서 쇼윈도 앞에 붙어 서 있는 유선을 발견했었다. 아주 늦은 밤이었던 것으로 기억된다. 깊은 밤의 어둠을 배경으로 더욱 찬란히 빛나던 제화점의 쇼윈도 앞에서 유선은 넋을 잃은 채 서 있었다. 그녀가 서 있던 쇼윈도 안에는 광고용으로 만들어진, 앙증맞은 유리 구두 한 짝이 놓여 있었다.
유리 구두를 바라보는 그녀의 눈빛은 마치 슬픈 사슴의 그것 같았다. 그녀는 그가 가까이 다가설 때까지도 하염없이 쇼윈도 안의 유리 구두만을 바라보고 있었다. 그는 감히 그녀의 몰입을 깰 엄두가 나지 않았다. 얼마나 그녀를 바라보고 있었을까. 불쑥 고개를 툭 떨구며 돌아서려던 그녀가 그를 발견했다. 그녀의 시선이 그에게로 향했다. 그리고 그때 그는, 그녀의 눈망울에 고여 있는 눈물 자국을 분명히 볼 수 있었다. 그녀의 눈은 갑자기 성난 눈으로 바뀌었다. 자신의 눈물을 발각당한 것이 분한 모양이었다.
──너 그때 왜 울었냐?

——글쎄…… 아마 실연을 당했었을걸.

그녀는 뻔뻔스레 '실연을 당했을걸'이라고 말했지만 아마 사실이 아니었을 것이다. 그 시절, 그들은 교정에 서린 최루탄 가스 때문에 항시 누선을 자극받았지만 울 때는 눈으로 우는 것이 아니었다. 실연 따위 때문에 그렇게 슬피 우는 여자를 그는 그 시절의 기억으로는 상상할 수 없는 것이다. 그러나 그는 유선의 말꼬리를 붙들고 늘어질 생각 따위는 없었다.

——왕자님 같은 남자였어? 유리 구두를 보고 눈물짓게? 지가 무슨 신데렐라라구!

B. 유선은 유리 구두를 신고 있었다. 그녀는 굵기와 길이가 다른 두 개의 다리에 유리 구두를 신고도 그 어느 누구보다 화려한 모습으로 걷고 있었다. 신발을 신지 못한 수많은 여자들이 그녀를 둘러싼 채로, 부러움과 찬탄이 그득한 눈초리로 그녀를 바라보고 있었다. 그녀는 턱을 뾰족이 내밀고, 속눈썹을 떨며 한 발자국 또 한 발자국 걷는다. 절뚝, 절뚝, 길이와 굵기 다른 다리를 움직여 그녀는 화려 찬란하게 걷고 있다. 모든 여자들이 그녀의 유리 구두를 바라보고 있었다. 그녀는 선망의 대상이었다.

C. ——유치원 때, 국민학교 때부터 나는 달리기만 하면 꼴찌였어. 사람들은 내가 왜 그렇게 못 뛰는지를 이해하지 못했어. 난 소아마비였지만, 사람들은 내가 소아마비라는 걸 몰랐거든. 그러나 사람들이 알든 모르든 나는 소아마비야. 내 다리는 양쪽 길이가 달라. 나는 유리 구두를 신을 수가 없어. 내 짝짝이 발에 맞는 유리 구두는 없을 테니까. 신데렐라라는 동화는 내게 최초의 절망이었어. 내가 동화책을 무릎에 놓고 하염없이 울고 있으니까 우리 엄마가 나를 끌어안고는 나보다 더 많이 울더라. 엄마가 우는 걸 보고, 난 결심했어. 내 발에 맞는 유리 구두를 찾을 거야. 난 유리 구두를 신고 말 거야.

D. 유선이 그에게 주었던 놀랄 만큼의 성적 자극, 그것만으로도 유선을 영원히 소유해야 할 충분한 이유가 된다고 스스로를 설득하려고 하

는 것이다. 밤 열두시의 종이 쳐 다른 모든 것이 잿더미 속의 모습으로 원상 복구될지라도 오로지 하나 변하지 않는, 그 유리 구두의 찬란함, 그것을 비밀스럽게 간직할 수만 있다면, 유선 그녀가 그것을 가능케 하지 않을 것이다. 유선, 그녀와의 섹스가 말이다.
어쩌다 잠에 빠져 어쩌다 꿈을 꾸고 또 어쩌다 그 꿈에서 깨어났는지는 알 수 없다. 그가 그 여관의 침대에서 눈을 떴을 때 창밖은 어느새 희뿌연 한 새벽 여명으로 밝아 있었다.

E. ——어느 날 아침 나는 알았어. 내게는 더 이상 내 정열을 다 바쳐 할 수 있는 일이 아무것도 없다는 것을 말이야. 이 세상에 유리 구두는 존재하지 않아. 존재하는 것은 남과 같으냐, 남과 다르냐, 남보다 나으냐, 남보다 못하냐 이지. 나는 나이 삼십이 되어 버렸고 세상에 편승하는 방법을 알았어. 빌어먹을, 나이 삼십에 내게 남은 마지막 가능성은 섹스밖에는 없어. 섹스가 위대해서가 아니야. 그것이 밀실에서 이루어진다는 것 때문에 그럴 뿐이야. 광장에서의 열정은…… 그 열정에 바칠 가능성은, 이제 없어.

좀 장황하게 느껴지겠지만, 이 작품에 제시되고 있는 유리 구두에 관련된 부분들을 모두 한번 옮겨 본 것이다. 이것만으로도 이 작품은 신발의 이야기라고 할 만큼 유리 구두 모티프가 작품의 주요 구성소이고, 또 여성 주인공인 이유선의 삶이 긍정적이든 부정적이든 페로의 구두의 주인공인 신데렐라의 운명과 서로 깊이 연관되어 있음을 암시한다. 줄거리와 함께 유선이 어떤 인물인지를 살펴보자. 그녀는 인용 C에서 제시되듯이 소아마비(小兒痲痺, Infantile Paralysis)의 장애와 병력이 있어서 다리의 굵기와 길이가 서로 다른 짝다리이다. 그래서 초등학교 때부터 달리기만 하면 늘 꼴찌이기가 일쑤. 양쪽 길이가 달라서 짝짝이 발에는 맞는 유리 구두가 없을 것이라고 생각하는 그녀에게는 신데렐라의 동화는 그녀로 하여금 최초의 절망을 안겨준다. 그 대신 우는 엄마를 보면서 그녀는 자기 발에 맞는 '나만의 구두'를 신고 말거라고 다짐하고 탐색한다. 그것이 곧 80년대라는 절망과 분노의 시대에 좋은 세상을 만들기 위한 사회 정의에 젊음을 바치는 지향성이다.

그러면서도 시간적으로 현재와 과거가 접합되어 있는 인용 A에서 보듯, 대학 1학년생이었던 이유선은 학교 앞 깊은 밤거리의 쇼윈도에 놓여있는 광고용 유리 구두 한 짝을 넋을 잃은 채 바라보다 눈물자국을 보이기도 한다. 이런 상반된 모습은 그녀가 지향코자하는 열정과는 달리 유리 구두를 신음으로써 타자에 의해서 상승하게 될 재투성이 신데렐라를 부러워하면서도 장애가 되는 소아마비로 인해서 그럴 수가 없는 자신의 한계와 처지를 안타까워하는 태도가 복합되어 있는 것이다. 이유선의 갈등하는 마음의 내면풍경이다.

그 뒤 여성지 연예 담당 기자가 된 이유선은 대학교 1학년 시절 신입생 환영회에서 처음 만났던 남자 '그'와 10년의 세월이 흘러서 재회하게 된다. 그녀가 근무하는 잡지에서 오늘의 엘리트 총각사원 특집이 기획되어 있어서, 우연히 그가 취재대상으로서 선정되었기 때문이다. 10년 만에 다시 재회가 이루어진 동창인 이들은 아주 쉽게 의기투합하여 여관으로 달려가서 격류 같은 뜨거운 정사를 벌인다. 이런 기회는 이후로도 거듭된다. 이렇게 서로가 몸을 섞기 시작한 첫날 유선은 그에게 다음과 같은 말을 내뱉는다.

> 내게 남은 마지막 가능성이야. 나한테 섹스는 그렇게 위대한 의미를 갖고 있는 거라구. 너, 내 말 알아들어?

유선의 이 같은 마지막 가능성으로서의 '섹시즘(Sexism)'에 치우친

태도나 강조의 발언은 인용 E에 제시된 마지막 부분에서도 '그'의 기억에 의해서 다시 한 번 떠올려진다. 이렇게 10년 전의 '광장의 열정'보다는 그늘진 밀실의 섹스에 함몰되어 있는, 현실에 닳을 대로 닳아지고 교활한 눈빛까지 하는 여자(유선)는 그가 느끼고 있는 것처럼 십년 전에 그가 알았던 그 여자가 전혀 아닌 것이다. 그래서 그는 홀로 타는 불덩어리에 당했다는 생각을 한다. 이렇게 어느덧 삼십이 되어버려서 세상에 편승하는 방법으로서의 마지막 가능성이 오직 섹스밖에 없다는 유선의 말과 태도가 암시하는 것은 성이나 에로티시즘에의 경도나 지향은 물론이지만, 여성을 수동적이고 가정적인 역할로만 격하하려는 전통적인 젠더롤 즉 일방적 남성주의의 역할과 가치에 대한 일종의 반발의도가 함축되어 있는 것도 사실이다. 이는 분명 성적인 주도권이 교체된 현장이기 때문이다. 그것은 광장의 열정에서 밀실에의 상태로 바꾸어진다는 것은 분명 뒤집음, 즉 전/후 상황의 전복(顚覆, Subversion)이다. 10년 전의 삶과 수동적인 페미니티에 대한 성의 전복적 일탈이고 전복적인 기억이다. 뿐만 아니라 결혼의 진정성이 전제되고 남성에 복종하고 또 남성에 의해서 구원받거나 상승한다는 페로의 신데렐라 같은 남성적인 코드의 전복 현상이다. 젠더롤에 있어서 여성의 남성화 현상이기도 하다. 그렇다면, 유선은 마지막 가능성인 섹스로 인해서 유리구두를 이미 획득하거나 신었다고 볼 수가 있을까. 유리 구두나 구두가 여성의 성기를 지칭하는 보편적인 완곡어법이란 점에서 보면 유리구두와 섹스(에로티시즘)는 등가성을 갖고 있다고 볼 수도 있기는 하다. 그러나 양자 간의 섹스는 동화에서의 양심적 결합이 아니라 시간과 세월에 그냥 쓸려가면서 세속화되는 생활의 일탈적 적응의 현상이다. 섹시즘이 유리 구두를 신는 것과 등가화 될 수 있는 성의 희망적인 가능성과 등가화될 수는 없기 때문이다.

그렇다면 남자 주인공인 '그'의 처지는 또 어떤가. 그 역시 세상에 타협하면서 매순간 특별한 궁핍도 특별한 고뇌도 특별한 고독도 없이 낙천적으로 살아간다. 서른 두 살의 그는 유선을 재회하기 이전 선배의 소개로 한경윤이라는 대학원생을 만나서 서로 결혼이라는 '거래'의 욕심을 내고 십중팔구 경윤과의 결혼을 하게 될 것이라 확신한다. 그는 자신 앞에 주어진 그 결혼이라는 절차를 해치움으로써 좀 더 편안한 생의 안정감 속으로 빠져들고자 한다. 그러나 유선과의 재회는 그로 하여금 스스로 자신의 존재와 생활방식에 대해서 되묻게 하는 계기적 사건이 된다. 그럼으로써 모티프 상으로 '그는 두 여자 사이의 한 남자(Mann Zwischen Zwei Frauen)' 또는 두 여자를 동시에 소유하게 되는 상황이 된다. 이로 인해서 유선과의 거래는 계속적인 섹스이고 한경윤과의 거래인 결혼 사이에 있게 되는 처지가 된다. 전자는 그에게 일상적인 삶을 벗어나게 하는 존재이고 사랑에 빠진 여자, 후자는 좀 더 편안한 생의 안정감으로 빠져들게 하는 존재이다. 그런 가운데서 그는 그에게 주었던 유선의 자극과 폭발적인 열정을 잃고 싶어 하지 않는다. 그래서 인용 B에서 보는 것처럼 그는 유선이 소아마비 상태임에도 불구하고 유리구두를 신고 있는 당당히 걷는 자태를 꿈으로 몽상한다.

그런 점에서 보면 그가 오히려 신데렐라를 곤경에서 구하는 동화의 남성적인 프로타고니스트와 본질적 성격에 있어서는 일치되거나 친근한 상태이다. 그는 분명 신데렐라에 대한 왕자가 되려고 한다. 그래서 잃어버린 자신의 욕망을 되찾는 그는 마지막에서 광장에서 열정에 바칠 가능성이 아무 것도 없다는 유선에게 사랑의 공중전화를 건다.

> 사랑해, 너를 사랑해. 섹스 말고도 아직 가능성이 남아 있는 게 있어. 그건 사랑이야. 사랑이라구! 유선아…… 난 널 사랑해…….

진정한 남은 가능성은 섹스의 가능성 말고도 사랑이 존재한다는 것을 절규적으로 환기시키는 일이다. 낭만적이긴 하지만 사랑을 위해서 한경윤과의 결혼을 진행하고 있는 그의 이기적이고 이중적인 태도가 과연 온당한 가치의 태도일까. 구두의 시험에서처럼 한경윤은 탈락되어야 하는 존재인가. 이미 성적 관계가 깊음을 지닌 양자가 섹스 아닌 사랑이라는 무성(Asexual)의 사랑이 가능하다는 사랑의 순애적 전도사가 될 수 있을까. 스티븐 컨(Stephen Kern)은 그의 『사랑의 문화사』(1984)에서 다음과 같이 밝히고 있다. "사랑은 실존적인 유한성에 근거되어 있다. 이 사랑의 유한성의 주된 배후는 갈등과 배제와 죽음이다."[19] 그런데 그가 부르짖은 사랑의 진정한 가능성이 실존적으로 유한성인 사랑을 넘어서는 것으로 가능할 수 있겠는지는 알 수가 없다.

3) 잃어버린 신발 되찾기 : 「헌구두」(이선구) 다시 찾은 구두와 여자의 일생

꽃신은 아니지만 꽃신과 별로 다를 바 없는 또 하나의 신발의 작품이 있다. 이선구의 콩트 「헌 구두」(1948)이다. 표제 그대로 구두를 매개

19 Stephen Kern, *The Culture of Love : VIctorian to Modern*, Harvard University Press, 1994, p. 372.

로 하여 속절없이 가는 시간(세월)의 질서 속에서의 사물과 인사의 덧없음과 변화의 추이를 병렬시킨 작품이다. 그래서 짧은 단형의 서사이지만 시간론적으로 시간 부사 '그때'와 20년이란 '지금의' 긴 시간의 도약적인 단축 현상이 두드러지게 나타난다. 서정주의 시 「국화 옆에서」의 '그립고 아쉬운 먼먼 젊음의 뒤안길에서/이제 돌아와 거울 앞에 선/내 누님같이 생긴 꽃이여'와 비슷한 정황이다. 1인칭 서술자인 '나'의 관심의 초점은 외사촌 누나인 정국(貞菊)과 그녀의 구두에 모아져 있다. 20년 사이에 정국 누나는 시골 '나'(우리)의 집에 두 번 손님으로 온다. 첫 번째로는 '나'가 보통학교 4학년생일 때 꽃봉오리처럼 아름다운 도시풍 처녀로서 부산으로 이사를 가면서 찾아온 것이다. 그때 시골길을 '나'와 함께 많이 걸어서 발뒤꿈치를 다친 정국이 누나는 잊어버린 채 그 구두를 두고 새 고무신을 신고 떠난다. 이렇게 잊어버린 것이나 잃어버린 것은 별로 다름이 없다.

> 구두는 누른 빛깔로 코가 개름하고 발등에 끈을 달어 그 시절에 한창 유행하던 그러한 구두였다.

이상하게도 이 누나의 구두는 기회와 인편이 없는 채 주인공에게 오래 돌아가지 못한다. 그 사이 화자의 어머니가 세상을 떠나는 통에 외가와는 왕래가 끊어졌기 때문이다. 그런 중에 이십여 년의 세월이 흘러서 아버지마저 죽고 '나'는 집안의 가장이 된다. 해방(1945)이 되고 생활의 변동이 눈에 띄는 북새통에 외가가 마산으로부터 서울로 이사를 한다. 그런 어느 하루 머리가 하얗게 센 외숙모가 우리 집 이사를 도우러, 흰 저고리 · 흰 치마를 입은 주름살이 많이 드러난 중년 부인 하나를 데리고 찾아온다. 그가 바로 지난날의 정국이 누나다. 그러니까 이것이 20년 만에 두 번째의 그녀의 내방이고 해후다. 정국 누나는 십년 전에 과부가 되어 딸 형제를 키우며 수절을 한다는 소식이다. 한창 이삿짐을 꾸리는 중에 지난날 잊어버렸던 그 끈이 달린 구두가 누른 빛 구두가 되어서 짐 속에서 튀어나온다. 이를 보자 정국은 뼈아픈 기억을 무수히 품은 기나긴 세월이 창졸간에 되살아나서 놀라움과 비감에 젖어든다.

> 그는 서슬도 닳지 않은 채 유행이 지나고 먼지가 끼어 낡아빠진 구두를 이십 년 만에 묵묵히 신어보는 것이었다.

정국은 20년 만에 잊고, 잃었던 그 구두를 신고 마당을 몇 번이나 왔다 갔다 하다가 눈썹에 한 순간 이슬이 맺힌다. 그것을 '나'의 눈은 놓치지 않는다. 정국 누나의 20년의 시간적 거리를 둔 첫 번째와 두 번째의 내방과 '그 때'의 정국의 아름다운 젊음과 유행하던 새 구두, '이 때'의 노년기 한 걸음 앞에선 주름살의 정국과 낡아빠진 구두는 세월(시간)이 만들어 낸 엄청난 격절이며 변화의 양상이다. 청춘은 새 구두처럼 아름답지만 누른 빛 구두처럼 낡아가는 노년은 반대로 처연한 것이다. 그래서 이 작품은 새 것과 헌 것으로서의 구두의 두 상반된 대치 이미지를 통해서 세월 속에 속절없이 산화되어가는 여인(정국)의 일생과 굴곡 많은 생의 초상을 제시하며 보여주고 있는 것이다. 짧은 작품이지만 정국누나는 흡사 서정주의 시 「국화 옆에서」의 누님 같은 모습이다. 그리고 또 이 역시 잊어진 상태의 잃어버린 신발(구두)을 오랜 시간이 흘러서야 다시 찾는 이야기다.

8장

짚신-미투리-꽃신(갓신)의 문화와 문학

1) 일과 죽음과 여행을 표상하는 짚신과 육날 미투리

한국의 전통 신발의 문화는 짚신, 미투리, 갓신(가죽신)으로 이루어진다. 짚신은 조선서민의 대표적인 신발이다. 짚신 삼기는 조선시대에 가장 인기 없는 일거리다. 짚신과 관련된 주목할 만한 글로서 조선 말기의 문장가인 이건창(李建昌, 1852~1898)의 묘지명에 다음과 같은 명(銘)이 있다.

오곡이 풍성한 것은 백성들이 보배로 여기나　　五穀芃芃民所寶
알맹이는 거두어 먹고 짚은 버렸네.　　斂精食實委枯槁
유 씨 노인 이것으로 일생을 마쳤으니　　惟叟得之以終老
살아서는 신을 삼았고 장사 지낼 때에는 거적에 싸여 갔네.　　生也爲屨葬也藁

이는 이건창이 「유수묘지명(俞叟墓誌銘 : 유 노인의 묘지명)」의 끝에 붙인 명(銘 : 즉, 새김글)이다. 그래서 전통적인 글의 종류로는 명문(銘文)에 해당한다. 그렇다면 이 비명의 주인공인 유씨 늙은이는 과연 어떤 인물인가. 비문은 처자도 없이 70세까지 의지가지없이 오직 외롭게 평생을 생계유지를 위해서 짚신만을 삼다 간 한 하찮은 민초의 존재인 늙은이 유 노인에 대해서 다음과 같이 쓰고 있다.

> 이 노인은 중년에 홀몸으로 떠돌아다니다가 윤여화의 집에서 객(客)이 된 지 30년이 되었는데, 순박하고 말이 없는데다가 다른 재주가 없어 날마다 신을 삼는 일만 하였다. 그러나 스스로 신을 팔지 않고 윤여화에게 주었는데, 윤여화가 신을 팔아 쌀을 장만하면 이를 보내어 밥을 짓게 하였으나, 그렇지 못할 때에는 여러 날이 지나도 밥을 짓지 못하기도 하였다. 마을 사람들이 아무것도 안 가지고 와서 신을 달라고 해도 노인은 바로 신을 내주었다. 혹 값을 치르지 않고 가져가 놓고 오래되어도 직접 가서 찾지 않았으므로 때로는 한 해가 다 가도 한 걸음도 문밖을 나가지 않았다. 내 집과 윤여화의 집이 서로 빤히 보일 정도로 가까웠지만 나는 끝내 늙은이의 얼굴을 알지 못하였다.
>
> 그런데 내가 일찍이 슬퍼한 것은, 옛날 성현(聖賢)은 종신토록 한 가지 일도 세상에 행하지 못하였지마는 그들의 학업은 다 세상에 행하고 있다는 사실이다. 지금 이 유 씨 노인도 한 해가 다 가도록 한 걸음도 길에 나다니지 않았지마는 그가 한 일은 오로지 세상에 행해지고 있는 것이다. 비록 그 도구의 규모는 다르다 해도 그렇게 부지런히 하고서도 자기에게 소용이 없기는 마찬가지니, 또한 슬픈 일이다.
>
> 그러나 성현이 스스로 세상에 도를 행할 수도 없었지마는, 세상 또한 끝내 그 도를 쓰지 않음으로써 도리어 비방을 초래하고 환액(患厄)에 걸리어, 두려워하고 편안하지 못하였다. 그런데 이 노인 같은 경우는 진실로 세상에 도를 행하는 데 뜻이 없었지마는, 마을 사람들이 그 신을 쓸 뿐만 아니라 그 값을 치러 주어, 노력으로써 먹을 수 있었고, 늙어 세상을 마치도록 다른 걱정은 없었다.

이름 없는 존재로 가난하고 외롭게 살지만 무욕하게 오직 짚신만을 평생 삼고 이웃에 도움을 주고받으며 살다가 마지막에는 짚거적에 쌓여서 저승으로 가는 한 일생을 성현과 비기면서 기리고 있다. 참으로 초라하지만 무욕한 사람으로서의 한 맑은 평생이다.

그런데 이 글에는 짚신삼기라는 '일'과 그 짚으로 만든 거적에 초라하게 쌓여가는 '죽음'(여행)이라는 짚신과 짚이 일관되게 삶의 의미로 함축되어 있다. 즉 유노인의 삶도 죽음도 오직 짚으로만 대리되고 있다는 점이다. 짚은 벼의 알곡을 떨어낸 줄기, 곧 볏짚이다. 농경 문화권에서 이 짚은 농작물의 부산물로서 일상생활에 대양한 형태로 쓰이고 이용되어져 왔다. 한국에 벼가 들어온 것은 대략 BC 2, 3 세기라고 전해지고 있다. 이 때부터 도령(稻靈崇拜) 신앙에 근거해서 농가에서는 여러 생활 도구나 재료로서 볏짚을 쓰기 시작했고 짚 문화가 번성한 것으로 보여 진다. 짚이 신앙의 대상이 되어 왔음은 금줄 · 삼신 짚 · 퇴주가리 · 볏거리 · 달집태우기 · 거북놀이 등 농촌의 민속 행사에 볏짚이 널리 쓰였다는 사실로도 짐작이 가능한 것이다. 짚신 또는 초혜(草鞋), 초리(草履)는 이 볏짚으로 삼은 신이다. 오래 전부터 신었지만 조선시대 서민에게는 대표적 신발이다. 조선 시대의 벼슬아치들의 신발이 검은 가죽신(갖신)인 반면 서민의 신발은 거의 짚신이다. 짚신은 짚으로 새끼를 한 발쯤 꼬아서 4줄의 날을 하고, 짚으로 엮어서 바닥을 삼아 양쪽 가장자리에 짚을 꼬아 총을 만들어 내고 뒤는 날을 하나로 모아 다시 그 줄로 새끼를 꼬고 짚으로 감아 올린 뒤 그 가닥으로 나누어 줄을 만들고 가는 새끼로 총을 꿰어 두르면 완성된다. 이것이 짚신 삼기의 전 과정이다. 이렇게 재료도 구하기 쉽고 만들기도 쉬운 신발이 짚신이다.

상류 사회는 가죽으로 만든 갖신이나 구두를 신었지만, 일을 하면서 평생을 사는 서민이나 상민들은 짚신을 즐겨 신었다. 이 짚신도 신총이 많고 왕골이나 삼바닥을 넣어서 가늘게 꼬아서 만든 좋은 것은 주로 양반들이 신었다. 그러니까 짚신은 삼국시대 이후 서민들이 평상시 보행할 때나 들일을 할 때 신은 대표적인 주류의 신발이고 1920년대 전후 고무신과 구두가 등장하기 전까지 조선 서민의 대표 신발이다. 특히 노동을 할 때에는 아주 투박하고 어설프게 삼은 '어벅다리' 짚세기를 신었는데, 어벅다리는 농군, 머슴들이나 하인들이 신은 대표적인 노동의 투박한 신발이다. 그리고 1930년대의 농민 등 농촌 서민의 삶을 제시한 김유정 등의 소설에서도 이 짚신 삼기나 짚신은 자주 등장한다. 뿐만 아니라 짚신은 오늘의 상가(喪家)에서도 상제와 상여꾼의 신발이다.

짚신이 우리의 전통적인 문학에서 신발로서 출현하는 몇 경우를 찾아보면 다음과 같다.

『삼국유사』에 실린 설화 「연오랑 세오녀」(延烏郎 細烏女)에서 신발이 등장한다.

> 제8대(第八代) 아달라왕(阿達羅王) 즉위 4년 정유(丁酉)에 동해 바닷가에 연오랑과 세오녀 부부가 살고 있었다. 어느 날 연오가 바다에 나가 해조(海藻)를 따고 있는데, 갑자기 바위 하나가 나타나더니 연오를 싣고 일본으로 가 버렸다. 이것을 본 그 나라 사람들은, "이는 범상한 사람이 아니다." 하고는 연오를 세워 왕으로 삼았다. 세오는 남편이 돌아오지 않자 이상히 여겨 바닷가에 나가 찾다가 남편이 벗어 놓은 신을 발견했다.(見夫脫鞋) 세오가 그 바위 위에 올라갔더니, 바위는 또한 전처럼 세오를 싣고 일본으로 갔다. 그 나라 사람들은 놀라 왕에게 사실을 아뢰었다. 마침내 부부가 서로 만나게 되어 그녀를 귀비(貴妃)로 삼았다.

여기 연오랑이 동해 바닷가에 벗어놓은 신발(鞋)은 틀림없이 초리(草履) 또는 초혜(草鞋) 즉, 짚신이었을 것으로 짐작된다. 해조를 따는 사람이 무슨 큰 귀족이었겠는가. 해조를 따러 가는데 마른 신인 미투리를 신고 가겠는가. 판소리계 소설 「흥부전」에서 가난한 흥부가 아내의 성화와 굶는 자식들을 살리려고 형인 놀부집에 찾아 갈 때에 신은 신발도 우리가 쉽게 예상할 수 있듯이, 들메끈을 한 짚신 그것도 아주 헌 짚신이다. 아마도 여기에다 흥부는 감발까지도 했으리라 짐작된다.

> 흥보 치장 차리고 가는 거동을 볼작시면 앞살 터진 헌 망건에 물레줄로 당줄 달아 쓰고 모자 빠진 헌 갓을 실로 총총 얽어매어 죽영을 달아 쓰고 깃만 남은 중추막에 동강동강 이은 술띠로 흉복통 눌러 메고 떨어진 고의적삼 청올치로 다님 매고 헌 짚신 들메 하고 세살부채 손에 들고 서홉디리 오망자루 꽁문이에 비슥 차고 바람맞은 병인처럼 비슥비슥 건너간다.

그야말로 가난한 차림을 아주 그로테스크하게 묘사하는 전통적 부실(不實)에 예찬의 비유적 수사학이 흥미롭다. 여기서 흥부가 신은 신발은 헌 짚신에다 '들메'—벗어지지 않도록 끈이나 새끼로 발에 동여맴—까지 한 허술한 상태이다.

한편, 벼농사를 주로 하는 한국의 장제 문화는 짚신과 매우 관련이 깊다. 즉 짚신은 이승에서 저승을 가는 먼 길 떠나기, 즉 죽음과 관련 깊은 매개적인 상징이다. 죽음도 여행인 것이다. 다만 죽음은 돌아올 수 없는 여행이다. 상제의 굴건제복의 복식에서 상제가 신은 것은 짚신이고 상복도 삼베에다 짚으로 만든 띠를 함은 물론 상청(빈소)의 설치에 있어서도 짚이 많이 이용된다. 사자가 살던 집을 떠나 저승길로 가는 발인 날에 대문 밖에 사자상에 밥과 돈과 짚신이 놓여진다. 이는 저승사자에게 먹을 것과 노자를 주고 먼 길을 가는 동안 닳은 신발을 새로 바꿔 신고서 사자의 영혼을 저승까지 잘 모셔달라는 보내는 사람의 간절한 바람의 의미를 담고 있는 것이다. 짚은 이렇게 한국 문화에서 민족지(民族誌)적으로 삶과 죽음과도 매우 밀착되어 있는 것이며, 짚신은 곧 상민(常民)의 상징이었고 짚신삼기는 그들의 중요 부업이었다.

미투리는 삼 껍질과 닥(楮), 모시 따위로 짚신처럼 삼은 신이다. 흔히 마혜(麻鞋) 또는 망혜(芒鞋)라 일컫는, 총을 50~60개 세워 만들었으며 짚신보다는 조밀하고 곱게 짠 고급품이다. 6날이나 8날로 이루어진다. 6날은 양반들이 신었고, 8날은 고관들이 신었을 정도로 미투리는 좋은 것은 양반들이 신었으며 중인층 이상이 사용하였고 원거리 보행 시에 신었다. 김시습(金時習)의 한 시에는 망혜가 나온다. '종일 망혜 신고 발길 따라 가노라니(終日芒鞋信脚行) / 한 산을 걷고 나면 또 한 산이 푸르다.(一山行盡一山靑).' 남도(南道) 판소리의 '죽장망혜(竹杖芒鞋)'는 대지팡이와 미투리(짚신)을 신은 상태이다. 이는 세상의 영욕을 다 버리고 길손이 되어 간편한 행장의 옷차림으로 강산 풍경을 두루 찾아다니며 유람하거나 구경함을 의미한다. 또 미투리는 나들이 길의 여로나 이승길이나 저승길에 있어서나 생과 사의 길이나 여행과 연계되어 있는 유람자와 사자의 신발이다.

이 미투리가 우리 현대시에서 가장 대표적인 시적 이미지로서 환기된 것으로, 서정주의 시에 「귀촉도(歸蜀道)」(1943)가 있다.

눈물 아롱아롱
피리 불고 가신 님의 밟으신 길은
진달래 꽃비 오는 서역(西域) 삼만리(三萬里).
흰 옷깃 여며 여며 가옵신 님의
다시 오진 못하는 파촉(巴蜀) 삼만리(三萬里).

신이나 삼아줄 걸 슬픈 사연의
올올이 아로새긴 육날 메투리
은장도 푸른 날로 이냥 베혀서
부질없는 이 머리털 엮어 드릴걸.

초롱에 불빛, 지친 밤하늘
굽이굽이 은하물 목이 젖은 새,
차마 아니 솟는 가락 눈이 감겨서
제 피에 취한 새가 귀촉도 운다.
그대 하늘 끝 호올로 가신 님아

이는 김소월의 「초혼」과 더불어 우리 현대시에서 대표적인 애도시다. 촉나라 망제(望帝)와 두견이 얽힌 중국 고사가 시적 상상력의 바탕으로서 인유된 작품이다.[20] 그만큼 인유(引喩, Allusion)의 시학과 한(恨)의 애틋하고 처절한 비극미가 도저한 시다. 여기서 이 장이 특히 주목하게 되는 연은 두 번째 연이고, 그 중에서도 '육날 메투리'(여기서는 '미투리'가 '메투리'로 됨)와 '머리털'의 이미지이다. 머리털을 은장도로 베어서 육날 미투리를 엮어 가신 망자에게 드린다는 것. 오 헨리의 「현자의

20 이 시에 대한 평석은 오세영의 『한국 현대시의 분석적 읽기』(1998) 333~65쪽에서 자세하게 이루어져 있음.
살려준 별령의 배신으로 나라를 빼앗긴 촉나라 망제가 원통히 죽어 두견새가 되어서 밤마다 불여귀라 피나게 우는 새가 되었다. 후세에 그 새를 귀촉도라 했고, 망제의 혼이라 했다.

선물」의 유명한 머리카락 자르기는 그대로 대단한 것이지만, 죽음과는 닿아있지 않아서 시적 상상력의 구조에 있어서는 이에 비참해서 오히려 저 밑에 불과한 것이 아닐까.

여기서 시적 화자는 서역 삼만리, 파촉 삼만리인 멀고먼 원격의 공간인 저승으로 떠나가는 님을 위해서 신고 갈 신발을 관 속에 마련해 주지 못했음을 안타까워하고 있다. 그것도 그 신발이라는 것이 짚신도 그냥 미투리(메투리)도 아니고 자신의 머리털을 자르고 베어서 만든 슬픈 사연을 올올이 아로새긴 육날 메투리다. 머리타락을 은장도로 베어서 신발로 삼는다. 이것은 애도와 더불어 떠나는 그 님이 이승에 대한 아무런 여한이 없이 저승길로 가기를 바라는 간절한 염원에서 자신의 혼이나 다름없는 머리털로 미투리를 잘라 엮어 진작 바치지 못함을 피눈물의 회한으로 안타까워한다. 촉나라에 돌아가지 못해 피울음을 토하는 망제의 혼 귀촉도(두견새)와 이승의 머릿결이 많이도 남아 있고 신발이 없는 상태인 님이 하나로서 융합 · 동화된 정황이다. 머리카락은 사람의 영혼의 거소(居所)이고, 그 머리카락을 자른다거나 흩뜨린다는 것(산발)은 애도의 징표로서[21] 상징된다. 따라서 이 「귀촉도」에서 머리털을 벤다는 것은 곧 애도하고 자아의 생명과 혼을 그 님에게 아낌없이 준다는 완결적 증여의 의미를 지님과 동시에 시공을 초월해서 님과 함께 함을 서약하는 동일화, 그리고 보은의 의식적 행위인 것이다. 그러한 존재인 님이 홀로 가다 마치 촉나라에 돌아가고 싶어 하다 두견이 된 망제의 혼처럼 이승과 저승사이에 떠돌고 있다니, 진작 신발을 신

21 Jean Chevalier · Alan Gheerbrant, *A Dictionary of Symbols*, Blackwell, 1994, pp. 460~1

겨주지 못했음이 얼마나 몸부림치게 안타까운 일인가. 이렇게 미투리가 죽음과 관련되고 있는 현상의 한 전상은 일연(一然)의 『삼국유사』 권4 「이혜동진(二惠同塵)」에서 찾아 볼 수가 있다.

> 얼마 안 되어 혜숙이 갑자기 죽자 마을 사람들이 이현(耳峴; 혹은 형현硎峴이라고도 함) 동쪽에 장사지냈는데, 그때 마을 사람으로서 이현 서쪽에서 오는 이가 있었다. 그는 도중에서 혜숙을 만나 어디로 가느냐고 물으니 대답하기를, "이곳에 오랫동안 살았기 때문에 다른 지방으로 유람하러 간다"하여 서로 인사하고 헤어졌는데, 반 리(半里)쯤 가다가 구름을 타고 가 버렸다. 그 사람이 고개 동쪽에 이르러 장사지내던 사람들이 아직 흩어지지 않은 것을 보고 그 까닭을 자세히 이야기하고 무덤을 헤쳐 보니 다만 망혜(미투리) 한 짝이 있을 뿐이었다.(唯芒鞋一隻而已)

이렇게 육신의 죽음과 신발 미투리가 하나로 결합되어 있다. 맑은 육날의 미투리는 우리 문화의 정신구조에 있어서 여행과 사자를 저승으로 가게 하는 운송적 매개 기능을 한다.

2) 기억의 「꽃신」과 제화장인(匠人)의 일생

국어사전에서 꽃신은 여자와 어린 아이들의 신발, 꽃 모양이나 여러 가지 고운 빛깔로 예쁘게 꾸민 신발로 규정되어 있다. 그래서 이 꽃신은 전통적으로 여인의 혼례와 관련되어 있는 기쁜 신이다. 이런 갖신으로서의 꽃신이 그대로 표제가 되고 있는 작품이 재미작가인 김용익의 「꽃신」(1956)이다. 영문 표제는 "The Wedding Shoes"이다. 그러나 이 작품에서의 꽃신은 결혼의 신발로 행복을 담은 아름다운 신이 아니고 아픔과 슬픔과 추억을 간직하고 있는 신발이다. 그와 동시에 저희 세업(世業)을 자랑하며 평생을 고집스러울 만큼 시류를 거스르며 오직 꽃신만을 만들다가 생을 마치는 한 외곬의 신집사람-꽃신 장인의 삶의 편력과 고집과 희망과 예혼(藝魂)이 담긴 신발이다. 이 꽃신장이의 일생을 1인칭에서 서술한 관찰자인 '나'의 시선을 통해서 예스럽고 서정적인 문체미학으로 그린 작품이다. 그러나 '나'는 그 서사적 역할에 있어서 단순 서술적 관찰자만은 아니다. '상도'라는 작중 이름이 주어져 있어서 한 인물로서의 역할도 함께 하고 있다.

1950년대 초의 부산, 피난민으로 가득한 어느 시장바닥에서 소고기로 경제적 호황을 맞은 '나'는 한 구석의 판자 위에 다섯 켤레의 꽃신을 올려놓고 그 앞에 쪼그리고 앉아있는 주름살 많고 입에 기름기 없는 초심자같이 비뚤어진 한 노인을 발견한다. 전쟁은 '나'와 노인네 두 집안의 운명을 변화시켜 놓는다. 그 순간 가슴이 철렁하게 놀라서 가까이 다가가보니 어김없이 그 노인은 '나'가 부산으로 오기 전에 시골집 뒷켠에 살던 신집(靴店) 사람 꽃신장이 제화장이다. 그도 전쟁을 피해서 꽃신을 메고 부산으로 피난을 온 모양인데, 이 노인과 '나'의 우연한 마주침은 지난날 그의 딸에 대한 '나'의 청혼을 뜻밖에도 거절하며 그 이유로서 백정에 아들이라고 하며 집안을 모욕함으로써 그로 인해서 '나'가 귀를 의심할 만큼 슬픔과 울분의 기억을 '못자리에 비친 그림자처럼' 떠올리게 된다. 여기서 서술 시간은 회고적(소급적) 시점에 의해서 지난날의 과거로 돌아간다. 즉 시공적 세팅이 모두 지난날과 시골 옛집으로 역전하여 과거로 옮겨 가게 된다.

어느 조용한 가을날, '나' 상도는 지난날에는 번성했으나 이제는 해마다 혼인용 꽃신을 맡기러 오는 사람이 거의 없어져 가는 신집으로 가서 혼자 있는 신집 부인에게 딸과 결혼하겠다는 청혼을 한다. 아이 아버지와 상의하겠다는 말을 호의적인 응락으로 받아들인 '나'는 황홀한 마음에 그날 밤 잠을 못 이룬다. '나'가 알기로는 결혼의 반대가 될 혼사 장애가 아무 것도 있을 수 없을 것 같았다. 두 집 담 사이에 자란 표주박을 싸움 없이 나누고 백정인 아버지는 '나'가 기억할 수 있는 예부터 신집에 쇠가죽을 팔았고, 점점 지불 능력이 없음을 알면서도 두 켤레의 신발을 만들 수 있게 쇠가죽을 가져가게 했기 때문이다. 신집 사람도 어린 '나'를 좋아해서 커서 장가들 때, 신부 · 중매쟁이를 위해서 제일 예쁜 꽃신을 만들어 주겠다고 말해왔기 때문이다. 뿐만 아니라 지금은 학교를 그만두고 멀리 남의 집에 부엌아이로 가 있지만 그 딸과 언덕을 두 개나 넘어 학교를 함께 다닐 때 비가 온 다음날에는 물이 괸 길에서 '나'가 예쁜 배 모양의 꽃신을 신은 신집 딸을 업어서 건네준 사이이니 의당 혼인하게 될 생애의 가장 찬란한 순간을 예측하고 그다지 어려울 것 같지 않았기 때문이다.

그런데 출타했다 돌아온 신집사람에게 '나'의 청혼 얘기를 어떻게 전하는가 듣고자 울타리에 기대어 귀를 기울인 순간 '나'에게 들려온 것은 뜻밖에도 노기 띤 신집사람의 다음과 같은 일련의 고함소리이다.

"내 딸은 백정 네 집 자식에겐 안 준다!"

"우리가 백정 녀석에게 빚을 졌다고 내 딸을 쉽게 내줄 거라 생각한 게지. 중매쟁이를 통해 말할 줄도 모르는 게 백정이야. 내 딸은 일곱 마을에서 가장 훌륭한 꽃신장이 딸이다!"

"쇠고기 덤이나 좀 얻으려고 한 말이 백정 녀석 마음에 바람을 넣었군. 나는 꽃신장이라!"

자기는 일곱 마을에서 가장 훌륭한 꽃신장이인데, 딸을 천한 백정의 자식에게는 줄 수 없다는 청천 벽력같은 반응에 '나'와 꽃신장이 딸의 혼인은 산산이 깨어져 버리게 된다. 이에 분노로 백정의 칼을 들고 대문 안에서 떨고 있던 아들의 괴로움을 알아차린 부모는 마음을 잡으라고 '나'를 부산 쇠고기 시장에 있는 삼촌에게로 보낸다. 부산에 있으면서도 '나'의 마음은 언제나 어렸을 때 신집 일방에서 꿈꾸던 아름다운 꽃신 곁에 머물렀고 그녀(꽃신장이 딸)와 그녀의 꽃신은 눈앞에서 떠나지 않았다. '나'는 언제나 그녀 뒤를 따랐으며 꽃신 뒤축과 그녀의 흰 버선 뒷모양만 바라보았을 뿐, '나'의 마음이 그 뒤를 따르면 그녀는 마치 '나'로부터 멀리 도망칠 운명에 있는 것처럼 고개를 넘고 또 넘어 달아났을 뿐이다. 이렇게 '나'와 꽃신 신은 꽃신장이의 딸과 맺지 못하는 관계, 그 사이는 '멀리 도망칠 운명인 것처럼 처음부터 끝까지 가까움(nearness)이 아니라 멀음(remoteness)의 관계이다. 그녀는 학교를 그만두고 부엌아이가 되어서 이웃 마을로 다시 더 멀리 있는 다른 집으로 가버린다. 그리고 급기야 결말에서 그녀는 그 어머니인 꽃신장이 부인이 '나'에게 "그 애는 죽었다. 그 애는 지난여름 폭격에 죽었다"고 말해주고 있듯이 '나'와 그녀의 관계는 한 번의 만남도 없이 끝내 영원히 먼 저 만치의 격절의 상태로 끝나버리게 된다. 소실점처럼 멀어져서 사라져 버리고 마는 아쉬운 사랑의 이야기도 된다.

그렇다면 꽃신장이 노인은 어떤 인물인가. 그 딸이 작품에서 숨어버리는 인물이라면 꽃신장이는 양각(陽刻) 부조로 드러나는 인물이다.

제화의 장인인 그가 제 1 주인공인 것이다. 그는 꽃신을 만드는 자신의 집안의 세업을 자랑스럽게 생각하며 상도네 백정가를 하대하고 신발의 시대가 바꾸어지면서 아무도 혼사에 아름다운 꽃신을 원치 않고 모두 고무신을 찾는 세태를 보면서 "그놈들은 꽃신 한 켤레 값이면 고무신 세 켤레 살 수 있다고? 난 그들이 고무신 백 켤레 갖다 주어도 내 꽃신 한 켤레하고 바꾸지 않을 거다" "내 딸은 고무신 백날 신기느니보다 단 하루라도 꽃신을 신기겠다"며 꽃신에 고집스럽게 집착한다. 이렇게 그는 딸에게 고운 한 벌의 꽃신을 지어주는 것을 꿈꾸고 소망한다.

뿐만 아니라 그는 꽃신을 만드는 자신에 대해서 "내 딸은 일곱 마을에서 가장 훌륭한 꽃신장이 딸이야" "나는 혼인식 때 신는 꽃신장이라!"라고 할 정도로 꽃신에 대한 장인적 고집과 자긍심이 여간이 아니다. 이런 적응과 변화를 거부하면서 시류를 거스르는 그의 꽃신에 대한 신앙적 고립과 집착은 결과적으로 그의 집안을 자꾸 가난해지게 한다. 그 때문에 그가 그렇게도 시집가는 날 꽃신을 신기고 싶어 한 그의 딸은 학교도 그만두고 부엌 아이의 운명이 되어 더 멀리로 전전한다. 그러나 그는 그의 꽃신이 어떤 혼가에 팔리게 되면 딸도 집에 돌아올 수 있을 것 같다고 희망한다. 그렇지만 그로부터 앵두꽃이 다선 번이나 피어도 딸은 돌아오지 않고 도리어 더 멀리 있는 다른 집에 가서 일하게 된다. 꽃신장이의 꽃신을 고무신 값으로는 안 팔겠다는 고집스런 장인적 집념과 별로 차이가 없으면서도 백정을 하대하는 신분적 배척의 자긍심은 결과적으로 상도와 딸과의 혼사를 끊어놓는 결과가 되고, 가족의 삶을 더욱 어렵고 팍팍하게 한 것이다. 서사의 시간과 공간은 과거에서 다시 처음에 제시된 현재의 부산으로 옮겨온다. 상도는 시장 바닥에서 꽃신장수 노인이 펼쳐놓은 꽃신을 보는 순간 지난날의 노여움과 쓰라림이 되살아나서 그 꽃신을 모조리 사서 그에게 보란 듯 신발 속에 돈을 가득 채우고 싶은 보복의 마음까지 든 것이다. 그러면서도 '나'(상도)는 다시 오지 않으리라 결심을 하면서도 누가 꽃신을 사는지 그 꽃신들을 보러 오고 또 온다. 올 때마다 꽃신이 한 켤레, 두 켤레 없어지지만 꽃신을 사가는 사람은 눈에 잘 잡히지 않는다. 구두 · 고무신 · 징을 박은 군화 등 여러 종류의 무거운 신발들이 길거리위에 걸어 다니지만 현재의 이 나라에는 꽃신을 채울 기쁨, 그런 기쁨을 가질 겨를이 없고 공허—공허뿐인 상태인 것이다.

시간이 지나며 첫눈이 일찍 온 어느 겨울날 '나'가 장모퉁에 가까이 이르렀을 때 검은 우산 아래 놓인 판자 위에 두 켤레의 구두만 있고 노인이 보이지 않는다. 대신 휘어진 어깨에 노란 담요를 걸친 한 부인이 눈을 맞고 앉아 있는 것이다. 오래된 기억이지만 꽃신장이의 부인이었다. 부인은 자기보다 꽃신 위에 우산을 받쳐주고 있었다. 그때 한 사나이가 꽃신을 보고 흥정하려는 찰나 상도가 황급히 달려가서 손에 쥘 수 있는 대로 돈을 다 꺼내어 주면서 "여기 있는 이 꽃신은 내 겁니다."라고 소리친다. 그리고 상도가 자신을 밝히자 부인은 넋 잃은 상태로 상도를 바라본다. 상도는 그때 그 부인에게서 겨울바람처럼 메마르고 소리죽인 울음을 듣는다. 이어 들려주는 부인의 말인즉 아침마다 피난민 수용소에서 남편을 쫓아내어 꽃신을 팔아 오라고 닦달했는데 꽃신 두 켤레가 남았을 때 꽃신장이 영감은 꽃신을 안 판다고 하루 종일 빈 속으로 떨다가 돌아와서 사망했다는 것이다. 그리고는 "이 돈이면 이제 버젓이 장사(葬事)도 치르겠구나."라고 말한다. '상도'는 부인이 내민 신발 꾸러미를 받지 못하고 "따님에게 이 꽃신을 전해 주십시오."라고 말한다. 그녀가 어느 곳에 있건 꽃신을 받아 주었으면 하였던 것이다. 그런 '나(상도)'의 제안에 부인은 "그 애는 죽었어. 지난여름 폭격에 죽었단다……."라는 안타까운 소식을 전한다. 그 때 상도는 우산을 펴서 부인이 젖지 않게 팔을 뻗치며 휘몰아친 바람에 우산을 반쯤 펴가면서 꽃신을 가진 부인이 넘어지지 않기를 바라며 그녀의 뒤를 쫓는다. 이 동행은 틀림없이 죽은 이의 장례를 치러주기 위한 조상과 애도의 동행임이 암시되어 있다. 그럼으로써 '나'는 지난날의 꽃신장이에게 받은 오랜 노여움과 쓰라림을 비로소 접고, 사자와 마침내 최후의 화해를 한다. 이것은 맺힌 원오(怨惡)를 푸는 원(怨)풀이의 의식이자 화해인 것이다. 이들이 장터를 떠나자마자 곧 "자리가 생겼다"라고 얼른 달려드는 소리 속에 함축된 세상살이의 참담한 아귀다툼의 생존 경쟁과 차가운 비정함이 개입해 들어오기도 하지만, 이들의 화해는 역으로 따뜻하고 지극한 정의 정경이다. 그런 가운데서도 끝내 멀어져 가는 꽃신장이 딸과 나의 이루지 못한 안타까운 사랑의 애련함도 아름다운 배경막 처럼 드리워져 있다.

꽃신장이는 비록 고집스럽고 신분적으로 배타적이던 시대에 뒤진 것 같은 완고한 인물이지만 꽃신 만들기에 혼신을 바친 그의 일생은 분명 예인(藝人)적인 장인의 경지에 든 삶인 것이다.

9장

한국인의 대표적 신발, 고무신의 문학

1) 고무신이 점묘(點描)된 문학의 정경들

시인 박목월(朴木月, 1915~1978)의 산문으로 고무신과 관련된 「달과 고무신」이란 수필이 있다. 그 일부를 옮겨보면 다음과 같다.

> 이 분황사 탑에 얽힌 서러운 추억을 나는 간직하고 있다. 그것은 일곱 살 아니면 여덟 살 무렵이라 기억한다. 아버지가 대구에 출장을 가셨다가 오시는 길에 고무신을 사 오셨다. 당시만 하여도 고무신은 구경도 못하던 시절이다. 무척 귀했다. 명절날이면 할아버지가 삼아주시는 꽃신을 신는 것이 고작이었다. 꽃신은 왕골속으로 단청 물감을 들여, 할아버지가 손자를 위해서 재주껏 삼아 주셨다. 신으면 발이 죄는 구속감과 발밑이 가뿐해지는 느낌을 주었다……혹은 가죽신을 신기도 하였다. 물론 나 자신이 가죽신을 신은 기억은 없지만, 밑이 딱딱한 가죽신은 달그락 거릴 뿐 어린 소년에게는 볼품과는 달리 지극히 불편한 신발이었을 것이다. 그러던 차에 아버지가 고무신을 사 오신 것이다. 8월

한가위를 한 달이나 앞두고 사 오신 고무신을 선반 위에 모셔놓고 명절 날이 오기만을 고대하였다. 드디어 한가윗날이 왔다.

고무신을 신고 나가자 동무들이 신기한 신발을 구경하려고 나를 에워쌌다. 그리고 고기 널찍하고 물렁한 신발을 서로 신어 보자고 나를 졸라대었다. 나는 껑충거리며 자랑하였다. 그러나 평생에 처음 신어보는 자랑스러운 신발을 하루도 못 신었다.

그날 밤이었다. 보름달이 밝았다. 아이들이 마을 앞 신작로에 모여 놀고 있었다. 그러다가 분황사 탑까지 갔다 되돌아오는 마라톤을 하게 되었다. 나도 참가했다. 하지만 신발이 문제였다. 아무리 고무신이 간편한 신발이라지만 처음 신은 것이라 불편했다. 닳을까봐 아깝기도 했다. 그래서 망설이다가 달빛이 환한 신작로 한 편 가에 나란히 벗어놓고 뛰었다. 어리숙한 소년이기도 하였지만, 누가 집어 가져가리라고는 생각도 못했다. 한 길 가에 벗어놓은 신발이 1킬로미터나 달려갔다 오는 동안에 제 자리를 지키고 있을 리가 없었다.

눈물이 글썽거리는 눈으로 신발을 찾아 헤매는 나의 눈에 비친 달빛은 조금 전의 그것이 아니었다. 지금 생각하면 그것이 비록 한 켤레의 고무신에 불과한 것이지만 그 당시에는 가장 귀한 것을 잃어버린 ― 그렇다. 바로 잃어버린 것을 찾아 헤매는 원망스럽고 허전하고 안타깝고 서러운 눈에 비치는 달빛은 밝고 푸른 것만이 아니었다…아무리 찾아보아도 있을리 없는 고무신을 찾기에 지쳐 절망적인 눈을 들어 쳐다본 달 ― 어린 소년의 조그만 이마위에는 그날 밤 처음으로 허전하게 푸른 달빛의 서러운 손길에 닿게 되었을 것이다.

어린 소년의 나이에 아버지가 선물로 처음 사준 그 귀하디귀한 고무신을 평생 처음 신은 첫 날에 잃어버렸으니, 그 안타깝고 서러운 마음의 절망감이 오죽 했을까. 그러나 신기한 그 신발을 잃어버림으로써 신발을 찾던 중에 소년 목월은 달과 달빛과 깊은 애수에 잠긴 고도(古都)의 탑(경주분황사)의 서러운 모습을 발견하게 된다. 그리하여 그는 뒷날 달빛과 경주 일원을 시적 지형도와 장소애의 기반으로 삼는 이 땅 정상의 서정 시인이 된다. 그의 시 「가정」도 역시 가족과 고무신이 등가화된 시다. 어릴 적 신발을 잃은 이후 안타까운 기억의 시적 표출은 서정주(徐廷柱)의 서사적인 시 「신발」에서도 똑같이 나타나고 있다.

> 나보고 명절날 신으라고 아버지가 사다 주신 내 신발을 나는 먼 바다로 흘러내리는 개울물에서 장난하고 놀다가 그만 떠내려 보내 버리고 말았습니다. 아마 내 이 신발은 벌써 변산(邊山) 콧등 밑의 개 안을 벗어나서 이 세상의 온갖 바닷가를 내 대신 굽이치며 놀아 다니고 있을 것입니다.
>
> 아버지는 이어서 그것 대신의 신발을 또 한 켤레 사다가 신겨 주시긴 했습니다만, 그러나 이것은 어디까지나 대용품일 뿐, 그 대용품을 신고 명절을 맞이해야 했었습니다.
>
> 그래, 내가 스스로 내 신발을 사 신게 된 뒤에도 예순이 다 된 지금까지 나는 아직 대용품으로 신발을 사 신는 습관을 고치지 못한 그대로 있습니다.

그렇다면, 소년 박목월과 서정주를 그렇듯 '대용품'아닌 유일의 원품으로서 자랑스럽게 하고 또 아쉽고 서럽게 하고 원품으로서 인지케 한 고무신이란 무엇인가. 고무신은 굽이 낮으며 고무를 재료로 하여 만든 신발이다. 남자의 고무신은 갖신을 본떴고 여자의 것은 당혜를 본떠서 만들었다. 우리나라에서 고무신이 신발의 주류를 이룬 것은 1920년대 초기이다. 경주 태생의 목월이 고무신을 처음 만났던 시기도 1920년대 중반이다. 1912년 초기부터 도시에는 고무신을 자주 볼 수 있었으나, 고무신이 본격적으로 만들어진 것은 1919년 서울 용산에 대륙고무공업사가 설립되면서부터이다. 그대로 농촌에서는 아직 짚신의 이용이 많았던 형세였다. 순종 임금은 고무신을 신은 최초의 한국인 가운데 한 분이었다고 한다. 당시 우리나라에는 바닥만 고무로 하고 겹돌이는 가죽이나 베로 한 신발이 편리화 · 경제화 · 경편화란 이름으로 유행했으며 고무가 들어오기 바쁘게 고무신 공장이 난립하게 된다. 이후 운동화의 대중화 및 구두의 생활화로 고무신에 대한 선호도가 점점 떨어지게 되었지만, 그럼에도 불구하고 짚신과 미투리에 이어서 상민과 서민들의 주류 신발로서 등장한 고무신은 여전히 한국인의 대표 신발이다. 그리고 그 명맥은 6 · 70년대와 현재까지도 고무신의 위력을 면면히 이어지고 있는 형세이다. 흰색 · 옥색 등의 고무신이 있고 옥색 고무신은 주로 젊은 여인들의 신이다. 어느 것이든 고무신은 한국 사람들이 씻고 닦으면서 닳을까 아껴 신는 신발이다.

그래서 고무신은 현대 문학에서 매우 친숙한 신발이다. 김동리(金東里, 1913~1995)의 작품 「동구 앞 길」(1940)에는 고무신의 정경이 다음과 같이 묘사되고 있다.

> 순녀는 따뜻한 툇마루에서 어린 것에 젖을 먹여 재워 놓고 아까부터 씻다 둔 고무신짝을 다시 씻기 시작하였다. 씻어 보니 의외로 많이 낡았으나 그래도 친정어머니나 올케들이 사뭇 맨발로 지낼 것을 생각하니 그나마 깨끗이 씻어 아껴 신고, 그리고 며칠 전에 사다 준 새 신은 이번 친정 갈 때나 가져가고 싶다.
>
> 푸른 버들(수양)가지는 아침 햇빛에 젖어 흐르고 제비들은 서로 부르며 정답게 나르는 동구 앞 길 위에, 역시 그 낡고 흰 고무신에 새빨간 수탉을 안고 가는 것은 한 보름 전보다 좀 더 해쓱해진 순녀의 얼굴이다. 다만 성준이를 업고 그 뒤에 따라갈 계획이었던 옥남이만은 보이지 않았다.

전자는 서두의 대목이고 후자는 결말의 대목이다. 순녀는 자식이 없는 부자 양주사네 집에 씨받이 첩으로 들어간 여인이다. 아들만 낳아 주면 호강은 물론 친정집에도 논 댓마지기를 부치게 해 준다는 조건 때문이다. 순녀는 연달아 아들 셋을 낳았지만 조건은 중매쟁이의 허풍일 뿐, 순녀가 얻은 것은 후한 재물은커녕 겨우 친정 오빠가 양주사의 소작인이 된 것과 일 년에 한번 친정어머니 생일에 닭 한 마리를 들고 근친을 하는 정도일 뿐이다. 거기에다 순녀가 낳은 세 아들 중 둘은 모두 본처가 자기 소생으로 데려가 버리고 셋째만은 자기가 기르게 해 달라고 청해 보지만 그것마저 허용이 안 된다. 자기 소생의 아이들을 만나 보고 싶은 마음에 양주사 본가의 하녀에게 부추겨서 겨우 아이들을 만나본 것이 본처에게 알려지자 순녀는 본처의 구타로 인해서 초주검의 혼수상태에 빠진다. 의사의 주사를 맞고서야 겨우 눈을 뜨게 된다. 그렇지만 한 보름이 지나서 동구 앞길에는 셋째마저 빼앗기고 더욱 해쓱해진 순녀가 낡은 흰 고무신에 한 마리 빨간 닭을 안고 혼자 근친을 간다. 전근대적인 희생과 순종만이 요구되는 시대의 희생인 불행한 여성 순녀의 아픈 삶과 낡은 흰 고무신이 미묘한 여운으로 겹쳐진다. 〈객주〉의 작가 김주영(金周榮)의 소설『홍어』에서 아름다운 겨울 눈 풍경 묘사와 그 위에 찍혀있는 고무신 발자국의 형상과 이미지는 이문열(李文烈)의 〈젊은날의 초상〉의 '그해 겨울'에서의 설경과 함께 현대소설의 성격 묘사로서 빛난다. 소설의 내용의 무엇이 어떠하든 묘사론에서는 이 장면은 미학적으로 감명적인 정경이라는 독서 경험을 누구에게나 줄 것이다.

신경림(申庚林)의 시「파장」(罷場, 1973)에서도 저물어가는 여름 시골

장터의 파장 정경 속에서도 장꾼이 사들고 가는 고무신 한 켤레가 등장한다. 회화적 실루엣으로 정경화한 장터의 현장과 잊어버리듯 아득한 고향에의 향수가 교차하는 생활 미학적 현장이다.

> 어느새 긴 여름해도 저물어
> 고무신 한 켤레 또는 조기 한 마리 들고
> 달이 환한 마찻길을 절뚝이는 파장

이렇게 고무신은 때로 선거에 부정적으로 이용되기도 하였지만, 1960~70년대에는 보통 사람들과 삶이 궁색하고 팍팍한 농민의 신발이다. 이청준(李淸俊)의 작품 「눈길」은 모자(母子) 간의 개재하는 미묘한 애증의 관계를 눈길의 하얀 공간 풍경 위에 펼쳐놓은 발자취의 흔적을 제시한 작품이다. 특히 이 자취는 아들에 대한 애틋한 모성애의 꼭짓점 같은 최고의 지점을 보여준 것이다. 그것이 차를 타기 위해서 길을 떠나는 도정에서 눈길을 헤치며 아들 '나'와 어머니 '노인'이 함께 가는 눈길이고, 아들이 떠난 뒤 어머니 혼자 돌아오는 눈길로서 가고 오는 왕래가 이중화되어 있는 공간의 현상이다. 어머니는 떠나는 아들을 좀 더 배웅해 주려고 신작로와 산길의 눈길을 아들과 함께 걸어서 미끄러지고 넘어지면서 기어이 면소의 차부까지 오고 나서야 그 아들을 보낸다. 그리고 혼자 돌아가는 길에서 늙은 어머니는 아들의 발자국이 난 굽이굽이 외지기만 한 산길을 따라 '내 자식아. 내 자식아'를 수도 없이 부르며 발자국마다 눈물을 뿌리며 되돌아온다. 눈길 위에 찍어놓은 지극한 모성애의 각인이고 지형도이다. 이 눈길 위를 찍으면서 가고 돌아온 어머니의 발자국을 남긴 신이 고무신인지 짚신인지에 대해서는 작품 어느 곳에서도 명료한 해답을 주지는 않고 있다. 그럼에도 불구하고 그 늙은 어머니 '노인'의 신발은 분명코 우리 대부분의 어머니들이 아끼고 아끼면서 신었던 하얀 또는 검정 고무신일 것이 분명할 것 같다.

어머님 따라 고무신 사러가면
멍멍개가 해를 쫒던 날
길가에 민들레 머리 풀어 흔들면
내 마음도 따라 나간다
잃어버릴라 닳아질세라
애가 타던 우리 어머니
꿈에서 깨어보니 아무도 없구나
세월말 휭휭
검정 고무신 우리 어머니
보리쌀 한 말 이고 장에 가면
사오려나 검정 고무신
밤이면 밤마다 머리맡에 두고
고이 포개서 잠이 들었네
잃어버릴라 닳아질세라
애가 타던 우리 어머니
꿈에서 깨어보니 아무도 없구나
세월만 휭휭
검정 고무신 우리 어머니

이는 한동섭이 부르는 가요 「검정 고무신」이다. 어린 날의 아스라한 세월의 기억 속에 나타나는 검정 고무신은 그대로 어머니의 이미지로서 어머니로 은유화되어지는 경우가 있다. 그만큼 지난날에 고무신은 꽃신이 아니어도 어머니가 주는 더 없이 귀한 선물이기 때문이다. 이 가요는 가난한 살림에도 장에 가서 보리쌀 한 말로 검정 고무신 한 켤레 사주면서 잃을까 닳을까 애타하던 지금은 가고 없는 어머니를 꿈속에서 그리다 잠깨어보니 휭휭 가버린 세월과 함께 어머니도 고무신 아무도 없는 허허한 부재 상태를 노래한다. 이것이 고무신의 기억이 주는 모정에 대한 절절하도록 아픈 그리움의 정서이다. 여인들이 닳을까 맨발로 아낀 고무신은 필시 눈물겨운 모정이 가득 담긴 신발이었기 때문이다. 그래서 결말에서 고무신은 바로 어머니로 은유화된다.

그런가 하면 흰 고무신의 이미지가 우리의 소설 공간에서 가장 선연하게 미학적으로 제시되고 있는 장면은 앞서도 눈의 설경묘사로 지적한 김주영의 작품『홍어』의 경우이다.

> 나는 어머니의 발에 신겨 있던 유난히도 하얀 고무신 한 짝이 벗겨져 아득한 공간 속으로 떨어지는 것을 보았다. 아버지를 맞이할 날을 위해 예비되었던 그 하얀 고무신 한 짝이 벗겨져 달아나던 순간 나는 소스라쳐 걸음을 멈추었다.

서술자인 〈나〉가 바람이 나서 집을 나간 지 6년 만에 돌아오는 남편(아버지)을 맞이하러 가는 아내(어머니)의 화급하고 허둥대고 설레는 동작을 벗겨져 달아나는 흰 고무신을 바라보고 묘사하고 있는 장면이다.

그렇다면 이제부터는 고무신의 문학적인 정경과 양상을 몇 개 더 작품을 통해서 개별적으로 살펴볼 차례이다.

> 눈보라 비껴 나는
> ── 全 ── 群 ── 街 ── 道 ──
>
> 퍼뜩 차창(車窓)으로
> 스쳐 가는 인정(人情)아!

외딴집 섬돌에 놓인

하 나 둘 세 켤레

시조 시인 장순하의 「고무신」(1968)이란 현대시조이다. 전통 장르의 시조이면서도 속도와 선의 기하학, 글자 수의 변화 등 미래파적 시학이 가미된듯한 파격적인 시조이다. 초장의 "── 全 ── 群 ── 街 ── 道 ──"는 전주(全州)와 군산(群山)을 잇는 도로이다. 시적 화자는 겨울 눈보라 속을 뚫고 전주와 군산 간의 가도 위로 질주하는 자동차의 차창 밖으로 얼핏얼핏 전개되는 바깥 정경들을 스치듯 바라본다. 그때 문득 시선에 들어오는 것이 시골 외딴집 섬돌 위에 가지런하게 놓인 세 켤레의 고무신이다. 종장의 도식은 섬돌 위에 있는 부모와 아이 하나인 한 가족의 것임이 분명한 세 켤레의 고무신의 크기와 위치와 모습을 기하학적으로 시각화하는 방법이다. 또한 사물의 부분이 전체를 인격화되는 환유적인 의인화 방법이 구사되고 있다. 화자는 이런 도식 속에 단란한 듯 가지런히 정렬되어 놓여 있는 신발들의 정경들에 자신의 정회의 감정을 이입시킨다. 즉 바깥 섬돌 위에 있는 신발들의 나란한 형상을 통해서 그 외딴집 방 안에 살고 있을 추위와 고립 속에서도 따뜻하고 정겨울 한 가족 간의 단란함을 유추해내고 있는 것이다. 시인은 만약 그 신발이 한 개였다면 분명 외로움을 연생했을 것이지만, 셋이기에 가족이라는 더불어 사는 존재들의 단란함과 따뜻한 사랑과 인정을 연상했을 것이다. 이 시는 박목월의 「가정」과 동궤의 정경이다.

이른 봄 깊은 산사(山寺) 적막한 목탁소리.
산새 홀로 드나드는 반나마 열린 법당(法堂).
눈빛이 파아란 비구니 하나 꿇어앉아 울고 있다.

댓돌 위엔 텅 빈 흰 고무신이 한 켤렌데
어디선가 꽃잎들이 호르르르 날아와서
그중에 홍매화 한 잎이 나비처럼 앉는다.

시인 오세영(吳世榮)의 「흰 고무신」이란 시조이다. 시적 영역을 더욱 넓혀가는 시인의 전통시 형태에 대한 관심이 우선 놀랍다. 분위기 상으로 보면 이 시는 어떤 충만함도 없이 공간 현상학적으로는 텅 빈 고요함의 정경이 지배적으로 형상화되어 있다. 목탁 소리가 있어도 그저 적막하고 파르나니 깎은 머리(조지훈의 「승무」의 경우)가 아닌 '눈빛이 파아란 비구니 하나가 법당에서 울고 있'어도 그 소리조차도 들리지 않는 고요한 울음이다. 그리고 댓돌 위 텅 빈 흰 고무신에 홍매화 한 잎 나비처럼 날아와 앉아도 어떤 미동의 소리조차 하나 들리지 않는 '정밀(靜謐)'과 적요(寂寥)가 감돈다. 언뜻 선시(禪詩)와 닮은 것 같지만 선시와는 다른 독자성을 지닌다. 여기에 시적 구성의 배려로 보면, 첫 번째 연은 '비구니'가 그리고 두 번째 연은 한 켤레의 흰 고무신으로써 주 대상이 유기화된다. 비구니와 흰 고무신은 일체화되는 존재이면서 비구니의 삶이 그녀의 신고 온 고무신 하나로 응집되어지는 것이다. 이런 시적 응집은 비구니 '하나', 고무신 '한 켤레', 홍매화 '한 잎'. 사람 · 사물 · 꽃이 모두 '하나'라는 상호 조응적 수(數)의 단일성에 의해서 이루어지고 있다. 비구니의 외롭고 애련한 상황을 텅 빈 흰 고무신 한 켤레로 개방화 · 은유화 시키고 있는 것이다. 대상에 대한 보는 자로서의 시인의 연민에 동화하듯 자연인 홍매화 꽃 하나, 나비처럼 신발에 안쳐 놓는다. 절묘한 화합의 시학이다. 흰 고무신은 주로 여인들의 신발이고 스님과 여승들의 신발이다. 그런데도 탈속한 눈빛 파란 비구니는 세상과 얽힌 어느 중생 번뇌를 아직도 다 끊지 못해서 울고 있을까. 그 정적의 미가 아름답지만 한편 애잔하다.

현대 소설 속의 대표적인 고무신은 오영수의 「고무신」과 이호철의 「큰 산」에서 제시된다.

2) 울음 고개를 넘어가는 옥색 고무신

「고무신」(1954)은 오영수(吳永壽, 1911~1979)의 단편이다. 애초 「남이와 엿장수」(1949)이던 제목이 뒷날 개제된 작품이다. 오영수의 작품 세계는 현실과는 얼마쯤 등을 돌린 듯한 거리를 두고 소박하고 토착 세계에 대한 친화력을 갖고 있는 유형이 많다. 이 「고무신」 역시 그런 계열이다. 모든 소설은 향수라는 말이 있지만, 오영수 문학의 성격이야 말로 향토색이라 일컫는 문학적 지역주의를 특질로 하고 있는 향수적인 소설시학이다.

지금부터 반세기 전만 해도 한국의 시골이나 읍(邑) 정도의 시가에서 아이들이 가장 반기는 외래 내방자는 엿장수이다. 엿장수는 가위 장단에 엿을 팔고 별로 내놓을 것 없는 사람들이나 아이들에게서 엿 값으로 찌그러진 그릇, 백철 조각, 헌 옷, 떨어진 고무신짝 같은 고물들을 거두어 가는 역할을 하는 직업의 사람이다.

> 보리밭 이랑에 모이를 줍는 낮닭 울음만이 이따금씩 들려오는 고요한 이 마을에도 올봄 접어들어 안타까운 이별이 있었다.

이 작품은 이야기의 미래를 '이별'이란 모티프로 미리 알리는 이른바 '예시' 또는 '사전제시'(prolepsis : 제라르 주네트의 용어)의 방법을 쓰면서 시작한다. 그렇다면, 결과적으로 누구와 누구의 안타까운 이별인가 하면 서로 애틋하고 은밀한 관계인 젊은 엿장수와 열여덟 남이의 이별이다. 이렇게 서로의 이별이 전제되었다면 그 이전에 먼저 만남과 사랑의 관계가 있었기 마련, 이 관계를 매개한 것이 바로 다름 아닌 옥색 고무신이다. 남이는 바다와 시가지 일부가 한꺼번에 내다보이는 마을의 가난뱅이 월급쟁이 철수네 집에서 삼 년 동안 식모아이로 있는 처녀이다. 어느 날 남이가 뒷개울에 빨래를 간 사이 애지중지 씻고 닦아서 마루 끝에 널어둔 옥색 고무신이 없어진다. 이 옥색 고무신은 주인 철수가 추석 선물로 일금 360원을 주고 사준 신발이다. 남이는 궤짝 속에 감추었다가 특별한 출입이 있는 날에나 신고 닦고 씻으며 아끼는 신발이다. 공교롭게도 그날 엿장수가 마을로 찾아와서 철수네의 아들 영이와 윤이가 이웃 아이가 헌 신발짝으로 엿을 사먹는 것을 보고 남이의 신 한 짝씩을 들고 가서 엿을 바꾸어 먹는 사단이 일어났기 때문이다.

이 없어진 고무신으로 인해서 남이와 아이들로부터 덥석 새 신을 엿으로 바꿔준 미운 엿장수 간에는 실랑이가 벌어진다. 그런 가운데 엿장수가 남이의 저고리 앞섶 가슴께로 날아든 벌을 잡다 쏘인 후부터 둘은 은밀한 관계가 된다. 그 사이 엿장수는 약속대로 남이에게 새 옥색 고무신을 한 켤레까지 사준다. 이 두 사람의 관계는 어느덧 남이 눈치챌 수 없는 숨은 사랑으로 뒤바뀌고 엿장수의 마을 내왕도 한결 잦아진다. 영이와 윤이에 대한 엿장수의 엿 인심도 동네 아이들이 부러워 할 만큼 후해져 간다.

그러나 두 사람의 이러한 은밀한 관계의 진행을 중단 · 휴지시키는 사건이 발생한다. 그것은 남이 아버지의 갑작스런 출현이다. 서사적으로 보면 이는 극적 반전의 상황이다. 남이 아버지는 철수 내외에게 남이가 시집갈 나이가 되었고 또 동네에 스무 살 넘는 얌전한 신랑감이 있어서 딸을 혼인시키러 데리고 가겠다고 한다. 재촉하는 듯 서두르는 남이 아버지를 더 이상 말리지도 못하고 철수 내외는 남이를 보내기로 작정하고 둘 다 결근을 하면서까지 마치 딸을 시집보내듯 이것저것 챙겨 주면서 남이를 떠나보낸다. 이것이 또 하나의 이별이다. 이때 철수 내외는 마을 중턱에서 남이를 보내고 서서 그 뒷모양을 바라보는데, 남이가 한 번도 신지 않은 새 옥색 고무신을 신고 가는 것을 보면서 수수께끼처럼 부부가 반문한다. 이는 부부 몰래 남이와 엿장수 간의 은밀한 사랑이 있었음을 암시하는 장면 묘사이다. 이것이 철수 내외와 남이 간에서 이루어지는 또 하나의 다른 이별이다. 문제는 마지막의 남이와 엿장수의 안타까운 이별 장면이다.

> 보리밭 사이 조그만 언덕길로 옥색 고무신을 신은 남이는 갔다. 자지내 골짜기로 꽃놀음을 가는 줄만 알았던 남이가 난데없는 영감 하나를 따라가고 있는 광경을 엿장수는 울음고개 위에서 멀거니 바라보고 있는 것을 남이 자신이야 알 리도 없었다.

남이를 좋아해서 수없이 혼자 가슴 뛰면서 마을을 자주 들렀던 엿장수의 입장에서 보면 사전의 어떤 낌새도 짐작도 할 수 없었던 느닷없는 청천병력의 이별이다. 남이가 한 번도 떠난다는 말을 해 준적이 없이 꽃놀이 가는 것으로 알고 있었는데 난데없는 청천벽력 같은 사태의 이별이다. 엿장수 총각이 사준 새 옥색 고무신을 신고 아버지에 이끌려 시 올음 고개를 넘어가는 남이이 걸음걸음이나 한 마디 말도 나눔이 없이 야속하게 남이가 떠나가는 정경을 멀리서 멀거니 바라보고만 있어야 하는 엿장수와 둘의 이별이 안타깝게 제시되어 있다.

옥색 고무신은 남녀가 나누는 사랑의 정표이다. 여기서도 옥색 고무신을 매개로 하여 젊은 남녀의 애증관계가 은밀하게 암시도 있지만 전근대적이고 전통적인 부권(父權)에 의해서 혼사가 결정됨으로써 결국은 고무신은 약한 고리로서 헤어짐의 정표가 되고, 둘의 사랑도 운명론적으로 맺을 수 없이 안타깝게 끝나 버리고 만다. 그런데도 '발병이 나버려라'는 저주도 원망도 개재하지 않는 두 사람의 이별이 맑은 옥색의 지순함과 더불어 오히려 우리를 더 안타깝게 한다.

3) 「큰 산」의 흰 고무신짝과 지카다비짝의 공포

이호철(李浩哲, 1932~2016)의 단편 「큰 산」은 서사적 공간이 성(聖)/속(俗)(M. 엘리아데), 숭고/골계(M. 데스와)의 미적 범주론의 세계가 수직적 구조로 대비를 이루고 있는 위상의 작품이다. 성과 숭고(崇高)를 의미하는 대상이 장엄한 큰 산이고, 속과 골계를 대리하고 있는 것이 일상적 속계의 찌질한 흰 고무신짝과 지카다비(일본 노동자용 작업화)짝이다. 어느 눈 내린 겨울 아침 '나'와 아내는 집 대문 옆 블록 담 위에 침범하듯이 놓여 있는 흰 남자 고무신짝 하나를 보게 됨으로써 꺼림칙한 느낌과 불안·불길한 생각을 떨치지 못한다. 소심하고 예민한 '나'는 물론 비교적 느긋한 아내마저도 지난 밤 밤새도록 굿을 하는 근처의 꽹과리 소리로 인해서 기분이 잔뜩 나빠져 있는 상태이다. 굿하는 꽹과리 소리는 불안의 소리 상징이다. 금방 씻어 말린 듯한 새하얗게 흰 남자의 고무신 한 짝이 신발로서의 도구성을 넘어서 을씨년스런 백색의 공포감으로써 저주물로서 '나'의 마음의 내면상태를 휘말려 들게 된다. 공포는 무서움과 불안을 환기 시키는 정서적 상황이다. 흰 고무신이라고 해서 이미지가 반드시 긍정효과만 있는 것도 아니다.

> 그 흰 남자 고무신짝 하나는 고신으로서의 분명 단순한 용처를 일거에 몇 차원을 뛰어넘어 뚜릿뚜릿하게 내 어느 깊은 산 속으로 달려들고 있음을 어쩔 수 없었다.

'나'는 이 고무신짝을 보면서 문득 어린 초등학교 4학년쯤에 비오는 무밭에 처박혀 있는, 검정색 지카다비(ちかたび, 地下足袋) 짝을 보면서 등골이 선득할 정도로 공포에 떨었던 기억을 떠올린다. 태평양 전쟁이 한창이던 그 무렵 '지카다비'는 광산 노동자용 일제 작업화로서 대유행이었고 집집마다 흔했던 신발이다.

'나'는 그때 그 무밭의 지카다비짝이 왜 그토록 무서웠던가를, 지금에서야 생각해 보니, 큰 산이 태연하게 쏟아지는 비와 구름에 깝북 가려서 보이지 않는다는 쓸쓸함과 상실감 속에서 아무렇게나 버려진 지카다비짝을 흘낏 보는 순간, 머리끝이 쭈뼛거리는 공포감에 휘감겼던 것을 기억하였기 때문이었다. 이 공포의 대목에서 우리가 유의할 점은 1인칭의 서술자이면서도 주인공인 '나'가 나의 존재와 나를 둘러싼 모든 균형의 어떤 근원을 떠받들어주는 큰 산이 가려짐으로써 즉 비와 구름에 가려서 안 보인다는 사실이다. 그 상황이 야산과 강과 들판과 누리와 마을을 그대로 제 분수대로 제 자리에 있거나 쏘옥 들어앉지 못하게 하는 균형 잃은 쓸쓸함으로서 느끼게 하고 있다는 점이다. 이 큰 산이 가려지거나 안보임으로써 온 누리가 균형을 잃고 썰렁해지고 개개의 것들이 개개 나름으로 저를 주장해 나서며 티격태격 거리는 상태는 바로 현대적인 교육을 받은 젊은 샐러리맨 부부들이 많이 살고 있는 '나'의 마을 사람들의 소시민적인 개인화된 생활 행태와 층위적으로 일치화되는 서사적 효과를 지니고 있는 것이다.

아내는 고무신짝이 발견된 그 날 밤, 그 고무신짝을 들고 골목길을 이리저리 기웃거리다가 고무신짝을 어느 집 담장으로 휙 던져 버린다. 그런데 그 새하얗게 씻은 고무신짝은 열흘이 지나서 어느 날 다시 '나'의 집 담 밑에 던져진다. 현대적인 교육을 받고 자존심들이 있는 동네의 이웃들은 고무신이 불길을 표징하는 액을 이웃집에서 이웃집으로 역병 돌 듯이 폭탄 게임을 하듯 돌아가면서 나만 상처 한 군데 입지 않으면 된다는 생각으로 이웃집 담장 너머로 던져 버린다. 아내도 액을 감당할 자신이 없어서 그것을 버스를 타고서라도 멀리 가서 버리고 오겠다고 한다. 이웃들의 이 모습은 큰 산 같은 대상이 소멸되어버린 시대에 바로 세속적이고 이기적인 생각만 하면서 살아가고 있는 왜소한 좀팽이 같은 소시민의 행동 양태를 의미한다. '나'는 이러한 현상이 '큰 산이 안 보여서 이래, 모두가'라고 표백한다. 바로 외경과 숭고 같은 큰 산의 부재 현상이 그 원인이라고 생각하는 것이다.

> 그 '큰 산'은 청빛이었다. 서쪽 하늘에 늘 덩더룻이 웅장하게 퍼져

있었다. 아침저녁으로 혹은 네 철을 따라 표정은 늘 달랐지만, 근원은 뿌리깊이 일관해 있었다. 해뜨기 전 새벽에는 청청한 빛으로 싱싱하고, 첫 햇볕이 쬐면 산머리에서부터 백금색으로 빛나고, 햇볕 속의 한낮에는 멀리 물러앉은 청빛이었다. 해질녘 저녁에는 골짜기 하나하나가 손에 잡힐 듯이 거멓게 윤곽을 드러내고, 서서히 보랏빛으로 물들어간다. 봄에는 봉우리부터 여드러워지고, 겨울이면 흰색으로 험준해진다. 가을에는 침착하게 물러앉고, 여름이면 더 높아 보인다. 그 '큰 산' 쪽으로 샛바람이 불면 비가 왔고, '큰 산' 쪽에서 바다 쪽으로 맞바람이 불면 비가 그치고 하늘이 개었다. 그 '큰 산'은 늘 우리 모든 사람의 마음속에 형태 없는 넉넉함으로 자리해 있었다. 그 '큰 산'이 그곳에 그렇게 그 모습으로 뿌리 깊게 웅거해 있다는 것이 늘 안심이 되었던 것이다.

깊숙하게 늘 안심이 되었던 것이다.

아, 그 '큰 산', '큰 산.'

그렇다면 '큰 산'은 무엇인가. 그것은 고무신이나 지카다비같은 그리고 불안하고 속악한 이기적 존재인 낮은 산들과는 달리 숭고의 대상인 동시에 작가 또는 서술자가 말하고 있듯이 의연 부동한 모습으로 그 자리에 있어서 모든 존재의 균형의 어떤 근원을 떠받들어 주고 있는 우뚝하고 숭엄한 존재의 상징이다. '나'는 그런 큰 산 같은 큰 존재로서의 권위상이 소멸되어 버린 시대적 왜소화 상황을 안타까워하면서 큰 산을 갈구하고 그리워한다. 이 점에서 이 작품은 단순한 세태 비판적 리얼리즘의 소설로서의 차원을 넘어서 관념 소설의 성격의 충위까지 한 자락이 닿아가고 있다. 그나저나 다시 '나'의 집으로 던져진 무거운 짐 같던 흰 고무신은 아내에 의해서 어디론가 멀리 버려지게 된다. 다만 앞서의 다른 작품들과는 달리 흰 고무신이 여기서는 불길과 액의 부정적 이미지인 것이 특이하다.

한편 검은 고무신이 결코 좋지 않은 기억의 징표로서 제시되고 있는 것으로는 오정희의 소설 「바람의 넋」에서도 나타나고 있다.

> 최초의 그녀의 기억은 이층으로 오르는 어둑신하고 가파른 나무 계단과 하얗게 햇빛이 쏟아지는 마당에 뒹굴고 있는 두 짝의 작은 검정 고무신이었다.

1980년대 쓰인 이 작품은 전쟁의 아픈 기억을 트라우마의 소설 미학으로 되새긴 작품이다. 작품의 내용은 유년기에 겪었던 전쟁의 상흔을 기억 속에 깊이 간직한 은수라는 30대 한 여인의 이야기이다. 기억과 자기 동일성의 문제를 문학적으로 깊이 탐색한 것으로 이 인용부분은 그녀의 기억 속에 잠복되고 각인되어 있는 트라우마적 유년회상(Traumatische Kindheitserinnerung)이며 기억의 원점이 되는 이른바 '근원장면'이다.[22] 하얗게 햇빛이 쏟아지는 마당과 두 짝의 검정 고무신으로 각인된 근원장면에 대한 기억이 의식 깊숙이 은수를 사로잡고 괴롭히고 있어서, 그녀는 '나는 누구인가'를 붙잡고 잃어버린 자아를 찾아서 바람 같은 떠돎을 계속하고 있는 것이다. 이 떠돎에서 그녀는 산 속에서 한 무리의 남자들로부터 집단적으로 윤간을 당한다. 이때 은수는 눈이 부신 햇빛과 사내가 성가시다는 듯 벗겨 던져 버리는 은수의 구두를 통해서 과거 속에 잠복되어 있던 근원장면으로서의 햇살과 검은 고무신의 기억을 마침내 떠올린다. 이것은 근원장면의 정체를 이해하는데 있어서 근접한 의미 작용으로서의 기능을 한다. 여기서 뒹구는 고무신과 벗겨지는 구두의 표상은 모두 전쟁에 의한 것이든 사나운 이성들에

22 이 독일의 용어들은 Wolfgang Düsing, Erinnerrung und Identität, Wilhelm Fink Verlag, München, 1982, S. 142 S. 144에서 차용한 것임(근원장면→"Ursprungsszene").

의한 것이든 다 폭력에 의한 희생물을 표상하고 있다.

군말 같은 사족을 하나 더 여기에 붙이자면, 오랜 동안 서민들의 검은 고무신은 일반세계와는 다른 세계인 구치소나 형무소에 수용되어 있는 재소자들의 짝과 짝이 안 맞는 신발이기도하다. 이호철의 장편 『문』에는 감옥의 신발로서의 검정 고무신이 이렇게 등장한다.

> 그는 잠시 검정 고무신을 한 짝씩 양손에 든 채 엉거주춤 방 한가운데 서 있었다. 다음 순간 화다닥 놀라듯이 문 쪽으로 돌아서서 고무신 째로 바깥쪽으로 슬쩍 밀어보았다.

> 너덜너덜한 누더기 관복(수인복)을 낡은 검정 고무신 한 켤레와 함께 지급 받은 거였다.

지금은 어떤지 모르겠지만, 1974년 전후 긴급조치가 위세를 떨치던 시대와 1980년대의 검은 고무신은 감옥에 갇혀서 푸른 수의를 입는 사람들, 즉 수인들의 획일화된 감금과 수형의 신발이었다. 영어(囹圄)에 떨어지면서부터 그것이 민주화의 장정을 지향해가는 젊은 사람들이 끌며 신었던 군화도 운동화도 아닌 수감자들의 신발이었던 것이다. 검은 고무신은 장소에 따라서 한동섭의 「검정고무신」과는 달리 그 기호론적 의미가 이렇게 달라지기도 한다. 신발은 이렇게 삶의 역사와 사회성을 증언하는 도구다.

10장

전쟁과 슈샤인 보이 아이들의 문학

1) 슈사인 보이 서사

1950년대 초반은 6.25 한국전쟁이 백마고지 등의 치열한 고지전을 한창 전개하면서 무수한 생명들이 포연 탄우 속에서 죽거나 훼손되어 가던 잔혹의 시기이다. 이 시기 피난 생활의 어려움이란 또 다른 전쟁을 치러 가고 있는 후방 도시들에서는 그나마 힘든 생활의 어려움을 위무하고 달래주기라도 하듯 「굳세어라 금순아」, 「이별의 부산 정거장」, 「전우야 잘자라」, 「아내의 노래」 등과 같은 전시 가요가 유행되어 불리고 있었다. 그 가요들 가운데는 이서구 작사, 손목인 작곡에 박단마라는 여가수의 「슈샤인 보이」란 노래도 한 목 끼어 있었다. 그 가사를 일부 옮겨 보면 다음과 같다.

슈샤인 슈샤인 보이 슈샤인 슈샤인 보이
슈슈슈슈 슈샤인 보이 슈슈슈슈 슈샤인 보이
헬로 슈샤인 구두를 닦으세요
구두를 닦으세요 구두를 닦으세요
아무리 피난통에 허덕거려도
구두 하나 못 닦아 신는 도련님은요
어여쁜 아가씨는 멋쟁이 아가씨는
노노노노 노굿이래요

여기 '슈샤인 보이'는 'Shoeshine Boy' 즉, 구두닦이 또는 구두닦이 소년을 일컫는 신조어이다. 이 슈샤인 보이는 6.25 한국전쟁의 산물이다. 로렌스 레인저가 그의 『홀로코스트와 문학적 상상력』(1975)에서 지적하고 있듯이, 전쟁에서 남자의 운명은 죽는 것이고 여자의 운명은 한탄하는 것이며 아이들의 운명은 정상적인 경향을 전복시키는 상황 속에서 삶에 적응함에 있어서 특별한 어려움을 겪는 것이다. 쉽게 말해서 남자는 전사하고 여자는 미망인이 되고 아이들은 고아가 된다는 뜻이다. 모든 것을 파괴하는 전쟁이란 재난 앞에서 부모를 잃거나 굶주림을 체감하는 아이들은 고아로, 어린 가장으로 외인부대의 하우스 보이가 되거나 슈샤인 보이가 되어서 구두통을 매고 절박한 생존을 위한 어린 일꾼으로서 생활현장인 길거리로 뛰쳐나오게 된 것이다. 전쟁으로 인한 미군 등 외국 군대의 참전, 대표 신발로서의 구두의 보급 현상은 슈샤인 보이의 출현을 가져오거나 가능케 하는 사회사적 요인이 되었던 것이다. 박태원의 「소설가 구보씨의 일일」(1934)에 보면 1930년대의 구두닦이는 소년이 아니라 남자 어른이었다.

구보가 또다시 고독과 피로를 느꼈을 때, 약칠해 신으시죠 구두에.

구보는 혐오의 눈을 가져 그 사내를, 남의 구두만 항상 살피며, 그곳에 무엇이든 결점을 잡아내고야 마는 그 사내를 흘겨보며, 그리고 걸음을 옮겼다. 일면식(一面識)도 없는 나의 구두를 비평할 권리가 그에게 있기라도 하단 말인가

그래서 이런 시대 사회사적 정황은 1950년대 전후 문학에 있어서 간과해버릴 수 없는 하나의 현상으로서 외인부대 주변의 하우스 보이 그리고 부서지고 번잡한 도시 거리의 슈샤인 보이와 같은 어린 인물의 유형이나 인물 성격을 만들어 내게 되는 결정적인 계기가 된 것이다. 그래서 이 장은 구두가 아니라 구두를 닦는 아이들의 이야기에 초점이 두어진다. 송병수의 「쇼리킴」, 김정한의 「지옥변」(地獄變), 오영수의 「후조」(候鳥) 그리고 곽하신(郭夏信)의 「구두 닦으세이!」, 그리고 자전거를 매개로 하여 문학적으로 아버지란 존재의 부성애의 정점을 그린 최인호의 「위대한 유산」(1982) 등은 모두 하우스 보이나 슈샤인 보이가 등장하고 그들의 생활이 조명되거나 반영되고 있는 작품들이다. 최근에 상영된 영화 〈국제시장〉(2015)에서도 두 중심인물들이 소년으로서 길거리의 구두닦이로 피난 생활을 시작하는 장면이 등장한다. 이렇게 구두닦이(슈샤인 보이) 모티프는 전후 소설의 현저하고 특수한 하나의 구성소이다.

송병수(宋炳洙)의 「쇼리킴」은 직접 슈샤인 보이의 삶을 그린 작품은 아니다. 쇼리 김이란 명칭 자체가 시사하고 있듯이, 주인공인 소년은 전쟁통에 부모와 이름을 잃고 미군기지 주변을 부랑하는 고아이다. 나이에 어울리지 않게 성인 세계와 사회의 치부를 너무도 일찍 알대로 알아버린, 동심이 훼손된 깜찍한 아이이다. 그는 부모의 죽음으로 거리에

서 걸식하는 부랑아로 떠돌아다닌 적도 있고 지금은 양공주인 '따링 누나'와 공생적으로 동거하면서 미군 캠프를 드나들며 미군을 양공주에게 끌어다 연결해주는 펨프 노릇을 하는 아이이다. 외인부대 기지 근방에서 성을 팔면서 서식하는 이 양공주란 특별한 유형의 여성 역시도 쇼리와 마찬가지로 오정희의 소설 「중국인 거리」에도 등장하고 있지만, 외국군 진주와 전쟁의 산물이다. 「쇼리 킴」은 단속하는 MP를 경계하고 주변에 기생하는 쩔뚝이로 대리되는 무서운 수성의 인간이 행하는 악과 폭력을 알아버릴 만큼 영악하고 나쁜 아이의 상태가 되어버리고 있다. 그러나 그럼에도 불구하고 소년은 어린 지난날에 불렀던 동요 「서산 넘어 햇님」을 부르는 아이다운 동심과 순진성을 잃지 않고 있다. 따링 누나도 결코 떳떳한 삶이라고는 할 수 없어도 전쟁에 의해서 다 같이 훼손된 존재로서 소년에 대한 인간다운 애정의 따뜻함을 잃지 않고 이들 서로는 끝까지 사랑의 연대성을 이어가는 존재이다. 이런 쇼리 킴 같은 소년 인물은 생활 현장에 뛰어들어서 구두를 닦는 슈샤인 보이나 난관을 겪어가는 어린 존재라는 점에서 별로 다를 바 없는 유형이다. 이 시대 소설에 등장하는 구칠이(「후조」), 동식이(「구두 닦으세이!」), 차돌이(「지옥변」), '나'(「위대한 유산」)는 모두 이 시대 문학들이 형상화해 낸 이 시대의 쇼리나 구두닦이 아이들을 대표하는 인물들이다. 전쟁이 만들어낸 이들은 공통적으로 연령 15~6세 전후의 10대 소년들이다. 오영수(吳永壽)의 작품 「후조」는 제목은 물론 서두에 붙이고 있는 서사(序詞)가 암시하고 있듯이, 구두닦이 아이들이 패를 지어서 양키부대를 찾아서 이곳저곳 철새처럼 전전하는 이동 행태를 제시하고 있는 이야기이다.

더우면 오고 추우면 돌아간다
또 추우면 오고 더우면 가기도 한다
언제나 패를 짜서 먹이를 찾아 갔다가 떼를 지어서 돌아온다
이것은 후조의 생리다. 그러나 반드시 그렇지만도 않은 후조도 있다.

여기서 '그렇지만도 않은 후조'란 주인공으로서 구두닦이인 '구칠이'(정확한 이름은 구철)이다. 구두약을 칠한다는 뜻으로 구철이에서 구칠이로 별명이 되어버린 15세의 아이이다. 그는 구두닦이 아이들에게서 흔히 볼 수 있는 검정색 차림의 몰골에 제 발이 한꺼번에 둘이라도 들어갈 만큼 크고 거추장스러운 양키 워커 군화를 끌고 다닌다. 이야기는 서울 '환도'의 시점을 경계로 민우와 구칠이 사이에 두 번씩이나 반복되는 만남과 헤어짐을 다룬 것이다.

어느 해 가을, 교사인 민우가 을지로 6가에서 동대문 밖 숙소로 돌아가던 중 구두를 닦으라고 매달리는 웬 아이와 마주친다. 알고 보니 두 번째 만난 이 아이는 민우가 수복 전까지 피난 교사로서 부산 W 중학교에서 재직할 때 처음으로 만났던 구두닦이 아이 구칠이다. 그때 울도 담도 없는 가교사 시절 환경 정리를 맡고 있는 민우에게 구칠이는 미제 구두약 '큐-'[23]를 보이면서 30원하는 구두닦이 값을 20원으로 해서 선생님들의 신을 닦아 드리겠다는 당돌하고 맹랑한 제의를 해온다. 민우가 이 제의를 교사들 전체로부터 동의를 받아서 W자 완장을 팔에 끼워주고 구칠이로 하여금 구두를 닦게 해 준다. 고마운 마음에 구칠이는 이후 선생님들의 심부름도 잘하면서 공손하게 지내지만 교장이 바

23 '큐-'가 아니라 정확히는 '키위'(Kiwi)이다. 키위새의 형상이 원색으로 그려진 이 미제 구두약은 6.25전쟁 당시에 가장 잘 알려진 최고의 품목이었다.

꿔면서 민우는 환도하게 된다. 이것이 구칠이와 민우의 첫 번째의 헤어짐이다. 환도와 함께 민우는 구칠이에 대해서 까맣게 잊어버린 상태가 된다.

그런 구두닦이 구칠이를 서울에서 다시 두 번째로 만나게 된 것이다. 민우는 가정적으로 계모의 박대와 술만 먹는 아버지의 구타 등으로 순조롭지 못했고 그 사이 W 중학교에서도 무고한 도둑질의 누명으로 훈육 주임인 최선생으로부터 고문하듯 받게 된 가학적인 매질과 멸시가 싫어져서 민우 선생님 생각도 나고 해서 서울 오는 동무패에 끼어서 서울로 올라왔다는 그간의 내력을 듣게 된다. 이 두 번째의 만남 이후 둘의 사이는 서로를 기다릴 만큼 긴밀한 관계가 된다. 구칠이는 매양 길목에서 좋아하는 민우를 기다린다. 이렇게 구칠이가 기다리고 있기 때문에 민우의 마음 한 구석에서도 구철이가 자리를 잡고 떠나지 않는다. 구칠이만 보면 무척 그를 따르던 그의 조카 놈이 눈시울에 떠오르곤 하기 때문이다. 크리스마스 전전날, 이틀사흘거리로 구두를 닦는 구철이가 하도 추워보여서 민우가 선물로 돈 2000환을 쥐어준다. 돈을 안 받겠다고 준 돈을 도로 내밀면서 눈물을 문지르는 구칠이를 데리고 만둣국 집에 들러 만둣국을 사주면서 "너가 내 신 닦아 주는 거나 내가 너 샤쓰 한 벌 사주는 거나 마찬가지야"라고 권유하자 그제야 구철이가 슬그머니 돈을 받아 넣는다. 그 다음 크리스마스 날 아침에 구철이는 민우를 보자 싱글벙글하면서 헌 옷 가게에서 잠바를 사 입었다고 팔을 번쩍 들어보이자 민우도 마음이 흐뭇해진다.

개나리가 피기 시작하는 어느 봄 날, 민우의 구두를 닦으면서 구철이는 친구에게 부탁해서 중고지만 미제의 근사한 구두를 하나 선생님께 사드리겠다고 노끈으로 치수를 재어 간다. 그 뒤 구철이는 민우의 신을 닦을 때마다—그 새끼가 어제도 만났는데 곧 가지고 온다면서……—하고 투덜거리면서 걱정을 하는 모습을 보게 된다.

그 후 오월 초순 어느 토요일, 여느 때보다 일찍 돌아와 구철이를 찾는데 의자나 연모통을 든 구철이가 보이지 않는다. 얼마 뒤 골목 앞이 왁자해지면서 한 청년에게 쥐어박히면서 피를 뱉고 입언저리가 문질러진 구철이가 잡혀 나온다. 무언가 청년에게 사연을 묻는 틈에 구철이는 골목길 막바지로 사생결단 내달아나 버린다. 무슨 까닭인지 이웃아이들에게 물어 보는데 요 앞에서 두 아이가 신을 훔치다 한 아이는 달아나고 구철이만 잡혔다는 것이다. 역시 '그래서 그랬구나' 자기와의 약속 때문에 도적질을 했을 거라는 안타까운 마음에 민우는 머리가 멍해지고 눈앞이 아득해진다.

그 다음 날부터 구철이는 보이지 않는다. 사흘, 나흘, 그리고 열흘이 지나고서 구철이가 있던 자리에는 다른 아이가 앉게 된다.

> 열흘 가까이 해서 구칠이가 펴던 자리에는 딴 아이가 앉았다.
> 민우는 신발을 내맡기고,
> "전에 여기서 신을 닦던 구칠이란 아이 모르냐?"
> "알아요, 일선지구 양키 부대로 갔어요!"
> "혼자?"
> "아니오, 여럿이 패를 싸서 가는 데 끼여서요."
> 해마다 여름이 되면 구두 닦는 아이들이 패를 짜서 양키 부대를 찾아 돈벌이를 간다고 한다.
> 언제 오느냐니까 가을에 온다고 한다.

팔월도 지났다. 지루한 여름이었다.

구월도 저물었다. 더디 오는 가을이었다.

포도 위에 가로수 잎이 깔리기 시작하는 어느 날, 민우는 문득 하늘을 쳐다본다.

어디선가 기러기 한 떼가 ∧ 꼴로 정연히 열을 지어 날아오고 있다.

인제는 구칠이도 오려나—하니 민우는 몹시도 가슴이 설레기 시작했다.

「후조」는 사랑하는 조카를 북에 두고 온 교사 민우가 그를 후조같이 따르는 구두닦이 소년 구철에 대한 연민과 사랑을 잘 보여주는 작품이다. 민우와 구철이 사이에 오고가는 깊은 정의 교환과 인간관계가 각박한 상황에도 불구하고 감응력 있게 따뜻하게 제시되어 있는 작품이다.

곽하신(郭夏信)의 「구두닦으세이!」는 16세의 구두닦이 소년 동식이가 주인공이다. 어느 지역에서 '구두닦으세이!'를 외치며 다닌 동식이는 이 날 재수 좋게도 셋집의 구두를 닦게 됨으로써 제법 수입을 올린다. 그런데 그 다음 순간 구두통을 둘러멘 자기보다 훨씬 큰 아이에게 붙잡혀서 자기가 단골로 맡아놓는 지역을 허가 없이 침범했다는 이유로 그날 수입을 다 빼앗긴다.

합숙소(집)에 돌아온 동식이는 그날 일은 나가지 않고, 안집 할머니에게 단골로 맡은 아이에게 번 돈을 다 빼앗겼다는 사연을 말한다. 할머니는 이를 듣고 새로 후생 주택이 지어지는 건너 동네에 가서 단골 동네를 맡도록 하란 말을 듣게 된다. 이튿날부터 동식이는 후생 주택을 짓는 새 동네로 가서 '구두닦으세이!'를 외치며 다닌다. 순간 거기서도 또 다른 구두닦이 소리가 들린다. 동식이 그 아이의 목덜미를 잡고 제가 먼저라고 추궁하는데, 이웃 할아버지의 증언인 즉 동식이보다 그 아이가 더 먼저 온 것이라 말한다. 이 말에 동식은 쇠뭉치로 맞은 듯 머리가 멍해지게 된다 한 치의 땅이라도 더 확보하려고 치열한 전투를 결행하고 있는 전선처럼, 구두닦이들의 세계에 있어서도 영역 싸움의 쟁투적 행태가 치열함을 제시하고 있는 것이다. 이 속에서 동식이는 어디에서도 철저한 패자에 불과한 존재이다.

최인호(崔仁浩)의 소설 「위대한 유산」의 '나'도 10살 정도인 미군 부대의 가장 어린 나이의 쇼리요, 구두닦기이다.

전쟁은 아이까지도 생존을 위한 생활전선에 뛰어들게 한다.

'그래도 식구 중에는 내가 제일 나아서 나는 간신히 열 살이 된 어린 나이인데도 미군부대에 고정 쇼리로 취직되니 아침 일찍 미군부대 안으로 들어가 구두를 닦아주고 사물함도 챙겨주고 잔신부름도 하는 것으로 오히려 어머니가 밤마다 역 개구멍으로 숨어들어가 석탄을 훔쳐 내오는 것보다 더 많은 돈을 벌 수 있었다.'

1인칭 서술의 〈나〉는 겨우 열 살짜리 소년이다. 미군부대 쇼리이고 구두닦기로 흑인병사의 아랫도리를 입으로 핥아주는, 몰라야할 부분까지를 알아버린 소년이다. 소년은 가족의 생계를 위해서는 현실적으로 큰 부담을 한다. 〈나〉는 꿈꾸는 몽상가로 고독한 염세주의자로서 미군을 따라 미군으로 가는 것 외에도 또 한 가지 간절한 꿈을 가지고 있다. 어느 날 동네 서커스에 몰래 숨어들어가 경매에 내놓은 찬란한 은륜의 자전거를 봄으로써 그것을 타고 먼 나라로 가고 싶다는 것이 그것이다. 가당치도 않은 〈나〉의 꿈을 알게 된 이제까지 밉기만 했던 주정뱅이 아버지는 자기가 지닌 모든 것을 몰래 털어서 사전에 곡마단과 합의해서 결국 그 은륜을 마지막 약속의 위대한 유산으로 아들에게 주게 하고는, 결국 절대의 절망 속에서도 희망을 잃어서는 안 된다. 기적을 간절히 소망하는 사람의 것이라는 말을 남기고 세상을 떠난다.

이 동화 같은 이야기 속에 아버지와 아들간의 애증과 사랑의 진면목을 감동적으로 제시한다. 이 〈나〉는 현실적으로는 어리디 어린 구두닦이인 것이다.

2) 날지 못하는 '에프테릭스'와 일그러지는 영웅 : 「무익조」

엄격히 말하면, 이어령(李御寧)의 단편소설 「무익조(無翼鳥)」는 신발이나 슈샤인 작품과는 실재에 있어서 아무런 직접적인 관련성이 없는 작품이다. 그러나 그럼에도 슈샤인과 관련이 있는 이 장절에 관련된 작품으로 굳이 이 작품을 귀속시키는 한 이유가 있다면, 그것은 '키위(Kiwi)'라는 미제 구두약 때문이다. 앞서 다룬 오영수의 소설 「후조」에서도 슈샤인 보이들이 가장 애용하는 '키위'라는 미제 구두약이 등장하지만, '키위'라고 하면, 오늘의 대부분의 사람들은 흔히 서양 다래로 일컬어지는 뉴질랜드 산 과일 키위를 연상한다. 그러나 6.25 한국 전쟁을 경험한 세대들에게 있어서는 누구나 뉴질랜드 산 갈색 과일이나 날개가 없어 날지 못하는 일종의 타조새인 것으로 인식하기에 앞서 그때 보급된 키위새가 원색으로 그려진 상표의 미제 구두약을 연상할 것이다. 대부분의 전쟁 세대의 사람들은 순서상 이 대표적인 구두약의 상표를 먼저 알고 나서 이를 통해서 키위새를 비로소 알게 된 것이다. 그 때는 키위라면 곧 구두약이었던 것이다. 전쟁 세대인 이어령의 경우도 키위새에 대한 지식은 먼저 키위 구두약에서 비롯되어서 무익조인 키위(애프테릭스)로 진전해 간 것으로 짐작된다. 그래서 작품에는 이와 관련된 다음과 같은 대목들이 포함되어 있다.

> 박준(朴俊)은 또 그때 키위새(Kiwi : 無翼鳥)에 대해서 말했던 것을 나는 기억하고 있습니다. 당신도 아마 키위새를 알고 있을 것입니다. 물론 그것은 뉴우질랜드에서 사는 특이한 새이긴 하지만, 미국의 구두약 상표에 〈키위〉란 것이 있고 또 구두약 뚜껑에서 키위새의 사진이 원색으로 찍혀져 있었기 때문에 한국에서도 누구나 눈에 익게 된 새입니다.

> 키위새에 대하여 조사를 해서 보내주신 당신의 재료를 잘 읽었습니다. 키위새는 애프테릭스라고도 한다는 것은 당신의 글을 읽고 처음 안 일입니다. 나는 라틴어를 싫어했지만 정말 라틴어 지식은 도움을 줄 때가 많다는 것을 알았습니다. 애프테릭스(Apteryx)—'A'는 無라는 뜻, pteryx는 날개…… 즉 無翼鳥란 말이군요. 그리고 그게 세계 천연 보호물로 날로 멸종해 가고 있는 새라니 더욱 상징적으로 느껴지는군요.

이렇게 구두약 '키위'에서 촉발하여 날지 못하는 키위새(애프테릭스, 무익조)에 이르게 됨으로써 작가는 독자적으로 키위새를 한국 현대문학에서 처음으로 문학적 상징이나 모티프의 한 항목으로 탁월하게 이끌어 올리고 있다. 즉 키위새가 작품「무익조」의 창작을 위한 근거나 기본 모티베이션이 된 것이다. 하기는 영어 단어 'apterous'는 '무익(無翼)의'란 의미의 형용사이고 본문 속에서도 주인공인 공군장교 박준이 떠들어대고 있지만 영국의 공군은 날지 못하는 새 키위를 속어로 〈지상근무원〉으로, 반대로 비행사는 속어로 〈버드맨(birdman)〉 즉, 조인(鳥人)으로 비유한다고 한다.

작품 「무익조」는 서간 담론으로 이루어진 서간체 소설이다. 1인칭의 서술자로서 미국에 유학하여 사회학을 전공한 한국의 대학 강사인 '나'가 송신자가 되어 시카고 대학 톰프슨 교수의 연구원인 윌리를 수신자로 하여 쌍방 교환적이기 보다는 거의 일방적으로 편지를 보내는 송신 형식이다. 어떻거나 여기서 편지가 송신자와 수신자 간의 다리로서 떨어져있는 양자 간의 연결 기능을 하고 있다. 그러나 면밀히 보면 이 소설의 서사 방법은 단순하게 서간체만으로 이루어진 것이 아니고, 그 속에 다시 액자 소설의 형태가 서사의 핵(核)으로 삽입되어 있는 이중 구조로 이루어져 있다. 공군 장교 박준 대위의 이야기가 액자의 핵 또는 내부 이야기를 이루고 있는 중심 구조인 것이다. 이 속에 키위같이 날개 없는 새라는 짝패(double)적 요소를 함축하는 '나'와 박대위라는 두 영혼 및 두 친구의 미묘한 우정의 관계가 상감된 이야기와 함께 상승과 하강(전락)의 사행적(蛇行的)인 플롯으로 이루어진다. 이 서사 구조 속에 박준이라는 영웅의 상승 및 소멸 또는 범속한 인간으로 전락하는 일그러진 과정이 삽입되어 있다. 따라서 「무익조」는 주제학적으로는 우정과 영웅의 모티프로 주도되고 있다. 여기의 우정은 비이기적인 존중과 호의로서가 아니라 일방적으로 이끌리는 관계이자 경쟁적이고 대립적인 긴장의 우정이다. 여기의 영웅도 끝내는 소멸되어 가거나 전락하고 일그러지는 영웅이거나 가짜로 만들어짐으로써 해체되어가는 영웅상이다. 그래서 영웅이 소멸하여 날지도 못하고 범속한 인간으로 전도 전락된 상황으로 그려진다.

앞서 이미 서간과 액자의 관계를 지적했지만, 이 작품의 서간은 액자적 서사구조의 틀로서의 외화적 서간 및 삽입된 서사(Inserted

Narrative)로서의 내화적(內話的) 서간으로 이중화되어 있다. 아버지의 돈과 힘으로 절망적인 6.25 전쟁 상태에서 도망치듯 미국에 유학 감으로써, 10여 년간 한국전쟁 · 4.19 · 5.16의 위기적 상황을 멀리한 채 코스모폴리탄처럼 살며 미국에 있다가 대학 사회학 강좌를 맡은 강사로 귀국한 '나'는 대학 도서관 특별 열람실에서 그가 부재했던 10년의 모국을 알기 위해서 곰팡내 나는 신문철을 계속해서 뒤진다. 그러던 중 어느 날 4.19 학생 의거가 일어났던 1960년 4월의 1단짜리 작은 기사를 발견하는 순간 충격으로 정신을 잃을 만큼 그는 비명을 지르게 된다. L119기로 훈련병과 함께 연습 비행 중 엔진 사고로 대관령 산골짜기에 추락 · 실종 사망했다는 친구 공군장교 박준 대위의 기사와 함께 흐리게 게재된 그의 불투명하지만 부조리한 표정의 사진 때문이다. 이 박대위의 죽음을 늦게나마 알게 된 사실이 '나'를 묘한 허탈 상태로 몰아넣는다. 이것이 외화적(外話的) 틀로서의 서간 내용이다. 참고삼아 지적하면, 현대 소설에서 전투 비행기 추락을 다룬 것은 이 작품과 송병수의 「잔해」 뿐이다.

이를 계기로 해서 '나'의 기억에 의해서 가까운 기억의 현상이 구성의 시학이 된다. 과거에서 중학교 시절이란 먼 과거로 시간을 거슬러 역전하여 '나'와 박준과의 우정의 관계 및 박준이란 인간의 이야기가 삽입 서사로서 거듭 서술된다.

박준은 인간의 비명에 분노하고 거부할 만큼 치열한 의지를 실현해가는 인물이다. 공군에 입대한 그는 연습 도중 인간의 의지로는 어떻게 할 수 없는 비행기가 두려운 공포증인 비행 공포증(Aviophobia)에 걸린다. 그럼에도 불구하고 그는 초인적인 의지로 이를 극복해냄으로써 당당한 공군 조종사가 된 인물이다. 이런 박준이 '나'에게 조국에서 도망치 듯 미국으로 떠나던 날 들려준 말은 "너는 도망칠 수 없다. 비명을 지르는 동안 너는 절대로 도망칠 수 없다"고 일러준다. 그런 비명을 거부하는 인물이기에 '나'가 10년 동안 시카고에 생활하는 중에도 '나'를 이끌고 책려하는 짝으로서 박준이 늘 "내 침대 곁"에 누워있는 존재였고 괴로운 밤을 참을 수 있게 한 존재였고, 꼭 만나보고 싶다는 그런 생각이 없어도 항상 자극을 주며 곁에 머물러 있는 자극과 '교분'의 친구였던 것이다.

그러나 박 대위와 '나'의 첫 관계는 시간적으로 '나'가 중학교 4학년 때로 훨씬 소급한다. 몸이 약한 '나'가 아버지의 주선으로 서해안 바닷가 T 마을로 전학 요양을 갔을 때, 도시 아이의 시계와 만년필을 뺏는 주변 깡패 아이들을 막아주고 우람한 팔로 일으켜 세워주면서 무서운 일이 있으면 어금니를 꽉 깨물라고 타일러 준 존재가 바로 박준이다. '나'는 그날로부터 낙타 오우버를 걸친 수학 선생의 오우버를 찢어버림으로 남루에서 해방 시켜준 박준에게 홀려버림으로써 친구가 되어버린다. 이런 관계는 '나'가 바닷가를 떠남으로써 한동안 단절되었지만 '나'의 도미환송회장에서 다시 만나게 됨으로써 유지된다. '나'에게 비추어진 박준의 이미지는 언제나 어금니를 다물고 비명을 거부하는 의리의 영웅상이다. 그러기에 '나'는 정작 그런 박준 대위가 비행기 추락으로 죽었을 때조차도 비명을 지르지 않고 죽음을 뛰어 넘었을까 그렇지 않으면 다급한 소리로 비명을 지르며 죽어갔을까를 궁금해 해 온 것이다. 그런 가운데서도 그때에도 웃어가면서 죽음을 맞이했기를 내심으로 빌고 있었던 것이다.

서사의 시간은 다시 과거에서 현재로 이행되면서 '나'가 박준을 처음 만났던 T 마을을 찾아갔을 때의 후일담으로 넘어간다. 비행기 추락 이후와 그때 박준이 죽지 않고 살아있는 소식을 접한 그 후 현재의 박준을 '나'가 다시 만나는 변화의 사정이 서술된다. 여기서 플롯은 지난날의 영웅이 평범한 인간의 상으로 전락하는 상황의 전환이 이루어지게 되는 것이다.

박준이 T 마을에 알려지기로는 박 대위는 비행기가 추락한 그 산골짜기에서 부러진 다리를 끌며 3일 동안이나 헤맨 끝에 외딴 산가(山家)를 발견하다. 그가 그의 의지와 기적으로 다시 살아났음을 '나'는 자랑스럽게 느낀다. 그러나 그가 상이군인으로 조직된 정치적 폭력단체에 간부로 있다는 근황을 알게 되고, 서울로 올라오자 명동의 유흥가에서 그를 만났을 때, 박준은 기대와는 완전히 달라진 모습의 존재가 되어있는 상태이다. 다리를 절며 어금니를 물고 미소 짓는 부조리한 표정이나 습관은 가신 듯 사라지고 호탕한 웃음을 웃으며 자기 자랑을 해대고 취기로 주변에 거친 언동을 함으로써 메스꺼운 모습을 보인다. 그럼에도 노여움보다 동정을 보이면서 미국에서도 네가 부러웠다는 '나'의 말에 그는 울면서 말한다. 같이 동승했던 훈련병에 대한 '나'의 물음에 박 대위는 살려달라고 소리치는 그를 버리고 비겁하게 도망치고 있었다고 실토한다. 그리고 "난 그때부터 흔들리지 않는 땅만을 디디고 사는 날개 없는 새 키위가 된 거야. 하늘도 바다도 이젠 다 글렀어! 다 끝장이 난거야!"라는 아픈 고백을 듣는다.

그 밤 취한 박 대위를 택시로 보내고 돌아서면서 나는 비명소리를 역력히 듣는다.

> 그때 갑자기 그 택시를 가로지르는 차 한 대를 비키기 위해 급정거했던 것입니다. 브레이크 소리 '끼~'한 쇳조각이 마찰하는 브레이크 소리가 내 귀청을 때렸습니다.
>
> 길은 땅속 아니 첩첩히 쌓이는 어둠 속 아니 하늘의 어느 구석 무엇인가 두꺼운 층을 찢고 터져 나오는 비명소리를 나는 분명히 들은 것입니다.

그것은 환청의 소리가 아니라 분명 교통사고를 당한 박준의 비명이다. 이것은 '나'의 마음 속에 깊게 자리했던 영웅이 소멸해가는 소리임이 분명하다. 변모하는 영웅에 대한 이 같은 부정적 시각은 작품 초반에서 제시된 도서관 노사서의 조카의 죽음—4.19 당시 시위에 앞장선 여학생과는 달리 총탄을 등 뒤로 맞음으로써 비겁했다는 고백이 오히려 영웅담으로 각색되어지는 보도의 변조된 영웅의 보도현상을 통해서 전제적으로 제시되어 있다.

다음 이 작품에서 주제학적 측면에서 결코 간과해버릴 수 없는 중요한 점은 '비명'(悲鳴) 모티프이다. 이 「무익조」에는 '비명'이란 용어가 도합 26번이나 반복해서 등장하고 있다. 그래서 이 작품은 비명의 시학이라 일컬어도 과언이 아니다. 비명이란 무엇인가. 글자 그대로 보면 슬피 운다는 뜻이지만 매우 위급하거나 놀랄 때에 지르는 외마디 소리, 즉 인간의 마음속에 자리 잡고 있는 근원적이고 원초적인 공포의 절박한 감정 상태에서 지르는 소리이다. 이 작품에서 비명의 주제들이 각기 다르고 또 비명을 유발하는 위급과 놀람의 전황이나 상황이 다르다. 예컨대 첫 번째의 비명은 서술자인 '나'가 묵은 신문철을 뒤지다가 친구인 조종사 박준의 비행기 추락 기사 및 그의 동판 사진을 접하는 순간에 놀라서 내지른 비명이다. 두 번째의 비명은 4.19 총탄 현장에서의 죽어가는 사자의 비명 소리이다. 그리고 마지막의 비명은 어둠 속에서 박 대위가 타고 가는 택시의 마찰하는 브레이크 소리와 함께 터져 나오는 비명소리이다. 비명은 이렇게 대상이나 상황에 따라서 다르지만, 온통 이 천지를 뒤덮고 있는 비명이 이 시대 사회 전체 삶에 내재된 두려움과 아픔의 소리 상징으로서의 은유라는 점에서 하나의 공통성을 갖는 것이다. 이 점이 작품 「무익조」의 비유(tropology)에 있어서의 탁월함이다.

그러면서도 잘 짜인 이 작품에서 떨쳐버릴 수 없는 하나의 아쉬움을 하나 느낀다면 서간체의 서사가 그 특성의 하나로서 갖고 있는 고백의 양식이 잘 발휘되지 못하고 있다는 점이다. 그것은 부친의 돈과 힘으로 그야말로 비명으로 가득 찬 전쟁과 혁명의 현장인 고국 땅으로부터 탈출해서 미국이란 안전지대에 머문 도망자로서의 주인공 자신의 과거의 삶에 대한 비명같은 죄의식이나 부끄러움이 어느 곳에서도 조금은 의당 표출되어 있어야 하지 않았을까 하는 점이다.

11장
구두를 매개로 하는 여성적 욕망의 시학

1990년대 이후의 한국 현대 문학에서 가장 두드러지는 문학적 특성 가운데 하나는 장르를 불문하고 여성 문학 즉 페미니즘 문학의 활발한 전개라고 생각된다. 많은 여성 시인이나 작가들에 의해서 문학에 있어서의 남성우월주의(Phallogocentrism)에 의한 여성의 주변화 현상을 해소시키면서 여성의 '여성적 자아(Female Self)'에 대한 발견과 표출이 뚜렷해지는 여성시가 난만하게 출현하게 된다. 여기에는 시몬느 보봐르의 『제 2의 성』(1949), 케이트 밀레트의 『성의 정치학』(1970), 엘렌 쇼월터의 『페미니즘 비판』(1981)을 비롯한 자크 라캉 · 줄리아 크리스테바 · 엘렌 식수 · 루스 이리가레이 등의 페미니즘 비평의 영향도 적지 않게 작용한 것이 사실이지만 여성시의 중요 상징 언어로서 그리고 모티프로서 주목되는 현상에서 중요한 것이 성증(性徵)을 표상한 '피메일 바디(Female Body)' 여성의 신체성의 강조와 사물로서의 구두(신발) 이미지에 대한 특별한 시적 집착 현상이라 지적할 수 있다. 김승희의 「모든 신발은 불편하다」, 신현림의 「지루한 세상에 불타는 구두를 던져라」, 「검은 구두 한 켤레」, 정은숙의 「구두에게 묻는 생」, 이선영의 「헌 구두를 내려다보며 탄식함」 등은 모두 이 시대의 여성 시인들에 의한 대표적인 구두의 시편들이다. 신발이나 구두는 이미 신데렐라나 콩쥐팥쥐의 이야기에서 암시되고 있는 것처럼 여성 성기의 완곡어법이고 성적 상징으로서 잘 알려져 오고 있다. 이에 대한 어떤 여성학자에 설명에 의하면 '신발이란 신체의 일부분이 미끄러져 들어가 그 안에서 탄력적으로 감싸지는 작은 용기라는 점에서 여성의 성기를 상징'한다는 것이다. 이 경우 신체의 일부분이란 페로의 신데렐라에서 보듯, 남성의 성기를 상징하는 발을 의미한다. 이 시대의 여성 시인들이 각별하게 구두를 여성적 존재인식이나 아이덴티티의 표상으로서 여성적 욕망의 은유나 환유로서 중시하고 있는 현상도 이와 무관한 것이 아니다. 구두는 여성적인 존재의 표상이고 여성적인 삶의 조건을 대리하는 상황이나 근거로서의 의미를 지니고 있다. 그래서 구두는 여성적 현존의 상황 · 장의 발견 및 욕망의 발산을 위한 매개적 대상으로서의 강력한 시적 이미지가 되고 있는 것이다. 그러나 이들 여성 시에 있어서의 구두의 특징이 이전 시대에 남성 작가들의 전통적인 남근중심주의의 헤게모니와 가치에 의해서 이루어진 구두의 양상과는 판연하게 변별되거나 이질화된다. 가령, 1920, 30년대에 김동인이나 염상섭의 「구두」(하이힐) 등의 작품에서 보는 것처럼 구두는 돈 있는 남자와 관련된 작부나 기생 여급과 같은 저급한 여성들의 욕망의 환유이거나 어울리지 않는 하이힐을 신고 외출하여 비틀거리는 동작의 자태를 보여줌으로서 세태 풍자의 부정적 수단이 된다. 구두는 남자가 여자의 환심을 사기 위한 유혹의 미끼이고 매개물이다. 이렇듯 남성 작가들에 의한 여성 구두는 주로 여성 비평의 한 매개적 객체로서의 기능을 한다.

1930년대의 모더니스트 소설가 박태원(朴泰遠)의 「소설가 구보씨의 일일」(1934)에는 도시의 거리 위를 걷는 문학적 산책자(Literarische Spaziergänger)(Maria Kublitz-Kramer의 용어임)이고 일종의 엿보기적 여성 절시증(Scopophilia)의 서술자 구보가 황혼의 어둠과 더불어 종로 네거리에 나온 '노는 계집' 즉, 매춘부들의 세상살이에서 불건전한 걸음걸이를 보는 장면이 있다. 이때 엿보기의 대상은 그녀들의 화려하거나 그렇지 못한 다리와 숙녀화에 익숙지 못한 위태롭고 부자연스런 걸음걸이와 구두이다.

> 어느 틈엔가, 구보는 종로 네거리에 서서, 그곳에 황혼과, 또 황혼을 타서 거리로 나온 노는계집의 무리들을 본다. 노는계집들은 오늘도 무지(無智)를 싸고 거리에 나왔다. 이제 곧 밤은 올 게요, 그리고 밤은 분명히 그들의 것이었다. 구보는 포도 위에 눈을 떨어뜨려, 그곳에 무수한 화려한 또는 화려하지 못한 다리를 보며, 그들의 걸음걸이를 가장 위태롭다 생각한다. 그들은, 모두가 숙녀화에 익숙하지 못한 것은 아니다. 그러나 그러함에도 불구하고, 그들은 모두들 가장 서투르고, 부자연한 걸음걸이를 갖는다. 그것은, 역시, '위태로운 것'이라고밖에 말할 수 없는 것임에 틀림없었다.
>
> 그들은, 그러나 물론 그런 것을 그들 자신 깨닫지 못한다. 그들의 세상살이의 걸음걸이가, 얼마나 불안정한 것인가를 깨닫지 못한다. 그들은 누구라 하나 인생에 확실한 목표를 가지고 있지 않았으나, 무지는 거의 완전히 그 불안에서 그들의 눈을 가리어 준다.
>
> 그러나 포도를 울리는 것은 물론 그들의 가장 불안정한 구두 뒤축뿐이 아니었다. 생활을, 생활을 가진 온갖 사람들의 발끝은 이 거리 위에서 모두 자기네들 집으로 향하여 놓여 있었다.

여기의 구두 역시 도시의 길거리를 배회하는 밤의 여인들, '노는 여자'들의 걸음걸이를 서투르고 부자연스럽고 위태롭게 하는 불안정한 구두이다. 이렇게 남성 작가들에 의해서 제시되고 있는 여성의 구두는 작부나 창녀와 같은 거리의 여인들의 환유인 것으로 제한되어 있거나 구두가 객체화되고 있는 것이 특징이다. 어쨌거나 30년대에 있어서의 남성 작가에 의해서 제시되는 구두는 성차별적으로 유혹의 매체 또는 '노는 여자'들의 위태롭고 불안정한 삶을 표상한다. 남성 중심적 문학의 시각으로 보면 신발(구두)은 어느 경우든 여성들의 당당한 신발로서의 당당함을 지니지 못하고 있는 품격 없는 상태이다.

그러나 90년대의 여성 시인들에 의해서는 구두는 곧 개체가 아니라, 여성적 자아로서 주체화한다. 즉 여성적 자아와 구두를 동일한 것으로 받아들이는 일체화의 상상력이 활발해지면서 남성 작가들에 의한 구두에 대한 부정적 관습이나 문법으로부터의 확연한 탈각의 변화가 이루어진다.

> 모든 신발이 불편하다 나는 신발장을 연다
> 모든 신발이 가혹하다 나는 신발장을 닫는다
>
> 신발을 신고 나설 때마다 난 어떤 본능을 다치는
> 것만 같아, 골절, 뼈 뼈 뼈가 어긋 물린 것 같고 어떤 때는
> 도에 지나쳐 피 피 피가
> 길 위에 흘러내려 나의 길을 모가지로 감고 엉겨 저지하는 것 같아,
> 신발에서 길을 갈라내지 못하면
> 미친 듯이 신발의 길에 먹힐지도 모른다
> 신발에서 발을 추려내지 못하면
> 어쩌면 신발에서 발목을 잘라내야 할지도 모른다

거기다 또 신발의 중독에서 깨어난 발
발가죽의 중독에서 깨어난 뼈들조차
더 시끄러운 이 내란의 길목에 서서

꿈이여, 잠시 잠시만 더, 그래도, 이 가죽부대 같은 신발 안에

뭉쳐 있지 않겠니? 신발을 들고 날아가는 저 눈부신 태고의 날개가
하얀 자갈밭에서 알을 깨치고 날아가는
태양빛의 뜨거운 새처럼
고요히 중심의 원시신화 속으로 솟구쳐 오를 때까지
나의 발은 아직 할 일이 많고
나의 발은 아직 더 가고 싶은 길이 있단다

그리하여 엘칸토 금강 에스콰이어 비제바노 브랑누아를 넘어
레스모아 미스미스터 엘레강스 허쉬파피 랜드로바를 지나
갔습니다.
구두 大바겐에 가면 나에게 맞는 신발을 어쩌면 구할 수
있으리라~
모든 신발이 뼈에 맞치고 근육은 구두에 대들고
발톱은 구두가죽을 찢고 한발 가득 무성한 털은
솟구쳐 나와
한걸음 걸을 때마다

범주를 벗어난 모래와 엉긴 피가
나의 신발 너머 길 가득 수북이 넘치고 있으니

모든 신발이 수상하다 나는 신발장을 연다
모든 신발은 전족이다 나는 신발장을 닫는다

이는 김승희(金勝熙)의 「모든 신발이 불편하다」는 시다. 김승희 시인의 독특한 구두보기인 이 시는 이미지와 상황이 서로 충돌하는 시학

의 묘미를 효과적으로 발현하는 작품이다. 충돌의 현상은 처음과 끝에서 반복적으로 신발장을 '연다(開)/신발장을 닫는다(閉)'의 대립 현상으로서 분명해진다. '연다'와 '닫는다'의 동작 상태는 외출과 귀가 또는 외출 중지의 공간 이동적인 의미의 표상이다. 그래서 이런 의미론적인 대응이 암시하고 있듯이 이 작품에 있어서의 신발의 의미는 이중적인 코노테이션을 지닌다. 이를 모티프화하면 갇힘(속박)과 열림(자유 또는 탈출)의 대립적 이중화 현상이다. 시인 자신이 포함되어 있는 이 시대의 여성자체의 삶의 표상이다.

시의 표제가 「모든 신발은 불편하다」가 되어 있다. 불편하다는 것은 편하지 않는 상태이고 하이데거가 말하는 집 같지 않은(Unheimlich) 상태이다. 이와 연계되면서 모든 신발의 존재와 의미가 '불편하다'→'가혹하다'→'수상하다'라는 정상적이지 않은 이상의 상태이다. 그래서 급기야는 삼단 논법적 추론의 귀결같이 '전족(纏足, Foot Binding)'의 상태로 귀착해버린다. 신발은 구속과 자유의 이중적 표상성을 지닌다. 전족이란 무엇인가. 어린 여자 아이의 발에 피륙을 감아 자라지 못하게 하는 구속 장치가 아닌가. 그렇다면 이 전족의 이미지는 자아(나)와 신발의 자유를 제약시키고 있는 남권적인 사회와 제도의 구속을 의미하는 것이며 불편한 일상이나 사회적 장치의 상징이다. 이 제약의 장치로 인해서 '나'라는 존재의 삶은 본능을 다치고 뼈가 어긋나고 피 흘러 엉겨지는 수많은 만신창이의 상처를 입는다. 그러니까 이런 세상살이의 제약과 구속으로서의 신발은 '나'에게 불편하고 가혹하고 수상한 대상인 것이다. 그러나 앞서 신발의 의미가 더블 코노테이션을 갖고 있다고 지적했듯이 처절한 상처를 입으면서도 그럼에도 불구하고 여성으로서의 시적 자아는 “꿈이여, 잠시 잠시만 더, 그래도, 이 가죽부대 같은 신발 안에//뭉쳐 있지 않겠니? 신발을 들고 날아가는 저 눈부신 태고의 날개가/하얀 자갈밭에서 알을 깨치고 날아가는/태양빛의 뜨거운 새처럼/고요히 중심의 원시신화 속으로 솟구쳐 오를 때까지”와 같이 기구한다. 피닉스 같은 신화 인류학적 원형의 상상력을 빌림으로써 비상과 자유 고양의 욕망을 결코 놓지 않는다. 이 경우 신은 생을 고양하기 위한 탈출과 지향과 자유의 표상인 것이다. 이 시에 구구 바겐 세일의 시장이 등장하고, 당시의 각종 구두 메이커가 제시되고 있는 현상은 오늘의 삶이 패션으로서의 신발과 관련된 구두에 대한 현대의 상업주의 시장성에 어쩔 수 없이 의존되어 있고 거기에서 편의를 얻을 수밖에 없고 열심히 감발해야 하는 삶의 여건이나 상황을 그대로 드러낸다.

1.
불타는 구두, 그 열정을 던져라
지루한 몸은 후회의 쓸개즙을 토하고
나날은 잉어 떼가 춤추는 강을 부르고
세상을 더럽히는 차들이 구름이 되도록
드럼을 쳐라 슬픈 드럼을 쳐라
여자인 것이 싫은 오늘, 부엌과
립스틱과 우아한 옷이 귀찮고 몸도 귀찮았다
사랑이 텅 빈 추억의 골방은 비에 젖는다
비오고 허기지면 푸근할 내 사내 체온 속으로
가뭇없이 꺼지고 싶다는 공상뿐인 내가 싫다

2.
저는 고요히 불타는 구두를 신은 여자가 좋습니다
실존의 화면을 꽉 채우는 여자 뭔가 대륙적인 여자

전혜린, 바흐만, 섹스턴, 베아트리체 달, 아자니,
〈적 그리고 사랑 이야기〉의 레나올린, 제니스 조플린
프리다 칼로, 그리고 익명의 불타버린 여자.
묘지로 가기 전의 흐뭇한 식사와 대리만족의 기쁨
덧없을지라도 각성을 줍니다
그들의 마력은 빙판에서 자란 초목 같지요
그들의 운명 그들의 영화는 왜 비극으로 끝나나요

신현림의 시집 『지루한 세상에 불타는 구두를 던져라』(1994)의 대표시 「지루한 세상에 불타는 구두를 던져라」의 일부분이다. 신현림은 이 시대의 여류 시인 중에 대표적인 구두의 시인이다. '불타는 구두', '불타버린 여자' 등 충격적인 '불타는'의 에피세트(Epithet)가 시사하고 있듯이 배화(拜火) 교도와도 같은 불과 불타는 열정적인 상상력으로 억제된 여성적 욕망을 분출해낸다. 그리하여 시적 자아는 전혜린 · 바흐만 · 섹스턴 · 프리다 칼로 등 열정적이고 '대륙적'인 여자로서 오직 열정으로써 스스로를 불로써 모두 소진시켜버린 여러 매혹적인 여인들의 이름을 지루한 삶에 호명함으로써 그들의 불타는 삶을 통해서 대리 만족의 기쁨과 각성을 향유하고자 한다. 호명된 그들, 불타버린 여인들은 나에게 있어서는 죽음의 문제로 가기 전에 내가 향유하고 음미할 수 있는 성찬으로서의 '흐뭇한 식사'의 만족을 두는 끌어당김의 인력과 마력을 지닌 존재들이다.

설사 마력인 존재는 그들의 운명이 비극이라 할지라도 그들을 욕망의 은유로서 받아들이고 반응코자 하는 것이다. 마치 안데르센의 「빨간 구두」의 욕망하는 카렌처럼 여기서 나는 언뜻 필립 휠라이트의 『불타는 샘물(Burning Fountain)』이란 책명이 떠올리게 된다. "빙판에서 자란 초목"이란 대목 때문이다. 물이 불타듯, 뜨거움으로 빙판 같은 삶에서 초목을 자라게 하는 것이 시적 자아가 욕망하는 대상들의 모순어법(Oxymoron)적 애착이고 호의이다.

당신은 무어냐고 누가 묻는다면
나의 존재는 희망의 포로라고 말하겠다
일과 사랑을 찾아다니는 구두였다고

구두 속에서 발은 여름 해같이 불타오른다
구두 속에서 삶은 언제나 실감나는 사건이다
구두는 전조등 불빛처럼 욕망을 비추고
내가 되고 싶은 사람에게
내가 가고 싶은 곳으로 외출시키기도 한다
외출은 번번이 세끼 밥을 안고 오는 일로 끝나거나
길어놓은 바닷물을 엎지르는 헛수고
불안은 구두를 자꾸 절벽으로 몰아갔다

사소한 감정으로부터도 자유롭지 못한
발의 진통, 발의 발작, 발의 광기
날로 거칠어지는 내 발은 뒤틀린 기형이고
구두는 까맣게 타버린 빵임을 깨달았다

나는 살지 않았다고 할 수도 있다
"살고 싶다" 는 간절한 바람이고 한낱 낙서일 뿐
그러나 모두 슬픔이 없는 상실에 이르길 원하면서
죽은 풀조차 손에 뿌리 뻗어 자라길 얼마나 소원했는가

발은 수술대 위에 놓여있다 뒤틀린 뼈는 버려지고
추억의 불가사리처럼 피로감처럼
내 발에 다시 악착 같이 달라붙은 구두
지상을 더없이 사랑하게 만드는 구두

지상을 떠날 때 해를 향해 날아갈 구두
잔인하도록 아름다운
내 희망 한 켤레!!

구두란 내 삶에 있어서 무엇인가. 김승희의 「모든 신발이 불편하다」의 경우와 마찬가지로 여기서도 구두는 이중의 의미를 함축하고 있다. 욕망으로 '나'로 하여금 외출하게 하기도 하지만, 기껏해야 그 외출이 세끼 밥을 안고 오는 사소한 일로 끝나게 하거나 헛수고와 상실과 부자유와 뒤틀림을 가져오게 하는 부정적인 것이 그것이다. 그러나 일과 사랑을 찾아다니는 나와 일치하는 구두는 나로 하여금 지상을 더 없이 사랑하게 만드는 구두요. 지상을 떠날 때 해를 향해 날아갈 구두는 "잔인하도록 아름다운 내 희망 한 켤레!!"로 긍정되고 미화되고 있다. 어떤 이는 이 시에서 목적을 잃어버린 현대인들의 삶이나 도구로 전락한 자아로 읽고 있지만, 내가 보기로는 이 「검은 구두 한 켤레」는 원망이나 희망이 때로 배반하기도 하지만 희망을 신뢰하고 받아들인다는 것이 중요하다는 점을 설파하고 있는 것이다.

졸리운 한낮, 나는 한 장의 구두 티켓을 받았다.
나는 또 한번 명동에 나갈 수 있을 것이다.

새 구두를 선물 받은 후에도 그는
한사코 헌 구두만을 신고 다닌다.
헌 구두에 간 무수한 주름들,
그 주름마다 생의 무늬가 들어 있다고
생각하는 남자의 사고는 수정되지 않는다
한 발자국 옮길 때마다 굽혀진
가죽이 몇 천 번 반복된 후 새겨진 주름은

그의 발에게 안녕을 물어 준다.
구두와 닿았던 거리들의 호흡을 풀어 놓으며
구두를 벗는 그를 보며
나는 욕망한다,
새 구두를 신고 싶다.

아무런 주름도 잡히지 않은 새 구두에게
나는 남은 내 생을 물으리.

정은숙의 「구두에게 묻는 생」이란 시다. 이 시에는 여자인 '나'와 남자인 '그'가 대립되는 상황이다. '그'는 '나'와는 더불어 사는 존재로서의 아주 긴밀한 관계 내지 남편과 아내와 같은 내외 사이이다. 그런데 '그'는 새 구두를 선물 받고서도 한사코 헌 구두만을 신고 다니고 헌 구두에 난 무수한 주름. 그 주름마다 생의 무늬가 들어 있다고 믿고 있어서 굽혀진 가죽에 새겨진 주름이 그의 발에게 안녕을 물어준다.

이런 그를 보면서 '나'는 오히려 '그'와는 달리 새 구두를 신고 싶어 한다. 아무런 주름도 잡히지 않는 새 구두에 남은 내 생을 물으려고 한다. 여기에 양자 간의 분열상 양위가 즉 달라도 이렇게 다를 수가 없는 것이다. 이상(李箱)이 어떤 시에서 부부의 어긋남을 발과 보행이 모두 맞지 않는 '파행(跛行)'의 이미지로 은유하고 있듯이, 남자인 '그'는 무수한 주름의 헌 구두에 집착하고 있음에 비해서 '나'는 아무런 주름도 없는 새 구두를 욕망한다. '나'의 이 욕망의 기저에는 수정되지 않는 관성에 어긋나고 있는 헌 관계로부터의 여성적 일탈의 열망과 바람이 잠재되어 있다. '그'와 '나'의 신발의 동행은 불가능한 상태이다. 그러니까 '새 구두'는 곧 새 구두에의 욕망은 '그'로부터의 일탈적 원망의 표상이요 삶과 존재의 자유로운 다름의 갱신을 지향하는 욕망의 표상에 다름이 아닌 것이다.

세상이 만들어 낸 많은 신발들 속에서
나는 우연히 내 것이 되었던 몇 켤레의 신발들을 신고 이곳까지 왔다
그 중에는 아주 내 맘에 드는 것도 있었지만
지금은 기억조차 나지 않는 신발들이 대부분이었다
그 신발들은 쉽게 닳았으며 결국은 헌신짝처럼 버려졌다
나는 지금 내가 신고 있는 구두를 내려다본다
이 구두는 지나치게 낡았다
나의 험한 발걸음이 이 구두의 여린 몸을 망쳐 놓은 것이다
오 용서해다오, 나를 만나는 게 아니었던 불운한 구두여
이 구두도 이제 버려질 때가 된 것이다
그런데, 이렇게 무수한 신발들의 순결을 짓밟고 내가 당도한 이곳은 어디인가
나의 발걸음을 도왔던 청춘의 갖가지 신발들이여
그토록 힘들여 나를 데려다 놓은 곳이 고작 이곳이란 말인가
이곳 역시 잘못 든 길에 불과하다
하지만 어떻게 해야 한단 말인가?
여기까지 오는 데 그렇게 많은 신발들을 신고 버려야 했던 것처럼
이곳을 빠져나가기 위해 나는 또 그렇게 많은 신발들을 신고 버려야 하는 것이다

이선영의 시 「헌 구두를 내려다보며 탄식함」이다. 구두는 자기 존재를 담는 도구인 동시에 그 주체(주인)의 발걸음을 도와주는 고맙고 긴밀한 동행의 관계 수단이다. 그러니까 구두가 여린 몸으로 험한 발걸음을 따르며 도우며 닳고 낡아져서 헌신짝으로 버려져야 한다는 사실은 얼마나 미안하고 안타까운 사실인가. 그래서 우리말에 헌신짝처럼 버린다는 말이 있다. 그럼에도 불구하고 우리의 삶은 신고 벗음을 반복해

갈 수밖에 없는 것일 수밖에 없는 것이 아닌가. 시적 자아는 삶을 위한 기여와 버려짐을 안타깝게 탄식스러워 하는 것이다. 이렇게 구두(하이힐)은 여성의 삶과 존재양식을 대리하는 은유적 징표이다.

한편, 구두를 통해서 여성적 욕망의 한 차원을 독특하게 제시하고 있는 이 시대의 특출한 구두 소설이 있다. 글 솜씨가 도저한 백영옥의 장편 〈스타일〉(2008)이 그것이다. 여기서 욕망의 대상이 되고 있는 것은 구두이다. 윤흥길의 소설 〈아홉 켤레의 구두로 남은 사내〉(1977)가 남자의 구두를 대표적으로 대상화한 작품이라면, 이 〈스타일〉은 여자의 구두 이야기란 점에서 둘은 현대문학에 있어서 구두소설로 대비를 이루고 있다. 주인공인 이서정은 패션잡지에 기자로 근무하는 31살의 미스이다. 그녀는 3년째 56킬로그램인 자신의 체중에 대한 강박에 빠져 있는 상태이다. 지나친 다이어트 열풍의 사회 풍조를 비판하면서도 스스로 다이어트에 대한 노력에도 불구하고 살이 빠지지 않는 것에 자괴감을 느끼고 있는 상태이다.

이러한 그녀의 취미인 명품구두를 사는 것에 거의 중독 상태가 되어 있다. 월급의 반이 언제나 구두 때문에 사라진 것 같은데도 신발장엔 늘 신고 나갈만한 구두가 한 켤레도 없다 할 정도로 병적일 만큼 구두에 집착되어 있다. 그만큼 구두는 그녀에게 있어서는 단순히 도시의 길 위에서 보행을 위한 도구가 아니라 오늘의 여성적 욕망의 실존적 근거나 다름없는 것이다. 매일 명품 슈즈와 패션에 빠져 있고 맛집 레스토랑을 찾고 있지만, 그녀는 항상 어딘가 빈 듯한 욕망의 공허를 느끼고 그것을 채우기 위해서 서두른다. 그래서 작품 〈스타일〉은 경쟁적인 삶이 영위되는 오늘의 도시와 문명 속에서 치열하게 살아가야만 할 현대의 여성적 욕망의 토포그래피를 구두의 상점 또는 레스토랑을 통해서 제시한다. 여기서 구두는 곧 허기진 욕망을 채우려는 여성의 물질적 데몬스트레이션이다.

12장
마무리

한국인의 신발의 역사는 간략하게 축약해보면 짚신–미투리–운혜 당혜–꽃신(갖신), 그리고 구두–하이힐–고무신–운동화 등으로 길게 이어진다. 이런 신발은 개인의 역사는 물론 집단의 삶과 역사를 그대로 함축하고 있으면서 우리의 신발의 민족지 인문학을 만들어 낸 것이다. 짚신은 짚신대로 미투리는 미투리대로 구두와 고무신은 구두와 고무신대로 신발은 곧 그와 더불어 가고 오면서 살아온 우리의 생활사의 증거이며 개인과 시대적인 삶과 지향과 도전과 욕망과 정한을 투영시키거나 담아내온 도구적 존재이자 궤적이다. 또 신발은 부부가 '동해도로(同偕到老)'와 해로하는 상징이다. 이혼율이 점점 증대되고 있고 이제는 이날의 가치가 퇴색해져 가고 있다. 이지음은 일반적인 구두와 함께 등산화 · 워킹화 · 운동화가 다양하게 혼성적으로 성행하고 있는 시대이다. 그래서 단일화해서 이야기 할 수도 없게끔 되었다.

어느 날 전철을 타고 가다 무심코 사람들의 각양각색의 헐거나 말

쑥한 신발들을 내려다보면서, 모든 사람들은 한 차 안에 있으면서도 서로 다른 욕망과 지향을 지니고 걸어가면서 저마다 힘겨운 이 세상을 살아가고 있구나 하는 생각을 해 본 적이 있다. 이렇게 다양한 욕망들을 담고서 신발은 길 위에서 역사를 만들면서 어제도 오늘도 내일도 움직이고 있는 것이다.

어떤 신발은 깨끗하고 단정하지만, 또 어떤 신발들은 헐고 낡고 뒤축이 비뚜름하게 닳아 있다. 어떻든 사람들은 구구각각 이력이 각자 다른 신발(구두)들을 신고, 아니 그 구두에 각자들의 발을 담고 길을 걸어서 열심히 세상 속과 삶속으로 이끌러 들어가는 것이다. 그래서 구두야 말로 이 세상을 살아가고 있는 사람들의 가장 실존적인 삶의 현실원리의 상징인 것이다. 그 속에는 그 구두를 신고 있는 사람들의 고단한 발과 치열한 그들의 인생과 생활이, 그리고 그들의 가족을 위한 사랑이 담기거나 응축되어 있다. 이 구두를 벗어버리는 순간, 발에게는 휴식이기도 하지만, 바로 생의 끝 날이기도 한 것이다. '움직이는(ḿ motion)'인간의 삶을 제시하는 소설은 찬찬히 살펴보면 과시 삶이란 행보가 신발의 문화사라고 할 수 있는 것이다. 신발은 단적으로 지적해서 삶의 방호와 운행의 대표적인 물질 표상이다.

제2부 한국 문학의 스커톨로지

- 배설물 '똥' '오줌'모티프와 그 문학적 함의

1장
문학에 있어서의 똥 · 오줌의 분변학(糞便學)

'스카톨로지(Scatology)'라는 말이 있다. 분변학 또는 분뇨학이라고 일컬어진다. 쉽게는 똥학(學)이라고도 불리는 특이한 연구를 위한 학문적 영역의 한 부분이다. 이름 그대로 의학이나 병리학에서 생리 진단적인 목적으로 인간의 배설물인 똥과 오줌에 관한 과학적 연구와 분석을 관심 영역으로 하는 부문이다. 다시 간결하게 지적하면 배설물인 똥오줌의 연구에 의한 진단의 병리학이다. 원래 이 용어는 그리스어 Skatos(오물) 또는 라틴어 Skatere(솟아나오다)와 logos의 합성어에서 파생된 것으로, 1876년에 처음으로 사용된 것이다. 여기에는 성(性)과 관련된 부수적인 의미도 내포되어 있다.

이와 긴밀히 연관된 문제가 문학의 분변학이라는 영역의 존재 가능성이다. 문학 주제학의 모티프의 한 품목으로서 똥과 오줌 등 배설물과 관련된 문학 현상을 집중적으로 겨냥하고 해석한다면 그것은 문학의 스카톨로지인 것이다. 음식물이 그러하듯이, 위생의 관념으로만 보면 똥과 오줌은 다만 더러운 것에 불과하지만, 문학의 영역에 있어서는 배제해 버릴 수 없는 중요한 은유적인 재원이고, 상징이고 구성소인 것이다. 때로는 이 문학 스커톨로지라는 말이 더러운 말[穢語]과 음담패설로 가득한 외설 문학까지를 포함하는 부정적인 용어가 되기도 하지만, 그것은 어디까지나 극단적인 경우이고 제한적인 현상일 뿐이다. 문학 분변학은 근본적으로 인간의 몸에서 배설되는 똥과 오줌을 중요한 문학 현상에서 긍정하는 데서 비롯되는 시각이다.

「현대 독일 문학에 있어서의 분변학의 역할」[24](1986)이라는 글을 쓴 디터 롤핑케(Dieter J. Rollfinke)는 문학의 분변학을 정의하여 '문학에 제시된 몸의 폐기물 산출 · 배설과정에서 수반되는 장의 가스 또는 몸 부위에 관한 인유 및 부수적으로 화장실과 그 설치물이나 비품 변기 이용에 관련된 것에 대한 연구'라고 규정하고 있다. 이 정의에서 암시되고 있듯이 문학 분변학이란 배설 행위 · 배설물과 같은 배설문화와 문학과의 관련 현상에 대한 문학적 고구인 것으로 이해될 수 있다. 문학에 나타난 똥 · 오줌의 함의와 배설 모티프 및 화장실(뒷간) 변기 등의 비품 설치물까지를 논의의 대상으로 포함하는 문학적 관심영역이다. 이는 생소하지만, 흥미로운 영역이다.

인간은 어느 누구든 생물이니까 때가 되면 먹고 싸는 배설을 한다. 이렇게 배제로서의 배설행위는 우리들에게 먹고 마시는 것만큼 중요하고 자연스럽고 불가피한 필수적인 생리 현상인 것이다. 우리는 입으로

24 Dieter J. Rollfinke, "Scatology", Jean-Charles Seigneuret ed, *Dictionary of Literary Themes and Motifs*, Greenwood Press, 1988, p. 1117. 이 책에서 '분변학'은 하나의 항목임.

먹고 마신 음식을 아래로 배설한다. 그 배설물이 다시 땅의 거름이 되어 먹을 것을 자라게 하고 그 땅에서 자란 것이 다시 먹을 것이 되고, 이렇게 먹고 마시고 거름이 되는 물물교화의 상태를 반복적으로 지속한다. 이 땅과 인간의 물물교환은 전통적인 생활사나 농업사에 있어서는 더없이 중요한 순환원리이다. 그런 가운데에서도 우리가 입으로 섭취한 아름답고 맛나는 음식이 섭취–배설의 과정을 거쳐서 일단 밖으로 배출되고 나면 자신이 만들어낸 더럽고 불결한 쓰레기나 찌꺼기가 되고 악취의 지독한 냄새를 풍기는 오물로서 혐오와 기피의 버려지는 대상이 되어버리고 마는 것이다. 점점 문명화 될수록 청결화되기 시작한 인간들은 이 똥이라는 불결하고 더러운 배설물에 대해서 부끄럽게 여기도록 교양화되고 위생화될 뿐만 아니라 언어생활에서조차도 배설물이나 배설현상에 대해서 공적으로 언급하는 것을 삼가고 혐오한다. '똥'과 '오줌'과 같은 말을 '예어(穢語)'나 '분어(糞語)'로 여겨서 그것을 사용하는 것조차를 금기시하는 관습과 문화에 익숙해져가고 있는 것이 사실이다. 그래서 문명화된 인간이나 문학적 성향에 있어서 고결하거나 점잖고 이성적 경향을 지향하는 작가들에 의해서는 순환 원리의 대상인 배설물이 일반적으로 묵살되거나 감추어지는 반면, 현실 지향적이고 비판적이고 익살스런 성향이 강한 예술가들은 배설물(똥)의 존재를 인정하고 그들의 작품 속에 풍자화하기 위해서 이를 거침없이 원용하고 편입시켜 왔던 것이 사실이다.

미하일 바흐친(Mikhail Bakhtin, 1895~1975)은 그의 『라블레와 그의 세계』(1984)에서 유명한 '그로테스크 리얼리즘'의 민중적 근원을 밝히는 작업에서 분변학적 이미지로서의 똥 · 오줌이 가치와 함축성을 중시하여 라블레(Françsis Rabelais) 소설에 있어서의 분변학적 이미지 분석의 중요함에 대해서 다음과 같이 밝히고 있다. 프랑소와 라블레는 스커톨로지의 전대미문의 대가 중 한 사람이며, 바흐친이야말로 똥의 문학적 가치를 활용 · 향상시킨 탁월한 비평가이다. 그 주장을 옮겨 본다.

> ……똥은 생동적인 물질이다. 옛 분변학적인 이미지에 있어서 똥은 생식력과 비옥과 연계되었다. 다른 한편, 똥은 땅과 몸을 중개하는 것, 양자를 서로 연결하는 것으로서 이해되어졌다. 똥은 또한 살아있는 몸과 죽은 몸의 중간에 있는 것이어서 몸은 죽으면 분해되어서 땅으로 바꾸어져 거름이 되는 것이다. 살아있는 몸은 땅에 똥을 주고, 똥은 죽은 사람의 몸이 그러하듯 땅을 비옥하게 한다……그로테스크 리얼리즘의 예술가이며 상속자인 라블레는 똥을 즐겁고 절제적인 것으로 함께 보고 있다.[25]
>
> 예컨대, 그로테스크 리얼리즘과 라블레의 작품에 있어서 똥의 이미지는 오늘의 사소하거나 좁은 생리적 내포를 갖고 있는 것이 아니었다. 똥은 몸(신체)의 삶과 죽음과 싸우는 땅의 삶의 본질적 요소로서 이해되었다. 똥은 인간의 물질성에 대한 그리고 그의 신체적 본성에 대한 생생한 인식의 부분이며 땅의 삶에 긴밀히 관계되어 있다.[26]

이로 보면, 똥은 더러움의 의미를 넘어서 땅과 몸 · 죽은 몸을 탄생시키는 산 몸과 산 몸을 탄생시키는 죽은 몸 사이의 매개이며 몸은 무덤과 요람 사이에 활기차게 썩어가는 정거장인 것이다. 이렇게 바흐친은 라블레의 소설의 분석에 있어서 배설물의 분변학적 이미지가 긴요한 것임을 그로테스크 리얼리즘(Grotesque Realism)이란 말로 역설한 것

25 Mikhail Bakhtin, Rabelais and His World, Indiana University Press, 1984, pp. 175~6.

26 같은 책, p. 224.

이다.

롤링케의 개관에 의하면, 문학에 있어서 분변학적 요소의 이용은 똥에 대한 일반적인 혐오감에도 불구하고 풍자와 해학의 수단으로서 그리고 인간의 삶의 지상성(地上性)을 강조하는 긍정적 수단으로서 예술적 의도에 놀랄 만큼 큰 범위로 제공된다. 단테는 『신곡』에서 죄인을 단지 배설물로 비난한 반면, 마르틴 루터는 『식탁 담화』(*Tischreden*, 1566)에서 모든 인간의 몸뚱이는 똥 · 오줌 · 점액 · 땀의 결합에 불과한 것으로 보고 있다. 특히 20세기에 있어서 독일의 작가들에 의해서 분변학의 강조와 배설 모티프에 대한 비상한 관심이 나타난 것으로 지적한다. 에리히 레마르크의 『서부전선 이상없다』(1929), 하인리히 뵐의 『아담아 너는 어디 있었느냐?』(1951), 피터 바이스의 『수사』(1965), 귄터 그라스의 『고양이와 쥐』(1961), 토마스 만의 『남자와 그의 개』(1919)의 경우가 그러하다는 것이다. 비 독일계의 작가로서는 위젠 이오네스코의 『대머리 여가수』(1950), 사뮤엘 베케트의 『고도를 기다리며』(1952), 윌리엄 골딩의 『파리 대왕』 등이 또한 분변학적 요소를 다분히 지닌 작품으로 지적된다.[27] 이 밖에 조나단 스위프트의 『걸리버 여행기』(1926) 및 베르톨트 브레히트의 『바알』과 같은 희곡 등에서도 나타난다.

그렇다면, 한국 문학에 있어서의 분변학적 검토나 스커톨로지도 얼마든지 가능한 것이 아닌가. 이유는 한국의 문화나 한국 문화 현상 역시 배설물인 똥과 오줌을 끌어들임으로서 욕설의 재료를 삼는다거나 풍자적이고 도덕적인 비난의 무기로서 희롱화(놀림)과 웃음거리의 근

27 앞의 책, pp. 1124~5.

거나 은유 또는 이미지로서 문학적 분변학의 요소나 성격을 지닌 해학적 현상이 풍성하기 때문이다. 굳이 세상이 똥무더기라는 제주도의 창세무가 「설문대할망」과 같은 상고(上古)의 경우로 거슬러 올라가지 않아도, 똥 · 오줌과 관련되어 있는 분변학적 성격의 작품과 문화 현상들을 수 없이 헤아릴 수가 있기 때문이다. 우선 연암 박지원의 소설 「호질」과 「예덕선생전」이 있고, 똥타령이 끼어든 판소리계 소설 『흥부전』, 『춘향전』(이고본)이 있다. 현대 소설로서는 김동인의 「K박사의 연구」, 이상의 「권태」와 「Le Urine」, 서정주의 「소망」(똥간)과 「신부」, 김수영의 「설사의 알리바이」, 남정현의 「분지」(糞地), 이청준의 「무교빌딩 8층」과 「뚫어」, 김지하의 담시 「똥바다」, 김승옥의 「차나 한 잔」, 김승희의 「야뇨증의 여인」, 방영웅의 「분례기」, 오장환의 「이 세월도 헛되지」, 윤정룡의 「열려라 참깨」, 오정희의 「옛 우물」, 이창동의 소설 「녹천에는 똥이 많다」, 권정생의 「강아지 똥」(1969), 김소진의 「눈사람 속의 검은 항아리」 최영철의 「아직도 쭈그리고 앉은 사람이 있다」나 안도현의 「똥개」, 박상우의 「똥」, 함민복의 시 「똥」, 김언희의 「똥의 방점」, 최승호의 「세 개의 변기」, 이선영의 「더러운, 아니 깔끔한」 등의 시와 소설들이 모두 분변학적인 양상을 지닌 고구의 대상들이다. 손창섭의 「신의 희작」, 이동하의 「장난감 도시」, 최인호의 「돌의 초상」, 한수산의 「안개 시정거리」, 김연경의 「고양이의, 고양이에 의한, 고양이를 위한 소설」, 김소진의 「눈사람 속의 검은 항아리」, 김훈의 「남한산성」에서도 약간의 배설의 모티프와 그 편린들이 제시되어 있다. 뿐만 아니라, 한국인의 걸팡진 해학의 감정이 담긴 욕이나 속담 및 타령, 옛 이야기 설화 등의 구전적 생활 문화의 특성 가운데는 똥과 배설과 성(性)의 언어가 푸짐해서 분변학적인 분출현

상이 두드러진다.[28]

따라서 이 글은 비록 완벽한 체계적 고구나 정리에까지 이르지는 못한다고 하더라도 배설물 모티프(excrement motif)를 중심으로 한국 문학의 기분증(嗜糞症, Coprophilia)으로서의 분변학의 양상적 계보의 개관을 처음으로 시도해보려고 한다.

28 이 테마와 관련성이 있는 기존 논의는 다음과 같다.
이상정, 『호모 토일렛, 뒷간과 화장실의 미학』, 진화와 기획, 1998, 267~85쪽.
김광언, 『동아시아의 뒷간』, 민속원, 2002, 233~6쪽.
John Gregory Bourke, *Scatologic Rites of All Nations,* C. W. H Lodermilks & C.O, 1891, 성귀순 역, 『신성한 똥』, 까치.
『한국 문화 상징사전』, 동아출판, 1995, 248~51쪽.

2장
박지원의 문학과 『흥부전』의 분변학

1) 박지원과 『열하일기』의 똥거름

한국 문학에 있어서 분변학의 원형이 되는 것은 무엇일까. 과연 그것은 분명하게 찾아낼 수 있을까. 원형을 찾는다는 것 자체가 어쩌면 불가능하거나 무리한 과제일지도 모르는 일이다. 그것은 우리의 선(先)문학적인 단순형태인 구전(口傳)의 신화 · 전설 · 민담 · 일화 · 희화 등이나 민속극 및 문학 형태인 시가(한시·사설시조) 등에서 똥이나 오줌과 관련된 분변학적 요소가 표현되거나 제시되어 있는 경우가 너무나 많게 퇴적되어 있기 때문이다. 그러니 이 속에서 원형과 같은 최초의 전상(前像, Prefiguration)—후상(後像, postfiguration)의 연계성 및 변상(變像, transfiguration)을 엄격히 체계적으로 찾고 가린다는 것은 사실상 불가능한 작업일 수밖에 없는 것이다.

일본의 노벨상 작가인 오에 겐자부로(大江 健三郎)는 그의 『소설의 방법』(1978)의 9장 「그로테스크 리얼리즘의 이미지 시스템」에서 김지하의 장편 담시 「똥바다」(糞氏物語)를 논급한다. 이미 오랜 시간이 경과했지만 그의 분석 방법의 이론적 기반이 된 것은 표제 그대로 바흐친의 그로테스크 리얼리즘론이다. 여기서 그는 똥과 관련된 조선의 원형 민화로서 일역(日譯)된 손진태의 「조선의 민화」[29]에 실린 똥 이야기—어떤 남자가 벌집의 꿀을 먹은 후 똥이 구리지 않음을 알고서 항문에 가지를 박고 서울로 단똥을 팔러 갔는데, 대신과 부자들이 다투어 샀기에 부자가 된다. 이를 안 이웃들이 단똥의 비법을 잘못 알고 서울로 올라갔다가 구린내와 묽은 똥으로 낭패를 당한다는 이야기—에서 그로테스크 리얼리즘의 방향으로 똥을 다루는 원형[30]을 볼 수 있다고 지적한다. 한국 문학에 대한 국외자인 외국인의 시각이지만 의의 있는 관점이다. 그러나 그가 지목한 손진태의 이야기는 비록 선행적인 것으로의 의의는 있지만, 이를 원형으로 단정하는 데에 있어서는 분명한 한계가 있다. 한국의 적층화된 집합 문예 가운데는 똥에 관련된 이야기들은 너무도 많다. 가령 제주도의 창세 무가에는 똥으로 섬과 오름을 만드는 여신 설문대할망의 이야기가 있다. 또 내가 어릴 때 우리 할머니로부터 들은 옛날이야기로 헛된 욕심으로 조력자로서의 도움이 되어 온 나무숭어를 냅다 치는 바람에 하늘로 치고 올라가 하늘의 똥고방을 찔러서 이 세상

29 손진태, 『조선의 민담집』, 동경, 향토문화 연구사, 1934, 『朝鮮の民譚』 岩崎美術文庫 刊.

30 大江 健三郎, 『小說の方法』, 岩波現代選書, 1978, p. 210.
이 논의가 가능케 된 것은 김지하의 「똥바다」가 원래 「糞氏物語」란 이름으로 먼저 일본어로 간행(1974)되었고 손진태의 『조선의 민화』가 이미 일역되어 있었기 때문이다.

에 똥비를 내리게 해서 온 세상을 똥바다로 만든다는 이야기도 있다. 세상을 똥바다로 만드는 이런 이야기는 판소리계 소설인 「흥부전」에도 있다. 오줌 누기와 오줌 이야기로는 서라벌 장안을 가득 채우는 문희 · 보희의 꿈 팔기 이야기에 하회탈춤의 외설스런 장면에, "가장 공이 많이 것은 비바람 치는 새벽에 편리하고(最是功多風雨曉偷閑)/모든 곡식의 거름이 되어 사람을 살찌우는 것이로다(養性使人肥)"라는 김병연(金炳淵, 1807~1863, 김삿갓)의 요강시에도 있다. 이렇게 똥이나 오줌은 풍자와 징벌성 · 생성 등의 다양한 의미의 음영으로서 꺼림이 없이 오랜 연원을 갖고 적나라한 생활 표현의 매체로서 우리 문화 속에 받아들여져 있던 것이다.

조선조 후기에 있어서 학자나 문인 가운데서 기분(嗜糞) 또는 호분(好糞) 의 문학적 분변학의 가장 대표적인 대가는 바로 연암 박지원(朴趾源, 1737~1805)이다. 그는 그의 문학 작품에서 배설물인 똥을 풍자적 무기로서 그리고 긍정적인 생산 이미지로서 양면가치화하면서 「호질」과 「예덕선생전」을 통해서 한국 문학의 그로테스크 리얼리즘으로서의 스커톨로지의 미학과 수사학을 아주 확연하게 정립해서 보여준 사람이다. 두 작품에서 똥은 빼어놓을 수 없는 모티프의 요소이며 테마인 것이다. 똥에 대한 연암의 친근성 및 인력은 그의 『열하일기(熱河日記)』 및 『과농소초(課農小抄)』에서 제시된다. 그는 사절단으로 중국(淸)에 들어가면서 독특하게 천하의 장관이 무엇보다도 오직 똥거름(糞壤)에 있다고 지적하고 있다.

『열하일기』는 그가 43세 때 청나라 건륭황제의 70회 생일 축하 사절단에 끼어서 의주에서 압록강을 건너서 요양 · 심양 · 광령 · 산해관을 거쳐서 북경과 열하에 이르기까지 여행한 자취를 적은 견문의 특이성을 보여주는 글이다. 여기서 연암이 놀라서 본 중국의 장관이란 것이 바로 기와 조각과 똥덩어리다.

나는 삼류 선비다. 장관은 기와조각에 있고 장관은 똥 덩어리에 있다고 말하겠다. 저 깨진 기와조각은 천하가 버리는 물건이다. 그러나 민간에서 어깨 높이 이상으로 담을 쌓을 때 깨진 기와조각을 두 장씩 마주 놓아 물결무늬를 만들거나 넷을 모아 동그라미 무늬를 만들거나 네 조각을 등지게 하여 옛 엽전 모양을 만들 수 있다. 그러면 구멍이 영롱하게 뚫려 안팎이 마주 비치게 된다. 깨진 기와조각을 버리지 않자 천하의 무늬가 여기에 있게 된 것이다.……

똥은 아주 더러운 물건이지만 밭의 거름으로 쓰일 때는 금인 양 아끼게 된다. 길에는 버린 덩어리가 없고 말똥을 줍는 자는 삼태기를 둘러메고 말 꼬리를 따라다니기도 한다. 똥을 모아서는 네모반듯하게 쌓거나 혹은 여덟 모로 혹은 여섯 모로 혹은 누각 모양으로 쌓아 올린다. 똥 덩어리만 관찰해도 천하의 제도가 여기에 갖추어진 것이다. 그러므로 나는 말한다. 기와조각과 똥 덩어리가 모두 장관이다. 굳이 성곽과 연못, 궁실과 누대, 점포와 사찰, 목축과 광활한 벌판, 기묘하고 환상적인 안개 숲만이 장관은 아닐 것이다.

余下士也, 曰壯觀在瓦礫, 曰壯觀在糞壤. 夫斷瓦, 天下之棄物也. 然而民舍繚垣肩以上, 更以斷瓦兩兩相配, 爲波濤之紋, 四合而成連環之形, 四背而成古魯錢, 嵌空玲瓏, 外內交映. 不棄斷瓦, 而天下之文章斯在矣.……糞溷至穢之物也, 爲其糞田也, 則惜之如金. 道無遺灰, 拾馬矢者, 奉畚而尾隨. 積庤方正, 或八角, 或六楞, 或爲樓臺之形. 觀乎糞壤, 而天下之制度斯立矣. 故曰, 瓦礫糞壤, 都是壯觀. 不必城池, 宮室, 樓臺, 市鋪, 寺觀, 牧畜, 原野之曠漠, 烟樹之奇幻, 然後爲壯觀也.[31]

31 박지원, 「일신수필((馹迅隨筆)」, 『열하일기(熱河日記)』, 7월 15일 신묘일(辛卯日)

이렇게 자신을 스스로 낮은 선비, 즉 하사(下士)로 낮춘 그는 독특한 시각으로 성곽과 궁실과 누각 · 점포 · 광막한 벌판에 장관을 느끼는 것이 아니라, 금싸라기같이 쓰일 똥거름의 이용가치와 쌓아올린 규모에 대해서 경탄하고 있다. 배설물로서의 똥 또는 똥거름의 규모가 이렇듯이 연암으로 하여금 장관으로서 경탄케 하는 것은 규모와 함께 똥 아니 오줌이 거름 즉 비료로서 농업의 생활양식에서 아주 긴요한 물질로서 보고 있기 때문이다. 독특한 간법(看法)이다. 이와 같은 중국에서의 똥거름에 대한 장관의 경험이 바로 그의 중농주의의 농서 『과농소초』에서의 영농방법인 분양법으로서 제시된 것이다. 이렇게 연암의 글에서 기본적인 이미지인 똥과 오줌은 연암 문학의 한 특성을 이루는 분변학의 미학이나 수사학으로서 뒷받침된다. 단적으로 그의 작품 「호질」과 「예덕선생전」은 똥의 문학적 스카톨로지인 것이다. 전자에서는 똥이 분변적 욕설의 대상으로, 후자에서는 칭찬의 요소로 양면적으로 달리 구사된다.

2) 「호질」과 「예덕선생전」의 두 배설물 이미지

연암 문학에 있어서 똥은 두 개의 상반하는 이미지를 갖는다. 단일 액자소설인 「호질」에 나타나는 똥구덩이는 풍자화의 병기이다. 「호질」은 연암 스스로가 도입 액자 속에서 밝히고 있듯이 사람들로 하여금 배를 틀어쥐고 넘어지도록 웃게 하되, 먹던 밥티가 벌 날 듯 튀고 갓끈이

의 기사.

썩은 새끼처럼 끊어지게 될 정도로 풍자 해학적 웃음의 유발을 기대하면서 편철했다는 작품이다.[32] 그 만큼 익살스럽고 웃기는 해학성을 통해서 표리부동한 인간을 풍자화하려는 내용적 의도가 잠재해 있었다는 이야기이다. 여기에 똥이 활용된 것이다.

정나라 어느 고을에 벼슬에 욕심이 없고, 학식이 높아서 존경받는 북곽 선생이라는 선비가 있었다. 그런 그가 어느 날 밤, 이웃 동쪽 고을의 동리자(東里子)라는 과부의 방에 들어가서 밀회를 즐기고 있었다. 동리자는 절개가 있고 어진 마음을 가졌다고 알려졌지만 실은 성이 서로 다른 다섯의 아들이 있었다. 과부 동리자의 아들들은 어머니와 함께 있는 북곽 선생을 존경하는 북곽 선생이 아니라 천년 묵은 여우의 변신으로 의심하여 방으로 쳐들어간다. 북곽 선생은 깜짝 놀라서 도망을 친다.

> 북곽 선생이 크게 놀라서 달아났는데, 남들이 혹시라도 제 얼굴을 알아볼까 봐 걱정되었다. 그래서 한 다리를 비틀어 목덜미에 얹고, 귀신처럼 춤추며 도깨비처럼 웃었다. 문 밖을 나가 뛰어가다가, 그만 벌판 구덩이에 빠졌다. 그 속에는 똥이 가득 차 있었다. 간신히 붙잡고 올라와 목을 내밀고 바라보니, 이번에는 범이 길을 가로막고 있었다.
>
> 범이 이맛살을 찌푸리며 구역질하다가, 코를 막고 머리를 왼쪽으로 돌리며
>
> "에이쿠, 그 선비가 구리구나." 하고 혀를 찼다.

범은 작품의 표제 그대로 똥구덩이에서 올라온 북곽 선생을 앞에다 두고 여지없이 질책하고 꾸짖고, 북곽 선생은 자리를 옮겨서 머뭇머

32 當捧腹軒渠 嘔噱絕倒 噴飯如飛蜂 絕纓如拉朽

듯 땅에 코를 박고 머리를 조아린다. 새벽녘에 일하러 나온 농부가 벌판에 대고 절을 하는 이 모습을 보고 의아하게 생각하여서 연유를 묻는다. 북곽 선생은 범이 사라진 것을 알고 또다시 위선적인 선비의 모습으로 돌아와 "내 예전에 들으니 하늘이 비록 높다 하되 머리를 어찌 안 굽히며 땅이 비록 두텁다 한들 얕게 디디지 않을쏘냐? 하였더군." 하고 자기 변명을 한다.

명망 높은 양반 유학자가 성적인 난교 상태의 여인과 밤에 밀통을 하다가 그 자식들에게 쫓겨나서 똥구덩이에 빠져서 범으로부터 호되고 엄한 질책을 받는다는 상황의 이야기이다. 여기서 우리가 특히 주목하게 되는 것은 똥의 의미와 똥구덩이에 빠진다는 분변학적인 모티프가 부정적 가치를 위한 문학적인 의장으로서 효과적으로 이용되고 있다는 점이다. 배설물인 똥은 무어라 해도 기본적으로는 오물이다. 추하고 불결하고 더럽고 냄새나는 물질이다. 이런 오물로 가득 찬 '똥구덩이'에 그것도 고결한 선비가 '한 다리를 비틀어 목덜미에 얹고, 귀신처럼 춤추며 도깨비처럼 웃으'며 도망치다가 더러운 똥구덩이에 빠져버린다는 것은 바흐친 식의 표현을 빌리자면 그야 말로 '하향적'인 낮은 층위로의 또는 신체적 물질적 층위로 끄집어 내린 강등(Degradation)[33] 또는 저하의 극치를 이루는 현상이다. 권위의 치탈화현상이다. 똥이 바닥으로 떨어지듯이 선비로서의 가치와 권위가 더러운 배설물의 존재와 동등화된다. 찌꺼기이고 썩고 냄새나는 똥의 부정적인 이미지를 통해서 이중 인격적이고, 표리부동한 사대부 유학자의 모습이 냄새나고 썩은 똥같이

33 Mikhail Bakhtin, 앞의 책, p. 19~21.

비루하고 허위적인 정체로 여지없이 폭로되고 만다. 이것은 연암이 해학이나 풍자를 위해서 북곽 선생을 똥구덩이에 빠트리는 똥의 분변학적 기법을 구사하고 있음을 의미한다. 거기에다가 더하여 둔갑 여우로 비유되거나 똥에 더럽혀진 모습으로 목을 내민 존재로 비하됨으로써 고상함의 사회적 가치와 위신이 철저히 역전 · 전복되어버린 북곽 선생의 존재를 경멸적으로 바라보는 세 개의 목격 · 관찰자의 관점(아이들·범·농부)이 다중적으로 장치되어 있다는 것을 풍자화의 효과를 더욱 가중시키는 서사적 방법이다. 더구나 도망칠 때 자신의 정체를 감추려고 한 다리를 목에다 걸고는 귀신춤에 귀신웃음을 웃는 북곽 선생의 기괴한 가장 행동의 희극적 희화화 및 이를 우월적 자리에서 내려다보며 의인화의 알레고리로 꾸짖는 범의 질책의 담론에 제시된 비유의 부정적 행태들에 대한 욕설의 언어들은 그로테스크성은 물론 신랄한 풍자가로서의 연암의 시선이 얼마나 날카롭고 또 그러면서도 웃음의 해학미를 갖추고 있는 골계의 미학인가를 여실히 드러내준다. 「호질」의 스카톨로지는 똥의 이미지를 '예(穢)', 즉 더럽고 추루한 것 그리고 '냄새(臭)', 즉 구린 것으로 보는 하향화와 부정으로서의 스카톨로지이다.

이와는 달리 「예덕선생전」에서의 똥의 이미지는 오히려 긍정적이고 상향적이다. 연암은 「방경각외전(放璚閣外傳)」의 「자서(自序)」에서 작의를 다음과 같이 밝히고 있다. 분식성(糞食性)의 삶이지만, 오히려 '입이 깨끗한(口潔)', 탐욕이 없음을 예찬하려는 의도이다.

선비들이 먹고사는 데에 연연하면	士累口腹
온갖 행실 이지러지네	百行餒缺
호화롭게 살다가 비참하게 죽는다 해도	鼎食鼎烹

그 탐욕 고치지 못하거늘	不誠饕餮
엄 행수(嚴行首)는 똥으로 먹고 살았으니	嚴自食糞
하는 일은 더러울 망정 입은 깨끗하다네	迹穢口潔
이에 예덕선생전(穢德先生傳)을 짓는다.	

문답식 대화 형식을 서사 방법으로 택하고 있는 이 작품은 선귤자(蟬橘子)가 똥을 치는 일을 생업으로 하는 막일꾼 엄행수를 '예덕선생(穢德先生)'이라 일컫고 그를 벗으로 사귄다. 이에 그의 제자인 자목(子牧)이 선귤자가 그를 따르는 사대부들과 사귀지 않고 비천한 신분의 엄행수와 사귀는 것을 못마땅하게 여겨서 비판하고 떠나려한다. 이에 선귤자는 이해를 따지거나 아첨으로 사람을 사귀는 것을 멀리하고, 훌륭한 사귐은 마음과 덕으로 도의의 사귐을 실천해야 한다고 말한다. 이어서 똥장수 엄행수가 하는 일이 비록 비천할지라도 분수를 지키고 욕심내지 않고 부지런하고 성실히 자신의 삶을 만족해하며 사는 모습이야말로 군자와 같은 것이어서 그 마음과 행동이 덕스러워서 존경할 만 하다고 말한다. 똥으로 먹고 살아서 겉모습은 더럽지만 먹고 사는 것이 깨끗하다. 그런 까닭에 그를 감히 스승같이 여겨서 '예덕선생'이라고 일컫고 사귄다고 밝힌다.

이렇게 참다운 우도론(友道論)의 제기 그리고 양반들의 삶의 허위에 대한 강등적 비판과 신분적으로나 생업으로는 비천하지만 분수와 근면한 삶을 살아가는 하층민에 대한 긍정 등을 이원적인 대립(대조)와 반상(班常)의 전가치적 역전화 칭찬-비난(praise-abuse)의 전도의 기법으로 형상화한다. 따라서 이 작품에는 '깨끗함(潔)' / '깨끗하지 않음(不潔)', '더러움(穢)' / '더럽지 않음(不穢)' 및 '덕(德)' / '부덕(不德)'의 어휘론적 이항대립 현상이 뚜렷이 제시되어 있는 가운데, '불결'과 '예', '결'과 '불예' 및 '덕'과 '부덕'이 서로 역전되는 전도의 가치 전환 현상이 이루어지게 되는 것이다. 다시 말해서 '외결내예(外潔內穢)'한 사대부들의 삶과 '외예내결(外穢內潔)'한 엄행수와 같은 하층민 또는 서민의 삶이 부정 / 긍정, 강등 / 상향의 동향으로 뒤집어지는 현상이 나타나게 되는 것이다. 이것이 바로 '깨끗한 가운데도 깨끗하지 않는 것이 있고 더러운 가운데서도 더럽지 않은 것이 있음(潔者有不潔 而穢者有不穢耳)'이라는 역설의 담론에서 분명해진다. 여기서 특별히 주목케 되는 것은 바로 똥의 의미 및 그와 거름쟁이 똥장수인 엄행수와의 상관적 일치 관계이다.

> 매일 마을의 똥을 져 나르는 것을 업으로 하고 있었다. 그래서 마을 사람들이 모두 그를 불러 '엄 행수(嚴行首)'라고 했다.
>
> 아침이면 기쁜 마음으로 일어나서 바지게를 지고 마을을 돌아다니며 뒷간을 친다네. 추(秋) 구월 서리가 내릴 철에서 시월 엷게 얼음이 잡힐 무렵이 되면 뒷간의 사람 똥과 마구간의 말똥 · 외양간의 쇠똥, 홰 밑에 구르는 닭이나 개 · 거위의 똥 따위나 돼지똥, 비둘기똥, 토끼똥, 참새똥과 같은 것들을 주옥처럼 긁어모아도 누구 하나 염치없다고 하지 않지. 이익을 독점해도 의롭지 못하다거나 아무리 탐다무득(貪多務得)해도 양보할 줄 모른다거나 하는 말을 듣지 않는다네.[34]
>
> …(전략)…모두 엄씨의 똥을 가져다 써야 땅이 비옥해지고 많은 수확을 올릴 수 있으며……
>
> 엄 행수야 말로 자기의 모든 덕행을 저 더러운 똥 속에다 커다랗게

34 이가원(李家源)은 이 대목을 각종 똥에 대한 은어와 속칭 및 똥들에 대한 절묘한 묘사의 표현으로 보고 있다. 『연암소설연구』, 을유문화사, 1965, 174~5쪽. 이종주, 『북학파의 인식과 문학』, 태학사, 2001, 150~9쪽 참조.

파묻고, 이 세상에 참된 은사(隱士) 노릇을 하는 자가 아니겠는가?

> 엄 행수는 똥과 거름을 져 날라서 스스로 먹을 것을 장만하기 때문에, 그를 지극히 불결하다고 말할는지는 모르겠네. 그러나 그가 먹을거리를 장만하는 방법은 지극히 향기로웠으며, 그의 몸가짐은 지극히 더러웠지만 그가 정의를 지킨 자세는 지극히 고항(高抗)했으니, 그의 뜻을 따져 본다면 비록 만종의 녹을 준다고 하더라도 바꾸지 않을 걸세.

이에서 보는 것처럼 지저분하고 더럽고 불결한 똥이 그와 가장 근접한 생활을 하는 엄행수와 일치되어 있는데, 그런 똥으로 먹고 사는 엄행수의 삶을 '자기의 모든 덕행을 저 더러운 똥 속에다 커다랗게 파묻고, 이 세상에 참된 은사(隱士) 노릇'으로, 향기로운 삶으로 그리고 '더러운 가운데서도 더럽지 않은' 삶으로 긍정화하고 있다. 이 점에서 엄행수와 북곽은 전혀 다르다. 즉, 엄행수는 긍정적인 인물로서, 앞서의 「호질」에서의 부정적인 북곽 선생과는 전혀 대척적인 관계이다. 칭찬과 비난의 융합은 연암의 언어에 있어서 본질적인 양상이다. 그래서 구조적으로 부정과 긍정이 교호한다. 그리고 또한 '반/상(班/常)'이 전가치화한다.

그리고 똥은 '예'와 '불결'의 더러운 면도 갖고 있지만, 거름 농업 · 농산적 생활에 있어서 생성의 본질적 요소로서 이해되기도 한다. 그 똥이 분변적으로 이미지에 있어서 생산력과 비옥함과 연계되어 있으며 바흐친의 주장처럼 땅(대지)과 몸(신체) 사이를 중개하는 무엇으로서 파악되고 있다. 이렇듯 박지원은 각종의 똥을 수사학적으로 은유화하였을 뿐 아니라 똥이 지닌 양가성—더러움과 비옥—을 통해서 신분적 계급 사회와 인간 행태에 대한 비판과 옹호의 의도를 위한 이중 매체로 삼았다. 예덕선생전에 있어서의 똥은 농사의 거름으로서 긍정화된다. 이것이 연암 박지원 소설에 있어서의 분변학이다.

3) 「흥부전」의 똥타령 스카톨로지

판소리 소설인 「흥부전」은 한국 문학의 분변학적 관점으로 보면 거의 문학적 원형의 하나에 해당하는 작품이다. 그만큼 우리 고전 소설 가운데서 민중 미학적 수사학이 현란하기로 대표적인 작품이다. 여기에 나타난 물질 · 육체적 원리의 그로테스크한 이미지들은 웃음 공동체로서의 민중적인 웃음 문화의 진수를 보여주고 있기 때문이다. 이 작품의 그로테스크한 이미지 시스템에서 중요한 핵심적 요소가 되고 있는 것이 흥부 묘사에서 보는 늘어놓기로서의 부실예찬(不實禮讚)의 수법과 바로 똥이다. 이 작품에는 보상의 가치가 긍정과 부정으로 이원화된 두 개의 응보(應報) 박이 등장한다. 금은보화가 나오는 흥부의 보은박(報恩박)과는 달리 욕심 많은 놀부의 원수 같은 보수박(報讐瓢)에서는 똥벼락과 똥줄기가 사정없이 쏟아진다. 끌로드 브레몽 같은 구조주의자들이 서사소로 드는 공(Merit) → 보상(Reward), 비공(Demerit) → 벌(Punishment)의 전형적 인과구조다.

> 슬근슬근, 거의 다 타다가 놀부 양주 궁금증이 또 나므로 톱을 멈추고 양편에 마주 앉아 들여다보니 별안간 박 속으로부터 모진 바람이 쏘아 치며 벼락같은 소리가 나더니, 똥줄기가 무자위 줄기처럼 내쏘는지라, 놀부 양주는 어찌 할 사이도 없이 똥벼락을 맞으며 나동그라진다. 똥줄기는 천군만마가 달려 나오듯, 태산을 밀치고 바다를 메울 듯, 삽시간에 놀부집 안팎채에 그득하니, 놀부 양주 온 몸이 황금덩이가 되어

달아나겄다. 멀찍하니 물러나서 뒤돌아보니 온 집안이 똥에 묻혔는지라, 만일에 왕십리 거름 장사가 알게 되면 한밑천 잡게 되겠더라.

이렇게 신체적인 하층이나 강등과 관련된 배설물로서의 된똥 · 물리똥 · 진똥 · 마른똥 등의 여러 똥이 똥세상 · 똥바다의 쓰나미를 이루게 된다. 놀부네 집은 물론 이웃에 있는 양반네 집들까지도 모조리 다 덮어 버린다. 여기에 채택되고 있는 똥의 이미지는 생동감이 넘치는 물질 생식력과 풍요함의 이미지이기보다는 땅과 하늘이 연계하는 인과의 징벌적 이미지에 더 가깝다. 그러나 그렇다 하더라도 똥의 카니발을 통해서 기존의 공식문화 가치와 질서를 정지(Suspension)시키는 이야기를 통해서 괴로운 삶을 갱신시키게 하는 위안적 요소가 내재되어 있는 것이다. 이렇게 풍자적 갱신을 위한 수단으로서의 똥에 대한 인지는 민중적 삶과 의식의 기반으로 작용하고 있고 그것이 민중 문학의 미학적 한 저변적 성격으로 자리한다. 그런 점에서 「흥부전」은 한국 문학의 배변학적 성격의 한 원형인 것이다. 김지하의 담시 「똥바다」의 해학성과 풍자성은 바로 판소리 문학으로서의 흥부전과 근원적으로 맞닿아 있는 것이다.

바흐친에 의하면 그로테스 문학의 이해를 위한 본질적인 것은 욕설 언어라고 한다. 이 욕설 언어는 주로 신체 원리로서의 배설 · 성 · 자궁 등 신체적인 지형도에 있어서 저층과 관련되어 있다. 똥이 대표적인 이미지이다. 우리 판소리 소설의 미학과 수사학적 성격이 이런 현상과 친근성을 갖고 있다는 것은 「흥부전」의 경우에서 이미 확인한 셈이지만 「춘향전」 역시 이런 신체적 저층과 관련되어 있다. 춘향전 가운데서도 특히 이고본(李古本) 춘향전이 그러하다.

"암행어사 출도하오!" 동헌 마루 장관일다.

임실 현감, 말을 거꾸로 타고 "말목이 근본 없더냐" 성화나서 도망하고,

구례 현감(縣監) 오줌싸며 지구멍에 상투 박고, "누가 날 찾거든 벌써 갔다고 하여다고."

전주 판관(判官) 갓을 뒤집어쓰고 "어느 놈이 갓 구멍을 막았단 말이냐?"하며 개구멍으로 달아나고

본관(本官)은 똥을 싸고 내아(內衙)에 들어가서 다락에 들어앉아 "문 들어 온다, 바람 닫아라."

대부인(大夫人)도 똥을 싸고 실내부인(室內夫人) 똥을 싸서 온 집안이 똥빛이라. 하인 바삐 불러, "거름장사 바삐 불러 똥을 대강이나 치워다고.

이런 현상을 두고 성현경(成賢慶)은 이렇게 적절하게 지적한다.

세상이 온통 오줌 · 똥으로 뒤범벅이 된 듯하다. 변 부사의 생일잔치는 어사출도로 말미암아 그만 똥 · 오줌으로, 특히 똥으로 두루 맥질하고 똥타령이 주조음을 이룰 만큼 세계는 도통 똥빛이다. 이 역시 기괴적 사실주의 문학의 한 본령이라 하겠다. 온통 뒤죽박죽 엉망징창이 된 이 세상에는 똥, 무질서와 혼돈이 난무하고 있다.[35]

4) 똥의 몰락과 위생의 탄생 : 예덕론(穢德論) 대 위생론(衛生論)

근대의 새벽이 열리는 한국의 19세기 말과 20세기 초는 똥이 전락하고 대신 위생이 새롭게 긍정적으로 뜨는 시대이다. 계몽 담론에서 똥은 곧 더러움이요 전염병의 매개요, 미개의 의미론적 표징으로 부정되

35 성현경, 『한국 옛 소설론』, 새문사, 1995, 446쪽.

는 문명개화의 적이다. 똥오줌이 거름으로 평가되는 이전의 시대가 지나가고[去] 바야흐로 '위생'의 시대가 도래[來]한 것이다.

19세기 후반기 한국의 대표적인 개화 사상가인 김옥균(金玉均, 1851~1894)은 〈한성순보〉 1884년 7월 3일자의 한문 「치도약론(治道略論)」에서 각국이 문명개화에 긴요한 척도로서 '위생', '농업', '도로'를 들면서 특히 처음으로 위생을 강조한다. 그는 우리나라를 다녀간 뒤의 외국인의 하는 말을 인용하는데, '조선은 산천이 비록 아름다우나 사람이 적어서 부강해지기는 어려울 것이다. 그보다도 사람과 짐승의 똥오줌이 길에 가득하니 이것이 더 두려운 일이다'(朝鮮山川 雖佳 人衆小 富强猝難圖也. 人畜之尿弱之塞于道路此可畏)[36]란 평을 들며, 이를 차마 들을 수 없다고 안타까워한다. 그는 오늘날 구미의 각 나라는 기술의 과목이 참으로 많으나 의업을 제일로 하는 것은 백성의 생명과 관계되기 때문이다. 우리나라는 관공서에서부터 여염집에 이르기까지 뜰은 수렁을 이루고 길은 시궁창으로 더럽고 썩은 냄새가 사람을 핍박하고 또 코를 가리고도 견딜 수 없으니 실로 외국의 비난을 듣기에 충분함을 탄식한다. 그는 또 문명개화의 방도로서 길을 닦는 치도와 위생의 방도로서 치도약칙의 여러 규칙까지를 제시한다.

이후 이 위생의 문제인 똥의 처리 문제는 병든 조선을 치유하는 방법으로 이 시대의 계몽적 지식인과 매체들인 〈독립신문〉·〈황성신문〉 등의 계몽 담론의 중심이 된다. 그래서 〈황성신문(皇城新聞)〉 광무 3년(1899) 6월 27일자에는 다음과 같은 논설이 실린다. 한문 위주의 글을

36 김옥균 전집, 「치도약론」, 한국문헌연구소 편, 아세아문화사, 1979, 4쪽.
三本榮: 朝鮮의 醫學史 及 疾病史 (1961), pp.283-285.

쉽게 한글로 옮겨보면 다음과 같다.

대체로 사람의 질병은 그 기혈(氣血)의 정상치 않음에 따라서 일어남이 많다. 또한 오예(汚穢)에 유수함에서 연유되는 것도 적지 않다. 또 전염하는 병으로 괴질(怪疾)과 여역(癘疫 : 전염병)은 오로지 오예물(汚穢物)의 독기에서 연유한다. 그러므로 서양(泰西) 각국의 여러 나라는 오물을 없이 하는 방법으로서 집안의 거처와 도로의 소제를 청결하게 하여 집집에는 목욕실을 설치해서 자주 몸을 씻으며 도로에는 양편으로 나무를 울밀하게 심고 노상에는 한 점의 더럽거나 거친 것도 버리지 못하게 할뿐더러 성시(城市)의 각 가정마다 변모(측소, 厠所)를 땅 속 깊이 굴로 수십 리를 통하게 하여 바닷물이 들고나는 때에 세척게 한다. 그리고 시골에는 측간물을 밀폐하고 대소변을 토함에 그가 세폐(泄廢)치 못하게 한다.

우리나라는 본래 양생(養生)하는 방법에 있어서 전매(全昧)하거니와 지금 큰 가뭄의 시기를 당하여 독기의 침손이 불무할뿐더러 의복 · 음식 거처가 한 번도 위생으로 일컬을만한 것이 없고 또 도로에 오물이 쌓여서 썩은 내가 들이치는 가운데 인가의 측간물은 길 쪽으로 나와서 쌓인 똥의 악취가 코를 찌르고 오가는 사람들이 그 기를 다 마시게 되매 질병에 거리기 가장 쉬웁다고 할지라.

이제 무릇 양생의 도를 갑자기 행하기는 어렵지만 노상에 오물을 버리고 측간(便所)은 길로 내는 것은 불금하려면 어찌 그 방법이 없으리오. 근일 한성판윤과 경무사(警務使)가 아침에 임명되고 저녁에 갈리는데 매양 신임하는 날에는 화려한 문자를 거리 벽에 게시함이 수도정칙(修道淨厠)하는 제반 위생이 방범 아닌 것이 없으되, 정작 실시함은 보이지 않으니 이는 이전의 수령들이 도임 초에는 우주송삼금(牛酒松三禁)을 의연히 발령하지만 필경에는 그 실시하는 것을 보지 못하였느니 어제 위생하는 직임을 담당하는 관리들이 한낱 종이 공문(公文)으로써 인민의 눈만 가리고자 하나 인민 가운데도 눈이 밝은 자는 지상공문에 기만당하지 아니하리니 어찌 분하지 않으리오. 원컨대 오늘을 당한 양부청의 관리들은 문구(文具)를 갱상(更尙)치 말고 실사(實事)를 구하여서 칙간과 노상을 수결(修潔)하여 인민의 위생을 극보(極保)할 지어다.[37]

이렇게 양생(養生)의 도가 별로 없는 조선은 서양의 문명한 남들과는 달리 더러운 똥 · 오줌이 넘쳐나고 불결할 뿐 아니라 냄새가 거리거리에서 코를 찌르고 그로 인해서 질병에 걸리고 전염병이 창궐 · 발생하는 경우가 적지 않다고 본다. 한 마디로 외부의 시선으로 보아서 조선은 추악하고 더러운 똥의 나라라는 것이다. 이같은 똥 · 오줌이 넘쳐서 정결치 못함에 대하여 위생을 강조하는 주장은 〈독립신문〉의 「이 것이 위생인지」(1898.8.11.)에서도 제시된다. 그래서 고미숙의 지적처럼 20세기 초 조선의 계몽담론에는 똥에 대한 대대적인 공격이 흘러 넘쳐서 똥이야 말로 악취와 불결, 가난과 질병, 나아가 미개함을 대변하는 기호[38]가 되고 있다는 것이다.

다시 한 번 〈황성신문〉 광무 5년(1901) 10월 9일자 4권 203호 논설 「오예당결쟁(汚穢當潔淨)」을 인용해 본다. 여기서도 측간(변소)에서 똥물이 넘쳐나지 않는 도로가 깨끗해짐으로써 악취가 코를 찌르고 질병이 창궐할 수 없는 깨끗한 위생을 강조하는 것이 이 나라의 시정의 급선무라고 강조한다.

---

37 이 글은 〈황성신문〉의 논설(1899.6.27.) 원문을 이해를 위해서 필자가 조금 쉽게 풀어 쓴 것임.

38 고미숙, 『위생의 시대 : 병리학과 근대적 신체의 탄생』, 북드라망, 2014, 68쪽, 192쪽.

大抵 廁間이 潔淨ᄒᆞ야 炭酸惡氣가 不入口鼻면 大益衛生ᄒᆞ야 不生疾病ᄒᆞ리니 此ㅣ 一利也오…(중략)…道路淸洒ᄒᆞ야 糞汁이 不流ᄒᆞ고 溷泥가 不染이면 衣鞋不汚ᄒᆞ야 行者便快ᄒᆞ리니 此ㅣ 三也라 故로 世界開明國道路淸洒가 啇由於除去汚穢ᄒᆞ며 潔淨廁間ᄒᆞ니니 此是我國急先之一大市政也라[39]

「오예당결정」에서 '오예(汚穢)'는 곧 똥이요, '결정(潔淨)'은 곧 위생이라. 이렇게 바햐흐로 '위생의 시대'[40]가 탄생하고 도래한 것이다. 이 위생(Hygiene—일본어로 로매니제이션(Eisei, 衛生)이며, 중국어로는 로매니제이션(Weisheng, 衛生)이다)은 건강의 유지와 증진을 도모하고 병의 예방에 힘쓰고 의학적으로 사회 환경을 좋게 하는 일을 일컫는 당시의 신조어이다. 이렇게 똥오줌의 더러움을 제거하고 청결히 하자는 청결 제예의 위생 사상은 계몽적인 매체나 식자들에 의해서 주장되고 한국 정부 관계자 중에도 의사 위생 제도가 있어서, 갑오개혁 이래 설치된 내무 위생국은 광무 9년에는 위생과로 개칭, 내무 지방국에 소속되었다가 다시 이듬해에 경무국에 이속된다. 그러나 통감부 하에 있어서의 의학 위생 행정은 지도 감독 개선이란 명목 하에 일본 통감부에 의해 장악된다. 이에 따라서 근대적 제도인 경무청 위생국의 설치는 조선 민중들의 생활이나 그 눈으로 보게 되면 반드시 긍정적인 현상으로서만 보이지는 않았으며, 그로 인한 부작용이 너무 많아서 역설적인 국면으로 이 비판적·부정적인 대상으로 비추이진다. 〈대한매일신보〉의 '사조(詞藻)'의 비판 시편들이 그 예증이다.

39 〈황성신문〉, 광무 5년(1901) 10월 9일 논설, 「오예당결정」.

40 이 용어는 앞서 인용한 고미숙의 저서명이기도 하다.

청결실시 한다하고 한일순사 횡행하며 계천지고 집쓸기에 여한간에 소요하니 위생산에 주의하랴 시급처결 할량이면 더 바쁜 것 허다한다.

해동악기(惡氣) 받은물건 내각대신 악한 마음 매국노를 달게 여겨 염치없고 뻔뻔하다 사람마다 침뱉으니 유추만년 불계 하는 저런 심장 청결한지

비루정태 무수함은 관찰군수 염치로다 외인상전 지휘받아 본국민 학대하니 점오공기(玷汚公器)하는구나 저 심장을 청결하리(1908.4.5.)

원수로다 원수로다 위생국이 실시되면
가가호호 청결하여 무병할줄 알았더니
푼전난득 이내산업 일본순사 저등쌀에
식정까지 전당잡혀 똥통설시 하였는데
놀부집에 아니머든 똥천지가 무삼일고
그중에도 청결비를 매호매호 2전씩에
제똥주고 값을내니 개화법은 이러한가
장래위생 고사하고 금일당장 못살겠네
남의탓을 할것있나 똥구멍이 원수로다(1908.10.23.)

못살겠네 못살겠네 나는진정 못살겠네
오예물(汚穢物)을 다제하고 신선공기 받은 것이
위생상에 필요한데 똥통설시한 이후로
게딱지와 같은집에 방문열고 나가면은
똥통부엌 한데붙어 음식기운 똥냄새가
바람결에 농참하나 구역나서 못살겠네

왜인 순사와 관리에 의한 닥달, 자기 똥을 주고 돈을 내야하는 상황, 위생으로 모은 똥이 오히려 악취를 유발하는 것 등 위생이 위생이 아니라 '고생'이 되는 경우가 적지 않다. 여기에는 '위생'으로 표방한 타

자나 외세가 침범 · 침입함으로써 우리 내부가 외래병을 입게 된다는 이른바 조선 사람의 민족주의적 반응 현상인 '침범의 은유(metaphor of invasion)'[41]로서의 의식이 투사되어 있는 것이다. 이렇게 이 시대의 위생은 긍정과 부정성의 양면을 지니고 있다. 즉, 타자 주도의 위생의 도입은 외세 침범으로서의 부정적인 면이 분명하다. 그럼에도 불구하고 위생의 도입이 청결 및 질병 방지나 생명 연장에 있어서 긍정적으로 작동한 면이 있었음도 또한 분명한 사실이다.

41 Laura Otis, Membranes : Metaphor of Invasion in Nineteenth Century Literature, Science and Poetics, The Johns Hopkins University Press, 1999, p. 5. 및 조선총독부 편, 『조생 위생 풍습록』, 사종원 · 한지원 역, 민속원, 2013 의 「머리말」 및 「해제」 참조.
19세기 제국주의가 팽창하던 시기 일본은 서구 열강의 제국주의 국가와 마찬가지로 자신을 최고의 문명국으로 내세우며 미개한 조선을 계몽해야 한다며 조선 전역의 위생 상태를 파악, 통제와 식민정책을 강행했던 것이다. 여기서 당연히 부작용이 생길 수밖에 없었다.

3장

김동인 「K 박사의 연구」의 배설물 연구 프로젝트

한국 현대 소설에서 똥이 처음으로 그리고 작품 하나의 전편이 아주 분명하게 분변학적으로 제시되고 있는 작품은 김동인(金東仁, 1900년~1951년)의 「K박사의 연구」(1929)이다. 더러워서 사람들이 금기하는 배설물인 똥에 대한 문학적 관심이 이 시대 전후의 작품 중에서 이만큼 현저하게 표출된 적이 없을 정도로 학구적 제목을 표방한 작품은 과학자의 등장으로 김동인 소설의 여느 계통과도 다른 성격의 작품이다. 똥을 정화처리해서 식량 만들기를 연구하는 학자를 주인공으로 하는 가운데 그 똥에 있는 '스카톨'이나 '인돌'같은 악취 나는 화학 물질의 성분과 반응이란 용어가 두세 번 씩이나 출현하고 있는 현상만으로서도 작가의 스커톨로지에 대한 생각이 예사스럽지 않게 드러나고 있는 작품이다. 근자에 마이크로소프트의 창업자인 빌 게이츠가 똥에 대한 특별한 관심을 갖고 배설물을 기계로 뜨겁게 가열한 순수한 수증기를 걸러내어서 5분 전까지만 해도 배설물이던 물을 정화된 식수로서 마시는 사진과 기사[42]를 보면서 두 정황이 우연이지만 참 묘한 일치를 이룬다는 생각이 든다.

전후에 액자의 틀이 포치된 형식의 단순 액자 소설인 이 작품은 1인칭의 서술자인 '나'와 주인공 K박사의 조수 겸 서무인 C 간에 나눈 대화에서 똥을 연구하는 K 박사의 매우 기괴한 연구의 성패담을 핵심적인 내부 이야기로 삼고 있다. 주인공인 K 박사는 똥을 분해해서 식품으로 대체하는 것을 연구하는 박사(과학자)이다. 그는 본문에서도 나오지만 영국의 경제학자 및 연구통계학자인 멜더스(Thomas Robert Malthus, 1766년 2월 14일 ~ 1834년 12월 23일)의 『인구론(*Essay on the Principles of Population*, 1798)』의 "사람은 기하급수적으로 늘어나고(1, 2, 4, 8, 16……) 먹을 것은 산술급수적으로 밖에 늘지 못한다.(1, 2, 3, 4, 5……) 그래서 자연 그대로 둔다면 식량 부족을 피할 수 없다."[43]라는 주장과 미국의 산아 제한의 개척자이며, 산아제한 운동가의 지도자인 생어(Margaret Sanger, 1883년 9월 14일 ~ 1966년 9월 6일)의 '산아 제한론'(Birth Control)에 자극과 영향을 받아서 인류의 식량 문제를 해소하고자 한다. 생어는 '산아제한'이란 용어를 처음으로 만들어낸 사람이다.[44] 그녀는 피임 · 결혼의 연기 · 성적 절제 · 수술적 불임과 낙태 등으로 인구 제한을 강조한 것이다. K 박사는 식료품 문제에 위협받는 인류에게 큰 복음이 되고

42 「빌 게이츠가 직접 똥물 마시고 똥냄새를 맡은 까닭은」, 간지 〈Why〉 B4, 〈조선일보〉, 2016.12.10.,

43 *Britanica 7*, The University of Chicago Press, 1990, p. 746, 〈Thomas Robert Malthus〉. 〈Geometrical Progression〉. 〈Arithmetrical Progression〉

44 *Encyclopedia Americana,* Grolia Incorporded, 1988, p. 229.

자 폐기물인 똥을 원료로 해서 거기서 이른바 최신 최량 원식품을 발견하려는 꿈과 희망으로 매우 특이하고 거창한 그러면서도 허황된 연구를 기획 · 수행한다.

그는 어느 여름날 책을 보고 있던 중 느닷없이 조수 C에게 똥을 퍼오라는 지시를 한다. K 박사는 그 때부터 조수가 떠 가지고 온 똥을 현미경으로 들여다보며 시험관에 넣어서 끓이고 세척하고 전기로 분해하는 등 똥냄새 속에서 밤새도록 여러 차례의 실험과 연구 작업을 행한다. 그러다가 새벽 2시쯤에는 다시 묵은똥이 아닌 새 똥을 가져오라고 지시한다. 조수 C는 가족들의 변까지 모아서 박사의 연구실에 들여보낸다. 이 날부터 K 박사는 연구실에 칩거하면서 더러운 물건을 문지르고 분석하면서 거기서 유효 성분을 얻어 보려고 밤잠을 못자면서 몇 달간이나 불철주야 연구에 몰두한다. 얼마 뒤 C가 할머니의 상고로 시골에 가서 한 달 쯤 있다가 돌아왔을 때, 마침 연구실에서 점심을 들던 K 박사는 C에게 무엇인가 고깃국 물을 조금 넣고 만든 밥 같은 음식을 먹어보라고 권유한다. C가 일단 먹으니까 K 박사는 C에게 "맛 좋지? 똥내도 모르겠지?"하고 묻는다. K 박사의 이 말에 어렴풋이 짐작된 바가 있는 C는 그만 구토를 하게 된다. 박사에게서 진토제(鎭吐劑)를 받아먹은 C는 박사의 똥 연구가 단순한 똥 연구가 아니라 이 음식과 무관한 것이 아닌 깊은 관련성이 있음을 마침내 짐작할 수 있게 된다. 뿐만 아니라 박사의 수수께끼 같고 주저하는 듯한 말을 통해서 그에 대한 비밀을 알게 할 수 있는 해명의 단서를 얻게 된다.

"먹은 것? 응 그것 말인가? 그것 때문에 토했나? 난 또 차멀미로 알았군. 그건 순전한 자양분일세, 하하하하하(박사는 웃을 경우에는 웃을 줄을 모르고, 웃지 않을 경우에는 잘 웃는 사람이라네)! 건락(乾酪), 전분, 지방 등 순전한 양소화물(良消化物)로 만든 최신최량원식품(最新最良原食品)."

"원료는…… 그 ……."

"그렇지, 자네도 알다시피 그……."

나는 그 말을 채 듣지도 않고 다시 일어서면서 토했지. 좀 메스껍기도 하고 성도 나는 김에 박사의 얼굴을 향하여 토했네그려. 박사도 놀란 모양이야.

이 식품을 두고 C는 똥이라고 생각하는 반면 박사는 '순전한 자양분', '최신 최량 원식품'으로 본다. K 박사는 계속해서 연거푸 자양분을 뽑아서 정제한 것이니까 아무 불쾌할 리가 없다고 설명한다.

C는 C대로 똥이라는 선입견을 버릴 수는 없으면서도 박사가 악의로 준 것이 아니고 자기도 먹으면서까지 준 것이니까 박사의 말마따나 무슨 부정한 것이 섞인 바도 아니고 과학의 힘으로 가장 정밀히 만든 것이기에 웬만한 음식점 음식들보다는 훨씬 깨끗할 것이라고 생각하면서 받아들이려고 한다.

그 뒤로 박사의 실험은 거듭되고 진전되면서 몇몇 조미료가 첨가된다. 달갑지도 않고 얄팍한 50전의 감정료를 받은 감정원 아이들이 하는 이전보다 더 좋다는 진심이 담기지 않은 말에 박사는 순진스럽게도 성공도를 믿으며 득의만만해 한다. 이와 같은 K 박사의 똥에 대한 유난스럽게 집착된 분석과 연구를 위한 의도는 조수 C를 통해서 다음과 같은 말로 선명시된다. 이는 K 박사의 똥론의 핵심이다.

박사의 말에 의지하건대 똥에는 음식의 불능 소화물, 즉 섬유며 결체조직이며 각물질(角物質)이며 장관내(腸管內) 분비물의 불요분(不要分), 즉 코라고산(酸), 피스린 '담즙 점액소'들 밖에 부패 산물인 스카톨이며 인돌이며 지방산들과 함께 아직 많은 건락과 전분과 지방이 남아 있는데, 그것은 사람 사람에 따라서 혹은 시간에 따라 각각 다르지만 그 양소화물이 3할에서 내지 7할까지는 그냥 남아서 항문으로 나온다네그려. 그리고 그 대변 가운데 그냥 남아 있는 자양분은 아무도 돌아보는 사람이 없이 헛되이 썩어버리는데 그것을 어떤 방식으로 추출할 수만 있다 하면은 그야말로 식료품 문제에 위협받는 인류의 큰 복음이 아닌가. 그래서 연구해 그 방식을 발견했대나. 말하자면 석탄의 완전 연소와 마찬가지로 자양분의 완전 소화를 계획하여 성공한 셈이지. 즉 대변을 분석해서 그 가운데 아직 3할 혹은 7할이나 남아 있는 자양분을 자아내어 그것을 다시 먹자는 말일세그려.

그러니까 사람이 하루에 세 끼씩 먹는 가운데 두 끼는 보통 음식을 먹고, 한 끼분은 그 새로운 주식품을 먹으면 이 지구상의 식료 원품이 3할 이상 늘어가는 셈 아닌가. 이 지구에 지금보다 인구가 3할쯤, 한 5천만 명쯤은 더 많아져도 박사의 연구가 실현만 되면 걱정이 없는 셈일세그려. 맬서스도 이후에 이런 천재가 나타날 줄은 몰랐기에 그런 걱정을 했지.[45]

시험 과정에서 조미(調味)에 대한 K 박사의 연구가 끝남으로써 이제 남는 문제는 그 연구 성과를 대외적으로 발표하고 선전하는 일이다. 그것은 곧 시식회를 여는 문제이기도 하다. 이를 두고서 '원료 발표 → 시식회'의 순서를 따르느냐, '시식회 → 원료 발표'의 순서를 따르는지의 과정이 제시된다. 이 문제는 먼저 먹어 놓은 뒤 이의 원료를 발표하

45 이와 같은 과학적 설명은 김동인이 창작 당시에 백과사전류에서 차용했을 것으로 짐작된다.

는 것이 옳지, 먼저 원료를 발표하면 시식회엔 한 사람도 참석자가 없으리라는 의견으로 나누어진다. 후자를 누르고 전자가 채택되는데, 다음과 같은 설명서와 추청장이 제시된다. 일단 그 발명품의 이름은 박사의 이름을 따라 ○○병(餠)으로 명명된다. 그리고 이 ○○병에 대한 설명서는 스스로 독창력과 창의력을 갖고 있다고 자임하는 박사가 초(草)한다.

생어(M. Sanger)라 하는 녀가 나타나서 산아제한을 주장한 것을 일부 인도주의자는 눈살을 찌푸렸지만 거기도 상당한 근거가 있는 것을 어찌하랴. 위생관념이 많아가면서 연년이 사람의 죽는 율은 주는데 그에 반하여 이 지구는 더 커지지 않으니까 여기 사람의 나아갈 세 가지의 길이 생겼으니 하나는 '도로 옛날로 돌아가서 이 세상에서 위생이라 하는 것을 없이하고 살인 기관으로 전쟁을 많이 하여 사람의 수효를 도태하는 것'이요, 또 하나는 '사람의 출세(出世)를 적게 하는 것'이요, 나머지는 '아직껏 돌아보지 않던 데에서 식원료를 발견하는 것'이다. 여인인 생어는 이미 있는 인명을 없이하자 할 용기는 못 가졌었다. 여인인 생어는 신국면 발견이라 하는 천재적 두뇌도 못 가졌었다. 그는 마지막으로 고식적 구제책을 발견하였으니 그것이 '산아제한론'이다.

그러나 독창력과 발명력을 가진 오인(吾人)은 그러한 고식책으로서는 만족하지 못할지니 오인의 연구는 여기서 비롯하였다. 오인의 매일 배설하는 대변에는 아직 많은 자양분이 남아 있으니 그 전 분량의 3할 내지 7할, 평균 잡아서 5할 약이나 되는 자양분은 헛되이 땅속에서 썩어버린다(그리고 대변에 대한 분석표며 그 밖 숫자가 있지만 그것은 약해버리세).

이것을 헛되이 썩혀버릴 필요는 없다. 이것을 자아낼 수만 있다하면 자아내어가지고 오인의 식탁에 올리는 것이 오인의 가장 정당한 행위라 아니할 수 없다. 각가지로 각 방면에서 일어나는 온갖 고식적 문제도 그 근본을 캐자면 인류의 식료품 결핍이라는 무서운 예감 때문에 생겨난 신경과민적 부르짖음이라 할 수 있으니 인류의 생활이 유족해지면 온갖 문제와 그 문제의 근본까지 저절로 사라질 것이다. 오인의 연구는 여기서 출발하였다(그리고 연구의 경로도 약해버리지).

이러한 동기 아래서 이러한 경로를 밟아서 생겨난 이 ㅇㅇ병을 귀하의 식탁에 바치노니 고평(高評)을 바란다

이러한 성명서와 시식회의 초대장을 곧 인쇄하게 된다. 이렇게 K 박사는 그의 스커톨로지의 연구가 맬더스의 인구론은 물론 생어의 산아 제한론의 주장에 근거하여서 인류 사회에 있어서 식량 결핍의 문제를 과학적으로 해결해야 한다는 의무감에 근거하고 있음을 밝히고 있는 것이다.

여기까지는 비록 실패의 단서와 가능성이 있기도 하지만 구성 자체가 대체적으로는 성공의 서사라고 할 수 있다. 그러나 여기서부터 이야기는 역전에의 변환점 즉 실패의 서사로 전환된다. 그것은 신사 숙녀 50여 명이 초대된 시식회장이다. 이들은 K 박사가 만든 ㅇㅇ병을 먹기 위해서 모인 사람들이다. 그런데 K 박사가 만든 ㅇㅇ병에서 향기롭지 못한 냄새가 난다는 어떤 신문기자의 날카로운 의혹 제기가 있었지만, 재료에 대한 식전의 어떠한 알림이 없어서 한참 맛있게들 먹는 판에 설상가상격으로 '당신네들이 먹고 있는 것이 실은 원료에 있어서 똥이외다'라는 일침과 다를 바 없는 내용이 담긴 인쇄물(성명서)의 배포로 인해서 결과적으로 똥을 먹은 시식회는 '왝왝 · 콰당콰당'의 소란스런 난장판이 된다. 부인 손님들과 신사 몇 사람은 입에 연방 손수건을 대고 게워내고 몇 사람은 '변소, 변소' 하면서 달아나고 또 다른 사람들은 영문을 모르고 중독되었다고 의사를 청하느라 야단인 속에 망신을 하게 된 K박사는 우물쭈물하다가 방으로 도망쳐버린다. 이 장면이야말로 희극

도 이런 희극이 없는 정경이다. 똥이 땅에 떨어지듯, 시식회의 가치가 격하되기 때문이다. 사회적으로 일류라는 사람들을 초대해 놓고 결과적으로 똥을 먹여놓았으니, K 박사의 연구는 똥 파티요, 똥 시식회루서 실패인 것은 물론 박사 자신도 학자로서 치명적인 망신이 아니랄 수 없다.

사태가 이렇게 급전되어버리자 박사는 박사의 토지가 몇 백 정보 정도 있는 T군의 박사네 마름(舍音)의 집으로 빵소니치듯 피신한다. 도중에 애초에 T군행을 그만두고 Y 온천으로 행선지를 바꾸면서 K 박사는 시식회에서 사람들이 스카톨 반응이 없는데 왜 게우고 토하느냐고 오히려 의아해하고 역정까지 낸다. 이에 C가 "똥 먹구 구역 안 나는 사람이 어디 있어요!"라고 직설적으로 반론하자, 박사는 다시 "자네 오핼세. 과학의 힘으로 부정한 놈은 죄 없애버린 게 왜 똥이야."하고 과학으로서의 자신의 연구 성과에 대해서 과학의 힘을 믿는다. 그러다가도 "스카톨이 남아 있었나 세척이 부족한 모양이야"라고 되뇌면서 한숨을 쉬기도 한다. 그런 가운데서도 ○○병에 대한 K 박사의 집착심은 식어지지 않는다. 이런 집착과 노력에도 불구하고 학문광의 나라 독일 학계는 물론 미국 어디에서도 받아들여지지 않을 것으로 여기게 된다. 단, 일본 만은 유보 상태로 남겨놓는다. 이는 실패로 인한 좌절의 감정이 K 박사 자신의 독창력과 경력에 타격을 주고 있음을 뜻한다.

이제 문제는 T군의 마름의 집에서 K 박사가 연출하는 희비극이 교차하는 구토행위이다. 이것이 이 작품의 급소이다. K 박사는 아침에 외출하면서 변소에서 똥을 먹다가 입에 잔뜩 똥을 묻힌 채 짖던 개를 발견하고 더럽다며 눈살을 찌푸린다. 외출을 마치고 저녁 때 돌아오니 저녁상에 개고기가 놓여 있었다. 한 달 남짓 일본 여관에서 묵느라 고기 맛을 거의 잊은 박사와 C에게는 그 개고기가 성찬이나 다름없는 음식이다. 그런데 K 박사는 고기를 한참 뜯다가 "이런 시굴서도 암소를 잡는 모양이야"라며 그것이 암소의 고기라고 말한다. C가 이 고기는 암소 고기가 아니라 개고기라고 말해준다.

> "개?"
> "아까 그 짖던 개요. 돌아올 때는 안 보이지 않습디까?"
> "아까 그, 그? 똥 먹던?"
> "그럼요."
> 박사는 덜컥 젓가락을 놓데그려. 그러더니 얼굴이 차차 하얘지더니 얼른 저편으로 돌아앉겠지. 그리고 혹혹 두어 번 숨을 들이쉬더니 왝 하고 모두 토해버리데그려.

이 문답이 끝나면서 얼굴이 하얘진 박사는 구토를 시작한다. 똥을 먹은 개고기를 먹은 K 박사도 그와 마찬가지로 구토를 한 것이다. 이는 똥으로 만든 ㅇㅇ병을 시식한 명사들이 구토한 장면과 이 장면이 서로 오버랩 되는 효과이다. 이 효과에 의해서 스스로의 똥 연구로 이루어진 '최신 최량 원식품'이나 똥 먹은 개고기가 실은 조금도 다를 바 없이 구토를 유발한다는 이 사실이 대비됨으로써 K 박사의 연구는 스스로 실패임을 자인하는 효과가 된 것이다. 그리고 판단을 미루어 왔던, 목간물을 벌컥벌컥 마시는 일인(日人)들도 ㅇㅇ병을 먹지 않을 것이라는 결론을 내린다. 그 때부터 박사의 입에서는 더 이상 ㅇㅇ병의 문제는 없어지게 된다.

이렇게 희극과 비극이 함께 결합되어 있는 이 작품은 똥을 매개로 하여 웃음의 해학적인 희극미를 유발한다. 이와 함께 목적과 과정의 조화를 이루지 못한, 냉철하지 못하고 즉흥적인 한 과학자의 시류를 탄 어설프고 허망한 공명심에 대한 풍자적인 비판의 형상화가 함축되어 있다. 하기는 「K 박사의 연구」는 김동인의 화가 솔거 또는 음악가 백성수가 등장하는 예술가 소설 등의 광기의 기괴함과 함께 실패의 논리이다. 이에 대해서 이광수의 긍정적인 과학자에 대한 비판적 희롱을 겨냥한 것으로도 볼 수 있게 하는 작품이라는 평가도 있다.

4장

이상(李箱) 문학의 분변학적 카프로필리아의 성격

1) 수필 「권태」의 유희로서의 배변행위

박지원으로부터 한 세기의 시공을 타고 넘어선 현대 문학의 영역에서 모더니스트 이상(李箱, 1910~1937) 문학의 일면이 똥과 오줌의 이미지나 비유 · 모티프의 활용을 통해서 문학 분변학으로서의 현상이나 성격을 다시 확연히 드러내 준다. 그의 수필 「권태(倦怠)」는 한 여름의 초록 일색의 모노크롬(monochrome, 단색성)을 지겨워하면서 가시화된 권태의 여러 지형도를 작성한 글이다. 낯선 사람을 보아도 전혀 짖지 않고 낮잠에만 빠져드는 시골 마을의 개, 인공의 기교가 전혀 없는 축류(개)의 교미 풍경, 식욕의 즐거움조차를 냉대하는 소의 되새김질(반추행위), 좁은 웅덩이 속을 이리 몰리고 저리 몰리는 송사리 떼의 군중적

이동 등 일련의 권태로운 풍경들이 일종의 풍경화처럼 제시되어 있다. 여기에 더하여 더운 여름 낮 6, 7인의 적발동부(赤髮銅膚) 반라 상태의 시골 아이들이 길 한복판에서 함께 벌이는 똥싸기의 집단 유희를 제시하면서 이를 두고 이상은 유희는 유희이지만 권태의 왜소 인간들이 발명해 낸 '기상천외'와 '속수무책'의 창작 유희라고 지적한다.

> 그들은 도로 나란히 앉는다. 앉아서 소리가 없다. 무엇을 하나 무슨 종류의 유희인지, 유희는 유희인 모양인데——이 권태의 왜소 인간들은, 또 무슨 기상천외의 유희를 발명했나?
>
> 5분 후에 그들은 비키면서 하나씩 둘씩 일어선다. 제 각각 대변을 한 무더기씩 누어 놓았다. 아아 이것도 역시 그들의 유희였다. 속수무책의 그들 최후의 창작 유희였다. 그런 그중 한 아이가 영 일어나지를 않는다. 그는 대변이 나오지 않는다. 그럼 그는 이번 유희의 못난 낙오자임에 틀림없다. 분명히 다른 아이들 눈에 조소의 빛이 보인다. 아아 조물주여, 이들을 위하여 풍경과 완구(琓具)를 주소서.

여기서 우리가 주목하게 되는 것은 아무런 완구도 없이 심심하고 재미없는 놀이들에 지겨워해온 권태로운 아이들이 길 한복판에 앉아서 함께 한 무더기씩의 똥을 싸는 배변행위를 놀이 즉 유희로 삼고 있다는 점이다. 이상은 이를 두고 이 무슨 의식(儀式)과도 같은 배변행위를 극도로 심심한 아이들이 발명해낸 카프로필리아(Caprophilia)인 속수무책의 창작 유희로 간주하고 이를 그 나름으로 권태의 결과로서 이해하고 있다. 굳이 이를 '속수무책'이라고 한 것은 아이들에게는 이 생리적인 배설행위 밖에는 더 이상 할 수 있는 놀이가 없다는 판단과 최종적이고 절망적인 상태의 결과임을 암시한다. 그럼에도 불구하고 그 무리가 된 아이들 가운데서 유독 한 아이가 대변이 나오지 않아서 다른 아이들과는 달리 영 일어나지 못하고 있는 상태이다. 그로 인해서 그 예외적인 아이는 이 배설의 행위에도 참여하지도 못하는 낙오자가 되고 그로 인해서 다른 아이들의 조소를 받는다. 배설을 해야만 하는 놀이임에도 불구하고 집합적인 배설의 공동 유희 공간의 일원으로서 동참할 수가 없는 이 외톨이 아이에게는 이미 이 배설 행위는 전혀 유희가 아닌 것이다. 유희의 낙오자인 그 아이는 아마도 그 시간이 배설의 때가 아니었거나 긴장하고 심약한 상태이거나 변비(Conspiation)의 상태이었을 것이 분명하다. 어쨌거나 「권태」의 이 배설장면은 권태로운 유희성과 함께 분명히 이상 문학에 있어서 색다른 분변학적 요소나 묘사 및 이미지와 비유 · 암시와 이어지는 한 단서가 되는 대목이다. 여기서 똥이 제시되었으되, 그 똥은 더럽거나 악취의 냄새가 나거나 또는 생식성이나 비옥의 의미가 아니고 희한한 유희의 도구로서 이용되는 그저 생리적인 물질이다. 아이들의 유희로서의 배설행위는 '이 아해들에게 장난감을 주라」에서도 다음과 같이 반복 · 부여 되어 있다. 다만 여기에서는 전자와 달리 관찰자인 이상이 똥의 더러움에 대한 불쾌감을 드러낸다.

> 잠시 후 그들은 집 사립짝 옆 토벽을 따라 약속이나 한 것처럼 나란히 늘어서서 쪼그리고 앉는다. 뭔지 소근소근 모의하는 상 하더니 벌써 침묵이다. 그리고 열중하기 시작하였다.
>
> 똥을 내질르는 것이었다. 나는 아연히 놀랐다. 이것도 소위 노는 것이랄 수 있을까. 또는 그들은 일시에 뒤가 마려웠던 것일까. 더러움에 대한 불쾌감이 나의 숨구멍을 막았다. 하늘만큼 귀중한 나의 머리가 뭔지 철저히 큰 둔기에 얻어맞고 터지는 줄 알았다. 그 뿐인가. 또 한가지 나를 아연케 한 것은 남아인 줄만 알았었는데 빤히 들여다 보이는 생식기, 아니 기실은 배뇨기이었을 줄이야. 어허 모조리 마이나스구나. 기괴천만한 일도 다 있긴 있도다.

이번엔 서로의 엉덩이 구멍을 서로 들여다 보기 시작하였다. 하는 짓마다 더욱 기상천외다. 그들의 얼굴 빛과 대동소이한 윤기 없는 똥을 한 덩어리째 극히 수월하게 해산하고 있다. 그것만으로 만족이다.

허나 슬픈 것은 그들 중에 암만 안간힘을 써도 똥은 커녕 궁둥이마저 나오지 않아 쩔쩔 매는 것도 있다. 이러고야 겨우 착상한 유희도 한심스럽기 그만이다. 그 명예롭지 못한 아이는 이제 다시 한번 젖먹던 힘까지 내어 하복부에 힘을 줬으나 역시 한발(旱魃)이다…… 초조와 실망의 빛이 역력히 나타났다. 나도 이 아이가 특히 미웠다. 가엾게도, 하필이면 이럴 때 똥이 안나오다니, 미움을 받다니, 동정의 대상이 되다니.

선수들은 목을 비둘기처럼 모으고 이 한명의 낙오자를 멸시하였다. (우리 좌석의 흥을 깨어버린 반역자)[46]

한편, 이상은 「공포의 기록」에서 사용 안한지 오래된 변소를 두고서 '아직 악취는 지독하다. 여기에다 더욱 생생한 거름을 부어 넣기만 하면 활발한 비등(沸騰)이 시작되겠지'라고 기술하기도 한다.

2) 오줌의 스카톨로지로서의 「Le Urine」

이상의 작품에서의 스카톨로지적 성격과 요소는 똥보다는 오줌과 관련되어 있는 현상이 더 우세하다. 시 「Le Urine」, 「정식(定式)」이나 「이상한 가역 반응」, 「어리석은 석반」, 「동경」, 「파첩」 등에서 보이고 있듯이, 배뇨(排尿)와 관련된 분변학적 언어가 두드러짐으로써 이상 문학의 분변학적 아니 그보다는 분뇨학적 성격은 오줌의 스카톨로지에 더 가깝다. 오줌의 물질적 신체 이미지로 분변(뇨)학적 은유화를 이루고 있

46 권영민 엮음, 『이상전집 4』, 뿔, 2009, 359~60쪽.
김주현 주해, 『정본 이상 문학 전집 3』, 소명, 2009, 105쪽.

기 때문이다.

> 어느덧 오줌이 마렵다. 이건 어젯밤부터의 소변일 것이다. 잠시 동안 오줌이 마렵다는 것을 사유(思惟) 속에 유지하면서 막연한 것을 생각한다……갑자기 나는 오줌을 싸버리지 않으면 안된다는 것과 독소의 체내 침전은 신체에 유해하다는데 정신이 쏠렸다. 나는 놀라버린다. 호밖 백치(白癡)같은 입사귀 밑에다 소변을 한다.(「어리석은 석반」)

> 소변을 누어보는 것도 좋겠다. 달리는 기차 위로부터 다듬어지는 소변은 가루눈처럼 산산히 흩어져, 그것은 땅바닥에 가 닿지도 못할 것이다.(「첫 번째 방랑」)

이런 오줌의 분변학을 대표하는 것이 바로 「Le Urine」이다. 이미 제목 자체가 프랑스어로 '오줌'이어서 처음부터 스커톨로지적이다. 'Urine'은 오줌, 즉 신장에서 배설되는 액체와 용해 물질이다. 1931년 『조선과 건축』에 실린 희한한 제목의 이 시 「Le Urine」는 원래 일본어로 쓰인 것으로 워낙 현기적이고 수수께끼 암호 같은 언어와 수사로 이루어져서 현재까지 해석상의 오차를 가장 현격하게 드러내주고 있는 작품이다. 제목 이외에는 분변학적 성격의 작품으로서 명쾌한 해석을 도무지 허락하지 않는 어지럽고 난삽한 언어의 상태이다.

> 불길과 같은 바람이 불었것만 불었건감 얼음과 같은 수정체(水晶體)는 있다. 우수(憂愁)는 DICTIONAIRE와 같이 순백(純白)하다. 녹색(綠色) 풍경은 망막(網膜)에다 무표정(無表情)을 가져오고 그리하여 무엇이건 모두 회색(灰色)의 명랑(明朗)한 색조(色調)로다.

> 들쥐와 같은 험준(險峻)한 지구(地球) 등 성이를 포복하는 것은 대체 누가 시작(始作)하였는가를 수척(瘦脊)하고 왜소(矮小)한 ORGANE

을 애무(愛撫)하면서 역사책(歷史册) 비인페이지를 넘기는 마음은 평화(平和)로운 문약(文弱)이다. 그러는 동안에도 매장(埋葬)되어가는 고고학(考古學)은과 연성욕(性慾)을 느끼게함은 없는바가 가장 무미(無味)하고신 성(神聖)한 미소(微笑)와 더불어 소규모(小規模)하나 미이동되어 가는실과 같은 동화가 아니면 아니 되는것이 아니면 무엇이 었는가.

진녹색(綠色) 납죽한 사류(蛇類)가 무해(無害)롭게도 수영(水泳)하는 유리(琉璃)의 유동체(流動體)는 무해(無害)롭게도 반도(半島)도 아닌 어느무명(無名)의 산악(山岳)을 도서(島嶼)와 같이 유동(流動)하게 하는것이며 그럼으로써 경이(驚異)와 신비(神秘)와 또 한 불안(不安)까지를 함께 뱉어 놓는 바 투명(透明)한 공기(空氣)는 북국(北國)과 같이 차기는 하나 양광(陽光)을 보라.까마귀는 흡사(恰似) 공작(孔雀)과 같이 비상(飛翔)하여 비늘을 질서(秩序)없이 번득이는 반개(半開)의 천체(天體)에 금강석(金剛石)과 추호(秋毫)도 다름없이 평민적(平民的) 윤곽(輪廓)을 일몰(日沒) (전前)에 빗보이며 교만(驕慢)함은 없이 소유(所有)하고 있는 것이다.

이러구러 숫자(數字)의 COMBINATION을 망각(忘却)하였던 약간(若干) 소량(小量)의 뇌장(腦臟)에는 설탕(雪糖)과 같이 청렴(淸廉)한 이국정조(異國情調)로 하여 가수상태(假數狀態)를 입술위에 꽃피워 가지고 있을 즈음 번화(繁華)로운 꽃들은 모두 어데로 사라지고 이것을 목조(木彫)의 작은 양(羊)이 두다리를 잃고 가만히 무엇엔가 귀기울 이고있 는가.

수분(水分)이 없는 증기(蒸氣)하여 온 갖고리 짝은 마르고 말라도 시원치 않은 오후(午後)의 해수욕장(海水浴場) 근처(近處)에 있는 휴업일(休業日)의 조탕(潮湯)은 파초선(芭蕉扇)과 같이 비애(悲哀)에 분열(分裂)하는 원형음악(圓形音樂)과 휴지부(休止符), 오오춤추려므나, 일요일(日曜日)의 뷔너스여, 목쉰 소리나마 노래 부르려무나 일요일(日曜日)의 뷔너스여.

그 평화(平和)로운 식당(食堂) 또 어에는 백색(白色) 투명(透明)한 MEMSTRUATION이라는 문패(門牌)가 붙어서 한정(限定) 없는 전화(電話)를 피로(疲勞)하여 LIT 위에 놓고 다시 백색(白色) 여송연(呂宋煙)을 그냥 물고 있는데.

마리아여, 마리아여, 피부(皮膚)는 새까만 마리아여, 어디로 갔느냐, 욕실(浴室) 수도(水道) 콕크에선 열탕(熱湯)이 서서(徐徐)히 흘러나오고 있는데 가서 얼른 어젯밤을 막으렴, 나는 밥이 먹고싶지아니 하니 슬립퍼어를 축음기(畜音機) 위에 얹어 놓아 주려무나.

무수(無數)한 비가 무수(無數)한 추녀 끝은 두드린 다두드리는 것이다. 분명 상박(上膊)과하 박(下膊)과의 공동피로(共同疲勞)임에 틀림없는 식어빠진 점심(點心)을 먹어볼까-먹어본다. 만도린은 제 스스로포장(包裝)하고 지팽이 잡은손에 들고자 그마 한 삽짝문(門)을 나설라치면 언제 어느때 향선(香線)과 같은 황혼(黃昏)은 벌써 왔다는 소식(消息)이냐, 수탉아, 되도록이면 순사(巡査)가 오기 전(前)에 고개숙으린채 미미(微微)한대로 울어다오, 태양(太陽)은 이유(理由)도 없이 사보타아지를 자행(恣行)하고 있는 것은 전연사건(全然事件) 이외(以外)의 일이 아니면 아니된다.

이 시에 대한 이제까지의 해석에서 내가 보기에 가장 그리고 너무도 진지함을 보여주고 있는 대표적인 두 글은 이경훈의 「Le Urine 주석」과 권영민의 「배설, 그 욕망과 쾌락의 구조」이다.[47] 이 밖에 김학온의 「이상 시의 괴텔의 수」(2014)가 있다. 그런데 시 자체가 워낙 난해하고 오묘해서 그렇겠지만, 양자의 해석은 너무도 현저하게 서로 이질화되어 있다. 이경훈의 관점에서 「Le Urine」는 임질을 묘사한 시로서 단정적으로 분변학적 질병으로 해석하고 있는 반면, 권영민의 관점에서는 질

47 이경훈, 『이상 : 철천의 수사학』, 소명, 2000, 219~47쪽.
권영민, 『이상 텍스트 연구』, 뿔, 2009, 164~184쪽.

병의 요소가 전혀 개입되지 않은 건강 상태에서의 '배설의 욕망'으로 해석된다. 그러니까 전자가 임상 의학적이고 진단학적 해석이라면, 후자는 수사학적이고 구조적 비유론적 해석의 관점이다. 이와 같은 관점의 차이에 의해서 시의 언어들의 의미는 전혀 다르게 파악되고 해석된다. 예컨대 '이동하여 가는 실'에 대해서 전자는 임질 환자의 오줌에서 발견되는 임사(淋絲)로 본데 비해서 후자는 작은 오줌줄기의 비유로 보고 있다. 그리고 이경훈이 '녹색의 사류(蛇類)'와 '수영하는 유리의 유동체'를 임질 현상으로 단정적으로 보는데 반하여 권영민은 변소 바닥에 흘러 고이는 오줌을 비유한 것이라고 본다. 그래서 전자가 작품 「Le Urine」를 전적으로 이상의 오줌강박증으로 인한 임질과 관련시키고[48] 그로 인한 죄의식이 표출되어진 시라고 지적한데 비해서 후자는 「Le Urine」과 「정식」은 변소에 앉아서 하는 생리적인 배설 행위를 시적 모티프로 하여 배설 장애의 고통과 쾌변으로 이어지는 배설의 쾌락을 환상적으로 그려냄으로써 배설의 문제를 놓고 본능적인 욕망과 자기 의지 사이에 야기되는 충동과 억제라는 의미를 시적으로 형상화한 것으로 평가한다. 둘 다 무척 고심한 해석이다.

이런 진단학적 해석과 수사학적 해석 가운데서 어느 쪽이 과연 더 정확하고 타당한 해석인가에 대해서는 누구도 속단하기가 어렵다. 그러나 공들인 진지한 해석의 노력에도 불구하고 시 자체가 지니고 있는 기상적(奇想的) 수수께끼 현상에 대해서 정확하게 풀어야 할 여지가 아직도 남아 있고 또 현재까지의 단정과 유추의 해석에 대해서도 우리가

48 이경훈은 이렇게 임질의 환자로 뿐만 아니라 그의 죽음이 '결핵성 뇌매독'이라는 견해를 밝히기도 했다.(『철천의 수사학』, 173쪽)

100% 흔쾌히 동의할 수 없는 부분이 남아있는 것이 사실이다. 즉 모든 것이 성병이고 매춘이고 성기이며 성교라는 일방적으로 편향화된 병리적 해석의 논리에도 모호한 것에 대해서는 공상과 환상 및 무의식적 상념의 몽타주 기법으로의 고도의 비유와 기지에 귀속시키고 있는 논리에도 우리가 흔쾌히 한쪽으로, 또 전적으로 받아들일 수 없게 하는 불확실성의 해석소가 남아 있는 것이다. 즉 임질과 관련되었다는 단정에도 정상적인 배설의 상태에 대한 고도의 시적 비유화로 읽기에도 징후적으로 어딘가 석연치가 않음이 있다.

그래서 나는 현재로서는 「Le Urine」에 대해서 근본적으로 완결적인 해석불가의 상태나 입장에 있다. 그러나 기본적으로는 생리적 배설의 욕망과 함께 '왜소한 ORGANE'과 '피로'에서 암시되고 있는 것처럼, 어딘가 배뇨장애로서의 현상인 요실금이나 그의 이상성의 상태를 그로테스크한 상징들로 제시한 작품이 아닌가라고 절충적으로 생각해 본다. 근본적으로는 오줌의 배뇨행위 또는 방뇨 행위를 제시한 것이지만 이상의 문학적 성격 자체가 워낙 이상(李箱)의 '이상(異常) 파톨로기(Pathologie)'의 성격이듯 생리적인 이상성(Insanity)의 은유론으서 읽혀진다는 것이다. 불길 같은 '유리의 유동체', '백색 투명한 MEMSTRUATION', '수도(水道콕크)에 선열탕(熱湯)' 및 '조탕(潮湯)', '소규모(小規模)하나마 이동되어 가는실'은 오줌의 배뇨나 방뇨, 그리고 '욕실(浴室) 수도(水道)콕크에 선열탕(熱湯)이 서서(徐徐)히 흘러 나오고 있는데 가서 얼른 어젯밤을 막으렴'이나 '무수한 비'는 야뇨의 실금 상태, 금제(순사)로부터의 이탈 즉 방뇨를 암시한다. '식당'과 연계되어 '먹고 싶지 않음'(마심) → '먹어볼까'의 전이 현상을 섭취–배설의 과정을 그리고 '휴업일(休業日)의 조탕(潮湯)은 파초선(芭蕉扇)과 같이 비애(悲哀)에 분열(分裂)하는 원형음악(圓形音樂)과 휴지부(休止符)'는 오줌 배뇨의 고갈 상태나 배뇨불능 상태에 대한 별명과 같은 암시이다. 따라서, 「Le Urine」는 요실금이나 빈뇨 현상 등 비뇨 장애의 트러블을 모티프로 배출(욕망)과 억압(제어)의 긴장 관계에 있는 심리적 상황적인 의미를 매우 낯설고 과장화된 수수께끼 같은 은어적 수사학으로 표현한 것이라고 절충적으로 본다. 이상 문학의 스커톨로지는 이렇게 똥과 오줌의 이미지로 그리고 똥은 유희, 오줌은 배뇨 장애의 매체로서 제시된다. 표제가 된 불어 'Urine'는 오줌이니까 의학 용어로는 오줌 실금(失禁)인 것은 이를 시사 하는 근거이다. 실금의 의학적 용어는 'Incontinence' 또는 'Incontinentia'이나, 시의 표제와 같은 'Urine'이기도 하다. 요실금은 성을 약화시킨다. '조탕'이나 '열탕'과 같은 액체 이미지들이 이와 관련되어진다. 반면에 '들쥐' · '까마귀' · '수탉'과 같은 동물 이미지와 '여송연(呂宋煙)' · '지팡이'의 이미지와 함께 작용하고 있어서 남성의 성적 욕망이 상대적으로 두 축을 이루며 그야말로 '콤비네이션'하고 있는 것이다. 그런 욕망의 대상은 상대적으로 '비너스', '마리아, 피부가 새까만 마리아'의 이름으로 표상되어 있다. 비뇨 장애로 인해서 소진되는 상태와 성욕으로 대리되는 욕망과의 괴리 상태를 대응시키고 있는 상황의 시가 바로 「Le Urine」인 것이 아닐까. 즉, 이는 요즘 후 현상에 대한 시적 또는 수사학적인 기상화(奇想化)의 시가 아닐까. 그러나 쉽사리 결합될 수 없는 용어들이 혼합화 된 이상성에 이렇게 해석에 너무 골몰하는 현상자체가 이상이 만들어 놓은 수수께끼같은 지적유희에 우리가 말려들어가는 것은 아닐는지.

5장

측간의 문학미학과 문화사회학

1) 『질마재 神話』의 '소망'과 뒷간이란 공간

『질마재 신화』(1975)는 미당 서정주(徐廷柱)(1915~2000)의 제 6시집의 이름이다. 기호학자 송효섭은 이를 두고 어느 글에서 '이야기이면서 시(詩)고 시이면서 신화'라고 적절히 지적했다. 그의 말처럼 설화의 시적 리텔링으로서의 성격을 지닌 이 시집에는 「소망」·「신부」·「상가수(上歌手)의 소리」·「소자 이(小者 李) 생원네 마누라님의 오줌기운」과 같은 '뒷간(똥)'과 '오줌', '똥 오줌 항아리'와 같은 배설과 연관된 기피적 어휘들이 거침없이 등장한다.

디터 J. 롤핑케는 화장실과 변기 등에 관련된 것들도 스카톨로지의 영역에 해당된다고 규정했는데 그렇다면 배설이 이루어지는 장소나 공간인 뒷간 또는 화장실이야말로 분변학적 해명에서 빼놓을 수 없이 매우 흥미로운 공간적 항목이다. 생리적인 배설의 볼 일을 보아야 할 화장실이나 뒷간은 문학에서 흔히들 은유의 은밀한 곳으로서의 의미를 지니고 있다. 이 특별 공간으로서의 화장실이 예찬되는 글 가운데서 대표적으로 유명한 것으로서 베르톨드 브레히트의 희곡 『바알(Baal, 1919~1922)』이 있다. 이 작품에서 브레히트는 화장실을 다음과 같이 노래한다.

> 오르게가 내게 말했지
> 지상에서 자기가 가장 좋아하는 곳은
> 부모님 무덤가의 풀밭 구릉이 아니라고.
> 참회의 의자도 아니고
> 창녀의 침대도 아니며
> 부드럽고 따뜻하며 하얗게 살찐 여인의 품속도 아니라고.
>
> 오르게가 내게 말했지
> 지상에서 가장 좋아하던 곳은 언제나 뒷간이었다고
> 그것만이 늘 만족스러운 곳이라고
> 그 위로는 별들이 빛나고 그 아래엔 똥거름이 있으니,
> 그 곳이야 말로 정말 멋진 곳이라고
> 신혼 첫 날 밤에도 혼자 있을 수 있는 곳이니.
> 겸손의 곳, 그 곳에서라면 자네도 분명히 깨닫게 되리라
> 자신이 아무 것도 소유할 수 없는 인간일 뿐임을
> 그 곳은 지혜의 곳, 자네는 새로운 쾌락을 위해 불룩한 배를 준비할 수 있으리라
> 유체를 조용히 쉬게 하고 부드럽게 그러나 힘주면서 자신을 위해 무언가를 할 수 있다네
> 자네는 바로 뒷간에서 자네가 누구인지를 알게 되리라 – 처먹는 놈이라는 것을![49]

49 Bertold Brecht, 이재진 역, 「바알*Baal*」(1922), 『브레히트 희곡선 : 도살장의 성 요

Orge sagte mir: Der liebste Ort, den er auf Erden hab
Sei nicht der Rasenplatz am Elterngrab.
Sei nicht ein Beichtstuhl, nicht ein Hurenbett
Und nicht ein Schoß weich weiß und warm und fett.
Orge sagte mir: Der liebste Ort
Auf Erden war ihm immer der Abort.
Dies sei ein Ort wo man zufrieden ist
Daß drüber Sterne sind und drunter Mist.
Ein Ort sei einfach wundervoll, wo man
Selbst in der Hochzeitsnacht allein sein kann.
Ein Ort der Demut, dort erkennst du scharf
Daß du ein Mensch nur bist, der nichts behalten darf.
Ein Ort der Weisheit wo du deinen Wanst
Für neue Lüste präparieren kannst.
Wo man indem man leiblich lieblich ruht
Sanft, doch mit Nachdruck etwas für sich tut.
Und doch erkennst du dorten was du bist:
Ein Bursche der auf dem Aborte frißt![50]

이 쯤되면 뒷간(Abort)은 단순한 배설물의 냄새만 풀풀 나는 실용적인 용변 공간이 아니고 만족한 생활의 친밀 공간이고 전유 · 겸손 · 지혜 · 쾌락 · 휴식이 있는 장소로서 장소애(場所愛)의 공간인 것이다. 덜어내는 공간이라는 점에서는 근심을 해소하는 공간, 즉, 절에서는 해우소(解憂所)라고 하지 않는가. 일본의 작가 다니자키 준이치로(谷崎潤一郎, 1886년 7월 24일 ~ 1965년 7월 30일) 또한 그의 「변소여담」에서 변소

한나』, 한마당, 1998, 23~4 쪽을 볼 것.

50 Bertold Brecht, Werke Stücke I, Aufbau Verlag Berlin und Widknar Surkamp Verlag, Frankfurt am Main, 1989, S. 31.

의 미덕을 다음과 같이 그리고 있다.

> 변소는 벌레의 우는 소리, 새소리 그리고 달 밝은 밤에도 참으로 잘 어울려, 사계절의 여러 변화를 음미(吟味)할 수 있는 곳이다.
>
> 변소의 냄새에는 그립고도 달콤한 추억이 묻어 나온다. 오랜만에 고향을 찾아간 사람에게는 어린 날의 추억을 되살아나게 하여 '정말 내가 집으로 돌아왔구나'하는 생각에 빠지도록 한다.[51]

여기에서 변소는 문학에서의 친밀의 공간으로서 그리고 기억과 향수의 정서를 환기시키는 스커톨로지적 공간으로서 브레히트 못지않게 시학화 되고 있다.

그렇다면, 이 뒷간은 한국의 현대 문학에서는 어떻게 미학화되고 또 묘사되고 있는 것일까. 미당 서정주의 시세계에서 뒷간은 공간의 시학에 있어서 우리의 멋과 낙천의 여유와 가난도 문화로 아는 전통적인 문화 의식과 우리의 미학적 진수를 역연하게 보여주는, 한국인의 친밀 공간으로서 자리하고 있다. 다음은 「소망」(똥간)이란 시이다. 그리고 「상가수의 소리」에는 뒷간 똥오줌 항아리가, 「신부」와 「소자 이 생원네 마누라님의 오줌 기운」에는 오줌이 등장한다.

> 아무리 집안이 가난하고 또 천덕구러기드래도, 조용하게 호젓이 앉아, 우리 가진 마지막껏 — 똥하고 오줌을 누어 두는 소망 항아리만은 그래도 서너 개씩은 가져야지. 상감(上監)녀석은 궁(宮)의 각장 장판방(房)에서 백자(白磁)의 매화(梅花)틀을 타고 누지만, 에잇, 이것까지 그게 그 까진 정도(程度)여서야 쓰겠나. 집 안에서도 가장 하늘의 해와

51 이상정, 『호모 토일렛, 뒷간과 화장실의 미학』, 진화기획, 1998, 271~2쪽에서 재인용.

달이 별이 잘 비치는 외따른 곳에 큼직하고 단단한 옹기 항아리 서너 개 포근하게 땅에 잘 묻어 놓고, 이 마지막 이거라도 실천 오붓하게 자유(自由)로이 누고 지내야지.

이것에다가는 지붕도 휴지(休紙)도 두지 않는 것이 좋네. 여름 폭주(暴注)하는 햇빛에 일사병(日射病)이 몇 천(千) 개 들어 있거나 말거나, 내리는 쏘내기에 벼락이 몇 만(萬) 개 들어 있거나 말거나, 비 오면 머리에 삿갓 하나로 응뎅이 드러내고 앉아 하는, 휴지(休紙) 대신으로 손에 닿는 곳의 홍부(興夫) 박잎사귀로나 밑 닦아 간추리는 – 이 한국(韓國) 〈소망〉의 마지막 용변(用便) 달갑지 않나?

「하늘에 별과 달은
소망에도 비친답네」

가람 이병기(李秉岐, 1891~1968)가 술만 거나하면 가끔 읊조려 찬양해 왔던, 그 별과 달이 늘 두루 잘 내리비치는 화장실(化粧室) – 그런 데에 우리의 똥오줌을 마지막 잘 누며 지내는 것이 역시 아무래도 좋을 것 아니겠나? 마지막 것일라면야 이게 역시 좋은 것 아니겠나?[52]

이는 「소망(똥간)」이다. 소망(똥깐)은 방 안에서 비데 장치로 올라앉는 현대식 화장실이 아닌 측간이다. '측'(厠)은 귀퉁이란 뜻으로 '몸채 한 쪽에 있는 공간'으로서 집 안에서도 하늘의 해와 달과 별이 잘 비치는 외딴곳에 항아리를 땅에 묻고 그 위에 디딤판이나 지지보조 수단을 얹고 호젓이 쪼그리고 앉아 배변을 하는 엉성한 재래식, 그야말로 매우 자연적인 공간이다. 그리고 농경 생활에 있어서는 소중한 가치가 있는 똥·오줌이 집적되어서 거름으로서 배양되는 곳이다. 측간은 농업사와 함께 한국인의 전통적인 배설의 문화사를 고스란히 지속하며 담고 있는 측간학의 처소이다. 거기서 사색과 해우와 끽연(담배피우기)과 독서(신문)가 이루어진다.

52 서정주, 『질마재 신화』, 일지사, 1975, 38~9 쪽.

휴지 대신 손에 똥을 박 잎사귀면 뒤처리가 가능하고 비가 오면 삿갓 하나 쓰고 엉덩이를 드러낼 수가 있다. 그야말로 소박하다 못해서 초라하기 짝이 없는 건조물이다. 그런데도 이 시의 시적 자아는 그런 좁고 거친 작은 공간을 가람 이병기가 찬양해 읊조린바 '하늘에 별과 달은 소망에도 비친답네」—별과 달이 늘 두루 잘 내리 비치는 화장실—의 우주론적이고 미화된 세계로 받아들이며, 그런 데에서 똥, 오줌을 마지막으로 배설하는 것이 얼마나 좋은 것인가 하고 낙천적으로 감응하고 있다. 여기에는 가난한 삶이지만 가난과 남루를 넘어서는 삶의 여유로운 낙천성과 고결함과 함께 소망의 작은 공간을 별과 달이 비치는 우주적 공간으로 응축화되는 것으로 보는 미화 현상이 나타나고 있다. 소망에도 별이 비친다는 미적 상황은 브레히트의 경우와도 매우 닮아 있다. 이렇게 화장실에서 별을 바라보는 장면은 김연경의 소설 「고양이의 고양이에 의한 고양이를 위한 소설」같은 소설에서도 80년대 빈민촌의 재래식 화장실에서 똥을 누면서 가난한 어린 자매가 밤하늘에 반짝이는 별들(오리온)을 보는 장면이 인상 깊게 제시되어 있다. 그야말로 전통 화장실인 소망의 공간 시학을 격조 있게 높이려는 시적 스카톨로지가 이렇게 서정주에 의해서 마침내 가능해진 것이다. 이쯤 되면 가난도 문화인 것이다.

이와 같은 뒷간의 스카톨로지 이미지는 그의 절묘한 변형의 모티프 또는 원형인 망부석 이야기 같은 기다림이란 한(恨)의 석화 작용(petrification)을 수용한 「신부(新婦)」에서도 제시된다.

신부는 초록 저고리 다홍치마로 겨우 귀밑머리만 풀리운 채 신랑하고 첫날밤을 아직 앉아 있었는데, 신랑이 그만 오줌이 급해져서 냉큼 일어나 달려가는 바람에 옷자락이 문 돌쩌귀에 걸렸습니다. 그것을 신랑은 생각이 또 급해서 제 신부가 음탕해서 그 새를 못 참아서 뒤에서 손으로 잡아당기는 거라고, 그렇게만 알고 뒤도 안 돌아보고 나가 버렸습니다. 문 돌쩌귀에 걸린 옷자락이 찢어진 채로 오줌 누곤 못 쓰겠다며 달아나 버렸습니다.

그러고 나서 40년인가 50년이 지나간 뒤에 뜻밖에 딴 볼일이 생겨 이 신부네 집 옆을 지나가다가 그래도 잠시 궁금해서 신부 방문을 열고 들여다보니 신부는 귀밑머리만 풀린 첫날 밤 모양 그대로 초록 저고리 다홍치마로 아직도 고스란히 앉아 있었습니다. 안쓰러운 생각이 들어 그 어깨를 가서 어루만지니 그 때서야 매운 재가 되어 폭삭 내려앉아 버렸습니다. 초록 재와 다홍 재로 내려앉아 버렸습니다.

이 산문시는 서정주의 제 6 시집 『질마재 신화』에 실린 작품으로, 전승 설화를 시로써 재현한 것이다. 오줌이 바로 분변학적 요소가 되어 있다. 결혼 첫날밤 오줌이 급한 신랑이 냉큼 일어나 바삐 뒷간으로 달려가는 바람에 자신의 옷자락이 문돌쩌귀에 걸려 찢어진다. 신부가 음탕해서 뒤에서 옷자락을 당기는 것으로 오해한 신랑은 그 길로 달아나 버린다. 40년인가 50년이 지난 뒤 딴 볼일이 생긴 김에 궁금해서 신랑이 옛 신부네 집을 찾아가 신부방 문을 가만히 열어본다. 그런데 신부는 겨우 귀밑머리만 풀린 첫날밤 그 모양 그대로 초록 저고리 다홍치마로 아직도 고스란히 앉아 있다. 안쓰러운 생각에 가서 어깨를 어루만지자 그때서야 신부는 매운재가 되어 초록재와 다홍재로 폭삭 내려앉아 버린다. 초록색 다홍색의 아름다운 기다림의 미학이 차가운 재가 되어 내려앉는 원한의 미학과 함께 한다. 이런 설화는 조지훈(趙芝薰, 920~1968)의 시 「석문(石門)」에서도 등장한다. 일월산 황씨 부인당 설화가 그 원형이다. 신혼 초야 원앙침에 들기 전 뒷간으로 갔던 신랑은 신방 문 창호에 칼날 그림자가 어른거리는 것을 보고, 그 길로 멀리멀리 달아나 버린다. 칼날 그림자는 실은 문 앞의 대나무잎 그림자였던 것이다. 이렇게 한국의 신혼 초야의 전승 문예에 있어서 오줌과 뒷간은 오해와 결별을 가져오게 하는 상징적인 파괴로서의 의미를 갖는 한편 재회를 유도하는 이중의 연계성을 지닌 분변학적 요소이다. 「소망」·「신부」·「석문」은 분변학적인 측면에서 보면 뒷간의 공간 시학이다. 이에 관한 해석으로 김열규의 『근대 문학의 전통』(1976)이란 글이 있지만 다른 시로 옮겨간다.

> 질마재 상가수의 노랫소리는 답답하면 열두 발 상무를 짓고, 따분하면 어깨에 고깔 쓴 중을 세우고, 또 상여면 상여머리에 뙤약볕 같은 놋쇠 요령 흔들며, 이승과 저승에 뻗쳤습니다.
>
> 그렇지만, 그 소리를 안 하는 어느 아침에 보니까 상가수는 뒤깐 똥오줌 항아리에서 똥오줌 거름을 옮겨내고 있었는데요, 왜, 거, 있지 않아, 하늘의 별과 달도 언제나 잘 비치는 우리네 똥오줌 항아리, 비가 오나 눈이 오나 지붕도 앗세 작파해버린 우리네 그 참 재미있는 똥오줌 항아리, 거길 명경(明鏡)으로 해 망건 밑에 염발질을 열심히 하고 서 있었습니다. 망건 밑으로 흘러내린 머리털들을 망건 속으로 보기 좋게 밀어넣어 올리고 쇠뿔 염발질을 점잖게 하고 있어요.
>
> 명경도 이만큼은 특별나고 기름져서 이승 저승에 두루 무성하던 그 노랫소리는 나온 것 아닐까요?(「상가수의 소리」)

> 소자(小者) 이(李)생원네 무우밭은요, 질마재 마을에서도 제일로 무성하고 밑둥거리가 굵다고 소문이 났었는데요. 그건 이 소자(小者) 이(李)생원네 집 식구들 가운데서도 이 집 마누라님의 오줌 기운이 아주 센 때문이라고 모두들 말했습니다.
>
> 옛날에 신라 적에 지도로대왕(智度路大王)은 연장이 너무 커서 짝

이 없다가 겨울 늙은 나무 밑에 장고만한 똥을 눈 색시를 만나서 같이 살았는데, 여기 이 마누라님의 오줌 속에도 장고만큼 무우밭까지 고무시키는 무슨 그런 신바람도 있었는지 모르지. 마을의 아이들이 길을 빨리 가려고 이 댁 무우밭을 밟아 질러가다가 이 댁 마누라님한테 들키는 때는 그 오줌의 힘이 얼마나 센가를 아이들도 할 수 없이 알게 되었습니다. ―'네 이놈 게 있거라. 저놈을 사타구니에 집어넣고 더운 오줌을 대가리에다 몽땅 깔기어놀라!' 그러면 아이들은 꿩새끼들같이 풍기어 달아나면서 그 오줌의 힘이 얼마나 더울까를 똑똑히 잘 알 밖에 없었습니다.(「소자(小者) 이(李)생원네 마누라님의 오줌 기운」)

하늘의 별과 달이 잘 비치는 똥오줌 항아리가 명경 즉 거울이 되고, 거기를 들여다보면서 이승과 저승을 넘나드는 질마재의 노래꾼 상가수가 망건 밑으로 흘러내린 머리털을 망건 속으로 올리며 매무새를 단장하는 행위의 묘사는 분변의 영상미학적 절묘함을 보여준다. 그리고 유명한 신라의 지도로대왕 이야기를 끌어들이면서 그 마누라의 무서운 오줌 줄기의 힘을 외설스럽고 걸팡지게 제시하는 「소자(小者) 이(李)생원네 마누라님의 오줌 기운」은 한국 해학의 민간적 문화 공동체에 내재하는 익살스러운 해학미를 십분 발휘한다. 이렇게 서정주의 시집 『질마재 신화』는 어떤 수치심이나 두려움도 없이 전통적인 측간의 문화와 미학을 보여주고 있는 것이다. 그래서 이 미학이 똥, 오줌이나 측간의 추루함이 전화되거나 웃음으로 중화되는 작용을 하게 된다.

2) 다층 도시 공간의 화장실 : 이청준의 「무교빌딩 8층」

이상(李箱)의 「운동」이란 시에 '일층 우에 있는 이층 우에 있는 삼층 우에 있는 옥상 정원을 올라서 남쪽을 보아도, 아무 것도 없고 북쪽을 보아도 아무 것도 없고 해서…….'라는 구절이 있다. 여기에서 우리는 운동이 전개되는 장소인 건물이 위로 1층 · 2층 · 3층으로 층층화되어 있다는 것을 감지하게 된다. 이를 그대루의 공간 이동이 상향(上向)과 하향(下向)의 수직선상으로 이어지는 현상과 더불어 우리는 소설 「날개」의 내려다보는 미쓰꼬시 옥상과 더불어서 이상이 파악한 1930년대의 모던한 경성(京城)의 도시성(Urbanity)의 수직의 공간시학적 면모를 보게 되는 것이다. 도시는 형태론적으로 수평, 수직적으로 공간을 확장 · 확대해 간다. 특히 1980년대와 90년대 이래 현대 도시로서의 거대 도시화 현상은 결국 도시의 건축 환경과 주거 공간이 높이 수직으로 위상적으로 다층화하고 고층화하는 변화 그 자체라 하여도 과언이 아닌 것이다.

이청준(李淸俊)의 짧막한 꽁트급 단편인 「무교빌딩 8층」은 바로 이렇게 다층화, 고층화되어가고 있는 건물 현상과 함께 도시화되어가고 있는 삶의 변화 현상적 양태 및 그 공간에서 이루어지는 경쟁과 긴장 관계를 여러 층의 빌딩의 화장실이라는 배설의 특수 공간 및 구조와 긴밀히 얽혀서 시류성 있게 해부하고 있는 기발하고도 경쾌한 유희성이 발휘된 작품이다. 모두 9층으로 된 수직적 건물의 같은 위치에 각각 상하로 층화되고 구조화된 화장실은 위계적인 현대사회를 표상하는 분변학적 문학 이미지로 하여 전개된다. 가령 사람 위에 사람이 있고, 사람 밑에 사람이 있듯이, 구 층의 빌딩에서 같은 시각에 각각의 층마다 위치가 같은 화장실에 함께 앉아서 배설을 한다고 가정할 때 그 투시되는 정경적 가시화의 모습을 과연 어떤 것인가. 그것은 구도상 머리 위에 엉덩이가 있고 그 머리 위에 또 엉덩이가 있고…… 반대로 엉덩이 밑에 아래층의 머리가 있음으로서 참으로 묘하고 희극적인 층계적 구도가 될 것이 아닌가. 바로 이 위계적인 포갬의 희학의 구도화가 이 작품이 우리에게 던져주고 있는 구조적 문제의식이다. 회사원이 느끼는 도시 심리의 위상학적 해부도이다.

한다하는 기업체와 단체가 그득히 들어있는 고층 빌딩인 무교 빌딩의 8층(전 9층)의 '신흥 물산'에 출근을 하게 된 주인공 '나'는 이 고층 건물에 출근함으로써 감정적으로 이중의 감정을 경험한다. 떳떳함과 섭섭함이 그것이다. 떳떳함이란 바로 이 무교 빌딩이 이 일대에서 가장 높은 고층인데다 그 안에 들어와 있는 기관들이 모두 유명해서 그 건물 안에 함께 사무실이 있다는 그 사실만으로도 계층상 자랑스럽다는 귀속감 때문이다. 섭섭하다는 것은 그럼에도 불구하고 층이 높이 올라갈수록 출입하는 것이 불편하고 또 아래층들이 위층들에 비해서 위상론적인 편제에 있어서 유족하고 여유가 있는 공간이고 층들이어서 위층에 다소 위계적으로 열등하다는 것을 알게 되었기 때문이다. 이는 그로 하여금 다소의 위축감을 준다. 그러나 '나'는 그러한 불편함이나 섭섭함에도 불구하고 점점 높고 유쾌한 8층에 있게 된 것을 더 가상하게 생각한다. 이는 상층이 전망이 좋고 또 슬며시 엘리베이터 아가씨와 마지막까지 함께 엘리베이터를 탈 수 있다는 것 때문이기도 했지만 무엇보다도 빈 9층을 빼고 8층에 있는 '나'의 처지가 현재의 이 건물에서 가장 높은 곳에 앉아 있다는 것과 그래서 용납하기 싫은 아래층 사람들을 포함해서 건물 안의 모든 사람들의 머리 위에 내가 앉아 있다는 우월감 같은 것을 갖는게 더 없이 유쾌하게 여겼기 때문이다. 그가 이런 유쾌한 처지를 상상하게 된 것은 뜻밖의 곳인 바로 화장실이라는 배설의 공간이다. '나'는 이에 대해서 다음과 같이 해명하여 밝히고 있다.

> 다름 아니라 그것은 화장실에서였다. 어느 날 나는 8층 화장실에 앉아 용무에 열중하고 있었다. 그런데 그때 아래층 어디에선가 각층 화장실을 관통하고 있는 철 파이프를 덩덩 울리는 소리가 올라오고 있었다. 그 소리를 가만히 듣고 있다가 나는 문득 깨달았다. 바로 내가 앉아 있는 아래로는 일직선으로 각층 화장실이 있다는 것을 말이다. 그리고 나는 방금 어떤 아래층 화장실에 들어와 있을 친구의 바로 머리 위에 버티고 앉아 있다는 것을. 화장실에는 설계사의 면밀한 배려에 의해서 타일 빛깔로 발자리를 구별해 두었기 때문에 그러한 나의 상상은 거의 몇 센티도 착오가 나지 않을 것임에 틀림없었다. 그런데 나의 깨달음은 화장실에서 끝나 버린 것이 아니었다. 기분이 좋아 사무실 자리로 돌아와 앉아 있을 때 나의 각성은 보다 넓은 곳으로 번져 나갔다. 나는 지하실부터 7층까지의 모든 사람들 머리 위에 앉아 있는 것이었다. 그 중에서도 적어도 몇 사람은 나와 수직으로 상하를 이루고 있을 것이다. 그 친구들의 얼굴을 좀 보고 있었다. 일을 하고 있을 때나 휴식을 취하고 있을 때 나는 마치 어릴 적 목말을 타고 의기양양해 하던 때처럼 기분이 좋아 있었다. 그리고 아래층에서 나의 엉덩이 밑에다 머리통을 디밀 자세를 취하고 앉아 있을 친구들이 보고 싶어 좀이 쑤셨다. 9층은 비어 있으니까 나의 머리 위에 다른 친구의 엉덩이가 버티고 있을 염려는 없었다.

이렇게 주인공은 열세적 상황을 '목말'을 타고 있다는 높이의 차별화된 고소(高所)에 있다는 몽상으로 위안하고 해소해 나가고 있다. 그래서 '나'는 자기의 좌석에서 수직 하에 타고 있는 충직한 목말들을 확인해 보기 위해서 아래 각 층에 대한 순회를 시작한다. 이 순회는 7층에서 6층으로 그리고 5층, 4층, 3층, 1층을 거쳐서 지하실까지 하향 이동으로 이르게 된다. 이 목말 확인의 하향적인 순회에서 가장 그로 하여금 충분히 만족시킨 것은 2층에서의 사장인 듯한 사내와 그 옆에 마주 앉은 여비서이고 그리고 엘리베이터를 타지 않는 낯설고 익숙지 못한 1층 사무실에서의 뚱뚱하고 활력이 넘쳐 보이는 사내의 존재이다. 이날 이 순회에서 다시 8층의 자기 사무실로 돌아온 그는 자리에 앉아서 그날 오후 한나절 그가 확인한 얼굴들을 하나하나 되살리면서 그 상념의 얼굴들을 타고 앉아 기분이 좋은 상태가 된다.

그 다음부터 '나'는 주로 6층과 7층의 화장실 앞을 서성거리고 그러다가도 누가 그 화장실에 들어가는 것만 보면 부리나케 8층으로 돌진해서 뛰어 올라가 그 8층의 화장실 발자리에 정확하게 자리를 잡고 앉아 용무를 보거나 공상을 즐긴다. 이것은 이내 주인공 자신의 삶이 도시 구조적 공간의 구성으로서 기호화된 조직의 틀과 위계에 자기 암시적으로 민감하게 연계 · 동화되고 있음을 뜻하는 것이기도 하지만 직장인으로서의 위계적 관계에서 추락하거나 낙오하지 않으려는 방어의식 혹은 열등의식이 주는 병적일 정도의 예민하고 과잉된 자의식 및 위안심리와 방어 기제의 표출화이기도 하다.

마지막에 이르러 3층 화장실 이용자인 신사를 보면서 급히 8층으로 달려 올라간 그는 그때 뜻밖에도 갑자기 머리 위에서 쏴하는 소리를 듣게 된다. 이제껏 아무도 없었던 9층 화장실, 즉 제자리 머리 위에 이용자가 존재하고 있다는 것을 감지함으로써 절망과 낭패감을 느낀다. 9층에 세든 회사로 인한 낭패와 절망을 벗어나기 위해서 그는 이후 8층 자신의 자리 위치를 9층 친구의 수직 하에서 벗어나게 이동시키고 이제부터는 반드시 9층 화장실을 사용하고자 결심한다. 이렇게 배설 공간인 화장실이라는 특정한 장소의 이미지를 이용함으로써 조직의 외부나 주변부로 밀리지 않고 눌리거나 제어 받지도 않고 제 자리를 지키며 상승하려는 회사 조직으로서의 몽상을 분변학적으로 수직적인 해부화법으로 짧게 제시한 세태 희화와 관련된 무척 희한한 작품이다.

3) 변기의 스카톨로지

그러나 이제는 전통적 옛 측간은 화장실로 바뀌게 되고 오물 처리 방법도 이른바 '푸세식'에서 수세식으로 바뀐 편리한 세상이 되었다. 화장실은 밖에서 집 안으로 이사를 했고, 그 안에는 요강대신 신속하고 깨끗한 처리를 위한 비데가 설치된 변기가 떡하니 거대한 입을 벌려 자리 잡고 있는 형국이다. 화장실의 문화에서 측간의 시대가 가고 변기의 시대가 온 것이다. 그래서 이제는 측간의 시가 아닌 변기의 소설과 시가 출현하게 된다. 이를테면 앞에 거론한 이청준(李淸俊)의 단편 「무교빌딩 8층」(1988) 최승호의 「세 개의 변기」 그리고 이선영의 「더러운, 아니 깔끔한」은 이 시대의 작가와 시인이 쓰게 된 대표적인 변기의 소설이고 시다.

1

변기에서 검은 혓바닥이 소리친다
고통은 위에서 풍성하게
너털웃음 소리로 쏟아지는 똥이요
치욕은
변소 밑 돼지들의 웃음이라고

2

변기여,
내가 타일 가게에서
커다랗게 입 벌린 너를 만났을 때
너는 구멍으로써 충분히
네 존재를 주장했다
마치 하찮고 물렁한 나를
혀 없이도 충분히 삼키겠다는 듯이
네가 커다랗게 입을 벌렸을 때
나는 너보다 더 크게 입을 벌리고
내 존재를 주장해야 했을까
뭐라고 한마디 대꾸해야 좋았을까
말해봐야 너는 귀가 없고 벙어리인고
네 구멍 속은 밑빠진 虛구렁인데

3

나는 황색의 개들이 목에 털을 곤두세우고
으르렁거리는 것을 보았다
똥을 혼자서 다 먹으려고
으르렁거리는 변기 같은 아가리들을
개들의 시절의 욕심쟁이 개들아
너희들은 똥을 먹어도 참 우스꽝스럽고 넉살좋게 먹는다
구토도 없이
구토도 없이

나는 개들의 시체 즐비한 보신탕 골목에서
삶은 개의 뒷다리를 보았건만(「세 개의 변기」)

그르릉 그르릉 거리며 변기는
잦은 배설물을 삼킨다

한꺼번에 삼키기엔 제 명을 그르치는 많은 양인데도
그는 감쪽같다. 그의 거만하게 빛나는 하얀 육체
불륜의 애인을 만나고 돌아와 다시 가족이 되는 저
처녀의 태연자약한 얼굴처럼
그는 어쩌다 저리도 당돌한 꿈을 꾸게 되었을까
그는 제 존재에 들러붙은 더러운 운명을 부인한다
그 존재의 바닥 깊이 쌓인 엄청난 배설물에 스스로
찌들어가면서
속이려 들지 말아라 비난받아 마땅한 변기여, 나의
세상이 그렇게 어수룩하게 보이던가
나는 좁은 입구 그대 가슴 언저리에 누렇게 멍울진
더께를 보며
그대 가슴을 몇천 번 몇만 번 후비고 들어갔을 더러운
배설물의 흔적을 그 농후한 사기성을
그대 몸은 오래 젊지 않다 나는 늙고 병이 든 변기를
본 적이 있다, 더 이상 고요한 사기꾼일 수 없는
그럼에도 불구하고 나는
그 무엇과도 비교할 수 없는 변기의 사랑스러움을 안다
더러운, 아니, 깔끔한, 변기의 인생관 그 눈물겨운 사기성을
나는 듣는다 그르렁그르렁
제 가슴의 채찍보다 큰 배설물을 단번에 삼키고
한동안 헐떡거리는 변기의 고통을(「더러운, 아니, 깔끔한,」)

최승호(崔勝鎬)의 「세 개의 변기」에서 왜 표제처럼 세 개의 변기인가. 여기에서 주목하게 되는 것은 '돼지', '구멍', '개(들)'의 세 이미지이다. 1에서 언뜻 연상되는 것은 똥 돼지가 있는 제주도의 옛 변소이다. 그래서 변기를 돼지나 으르렁거리는 개로 의생물화(疑生物化)한다. 그리고 위상을 '위'와 '밑'으로 층위화하고 있는데, 고통 · 너털웃음 VS 치욕 · 울음이 상호 대응되어 있는 상태이다. 그 역시 커다란 입 같은 탐

욕의 구멍만을 가진 존재로 변기를 살아있는 존재로서 대상화하고 있다. 3은 변기를 똥먹는 똥개들과 연계하는 은유로 이루어져 있다. 이런 연상 작용은 보신탕 골목과 보신탕까지로 이어진다.

이선영의 「더러운, 아니, 깔끔한,」은 '그르릉 그르릉'하는 의성어를 통해서 변기를 탐욕스럽고 추악한 욕망(배설물)을 삼키고 그르릉거리고 헐떡이면서도 지저분한 불륜 다음에 감쪽같이 하얀 육체를 가진 것으로 위장하고 씻어버리며 태연자약하는 더러움/깔끔함의 눈물겨운 사기성의 이중적 대상으로 의인화하고 비유한다. 그래서 '나'는 그런 변기를 자기화한다. '나'는 제 가슴의 체적보다 큰 배설물을 단번에 삼키고 한동안 헐떡거리는 변기의 고통을 서로의 '인생관이 같은 것으로 일치화하고 있기 때문에 사랑할 수밖에 없는 존재'로 받아들이는 것이다.

6장
김지하의 「똥바다」의 스커톨로지와 풍자

한국의 근현대 문학에서 가장 뚜렷한 스커톨로지의 불변의 챔피언이자 대가는 이론의 여지 없이 장편 담시(譚詩) 「똥바다」(1974)의 시인인 김지하(金芝河)다. 문제작 「오적(五賊)」에서도 이미 똥이 등장하지만, 「똥바다」는 「糞氏物語」라는 제명으로 일본 「세카이(世界)」지에 게재되었다가 「똥바다」로 개제된 것이다. 이 작품은 모두 81행의 장편인데다 이 가운데 '똥'이라는 단어가 무려 224회, '糞(똥)'이란 글자도 18회나 등장한다. 이름 그대로 「똥바다」라는 공간은 여지없이 '똥'으로 이루어진 바다 같은 공간이다. 그래서 처음부터 똥의 배변적 분출이 터져 나온다. 이렇게 똥은 김지하의 풍자문학의 무기요 담시의 칼날이기도 하다.

> 이제 나가는도다! 이제 바야흐로 나가는도다, 보아라!
> 오 참고 참았던 그 똥
> 아아 똥!
> 그렇다!

똥!

똥이로다! 똥, 또똥똥똥동!

뿌지직!

뿌지지지직!

뿌지지지지지지지지지지지지지지지지지지지지찍

홍똥 청똥 검은똥 흰똥

단똥 쓴똥 신똥 떫은똥 짠똥 싱거운똥

다된똥 덜된똥 반된똥 반의반된똥 너무 된 똥

너무 안된똥, 물똥, 술또으 묽은똥, 성긴똥, 구린똥

고린똥, 설사똥, 변비똥, 피똥, 똥 같지 않은 똥, 똥 같지 않지만 똥임이 분명한 똥

지렁이 섞인 똥, 회충 촌충 십이지장충 섞인 똥, 똑똑 끊어지는 똥, 줄줄이 이어지는 똥, 꼬불꼬불 말리는 똥, 확확 퍼져나가는 똥

삼촌대(三寸待) 조상(祖上)들이 그렇게도 고생한 똥, 삼촌대(三寸待)가 이때까지 이 악물고 참은 똥

미시마 유키오(三島 由紀夫) 대가리같이 똥글똥글하게 생긴 똥,

미쯔비시(三菱) 마크처럼 세 갈래난 똥

후지산(富士山)같이 꼭대기는 뺑 뚫리고 허여언 똥,

게다짝같이 두 다리 달린 똥

미국놈 빠다기름 빙빙 도는 똥, 월남놈 까칠까칠한 살갗 쪼가리가 섞인 똥, 씹히면서 악쓰는 조선놈 목소리를 내며 삐죽삐죽 힘들게 빠져나오는 똥, 태국 계집 정액(精液) 빙빙 도는 똥, 대만 계집, 마레이 계집, 필리핀 계집, 라오스, 캄보디아, 인도네시아, 버마 계집, 조선 계집 정액들이 부글부글 끓는 똥, 딸라똥, 루블똥, 마르크똥, 프랑똥, 리라똥, 피아스타똥, 원화똥, 황금똥, 주석똥, 망간똥, 석유휘발유똥, 텅스텐똥, 강철똥, 알미늄똥, 프라스틱똥, 합성섬유똥, 금똥, 은똥, 수은똥, 똥이야 똥이야 똥이야 똥이야!

여기저기서 와크르르르

똥이야!

이 거리 저 거리에서 우르르르르

똥이야! 똥 봐라 저 똥 봐라!

민주주의같이 생긴 파시즘똥, 공산주의같이 생긴 자본주의똥, 자유주의같이 생긴 전체주의똥, 평화주의같이 생긴 제국주의똥, 사해(四海)동포주의 같이 생긴 식민주의똥

대동아공영성(大東亞共榮性) 제5인터내쇼날의 깃발이 달린 똥, 체게바라 초상화를 들고 있는 자본가의 똥, 모택동 어록을 들고 있는 자위대 간부의 똥,

평화헌법의 활자 속에 미소짓는 도조(東條)의 콧구멍 곁에 붙은 똥, 인육(人肉) 곁에 인도주의, 인도주의 곁에 사람 피로 만든 포조주, 그 곁에 슈바이처 곁에 손목튀김, 발목구이, 엉덩이 스테이크, 그 곁에 미소짓는 배불뚝이 아가라 속에서 질질질질 흘러나오는 똥, 음모로 만든 가발을 뒤집어쓴 노교수(老教授)의 입술에 묻은 똥, 혁명기술 수출로 축재한 천재들의 볍같이 생긴 붉은 똥, 그 곁에 겁탈당한 계집이 숨죽여 우는 똥, 착취당한 노동자의 한숨짓는 똥, 감옥에 갇힌 자의 탄식하는 똥, 힘없는 여공의 똥, 맥없는 농민똥, 먼 도시로 떠나가는 이농민(離農民) 밤열차 변소 속의 꼬불꼬불한 똥, 달아난 에미를 부르며 우는 아이의 쌩똥, 피 팔아먹고 사는 놈 핏기 없는 똥

이 똥 저 똥 왼갖 똥 몯근 똥더미 속에서 짜악짝

입담 좋은 판소리 탈춤풍의 잡다한 늘어놓기의 열거와 의성어 · 의태어 예어와 욕설의 수사학을 통해서 분변학적 풍자의 정점을 확실히 보여준다. 「흥부전」의 똥벼락을 잇는 풍요한 똥타령이다. 온통 똥을 끌어들인 정치적 상상력의 시학이다. 모든 것이 다 똥 세상이라는 분변학적 풍자이다. 바흐친의 지적처럼 똥은 생동감 넘치는 물질이며 생식력과 비옥함과 연관되어 있다. 똥은 또 살아있는 몸(육체)과 죽은 몸의 중간 매개이다.[53] 신체는 죽으면 분해되어서 흙으로 그 모습을 바꾼다. 그리고 대지로 돌아가서 거름이 된다. 신체는 살아있는 동안 대지에 똥을

53 Mikhail Bakhtin, *Rabelais and His World*, Indiana University Press, 1984, p. 175.

준다. 그리고 똥은 죽은 사람의 신체와 같이 토지를 비옥하게 한다. 이와 똑같은 생각이 김지하의 「똥 또는 광대」에서도 '흙이 똥을 마다하지 않는 것은 오곡이 풍성하게 열릴 것이기 때문이다'라는 수운 최제우의 순환원리적인 말을 인용하면서 다음과 같이 피력되어 있다.

> 똥은 밥의 변화된 물건입니다. 그리고 이 똥은 썩어서 흙으로 돌아가는데, 거름의 형태로 흙으로 돌아갑니다. 그렇게 해서 다시 똥은 거름이 되어 흙을 기름지게 해서 그로부터 오곡이 풍성하게 열리게 하는 조건이 됩니다. 오곡이 풍성하게 열리어 얻어지는 것은 생명의 밥이요, 그 생명의 밥은 또한 사람을 먹여살리고 사람 속에 생명을 불어넣으며, 그렇게 해서 힘이 되고, 힘이 일이 되고, 그렇게 해서 다시 일을 하게 되는 것이며, 또한 한편 밥은 똥이 되어 다시 흙으로 돌아가는 것입니다.

이런 김지하의 「똥바다」가 지니고 있는 성격을 신화적 원형으로 비추어서 이를 그로테스크 리얼리즘의 한 현상으로 처음 풀이한 것은 유감스럽게도 국내 평론가들이 아니라 바로 오에 겐자부로(大江健三郎)다. 1974년 그 당시는 군사 정부의 유신 체제와 엄혹한 검열을 거쳐야 하는 국내 정황에서 국가 보안법 · 긴급 조치법 위반의 죄목으로 수감된 시인의 작품이 언필칭 국내에서 읽혀지거나 평가될 여자가 있을 수 없었던 시대였다. 이런 시기에 오에 겐자부로는 「그로테스크 리얼리즘의 이미지 시스템」에서 라블레 문학의 특성을 특유한 시각으로 해명한 바흐친의 그로테스크 리얼리즘의 이론과 이미지 시스템을 끌어 들여와서 민중성의 원천과 밀접히 연관하는 저항과 '정치적 상상력'이 투사된 김지하의 「똥바다」를 읽을 수 있는 해석적 지평을 열어 놓았던 것이다. 오에의 이 글을 나는 70년대 말 서강대 로욜라 도서관에서 처음으로 읽을 수 있었다.

> 한국의 민속적 레벨에서 구성된 신화적 원천의 이래에 그로테스크 리얼리즘의 이미지 시스템을 공복시키는 것으로써 가능하게 된다.[54]

> 김지하가 조선의 포크로아에 뿌리를 두고 쓴 이 담시가 세계 어디서나 발견되는 그로테스크 리얼리즘의 동기인 똥을 채취하는 것으로, 그것이 죽음과 재생의 양면가치적인 의미를 살펴본다.[55]

그렇다면, 그로테스크 리얼리즘의 한 물질적 기반인 똥의 이미지 시스템으로 짜여진 「똥바다」는 과연 어떤 작품인가.

우선 구조적으로 잡다한 '놈' 타령을 늘어놓으면서 기기묘묘하고 흉흉측측한 스토리텔링으로서의 '이야기 하나'를 하겠다는 '나'의 1인칭의 화자 또는 서술자의 허두가 제시되고, 마지막 부분에서는 '옛 이야기를 들으면 이렇게 망하는 자 부지기수……' 운운의 마무리로 끝을 낸다. 이 수미(首尾)의 구조 틀 속에 시간적으로 8 · 15 해방부터 임진왜란까지 소급되는 이야기가 삽입된다. 일본국의 맹랑한 '왜(倭)놈'의 하나인 분삼촌대(糞三寸待)란 과장되고 그로테스크한 모습과 행태로 '강등화(Degradation)'[56]된 주동 인물이 등장한다. 이와 함께 그의 7대에 걸친 가계사의 내력이 소개된다. 이들 일가의 가계는 대대로 조선에 대해서 침략적이고, 또 그들 모두가 똥벼락에 맞아죽고 똥통에 빠져죽고, 똥구

54 大江 健三郎, 『小說の方法』, 岩波現代選書, 1978, p. 208.

55 같은 책, p. 201

56 Mikhail Bakhtin, 위의 책, p. 19.
이 용어는 그로테스크 리얼리즘의 본질 원리이다. 즉 고상하고 정신적이고 이상적이며 추상적인 모든 것을 물질과 신체적 차원으로 불가분의 통일체인 땅(대지)와 신체의 영역으로 이행시키는 것이다.

멍을 꿰뚫려 죽고, 토끼똥을 밟아 미끄러져 죽고, 똥마려워 싸움에 졌다고 군율로 죽고, 남해 바다의 물고기 똥이 되어서 죽는다. 그래서 7대 일가는 대대로 똥과 조선하고는 불구대천의 원수다.

> 家訓은 李舜臣 剖棺斬屍!
> 家銘은 빠가야로 죠오센징!
> 家風은 雪辱의 그날까지 죽는 일이 있더라도
> 똥싸는 것은 참고 견디는 일이었겠다

이런 가계를 잇고 있는 당대의 분삼촌대가 소위 한일친선 민간 방한단의 일행에 은밀히 끼어들어서 타도 선인(鮮人)의 설욕을 결행하려 한다. 그는 정해진 기생 관광을 하는 도중에 취하여 조상이 부관참시하라는 가훈의 표적인 광화문 이순신 동상에 기어 올라간다. 이순신의 두상을 밟고 똥을 싸는 것으로 분삼촌대는 가문 대대의 원한을 설욕하고 이상의 웅지를 펴려고 획책하게 된다.

> 보아라! 起死回生, 苦盡甘來로다!
> 보아라! 세계(世界)의 대세(大勢)와 자연의 법리는 오늘 온갖 비참과 굴욕과 고난을 딛고 일어선 위대한 일본인(日本人) 분삼촌대(糞三寸待)로 하여금
> 소심 · 취약 · 비굴 · 빈곤한 조선을 마음껏 농락하고
> 마음껏 희롱 · 착취 멸종시킬 수 있는 위대한 권리를 하사(下賜)하였도다.
> 보아라, 히히히히.

이렇게 소리치면서 똥을 싸기 시작한다. 지상이 온통 똥바다가 되자, '청소분(淸掃糞)'을 외치며 똥의 범람을 막으려는 일단의 학생 · 선

남선녀 · 농부 · 노동자가 나타나 똥을 치우며 그를 향해서 돌질을 한다. 분삼촌대는 이 항의를 일축하고 자기는 구만리를 나는 붕새처럼 광활한 아시아 대륙과 망망한 바다 섬들을 제패하려는 황당한 웅지를 드러낸다. 그러나 던지는 돌을 피하려다 그는 그의 머리위에서 찍 갈기는 조그만 참새의 똥을 밟고 미끄러져서 동상으로부터 지상에 떨어져 죽어버린다. 일본인이 자신의 똥바다에 떨어져 죽는 이 장면을 두고 오에 겐자부로는 "단순히 풍자와 익살로 그치지 않고 인간적인 비애와 일본인에 대한 만가(挽歌)의 표현"이라고 그럴듯하게 지적한다.

이런 서사적 근간에 마치 무성하게 달린 가지나 나뭇잎들처럼 똥으로 강등되거나 비하화된 열거된 사실을 통해 이미지 시스템은 기실 한 사람의 일본인이나 그 가족사이기보다는 근 · 현대 한일 관계사에서의 일본과 일본인 전체가 한국이나 한국인에게 가한 부정적인 역사성에 대한 풍자인 것이다. 이 풍자는 거리낌 없는 저잣거리나 장마당의 언어인 욕설, 즉 험담 섞인 말과 상소리의 모욕적인 표현으로 똥이나 신체적인 낮은 단계로의 하향(Downward)적 강등화 작업으로 구사된다. 바흐친에 의하면 하부–하강은 태어나는 대지이며 육체적 자궁이다. 하부는 항상 시작한 것으로 지적된다. 그래서 오에 겐자부로는 똥이 표상하는 이 죽음과 재생의 양가성에 근거하여 추락사하는 악역의 일본인의 죽음을, 죽음을 통과한 대성의 의미로 보고자 한다. 하지만 우리로서는 이를 전대의 죽음의 반복 현상으로 보았으므로 쉽게 동의할 수 없는 것이다.

한편, 「똥바다」에서 강등화나 욕설의 대상은 비단 일본인만이 아니다. 1965년 체결한 한일 기본 조약에 의한 한일 수교가 이 땅에서 벌어진 경제 · 사회 · 문화적 양상과 생태에 내재하고 있는 부정적인 여러 국면을 역시 신체 원리로 비난 공격하고 있다. 그런 가운데서 똥바다 똥투성이 속에서 학생 · 선남선녀가 '청소분'을 외치는 소리에서 '상향(Upward)'과 재생의 의미를 찾을 수가 있는 것이다. 이렇게 이 시기에 있어서 김지하의 왜곡 · 과장 등에 의한 그로테스크화의 효과와 세계를 똥으로 상생하는 문학적 분변학은 강조되었고 이런 그의 배설의 모티프는 건전치 못한 세상과 정치를 폭로하는 주목되는 한 통쾌한 문학적 수단과 방책이었던 것이다.

7장

현대 소설과 시에 나타난 스커톨로지 현상

1) 김승옥의 「차나 한 잔」과 설사의 상징

한국 현대 문학에서 분변학적 이미지들이 비교적 현저화되는 현상은 1960년대 전후이다. 비유적으로 말하자면 60년대는 배설물의 비유나 모티프 및 묘사와 풍자의 현저한 출현 현상에서 오는 분변학의 잦은 이용으로 인해서 문학 언어가 확실히 좋은 뜻으로 더럽혀지고 있다는 느낌이 든다. 그러나 풍자와 욕설의 무기로서 생의 현실성이나 지상성이 정직하게 다가가는 한 예술적 방편으로서 분변학적 요소를 긍정적으로 이용하고 있는 것을 간과할 수는 없는 현상이다. 그리고 오줌싸개 그리고 오줌참기 · 방뇨와 같은 생리 현상이 서사적 요소로 끼어든 경우는 너무나 많다. 여기에는 시대사적 성격이 작용하고 있는 것도 사실이다.

남정현(南廷賢)의 「분지(糞地)」(1965), 「방기(放氣) 소리」(1977) 및 방영웅의 「분례기(糞禮記)」(1968)가 바로 이 시대의 작품들이다. 이미 그 제목들이 암시하고 있듯이 모두 '똥(糞)'이나 방귀의 의미가 함축되어 있다. 「분지」는 반공과 반미의 혐의로 작가가 구속되는 필화사건을 야기한, 외세의 똥으로 덮인 분토로서 이 땅의 상태를 노출시킨다는 정치적 의식 내지 반외세의 정치적 특수시각으로 구조화된 작품이고, 동일한 작가의 「방기소리」는 오줌과 방귀의 분변학적 요소가 뚜렷하고 또 알레고리의 수법으로 이루어지고 있다. 「분례기」는 여주인공 똥례의 아펠레이션(작명)이 뒷간에서 태어난 출산과 관련되어 있는 상태이다. 뒷간이 서사 내용에서 나오기도 하지만 더 이상 분변적인 것에 대한 인력 현상은 특별히 표현되어 있지 않아서 한계적이다.

분변학적인 은유가 문학적 또는 예술적 성격의 중요 부분을 이루고 있는 60년대의 대표적인 작품의 하나가 「무진기행」의 작가 김승옥(金承鈺, 1941~)의 「차나 한 잔」(1964)이다. 이 작품의 주인공인 시사만화가 '그'(이 선생)는 이 즈음 며칠 계속하여서 심한 설사(diarrhea)의 공격을 받는다.

> 오늘 아침에도 그는 설사기(氣) 때문에 일찍 잠이 깨었다. 자리에서 일어나기가 싫어서 참을 수 있는 데까지 참아 보려고 했다. 그러나 배가 뒤끓으면서 벌써 항문이 옴찔거려서 견디어 낼 수가 없었다. 휴지를 챙겨 들고 변소로 갔다. 어제 저녁에 먹은 구아니딘이 별로 효과를 내지 못한 모양이다. 변소에 쭈그리고 앉아서 그는 자기의 배앓이에 대해서 생각해 보았다. 과식을 했다거나 기름진 것을 먹은 적도 요 며칠 안엔 없었다. 있었다면 좀 심한 심리의 긴장상태뿐이었다. 신문에서 자기의 연재만화가 요 며칠 동안 이따금씩 빠져 있었기 때문에 그는 나쁜

예감으로 불안해 있었던 것이다.

이렇게 서두부터 설사로 시작되고 있는데, 화자는 이 설사의 원인이 신체적 양상에서 오는 것이라기보다는 심리적 긴장 상태에 있음을 암시하거나 진단하고 있다. 이와 같은 설사에 대한 인식적 은유화 현상은 같은 시대의 시인 김수영(金洙暎)의 시 「설사의 알리바이」(1966)에서도 제시되고 있다.

> 설파제를 먹어도 설사가 막히지 않는다
> 하룻동안 겨우 막히다가 다시 뒤가 들먹들먹한다
> 꾸루룩거리는 배에는 푸른 색도 흰 색도 적(敵)이다
>
> 문명(文明)의 하늘은 무엇인가로 채워지기를 원한다
> 나는 지금 규제(規制)로 詩(詩)를 쓰고 있다 타의(他意)의 규제(規制)
> 아슬아슬한 설사다(「설사의 알리바이」)

'알리바이'(Alibi)는 현장 부재 증명이며 입증이며 변명이다. 자유롭지 못한 타의적 규제 사회의 상황에서 시를 쓸 수밖에 없는 시적 상황에서의 무기력한 시인의 고뇌가 약을 먹어도 막히지 않고 아슬아슬한 생리 현상인 설사의 은유를 통해서 표현한 것이다. 우울한 존재증명의 상징적 정황이다.

다시 「차나 한 잔」으로 돌아가서 설사 상태의 '어쩌다가'의 굴곡 많은 경력의 '나'는 신문사에서 2년 동안이나 국민된 자의 공분(公憤)으로서 때로는 겁나는 줄 모르고 정부를 공격하고 사회악을 비꼬아 왔던 시사 만화가이다. 이런 그가 배앓이와 설사를 하며 그가 그리는 소년 만화 「아톰 X군」과는 달리 나쁜 예감으로 며칠 전부터 긴장하고 불안해하

며 무력화되어간다. 이야기는 새벽부터 밤늦게까지 출근과 귀가의 하루 동안에 일어나는 사건을 서술한다. 이 시간 속에 그의 과거가 개입되는 변주 현상이 나타나기도 하지만, 이 하루 동안에 주인공은 새벽에 설사를 하고, 00시에 아내가 주는 화장지를 접어 호주머니에 넣고 버스를 타고 출근을 한다. 편집실에 도착한 그는 "차나 한잔하자"는 "도회의 어법"의 대상이 됨으로써 해고된다. 정부 측의 간접적 압력에서 미국 만화가들의 신디케이트에 걸려들게 된 것이다. 오늘 중으로 무엇인가 확실한 것을 붙잡아야 한다고 거리를 보행하는 중에 꾸르륵 거리고 살살 아파오는 배를 진정하기 위해 '초원'이란 다방에 들러서 진정시킨 뒤 다시 버스를 탄다. 버스에서 금방 설사가 나올 듯한 괴로움에 시달려서 똥이 조금 나와 버린 상태가 되고 버스를 내리자마자 '크로로 마이상'을 사먹고는 부탁하러 찾아온 신문사 2층 화장실을 찾아서 배설을 한다. 거기서도 똑같은 도시의 인사법에 마주친 그는 귀로에 선배 만화가를 만나서 술을 마신 후 밤늦게 귀가한다. 아내와 마주하는 순간 삯바느질 재봉틀을 열심히 돌리던 옆방 부부가 벽을 흔들며 거침없이 귀어대는 방귀소리를 들으며 웃음이 터진다. 김승옥의 독특한 시각에 의한 설사의 스커톨로지이다. 이렇게 주인공의 하루가 설사의 불편한 상태와 그리고 "차나 한 잔"의 공허하고 냉담한 인사법에 의해서 채워져 있다. 이렇게 설사와 표피적인 인사법은 비판이나 풍자의 자유가 억제되거나 부재하는 상황에서 언론이 받는 압박감과 무력함, 그리고 도시적 삶의 생태가 되어있는 인간의 사회적 관계의 표피성과 처신술에 대한 은유이며 상징인 것이다.

김수영의 시 「설사의 알리바이」에 이어서 주목하고자 하는 작품은 김승희 시인의 시 「'야뇨증'의 여자」이다. 『삼국유사』 권 1 「태종 춘추공」에는 김유신의 두 누이 보희 · 문희 중 언니 보희가 어느 날 밤 꿈에 서악에 올라서 오줌을 누는 꿈을 꾼다. 그 오줌은 바다가 되어서 온 서울을 가득 채워버린다. 이튿날 아침 이들이 이 오줌 꿈 이야기를 하다가 문희가 비단 치마를 주고 이 꿈을 사게 된다. 이로 인해서 문희는 결과적으로 왕비가 된다. 이는 꿈 매매의 기속(奇俗)적인 이야기이지만, 성인도 잠 속에서 가끔씩 방뇨를 하는 경우가 있다. 『동의보감』에 의하면 신장이 허하면 배나 물에 빠지는 꿈을 꾼다고 한다. 신장이 허한 상태에서는 밤중에 방뇨를 하게 되는데, 이런 야뇨증은 요실금의 한 현상이다.

잠 속에서 나는 가끔씩 아주 무시무시한 방뇨를 하네
방뇨의 홍수 앞에
지하 묘지의 탑들은 모두 무너지고
금단의 벽들이 행복하게 수몰될 때
나는 금색 찬란한 행복을 느끼고
시든 입술로 다시 잠드네

축축한 스폰지요는 나의 뗏목
나는 파도처럼 솟구치는 뗏목을 타고
꿈으로 가는 여권을 힘껏 흔들면서
바다로 나가지
백경을 잡으려고
죽어도 알지 못할 첫사랑같은
아아 하얀 백경을 잡으려고

현실에서 강요되고 긴장으로 억압된 스트레스 상황이 꿈속에서의 무시무시한 카타르시스와 정화(퍼게이션)의 작용으로서의 방뇨에 의해서 해소되는 정황을 생리학적 상상력으로 표출한 것이다. 이 방뇨의 오줌이 홍수로 은유화되어 있다. 노아(Noah)의 방주처럼 질서의 번복과 개변으로서의 홍수는 여러 가지 상징적 의미를 지니기도 하지만, 여기서는 정화와 갱신과 재생의 이미지이다. 그래서 시적 자아는 노아의 방주 같은 스폰지요의 뗏목을 타고 멜빌의 '모비딕(Moby Dick)', 즉 백경(白鯨)을 잡으러 떠나는 것이다. 순진일수도 있고 수퍼 에고일 수도 있는 백경은 그녀 자신의 첫사랑 같은 자아 정체성이다. 그래서 시적 자아는 이를 통해서 몽상의 항해이며 순수하고 원초적 자아를 찾아가는 의식의 어드벤처를 하는 것이다.

2) 실금 · 변비 · 배설 현상 : 긴장 해소로서의 함의

(가) 변비의 분변학적 비유론 : 이청준의 「뚫어」

표제 자체가 조금은 생리적인 주기를 암시하고 있는 이청준(李淸俊) 「뚫어」는 심한 만성 변비(便祕)의 상태에 시달리거나 앓고 있는 인물의 짧은 이야기이다. 그는 먹고 소화하고 싸는 배설의 생리 사이클에 있어서 지장을 갖고 있다. 그런데 바로 배변 장애로서의 변비 현상이 중요한 문학적인 트로폴로지가 되고 있다. 주인공은 70대 노구의 늙은 원장인 이종선이다. 그는 80년대 이후 중국 관광 바람이 한창이던 때에 XX 기술학원장 협회의 실무 이사인 강주호 원장이 주무로 주선한 상해에서 연변을 거쳐 백두산에 오르는 10일 간의 중국 관광단 9명의 일원으로서 참가한다. 고령의 그를 처음부터 염려하거나 참여 시킨 것을 나무라거나 후회하던 사람들도 있었으나 이 원장은 그런 불편스런 주위의 분위기 따위에는 괘념도 않고 일행을 놓치거나 길을 뒤처지지 않으려 안간힘을 쓴다.

그러나 여행의 일정이 더해갈수록 그의 기력은 떨어져가고 있었고 지병인 변비증의 고통은 가중되고 심해져 가고 있다.

> 지레 긴장을 해선지 엎친 데 덮친 격으로 이 원장은 알고 보니 여행을 떠나기 전 집에서부터 혼자 심한 **변비증**에 시달리고 있었다.

> 그 거북스런 **변비증** 때문에 그는 육신의 기력이 더욱 처져 내려앉고 마음까지 그렇듯 의욕을 잃어가고 있는 꼴이었다.

> 그는 그만큼 일정을 더해 갈수록 기력이 떨어져 갔고 그 답답한 **변비증**의 괴로움도 속수무책으로 덧쌓여가게 마련이었다.

> 그의 저주스런 **변비증**의 괴로움은 숫제 이제 절망의 단계로까지 접어든 느낌이었다.

> "그래 그 심한 **변비**까지 견디면서 한사코 여기까지 따라오려 한거였구먼."

이렇게 '변비(증)'이란 증세가 다섯 번 씩이나 반복 등장할 정도이다. 그러나 이렇듯 변비증에 시달리고 소문난 지역의 관광마저 미디하고 시들시들 낮잠으로 헛시간을 보내던 그가 버스길로 여섯 시간이나 걸리는 백두산 등정에는 극력으로 뒤쫓아서 마침내 성산(聖山)의 정상을 다른 이의 거듦이나 부축 없이 밟게 된다. 그렇게 백두산 정상까지 올라간 일행이 눈앞에 펼쳐진 천지의 장관에 취해 환호 · 감탄하고 기념사진을 찍는 순간 이 원장은 혼자 일행에서 떨어져 나가 저만큼 바위 끝에 산전의 맑은 석양빛을 뒤로 한 채 적막스럽게 호면 너머 멀리 산봉우리 쪽으로 눈길을 붙박고 무엇을 열심히 찾고 있는 것이다. 그때 강 원장에 뒤에 일행 중 누군가가 "저 양반 고향이 아마 이쪽 어디였지."하는 소리가 들린다. "그야 저 나이에 여기까지 오고 보니 갈 수 없는 땅 생각이 더 간절해지기도 하겠지."라는 다른 일행의 반응도 들린다. 바로 그때 노인 이 원장은 느닷없이 먼 호면과 맞은 편 산 줄기를 향해 목청껏 김정구의 유명한 가요 〈두만강 푸른 물에〉를 목청껏 부르기 시작한다. 막막하고 애절한 호소가 담긴 소리. 이상하게 가슴 속이 서늘해 오는 노여움 기마저 서린 소리. 이 원장의 이 절절하고 투박한 노랫소리가 끝났을 때 일행은 아무도 더 입을 열지 못한다.

"고향이…… 여기서 가까운 곳입니까?"라고 한참만에야 입을 연 강준호 원장에게 노인은 "여기서라 해도 그리 가까운 곳은 아니지. 하지만 저 천지수는 두만강으로 흘러 흘러 지나갈 수 있는 곳이제. 난 원래가 무산골 태생이거든."하고 응답한다. 여기서 비로소 70의 노인인 이 원장이 기를 써서 이 여행에 동행한 동기와 목적이 분명해지게 되는 것이다. 어쩌면 생의 마지막일지도 모르는 시점에서 오랜 세월 동안 막혀서 갈 수 없는 원초적 원망(願望)의 공간인 고향땅을 가장 근접한 지근거리에서나마 마지막 비원으로 꼭 한 번 보고자 했던 것이다.

결말의 사건은 천지 구경을 마치고 내려와서 장백 폭포 근처 온천을 하고 나서 일어난다. 모든 일행이 탕을 나온 뒤에도 마지막까지 탕 안에 혼자 남아 있었던 이 원장이 탕 구석 배수구 앞에서 누런 플라스틱 바가지로 앞을 가린 채 벗은 몸으로 벌겋게 용을 써댄다.

"뚫렸어! 이놈의 빌어먹을 칠대롱 속이 이제사. 아까 산에서부터 뱃속이 이상하게 움찔거리기 시작하더니."

그렇듯 오래토록 막히고 막혔던 경색된 생리적 변비 현상과 같은 마음의 히포콘드리아 같은 분단과 이산의 장애에서 받은 한의 덩어리가 관장의 효과처럼 터져 나옴을 이렇게 변비-배설의 분변학적 이미지와 비유를 통해서 문학적으로 효과적으로 수행해 내고 있는 것이다.

(나) 교통지옥 속의 실금증 : 박태순의 「실금」

박태순(朴泰洵)의 「실금」은 이름 그대로 실금증(Incontinence), 즉 오줌을 참지 못하는 상태의 주인공인 경택이 등장한다. 작가는 표제화하여 강조하고 있듯이 실금의 문학 상징의 유용성을 십분 활용하고 있다. 즉 실금 현상이라는 오줌을 참지 못하는 빈뇨 상태를 끌어들임으로써 사회적인 억압 장치 또는 경쟁적인 길항 단계에 내재되어 있는 심리적인 스트레스와 불건강성 · 병리적 징후를 투사시키고 있는 것이다.

실금 상태는 여기서 양의성을 갖고 있다. 그 하나는 글자 그대로 생리적 증세의 차원이고, 다른 하나는 사회적 금지의 위반과 경계 침범의 의미로서의 차원이다. 주인공 이경택의 실금 상태는 생리적 현상인 동시에 극단적인 사회적 금제에 의한 눌림과 연계되어 있으면서 동시에 그것에 대한 공격적인 욕동(慾動)의 투사이기도 한 것이다. 이경택은 운전 공포증 그리고 아내에 대한 의처증이 복합화 되어 있다.

그는 대학시절 데모의 소동 속에서 자의반 타의반으로 퇴교한 뒤 택시 운전사로 생활한다. 운전사로서 도심의 복잡한 교통지옥 속에서 사고를 내지 않기 위해서 극도로 신경을 써야 하는 직업이다. 거기다

돈을 벌어야 한다는 강박관념과 오줌을 마음대로 눌 수 없는 직업적인 상황 때문에 생긴 생리적 억압 상태가 그로 하여금 실금증에 걸리게 한다.

> 택시를 몰고 도시의 파도 거센 바다에 뛰어들어 난타 당하지 않으려고 죽을힘을 다해 핸들을 꺾고 기어를 틀고, 그리고 돈 걱정에, 사고 걱정에 경황이 없다보면 몸은 뒤틀리고 질금질금 오줌이 나오게 되었다. 택시 안에 오줌통을 준비할 도리도 없었으며, 길거리 한복판에다가 오줌을 갈길 수도 없었다. 급해야 할 것을, 지키지 못한 채 자꾸 과실을 범하는 노릇이었다.

이경택이 심한 실금증에 걸리게 되는 원인에 대한 서술이다. 이 때문에 그는 택시 운전사를 그만두고 술집 카운터로서 식품 회사의 임시 직원으로서 각종의 직업을 전전하게 된다. 그런 가운데 실금의 증세는 어느 정도 떨쳐버릴 수 있게 되었지만, 그 대신 그가 마주치게 된 회사라는 사회적 조직과 장치가 지니고 있는 규제와 비리 현상들에 마주치면서 이런 현상이 운전사로서 받게 되는 상황적인 고통과 별 차이가 없다는 것을 경험하게 된다. 그래서 '옳게 살기 위한 능력'만을 생각하며 살아온 이경택은 경범죄 제 1조 18항에 해당하는 방뇨의 금지 이탈 행위를 감행해버리게 된다. 그것은 법을 깨는 것으로서의 배뇨행위이다. 삼륜차의 옆구리에다 대고 거침없이 오줌을 싸는 그는 사장의 찌푸린 시선 따위는 전혀 개의치 않고 시원함을 느낀다. 이 방뇨 행위는 긴장과 스트레스의 박해로부터 스스로를 벗어나기 위해서다. 여기에는 법의 역할에 있어서 법과 일탈 간의 어긋남의 문제가 제기된다. 이 방뇨 행위는 위압과 규범의 등가인 일탈인 동시에 생리 현상의 원초적인 정화를 뜻하기 때문이다. 그런 점에서 이경택의 실금의 증상은 억제되고 긴장된 삶과 사회적 금지에서 오는 생리적 장애현상을 의미하며 긴장 해소와 범법성의 방뇨 행위는 참기만을 강요하는 사회 규범적 범이 제약성에 대한 배제적 청정화의 행위이며, 한계적 현실에 대한 공격성의 전이이기도 한 것이다. 이는 주인공의 생리 현상으로서 이를 일으킨, 살아가고 있는 현실과 세계의 의미를 탐색하는 시각으로서의 문학적 스카톨로지이다. 같은 류의 작품인 윤정룡의 「열려라 참깨」는 변비와 관장의 효과의 현상을 작품 속에 끌어들인 것이다.

(다) 녹천의 '똥구덩이'와 '별' : 이창동의 「녹천에는 똥이 많다」

이창동(李滄東)의 「녹천에는 똥이 많다」(1992)는 표제 그대로 똥의 문학적 이용을 미학적으로 정당화시키거나 실천하고 있는 가장 대표적인 특별한 작품이다. 배설 모티프, 똥의 이미지와 비유 등 배설물의 특질들을 유용하게 활용함으로써 문학 분변학의 모티프 · 행동 · 태고 · 은유 등의 국면과 양상을 현저하게 과시해 주고 있기 때문이다.

이런 똥의 이미지가 많이 나오는 작품으로는 '안개'와 '똥'이 한 몫을 하는 춘천(春川) 배경의 한수산의 「안개 시정거리」도 있지만, 이 이야기는 '녹천'이라는 특별한 지역 공간을 배경으로 하여 전개된다. 이 곳은 도시의 온갖 오물과 쓰레기가 함부로 운반되고 매립되는 대도시 외곽지대인 신시가지이다. 환경 생태학적으로 신축 아파트 공사장의 주변은 폐수와 함께 많은 인부들이 생리적인 용무를 해결하기 위해서 후미진 곳이면 어디든 어김없이 싸놓은 똥들이 널려있고 냄새가 나는 똥밭 같은 땅이다. 작품은 서두에서 이런 지대에 신축된 23평의 아파트

주거 공간에 전혀 이질적인 삶을 살았고 또 살아가고 있는 두 사람을 등장시키고 있다. 이들은 준식과 민우라는 이복형제이다. 둘은 배다른 형제로서 서로가 자라난 환경이 다른 것만큼이나 살아가고 있는 삶의 길이나 방식이 아주 다르다. 친부의 냉대로 어려서 가출하여 단신으로 자수성가를 하면서 생의 고역과 신산함을 수없이 겪어온 형인 준식이 먹고 사는 것이 범속하고 물질적인 의미와 행복으로 구체화되어 있는 소시민적 현실주의자인데 비해서 대학의 학생 운동권 출신이며 사회 운동으로 현재도 수배 중에 있는 아우 민우의 삶의 방식은 사람으로서의 정당한 사회적 삶과 이데올로기를 강조하는 이상주의자이다. 양자는 기호 의미론적으로 타락과 비굴 / 정의와 도덕으로 대비화된다. 그러나 아우의 이상주의자로서의 서사적 실상은 구체적으로 부각되어 있지 않다. 이것은 인물의 초점화가 전체적으로 형인 준식에게 두어져 있는 방법을 택하고 있기 때문이다. 어쨌든 준식의 범속한 삶과 6년간의 결혼 생활은 수배자인 민우가 준식의 가족 공간에 은신자로 끼어들게 됨으로써 천신만고로 이룬 가정과 가족 연대성의 균열 현상이 나타나게 된다. 꿈꾸어왔던 안온한 비호 공간인 아파트에 이사 오면서 금붕어를 키우는 수족관 설치와 비디오 · 오디오 세트를 갖추는 것을 목표로 해왔던 준식의 아내가 변화하게 된다. 아내는 자신들의 삶의 방식과 생소한 민우의 등장으로 인해서 자신들의 삶을 '냄새나고 더러운 쓰레기 위에 세워진 거짓의 삶'으로 비판한다. 반면 민우에 대해서는 정의와 도덕을 위해서 싸우고 '옳은 일을 위해 자신을 희생하며 고생하고 계신 분'으로 옹호한다. 민우의 출현은 아내에게 남편의 결점을 보는 계기가 되는 것이다. 아내는 거의 노골적으로 준식을 경멸하고 준식으로부터의 부재와 결핍을 민우에게서 찾으려 든다. 이로 인해서 준식은 어려서부터 잠재적으로 쌓여져온 민우에 대한 피해 의식과 열등의식이 첨예화하게 됨으로써 그가 그야말로 천신만고 끝에 구축한 가정이란 그의 작은 성(城)마저 '알량한 자기만족과 허위 위에 지어진 모조품' 정도로 만들게 하는 요인이 되고 준식에게는 열등감으로 작용한다. 그리하여 준식은 민우의 소재를 경찰에 알려 버리게 된다. 준식의 아내의 흔들림은 기회주의 적인 팬들럼(Pendulum) 현상에 다름 아니다.

산다는 것의 현실적 가치와 이념적 가치가 함께 맞물리고 있는 이 작품은 말미 부분에 "비록 똥구덩이에서 쳐다보는 것이라 할지라도 밤하늘의 별은 참 예쁘게도 반짝이고 있었다"라는 구절이 있다. 참 아름다운 대목이다. '똥구덩이'와 '별', 이것이 곧 준식과 민우의 삶의 의미론적 현주소요 위치이며, 그들 각자의 삶의 방식인 현실주의와 이상주의의 거리이며 간격이다. 그러나 똥은 똥인 대로, 별은 별인대로 가치가 있는 것이지 어느 한 쪽의 삶만이 일방적으로 가치가 있는 것은 아니다. 진정한 삶의 가치란 똥구덩이의 오욕을 딛고 별의 순결함과 순수함을 향할 소생을 위한 보행이다. 동생이 잡혀간 후 녹천에 가득한 똥 위에서 울부짖던 준식은 다짐한다.

> '가자'하고 그는 어둠 속을 바라보며 자신에게 설득했다. 이 어마어마한 쓰레기의 퇴직층 위, 온갖 오물과 증오와 버려진 꿈들을 발아래 두고 저 까마득한 허공에 아슬아슬하게 매달린 23평 짜리의 내 보금자리를 향해.

'개 똥 밭에 굴러도 이승이 좋다'는 현세 지향의 우리의 속담이 있다. 이승의 분변학적인 은유가 개똥밭이듯, 「녹천에는 똥이 많다」의 주인공의 현실적 체재 공간과 삶은 이름과는 아이러니컬하게 대비되는 똥이 많은 '녹천'이라는 똥 밭이며 그 똥과 어울리는 지상적인 삶이다. 현실주의자 준식의 삶과 똥은 등가적인 연계 관계에 있을 정도로 분변학적이다. 이 것이 「녹천은 똥이 많다」에서 똥의 문학 분변학적 고구가 불가피해지는 국면이다.

그가 입주한 신시가지 아파트는 벌판에서 똥냄새, 후미진 곳이면 어김없이 널려져 있는 배설물과 냄새가 나는 전경적 배경으로 제시된다. 그리고 두 개의 배설 모티프가 등장한다. 주인공 준식의 배설 행위와 그의 어린 날의 기억 속에 각인되어 있는 시장 바닥에서의 어머니의 배설 행위가 그것이다. 아우로 인한 아내의 멸시로 생긴 과민성 대장염에도 불구하고 아내가 부탁한 금붕어 수족관을 메고 가던 준식은 쓰레기가 퇴적한 공사장 화장실에서 뻔뻔스런 시원스러운 배설을 행한다.

> 그러나 사정이 사정인지라 준식은 경고문을 무시하고 문을 열었다. 그리고 눈앞에 나타난 광경에 경악하고 말았다. 놀랍게도 화장실 바닥은 수많은 똥덩이들로 발 디딜 틈이 없을 정도였던 것이다. 애초부터 하수처리 시설조차 되어 있지 않은지 변기는 물론이고 칸막이 된 공간을 가득 채우고도 모자라 바깥에까지 넘쳐 나와 있었다. 흡사 몇 십 년 전부터 그곳에 있어 왔던 것처럼 딱딱하게 화석이 되어 버린 것에서부터 아직 온기가 채 가시지 않은 최신 생산품에 이르기까지 형형색색의 다양한 똥들로 가득 차 있는 광경은 참으로 놀라운 것이었다. 준식은 안으로 들어가 최소한의 공간을 찾아 바지를 푼 뒤 엉덩이를 내놓고 앉았다. 처음에는 구역질을 참을 수가 없었지만, 이상하게도 그는 차츰 그것들이 아무렇지도 않았다. 오히려 그것들이 불쾌하고 더러운 오물이라기보다는 온갖 적나라하고 뻔뻔스런 모습으로 자기주장을 외치고 있는 수많은 생명체들인 것 같다는 착각을 느끼기까지 했다.

공사장 화장실 내부의 정경과 똥의 퇴적이 묘사되고 준식의 배설 행위와 똥에 대한 반응이 묘사되어 있다. 여기서 주목되는 특이한 사실은 퇴적되어 있는 똥들을 보면서 더러운 오물이라기보다는 "온갖 적나라하고 뻔뻔스런 모습으로 자기주장을 외치고 있는 수많은 생명체"로서 반응하고 있는 사실이다. 이러한 반응은 연상법에 의한 어린 날의 어머니와 그 삶에 대한 기억과 연계되어 있다. 즉 기억의 연상 작용 현상이다. 식구들을 먹여 살리기 위해서 억척같이 일을 한 어머니가 그때 시장 좌판에서 판 것은 김밥과 오뎅이었다. 하루 종일 어머니는 손뼉을 치면서 걸걸한 목소리로 외쳐댄다. 그러다 보니 밥을 굶거나 변소에 못 가는 일이 허다한 생활일 수밖에 없었다.

어느 날 어머니는 용변이 급해서 몇 차례 공중변소 앞에 달려갔지만 줄을 서 있는 사람들 때문에 낭패한다. 좌판 있는 곳에 돌아온 어머니는 좌판 앞에 쪼그리고 배설을 해버린다. 주변 아주머니들의 핀잔에도 결정적 궁지에서 아랑곳없이 시치미를 떼고 태연해하는 배짱으로 급한 고비를 넘기면서 여유로운 표정을 회복한다. 그렇게 부끄러운 배설에도 불구하고 "그 뻔뻔스럽도록 태연했던 어머니의 얼굴"을 떠올린 것이다. 이 준식의 배설과 어머니의 배설이라는 두 모티프에서 작가 이창동의 똥에 대한 문학적 스카톨로지가 현현된다. 그에게 있어서 똥이란 무엇인가. 앞에서 이미 바흐친이 똥을 생리적 함축으로서가 아니라 상동의 물질이며 생의 본질적 요소이고, 신체의 물질성에 대한 생생한 인식의 부분이고 생식력과 재생, 비옥함의 상징[57]으로 보았듯이, 이

57 Mikhail Bakhtin, 위의 책, p. 175, 224.

창동은 억척같이 뻔뻔하게 삶을 살아가면서 자기주장을 외치는 사람들의 '생명체'로서 보고 있는 것이다. 똥은 불쾌하고 더러운 오물이 아니라, 현실의 최저바닥에서 구체적 현실을 살아가는 보통의 사람들의 자연스러운 생리현상이고 삶의 가치를 표상한다. 이런 삶들은 명분과 추상적 · 관념적 정당성을 강조하는 이상주의에 버겨서 낮아지거나 부정되어야 할 가치가 결코 아닌 것이다. 그러고 보면 녹천이라는 땅은 오물의 땅이 아니라 소시민들이 살아가는 생명체들의 광장인 것이다. 똥구덩이 속에서도 주인공은 별 같은 희망을 놓지 않는다. 그것이 중요한 것이다.

8장
『남한산성』의 똥과 대춘(待春)

김훈(金薰, 1948~)의 병자호란을 다룬 역사 장편소설 『남한산성』(2007)에는 '똥'의 장이 있다. 이 작품의 작가는 인간의 삶의 의미 있는 것은 지존과 영광만 있기 때문이 아니라 치욕과 굴종도 포함한다는 관점에서 강한 자가 약한 자에게 못할 짓이 없고 약한 자가 또한 살아남기 위해서 못할 짓이 없는 상황을 그리고 있다. 예조판서 김상헌이 민초의 인심 동태를 살피라는 임금의 명을 받고 대장장이 서날쇠(徐生金)의 집 뒤란에서 두 줄로 묻힌 장독들을 보고서 서날쇠와 주고받은 장면의 묘사가 그것이다. 똥의 상상력이 예사롭지 않은 이 장면을 옮기면 다음과 같다.

> – 김장이냐? 많이 담갔구나. 혼자서 다 먹을 수 있겠느냐?
> – 김치가 아니옵고……대감께서 아실 일이 아니옵니다.
> – 말해라. 무엇이냐?
> – 똥을 달래서 약을 만드는 중인데……지력을 돋우고 벌레를 잡는

데 쓰이옵니다.

– 열어 봐라.

– 냄새를 어찌…….

서날쇠가 장독 뚜껑을 열었다. 날이 선 악취가 김상헌의 골을 쑤셨다. 창끝처럼 벼려진 냄새였다. 냄새는 외가닥으로 깊이 찌르고 들어왔다. 김상헌은 골이 시렸다. 똥 건더기는 가라앉아서 보이지 않았고, 맑은 국물 가장자리에 앙금이 내려 있었다. 국물에서 푸른 미나리색이 비치었다.

– 이 추위에 어찌 얼지 않았는가?

– 워낙 독물인지라…….

김상헌은 푸른 똥국물을 오랫동안 들여다보았다. 관량사에 남은 군량은 하루 네 홉씩 삼실 일 분이었다. 적들이 다가 오지 않아 성첩이 고요한 날에도 군량은 똥이 되어 흩어지고 있었다. 적병이 넘어 들어와서 성이 깨지는 날의 새벽인지 저녁인지가 푸른 똥국물 위에 어른거리는 듯했다. 군량이 흩어져 똥이 되어도 똥을 끌어 모아 군량을 만들 수는 없을 것이었다.

성 안의 종친과 사대부, 군명과 백성들의 똥을 모두 거두어 성첩에 쟁여 놓았다가 적병이 성뿌리에 붙어 기어오를 때 바가지로 퍼서 끼얹으면 적병들은 물러설 것이고, 요동에서 남한산성까지 먼 길을 걸어와서 여기저기 찢기고 부르튼 적병들이 똥물을 맞으면 상처가 곪고 썩어서 움직일 수 없을 것이라고 김상헌은 문득 생각했다. 병졸들은 발바닥에 종기만 돋아도 끝장일 것이었다.

– 네 생각은 어떠하냐?

– 성 안의 똥을 한 군데로 모으기는 어려울 것이옵니다.

– 그것이 어렵겠느냐?

– 먹을 때는 모여서 먹어도 똥은 각자 내지르는 것이옵니다. 구덩이를 파고 모여서 누라 한들 참았다가 누거나 멀리 가서 눌 수 있는 것이 아니옵니다. 더구나 똥은 독물인지라 손대기가 어렵습니다. 열 말들이 독에 담으면 무거워서 지게로는 감당할 수 없겠고, 목도에 실어서 흘리지 않고 성첩까지 올라가자면 발맞추는 목도꾼을 부려야 할 터인데 지금 성 안에는 목도꾼이 없습니다. 또 똥을 성첩에 쟁여 놓은들

삭지 않은 날똥이 추위에 얼어붙어서 적병들이 성벽을 기어오를 때 바가지로 퍼서 끼얹을 수 없고, 곡괭이로 찍어서 똥얼음을 던져야 하겠는데, 얼음을 던지느니 돌멩이만 같지 못할 것이옵니다.
– 그렇겠구나. ……그렇겠어.

김상헌은 똥국물에 시선을 박은 채 중얼거렸다. 사물은 몸에 깃들고 마음은 일에 깃든다. 마음은 몸의 터전이고 몸은 마음의 집이니, 일과 몸과 마음은 더불어 사귀며 다투지 않는다……라고 김상헌은 읽은 적이 있었다. 김상헌은 서날쇠에게서 일과 사물이 깃든 살아 있는 몸을 보는 듯했다. 글은 멀고, 몸은 가깝구나……. 몸이 성 안에 갇혀 있으니 글로써 성문을 열고 나가야 할진대, 창검이 어찌 글과 다르며, 몸이 어찌 창검과 다르겠느냐……. 냄새는 선명하게 몸에 스몄다. 김상헌은 어지럼증을 느꼈다.

– 저 독물을 농사에 쓰느냐?

– 애벌갈이 때 물에 타서 밭에 주는데, 소인들이 명년 봄 농사를 준비해도 좋으리까? 대감.

성벽을 넘어서 새들이 숲으로 돌아오고 있었다. 저녁 번 초병들이 줄을 지어서 북장대 쪽 성첩으로 올라갔다.

– 봄이 오지 않겠느냐. 봄은 저절로 온다.

김상헌은 똥물 위에서 땅이 열리고 꽃잎이 날리는 봄의 환영을 보았다.[58]

이 작품 『남한산성』이 쓰인 연대는 당대인 2007년이지만, 서술된 시간(erzählte zeit) 즉 서술된 시대적 배경과 내용은 1636년(인조 14년) 병자호란 때로 거슬러 올라간다. 척화신인 김상헌과 민초로서의 서날쇠가 똥독을 두고서 나누는 대화이다. 이로 보면, 그 시대에 똥이 농사를 지음에 있어서 거름으로서 지력을 돋우는데 얼마나 중요한지가 시사되어 있다. 그런데 그것이 지력을 키운다는 서날쇠와는 달리 김상헌은 지

58 김훈, 『남한산성』, 학고재, 2007, 119~22쪽.

독한 똥국물을 청병들이 성벽을 기어오를 때 끼얹으면 얼마나 효율적인 임기응변의 방어수단이 될 것인지를 스스로 말한다. 절박한 위난의 국면에 대처하고자 하는 김상헌의 궁여지책, 그러나 똥을 잘 아는 날쇠는 그것이 현실적으로 가능할 수 없다는 불가론과 그 이유를 일일이 양반출신 김상헌에게 설명한다. 이에 알아들은 김상헌은 '그렇겠구나, 그렇겠어'라고 수긍하고 반응하면서, 글을 아는 자기와는 달리 이런 합당한 말을 하는 무지렁이 같은 민초 서날쇠에게서 오히려 '일과 사물이 깃든 살아 있는 몸'을 보고 느끼게 된다. 김상헌이 어지러움을 느낄만한 대화적 국면이다.

문제는 이들 두 사람의 마지막의 대화 장면이다. '저 독물을 농사에 쓰느냐?'고 김상헌이 묻자 서날쇠는 '애벌갈이 때 물에 타서 밭에 주는데, 소인들이 명년 봄 농사를 준비해도 좋으리까? 대감.'이라고 대답과 물음을 함께 한다. 이 물음에 대한 김상헌의 대답인 즉, '봄이 오지 않겠느냐. 봄은 저절로 온다.'라는 완곡하지만, 그러면서도 어김없이 봄은 온다는 순리적 대춘(待春)의 변을 피력한다. 봄을 기다리는 이 대춘은 그냥 단순한 계절의 순환원리로서의 대춘, 그것만이 아니다. 혹독한 겨울을 이겨내고 만상이 다시 생동하는 봄이 오듯이, 성 안에 갇힌 전쟁의 유린을 이겨내고 치욕과 참혹함이 끝나고 머지않아 명년 봄 똥으로 농사를 준비하는 봄이 도래할 것인지를 민초들이 간절히 바라는 회복 · 소생 · 평화로운 내일에 대한 희망의 기다림으로서의 대춘의 사상이다. 민초는 이렇게 생명력과 재생력이 강하고 질긴 사람들이다.

그래서 작가는 김상헌이 '똥물 위에서 땅이 열리고 꽃잎이 날리는 봄의 환영을 보았'다고 묘사한다. 함축성이 있는 묘사이다. 똥물은 땅의 지력을 높이고 땅을 열리게 함으로써 소생의 봄날에 지상에 꽃을 마침내 다시 피운다. 절망 속에서 희망이 움트는 상황적 국면으로의 전환이다. 요컨대 똥은 독이기도 하지만 땅과 흙의 지력을 기름지게 높임으로써 싹을 돋게 하고 풍요케 하는 생명과 번식의 근원적 상징이기도 하다.

9장

기억 공간의 소멸과 배설 모티프

김소진(金昭晋, 1963~1997)의 단편소설 「눈사람 속의 검은 항아리」는 눈물 모티프와 배설 모티프를 두 주축으로 한 1인칭 회상형 소설이다. 주인공인 '나'(민홍)는 재개발의 이야기가 한창인 변두리 미아리 셋집에 볼 일이 있어 들른다. 이것은 기억의 공간으로의 시간 여행이다. 그는 그 곳에 살았던 적이 있는 어린 시절 어느 겨울날 이른 새벽 오줌을 누러 나왔다가 '빠루'를 잘못 밟아 공동 주택의 이웃인 욕쟁이 할머니네 짠지 단지를 깨트리게 된다. 어쩔 줄 모르고 난감해 하던 '나'는 단지 위에 눈사람을 만들어 단지를 숨겨놓고 온종일 일부러 바깥 더러운 곳 그것을 골라 자기의 예상과는 달리 집에 돌아온다. 그러나 막상 집에 돌아왔을 때 자기의 예상과는 달리 저녁에 눈사람도 깨진 항아리도 모두 사라져버렸고 사람들은 아무렇지도 않은 듯 신경 쓰지 않고 나를 대한다. 조바심을 가지고 긴장했던 나에게는 그런 세계가 이상스럽고 낯설어서 당혹감에 그만 울음을 터뜨렸던 것이다. 이상이 회상과 기억의 공간의 장이다.

다시 현재의 이야기는 '나'(민홍)가 어머니의 심부름과 아버지의 사진도 찾아올 겸 어린 시절을 보낸 재개발 지역인 미아리 산동네를 찾아간다. 그 곳에서 장석조 네 집과 지낸 옛 기억들을 떠올리고 창이 형을 만나 술을 마시고 그와 재개발로 인해서 폐허가 되어버린 산동네를 되돌아본다. '나'는 이 산동네를 떠나오는 길에 문득 허름해진 빈집을 발견하고 거기 깨진 항아리에 똥을 누고 산동네를 떠나면서 눈물을 흘린다.

> 잠시 주춤거리는 새에 마침 세로로 절반쯤 깨진 큼직한 항아리가 눈에 띄었다. 그 안에는 아마 그 항아리의 반을 깨고 들어왔을 때 한 뼘짜리 벽돌이 들어 있었다. 크기로 보아서는 한 열 명 쯤 되는 식구는 좋이 먹여 살렸을 장독 같았다. 나는 누렇게 마른 소금기 자국이 엇비치는 옹색한 항아리 안으로 엉덩이를 비집고 들어가 벽돌과 깨진 장독 쪼가리를 디디고 서서 허리띠를 풀었다. 귀 밑이 달아오르도록 용쓰느라 기침이 터졌다. 기침이 끝나자 나는 서러운 아이처럼 입초리가 비죽비죽 치켜져 올라가는 걸 알았다. 울고 싶은 모양이었다. 가는 구린내가 나는 두 가랑이 사이로 고개를 바짝 쑤셔 박고 굵은 김이 무럭무럭 오르는 굵은 황금빛 똥을 쳐다보았다. 왠지 모르게 뿌듯했다.
>
> 그런데 나는 왜 구린내가 진동하는 깨진 항아리 속에서 똥을 누는데 울고 싶어졌을까. 늙은 어머니와 아내, 그리고 이제 막 초콜릿 맛을 안 네 살배기 아이 이렇게 세 사람의 식솔을 거느린 가장이 비록 속눈썹이나마 이렇게 주책없이 적셔야 되겠는가. 아아 하지만 여태껏 나를 지탱하여 왔던 기억. 그 기억을 지탱해온 육체인 이 산동네가 사라진다는 것이 아니겠는가. 나를 이렇게 감성적으로 만드는 게, 이 동네가 포크레인의 날카로운 삽질에 깎여 가면 내 허약한 기억도 송두리째 퍼내어질 것이다. 그런데 나는 기껏 똥을 눌 뿐인데……. 그 것 밖에 할 일이 없는데…….
>
> 똥을 다 누고 난 나는 빈집을 나와 모래주머니를 발목에서 풀어낸 달리기 선수처럼 가뿐하게 폐허 사이로 뚜벅뚜벅 걸어들어 갔다.

어렸을 적부터 울기를 잘 했던 모양이지만, 성인인 '나'는 왜 이 산동네 옛 마을에 가서 눈물을 흘리고 그리고 똥을 누게 된 것일까. 이를 이해하기 위해서 먼저 전제되는 문제는 이 미아리 산동네가 '나'에게는 유년의 기억으로서 그를 '지탱케 하는 육체'로서의 장소요, 향수와 기억의 뿌리 기능을 하는 근원적인 장소라는 사실이다. 이 산동네는 민호에게 있어서는 가난과 상처가 있는 곳이지만 삶의 원점 공간인 것이다. 재개발이란 가차 없는 변화의 위력 앞에 어린 유년기의 생활사의 기억 공간을 잃어버리고 또 사라져 없어지는 것이 세상의 모든 것을 잃는 듯한 안타깝고 눈물겨운 일이 아닐 수가 없는 것이다. 주인공의 눈물은 이런 안타까운 상실 감정의 발로 현상이고 기호인 것이다. 그렇다면 그는 왜 그곳 빈집에서 똥을 누었을까. 또 그것이 표상하는 의미가 무엇일까. 똥누기는 물색된 신체적 상태를 통하게 하는 정화 작용을 뜻하기 때문에 변화의 위력 앞에서 아무 것도 할 수 없던 답답한 상태를 스스로 풀어버리는 행위이기도 하지만 또 달리는 마치 짐승들이 자기 영역에 있는 나무 등에 오줌 등을 배설해 표식을 하듯이, 주인공은 현실적으로 없어지는 미아리 산동네가 기억 속의 자기 영역으로서 계속 존재해주기를 바라는 일종의 장소애적 말뚝 박기의 행위 현상으로 해석 될 수 있는 것이다. 하기는 똥을 누다의 은어적 속어 표현이 '말뚝 박다'라고 하지않는가.

10장

마무리를 하면서

가장 추한 것을 가장 아름답게 하는 것이 문학이다. 이상으로써 한국 문학에 있어서의 문학 분변학적인 성격을 밝힐 수 있는 작품들의 선정과 해석 및 사적 흐름의 양상을 개략적으로 살펴온 셈이다. 이를 통해서 얻은 성과를 지적해 보면 다음과 같다.

① 한국 문학의 사적 전개에 있어서 똥 · 오줌 등의 배설물을 문학의 중요한 요소로서 이용하고 있는 분변학적 성격과 양상은 박지원의 「호질」, 「예덕선생전」 등 일련의 소설과 판소리계 소설인 「흥부전」에서 비롯하여 개화기 시가를 비롯하여 현대 문학 영역에 있어서의 김동인의 「K 박사의 연구」, 이상의 「Le Urine」, 서정주의 『질마재 신화』의 「소망」 등과 김지하의 「똥바다」, 이창동의 「녹천에는 똥이 많다」 김소진의 「눈사람 속의 검은 항아리」에 이르기까지 현저하게 이어지고 있어서, 스커톨로지는 한국 문학 주제학의 불가결의 아이템이 되기에 충분하다.

② 똥과 오줌은 우리 문학과 문화 영역에서 풍자를 위한 비판적 · 도덕저인 병기로서 활용된 경우가 현저하다. 그리고 똥은 긍정적 가치나 더러움과 욕의 부정적 가치로서의 이미지 및 상징의 양가성을 지니고 있으며, 어느 것이든 풍자와 해학의 매체로서의 기능성이 우세하다.

③ 한국 문학에 있어서의 스커톨로지의 원형적 대상은 연암 박지원의 「호질」, 「예덕선생전」 그리고 『과농소초』이다. 여기서 똥의 가치는 추루/예덕의 가치로 상반하기도 하고, 『과농소초』은 똥의 생산적 거름으로서의 가치를 긍정한다. 이런 똥의 예덕론은 근대화 시기의 위생론과는 대치된다. 그리고 똥타령이 삽입 · 제시되어 있는 판소리 「흥부전」 및 그 이전의 선(先) 문학적인 단순형태인 설화 및 희학이다. 똥과 관련된 속담도 분변학적 중요 요소로 보아야 할 것 같다.

④ 현대 시나 소설의 영역에 있어서의 분변학적 요소는 똥연구 · 방뇨 · 설사 변비 · 실금 등 생리적인 이상 징후 현상들과 상징적으로 많이 연계되어 있으며 이를 통해서 개인의 사회적 삶에 내재하고 억제, 불만, 교통 및 거기서 야기되는 병리적 징후 현상의 성격으로 작용한다. 이후 보다 면밀한 자료 탐색과 방법론적 시각의 수용 · 정립이 기대된다.

⑤ 서정주의 「소망」(화장실) 등의 설화시에 제시된 측간(廁間)의 미학과 문화는 가난도 문화인 듯 한국 문학이 민중의 옛스러운 삶에 내재하는 정한 깊은 여유 면모들을 접하게 해 주고 있다.

⑥ 김지하의 「똥바다」는 한국 현대 문학의 전개에 있어서 걸출한 스커톨로지의 문학이다. 공식 문화적 특성인 우위적 대상을 업사이드-다운(Upside-Down)시키는 그의 그로테스크 리얼리즘의 풍자적 비판은

문학의 민중 미학과 문학의 정치학 영역에 드리워진 비중 있는 영향력이다. 그만큼 시대사적 의의가 있는 문학이라는 뜻이다. 한국 문학이나 문화 영역에 있어서의 분뇨 표상의 퍼스펙티브를 전반적으로 총괄해 보면, 생산(비옥) · 해학(웃음) · 풍자(비판) · 욕설 · 질박 · 추루(오물) · 해학 · 병리 · 해소 · 질병(전염) · 반(反) 문명 · 하천(下賤) · 민중 · 미학 · 향토 · 생리 등을 의미하거나 상징한다.

김소진의 「눈사람 속의 검은 항아리」에서 똥은 이와는 또 다른 문학적인 상징으로서 작용한다.

⑦ 세상은 급격하게 변한다. 측간의 문학화는 이제 화장실의 문화로 바꾸어졌다 이것은 스커톨로지에 있어서의 엄청난 변화로의 전환을 의미한다. 그러나 인간의 생리적 배설 현상은 어느 시대 어느 때고 끝없이 이어진다. 또 과학적으로 똥 연구가 수행되고 있다. 내일의 한국 문학의 스커톨로지는 어떻게 또 어떠한 모습으로 전개되어 나갈 것인지 궁금해진다.

제3부 부름의 시학
–한국 문학에 있어서의 부름의 양상

산산히 부셔진 이름이여

허공 중에 헤어진 이름이여

불러도 주인 없는 이름이여

부르다가 내가 죽을 이름이여

– 김소월, 「초혼」에서

1장

이름과 이름 부르기로서의 문학

이름은 존재의 증표이다. 그래서 사람은 태어나면서부터 존재와 식별의 근거이고 소통과 사회적 관계의 매체인 이름을 갖게 되는 것이다. 그 이름으로 일생동안 자신의 삶을 살아가면서 이름을 관리하며 세상과 타자와 교섭하거나, 마침내 생을 마치게 되면 용도 잃은 인장처럼 생전의 이름과 존재는 그 유효성이 망실되어 사라져 버리고 만다. 그와는 달리 역사와 기억 속에서 길이 향기롭게 불멸화하는 이름도 있다. 아름답게 산 사람은 그 이름이 아름답고, 더러운 삶을 산 사람은 그 이름조차 더럽다. 이렇게 이름은 기호로서 그 대상 자체의 실체적 존재를 대리하거나 지시하며, 이름과 실체는 지어지면서 하나로 연대화되어서 명체불이(名體不二)의 나눌 수 없는 밀접한 통일화의 관계가 되는 것이다. 이름에는 유명성(有名性), 무명성(無名性), 익명성(匿名性)도 있지만 이름이야 말로 존재함을 알리고 증명하는 자기 동일성의 ID이다. 그러기에 에스키모는 인간의 실체를 육체와 영혼과 이름의 3요소로 구성된 것이라 믿는다고 한다.

장 게르레는 「시인의 사명」에서 시인은 제 2의 아담으로 사물에 이름을 부여하는 존재라고 지적한다. 이런 아담과 시인과의 비유적인 연계는 『창세기』 2장 19~20절에 근거된 것이다. 우주의 창조는 모두 신이 했지만, 신이 인간에게 피조물과 사물에 대해서 이름 부르기(Naming) 과제를 주었기 때문이다.[59] 그래서 언어에 특별히 민감한 언어의 마술사인 시인의 언어는 태초에 처음으로 사물의 이름을 명명한 아담의 언어처럼 신선하고 빛나는 창조의 언어인 것이다. 시인은 시적 부름(dichterischen Nennen)을 통해서 대상과의 '나-너'를 잇는 관계의 서정적 결합 공간을 만들어내고 이름을 부름으로서 그리움과 아픔 · 미움 등의 서정적 정서의 미묘한 리얼리티와 대상에 대한 친밀한 관계를 표명해낸다. 그래서 부름의 대상인 이름이나 명칭은 서정적 세계에 있어서 그리움 · 사랑 · 아픔 등의 내면적 정서를 그 이름이란 대상의 일점에 수렴할 수 있는 어휘이다. 그리하여 이름은 우리의 문학 속에서 희로애락, 애오욕의 칠정의 대상이 되어서 그리운 첫 사랑 같은 애련하고 부르고 싶은 고마운 이름이 된다. 또 어느 경우에는 헤어져서 다시 만날 수 없는 시리도록 가슴 아픈 이름이 되고, 지워버리고 싶은 미움과 저주의 이름이 되기도 한다. 그래서 정감의 시적 양식에는 이름과 이름부름의 호명성이 현저하다. 가령 김소월은 「초혼」에서 '산산이 부서진 이름', '허공중에 헤어진 이름'을 거듭 호명하였고, 이상화는 「나의 침실로」에서 애욕의 대상인 '마돈나'를 한 밤 내 수도 없이 부른다. 김남

---

59 Jean-Charles Seigneuret ed, *Dictionary of Literary Themes and Motifs*, Greenwood Press, 1988, p. 885 참조.

조는 「그림엽서」에서 '별달리 이름 환한 사람 하나'인 사모의 대상을 환한 이름으로 떠올리고, 노천명의 시 「유명하다는 것」으로 이름에 강박되고, 문정희는 「찔레」에서 '조금만 더 다가서면 꽃이 되었을 이름'으로 소중하고 사랑하는 존재에 대한 미진한 갈망과 사랑의 미완성의 안타까운 아쉬움과 아픔을 이름 속에 불망의 화인(火印)처럼 함축시키고 있다. 그런가하면 시인 구상(具常)은 「초토(焦土)의 시」에서 '조국아 심청이 마냥 불쌍하기만 한 너로구나 / 시인이 너의 이름을 부를 양이면 목이 메인다'라고 하여 분단된 조국=심청이를 아린 목메임으로 부르고 신동집(申瞳集)은 「목숨」에서 '우리는 아직도 포연(砲煙)의 추억 속에서 / 없어진 이름을 부르노라. 따뜻한 체온에 찢어진 이름들 / 살은 자는 죽은 자를 증언하라'라고 하여 분단과 전쟁의 트라우마를 죽은 사자들의 이름 부르기로써 떠올리고 있는 것이다. 이들은 모두 이름 부르기의 호명행위를 통해서 사랑과 토막 나고 이데올로기에 의해 난도질당하는 조국의 현실을 확인하거나 전쟁으로 인한 생명의 산화 현상과 사라짐의 의미를 애도하거나 불망의 기억으로서 받아들이고 있는 것이다. 누구의 지적처럼 '거대한 민족사적 벽화'로 비유되어지곤 하는 고은(高銀) 시인의 연작시 『만인보』(萬人譜)는 30권 2001명의 유별난 사람들의 이름과 그들이 연출해낸 각양각태의 행적들이 서사시적 형식과 구도로서 기록됨으로써 현대판 사기열전이고 이름(人名)의 히스토리오그래피(Historiography)로서의 만인산(萬人傘)같은 특별한 의의를 지닌다.

이름을 부른다(Rufen)는 의미로 '호명(號名, 엥테르펠라시옹 Interpellation)', '칭명(稱名)' 그리고 '호명(呼名)'이란 비슷한 단어들이 있다. 근자에 가장 많이 인문 사회 과학에서 통용되고 있는 개념인 엥테르펠라시옹으로서의 호명은 루이 알튀세르(Louis Althusser, 1918~1990)가 명명한 개념이다. 이에 비해서 이름을 부른다는 종교적 개념인 칭명은 원래 불교에서 신불이나 부처님의 명호(名號), 즉 이름을 소리 내어 염(念) 하거나 부른다는 뜻이다. 쉽게 말해서 경배 대상의 이름을 부른다는 의미이다. 불교의 정토(淨土) 신앙에 있어서는 서방 극락정토에 왕생하기 위해서 무량수(無量壽) 무량광(無量光)의 아미타불의 이름을 부르고 염불하는 것이 정토왕생의 정업(正業), 즉 기도와 의례의 대표적인 형식이다. 이 정토사상과 깊이 관련되어 있는 향가인 「원왕생가(願往生歌)」는 아미타불-달(月)을 칭명하며 더러운 예토인 차토에서 정토인 피토(彼土)에의 왕생을 기원한다. 「천수대비가」(도천수관음가)는 현세불인 관음보살의 이름을 불러서 눈먼 아들의 현세적 고통을 없애달라는 어머니의 구고(救苦)의 간절한 기원을 담고 있다. 속화하면 이 칭명도 다 호명이다.

기독교 역시 「주기도문」 및 성경 곳곳에서 표명되고 있듯이 '주(主)의 이름으로(In Nomine Domini)' 즉, 하나님과 주 예수의 이름부름으로서 기도의 시작과 끝으로서의 근본 양식을 이룬다. 이런 점에서 기독교는 단적으로 창조주의 권능과 사랑이신 주님의 이름을 부르고 따르는 이름부름의 종교이다. 예컨대 구약 성경의 시편 7편, 17, 8편의 '지존하신 여호와의 이름을 찬양하리로다' 신약성경 로마서 10:13의 '누구든지 주의 이름을 부르는 자는 구원을 받으리라'고 하고 「사도행전」 3장 6절에서 베드로는 "나사렛 예수의 이름으로 일어나라"고 한다.

종교학 관계의 문헌[60]에 의하면 이름부름의 칭명은 대체로 주술(무속)적 칭명 · 기도적 칭명 그리고 수행적 칭명으로 분류한다. 주술적 칭명은 원시 미개 사회에 있어, 언어의 주력(呪力), 주언으로 성령의 이름을 불러서 그 효력의 작용으로 병이나 염려스러운 사회로부터 회복되거나 그것을 쫒아버리고자 한다. 주로 무당의 언어인 주언은 주술력을 갖고 있으며 그 어법 자체가 위협적인 명령법이다. 기원적 칭명은 지고의 존재에 대한 찬송 · 감사 · 간청이다. 삼세제불의 이름을 불러서 참회(懺悔) 멸죄(滅罪)와 초복제재(招福除災)를 기원하는 것, 나무관세음(南無觀世音)을 찾는 것 — '나무'는 산스크리트어 나마스(Namas)의 음역으로 귀명(歸命) · 귀경(歸敬)임 — 이자 기원적 칭명이다. 수행적 칭명은 불(佛)의 어법을 스스로 마음속에서 자각, 몸 · 입 · 마음 · 삼업의 수행을 중시하고 산만한 의식의 통일과 집중에 의해서 특수한 마음의 경지를 지향하는 칭명이다.

프란시스 베리는 그의 저서 『시인의 문법(*Poet's Grammer*)』(1958)에서 기독교적 기도의 구성을 부름(Invocatison–초월적 권능의 열거(listing Superior Power)–고백(Confession)–청원(Petition)[61]으로 분석한다. 그리고 이에 근거하여 쉐리의 시 「서풍부(Ode to the Westwind)」의 구조를 이 기도적 양식과 연관시켜 해석함으로써 시의 구조에 삭용하는 종교적 음영과 영향을 지적하기도 한다.

한편 호명(呼名)은 종교적 의미가 없는 범박한 부름(Calling)으로서

60 『宗教學 辭典』, 東京大 出版會, 1989, pp. 389~90 참조.

61 Francis Berry, *Poet's Grammer*, Routledge and Kegan Paul, 1958, p. 147.

의 이름 부르기고 이런 호명의 일상적이고 실용적 의도나 위상을 넘어서서 예술의 영역으로 미적으로 정서적으로 위상이 치환된 것이 시적인 칭명이고 정서적, 미적 호명이다. 즉, 미학적 칭명이다. 문학에서의 호명은 이런 애착 대상을 호출하는 부름이고, 수사학에서는 이를 아포스트로피(Apostrophe), 즉 돈호법(頓呼法)이다. 이 돈호법은 시의 화자 및 발신자가 주로 연인, 사자, 생사를 알 수 없는 사람, 친구, 가족(부모, 누이, 오빠) 또는 실지로 존재하지 않거나 상상의 존재 혹은 무생명의 존재를 불러내 정서적으로 말하는 의인화와 관련된 비유법인 것이다. 그런데 이 돈호법으로서의 '아포스트로피'는 초자연적 실체에 대한 명확한 도움을 청원하는 인보케이션으로서의 부름과는 구별되기도 한다. 초혼 의식과 장제 의식과 굿의 문화는 망자의 이름이나 혼을 부른다.

그렇다면, 한국의 문학, 특히 시의 세계에 있어서 이름 및 이름 부르기는 주로 어떻게 나타나며 그 이름 부르기의 호명의 의미론적 및 상징적 가치는 어떠할까. 그 이름의 테마틱스에 있어서 나-너의 대화적 원리는 어떤 모습으로 제시되고 있을 것인가. 요컨대 한국 문학(특히 시)에 있어서의 '시적' 이름 부르기의 특성과 양상은 어떤 것일까를 살펴보고자 하는 것이 이 글의 의도이다. 소설의 경우도 관심에서 배제하지 않는다. 시의 이름부름의 발신자-수신자의 관계에 있어서 기본적인 구도는 화자-사자, 화자-생자, 화자-사물(무생명의 존재)의 짝으로 구성되며 따라서 시적 이름 부르기는 기본적으로는 (1) 죽은 자의 이름 부르기(초혼[招魂]·애도[哀悼]), (2) 그리운 생자의 이름 부르기(찾기) 및 (3) 사물의 이름 부르기(존재론적 이름 부르기, 자연 대상 산천의 돈호적 부름) 등의 세 양상으로 일단 크게 분류되는 것이다. 즉 부름의 대상으로서 호명되어진 것(Gerufenes)이 사자 · 생자(멀리 있는 존재, 부재자, 그리운 이, 님) · 사물(자연과 산하, 고향) 등 이다. 초혼(복)이든, 칭명 및 호명이든 혼 부르기나 이름 부르기의 일체를 모두 '부름'으로서 통칭한다. 이름은 부르기 위해서 존재한다. 그것이 이름의 존재론이다.

부름(Rufen)은 부름 받는 것을 더욱 가까이 데려온다고 하이데거는 그의 「언어로의 도상(Unterwegs zur Sprache, 1959)」에서 말한다. '부름은 언제나 부재를 향해서 부르고 그것을 존재의 가까움 속으로 즉 현존 속으로 도래하도록 부른다'라고 한다.

2장
사자의 이름 부르기
- 죽은 자 부르기로서의 초혼(招魂)과 애도의 시학

1) 고복(皐復), 그 혼을 부르는 소리

산산이 부서진 이름이여!
허공 중(虛空中)에 헤어진 이름이여!
불러도 주인(主人) 없는 이름이여!
부르다가 내가 죽을 이름이여!

심중(心中)에 남아 있는 말 한 마디는
끝끝내 마저 하지 못하였구나.
사랑하던 그 사람이여!
사랑하던 그 사람이여!

붉은 해는 서산(西山) 마루에 걸리었다.
사슴의 무리도 슬피 운다.

떨어져 나가 앉은 산(山) 위에서
나는 그대의 이름을 부르노라.

설움에 겹도록 부르노라.
설움에 겹도록 부르노라.
부르는 소리는 비껴가지만
하늘과 땅 사이가 너무 넓구나.

선 채로 이 자리에 돌이 되어도
부르다가 내가 죽을 이름이여!
사랑하던 그 사람이여!
사랑하던 그 사람이여!

— 김소월, 「초혼」(『영대(靈臺)』 5호, 1925)

김소월(金素月, 1902~1934)의 「초혼」이라는 시이다. 이름 그대로 망자(亡者)의 영혼을 부르는 혼의 문학이자 죽은 이의 이름을 부르는 애도시(哀悼詩)이다. '이름'과 '부름'의 호명 상태가 각각 여섯 번, 여덟 번 씩이나 반복되고 '사람이여'라는 감탄의 호출 레토릭이 네 번이나 반복됨으로써 사별하는 사람에 대한 이름 부르기와 처절하고 비탄스러운 상실 경험이 견줄 데 없이 절규처럼 표출되어 있다. 그런데 서정적 자아이면서 사랑하는 님을 잃은 실친자(失親者)인 '나'는 세 번도 아니고 이렇게 아주 여러 번 절실하도록 그리고 애가 타게 이름을 불러보지만, 정작 부름의 대상인 망자의 실체는 이미 산산이 부서져서 허공에 형체 없이 흩어져 버린 주인 없는 부재의 이름에 불과할 뿐, 끝내 대답이 없고 다시 되돌아 올 수도 없는 불귀의 상태이다. 그러나 이 엄연한 부재와 소멸에도 불구하고 이미 지상의 존재가 아니고, 또 다시 이곳으로 되돌아 올 수도 없어서 이승에서의 나-너(I-Thou)의 생전의 관계는 이

제 끝나버려서 절연되고 격절되었고 아무것도 남은 게 없는 공백의 상태이다. 그런데도 '나'는 님의 '혼 부르기'를 죽도록 이어가겠다는 것이다. 다시 돌아올 수 없이 이름은 산산이 부서지고 허공중에 헤어진 이름이고 불러도 주인(主人)없는 이름이며 그리하여서 바로 '내가 죽을 이름'이 된다. 이렇게 님의 상실이 곧 '나'의 죽음이고 '나'의 상실과 죽음을 일으킬 만큼 아픈 비탄의 애도이다.

시적 자아인 실친자는 죽음 앞에서도 끝끝내 마저 하지 못하고 심중에 남아있는 말 한 마디가 있다고 한다. 그 한마디야 속으로는 사랑하면서도 인색할 만큼 미진한 채 마음속에서만 숨겨두고 이제껏 표출하지 못한 사랑한다는 아쉬운 말 밖에 다른 무슨 말이 더 있겠는가. 이 정도이면 사랑하는 사람에 대한 생자의 치열한 불망(不忘)의 경지와 그 사랑이 어느 경지인지를 짐작하기는 그다지 어렵지 않을 경지이다.

표제가 되어 있는 '초혼'은 원래 동양의 전통적인 영혼관에 근거한 장례의 일차적인 절차로서 '복'(復)이라 일컫는다. 즉 복이란 육신을 떠난 넋을 불러들여서 사람을 되살리거나 저승으로 간 넋을 이승으로 불러들인다는 뜻이다. 죽은 이의 혼을 불러들이는 이 행위는 '규혼(叫魂)'·'함혼(喊魂)' 또는 '초호(招呼)'라 일컫기도 한다. 사람이 죽었을 때 그 사람이 생시에 입던 옷을 가지고 지붕위에 올라가서 북쪽을 향해서 사자의 이름(名字)을 소리 내어 세 번 '복'(復)하고 부르는 복례(復禮)의 초혼 의식 즉 고복(皐復) 의식이다. 고복은 사람의 혼을 부른다는 뜻이다. 이것은 영혼상의, 혼백상이(魂魄相離)관에 근거, 죽어서 떠도는 유혼이 부름에 의해서 다시 몸에 있는 넋인 체백(體魄)에 돌아와 서로 접하면서 다시 살게 하고자 하는 바람의 표현이다. 이렇게 하여도 다시 살아나지 않으면 그때는 정말 죽은 것이다. 『예기(禮記)』란 책의 「곡례하(曲禮下)」와 「상대기(喪大記)」에는 상례에서 초혼인 이 '복'에 대해서 다음과 같이 기술하고 있다.

> 復者 人死則形神離. 古人持死者之衣. 升屋北面. 招呼死者之魂. 令還復體魄. 冀其再生也. 故謂之復.
>
> 사람이 죽으면 몸과 정신이 분리한즉, 죽은 사람의 옷을 갖고 지붕 북쪽에 올라 사자의 혼이 체백에 돌아오면 재생이라 고로 복이라 일컫는다.

> 復不蘇 可以爲死事
>
> 복해도 소생하지 않으면 죽은 것이다.[62]

이런 초혼관의 기원은 인간은 살았을 때는 혼백이 그 신체 가운데서 활동하지만, 죽으면 혼은 하늘로, 백은 땅으로 돌아간다는 먼 옛날의 영육이원(靈肉二元) 및 혼백이산(魂魄離散)의 원시적 혼백관과 영혼관념에서 비롯된 것이다. 이런 초혼과 문학이 처음으로 접점으로서 연계가 된 것이 초나라의 굴원(屈原, B.C 340?~B.C 278)의 시가 「초사(楚辭)」의 '초혼(招魂)' · '대초(大招)'이다. 초혼 문학의 명편으로 알려지고 있는 굴원의 이 「초혼」과 「대초」는 원래 무당들이 혼을 부르는 노래 제의 습속과 민간 무사(巫詞)에서의 초혼 형식에서 진화한 것이다. 원천적으로는 무무(巫舞) 청신무(請神舞), 즉 무당들의 춤 · 노래이고 거기에

---

62 「曲禮下」, 「喪大記」, 『禮記』. 馬昌儀, 『中國靈魂信仰』, 雲龍 出版社, 1999, 台北, pp. 130~1.
"Calling the Soul : A Mongolian Litany", Charles & Bauden, Confronting the Mongolian Traditional Ways & Means Collected Peter Harrosowitz Velag, 1990, pp. 214~5 및 7장 「招魂」 참조.

서 연유되어진 것이다. 그래서 보는 자에 따라서 굴원의 시는 무(巫)의 주어(呪語)에서 약간 변형된 것에 불과하다는 지적도 있다.

魂兮歸來, 東方不可以託些, 長人千隣, 惟魂是索些

朱明承夜兮, 時不可以淹, 皐蘭被經兮, 斯路漸, 湛湛江水兮, 上有楓, 目極千里兮, 傷春心, 魂兮歸來哀江南.[63]

여기서 모든 초사의 가장 현저한 문체적 특징인 '兮'(hsi)는 '아아'(Ah)와 같은 뜻이고,

'些'는 어미조사로 '凡禁咒句尾'이다. 그리고 「초혼」은 서사(序辭), 초사(招辭–본사) 및 난사(亂辭)의 3부분으로 이루어지며, 중심은 무어(巫語)로 되어서 주술적 효과를 노리는 초사 부분이다. 여기서 '혼이여 돌아오라'(魂兮歸來)란 부름이 외쳐지고 2인칭인 '군(君)'이 자주 제시될 뿐 아니라 호격과 감탄사가 연발되는데 이는 무(巫)의 엑스타시 상태와 맥락성을 지니고 있다는 것이다.

이러한 애도의 문화로서의 초혼의 동양적 경험 원형 및 「초사」의 세계와 무속의 초혼 굿 및 전통적인 혼 부르기 등과 시로서 연연히 이어져 있는 것이 문학 고고학적 원형론으로 본 바로 김소월의 시 「초혼」이다. 그래서 초혼의 혼 부르기가 시화된 김소월의 「초혼」은 과장과 격정이 넘칠 만큼 죽은 이의 이름과 혼을 반복적으로 보는 고복의 현상과 일단 생명관념이나 영혼관에 있어서 잠재적인 차연성을 갖고 있다.[64]

63 馬積高, 黃鈞『中國古代文化史』, I. 萬卷樓, 圖書, 民國 87年, 台北, pp. 139~140 참조.

64 성기옥, 「김소월의 「초혼」: 고복의식의 문학적 재현과 임의 확산적 지평」, 김용직 · 박철희 편, 『한국 현대시 작품론』, 문장, 1981, 92~103쪽.

이제 다시 소월의 시 「초혼」으로 돌아가 보자.

우선 1연은 이름부름의 연이다. 세 번이 아니라 4행 전체가 반복하여 호격의 이름 부르기(Rufen)요 불러냄(Invocation)이다. 그런 그 이름은 '산산이 부서진 이름'이고 '허공중에 헤어진 이름', '불러도 주인 없는 이름', '부르다가 내가 죽을 이름'으로 생자의 존재와 일치하는 유효성을 잃어버린 상태의 이름이고, 실체적 존재로서의 징표적 실효성이 소멸된 상태이다. 이것은 그 이름의 주인공이 이미 죽어서 이 세상의 사람이 아니고 지워진 것이기 때문에 불귀 상태임을 의미한다. 2연은 여한의 연이다. 우리말에 '유한(遺恨)' 또는 '여한(餘恨)'이란 말이 있다. 살아생전에 이루지 못한 남은 한(恨), 풀지 못하고 남은 한을 뜻하는 말이다. 이 여한이 바로 이 연에서는 '심중에 남아 있는 말 한 마디는 끝끝내 마저 하지 못하였구나'로 암시된다. 이것은 시원스럽게 사랑을 고백하지 못한 미진함에 대한 회한이며 안타까움이고 아쉬움이다. 살아서 사랑의 고백에 그렇게도 인색했던 심중의 말 한 마디를 이제 때늦게도 죽음의 결별 앞에서 마침내 고백한다. 이는 실친자의 죄의식의 고백이기보다는 사랑에 미진했음에 대한 아쉽고 회한적인 정서의 표출이다. '이름'이 '사람'으로 바꾸어지고 '사랑'이란 심중에 감추어두었다는 말이 이제야 터져서 마침내 고백되어진다.

3연은 사랑하는 사람을 잃은 실친자요 서정적 자아의 내면 표백이 아니라 시각과 청각 이미지를 통한 외부적인 시공의 주변정황의 묘사이다. 붉은 해는 서산마루에 걸려 있고 사슴의 무리도 슬피 운다. 서산에 지는 일몰과 그때 무엇을 애도하듯 슬피 우는 사슴의 울음 등 주변의 정황들이 모두 자신이 비탄스럽고 애절한 상황과 감정이입적으로 동화된다. 소멸해 가는 끝자락의 시간(서산에 걸린 해), 자아의 비탄과 함께 해주는 사슴의 울음소리 속에 '떨어져 나가 앉은 산위(山頂)에서의 공간적인 격절의 위상은 먼 거리 같은 님과 나의 단절의 격리적 상태 및 나의 고립된 심리적 거리의 위상을 의미한다.

4연은 실친자 시적 자아의 이름 부르기의 애도의 강도가 가중되는 부름과 설움과 외로움의 정서적 정도가 지나쳐서 참아 내거나 견디기 어려울 만큼 강화되어 있다. 이렇게 설움 겹게 이름 부르는 소리는 하늘과 땅, 즉 사자의 죽음의 저승세계와 생자의 이승 세계의 공간적인 단절이 너무도 절대적이고 넓고 광막함 때문에 비껴가버린다는 격절의 한계적 극한에 대한 정서를 표출한다.

마지막 5연은 그럼에도 불구하고 서정적 자아는 기다림의 돌이 되는 석화작용(Petrification)의 이미지인 망부석(望夫石)으로서 자신을 대상화함으로서 이름 부르기와 기다림의 마음을 죽음으로 연계하면서 영속화하고자 한다. '부르다가 내가 죽을 이름이여' 존재와 삶의 상황을 영도화(零度化)하는 '제로 그레이드(Zero-Grade)'의 수사학이다. 지극히 사랑하기 때문에 님의 죽음과 상실은 곧 나의 죽음이요 상실이다.[65] 이렇게 소월의 「초혼」은 죽은 이의 혼과 이름을 부르는 '복'의 고복의식이라는 원형적인 경험을 근거로 하여 애착관계의 상실 상태를 반복과 감탄 및 과장의 수사적 어법과 미학적 의의로 결구해 놓은 초혼시이다. 이와 깊이 맥락적으로 연계되는 것이 고은의 굿시 「초혼」(2016)이다.

---

65 Henry Staten, "Preface", *Eros in Mourning,* The Johns Hopkins University Press, 1995, xii.

2) 고은의 장편 굿시『초혼』과 혼 부르기와 해원굿

고은(高銀)의 근작 시『초혼』(2016)은 1073행이나 되는 드물게 긴 장편시이다. 고정희(高靜熙)의 장편 시집인 마당 굿시『초혼제』(1983) 이후 홀연히 등장한 굿시이다. '굿시'라는 시인의 특수 장르 규정처럼 이름 그대로 온 나라 강토에 떠도는 죽은 영혼 또는 원혼들의 혼을 부르고 초치하는 대초혼가의 성격과 대대적인 원한 풀이 해원굿으로서의 성격을 지닌 특이한 작품이다. 그러니까 무속제의에서 부르는 초혼 무가를 본격적으로 문학 작품으로서 변형 · 이행시켜서 영혼 부르기와 원혼 위무의 현대적인 시적 무가로서 등장시킨 것이다. 그런데 특별한 것은 이 장편 굿시에 있어서 시적 자아, 그보다는 오히려 무적(巫的) 자아에게 신내림을 주는 무조신인 대상으로서 잇대어 있는 대상이 다른 어느 것도 아닌 바로 김소월이고 그의 작품「초혼」이라는 점이다. 이는 시인의 독특한 해석 관점이다.

> 소월의 이 비장한 초혼곡(즉, 시「초혼」) 삼가 잇대어 너와 나 더불어
> 불러야 할 혼령 각위 하늘 아래 엄중하여라(221)
>
> 나 소월의 초혼 신 내려
> 아 고려강토
> 이 고려 산천 도처마다 떠돌며
> 신방울 울려
> 신북을 치며
> 신피리 불며
> 내 비록 맺힌 소리나마
> 이 소리로 소리 제사 소리 공양 내내 울리며

이 땅의 반만년 원혼 혼령 위무해서
살아 가고저.(278)

이렇게 화자는 서른세 살에 자진한 시인 소월을 '조선의 넋' · '조선의 얼'로서 그리고 "백 년이나 천 년이나 서린 한의 혼령들을 불러 들여 / 서러어 서러어 피울음 바쳤으니 / 이름하여 초혼 : 넋 부르기 아니던가"(219)라 하여 신라 향가 「제망매가」를 지은 달밤의 가객 월명(月明)과 함께 소월을 넋부르기의 대표적 초혼 신으로 삼고, 그 내림의 화신으로 잇대어 피 토하는 득음 공부 소리 다 바쳐서 걸팡진 굿 해원으로써 오랜 세월동안 이 나라 강토의 도처 도처에서 죽은 원혼의 넋을 모두 불러 품고 위무하려고 한다.

서사 부분에서 영통에 어울리는 팔만 사천년 전에도 있고 구만 구천년 후에도 있을 달과 달밤을 제시하고 조선의 넋 소월과 그의 초혼의 넋부르기를 끌어들임으로써 화자는 그 의미를 단순한 애가나 애도시로서 두지 않고 백년이나 천년이나 서린 이 땅에서의 한의 혼령들을 모두 불러들여 서러이 서러이 피울음을 바친 넋부르기로서 받아들이고 있다. 즉, '사랑하던 그 사람'으로서의 개체에 대한 초혼이 아니라 백년이나 또는 천년 · 반만년이나 서린 이 땅의 억울한 한의 혼령들은 불러들여서 서러운 피울음을 바친 넋부르기로서 그 의미를 최대한 확대화한다. 그러니까 이는 시인이 소월과 그의 시 「초혼」을 이땅 초혼 문화의 연원이고 시학적 전범이며 초혼의식의 원형적인 가치로서 받아들이고 있음을 의미한다.

그래서 굿시 『초혼』은 소월의 시 「초혼」을 전문 그대로 다음과 같이 인용하고, 그 의미를 나름대로 주관적으로 그리고 다소 자의적으로 해석화한다.

산산이 부서진 이름이여!
허공 중(虛空中)에 헤어진 이름이여!
불러도 주인(主人) 없는 이름이여!
부르다가 내가 죽을 이름이여!

심중(心中)에 남아 있는 말 한 마디는
끝끝내 마저 하지 못하였구나.
사랑하던 그 사람이여!
사랑하던 그 사람이여!

붉은 해는 서산(西山) 마루에 걸리었다.
사슴의 무리도 슬피 운다.
떨어져 나가 앉은 산(山) 위에서
나는 그대의 이름을 부르노라.

설움에 겹도록 부르노라.
설움에 겹도록 부르노라.
부르는 소리는 비껴 가지만
하늘과 땅 사이가 너무 넓구나.

선 채로 이 자리에 돌이 되어도
부르다가 내가 죽을 이름이여!
사랑하던 그 사람이여!
사랑하던 그 사람이여![66]

이 소월의 「초혼」을 천년 서린 한이 혼령을 불러들여 서러이 서러이 피울음한 넋부르기를 평가한다. 화자는 이에 이어서 넋두리로서의

66 고은, 『초혼(招魂)』, 창비, 2016, 218~21쪽.

의미와 시작(詩作)의 동인에 대해서 말한다.

이 절창이 애끓는 절창말고
그 무슨 잠꼬대이리오
그 무슨 넋두리이리오
오직 청정한 달빛에 이내 심신 자늑자늑 쓰러질 따름
오직 울다가 울다가 지쳐
내 그림자 적막강산 한 모퉁이 훠이훠이 돌아설 따름

사실인즉 이 초혼이 저 관동대지진으로
왜인에게 죽어간 조선 동포 원혼들을 부른 넋두리라고 하거니와

라고 하여 「초혼」을 절대 주관으로 절창과 넋두리의 최고 절정으로 자리매김한다. 여기서 간접 증거에 근거한 듯한 진술이지만 화자는 소월의 시 「초혼」이 '관동 대지진 때 왜인들에게 죽어간 조선 동포 원혼들을 부른 넋두리'로서의 진혼 애도시로 규정한다. 이 해석이 어디에서 어떻게 연유되었으며 또 사실인지 아닌지 진위 여부를 분명히 하여야 할 필요가 있어야 하겠다는 문제가 제기된다. 시학적 관점에서만 보면 이 애도시가 '다시없는 절창'이나 관동 대지진의 왜인들에게 죽어간 조선 동포의 원혼을 부른 넋두리라 한 점은 해석의 과도함이나 오류를 불러올 공산이나 여자가 없지 않은 것이 사실이다. 그럼에도 불구하고 이 굿시 『초혼』의 화자는 소월의 비장한 초혼곡에 잇대어서 그리고 소월의 초혼신이 내린 화신으로서 피토하는 득음과 소리를 바쳐 이 땅 반만년의 넋들, 원혼과 혼령을 불러서 해원과 위무를 하려고 함으로써, 한국문학에서 시로 쓰는 전무후무한 대 초혼제를 펼치고 있는 것이다.

나 소월의 초혼 신내려
이 고려 강토
이 고려 산천 도처마다 떠돌며…….
내 비록 맺힌 소리나마
이 소리로 소리제사 소리공양 내내 울리면
이 땅 반만년 원혼 혼령 위무하여
살아가고저.

그리하여 소월의 초혼이 내린 무적(巫的) 화자는 이 땅의 오랜 반만년 역사 속에서 죽어간 온갖 원통하게 죽은 원혼들을 모두 한 판 굿자리에 부르는 대대적인 초혼 의식과 더불어 그들의 원한의 고를 푸는 해원굿의 한풀이 넋두리와 위령의 소리를 줄줄이 풀어낸다.

위로는 임진 · 정유왜란 때 항쟁한 진주성의 순국혼을 비롯해서, 우금치 갑오 농민군, 을미의병의 영령들, 독립군 영령들을 비롯해서 왜땅 관동지진 난리 속에서 살육당한 조선 동포의 신위, 제주 4. 3 때의 원혼 십만 신위, 지리산 한령 수만, 거창 참변의 시퍼런 넋들 낙동강 다부원 혈투의 영령, 미군의 학살로 죽은 영동 노근리 원령들, 1950년 여름 석 달 낙동강 칠백리를 무덤 삼은 조선의 자식, 광주 항쟁의 신군부 7 공수여단, 11 공수여단의 진압에 의해서 원통하게 죽은 광주 영령들의 넋들이 모두 망라되어 있다. 이 땅 반만년 비운의 역사가 만들어 놓은 억울한 죽음과 떠도는 온갖 원혼과 원한을 위한 대대적인 초혼 의식이고 해원 · 진혼의 한풀이 굿이다. 특히 근현대사가 중심이다. 이런 굿이 지향하는 것은 그 결사에서 나타나듯 비운의 역사적 아픔으로서 이 땅에 편재하는 맺히고 맺힌 원한의 고와 매듭을 씻고 풀고자 한다. 그리하여 이 사바세계, 동방 고려 반도에서의 억세고 억센 원한이 풀려서 신천지 태평 혈통 하얀 숨결 드나들고 푸른 피 도는 강토가 되어 줄 것을 바라는 간절한 기구와 염원에 닿아 있는 것이다. 그러나 대상화된 원혼들이 공평하게 두루 배분되어 살펴지고 있기 보다는 이념적 편향성에 의해서 균형성이 다소 이탈되거나 이완되어 있는 것도 사실이다.

『초혼』에서의 수사와 문체적 특성을 이루고 있는 것은 다음과 같다.

⑴ 초혼으로서의 이름과 혼 부르는 호격(呼格) : 죽은 자를 불러 오려는 '복'에 해당하는 이 호격(Invocation)은 애도적인 언술의 시작이고 근본이다. "~이여, 영령들이여, OO여, 넋이여, 이름들이여, 망령들이여, 백성들이여, 넋들이여" 같은 표현들이 그것이다.

⑵ 청원(請願) : 청원적인 부름의 어사, "~하소서(함께 하소서, 벗어나소서, 들으소서, 풀으소서, 환생하소서, 받아주소서)" 이는 '혼이여 돌아오라(魂兮歸來)'와 같은 성격이다.

⑶ 감탄과 기구 등 : 오소라(來, 오다의 경칭이기도 함, 반의어로 '가소라'가 있음), 아서라, 오호라 등 무당 사설의 어법으로 활용된다.

3장
초혼굿과 해원굿의 문학적 서사

1) 소설 「무녀도」의 초혼굿과 무속 미학

김동리(金東里, 1913~1995)의 단편 소설 「무녀도(巫女圖, 1936)」는 그 마지막에 사자의 혼을 부르고 건지는 샤먼의 초혼굿이 진한 음영으로 투영되어 있는 작품이다. 문학의 문화 심층적 굿의 가치에 의한 애착을 표제명과 같이 도상(圖像)화 시킴으로써 무속의 미학적 의미를 돋보이게 드러내주고 있는 작품이다. 모두 7개의 서사 장절로 구성된 이 작품의 마지막 일곱 번째는 무속의 초혼 의식 즉, 넋두리와 춤과 넋건지기로 이루어진 초혼굿과 주인공인 무당 모화의 비극적인 죽음을 그 내용으로 하고 있다. 작품의 맨 마지막은 후일담이다. 표제는 이 초혼의 마지막 굿 장면을 그 딸 낭이가 무녀의 그림으로 화상(畵像) 혹은 도상화(圖像化) 한 것이다. 곧 초혼 모티브이다.

외지로 나가 이방신을 믿고 기독교인이 된 아들 욱이의 돌아옴, 그로 인해서 그와의 피할 수 없는 모자 대결에서 아들 욱이를 죽임으로써 이제까지 지켜온 모화의 무속 공동체는 물론 자신마저도 소멸의 운명 앞에 놓인 처지이다. 이 처지에서 무당 모화는 물에 빠져 죽은 어느 부잣집 며느리의 혼백을 건지기 위한 그녀 일생일대의 마지막 큰 굿을 하게 된다. 이 초혼굿은 해마다 사람이 하나씩 빠져죽은 깊은 예기소에 몸을 던져서 죽은 사자 김씨의 넋건지기로서의 굿이다. 동시의 자신의 정신세계를 철저히 살아낸 운명적 비극의 주인공인 모화 자신이 조여 오는 변화 앞에 내몰리면서 죽음을 앞둔 소멸하는 생혼(生魂)으로서의, '뼈도 살도 없는 혼령'으로서의 자기 초혼 내지 자기애도(Self-Mourning)[67]이기도 한 것이다. 모화의 굿을 보려는 수많은 사람이 모여든 백사장에서 펼치는 신령스런 굿 정경과 어울리는 율동적인 무속미와 정적은 고조되는 도취적 흥분과 기대 · 비장함과 더불어 넋을 건지려 심연의 물속으로 가라앉으며 스스로 잠기는 극적 비극미의 절정을 이룬다. 이 장면이 도상으로서 소설의 도입 액자의 첫 머리 부분이 된다. 모화의 초혼으로서의 넋건지기 굿 장면과 죽음의 장면은 다음과 같이 서술되거나 묘사된다.

> 모화는 김씨 부인이 처음 태어났을 때부터 물에 빠져 죽을 때까지의 사연을 한참씩 넋두리하다가는 화랑이들의 장구 피리 해금에 맞추어 춤을 덩실거렸다. 그녀의 음성은 언제보다도 더 구슬펐고, 몸뚱이는 뼈도 살도 없는 율동으로 화한 듯 너울거렸고…… 취한 양 얼이 빠진 양 구경하는 여인들의 숨결은 모화의 쾌자 자락만 따라 오르내렸다. 모

67 Henry Staten, *Eros in Mourning,* The Johns Hopkins University Press, 1995, p. 11.

화의 쾌자 자락은 모화의 숨결을 따라 나부끼는 듯했고, 모화의 숨결은 한 많은 김씨 부인의 혼령을 받아 청승에 자지러진 채, 비밀을 품고 조용히 굽이돌아 흐르는 강물(예기소의)과 함께 자리를 옮겨 가는 하늘의 별들을 삼킨 듯했다.

밤중이나 되어서였다.

혼백이 건져지지 않는다는 것이었다. 화랑이(박수)들과 작은무당들이 몇 번이나 초망자(招亡者) 줄에 밥그릇을 달아 물속에 던져도 밥그릇 속에 죽은 사람의 머리카락이 들어오지 않는 것으로 보아 김씨가 초혼에 응하질 않는 모양이라 하였다.

작은무당 하나가 초조한 낯빛으로 모화의 귀에 입을 바짝 대며,

"여태 혼백을 못 건져서 어떡해?" 하였다.

모화는 조금도 서두르지 않고 오히려 당연하다는 듯이 넋대를 잡고 물가로 나섰다.

초망자 줄을 잡은 화랑이는 넋대가 가리키는 방향으로 이리저리 초혼 그릇을 물속에 굴렸다.

"일어나소 일어나소

서른세 살 월성 김씨 대주 비운

방성으로 태어날 때 칠성에 명을 빌어."

모화는 넋대로 물을 휘저으며 진정 목이 멘 소리로 혼백을 불렀다.

"꽃같이 피난 몸이 옥같이 자란 몸이

양친 부모도 생존이요, 어린 자식 뉘어 두고

검은 물에 뛰어들 제 용신님도 외면이라

치마폭이 봉긋 떠서 연화대를 타단 말가

삼단머리 흐트러져 물귀신이 되단 말가."

모화는 넋대를 따라 점점 깊은 물속으로 들어갔다. 옷이 물에 젖어 한 자락 몸에 휘감기고 한 자락 물에 떠서 나부꼈다.

검은 물은 그녀의 허리를 잠그고 가슴을 잠그고 점점 부풀어 오른다…….

그녀는 차츰 목소리가 멀어지며 넋두리도 허황해지기 시작했다.

"가자시라 가자시라 이수중분 백로주로

불러 주소 불러 주소 우리 성님 불러 주소

봄철이라 이 강변에 복숭아꽃 피그덜랑
소복단장 낭이 따님 이 내 소식 물어 주소
첫 가지에 안부 묻고, 둘째 가……."

할 즈음, 모화의 몸은 그 넋두리와 함께 물속에 아주 잠겨 버렸다.

처음엔 쾌자 자락이 보이더니 그것마저 잠겨 버리고 넋대만 물 위에 빙빙 돌다가 흘러내렸다.

무가와 더불어서 접신의 황홀경으로 점점 빠져드는 모화의 마지막 초혼굿과 넋대를 잡고 강물 속으로 가라앉는 모화의 아름답고 비장한 최후가 제시된다. 여기에는 세 토막의 초혼 무가가 삽입되어 있다. 여기서 첫 번째의 "일어나소 일어나소……" 및 두 번째의 "꽃같이 피난 몸이" 무가는 죽은 사자에 대한 사자 초혼이고 타자 애도(Heteromourning)로서의 성격을 지니고 있다. 넋대와 초망자 줄에 단밥그릇 같은 초혼 용구로 혼을 부르고 백체를 건져 올리려 한다. 그러나 마지막 넋두리에 이르게 되면 성조도 내용도 변주되면서 실혼 상태에 빠져 드는 모화 자신의 죽음과 관련된 자기 초혼 및 자기애도(Automourning)의 과정으로 변이되어 가고 있다.

이렇게 무당 모화는 자신의 운명을 철저하게 산 삶과 함께 그의 신화세계가 낙조를 맞는 변화 앞에서 저녁노을처럼 아름답고 초월적인 소멸의 최후를 맞이한다. 이런 모화의 죽음을 두고서 '인간적 초월의 숭엄한 희생'과 '유구한 논리'로 평가하는 해석도 있고 또 '실존적 상황과 극한적으로 대결함으로부터 오는 희열'이라고 평가하는 해석도 있다. 이러한 해석들이 어떠하든, 모화의 죽음은 단순한 문화 충돌에 의한 패배로서보다는 샤먼 모화가 지키고 지니고 왔던 가치에 대한 비장한 완결이면서 타자의 죽음에 대한 애도(초혼)를 자기 애도로 일치시키는 의식적 구조이다.

단편 「무녀도」의 이 초혼굿은 그로부터 40여년의 시간을 건너뛰어서 장편소설 『을화(乙火, 1978)』로 다시 확대 · 개작될 때 '바리데기굿'이란 이름으로 변이한다. 『을화』는 한국의 최고(最古)의 종교라고 할 수 있는 토속적 샤머니즘을 통해서 작가가 말하듯 '인간에 충실하고 현세에 충실한 길을 통해서 신과도 통하고 내세와도 통하고 철학이나 종교로서의 가능성을 조명해 보고자 한 장편소설이다. 그러나 무속의 긍정적 가치에 대한 의식적인 시각의 확장과 신화적 노력에도 불구하고 장편 『을화』는 그 원본 단편 「무녀도」가 지니고 있는 작품으로서의 내적 긴장이 오히려 감소되고 있다는 아쉬운 느낌을 거둘 수가 없다.

2) 해원굿의 문학적 서사 : 『신화를 삼킨 섬』 (이청준)

고은의 장편 굿시 『초혼』이 우리 현대시에 있어서 가장 대표적인 굿시라고 한다면, 현대 문학에서 가장 대표적인 초혼모티브의 굿 소설 내지 무당 소설이라고 한다면 이의 없이 이청준(李淸俊)의 장편소설 『신화를 삼킨 섬』(2003)이다. 이 작품은 넋과 관련된 굿판의 삶을 사는 토속적 신령의 매체인 무당들과 해원(解冤)의 굿 이야기이다. 표제의 '섬'이란 명칭으로서 공간적 모티프의 지형도가 된 것은 4 · 3 사건의 큰 환란을 겪은 끔찍하고 무서운 역사의 땅, 제주도가 지정학적 배경이다. 이 『신화를 삼킨 섬』은 굿의 정치학, 즉 굿을 조종 · 이용하는 정치적 전략과 신화성의 표상인 무속 집단과의 견인의 길항관계가 그 주요 서사 내용으로 하고 있다. 즉 그래서 이 작품에 있어서의 굿의 정치학은 정당성을 갖지 못한 정치권력이 통제와 인정을 위해서 해한과 해원의 굿을 어떻게 이용하려고 하는가를 보여줌으로써 신화의 정치화 및 정치의 신화화 현상을 활용하려고 함과 거기에 대한 무속 집단의 대응이나 견인력 및 서로 이질화된 회한에 계류된 사람들의 반응들이 어떻게 작용하는지를 이야기한다. 그래서 정과리는 이 작품의 해설의 도입적 대목에서 다음과 같이 말한다.

> 『신화를 삼킨 섬』은 정치와 신화의 전면전과도 같은 형국을 시종 끌고 가고 있다. 겉으로 보기엔 정치의 압도적인 힘에 무기력하게 내몰리는 인물들과 사연들만이 보이지만, 그것은 사고의 전개 쪽에서만 그렇다. 그 사건에 맞서 진짜 신화가 프롤로그에서부터 시작되고 또한 에필로그를 통해 정치의 혼잡을 앞서고 소설 속에 이야기의 대단원을 드리운다.[68]

한편, 우찬제는 이 작품을 두고서 지정학적 공간이 되고 있는 제주도라는 특징적 공간의 역사성 · 신화성 · 현실성에 대한 성찰을 바탕으로 전체주의나 국가주의에 대한 심층적 비판은 무관심의 수사학으로 펼치고 있다고 평가한다.[69]

장편소설 「신화를 삼킨 섬」(2003)은 이청준(李淸俊)의 비교적 후기의 작품이다. 고은의 장편굿시 「초혼」이 우리 현대시에서 대표적인 굿의 시라고 한다면, 이에 걸맞을 만큼 이 작품은 한국 현대문학에서 가장 대표적인 굿의 소설이자 무당소설이다. 넋과 관련된 굿판의 삶을 사

68 정과리, 「정치도 넘고 신화도 넘어, 또한 탑돌이도 넘어서」, 『신화를 삼킨 섬』, 문학과 지성사, 2011, 396쪽.

69 우찬제, 「풀이의 황홀경과 다시 태어나는 넋」, 『신화를 삼킨 섬 2』, 열림원, 2003, 221쪽.

는 토속적 신령의 매체인 무당과 그들이 풀어나가는 해원의 굿의 이야기이기 때문이다. 작가가 무속에 관심을 둔 것은 이미 소설「석화촌」(石花村)이나 흰옷에서 비롯되지만 표제에서 '섬'이란 명칭으로 공간적인 모티브의 지형도가 된 것은 제주도다. 4.3의 큰 환란을 겪은 끔찍하고 무서운 역사의 땅 척박하고 고난스런 이승의 세월을 살아가는 섬 제주도이지만, 역사의 굿판 같은 이 나라 땅 전체의 한 상징으로서 확대해 볼 수도 있는 공간이다. 신화적 상상력이 가미된 설화를 열림과 닫힘의 프레이밍으로 하고 있는데다 처음부터 민속신앙의 무당들이 등장하고 있어서 더 정확하게 말하자면 굿의 정치학과 역사현실의 비판이 함께 함수 관계로 엮어져 있는 서사체로서의 굿소설이자 정치적인 소설이다. 그래서 이 작품을 두고서 정과리는 '정치와 신화의 전면전과도 같은 형국[70]이라는 명제로 일단 전제적인 해설을 하고 있고, 우찬제는 "제주도라는 특정적 공간의 역사성 · 신화성 · 현실성에 대한 성찰을 바탕으로 전체주의나 국가주의에 대한 심층적 비판을 무관심의 수사학으로 펼치고 있다[71]고 평가한다. 현존 비평의 이와 같은 조준만으로도 이 작품에 대한 심도 있는 해석에의 비전은 이미 열려진 것이다.

우선, 먼저 이 작품에는 육지부의 무당인 유정남 만신들과 황해도 만신 조복순 무당패와 굿이 등장하고 있고 거기에다 제주도 토박이 추(秋) 심방네 해정리의 변심방네들의 무당이 등장하고 또 제주도이 곳곳에서 이들 무녀들이 행하는 굿-신원굿(해원굿), 진혼굿, 혼령굿, 위령

70 정과리: 「정치도 넘고 신화도 넘어 또한 탑돌이도 넘어서」, (해설) 문학과지성사, 2001, p.396.

71 우찬제, 「풀이의 황홀경과 다시 태어나는 넋-이청준의 『신화를 삼킨 섬』 읽기」, 2004, 열림원, 221쪽. 관련글로 김윤식: 「문학에서의 아비(父)」(2015)가 있음.

굿, 넋굿, 당굿, 한씻김굿, 신내림굿-의 각가지 굿판의 기능이 작가에 의해서 우리 문학에서는 선례없이 다중적으로 강화되고 있는 것이다.

그래서 서사는 무당이나 굿판과 관련하여 여러 부분에서 등장인물들의 반응이나 서사적 묘사와 논평으로 무당과 굿의 존재방식과 의의가 제시된다. 굿은 원령의 부름의식이고 씻김과 정화를 위한 연행이다. 한 예로서 조복순 만신이 연행하는 위령굿에 임하여서 민족사학자의 신분으로 보고 있는 고종민의 굿마당에서의 충격과 감동에 대해서 다음과 같이 묘사된다.

> 혼령과 혼령, 신 사람과 죽은 사람이 어떻게 살아있는 무당의 힘으로 서로 만나고 생사간의 일을 서로 전할 수 있단 말인가…
>
> 이런저런 재차와 휴식을 거쳐 드디어 생자와 사자간의 모든 적한과 업고를 풀고 이제는 더없어 편안하고 맑게 씻겨진 망자의 영혼을 저승으로 떠나보내고 망자 역시 비로소 이승의 모든 일을 안심하고 마지막 명부길을 떠나가는 '길가름' 마당에 이르렀고 그러자 그 마지막 무녀의 춤과 함께 종민의 감동도 절정으로 치달았다.
>
> 아, 이것이구나. 이것이 한국의 굿이구나! 죽은 사람은 죽어서나마 이승의 한을 풀고 산사람은 산사람대로 그 가슴 아픈 망자의 짐을 벗고 다시 제 고난스런 삶의 자리를 찾아 돌아가는 재이별의 자리, 그 서럽고도 아름다운 영별의 의식, 그것이 한국의 굿이구나. 그래서 한국 사람들은 그 굿을 하며 살아왔고 굿이 있어 그 삶이 다시 일어서 이어질 수가 있었구나.

이에서 보는 것처럼 무당이 신성원리에 의한 접신으로 죽은 사람의 맺힌 원한과 넋을 풀어주고 편안한 저승길로 가게 하는 의식이 바로 굿판이고 이 굿판을 주재하는 것이 무당 즉 샤먼이란 존재이다. 이런 무당이란 존재에 대해서는 당골 추(秋) 심방네의 아들인 만우가 무당인 아버지를 두고서 말하는 소회 그리고 무당 유정남이 초혼의식을 치르고 난후 망인과 굿청 사람에게 음식을 들라고 권유하는 대목 묘사에서도 다음과 같이 제시된다.

> 아버지 추심방은 만우 앞에 이따금 무당 무(巫)자를 내 세워가며 무가의 하는 일이 하늘과 땅과 사람 삼자 간에 서로 편안한 조화를 얻어 지켜 나가려는 노릇이라 입에 바르듯 아리송한 소리를 일삼아온 터였지만 만우 자신이 보기에 그 무당은 한마디로 사람이 아니었고, 그 삶도 사람의 삶이 아니었다. 심방은 오로지 자신이 모시는 당주 신령과 마을 사람들(당골)을 위해 온갖 노력과 정성을 바치며 살아갈 뿐 자신을 위해 사는 일이 없었다. 당주님의 지혜와 사랑을 빌어 늘 이웃의 어려움과 질병과 불행한 일을 찾아 살피고 그 액고를 풀어주며 복덕을 빌어 나눠줄 뿐, 자신들을 위해서는 항상 조상의 노여움을 사지 않고 편안할 수 있도록 심신을 정갈하게 가다듬고 단속하는 일 뿐이었다.

굿판이란 원래 망자뿐만 아니라 그 망자를 보내는 이승의 생자들을 위하는 일이기도 하였다. 망자의 설움이 아무리 깊다 해도 그 굿은 뒤에 살아남은 자들이 치러내는 자리였다. 그 사람들도 먹고 마셔야 하였다. 그리고 종당엔 슬픔을 씻어내고 좋은 얼굴로 망자를 저승으로 곱게 떠나보낼 수 있어야 했다. 망자도 생자도 각기 명계(冥界)의 길을 달리하여 망자는 그간의 한을 풀고 편안한 저승길에, 생자는 본래의 평상심으로 돌아가 이승의 삶을 다시 이어갈 수 있어야 한다.

무낭과 굿은 모두 한국인의 무속의식에 잠재하는 원령(怨靈) 관념과 해원사상과 깊이 관련되어 있는 무속 연행적인 제의이다. 이런 굿의 주재를 통해서 사자의 맺힌 넋을 씻기고 풀고 다시 태어나는 넋을 위한 간구로 살아가게 하는 것이 무당의 존재방식이자 생존방식인 것이다.

이런 무당의 접신(接神) 경험과 무속적 언행은 무속 공동체의 구성원에게 의당 감염되게 마련이고 그래서 무당인 샤먼은 그의 존재방식인 접신의 신비 경험의 감염을 통해서 그의 정치행위도 또 그 반대행위도 비로소 가능해질 수 있는 것이다.

이야기는 초두에 육지무당 유정남과 그 아들 정요선 그리고 신딸 오순임이 전라도 지역에서 뱃길로 제주도에 들어오는 것으로 시작된다. 이렇게 이들 일행이 굿자리를 옮겨서 까지 제주도에 들어가게 된 것은 나라가 뒷받침하는 '큰당집'이란 조직으로서의 국가기관의 호명 때문이다. 정국의 향방과 나라의 운명이 내일을 점칠 수 없게 불안하고 요동치는 70년대 말과 80년대 초 정권을 강제적으로 장악한 신군부세력은 그 씻김굿의 배후의 주체기관으로 불안한 전국을 잠재우고 위태로운 권력을 지키려는 방책의 하나로서, 일부 계엄지원 배후세력기관과 함께 이른바 '역사 씻기기'란 사업을 추진한다. 그간 역사에 불의한 홀대를 받아온 선대 원혼들에 대한 국가적인 위무와 나라의 새롭고 바른 역사 나아가 평화와 안녕을 명분으로 내세워서 군부정권에서 이반된 민심의 혼란을 수습하고 비정상적인 권력의 전통성을 마련해보자는 속셈으로서 기획한 사업이지만 명분은 다음에 내세우는 항목들처럼 겉으로는 매우 그럴듯하다.

> – 온나라 천지에 조상들의 원혼이 몹쓸 음기를 뿜으며 들썩들썩 떠돌고 있다.
>
> – 이 나라 근현대사는 멀리는 갑오동학란으로부터 일제강점기의 수난과 해방기의 남북분단, 6.25 국란을 거쳐 60년대의 4.19와 5.16 군사혁명기의 혼란 상태에 이르기까지 너무나 많은 시련과 고난의 위

기상황이 중첩해 왔다. 이는 필경 이 땅의 바른 역사를 위해 몸 바친 순국영령들의 음덕과 가호가 모자란 탓이다. 돌봄의 음덕이 모자랄 뿐 아니라 오히려 원망과 위해까지 서슴지 않음 때문이다. 그 조상들이 돌봄이 있고서야 나라와 백성이 이렇듯 고난스리울 수 없는 일이나.

– 오늘 우리가 그 조상들의 원혼, 위무, 진혼 편안히 잠들게 해야 한다. 다시는 후손들의 삶의 터를 어지럽히며 위해로운 원혼으로 이 땅을 떠돌지 않게 해야 한다. 그리하여 이 나라 역사와 국토를 새로 씻겨 세상을 맑고 밝고 평화롭게 가꾸어 나가야 한다.

– 온 나라 강토에 떠도는 조상들의 원혼을 찾아 씻겨라. 이 나라 역사에 몸 바친 구천의 영령들과 아직도 어두운 지하에 묻혀 울고 있는 이름 없는 희생자들의 원혼을 찾아서 그 사무친 원한을 신원하라. 그리하여 다시는 그 원혼들이 들썩들썩 지하에서 들고 일어나 나라를 어지럽히고 현혹하는 일이 없게 하라….

실은 우스꽝스럽고 터무니없지만 겉으로 이 지극히 당연해 보이고 그럴듯한 '역사 씻기기' 사업이란 명분아래 호명된 유정남과 조복순들의 육지무당들이 억울한 섬귀신을 온통 다 씻길 각오로 섬으로 건너오게 된 것이다. 그럴듯한 명분 때문이다. 등장인물로서 민속사학을 연구하는 고종민까지도 처음에는 이 그럴듯한 명분을 지니고 있는 역사 씻기기 사업을 이 땅의 모든 망자들의 원한을 씻고 달래어 그 망자와 생자들의 평화를 함께 이루려는 구원사업일 수도 있다고 믿으면서 국가가 내세운 명분과 이데올로기에 무관심으로 대응하고 사람들을 오히려 이상스러워까지 하다. 그러나 결과는 표면의 명분과는 달리 통제를 위한 이데올로기의 정치적 책략이란 허구성이 밝혀지는 방향으로 일이 전개되어 나아간다. 친정부적 '한얼회' 세력권과 반정부 세력권인 '청죽회'의 맞섬 등으로 해서 이 역사 씻기기 사업은 결국 중단된다. 지팡이 사내 무리의 중단 없는 남행횃불 행렬이 시작되고 그 기세가 걷잡을 수 없어 치솟아 오르기 시작하면서 부터다. 처음부터 정치권력이 의도한 것은 나라의 안전과 평화를 지키려는 열림이 아니라 정권의 정통성을 세우려는 정치적 권력의 술책과 책략으로서의 통제의 기제임에 불과하다는 것을 파고든 것이 작품이 지향하고자 하는 핵심이다. 여기에서 주목되는 하나의 사실은 전두환의 신군부 정치권력뿐만 아니라 남행길을 하는 '지팡이 사내'(김대중)로 표증 되는 대항권력 역시도 등장하는 송일이나 문정국 기자에 의해서 '반정권 세력화의 길 또한 상대적 권력의 추구요 자신도 필경엔 그 권력권의 회로 속에 갇히게 된다'는 논평적 단언이다. 이는 이들 인물의 관점을 끌어들인 작가의 정치관을 암시이나 편벽되지 않는 정치적 무의식을 암시하는 대목이다.

여기서 나는 더 이상의 서사내용의 전개와 작품에 대한 해석은 일단 차치해 두기로 하고, 각 굿판들의 초혼 원령부름의 해원을 제시하고 있는 대목들에 주의한다. 그 대목들을 간략히 옮겨보면 다음과 같다.

> 무엇보다도 굿이 한창 무르익었을 때 무격의 춤과 노래에 실려 열두 칫대 흰명부걸을 내려 들어온 사자의 보이지 않는 혼백이 심방의 업을 빌려 이승의 남은 가족들과 하나하나 생전의 원정과 설움을 나누고 서로 애절한 기원 속에 마지막 먼 저승길은 떠나보내고 떠나가는 제의의 절전에서 이방인 격인 종민도 덩달아 가족이나 마을 구경꾼들 한가지로 가슴 뜨거운 한숨기를 삼킬 수가 없었다.

다음은 섬터주 당골 추심방에 의해 주재되는 제주도 심방굿의 장면이다.

> 두 무녀는 그렇듯 쑥물과 향물 맑은 물로 차례차례 망인들의 신체뿐만 아니라 생전의 모든 한을 씻겨냈다. 살아생전 가슴에 쌓이고 맺힌

> 원망과 억울한 죽음의 원한을 씻겼다. 차마 이승을 떠나지 못하고 떠도는 가엾은 넋이 부정을 씻었고… 무녀는 지금 그 망자들만을 씻기고 있는 게 아니었다.… 무녀는 망자의 원통한 죽음이나 포한뿐 아니라 모든 죽음의 허망스러움과 부정한, 바로 그 죽음의 그림자가 드리운 우리 삶의 허망스러움과 부정을 함께 씻기고 있었다.… 유정남은 조만신의 단조로운 징 가락에 맞추어 그 가혹한 이승 업보의 고에 매인 망인들의 한을 풀어주기 위해 가볍고 절제된 춤사위와 노랫가락 속에 그 고 벳가래를 가볍게 감아 흔들고 돌아갔다. 망인의 마음이 풀려 이승의 한을 다 벗어놓지 않아도 그 혼백이 아직 저승길을 떠날 수 없기 때문이다.

육지 무녀인 유정남 조만신이 초혼의식을 치르고 망자의 슬픔을 씻어내고 한을 풀어 편안히 저승으로 보내는 굿판과 관련된 대목이다. 모두가 굿의 초혼성과 해원성을 밝히고 있는 대목들이다. 이렇게 『신화를 삼킨 섬』은 정치소설로서의 정치학의 국면과 무당소설로서의 굿의 민속종교로서의 시학의 국면을 함께 지닌 작품이다.

3) 서사적 애도와 자기초혼의 서사 : 「초혼곡」(전광용)

초혼모티브의 단편소설 「초혼곡」(1960)은 전광용(全光鏞, 1919~1988)의 초기작품이다. 초혼이나 애도로서의 문학이 대체로 문학 장르에서는 주로 시의 형태나 무속적인 굿 및 제의적 상례의식과 관련된 형태로서 이루어짐에 비해서, 이 작품은 순전히 소설 또는 내러티브인 서사 안에서 이루어지고 있다. 이점에서 우리에게는 드문 형태라고 할 수 있는 '서사적 애도'[72]이다. 애도는 '자기애도'(automourning)와 '타자애도'

---

72 이 새로운 '서사적 애도'(Narrative mourning)이란 용어는 Nouri Gana, *Signifying Loss: Toward a Poetics of Narrative Mourning*, Bucknell UP, 2011의 표제 및 pp.12-

(heteromourning)로 분류되거나[73] 이루어진다. 그런데 이 작품은 애도나 초혼이 죽은 타자지향이기 보다는 살아있는 자기를 지향하는 상황으로 전환시킴으로써 파격과 전복의 트랜스포메이션의 시학이 특별한 효과와 감동을 촉발시킨다. 즉 생자 자신이 애도나 피초혼자가 된 상황이다. 이런 전도의 상황이 이루어진 작품의 결말 대목은 이렇게 묘사되고 있다.

> 나는 체면도 염치도 없어 목 놓아 통곡하고 있다. 그것은 영희의 혼을 부르는 울음도 아니요 영숙이를 안타까워 우는 눈물도 아니다. 다만 자기 자신의 줏대 없는 왜소하고도 소극적인 자기 비굴에 대한 나 스스로의 새로운 넋을 부르는 통곡임에 틀림없는 것이다.

> 나는 아직도 스스로의 무덤에 항거하여 새로운 의지와 행동을 마련할 흘러간 역사에 대한 최후의 호곡(號哭)을 하는 것이다.

바로 이 대목의 비범한 대상 전환으로 만들어내는 자기애도의 울음과 눈물의 미학이 경우에 따라서는 얼마든지 범박해질 수도 있는 이 작품의 문학적인 내용과 가치를 한층 높여주는 근거가 된다. 이 자기 애도나 자기 초혼에는 근원적으로 주인공이자 서술자인 '나'가 이제까지의 자기 삶의 방식이나 태도가 되어왔던 자기비굴, 왜소, 소극성 열등감 등에 의해서 상실된 자아의 넋에 대한 자기 고백과 후회와 아픔이 촉발한 통곡의 초혼이지만, 부차적으로는 아무런 애정과 호의도 표현하지 못한 타자인 영희, 영숙 자매의 불행한 죽음 앞에서 표하는 '나' 즉

13에서 따옴.

73 앞의 책, p. 64. 전광용 소설에 대한 논의로는 권영민의 『전광용론』(1984)과 조남원의 『전광용론』(1988)이 있다.

타자 초혼으로서의 의미마저도 담긴 호곡인 것이다.

그렇다면, 「초혼곡」은 어떠한 이야기인가. 사회성보다는 개인적 자아지향성으로 1인칭의 서술인 이 작품은 연상이나 기억・회상에 의한 현재와 과거의 시간적 역전과 병행 현상의 교차로 이루어지는 특별한 서사방법을 시도하려는 요소가 이따금 엿보이고 있다. 주도 모티프는 자매(sibling) 모티프[74] 즉, 두 자매(여자) 사이의 사랑 모티프의 변형이다. 한 남자를 사랑하는 자매의 이중적 사랑 사이에 어느 쪽에도 적극성이 없어 혼자만의 자물쇠 속에 폐쇄된 자기 협소증과 열등감을 가진 남자인 '나'가 끼어있다 모두를 다 잃고마는 국면이다. 그 원인은 어느 무엇보다도 서술하는 주인공인 '나' 자신의 줏대 없는 왜소하고 소극적인 자기 비굴함에 있다. 그래서 그는 마지막에는 그의 울음과 통곡이 바로 '스스로의 넋을 부르는' 자기 초혼의 호곡이라고 하는 것이다. 그 밖에도 이 작품의 서사적 구성소로서 작용하고 있는 모티프는 죽음과 병의 모티프가 이중적으로 개입하기도 하지만, 흔히 있을 법한 치열한 사랑의 삼각 라이벌로의 질투나 사랑의 갈등과 같은 모티프가 현저하게 끼어들지 않는 현상이 또한 특징이다.

주인공인 '나'는 지금 현재 초라한 부인(자매인 영희, 영숙의 어머니)의 방문을 받고 짓눌린 상념으로 M병원으로 향한다. 바로 이 병원은 의사루부터 최후의 선고를 받은 영숙이 입원해 있는 곳이다. 가는 길에 담쟁이가 올라간 돌담이 높은 양옥 2층집 앞을 지나면서 '나'는 바로 영희, 영숙 자매의 집인 이 집과는 달리 너무도 초라한 서해안 반도의

74 Elizabeth Frenzel: Motive der Weltliteratur, Kröner, 1972, s.501

자기 집과 읍내로 통하는 이십오 리 산길 통학로를 다닌 자신의 과거를 생각한다. 그리고는 다시 지금 M병원을 향하는 벽돌담 양옥에서 들려오는 피아노 소리를 들으면서 그리고 병원입구의 은행잎을 보면서 2층집 그 집 앞에서 영희를 처음 만난 일, 과주임 교수의 소개로 공교롭게도 영희, 영숙 그리고 영식 3남매가 있는 이 2층 양옥집에 가정교사로 입주하던 지난날의 과거로 시간이 역전한다. 처음 가정교사로 입주하면서 시골 섬 태생의 '나'는 이 어마어마한 저택에 발을 들여놓은 보잘 것 없는 일개 고용인이라는 비굴함과 소심한 자기 협소증을 버리지 못한다. 이런 마음 상태는 자매 특히 맏딸 영희를 처음 보았을 때 심장에 직격탄을 맞은 듯한 충격과 끌림을 느낀다. 그럼에도 불구하고 이후 친숙할 수 있는 기회가 얼마든지 있었음에도 불구하고 '나'는 영희에 대해서 혼자 가슴에 내밀하게 지닌 강렬한 애정을 쉽사리 표출하지 못한다. 영희는 비옥한 토양에서 태양열과 영양분을 양껏 받고 스콜을 맞으면서 자란 싱싱한 파초와 같은 반면 자신은 척박한 돌각 담 속에서 메마르고 짓밟히면서도 억지로 비비고 버티어 나온 끈질긴 띠풀과 같아서다. 너무나 다른 환경적 조건의 차이가 있다는 생각과 비굴감 때문에 그로 하여금 영희에 대한 애정 고백의 용기와 의욕을 소극적으로 비꼬이게만 한 것이다.

그런가 하면 얌전한 성격의 언니 영희와는 달리 명랑한 말괄량이 같이 활달한 문학소녀 영숙이는 거침없이 기쁜 마음으로 '나'에게 근접해 오고 뒷날 길에서 '나'를 다시 만났을 때 영숙이 스스로 제가 언니보다 선생님을 더 좋아하고 선생님만 계셔주시면 저는 죽지 않고 살겠다는 진심을 드러내기까지 한다. 이 고백에도 '나'는 비굴한 자기 테두리를 벗어나지 못한다.

그러나 양옥 2층집에서 두 자매와 아들 영식이와 보낸 좋은 시간들은 제가 가르친 영식의 입학시험 실패로 추상집같이 되어버리고 그들 가족들을 볼 수없는 액운의 시간으로 전환되어 버린다. 다시 현재의 병원 복도에서 풍겨지는 매캐한 현재의 약냄새는 과거로 돌아가게 한다. 전상(戰傷)으로 인해서 육군병원에 후송된 '나'로 하여도 과외를 가르친 영식이 불합격 하는 날 '나'는 영희 가족들에게 변변한 인사도 못하고 그 집을 떠난 것을 생각게 한다. 그 후 '나'는 군 징검 영장을 받고 입대한다. 전선에서 격렬한 전투에서 부상을 입고서 육군병원에 후송이 된다. 지리한 입원기간이 지나고 퇴원해도 좋다는 의사의 확인을 받고서야 오래도록 혼자만의 자물쇠 속에 폐쇄되었던 열등감의 문을 열어 제치고 영희에게 싹튼 사랑을 토로하는 편지를 마침내 쓰게 된다.

그러나 얼마 후에 '나'가 받은 답장은 영희의 것이 아니라 그의 동생 영숙의 필적이었고 거기에는 자매의 가정에서 일어났던 사연들 즉, 아버지가 뇌출혈로 세상을 떠났고 언니도 무심히 떠난 '나'를 원망하여 행방을 찾아다닌 것, 언니 영희는 지난 가을 결혼했다는 것, 그리고 영숙 자신은 몸이 약하여 휴양중이라는 모두가 비보나 다름없는 사연이다. 그럼에도 불구하고 이런 영희에 대한 '나'의 은폐되었던 미련은 좀처럼 가시지지 않는다.

다시 M병원에 당도한 현재에서 '면회사절–주치의'란 주의 팻말과 병원 도어 옆 흰 벽에 꽂혀 있는 '김영숙'이라고 검은 나무쪽의 환자 명패를 보면서 과거 '나'가 제대 후 우연히도 노상에서 만났던 영숙의 모습을 다시 더듬는다. 그때 병색이 완연해가는 영숙을 통해서 미국유학을 하고 돌아온 전력 복잡한 의사와의 마음에 없는 불행한 결혼으로 인해서 정신이상과 발광으로 언니 영희가 자기 손으로 끝내 목숨을 끊었다는 이야기를 듣는다. '나'는 군병원에 입원 중에 발신한 편지가 '영숙의 말대로 언니 영희의 죽음에 대하여 얼마간의 책임을 분담해야 한다는 그 속에 담은 고백이 영희의 발광을 촉진시킨 한 소인이 되지 않았을까하고 생각해본다. 이 영숙과의 만남에서 '나'는 영희가 제정신이 돌아올 때에는 '나'의 이야기를 하면서 그렇게 무심하게 떠나버리는 일이 어디 있느냐고 원망하며 자기에게로 시간의 흐름이 필요했던 것이라는 아픈 말도 전해 듣는다. 이때 '나'는 영숙이가 언니보다 더 선생님을 좋아했고 선생님만 계셔주면 언니같이 죽지 않고 저는 살아요 라는 고백도 듣게 된다.

다시 현재의 병원에서 '나'는 죽기 전에 꼭 한번만 선생님을 뵈었으면 좋겠다는 전언을 보며 죽음을 앞에 둔 절박한 시간에 영숙을 마지막으로 만난다. 이 마지막 만남에서 어쩌지도 못하고 이 절박한 시간에도 자신의 비굴한 자기 테두리를 벗어나지 못한 '나'는 영희도 영숙이도 아닌 줏대 없고 왜소하고 비굴한 자신의 넋을 부르는 통곡을 한다.

이렇게 「초혼곡」은 환경의 차이보다는 오히려 성격의 열등이나 비굴함에서 연유됨으로써 아무 것도 이루지 못한 사랑의 이야기이고, 그로 인해서 사자들처럼 죽어버린 것이나 다름없는 주인공 자신과 자신의 혼에 대한 자기애도요 자기초혼의 이야기이다. 물론 주인공은 자신의 울음과 호곡이 영희의 혼을 부르는 울음도 아니고 영숙이를 안타까워하는 눈물이 아니라고 타자초혼임을 외피적으로 부정하고 있지만, 보다 심층에 있어서는 영희 자매에 대한 타자초혼이나 애도가 주인공의 자신의 자기초혼에 바탕으로서 상호관련성을 갖고 작용하고 있음도 사실이다. 언뜻 보면 이루지 못한 통속적인 애정담인 것처럼 비치고 또 지드(A. Gide)의 『좁은 문』(*La porte Etroite*)이 사랑이 연상되기도 하지만, 이념적이고 비판적인 지향성이 배제되었던 자기 고백적이고 산출적인 이 내면적 작품은 서사적 애도라는 초혼의 시학으로서 그 존재가치가 인정되어야 할 것으로 믿어진다.

이 작품에서 초혼은 서사적인 사건에 근거하는 주인공의 의식 내부에서의 이루어지는 초혼이요 애도이다. 소설론적으로 주목할 점은 연상에 의한 회상기법 현재와 과거시간의 교차 시작의 결말로의 추동적 관계 그리고 피터 부룩스나 제임스 펠란이 강조하는 결말의 효과와 마지막에서의 함축성 있는 울음비유는 호곡의 코오다(coda)이다.

한편 전상국(全商國)의 노모유기를 희화화하는 「초혼」(1999) 또한 초혼모티브의 작품으로 성격적으로 보면 서사적 애도에 해당한다. 노모를 무의탁 환자로 만들어 비정하게 병원에 유기했다가 죽음의 임박하는 시간에 노파를 아니 사자를 업고서 나오며 초혼을 부르듯 외치는 자식의 허위적 행태에 대한 이야기이다.

> 아버지의 그 외침은 새벽녘 초혼 부르는 사람의 그것처럼 섬뜩한 떨림을 가진 것이었다. 그러나 노파는 아버지 등에 거머리처럼 납죽 엎드린 채 아버지가 흔드는 대로 흰 머리카락 흩날리는 머리통을 단 한 번도 들지 못하고 있었다.

4장

애도와 도망(悼亡)의 시: 상실에 대한 시적 반응

1) 애도, 그 상실과 아픔의 기의(記意)

애도(哀悼)란 무엇인가. 단적으로 애도는 사랑하는 사람의 죽음을 슬퍼하는 것이다. 의미있는 애정대상의 상실, 주로 사랑하던 사람의 죽음(사별)과 관련된 반응이다. 이의 지배적인 기분은 고통스러운 것이며 이 기분은 외부세계에 대한 흥미의 상실, 상실한 대상에 관한 기억에의 몰두, 새로운 대상에게 투자할 수 있는 정서적인 능력의 감소 등을 수반한다. 애도 과정에 있는 사람은 비록 현실 검증 능력을 유지하고 있고 사랑하던 대상이 더 이상 존재하지 않는다는 것은 인정한다고 해도, 처음에는 상실한 대상에 대한 애착을 거두어들일 수 없다. 대신 그는 현실을 부인하고 상실한 대상의 정신적 표상에 매달림으로써 고통으로부터 도피하고자 한다. 이로 인해 대상의 상실은 자아의 상실로 변향된다. 그러나 애도과정의 단계를 통과함으로써 이러한 자아 상실은 차츰 치유되고 정신적 평정은 회복된다.[75]

헨리 스테이튼은 그의 유명한 저서 『애도 속의 에로스(*Eros in Mourning*, 1995)』에서 애도는 사랑하는 대상의 상실 또는 상실에 대한 반응 즉 가장 사랑했거나 사랑하는 존재로부터의 분리된 아픔의 참을 수 없는 예리함에서 의식되는 정념[76]으로서 규정한다. 시에 있어서의 애도의 언어 및 애도의 수사학은 초혼의례에서 보는 것처럼 호격(呼格)으로서의 이름부르기(Apostrophe)의 언어, 부름의 반복, 의인법(Prosopopoeia)으로 이루어진다. 그리고 애도는 크게 그 대상에 따라서 자기 애도와 타자 애도로 구분된다. 자기상실의 애도가 대상상실의 애도에 의해서 심화되면 자기 애도의 힘이 타자 애도의 매스터링(지배)에 의해서 최소한 무디어지게 된다.[77] 그러나 어느 유형이든 애도는 상실의 위협에 대한 반응에서 일어나고 애도의 변증법은 대상에 대한 애착과정이나 '카텍시스'와 함께 시작된다. 마음 속으로의 간절한 이름부르기로서의 애도를 그 자체로서가 아니라 정치적인 다른 목적으로 끌어들이고 이용해서는 안 된다. 그것이 바로 애도의 윤리이다.

(가) 서정주의 「부활」의 윤회적 상상력

'복'이라는 고복의식의 원형적 경험을 근거로 죽은 사람의 이름을

75 Borness E. Moore, *Psychoanalytic Terms and Concept*, Yale University Press, 1988, p.122.

76 Henry Staten, *Eros in Mourning*, The Johns Hopkins University Press, 1995, pp.10–11.

77 같은 책, p.10.

부르는 시, 상실을 애도하는 시는 김소월의 「초혼」의 경우 외에도 우리 시의 세계에서 적지 않은 현상이다. 예컨대 서정주(徐廷柱)의 「부활」, 정지용(鄭芝溶)의 「유리창」, 박목월(朴木月)의 「하관(下棺)」, 송수권(宋秀權)의 「산문(山門)에 기대여」는 모두 그런 애도 유형의 대표적인 시이다.

> 새벽 닭이 울 때마다 보고 싶었다.
> 내 부르는 소리 귓가에 들리더냐. 순아
> 이것이 몇 만 시간(萬時間)만이냐.
> 그날 꽃상여 산(山) 넘어서 간 다음 내 눈동자 속에는
> 빈 하늘만 남더니 매만져 볼
> 머리카락 하나 머리카락 하나 없더니 비만 자꾸 오고…
> 촛(燭)불 밖에 부엉이 우는 돌문(門)을 열고 가면
> 강(江)물은 또 몇천리인지, 한번 가선 소식 없던
> 그 어려운 주소(住所)에서 너 무슨 무지개로 내려왔느냐.
> 종로(鐘路) 네 거리에 뿌우여니 흩어져서 뭐라고 조잘대며
> 햇볕에 오는 애들 그 중에도 열 아홉살쯤 스무살쯤 되는 애들
> 그들의 눈망울 속에 핏대에 가슴속에 들어 앉아
> 순아… 순아… 너 인제 모두 다 내 앞에 오는구나.

서정주의 시 「부활」의 일부이다. 시적 자아이고 화자인 '나'는 '순아'(순이)를 부르고 있다. 그런데 여기서 불리고 있는 순이란 존재는 이승에 살아 있는 열아홉 스무살 쯤의 여인이 아니다. 이미 이승에서 오래전에 죽어서 꽃상여 타고 멀고 먼 타계인 저승으로 가버림으로써 '나'로 하여금 그리움만으로 간절히 보고 싶었던 여인이다. 그래서 '나'와는 시공의 현상학에 있어서 더 이상 상접할 수 없을 정도로 돌아올 수도 없이 멀고멀다는 '몇 만 시간' '몇 천리'의 원격한 시간과 단절의 처소로서의 거리를 두고 있는 것이다. 이는 저승과 이승의 사이에 대한 시공의

수리적 비유이다. 그런데 시적 화자는 어느 날 종로 네거리에 흩어져서 조잘대고 가는 소녀(여인)들 속에서 순이를 꼭 닮은 여인들을 보면서 그들이 마치 '먼' 저승으로부터 무지개를 타고 내려온 순이인 것으로 착시 반응하여서 순이의 이름을 부르게 된다. 보통의 사람들도 현재의 (A)가 죽은 (B)와 참 닮았다는 놀라움의 경험을 하는 경우가 흔히 있지만, 이것은 분명 '다름 속에서의 유사함'(similar in disimilar)을 보는 착시적 연상의 시적 상상력의 결과이다. 그래서 실친자(失親者)이며 화자인 '나'는 더 나아가서 '내 부르는 소리 귓가엔 들리더냐'라고 반문한다. 마치 내 부름에 응하여 순이가 다시 살아 돌아온 것으로 반응한 것이다. 이는 달리는 표제가 암시하고 있듯이 재생(부활)이나 다른 무엇으로 다시 태어난다는 전생윤회(轉生輪迴)의 원형적 사유나 상상력에 의하여 만들어지는 시적 지각인 것이다. 실로 서로 관계가 없는 것을 관계있는 것으로 보고 연상하는 시적 상상력의 착시와 착각이 만들어 내는 미학이다. 간절히 보고 싶은,그리움의 마음은 이렇게 죽은 사람을 현전(現前)의 산 존재인 것처럼 보게 한다. 시적 서정은 이렇게 때로는 논리를 전복하거나 비약하는 것에 그 유니크함이 있는 것이다.

(나) 정지용의 「유리창-1」: 외롭고 황홀한 시정

유리(琉璃)에 차고 슬픈 것이 어른거린다.
열없이 붙어서서 입김을 흐리우니
길들은 양 언 날개를 파닥거린다.
지우고 보고 지우고 보아도
새까만 밤이 밀려나가고 밀려와 부딪치고,

물 먹은 별이 반짝, 보석처럼 박힌다.
밤에 홀로 유리를 닦는 것은
외로운 황홀한 심사이어니,
고운 폐혈관이 찢어진 채로
아아 너는 산새처럼 날아갔구나! (1930)

정지용(鄭芝溶, 1902-19??)의 「유리창」이라는 시다. 언어와 감정의 절제로 현대시사에서 가장 우뚝한 정지용이 아이를 폐렴으로 잃은 뒤 그 안타까운 마음을 완결미 있게 구성해낸 일종의 애도의 곡자시(哭子詩)이다. 허난설헌(許蘭雪軒)의 「곡자」 등 '옥같은 너를 어이 묻으랴'고 애절해한 옛 문인의 글이나 이상화의 「곡자」, 김광균(金光均)의 시 「은수저」도 모두 여기에 해당한다. 곡자시란 아이를 잃은 안타까움과 슬픔을 표현한 시라는 뜻이다. 마지막 행에서 '너'(원문은 '늬')라는 호칭대명사로써 죽은 아이가 호명의 대상으로 불러진다. 이 시는 밤과 별과 유리창이란 세 이미지의 조응(꼬레스퐁당스)을 통해서 가슴에 묻은 죽은 아이를 그리워하고 만나고 싶은 애절한 마음을 넘치는 호곡(號哭) 대신에 최대한 절제력 있게 표현하고 있다. 화자는 찬 유리창에 붙어 서서 죽은 아이를 그리워한다. 그 순간 성에가 낀 유리창 밖에 무언인가 언 날개를 파닥거리는 듯 어른거리는 것을 본다. 죽은 아이가 온 것인가란 생각에 화자는 입김에 흐려진 창을 지우고 지운다. 그러나 유리창 밖은 밀려나고 밀려드는 새까만 밤뿐이다. 그런데 그 순간 그 새까만 밤 저편으로 먼 물먹는 별 하나가 반짝하고 그 유리창과 화자의 가슴에 들어와서 보석처럼 박힌다. 그때 화자는 아이가 죽어서 보석 같은 하늘의 별이 되어서 멀리서 나를 보고 있는 것이라고 생각한다. 그래서 화자는 밤에 홀로 유리를 닦는 것은 '외로운 황홀한 심사'의 정조라고 표현한다. 이는 옥시몰론(Oxymoron, 모순어법)적 이중의 상반된 감정이다. 그렇다면 어째서 화자는 유리닦는 일이 '외로움'과 '황홀'의 모순된 심사가 된다고 했을까. 어둠의 창을 매개로 하여 아이와의 만남을 차단하는 데에서 오는 닫힌 마음과 유리창을 통해서 별이 된 아이를 만날 수 있는 마음이 오버랩되어서 서로 교차하기 때문이다.

그러나 "고운 폐혈관이 찢어진채로 / 아아 너는 산새처럼 날아갔구나"에 이르게 되면 이제껏 그렇듯 절제되어 왔던 감정의 상태도 변주된다. '아아'라는 한탄성 감탄사와 함께 아이의 안타깝고 안타까운 사인(死因)과 함께 그로인해 산새가 날아가듯 세상과 부모를 떠나가 버린 아이에 대한 애도의 애절한 정이 끝내는 울음처럼 터져 나오게 되는 것이다.

(다) 박목월의 「하관(下棺)」: 이승과 저승의 거리

관(棺)이 내렸다.
깊은 가슴 안에 밧줄로 달아내리듯
주여
용납하옵소서
머리맡에 성경을 얹어주고
나는 옷자락에 흙을 받아
좌르르 하직(下直)했다.

그 후로
그를 꿈에서 만났다.
턱이 긴 얼굴이 나를 돌아보고

형님!
불렀다.
오오냐 나는 전신으로 대답했다.
그래도 그는 못 들었으리라
이제
네 음성을
나만 듣는 여기는 눈과 비가 오는 세상.

너는 어디로 갔느냐
그 어질고 안쓰럽고 다정한 눈짓을 하고
형님!
부르는 목소리는 들리는데
내 목소리는 미치지 못하는
다만 여기는
열매가 떨어지면
툭 하고 소리가 들리는 세상. (1959)

박목월(朴木月)의 「하관(下棺)」(1959)이란 시다. 죽은 동생을 땅에 매장함으로써 시인은 동생과 아주 하직한다. '관이 내렸다'에서 관을 내린다는 것은 망자와의 영원한 결별을 고하는 장례적 의식이다. 그리고 흙뿌림은 생자와 사자의 마지막 결별하는 매장의 장례적 의식이다. 2연에서 동생을 땅속에 묻고 돌아온 밤 화자인 시인은 환청처럼 꿈에서 죽은 동생이 '형님'하고 부르는 소리를 듣는다. 여기서 특이한 것은 사자에 대한 생자의 부름이 아니라 오히려 지하 명계(冥界)의 사자가 생자를 부르고 있는 전화된 부름이고, 생자인 형도 여기에 '오오냐'라는 대답으로 호응하는 소통과 영교(靈交)의 상태가 이루어지는 듯한 정황이라는 점이다. 화자는 동생의 '형님'하는 부름에 들릴만큼 힘있게 전신으로 대답했다고 표백하고 있다. 여기에서 비록 지상과 지하로 갈라진 막막한 단절에도 불구하고 꿈의 세계를 벌려서라도 부름의 말을 전달하고 싶은 형의 간절한 기원과 바람의 정이 함축되어 있는 것이다. 그런데 그 다음의 시행은 삶과 죽음의 격리현상에 대한 아쉬움과 결별의 안타까움을 드러내준다. 단절의 공간적 거리를 그려서 화자의 소리가 들리는 음향(소리)공간과 소리가 전해 들리지 않으리라고 인지하는 침묵공간으로 대비시키고 있다. 여기는 '눈과 비가 오는 세상'인데 거기는 모든 것의 변화현상이 아주 멎어버린채 세상의 소리가 전혀 들릴 수 없는 정적의 공간이라고 인지함으로써 생사세계의 단절과 절연상태와 '너는 어디로 갔느냐'고 죽음에 의한 아우의 부재를 안타까워하는 것이다.

여기 두 세상으로서의 지상의 삶의 세계는 눈과 비도 오고 열매가 떨어지면 툭하고 소리마저 들리는 이승인데, 아우가 땅 속에 하관되어 있는 그곳 저승은 작은 열매 떨어지는 소리마저도 없고 눈비가 오는 변화의 시간도 대화도 모두 정지되어버린 적막한 세상으로서 표상된다. 음향과 침묵의 이미지로 삶과 죽음의 세계에 대한 매우 독특한 사적인식을 보여 준다. 이와 같은 시는 '뭐락카노 뭐락카노'의 경상도 방언이 반복되고 있는 그의 시 「이별가」에서도 제시된다. '뭐락카노'에서 이승과 저승으로 나누어져 귀먹은 듯 들리지 않는 음성의 안타까움이 애타는 물음이 되어 표출된다.

(라) 송수권의 「산문에 기대어」: 누이의 눈썹의 영상미학

누이야
가을 산 그리메에 빠진 눈썹 두어 낱을
지금도 살아서 보는가

정정(淨淨)한 눈물 돌로 눌러 죽이고
그 눈물 끝을 따라가면
즈믄 밤의 강이 일어서던 것을
그 강물 깊이깊이 가라앉은 고뇌의 말씀들
돌로 살아서 반짝여 오던 것을
더러는 물 속에서 튀는 물고기로
살아오던 것을
그리고 산다화(山多花) 한 가지 꺾어 스스럼없이
건네이던 것을

누이야 지금도 살아서 보는가
가을산 그리메에 빠져 떠돌던, 그 눈썹 두어 낱을 기러기가
강물에 부리고 가는 것을
내 한 잔은 마시고 한 잔은 비워 두고
더러는 잎새에 살아서 튀는 물방울같이
그렇게 만나는 것을

누이야 아는가
가을 산 그리메에 빠져 떠돌던
눈썹 두어 낱이
지금 이 못물 속에 비쳐 옴을 (1975)

송수권(宋秀權, 1940-)의 시 「산문(山門)에 기대어」다. 모두 3연의 연마다 초혼의 혼을 부르듯 '누이야'를 호명하고 있다. 그러니까 누이는 이승이나 삶의 영역에 있지 않고, 저승 또는 죽음의 세계로 넘어 가버린 존재로서 누이를 인지하면서 시적 화자는 그 누이에게 계속 말을 걸고서 묻고 있다. 누이는 한국의 시적 공간에서 생사를 떠나서 가장 애착하고 친애하는 대상의 이미지이다. 대체로 누이(누님)들의 이미지는 죽거나 애련하게 마련이다. 여기서도 마찬가지다. '보는가' '아는가'라

고 묻고 '보는가' '아는가'라는 '물음'의 시적 어법이 사용되고 있다. 그런데 누이의 이미지는 한결같이 세 개의 연 모두에서 '눈썹'으로서 표상되어 있다. 게다가 눈썹은 반복하여서 '가을산 그리메에 빠져 떠돌던 눈썹 두어낱'이다. 이런 눈썹의 이미지는 한국 현대시에서 「내 마음 속 우리님의 고운 눈썹을 / 즈믄밤의 꿈으로 맑게 씻어서 / 하늘에다 옮기어 심어놨더니 / 동지 섣달 날으는 매서운 새가 그걸 알고 시늉하며 비끼어 가네」라고 한 서정주의 '동천(冬天)'에서의 눈썹과 함께 가장 마력적인 이미지이다. 이 시는 시적 계보로 보면 미당(未堂)을 잇고 있다고 하겠지만, 그의 눈썹 이미지는 시 「꿈꾸는 섬」에서도 나타난다.

투영된 영상으로서의 '가을산 그리메에 빠진 눈썹'은 화자의 기억의 내면공간에 자리잡은 죽은 누이를 연상하는 의식내용의 매체요 정서적 등가물이다. 즉 그 눈썹은 죽은 누이의 것이며 화자는 가을산의 그늘이 비치는 거울같은 못물을 드려다 보면서 거기에 이전에 누이가 낯을 비추던 형상을 기억하고 그 여울에 지금도 여전히 누이의 눈썹 두어낱이 기억의 흔적으로서 남아있으리라고 상상한다. 이렇게 누이를 잃은 화자는 누이가 남긴 눈썹 두어낱같은 아주 아주 미세한 기억의 인자나 대상을 하나라도 붙잡아서 그것으로 죽은 누이와의 지속적인 관계의 감촉을 애타게 가지고 싶어하는 간절함을 물에 비치는 영상으로서의 눈썹의 이미지로 표출해내고 있는 것이다. 멋진 문학적 아이콘이다.

시간적 공간적 구상력의 시적 비약마저 지닌 이 시는 언어적 상황이나 문법적인 조직에서 보면 전체가 물음문이다. 즉 보는가 아는가라는 주문장이 전제되고 '~을'하는 목적어의 대상들이 호응하고 있는 구조이다. 그런데 시제(時制)의 측면으로 보면 1연은 '~던'의 과거형이고

2연은 '가는' '만나는'의 현재형이고 '나'와 누이는 삶과 죽음이 서로 갈라져 있음에도 불구하고 「지금도」「살아서 보는가」라고 함으로써 양자가 지속적인 관계나 상황으로 상정하고 있다. 이중 목적어항의 장면들은 서로가 교감하고 공유하는 것으로 보는 기억항이오 현재항이다. 그런데 이 물음은 물음에서 끝나버리는 것이 아니라 답이 없지만, 이 모든 항들이 양자의 만남을 이루어지게 매개한다. 실로 무상하지만 누이는 저세상으로 갔지만 살아있는 듯 시인은 누이가 마치 지금도 살아있는 듯 떠올리며 말을 건네면서 누이의 이미지를 가을산 그리메 물에 드리운 눈썹의 영상적 상징법으로 환생화하고 불멸화하고 있다. 그래서 그 눈썹의 환생이 살아서 강도 되고 물속에 튀는 물고기도 된다. 「속 산물에 기대어」가 있다.

2) 도망시: 죽은 아내에 대한 그리움과 눈물의 현상학

애도와 같거나 거의 비슷한, 현재는 생소한 도망(悼亡)이란 용어가 있다. 죽은 이를 애도한다는 뜻이다. 바로 이런 도망의 정서를 시화한 것이 이른 바 도망시다.[78] 일단 죽음(thanatos)이 전제되는 시다. 헨리 스테이튼의 책 『애도 속의 에로스』(1985)가 환기하듯 그 속에 사랑의 다른 이름인 「에로스」(eros)가 잠재한다. 죽은 사람을 추모하거나 사랑하는 이

78 도망시에 대한 연구를 대표자는 글들은 다음과 같다.
최재남, 『한국 애도시의 연구』, 1997.
안대회, 『한국 한시와 죽음의 문제–조선후기 만시의 예술성과 인간미』, 1995.
전송렬, 『옛사람들의 눈물 · 조선의 만시 이야기』, 2008.
이은영, 「예(禮)와 정(情)의 조화와 변주–조선시대의 애도문학 형상화 방식」, 2013.

를 보내는 애통한 심정을 표출하는 시를 만시(挽詩), 만사(挽詞)라고도 하거니와 그 가운데서도 특히 죽은 아내를 눈물로 애도하여 남편이 지은 시를 두고 도망시(悼亡詩)라 일컫는다. 이도 본래는 애도망자(哀悼亡者) 죽은 이를 애도하는 시로서 범박하게 일반화된 의미였으나, 한문학의 영역에서 죽은 아내를 애도하고 그리는 시로 한정되어 쓰는 경우가 거의 보편화되어 있는 것이다. 도망시는 중국 진(晉)나라의 반악(潘岳)으로부터 시작되었고 조선의 한시에 있어서도 '도망' '도처(悼妻)' '곡내(哭內)'등의 이름으로 알려지고 있다. 오늘의 시점에서 보면 '아내에게 바치는 노래'가 아니라 죽은 아내에게 드리는 시이다. 도망 역시 애도의 형식이니 마음 속의 간절한 부름과 슬픔이 전제된다. 이에 대한 한 연구에 의해서도 조선의 경우 도망시가 집중적으로 지어지는 시기는 17세기부터 19세기까지라고 한다. 그리고 이 도망시는 아내의 죽음 직후에 짓는 경우도 있고 그 시간이 훨씬 더 지난 다음 아내의 생일이나 기일에 짓는 경우도 있다. 아이의 생일, 혼인날 아내의 빈자리를 느끼며 짓는 경우도 있다고 한다. 또 계절의 변화나 특정 사물에 촉발되어 짓는 경우도 짓고 아내의 무덤을 지나거나 고향집에 돌아왔을 때 아내가 없는 쓸쓸한 감회를 이기기 위해 짓는 경우도 있다고 한다. 이렇게 도망시를 짓는 시점은 아내가 죽은 직후부터 시간적으로 최장 수십 년에 걸쳐져 있다. 작시의 목적은 모두 사별한 아내에 대한 그리움과 애련한 내면정서의 표출이라는 순수 서정적 측면에 놓여 있다[79]는 것이다. 도망도 구극적으로는 간절한 부름의 정서인 것이다.

79 이은영, 위의 책, 240-1 쪽.

반면, 생시에 아내를 극진히 사랑해서 자의적으로 버젓이 내놓은 애처의 한시는 그렇게 흔하지 않다. 조선의 선비들은 살아서 결혼해 이름마저 잃어버리는 여인인 아내가 죽은 후에야 살아서 미루어둔 사랑을 부름이요, 소회요, 말걸기로서의 도망시의 형식을, 빌어서 비로소 고백한다. 이것이 한국 선비들이 지니고 있는 조선시대의 비탄과 젠더의 문제로서의 '애도 속의 에로스(사랑)'의 특징 현상이 나타난다. 조선시대의 몇 대표적인 도망시를 옮겨보면 다음과 같다.

평생을 해로하자 약속했는데　百年偕老約
하루아침에 그 계획 어그러졌구나.　一朝前計非
경황없이 감옥에 다다르고서야　蒼黃赴犴獄
진실로 알았네, 다시 돌아가지 못함을.　固知不復歸
이별 역시 고하지 않았지만　亦不告以別
이별을 고한들 한 갓 슬픔 뿐일 터.　告別徒傷悲
아득한 동북길에　茫茫東北路
네 아들은 뒤따를 수 없구나.　四子莫追隨
아들 하나도 멀리 귀양 가니　一子復遠謫
아, 이를 어찌할거나.　咄咄此何爲
외로운 그림자가 하늘가에 막혀서　隻影塞日邊
집안의 변고는 아득하니 알기 어려웠네.　家故邈難知
세 아들이 보낸 두 번 편지에는　三子兩度書
늘 병 앓는 것이 그전과 같다더니　每病以前時
하루는 홀로 앉아 있자니　一日獨坐久
갑자기 두 줄기 눈물이 흘러 내렸네.　忽然雙涕垂
스스로 생각하길 왜 이럴까　自念胡爲哉
반드시 집안에 무슨 일이 있으리라.　定應家有奇
허나 잠잠히 있을 뿐 누구와 말하리오　閟嘿誰與語
괴로이 다섯 자 시만 읊었네.　辛苦五字詩
오래지 않아 편지가 왔는데　未幾有書至

지난달에 이미 영결을 했다네.	前月已長辭
통곡하려 해도 눈물이 나지 않고	痛哭眼無淚
죽고 싶은 마음에 뼈가 부러질 듯 하구나.	心死骨欲折
몸종이 내 곁에서 우는데	侍婢哭我傍
슬프고 슬퍼하며 울음소리 그치지 않네.	哀哀響不歇
내 애써 너그럽고자 하나	我欲强自寬
이를 듣고 다시 울음이 터지는구나.	聽此復嗚咽
밥을 대하여도 먹을 수 없어서	對食食不能
술을 빌어 타는 속에다 들이붓는다.	借酒沃腸熱
사람이 어찌 배고픔을 참을까 하여	人間豈忍飢
숟가락과 젓가락을 이날 다시 들었네.	匙箸復此日
알지 못하리, 구천의 넋은	不知泉下魂
몇 개의 낟알이나 먹을 수 있는지.	能進幾箇粒
근래 흐린 날이 많으니	邇來天陰多
응당 조물주도 울고 있는 것이리.	亦應眞宰泣
어제 또 편지를 받았는데	昨日又得書
달포 내로 상여가 떠난다네.	月內喪車發
배는 물결을 거슬러 강을 오르고	泝流上江舡
수레는 구름 뚫고 재 넘어 가리.	穿雲過嶺轍
높고 높은 곽산의 구름이여	迢迢郭山雲
꿈 속에서도 길이 멀구나.	夢裏道里闊
아비 자식 어미가 각기 다른 곳에 있으니	父子母三處
살아 이별 죽어 이별 어이 견디랴.	可堪生死別
눈물이 뒤범벅되어 괴로운 말을 쓰노라니	和淚寫苦辭
아 내 가슴 찢어지누나.	嗚呼吾痛裂[80]

5언 46구로 이루어진 혼귀달(洪貴達, 1483-1504)의 「도망」이라는 시이다. 혼귀달은 원지 감옥에 가 있는 상태에서 아내가 죽었다는 부음을 뒤늦게야 듣는다. 하늘가에 막힌 외로운 그림자같이 돌아갈 수도 없

80 洪貴達, 虛白亭文集, 卷之 1, 「悼亡」.

는 묶인 죄인의 신분이라서 도무지 어찌할 수가 없다. 아들마저도 멀리 귀양을 가 있으니 상을 치를 수도 없는 막막하기 이를데가 없는 처지이다. 이를 어찌 할거냐의 한탄스러움이 터져 나올 수밖에 없다. 여기에는 눈물 흘리고 애통해 하는 감정의 표출이전에 먼저 아내와의 평생해로의 약속이 어그러짐, 귀양, 아들의 귀양 등의 일련의 변고가 서사적으로 제시되고 남은 아들의 편지를 통해서 죽음에 이르는 불안한 아내의 깊어가는 병증의 소식을 접하던 중에 늦은 부음을 듣고 울음터지는 속에 영결의 상여가 쓸쓸히 떠난다니, 원처 배소의 시적 자아(홍귀달)의 애절 · 애통함이 오죽하겠는가. 이에서부터 서사의 정황은 서정으로 옮겨간다. 배는 물결을 거슬러서 강을 오르고 수레는 구름을 뚫고 재를 넘어가는데 높고 먼 곽산에 있어, 아비, 어미, 자식 모두 흩어져 있고 '살아 이별' '죽어 이별'을 어이 견디랴 가슴 찢어지는 심정이 핍진하게도 표출된다. 도망시가 지닌 슬픔, 통곡 등 언제나 근엄했던 우리 선비들의 내면적인 사랑과 인간미있는 눈물의 현상학을 여기서 접하게 된다. 이것이 역설적이게도 살아서는 자제적으로 깊이 숨겨왔던 정(情)을 죽어서야 마침내 드러내는 선비들의 아내 사랑법이다.

밝고 맑은 흰 모시옷 백설과도 같은데	皎皎白紵白如雪
당신이 살았을 적 간수하던 것이라고 했소.	云是家人在時物
당신이 고생하며 낭군 위해 마련했건만	家人辛勤爲郎厝
바느질도 다 못한 채 사람만 먼저 갔구려.	要襋未了人先歿
낡은 상자 열고 할멈이 울며 하는 말	舊篋重開老姆泣
"누가 제 대신 이 옷을 지으셨겠어요"	誰其代斲婢手拙
옷감의 마름질은 모두 벌써 끝나고	全幅已經刀尺裁
몇 줄 시침질 자국이 그대로 남았구려.	數行尙留針線跡

아침에 시험 삼아 빈방에서 입어보니　　朝來試拂空房裏
당신 모습 꼭 다시 보는 듯만 하였소.　　怳疑更見君顔色
이전에 당신이 창 앞에서 바느질할 때　　憶昔君在窓前縫
어찌 알았겠소, 오늘 아침 내가 이 옷을
　입는 걸 보지 못하리라고.　　安知不見今朝着
비록 작은 것이지만 내게는 소중한 옷,　　物微猶爲吾所惜
이후로 어디 가서 당신 솜씨를 얻으리.　　此後那從君手得
누가 황천에 가서 말 좀 전해주시오　　誰能傳語黃泉下
이 모시옷 낭군 몸에 빈틈없이 맞는다고.　　爲說穩稱郎身無罅隙

채제공(蔡濟恭, 1720-1799)이 죽은 아내를 그리워하면서 쓴 도망시 「백저행(白紵行)」이다. 표제의 '백저'는 흰모시 또는 흰모시옷이라는 뜻이다. 시의 화자 즉 발화자는 시인(채공) 자신이고 수화자인 「당신(家人)」 또는 '당신(君)'은 죽은 아내이다. 시의 정황으로 보면 남편이 모르는 사이에 아내는 남편에게 입혀드릴 하얀 모시옷을 짓는다. 그런데 고생하며 짓던 모시옷을 채 마련하지도 못하고 아내는 먼저 세상을 떠난다. 뒤늦게야 화자인 채공은 그 모시옷이 아내가 자기를 위해서 짓던 것이라는 것을 '할멈'[老姥]의 말을 듣고서야 알게 된다. 옷감의 마름질이 모두 벌써 끝나고 몇줄 시침질 자국이 그대로 남은 아내의 이 미완성의 옷을 남편 채제공은 아침 빈방(空房)에서 조용히 시험삼아 입어 본다. 그러면서 화자(남편)는 내가 이옷을 입는 것을 보지 못하리라고는 생각지도 못하고 정성스레 창앞에서 바느질을 하고 있었을 아내를 떠올려 본다. 여기 빈 공방의 공간이미지를 비롯한 생의 쓸쓸하고 공허함과 무상함이 환기되고 있음은 물론 비록 시침질만 된 미완성의 것이지만, 그것을 어느 값진 것으로도 바꿀 수 없는, 비록 작은 것이지만 내게는 더없이 소중한 옷으로 받아들이는 고마운 정감의 마음이 눈시울을 적시게 한다. 그래서 화자는 이 고맙고 그리운 마음을 '황천'가는 메신저 -이는 시인인 자신의 제2 자아임-가 있다면 그 존재를 통해서 이 모시옷이 '빈틈없이 꼭 맞는다'고 생전에 인색하기만 했던 아쉬운 고마움의 한마디 말을 아내에게 꼭 전하고 싶다는 것이다. 이 말 속에 아내의 바느질 솜씨는 물론 정성에 대한 고마움 및 아내에 대한 간절한 그리움 그리고 아쉬움이 모두 포괄적으로 함축되어 있는 것이다. 흰 모시옷은 결곡한 아내의 이미지 그 자체이다.

어찌하면 저승 가서 월로에게 하소연하여	那將月老訟冥司
내세에는 부부가 바꾸어 태어나	來世夫妻易地爲
천리에 나 죽고 그대 살아서	我死君生千里外
그대에게 이 설운 마음 알게 할 수 있을까.	使君知我此心悲[81]

추사 김정희(金正喜 1786-1856)가 제주 배소(유배지)에서 아내 예안 이씨의 부음을 듣고서 쓴 「배소만처상(配所輓妻喪)」이라는 시다. 여기 '월로(月老)'는 월화노인(月下老人)-혼인을 맺어주는 중매인-이며, 생과 사의 처지를 가정적으로 서로 전도하거나 바꾸는 역지사지의 역전에 의해서 실친(失親)의 아픈 슬픔과 그리움을 절절이 드러낸다. 즉 내세에 '나'와 「그대」의 관계를 서로 바꾸어 태어나서 천리 먼 땅에서 내가 먼저 죽었을 때 그때 그대가 살아서 느끼고 보아야 그 지극한 슬픔과 그리움이 바로 지금의 나의 심정일 것이라는 표현이다. 천 리 밖 바다가 막고 거기에다 갇힌 유배의 상황에서 한달이 넘어서야 겨우 부음을 받고 영결조차도 할 수 없는 남편의 처지가 얼마나 원통하고 참담하

81 金正喜, 『阮堂全集』 卷之十, 「配所輓妻喪」.

였을까. 굳이 처지를 바꾸지 않았어도 죽는 아내의 마음은 더 절통하였으리라.

한 이불 덮다가 이별한지도 잠깐 어느새 천년이 된듯하다
同床少別已千年
먼하늘 떠가는 구름만 하염없이 바라본다. 極目歸雲倚遠天
그대 다시 만나려고 오작교에 기다릴까? 後會何須烏鵲渡
은하수 서편가 달은 배 같다 銀河西畔月如船

연암(燕巖) 박지원(朴趾源, 1737-1805)의 도망시다. 35년을 함께 한 아내가 먼저 하늘나라로 간다. 그 아내 떠나고 며칠도 되지 않았는데 나 혼자 사는 시간이 긴 천년이듯 아득하게만 느껴진다. 그래서 시적화자를 '나'는 먼 하늘에 떠가는 구름 한 점을 아내인 듯 바라보면서 멍해져서 있다. 견우직녀는 오작교 건너 한해 한번 만난다지만 어찌 그렇게 참고 기다리리. 은하수 서편가에 뜬 초생달 흡사 배 같으니 당장 이를 그에게로 타고 가고저라.

먼 하늘로 가버린 아내를 만나러 당장이라도 가고 싶은 안타까운 간절한 그리움의 마음의 배처럼 떠있는 이런 아내에 대한 간절한 그리움을 시로 쓴 연암은 아내를 사별하고 20년 동안 홀로 지냈다고 한다.

이러한 아내 그리움으로서의 도망의 서정성은 현대시에도 그대로 이어진다.

한국의 라이너 마리아 릴케로 잘 알려진 시인 김춘수(金春洙)의 시집 『거울속의 천사』(2001), 『쉰 한편의 비가』(2002), 유고시집 『달개비꽃』(2004)에서는 먼저 세상을 떠난 부인의 부재와 도망의 사랑과 그리움이 여러 곳에서 표백되어 있다. 그는 죽은 부인을 위한 많은 시를 썼다. 그

중 제22번 비가(悲歌)의 전문은 이렇다.

> 지금 꼭 사랑하고 싶은데
> 사랑하고 싶은데 너는
> 내곁에 없다.
> 사랑은 동아줄을 타고 너를 찾아
> 하늘로 간다.
> 하늘위에는 가도가도 하늘이 있고
> 억만개의 별이 있고
> 너는 없다. 네 그림자도 없고
> 발자국이 없다.
> 이제야 알겠구나
> 그것이 사랑인 것을.

하늘 위에는 가도가도 하늘이 있고, 억만개의 별이 있는데, 다만 너는 없고 그림자도 없다. 발자국도 없다. 철저한 상실이고 부재이다.

이 광대무변, 무한의 '있음'의 공간 속에서 이 무한에도 불구하고 역설적으로 너의 철저한 부재를 느끼면서도 찾고 또 찾은 것 그것이 바로 사랑임을 화자는 마침내 인식하게 된다. 아내는 바로 그런 부재의 존재인 것이다.

5장

생자와 그리운 사람의 이름 부르기

1) 윤동주의 별과 어머니와 이름부름의 현상학

초혼이 사자의 부름이라면, 호명은 생자의 부름이다. 사후에야 발간된 윤동주(尹東柱, 1917-1945) 시집의 이름은 『하늘과 바람과 별과 시』(1948)이다. 시인 자신이 아니라 편자들에 의해서 지어졌을 시집 이름, 그것으로도 하늘, 바람, 별로 이루어지는 윤동주의 시적 코스몰로지의 한 특성이 드러난다. 「서시」에서 보듯 그는 하늘과 바람을 그리고 「별헤는 밤」에서도 밤하늘에 명멸하는 별을 노래하고 있기 때문이다.

> 계절이 지나가는 하늘에는 / 가을로 가득 차 있습니다.
>
> 나는 아무 걱정없이 / 가을 속의 별들을 다 헤일 듯합니다.
>
> 가슴 속에 하나 둘 새겨지는 별을 / 이제 다 못 헤는 것은

쉬이 아침이 오는 까닭이요,
내일 밤이 남은 까닭이요,
아직 나의 청춘이 다하지 않은 까닭입니다.

별 하나에 추억과
별 하나에 사랑과
별 하나에 쓸쓸함과
별 하나에 동경과
별 하나에 시와
별 하나에 어머니, 어머니,

어머님, 나는 별 하나에 아름다운 말 한마디씩 불러 봅니다. 소학교 때 책상을 같이 했던 아이들의 이름과, 패, 경, 옥, 이런 이국 소녀들의 이름과, 벌써 아기 어머니 된 계집애들의 이름과, 가난한 이웃 사람들의 이름과, 비둘기, 강아지, 토끼, 노새, 노루, 프랑시스 잠, 라이너 마리아 릴케 이런 시인의 이름을 불러 봅니다.

이네들은 너무나 멀리 있습니다.
별이 아스라이 멀듯이.

어머님 그리고 당신은 멀리 북간도에 계십니다.

나는 무엇인지 그리워
이 많은 별빛이 내린 언덕 위에
내 이름자를 써 보고 / 흙으로 덮어 버리었습니다.

딴은 밤을 새워 우는 벌레는
부끄러운 이름을 슬퍼하는 까닭입니다.

그러나 겨울이 지나고 나의 별에도 봄이 오면

무덤 위에 파란 잔디가 피어나듯이
내 이름자 묻힌 언덕 위에도
자랑처럼 풀이 무성할 거외다.

－「별헤는 밤」

가을 밤하늘에 빛나는 수많은 별들은 누구에게나, 동경과 동심의 시인을 만들거나 그 무한의 수를 불가능한 것인줄을 알면서도 헤아리고 싶은 천문학자로의 충동을 준다. 시「별헤는 밤」역시 별을 바라보는 순결한 영혼이 동심의 세계와 맞닿아 있고 별과 많은 이름을 연계하는 현상학적 인식으로 이루어져 있다. 별헤기와 이름부르기의 모티프가 서로 적절하게 결합하면서 시적 지각의 중심점이 지상의 이름이나 이름 부르기의 의미와 가치가 밤하늘에 수없이 명멸하는 천상의 별과의 융합적이고 교향적인 일치의 상상력에 의해서 선연하게 은유화되어 있다. 즉, 천상의 별과 지상의 뭇 생명의 이름이 친밀화되거나 동일시되어 있는 시적 상상력의 현상이다. 시적 화자가 시간적으로 공간적으로도 먼 원방(遠方)인 고향에 대한 향수와 아스라이 격절된 별에 대한 동경을 노래하고 있는 멂의 아름다움과 노스탈지에의 시다. 그러면서도 이 시는 시공적인 원방(Ferne)인 북간도란 고향과 옛날인 유년시절을 회상하거나 그리워하며 그때나 그곳으로 되돌아가고픈 마음을 표출하기만 하는 그런 류의 단순 향수시만은 아니다. 생명과 존재의 근원이면서 별처럼 멀리 있는 존재이고 세상에서 가장 부르고 싶은 '어머니'를 거듭 부름에서 창씨개명(創氏改名)으로 본래의 이름이 타의적으로 빼앗기고 바뀌는 모욕의 시대현실적 상황에 처한 경험영역 안에서 화자는 이름(호칭)이 지닌 존재로서의 의미와 가치의 상황을 암시적으로 형상화하고 있다. 그리고 어쩌면 그런 상황 하에서의 시인 자신의 이른 죽음을 예감하는 듯한 비극적인 운명, 즉 이름을 흙으로 덮음, '무덤' '내 이름자 묻힌 언덕' (부끄러움)과 미래에의 예감과 부끄럽지 않는 삶과 희망과 약속의 징표(봄, 파란 잔디, 풀)로서의 의미를 교차적으로 암시한다. 전반적인 경어나 호명의 어법이 가장 원초적 생명으로서의 어머니를 대상화함으로써 이 시는 근본적으로 그런 어머니에게 드리는 헌증의 서정시로서 이름부름의 호명의 시로서의 성격을 지니고 있는 것이다. 시적 화자 또는 서정적 자아인 '나'는 멀리 있는 어머니를 거듭 호명하고 있고 인간존재의 운명현상이 과거-현재-미래로의 시간적 연관상태로 제시되어 있는 상황이다.

우선 별은 시적 상징공간에서 희망 · 순수 · 운명 · 영혼 · 아름다움 · 동경 · 그리움 · 불변(불멸) · 예언(계시) · 이상 · 안내 · 죽음과 불사(혼), 깨달음, 위안, 빛, 소생… 등의 많은 상징적인 의미를 갖고 있다. 그래서 많은 시와 소설과 노래들에서는 별은 인간과 가장 친밀한 천체대상이 된다. 이는 릴케과 생텍쥐페리와 알퐁스 도오데와 정지용과 황순원 등의 작품에서도 나타나고 있는 현상이다. 윤동주의 시적공간에 있어서도 원방 밤하늘에 떠있는 별이 그의 감성적 직관에 의해서 불가산성(不可算性)의 이미지와 가시적 세계에 있어서의 최고의 형상과 추억과 사랑과 쓸쓸함 동경 · 시 · 어머니의 이미지로서 제시되곤 한다.

대표작의 하나인 「서시」에서 별을 노래하는 마음을 존재의 지고지순한 심적 상태와 사랑의 메타포로서 삼고 있다. 여기서 별을 노래하는 마음과 모든 지상에 죽어가는 자들의 삶과 영혼들에 대한 연민과 사랑으로 일치화된다.

그렇다면 「별헤는 밤」에 있어서의 이름과 이름부르기의 의미를 살피기에 앞서서 별은 어떤 상징적 의미를 지니고 있는 것일까. 여기서 별의 상징공간은 시적 화자에 의해서 의미론적으로 더욱 확장되어 나타난다. 우선 별은 무한수(無限數)의 표상이다. 화자는 광대무변한 가을 밤 하늘의 우주공간에서 반짝이는 수많은 별들을 우러러 쳐다보면서 어린아이처럼 아무런 '걱정'이나 근심없이 마음의 순수한 상태로 그 별들을 하나 둘 가슴에 상감하면서 헤아리려고 한다. 또 그것이 가능할 듯하다고 생각한다. 마치 별을 따고 달을 따려는 어린 동심의 원초적인 욕망과 마찬가지로 무한량의 별들에 대한 수학적인 헤아리기의 가산적 기대와 계산, 이 별헤아리기는 별들의 무한무수함과 시간의 변전에 의해서 결코 성취될 수 없는 불가능과 절대 불가산성(不可算性)의 무한(infinitive) 상태임에도 불구하고, 화자는 그것을 다 헤아려 버리고야 말겠다는 유년기적 가산적(可算的) 가능성의 희망과 꿈을 결코 버리지 않는다. 이는 쉬이 오는 아침의 시간적 방해로 성취되지 않고 좌절해 버리지만 '남은 내일'과 '다하지 않은 청춘'의 순환적 질서에서의 내일에의 기대와 믿음으로 별헤기의 희망과 성취를 위한 결의를 포기하지 않고 지속한다. 우주적 무한의 징표인 별은 단지 천체로서의 별이 아니고 삶의 본래적(원초적) 꿈과 동경과 이상과 지향이고 별헤기는 불가능 속에서의 가능성의 표상이다. 그리고 또 별은 순수와 동경과 꿈, 향수, 그리움의 미적 정서와 연계되는 매개이기도 한 것이다. 무한무수의 표상으로의 별은 다시 추억과 회상과 그리움의 유발체로 바뀌기도 한다. 그래서 「별헤는 밤」에 있어서의 헤어가는 하나하나의 별들은 가산적 연산의 대상이 아니라 추억, 쓸쓸함(고독) 동경, 그리움 시, 어머니 등 화자의 젊은 영혼이 지향하는 기억의 내면 풍경들과 연계된다. 즉 별을 보면서 떠올리게 되는 것은 그리운 대상들과 일치되는 심적 상태의 상징이요 정감적 메타포로서 가시화된다. 별을 헤는 화자는 별 하나 하나에 노스텔지어와 연계된 유년기의 그리운 존재들에 대한 기억을 떠올리면서 그 이름들을 하나하나 불러보는 호명행위를 한다. 별을 헤는 또는 헤는 별에다 그립고 좋아한 대상들의 이름을 붙이고 불러주는 행위가 된다. 그럼으로써 별이 곧 기억의 대상을 위한 매체가 되는 것이다.

이는 천상의 별과 지상의 아름다운 이름이 동일시 내지 일치화하는 현상이라고 하겠는데, 그 호명의 대상들은 '패' '경' '옥'같이 이국(중국) 계집애, 아기엄마가 된 계집애들, 가난한 이웃사람들과 비둘기, 강아지, 토끼, 노새, 노루같은 동물들 그리고 시인 라이너 마리아 릴케(Rainer Maria Rilke, 1875–1926), 프랑시스 잠(Francis Jammes, 1885–1928) 그리고 어머니이다. 실로 이름부름의 호명현상이 더없이 두드러지는 시이다. 이름에 강박된 현상이라고나 할까. 지상의 별과 같은 이름으로서의 이들은 서정적인 자아인 '나'에게는 별이 떠올려주는 향수와 그리움 그리고 사랑하는 동경의 대상들이다. 그런데 불러보는 이들 이름들은 모두 '멀리'라는 부사가 함축하고 있듯이, 시간적으로나 공간적인 원근법에 있어서 멂(Ferne)의 자리에 있는 존재들이다. 이들은 지금 – 이곳의 시공적 경험공간에서 절대적으로 아스라이 먼 별처럼 되돌아갈 수 없는 아득한 과거속에 있고 존재의 근원인 어머니마저도 북간도라는 공간적인 먼 원방에 떨어져 있는 상태이다. 여기서 시의 구조는 공간적으로(또는 장소적으로) '이쪽'과 '저쪽'으로 상대적으로 대응되는 격절의 형국이 된다. '나'는 친구들이나 애착의 대상인 어머니가 있는 저쪽 북간도와는 너무 멀리 떨어진 이쪽 타지의 '언덕'에 홀로 있고, 이런 '나'의 현재의 위치 또한 유년의 과거와는 멀리 떨어져 있는 외로운 처지에 있다. 그리고 이런 격절되고 고립된 위치에서의 '나'의 정서적 감정상태는 '그리움'과 '부끄러움'으로 정서가 양분되어 있다. 그렇다면 시적자아의 정서는 왜 무엇 때문에 이런 그리움과 부끄러움을 느끼고 있는 것일까.

그리움은 애착의 대상(인격적, 비인격적 대상)으로부터 멀리 떨어져 있는 상태와 간절히 만나고 싶은 바람과 관련되어 있는 감정이다. '나'의 이 그리움의 대상은 고향에서의 유년시절의 친구들, 그리고 무한한 가능성을 꿈꾸며 별을 헤던 자신의 유년과 북간도의 어머니다. 그중에서도 특히 어머니이다. 시인의 어머니에 대한 의식은 이른바 '어머니에 대한 사랑의 유착'(Liebender Bindung an die Mutter) 상태이고 그리움이다. 어머니는 '나'에게 생명을 주고 이름을 준 존재이다. 그리고 모든 우리의 부름에서 으뜸의 대상이다. 시적 자아가 이 시에서도 호명하고 있는 릴케도 그의 소설 『말테의 수기』에서 밤의 공포를 진정시켜주는 단 한분은 어머니라고 하여 모성 속에 내재하는 지상의 어떤 힘과 위험도 막아내는 아이에 대한 사랑과 선의를 그렸다. 화자에게도 그런 어머니이기에 어머니를 그리워하고 부르고 있는 것이다. 그리고 부끄러움은 경우에 따라서는 단순한 수줍음과 떳떳하지 못함 및 겸손의 상태이기도 하지만, 여기서는 무안함, 면목없음, 더러움 등과 같은 자신의 결여나 잘못된 삶에 대한 대사회적인 치욕스러움과 관련되어 있는 자괴감(自愧感)으로서의 정서로 이해된다. 시인은 「서시」에서 삶이 곧 타협이요, 치욕일 수밖에 없는 억압된 시대적 조건과 상황에서 죽는 날까지

하늘을 우러러 한점 부끄럼이 없기를 다짐하고 바란다.

여기에는 그야말로 '앙천일점무치(仰天一點無恥)와 앙불괴어천(仰不愧於天)'의 부끄럼없는 엄격한 삶을 살려는 유가적 자아의 수행의지와 결의와 다짐이 전제되어 있다. 이런 부끄러움의 정서는 작품 「별헤는 밤」에서는 '밤을 새워 우는 벌레는 부끄러운 이름을 슬퍼하는 까닭'이라고 자아의 부끄러움의 정서를 밤을 세워 우는 벌레에게로 전이하여서 표출하고 있다. 그리고 이같은 부끄러움에서 오는 자책과 회한이 자아로 하여금 자신이 언덕위에 쓴 이름자를 흙으로 덮어버리게 한다. 이렇듯 존재 자체나 다름없는 이름을 흙으로 덮는 행위는 이름의 은폐행위일뿐 아니라 이를 넘어서 죽음(매장)으로까지 비유될 수 있는 자기존재에 대한 일종의 자책적 행위로서 이해될 수도 있는 것이다.

그렇다면 왜 '나'는 언덕위에 쓴 자신의 이름자를 흙으로 덮어버리게 하였는가. 이름에 대한 자기 연민이 슬픈 풀벌레의 울음으로 전유된 부끄러운 이름이어서 그런가, 아니면 고향과 어머니를 떠날 때 자신의 남자로서 지녔을 법한 가치인 이름을 날리는 것 그 입신양명(立身揚名)의 자아실현이 좌절한데 대한 참회와 자책 때문인가, 그렇지 않다면 '윤동주'(尹東柱)란 이름이[82] "히라누마 도쥬우(平沼東柱)"로 타의적인 창씨개명으로 바뀌어져 버린 시대적 삶의 오욕이나 위명(僞名) 때문인가. 윤동주에게 있어 창씨개명은 일본 유학을 위해서는 불가피한 것이었지만, 실로 부끄러움이었을 것이다. 그 이유가 무엇인지는 불명확성 및 부끄러운 이름을 슬퍼하는 벌레에의 은유적 전가의 레토릭에 의해서 분명하게 알 수는 없게 되었지만, 아마도 묻은 이름은 창씨개명된 위명

82 송우혜, 『윤동주 평전』, 1998/2004, 253, 323쪽.

이 아니라 그로 인해서 더러워지고 부끄러워진 원래의 본명이었을 것이 분명하다. 그것은 마지막 연에서 과거도 현재도 아닌 '전 미래'(future anterior)에 대한 비전의 상상력을 통해서 언젠가는 묻어버린 이름에 대한 자랑스러워질 재생과 부활이 필연적으로 있을 것을 확신하고 있기 때문이다.

> 그러나 겨울이 지나고 나의 별에도 봄이 오면
> 무덤 위에 파란 잔디가 피어나듯이
> 내 이름자 묻힌 언덕 위에도
> 자랑처럼 풀이 무성할 거외다

겨울이 지나면 봄이 오고 무덤에도 파란 잔디가 피어나는 순환의 원리처럼 묻어서 사멸되어 버린 오욕의 이름도 잔디처럼 다시 소생한다는 역사적 상상력의 한자락이 그 밑바탕에 깔려 있는 것이다. 윤동주의 시야말로 염결의 시학이다. 그 바닥에는 한국시에서는 드물고 인색한 부끄럽지 않기와 참회 등 자기 책려와 정화의 엄격함이 내재되어 있기 때문이다.

이에서 보듯이 우리 시에 있어서의 생자의 시적 부름의 대상은 주로 어머니—누이—오빠—친구—애인 등으로 연계되어진다. 이중 가장 두드러진 대상은 아마도 연인이고 어머니이다. 그와 함께 한용운이나 김소월의 경우처럼 친애적 존재인 '님'이란 대상명시가 한국의 시징시에 있어서 생자의 부름의 가장 주된 대상의 자리에 있다. 이 현상은 예증불요의 상태이고 모든 애정시는 떠나가거나 멀리있는 그리움의 대상과 불망(不忘)의 사람, 생자의 이름부르기와 같은 부름의 시라고 해도 과언이 아니다. 그런 유형의 시는 수를 헤아리는 것이 부질 없는 것이다.

2) 행불자(行不者)와 부재자의 이름 부르기와 찾기

사자의 이름뿐만 아니라 생자나 현장부재 상태의 그리운 존재와 은폐와 가상의 존재의 이름을 부르는 호명적 돈호어법의 시가 있다. 이는 역시 그 시가 낭만 지향적이거나 현실지향적이거나 간에 별 차이가 없다. 서정주 시의 경우 '순아'와 '향단'과 '직녀'를 부름으로써 님과 같은 추상적 또는 관념적 대상이 아닌 고유명사적 호명양식의 대화적 또는 독백시학의 경지를 역연하게 보여준다.

향단아 그넷줄을 밀어라 / 머언 바다로
배를 내어 밀 듯이 / 향단아
바람이 파도를 밀어 올리듯이 / 그렇게 나를 밀어올려다오. (「추천사」)

직녀여. 여기 번쩍이는 모래밭에 / 돋아나는 풀싹을 나는 세이고
허이언 구름 속에서 / 그대는 베틀에 북을 놀리게. (「견우의 노래」)

프롤레타리아 사회주의 계열 시인 임화(林和)의 「우리 오빠와 화로」(1929)에는 사상운동으로 감옥 찬방에 갇힌 '오빠'를 불러서 누이가 서간체의 담화로 독백하는 형태의 시다. 그리고 호명현상에 있어서만은 이상화의 「나의 침실로」의 '마돈나' 경향을 잇는다고 할 수 있는 현대의 황진이처럼 다감한 시인 모윤숙(毛允淑, 1910-1992)의 호명성이 유달리 강한 「렌의 애가」(1939)에는 사모하는 정념의 가상 대상을 '시몬'이란 이향적 이름부르기가 거듭거듭 반복된다. 그의 '천년을 한 줄 구슬에 꿰어 오시는 길을 한 줄 구슬에 이어드리겠습니다'라는 시 「기다림」은 고려가요 「서경별곡」의 기다림의 상황과도 이어진다. 사랑의 애정시는 거의

모두 이처럼 사랑하는 대상의 이름이나 '님'이란 호칭을 부르게 마련이다.

이름 부르기의 시적 차원에서 보면 이름부름 현상이 많은 앞서의 윤동주의 「별헤는 밤」과 비견되는 시가 바두진(朴斗鎭, 1916~1998)의 「어서 너는 오너라」일 것이다. 「별헤는 밤」에서 패·경·옥과 같은 멀리 있는 이국소녀들의 이름과 좋아하는 시인인 프란시스 쟘, 라이너 마리아 릴케 등 여럿의 이름, 짐승들이 불러지고 있듯이 역시 별의 이미지가 출현하는 「어서 너는 오너라」에서도 철이·순이·막쇠·돌이·복술이 등의 여러 옛동무들의 이름이 불린다. 그 가운데서도 시적 화자에 의한 중심적 부름은 그 생사와 행방을 알 수 없는 철이라는 부재의 존재에의 부름이고 호명이다.

> 복사꽃이 피었다고 일러라. 살구꽃도 피었다고 일러라. 너는 오오래 정들고 살다간 집, 함부로 함부로 짓밟힌 울타리에, 앵도꽃도 오얏꽃도 피었다고 일러라. 낮이면 벌떼와 나비가 날고 밤이면 소쩍새가 울더라고 일러라.
>
> 다섯 물과 여섯 바다와, 철이야, 아득한 구름 밖 아득한 하늘가에 나는 어디로 향을 해야 너는 마주 서는 게냐
>
> 달 밝으면 으레 뜰에 올라 앉아 부는 내 피리의 서른 가도 너는 못 듣고, 골을 헤치며 산에 올라 아침마다, 푸른 봉우리에 올라서면,
> 어어이 어어이 소리 높여 부르는 나의 음성도 너는 못 듣는다.
>
> 어서 너는 오너라. 별들 서로 구슬피 헤어지고, 별들 서로 정답게 모이는 날, 흩어졌던 너이 형 아우 총총이 돌아오고, 흩어졌던 네 순이도 누이도 돌아오고, 너와 나와 자라난, 막쇠도 돌이도 복술이도 왔다.
>
> 눈물과 피와 푸른빛 깃발을 날리며 오너라.… 비둘기와 꽃다발과

푸른빛 깃발을 날리며 너는 오너라.

> 복사꽃 피고, 살구꽃 피는 곳, 너와 나와 뛰놀며 자라난 푸른 보리밭에 남풍은 불고, 젖빛 구름 보오얀 구름 속에 종달새는 운다. 기름진 냉이꽃 향기로운 언덕, 여기 푸른 잔디밭에 누어서, 철이야, 너는 닐닐닐 가락 맞춰 풀피리나 불고, 나는, 두둥실 두둥실 붕새춤 추며, 막쇠와 돌이와, 복술이랑 함께, 우리, 우리 옛날을 옛날을 딩굴어 보자.

이 시는 1945년 해방이라는 시대 역사적인 감격의 상황과 깊이 계류되어 있다. 상황적으로 보면 이상화의 「빼앗긴 들에도 봄은 오는가」와 계절적 위상에 있어서는 서로 유사한지만, 시대 · 역사적 상황은 각각 식민지공간과 해방의 공간으로 서로 대비된다. 1945년 광복과 직결된 해방의 공간에 있어서 대표적인 문학주제의 하나는 귀향(Heimkehr, 또는 귀국)의 모티프이다. 일제강점으로 인한 내땅 빼앗기기로서의 실향은 조선사람들로 하여금 정든 옛집과 땅을 버리고 살길을 찾아서 산지사방 흩어지는 디아스포라로서의 이주유민이 될 수밖에 없는 처지의 상태였던 것이다. 그래서 이때의 문학은 실향성(Heimatlosigkeit)의 테마와 함께 떠남(Departure)의 모티프가 주도되는 시기이다. 빛의 회복과 같은 광복은 이렇게 실향으로 떠났던 사람들이 향수와 장소애(Topophilia)의 근본적 대상인 옛 고향(고국)으로 다시 돌아오는(Return) 귀향의 민족사적 사변이 일어나게 한다. 이것이 이 시기 문학에서 귀향(귀국)의 모티프 현상이 두드러지게 한다. 해방공간 문학의 대표적 역작의 하나인 허준(許俊)의 『잔등(殘燈)』과 김동리의 「찔레꽃」와 같은 귀환소설에서는 떠난 생자들이 돌아온다. 그러나 계용묵의 「바람은 그냥 불고」(1947), 최인욱의 「개나리」(1948)에서는 사자로서의 귀환 불능 및 백골의 귀향같은 슬픈 사연의 귀향도 적지 않다.

박두진의 시 「어서 너는 오너라」는 시인이 광복을 예감하고 썼다는 작품으로 역시 광복이나 귀향과 연계되어 있는 작품이다. 사자인지 생자인지 알 수도 없는 현장부재의 대상에 대한 말 걸기와 부름의 어법이다. 시간이나 계절의 상황은 사계에서 가장 호시절인 봄과 봄날의 복귀이다. 봄이 베풀어 놓는 화창한 축제의 공간에는 복사꽃, 살구꽃, 앵도꽃, 오얏꽃, 냉이꽃 등 온갖 봄꽃들이 다 피고 소쩍새, 종달새와 같은 새들이 울고 벌나비 떼가 날고 있다. 이런 만화방창의 봄의 이미지들이 함의하고 있는 것은 봄의 재생이고 환희이어서 상황적인 해방과 회귀와 광복을 상징한다. 그리고 '함부로 짓밟힌 울타리' '별은 서로 구슬피 헤어지고'는 식민지 상황에서의 제국의 폭악적인 파괴와 억압상태와 조선사람이 당하고 겪은 유린 그리고 타의적인 민족이산의 서러움을 암시한다. 여기서 특히 주목되는 것은 시적 화자가 '철이'란 호명대상을 부르면서 '일러라' '오너라'라고 행동을 명하고 기원 촉구하거나 권유하고 있는 상태의 어법적 형국이다.

그런데 여기 '일러라'—말하여 알려주라—의 청원대상은 응당 '너'인 철이가 되어야 하는 것이 일반 문법적으로 마땅하겠지만, 시인의 문법에 있어서는 그 대상이 오히려 철이가 아니라 '나'인 시적 화자 자신으로 전치되고 있다. 반면 '오너라'의 청유어법은 철이를 향한 것이다. 그런데 봄이 와서 복사꽃 살구꽃이 피고 있는 옛고장에 흩어졌던 순이도 막쇠도 복술이도 형 · 아우, 누이도 모두 다 돌아왔는데 철이만은 아직도 돌아오지 않는 미귀환의 상태이다. 그래서 화자는 돌아오지 않는 철이를 향하여 '어서 너는 오너라'라고 재촉하듯 강유하듯 간절히 부르며 청원한다. 그럼에도 불구하고 철이의 소재와 행방은 '다섯 물과 여섯 바다' 즉 오대양 육대주나 '아득한 구름 밖' '아득한 하늘가'의 천상천하 먼 원방 그 어디에서도 마주할 수 없고 '내가 부르는 피리소리'마저도 '너'는 못 듣고 '어어이' 소리 높혀 부르는 내 음성도 '너'는 못듣는, 그저 막막하고 감감하게 아주 막히고 돈절되어서 행방을 알 수가 없는 답답한 부재 상태이다. 그러니 철이는 어디 어느 곳에 존재하고 있는지도 전혀 알 수 없는 소재불명, 생사불명이고 이제는 영영 돌아올 가망마저도 알 수 없는 행방불명의 존재일 수밖에 없는 것이다. 그런 가운데서도 화자는 언젠가 철이가 생명과 희망의 '푸른 깃발'을 날리면서 다시 고향에 돌아와서 지난날 함께 한 삶의 동아리로서의 연대성을 회복하여서 어울러져 살아보자고 믿고 또 간절히 그렇게 소망한다.

이렇게 시적 화자가 부르고 있는 '철이'는 고유명사로서의 어떤 특정한 개인의 이름이 아니다. 일제의 강점으로 사방의 타방으로 유리되고 흩어졌거나 해방과 광복이 되었는데도 불구하고 그리운 원망공간인 고향과 고국으로 돌아오지 못하는 불귀의 조선사람들을 모두 지칭하기 위한 제유(提喩)로서의 비유적인 보통명사인 것이다.

한편, 황지우(黃芝雨)의 시 「심인(尋人)」은 매우 독특하게 정통의 시적규범과 형식을 해체하는 광고문안, 즉 광고의 사람찾기 같이 이름을 부르고 찾는 시다.

> '김종수' 80년 5월이후 가출
> 소식두절. 11월 3일 입대 영장 나왔음
> 귀가요. 아는 분 연락바람 누나
> 829-1551

'이광필' 광필아 모든 것을 묻지 않겠다.
돌아와서 이야기하자
어머니가 위독하시다

'조순혜' 21세 아버지가
기다리니 집으로 속히 돌아와라
내가 잘못했다.

나는 쭈그리고 앉아
똥을 눈다.

제목의 '심인(尋人)'이란 사람을 찾는다는 뜻이다. 사람을 찾는다는 신문광고의 일면을 찢어서 이어 놓은 듯한 시의 구조적 파격형식을 통해서 시인의 독특한 현실인식을 드러내 주고 있다. 언뜻 보면 화자인 '나'가 용변을 보기 위해서 화장실 변기에 쭈그리고 앉아서 한가롭게 들여다 본 신문지의 심인광고란을 그대로 옮겨 놓은 듯하다. 일견 시시하고 사소해 보이는 듯한 서민적 삶의 편린들 속에 잠재하는 아픈 자들의 삶의 사연과 훼손된 인간관계를 심인광고 형태로 압축한, 기발한 발견의 기법으로 표출해내고 있다. 여기에 등재된 찾는 대상들의 면면과 이름이 김종수, 이광필, 조순혜는 모두 셋이며 이들 모두가 다 집을 나가서 연락없이 돌아오지 않음으로서 현실적으로 소재불명, 행방불명이나 실종상태에 있는, 우리 생활 주변에 흔히 있는 범속한 존재들이다. 그리고 시적 화자 대신에 누나, 형, 어머니 등의 배역자들의 입을 통해서 표출 제시되는 것이 일종의 배역시(Rollengedicht)적 성격이다.

첫 번째의 정황은 80년 5월의 광주항쟁 중에 행불상태인 남동생 김종수를 그 누나가 찾으며 동생의 입영영장이 나와 있음을 알려준다. 두 번째는 무엇인가 잘못하여 집을 나가버린 아들 이광필을 그 아버지인지 누군가가 찾으면서 긴급하게 어머니의 위독을 알려준다. 세 번째는 아버지와 불화하여 가출해버린 21세의 딸 조순혜를 찾고 사과하는 사연이다. 그러니까 모두 집나간 가족 또는 행불자들에 대한 이름 부르기와 사람 찾기이다. 80년 5월 군사정권에 항거했다 행방도 소재도 모르게 흔적없이 실종되어 버린 삶, 가족형제들과의 각박한 일상관계에서 일어나는 다툼과 갈등으로 집을 뛰쳐나간 삶, 아버지와의 갈등으로 가출해 버린 딸의 삶 등 비정상적인 정치사회적 정국, 공동체적 삶의 연대가 점점 해체되어 가는 이 시대 팍팍한 서민들 생존의 현실과 일상의 리얼하고 안타까운 애환의 면면들이 신문의 심인(사람찾기) 광고의 짧은 담론속에 압축되어 있다. 한 시대의 삶의 단면도가 이 짧은 구조 속에 그대로 긴축적으로 압축되어 있는 것이다.

그리고 또 하나 우리의 주목을 끄는 것은 마지막 연에서 보듯이 화자가 '나는 쭈그리고 앉아 똥을 눈다'고 하는 배설의 상황이다. 아마도 이 시는 화자가 허름한 어떤 화장실에서 똥을 누면서 그 뒤처리로 쓰일 신문지에 실린 사람찾기 광고를 보고 광고와 시대적 현실의 삶을 유기적으로 관련지우고 있다는 정황이다. 시인은 똥이 개입하는 이 마지막 그로테스크한 이미지의 결합을 통해서 광고조각에 불과했을 정황과 시추에이션으로서의 현실비판의 풍자-해학적 효과를 십분 발휘해내고 있다. 이런 행불상태의 사람 찾기(「Seeking」 모티프)는 사회적으로도 한국 사람 전체를 집단적 그 울음 속으로 몰아넣었던 1984년 여름 〈KBS의 이산가족찾기〉로서 대표적으로 표상되어 있는 것이다.

6장
사물과 자연 존재의 이름부르기

1) 김춘수의 꽃과 이름부름의 존재론적 시

시적 호명 또는 부름의 대상은 사람이 아니라 사물이 되기도 한다. '우리들에게 있어서 꽃의 존재는 위대하다'(uns sei Blume-sein groβ)라 하여 인간 현존재를 위한 사물로서의 꽃의 상징적 의미를 매우 특유하게 표현한 '궁핍한 시대의 시인'(Dichter in dürftiger Zeit)[83] 릴케가 '사물에 있어서의 존재의 탐구자' '존재의 순교자'[84]라고 일컬어지듯이 한국의 릴케라고 일컫는 김춘수(金春洙, 1922-2004) 역시 『꽃의 소묘(素描)』(1959)란 꽃의 연작 시편을 쓴다. 그래서 김춘수도 이 시집에서 꽃을 상

83 Martin Heidegger, *Holzwege*, Vittorio Klostermann, 1950/1963, S. "Wozu Dichter?" s.248. (무엇을 위한 시인인가?)

84 Werner Günther, *Weltinnenraum*, Die Dichtung Rainer Maria Rilkes. Erich Schmidt verlag, 1952, s.74, s.86.

징의 우대받는 사물로서 사랑함으로써 사물에 있어서의 존재의 탐구자, 존재론적 시인이 된다.[85]

김춘수의 시 「꽃」은 철학자 오토 볼노우(Otto Bollnow)의 말을 빌려온다면 '사물의 이름부르기'(Das Sagen der Dinge)[86]에 해당하는 시다. 이를 두고서 한국의 어떤 유명 평론가는 '릴케라는 허깨비관념에 매달렸다'고 하지만 그것은 릴케나 김춘수 두 시인 모두에게 대한 거친 비평적 험구이다.

> (1) 내가 그의 이름을 불러주기 전에는 / 그는 다만 하나의 몸짓에 지나지 않았다.
> 내가 그의 이름을 불러주었을 때 / 그는 나에게로 와서 꽃이 되었다.
> 내가 그의 이름을 불러준 것처럼 / 나의 이 빛깔과 향기에 알맞은 / 누가 나의 이름을 불러다오. 그에게로 가서 나도 / 그의 꽃이 되고 싶다.
> 우리들은 모두 / 무엇이 되고 싶다.
> 너는 나에게 나는 너에게 / 잊혀지지 않는 하나의 눈짓[87]이 되고 싶다. 「꽃」

> (2) 나는 시방 위험한 짐승이다 / 나의 손이 닿으면 너는 미지(未知)의 까마득한 어둠이 된다.
> 존재의 흔들리는 가지 끝에 / 너는 이름도 없이 피었다 진다.
> 눈시울에 젖어드는 이 무명(無名)의 어둠에
> 추억의 한접시 불을 밝히고 나는 한밤내 운다.
> 나의 울음은 차츰 아닌 밤 돌개바람이 되어 / 탑을 흔들다가 돌에까지 스미면 금(金)이 될 것이다.
> … 얼굴을 가린 나의 신부(新婦)여! 「꽃을 위한 서시」

85 이재선, 「한국현대시와 R. M. Rilke」, 『청구대학논문집』 5집, 1965, 1976, 보정.

86 Otto Friedrich Bollnow, *Rilke*. W. Kohlhammer Verlag, 1956, s.124.

87 원래는 '의미'였으나 1982년 『김춘수전집』 간행시 '눈짓'으로 고쳐짐.

이 두 편이 시집『꽃의 소묘』에 실린 대표적인 시다. 그런데 이 두 편 모두가 사물을 기조어나 상태로 한 가운데 시인의 '말함(Sagen)' '부름(Rufen)'을 통해서 사물의 존재와 의미를 밝히고, 존재의 개방을 지향하려는 존재론적인 시이다. 보기에 따라서는 두 편 모두가 일종의 연시(Liebeslied)로서 이해되어질 수도 있다. 실지로 그럴만한 요소도 충분히 있지만, 이제는 거의 보편적으로 꽃을 산물로 한 가운데 그 이름 및 의미 사이의 관계로 하여 사물의 존재론적 의미를 추구한 것으로서 평가한다. 시인 자신도 50년대의 연작 시를 쓰는 가운데 릴케의 존재론적 경향에 관심이 있었음을 밝힌 바도 있다. 존재론적 시란 존재하는 것의 존재를 묻는 사유인 존재론(Onthologie) 철학의 인식을 토대로 하여 시는 곧 존재라는 것, 시인의 언어 및 시적 말을 통해서 그 대상인 사물의 존재와 의미를 열린 세계(Offene)로 드러내는 일에 관련되는 시를 일컫는다. 이와 연관된 것으로 마르틴 하이데거는 그의 저서「존재와 시간(Sein und Zeit)」 및「숲길(Holzwege)」에서 언어는 '존재의 집(das Haus des Seins)', 시는 '언어에 의한 존재의 건설'이라는 언어관과 시관을 밝힌 바 있다. 언어는 존재의 집이기 때문에 우리는 이 집을 통과함으로써 존재에 이르게 된다는 것이다. 김춘수의 시집「꽃의 소묘」에서의 일련의 꽃시는 비교문학적인 영향사로 보아서 릴케 시의 자극과 영향으로 이루어진 존재론적 사유와 밀접하게 연관되어 있고, 따라서 이에 대한 우리의 해석의 관점도 릴케 시를 해석한 하이데거, 볼노우, W. 귄터의 시각과 어느정도 관련되어 있는 것이 사실이다.

「꽃」의 끝줄에서 '우리'는 서로 '의미(눈짓)'이 되고자 원망한다. 이것이 함축하고 있는 뜻은 의미론적으로 순수하고 긴밀하고 지속적인 연관의 관계 즉 ‘나’와 「너」가 결합된 ‘우리’가 서로가 서로를 지향하여 기대고 있는 ‘Zueinander stehen’ 관계나 ‘더불어 사는 존재’(Miteinandersein)로서의 결합관계가 되는 것에 대한 간절한 욕구의 발원현상이다. 이 과정에서 전체적 흐름은 이름을 통해서 몸짓－꽃－의미(눈짓)으로의 전진적이고 내면적인 심화과정이 제시된다. 그런 점에서 ’꽃‘은 실재하는 사물로서의 식물적 대상이라기보다는 추상적인 존재나 사물이 될 수도 있고 또는 사랑과 연인의 메타포로서도 해석될 수 있는 것이다.

김춘수는 1982년 「김춘수전집」을 간행할 때 이 마지막 연의 ‘의미’라는 단어를 ‘눈짓’으로 바꾸어버린다. 개작이야 항용 있는 법이지만, 압축과 밀도와 함축의 언어예술인 시에서 20년의 시간을 지나서 한 단어를 왜 바꾸어야 했을까 이점에 대해서 오세영은 미학적 관점, ‘무의미시론’의 관점, 비교문학적으로는 랭보로부터 받는 영향이란 관점 등 다양한 측면에서 거론하고 있다.[88] 그러나 내가 보기로는 하나의 ‘의미’(bedeutung)가 눈의 모티프(augenmotif)으로서의 하나의 ‘눈짓’ 즉 ‘blick’, ‘wink’로 대치되는 근거는 존재론적 시론에서 이른 바 무의미 시론으로 옮겨가는 전회과정에까지 작용한 릴케문학의 용어상의 강한 영향력이다.

릴케는 그의 유일한 소설인 『말테의 수기(*Die Aufzeichnungen des Malte Laurids Brigge*, 1910)』에서 ‘시는 감정이 아니고 체험이다’라고 전제하고 한 줄의 시를 위해서는 많은 체험과 추억들이 되살아올 것을 기다리는 큰

88 오세영, 한국현대시 분석적 읽기, 고려대학교출판부, 1998, pp.444~448.

인내가 있어야만 한다고 한 다음, 다음과 같이 지적한다.

> 추억 자체만으로서는 아직도 안되기 때문이다. 그것들이 우리들 속에서 피가 되고 눈짓과 몸짓이 되고 우리들 자신과 구별되지 않을 이름없는 것이 되어야 그때서야 비로소 몹시 드문 시간에 시 한 줄의 단어가 그들 가운데서 떠오르고 그들에게서 나오는 일이 있을 수 있는 것이다.[89]

이 대목에서 『말테의 수기』 원문에서는 '눈짓'은 blick 또는 wink이고 창조적인 행위이며 '예술적 특권'인 것이다.

김춘수의 시 「꽃」은 릴케의 시세계를 두고 볼노우가 밝힌 이른바 '사물의 이름 부르기'의 한국적 전형이 된다. 이를 두고서 비평의 원로인 김윤식이 근래의 어떤 글에서 "김춘수는 시인을 작명가로 보고 있었다. 시인이란 무명의 사물에 이름은 지어주는 존재일까. 그렇다면 저자바닥에 작명소 간판을 건 철학도사에 지나지 않을 것이다"라고 지적하고, 또한 "김춘수는 유아론에 빠져 비유해 말한다면 자기도 모르는 시를 시랍시고 주절대고 있을 무렵의 산물인 셈이다"[90]라고 지적한 이 구절의 비유적 표현이나 평가는 원로의 자리에 있는 이의 비평의 격으로는 어울리지 않는 혹독한 험담이고 천격의 비유다.

사물말하기(이름부르기)로서의 「꽃」의 제1연과 제2연은 시적 화자인 내가 '그'의 이름을 불러주기 이전과 그 이름을 불러주었을 때의 상황과

89 박용철은 그의 '시적 변용에 대해서: 서정시의 고고한 길'에서 '눈짓'과 '몸짓'으로 옮기고 있다.
박용철전집 평론집 제2권 p.5, 시문학2편.

90 김윤식, 「김현과 세자르 프랑크 마주하기-김종삼과 김춘수」, 『문학의 문학』, 2007 겨울호, 283, 288-9쪽.

사물에 대한 관련의 차이가 대비되어 있다. 다만 하나의 '몸짓'(Gebärde)으로서의 이름없는 비존재가 나에게로 와서 '꽃'이라는 존재로서의 사물이 된다. 제3연에서는 구조적 전환이 일어난다. 즉 내가 그의 이름을 불러준 것처럼 시적 화자란 '나'에게 빛깔과 (누구)향기에 맞는 이름을 불러 준다면 '나'도 '그'에게로 가서 그의 꽃이 되고 싶다고 청원하고 욕망한다. 이것은 수동적 객체로서의 상황과 위치의 정감적인 변화현상이다. 시간구조 역시 과거에서 미래지향적 현재로, 이름부르기의 주체도 '나'에게서 '그'에게로 전이된다. 타자인 상대방을 의미있는 존재로 받아들이면서 자신도 상대에게 의미있는 존재가 되고 싶음을 상정하고 또 그리되기를 바라고 있는 것이다.

마지막 제4연은 대명사 언어구조의 현저한 변화가 일어난다. 이제까지의 '나-그'의 관계가 '우리' 및 '나-너', '너-나'의 관계구조가 된다. 여기서 '나-그'의 원접적 관계가 '너-나'의 보다 근접적 관계 및 '우리'라는 긴밀한 상호 연대관계로 대치된다. 이런 관계망이 의미하는 것은 무엇일까. 이 관계에 대해서 시는 '잊혀지지 않는 하나의 의미(意味) → 눈짓' 즉 서로가 서로에게 대해서 의미(눈짓)이 되고자 한다.

우선 「꽃」은 1연에서 사물에 이름 즉 언어를 주거나 부름으로써 비로소 인간의 의식 내에서 그것을 하나의 존재로서 인식하게 되는 명명행위(命名行爲, Namensnennung)의 상태를 보여주는 시이다. 하나의 흔들리는 단순한 '몸짓'(gebärde)에 불과할 뿐인 비존재(Nicht-sein)에 '꽃'이라는 이름을 부르고 말함으로써 그 대상이 '나'에게 하나의 의미있는 존재(sein)로서 드러나게 되는 것이다. 즉, '나'가 나 앞에 현존하면서도 비존재나 다름없는 「그」라는 사물에게 이름을 불러주거나 명명(命名)함으로써 「그」는 '꽃'이라는 존재가 되는 것이다. 이런 이름을 불러주는 것(rufen)과 말하기(sagen) 및 명명행위(nennen)가 바로 철학자인 오토 F. 볼노우(O.F. Bollnow)가 그의 저서인 『릴케(*Rilke*, 1956)』에서 처음으로 밝히고 있는 '사물 말하기(das Sagen der Dinge)'[91] 즉 사물의 이름부르기 현상이다. 이름을 불러준다는 것은 대상을 보고 있는 주체로서의 '나'가 그 대상을 자신에게 하나의 존재로서 관련지우고 인식하고 있다는 호명의 의미인 것이다. 시인의 과제는 곧 사물에 대한 직접적인 관계속에서 '말하는 것' (Sagen)이다. 릴케의 시에서 사물의 말하기와 관련된 보기의 문장들을 인용해 보면 다음과 같다.

> 우리는 아마도 여기에 말하기 위해서 사는가 보다 집 · 다리 · 우물 · 성문 · 항아리 · 과수 · 창
> 가장 높은 원주(圓柱)들, 탑…) 그러나 말한다는 것 아느냐
> 사물들은 전혀 생각할 수 업는 이 말한다는 것
> (Sind wir vielleicht um zu sagen: Haus, Brücke, Brunnen, Tor, Krug, Ostbaum, Fenster / höchsten Säule. Turm.… aber zu sagen, verstehs / oh zu sagen so, wie selber die Dinge niemals / irnig meinten zu sein)[92]
> 여기는 말하는 시간, 여기는 그의 고향이라 / 말하고 그리고 고하라
> (Hier ist die Sägliche Zeit, hier seine Heimat. Sprich und bekann)

이렇게 말하기와 명명행위는 제2의 아담처럼 시인에게 있어서 창조적 행위이며 예술적 특권인[93] 것이다. 시 「꽃」과 관련된 용어의 문제

91 Otto Friedrich Bollnow, 앞의 책, s.124.

92 Bollnow, 위의 책 s.153, W. Günther 앞의 책, s.19, s37. s.49 참조.

93 Werner Günther 앞의 책, s.175, "Künstlerisches Vorrecht"

로 우선 주목되는 것은 '몸짓' 'gebärde'이다. 이들 '몸짓' '눈짓' 특히 '눈짓'이란 단어는 O. 볼노우나, W. 권터에 의하면 릴케의 올페우스의 소네트 등 시작품에서 자주 출현하고 있는 시어들이다. 김춘수는 사상이나 관념을 배제하는 이미지로 된 시를 주장하는 그의 '무의미시'로 나아가게 됨으로써 처음의 '몸짓'은 두고 거기에 맞게 끝연에서 관념적 '의미'에서 눈의 모티프인 생동의 '눈짓'으로 대치하였을 것으로 짐작된다. 그는 「릴케의 장」에서 '라이너 마리아 릴케 당신의 눈을 보고 있다'라고 한 것처럼 '의미'라는 추상대신에 움직임의 제스처로 몸짓과는 서로 일치하는 '눈짓'이란 이미지가 보다 선명하고 효율적인 것으로 보았기 때문이다. 이 「꽃」은 보다 정직하게 지적한다면 존재론의 시이지만, 존재탐구와 구애로서의 존재론적 연시(戀詩)이기도 하다. 존재론적 사유와 연시로서의 정서가 상호 혼성화되어 있기 때문이다.

서구의 경우에도 '무의미시'가 있기는 있다. 예컨대 알프레드 리데(Aefred Liede)의 『유희로서의 문학(*Dichtung als Spiel*, 1992)』에 보면 'Unsinnspoesie'란 무의미시란 용어가 그것이다. 물론 이와 김춘수의 그것과는 개념상에 있어서 조금 다르다.

(2)의 「꽃을 위한 서시」는 릴케의 시의 영향을 가장 많이 받고 있는 시다. 50년전 대구에서의 젊은 교수시절 나는 릴케과 김춘수의 시에 관련된 비교문학적 연구에서 '김춘수 시의 언어는 릴케의 정신적 하숙집의 언어요, 숙소'[94]라고 젊은 패기로 당돌한 발언을 한 바 있다. 그 이후 그 시인을 대할 때마다 민망스러운 경우가 여러 번 있었지만, 그때 그

94 이재선, 앞의 논문.

런 지적을 접어버리지 못한 이유와 진의는 그의 시어가 릴케의 시어들로부터 영향을 크게 받고 있는 것이 너무 현저하다는 점 때문이었다. 그때 내가 비교를 위한 근거로 참고삼아 읽은 책으로 볼노우의 「릴케」과 더불어 베르너 귄터(Werner Günther)의 『세계내면공간: 라이너 마리아 릴케의 시(*Weltinnenraum: Die Dichtung Rainer Maria Rilkes,* 1952)』가 있다. 거기에는 존재론적 용어와 릴케가 쓴 빈번한 어휘들의 리스트가 소상하게 살펴져 있었다. 이를 보면서 김춘수 시의 언어들을 살피는 가운데 너무 비슷하거나 같은 내용의 단어들이 적지 않다고 생각을 했던 것이다. 그중에 닮은 몇몇 시어 중 중요한 것은 '이름' '이름없는(무명(無名)의 Namenlos)' '어둠(Dunkelheit)' '사물(Ding)' '짐승(Tier)' '신부(Braut)' '존재' '탑'…와 같은 것들이다. 이들 시어가 가장 영향의 요소를 두드러지게 작용한 것이 바로 시 「꽃을 위한 서시」이다. 우선 이 시는 중심 시어로서 '위험한 짐승' '어둠' '존재' '이름도 없이' '무명(無名)' '신부 '돌' '손' '탑' '금'으로 이루어져 있다.

이 시는 언뜻 보기에는 처음과 마지막에 미녀와 야수의 이야기처럼 위험한 '짐승'과 '신부(新婦)'라는 이질적 대응 이미지가 강렬하게 충돌하고 있고, 사물의 '이름없는' 무명(無名) 상태에 대한 애착이 현저한 것이 특징을 이루고 있다. 그리고 말하는 '나'와 말을 받는 「너」가 서로 소통의 '어드레서-어드레시'의 상태로 되어 있는데다가 끝의 시행 점선(---)에 함축된 생략적 비약, '어둠' '울음' '돌개바람' '금(金)'과 같은 다양한 복합 이미지로 짜여 있어서 비교적 단순한 작품인 「꽃」보다는 한결 윗길의 시적 격조를 지니고 있다. 그러나 그만큼 명쾌하게 해석되기가 어렵기도 한 난해성을 지닌 작품이 분명하다. 그래서 해석의 이

원성이 제기된다. '존재'와 '이름없는' '무명' '어둠'의 언어들이 암시하고 있듯이 한편으로는 꽃으로서의 사물과 그 사물의 본질에 대한 시적 해명으로서의 존재론적 인식을 드러내는 시다. 또 다른 한편으로는 꽃을 일반적인 비유로 삼아서 쉽게 이루어지지 않은 사랑의 눈물겨운 인고(忍苦) 과정과 완성에의 희망과 찬미가 은유적으로 열리고 제시된 일종의 연시로서 이해될 수도 있다. 특히 이런 후자적 관점으로 보면 서정주의 「국화옆에서」와 상당히 유사한 상황과 상상력의 작품으로서 받아들여질 수도 있는 것이다. 꽃의 이미지를 '누님'이나 '신부' 등 여인으로 은유화하고 있고 소쩍새 울음, 천둥의 울음과 돌개바람이 되었다 금이 되는 소리와 선회와 울음의 미학이 서로 상통하고 있기 때문이다. 그렇다고 이런 해석을 보다 저급한 것이라고 해버릴 수는 없다. 충분히 그럴 조건이기 때문이다.

어쨌거나 간에, 존재론적 관점에서 보면 이 「꽃을 위한 서시」는 인간 삶의 세계의 위험 속에서 사물의 존재와 본질에 다가가려는 어렵고 연금술 같은 인고의 과정이 마침내 발견하는 '얼굴을 가린 신부'같은 비유의 비존재와 존재에의 인식을 드러내주는 비존재의 존재 시이다.

그런데 이 시를 포함한 시집 『꽃의 소묘』에서 주목해야 할 점은 '이름도 없이' '무명(無名)의'와 같은 이름없는 무명상태 즉 비존재와 무명성(Namenlosigkeit)에의 애착 현상이 특별함을 간과해 버릴 수 없는 것이다.

> 지금 한나무의 변두리에 / 뭐라는 이름도 없는 것이 와서 가만히 머문다. 「꽃 II」

존재의 흔들리는 가지 끝에
너는 이름도 없이 피었다 진다. 「꽃을 위한 서시」

이름도 없이 나를 여기다 보내놓고 / 나에게 언어를 주신 모국어로 불러도 싸늘한 어감의 하느님 「나목과 시 II」

풋풋하고 의젓한 무명(無名)의 그 얼굴 「죽음」

눈시울에 젖어드는 이 무명(無名)의 어둠에 / 추억의 한접시 불을 밝히고 「꽃을 위한 서시」

아직은 나의 이름을 / 부르지 마십시오.
무겁게 겨웁도록 달이 차서 / 소리하며 당신이 일어설 그때까지
당신의 가장 눈부신 어둠에 / 나의 이름을 감추어 두십시오 「돌」

이같은 현상들은 '이름없는 것에 대한 사랑(Liebe dem Namenlosen)' '이름없이 머무르는 것에 대한 동경(Sehnsucht nach dem Namenlosbleiben)'을 하나의 기간적인 시어로 한 릴케의 시로부터 영향을 받은 것이다.

'이름없이 나는 그대에게 결단했노라 이미 오래 전부터' 시인의 말에서 사물의 숨겨진 존재론적 본질을 밝히는 일과 관련되어 있는 이 릴케의 '무명'의 언어가 한국 시의 언어로서 등장된 것은 김춘수로 인해서이다. 이런 영향으로 인해서 비판도 있지만, 우리 시에서 주도적으로 흐르는 경험론적 시관 때문에 시인의 눈이 현저하게 외부적으로 밀착해 있음에 대한 대응적 양상으로서 '내면에로의 길'로 향하는 길을 열고 존재론적 특성의 철학적 사유의 시각을 제시했다는 점에서 시사에서 적잖게 기여하고 있는 것이 사실이다. 그의 시는 이같이 영향에서 얻어진 것과 그 다음 독자적인 변형과 이질화의 특성과 강도를 지니고

있다.

마지막 연에서 부름의 어법으로 된 '얼굴을 가린 나의 신부여!'에서 얼굴과 신부의 모티프가 함의하고 있는 상징적 의미는 무엇일까. 신부는 '신부'라는 명사 앞에 '얼굴을 가린'이란 부가적인 에피세트(Ephithet) 형용사가 첨가됨으로써 거울이나 면사포로 또는 마스크로 가리고 있듯이 얼굴을 볼 수 없는 은폐된 상태이다. 그러나 아주 볼 수 없는 불가시성의 얼굴이나 신부가 아니라 혼례식과 더불어 마침내는 뚜렷한 존재의 모습으로 가시성을 곧 드러내야 할 얼굴이다. 얼굴이란 그러니까 가시적인 존재의 모습이다. 이 '신부'에 대해서 김춘수는 그의 글 「의미에서 무의미까지」에서 다음과 같이 말한다.

> 이데아로서의 신부의 이미지는 릴케와 평계(平溪) 이정호(李正鎬)의 시에서 얻은 것이다. 이 비재(신부)는 끝내 시가 될 수 없는 심연으로까지 몰고 갔다.

핵심은 '신부'라는 시어가 그냥 신부가 아니라 이데아의 표상이라는 것, 그리고 릴케와 이정호의 시에서 얻어진 것, 존재론적 관점에서 '비재(非在)' 즉 Nicht Sein 또는 non-être으로서 가시적 존재의 배후에 숨어있는 비가시적 존재라는 것이다. 김춘수는 시 「꽃의 소묘」에서도 "금술 은술을 늘이운 머리에 칠보화관(七寶花冠)을 쓰고 / 그 아가씨도 / 신부(新婦)가 되어 울며 떠났다"라고 하여 신부 이미지를 한번 더 쓴다. 그 원천을 얻게 했다는 릴케도 예컨대 그의 「시도시집」에서 '신부(Braut)'에 관해 다음과 같은 쓴다.

> 내 눈길 닿기전에는 / 어떤 것도 아직 완성되지 못했고 / 온갖 생성

을 멈추어 섰네 // 내 시선들은 무르익었으니 / 마치 한 사람 신부처럼 / 누구에게든지 그가 원하는 사물이 다가드네

이런 릴케의 신부가 얼굴을 가린 것이 바로 김춘수의 신부이다. 얼굴을 가린 신부는 처녀이고 혼례에 이르게 됨으로써 가린 얼굴을 드러내고 열려진 존재로서 생의 절정을 완성한다. 신부는 비존재와 존재의 사이에 자리한다. 신부는 완전한 존재이면서 동시에 비존재다. 즉 완전한 존재는 또한 비존재인 것이다. 따라서 「꽃」이 존재의 시라면 「꽃을 위한 서시」라는 그와는 달리 비존재 즉 비재의 시다. 존재의 본질을 인식하는데 실패했든가 불가능성을 지적하는 해석관점과는 생각이 다르다.

이 시는 1연에서 화자인 '나'를 짐승존재인 '위험한 짐승'이라 했다. 존재의 질서에서 인간과 대극인 짐승, 그것도 위험성을 지닌 짐승으로 일치해서 지목한다. 이런 오만하고 위협적이고 태도의 위험성이 있는 짐승같은 존재인 나의 손이 닿는 순간, 관계가 위태롭게 됨으로써 사물로서의 너(꽃)라는 존재는 도무지 알 수 없는 미지(未知)의 까마득한 '어둠'이 되어버린다. 이 어둠은 은폐의 표상으로 모든 것을 품고 있으면서도 동시에 존재의 본질을 알지 못하게 하는 근원이다. 그런 중에도 '너'는 존재의 흔들리는 가지 끝에서 '이름없는(namenlos)' 상태로 '나'와는 관계가 없이 피었다 지며 존재로서의 모습을 드러낸다.

그래서 화자인 '나'는 '이름부를 수 없는' 무명 즉 이름없는 체류상태의 어둠에서 한밤에 운다. 이 울음은 미지의 어둠과 무명의 어둠으로부터 '너'의 존재와 이름부르기를 위해서 뉘우침과 기도 등 괴롭고 간절한 노력을 해야 한다는 것을 표상한다. 그리고 이렇게 한밤내 우는 '나'의 울음이 선회하는 바람이 되어 탑을 흔들다가 마침내는 돌로 스며들

어서 금이 되는 연금술적 변화의 결과를 가져올 것을 상상하고 그리고 바란다.

존재론적 관점에서 보면 이 「꽃을 위한 서시」는 사물의 본질과 존재에 다가가서는 어렵고 연금술 같은 연고의 과정을 겪어서 마침내 발견하는 얼굴을 가린 신부같은 비존재와 존재에의 인식을 드러내는 비존재의 존재론적 시다. 즉, 이는 부재가 아니라 나타나지도 보이지도 않는 존재, 즉 보이지 않는(Unscheinbaen) 신부의 얼굴같은 비재(非在)의 시다. 그러나 이 시는 그런 존재론적인 선입견을 배제하고 보면 사랑의 고뇌를 꽃으로 은유한 사랑시(Liebeslied)이다. 쉽게 말해서 사랑의 원초적 갈망과 도발적인 프로포즈에서부터 시작하여 결혼에 이르기 까지의 미묘한 견인의 관계, 고독과 눈물의 고통스런 경과를 거침으로써 돌이 금이 되는 연금술같은 결과로 '나'에게 이름도 없이 피었다 지는 관계없는 미지의 대상의 존재가 면사포로 얼굴을 가리고 혼례를 기다리는 '나의 신부'가 된다는 것 – 그것은 사물의 본질이나 존재론과는 아무 관계가 없는 사랑의 본질이요 사랑의 연금술로서의 사랑시인 것이다. 이런 점에서 추론컨대 김춘수는 릴케의 영향을 근거로 존재론적 사유를 연시(戀詩)화 했거나 연시를 존재론화한 기묘한 시인이다.

이렇게 김춘수는 이 땅의 현대시인들 가운데서 이름부르기의 명명행위 또는 호명의 시학에 특별한 애착을 두고 있는 시인이다. 그는 유난한 호명의 시인이다. 이름에 대한 이같은 각별한 호명에의 집착은 그가 존재론적 시학으로부터 '타령조 기타' 이후의 무의미 시학으로 그리고 처용과 같은 설화인물도 인유로서 호명하고 있지만, 살바도르 달리 · 마르끄 샤갈 · 루오 · 세잔느 · 이중섭과 같은 화가들의 고유명사들도 호명한다. 여기서 무의미의 시학은 물론 김춘수의 시 세계에 있어서의 시와 회화예술과의 긴밀한 평행현상과 친화적 교섭에 의한 미학적 함축성의 문제가 제기된다. 예컨대 그의 시 「사갈의 마을에 내리는 눈」은 표제 그대로 상징적인 핵을 형성함에 있어서 샤갈의 그림 〈나와 마을〉의 자유롭고 몽환과 세계에의 이끌림이나 연상이 상상적 인스피레이션으로 작용하고 투사되어 있다. 이 또한 릴케가 『말테의 수기』에서 '브릿게(주인공)의 죽음, 그것은 세잔느의 생애였다'고 기술하고 있는 것이라든가, 아네트 게록-라이터가가 "세잔느 해석은 릴케의 본질적인 자아해석이다"[95]라고 지적하고 있는 것처럼, 그는 세잔느에 경도한 릴케 세계와의 끊을 수 없는 연계관계도 지니고 있다. 그는 「의미에서 무의미까지」에서 '라이너 마리아 릴케 당신의 눈을 보고 있다(릴케의 창) 가을의 나의 시는 두이노 고성(古城)의 / 라이너 마리아 릴케의 비통으로 더욱 나를 압도하라 (가을에)'라고 릴케가 호명하던 세잔느에 관해서도 언급했다.

> 「처용단장」 제1부는 나의 이러한 트레이닝 끝에 쓰인 연작이다. 여기서 나는 인상파풍의 사생과 세잔느 풍의 추상과 액션 페인팅을 한꺼번에 보여주고 싶었으나, 내 뜻대로 되어졌는지는 의문이다.

릴케와 김춘수의 친밀성은 릴케의 「진혼(Requiem)」과 김춘수의 「부다페스드에서 어느 소녀의 죽음」은 진혼시의 영역에서도 그 발상법이 연면히 이어진다.

---

95 Annette Gerok-Reiter, *Wink und Wandlung, Komposition und poetik in Rilkés Sonette*, Max Nienper Verlag, 1996,

2) 자연의 의인화와 아포스트로피로서의 부름의 사학

김춘수가 사물과 존재표상으로서의 꽃의 이름을 불렀듯이, 그와는 시적으로 대척관계에 있는 것으로 평가되는 김수영의 시「꽃」에서도 '바라보면 볼수록 가깝고도 먼 얼굴– 꽃이여'로 존재론적 이름부르기이다. 그리고 정한모(鄭漢模, 1923~1991)도「꽃의 탄생」에서 다같이 꽃의 이름을 부른다.

나도/ 바람 탄 기폭처럼 이렇듯 아침의 생명으로 살고 싶은 것이다.

오늘을/ 꽃이여,「꽃의 탄생」

어찌 꽃뿐이랴. 시인은 하늘과 땅, 산과 바다(강), 해와 달과 별, 바람, 비, 눈, 어둠, 새, 동식물 등 모든 우주만상의 자연현상을 미학적 대상으로 부르는 존재이다. 향수의 대상으로 고향의 산하를 부른다. 지명(地名)을 부른다. 앙리 프랑크포르(Mrs Henri Frankfort)는 그의『철학 이전(*Before Philosophy*)』에서 고대인과 현대인의 사고방식의 차이를 밝힌다. 고대인이 주로 주위세계에 대한 반응태도가 'Thou'임에 비해서 현대인은 'It'로 반응함으로써 근본적인 '라이프 패턴'의 차이가 있다고 지적한다. 이는 세계관에 있어서 신비적(주술적) 세계관 또는 사물관 대 과학적–객관적 세계관 또는 사물관의 차이이다. 이런 신비적 또는 주술적인 사유와 연결되는 원초적 수사가 의인법이요 의인화((Personification)이다. 이는 마치 무인격적 무생명적인 사물들 속에 정령이 있는 듯이 보는 물활론(Animism)의 사유가 반영된 것으로 'Person+fication(사람을 만들다)'의 결합어다. 그래서 의인화에는 본원적인 원시의 소리가 아득히 이어지거나 그런 원시적인 상상력의 잔영이 깃들어져 있는 것이다. 그 F.C. 프레스콧은 '이런 언어 속에서 우리는 아직도 언어의 최초의 창조자의 선택을 결정지어준 원시저 감각의 메아리 소리를 듣는다'고 지적한다. 이 의인화도 은유의 변형일 뿐이다. 다만 은유가 대상과 대상의 융합이라면 의인화는 대상과 인간의 융합이다. 산(山)의 경우도 한번 살펴보자.

모든 산맥(山脈)들이 / 바다를 연모해 휘달릴 때에도
참아 이곳은 범(犯))하는 의못하였으리라　　　　이육사, 「광야」 중

오 산(山)이여! / 앓는 듯 대지위에 엎드린채로 / 그 고독한 등을 만리허공에 들내여 / 묵연(默然)히 명목(瞑目)하고 자위(自慰)하는
너 산이여!　　　　유치환, 「산(山)」에서

모두 산이나 산맥을 봄에 있어서 산이 생명화되고 활화(活化)되거나 인격화되고 있다. 이는 미학에서는 감정이입(Einfühlung) 현상이다. 문제는 이 의인화의 시학이 아포스트로피(apostrophe) 즉 돈호법(頓呼法)과 서로 긴밀한 호응관계를 이루고 있다는 점이다. 유치환의 도승같은 모습으로 의인화된 「산」의 경우, '산이여'라는 이름부름이 두 번씩이나 나타나고 있다. 다시 바람(風)의 현상에서 찾아보자.

바람이여 / 풀섭을 가던 그리고 때로는 저기 북녘의 검은 산맥을 넘나들던 / 그 무형(無形)한 것이여」　　　　박성용, 「교외(郊外)」에서

바람아 / 푸른 잎새로 걸어둔 이 마음 흔들어 / 풍경소리 나게 합소서 당신은　　　　허영자, 「바람」에서

이렇게 시는 또는 시인들은 의인화의 비유로 그리고 아포스트로서의 이름부름으로 단지 그저 부를 뿐만 아니라 감정이입의 미학이나 미적유추에 의해서 사물과 자연만물에 대한 고정된 인식의 벽을 깨어버린다. 이것이 바로 시의 창조적 사물관이고 존 러스킨이 일컫는 감정적 오류(Pathetic fallacy)의 현상이고, 또 자끄 마리땡이 말하고 있는 예술의 '창조적 직관'이다. 시인은 제2의 아담이다. 한국의 시는 특별히 고향산천에 대한 향수의 정서가 깊은 문학이다.

7장

이상화의 시세계와 부름의 시학

1) 시적 부름의 어법

해석적 관습과 별 관련됨이 없이 이상화(李相和, 1901~1943)의 시세계에서 내가 무엇보다도 먼저 주목하게 되는 현상은 감탄이나 비탄의 고조된 외침인 감탄사(영탄)의 과다함과 함께 서정의 근본 태도가 되어 있는 그의 시적 어법이 특히 부름으로써 두드러진다는 사실이다. 시세계 전반에 있어서 그의 서정적 자아 내지 서정적 주체로서의 '나'(Ich)는 《나 · 너》의 기본적 소통의 주객 관계에서 '너'(Du)에 해당하는 상대의 이름 또는 객체 대상 그 자체를 이인칭화하서 거듭 부르고 있다. 곧 부름(rufen)이 더없이 강조되고 있다. 이는 서정시학의 관점에서 보면, 베른하르트 조르그가 『서정적 자아(*Das lyrische Ich*)』(1985)에서 일컫고 있는 이른바 시적 부름(poetische Ruf)[96] 또는 서정적 부름의 현상이다. 이상화의 시는 그 구성형태나 태도에 있어서 분명히 이 시적(서정적) 부름의 서정시인 것이다. 시인의 발언 주체로서의 화자 '나'는 상대의 호칭이나 이름을 부르거나 비록 듣기나 대답의 반응이 없음에도 불구하고 부름의 대상을 가상화하거나 전제하고 이쪽저쪽으로 불러낸다. 에드바르트 뭉크의 「절규」가 연상될 정도로 소리내어 혼자서 외치거나 또는 독백적으로 그 상대 대상을 부르면서 그에게 '나'의 감정 상태를 표출하고 있는 것이다. 그만큼 이름을 부르는 돈호법(頓呼法)이나 칭명(稱名)의 레토릭이 강세화된 시세계이다. 이렇게 이름을 부름이란 곧 명명(命名) Nennen이며 하이데거에 의하면 명명이 곧 부름(rufen)인 것이기도 하다.

이의 가장 대표적인 경우가 바로 이상화의 대표작으로 정평이 나 있는 「나의 침실로」(1923)와 「빼앗긴 들에도 봄은 오는가」(1926)이다. '조선의 영대(靈臺, 정신)'로서 경건성을 지닌 금강산을 숭고의 미학적 대상으로 찬미하고 있는 「금강송가」(1925) 역시 그렇다. 시간의 현상학으로 보아서 밤의 시에 해당하는 「나의 침실로」에서의 나 · 너 관계(I-Thou Relarionship)에서 서정적 자아인 '나'는 '너'로서의 상대인 '마돈나'를 마치 이름에의 갈망에라도 들린 듯 각 연마다 두어반복법에 의해서 12번이나 반복적으로 부른다. 초조하게 그 '너'(마돈나)가 '와서' 함께 어디인가로 '가기'를 기다리고 바라고 있는 것이다. 그리고 이와는 대응 관계에 위치한 낮의 시인 「빼앗긴 들에도 봄은 오는가」에서는 그 부름의 대

96 Bernhard Sorg, *Das Lyrische Ich: Untersuchung zu deutschen Gedichten von Gryphius bis Benn,* Niemeyer, 1985, S.183 및 S.17 참조.

상이 훨씬 확산되어서, '하늘'과 '들', '보리밭' '나비' '제비'같은 온갖 자연 대상은 물론 '내 혼(魂)'까지를 출석이라도 부르듯 호명하거나 부르고 있다. 이는 비유컨대 봄날의 출석부르기 현상이다.

현대시학의 냉엄한 잣대로 보면, 이같은 아주 오래된 주아(主我)·주정적인 감탄과 부름의 넘치는 과다현상은 현대시의 방법으로서는 문제점이 적지 않은 것이 사실이다. 절제와 응축을 벗어나는 지나친 감상성과 감정의 과잉 상태는 현대시가 가장 지양해야할 징후인 정서적 발작성으로서 폄하될 여지가 그만큼 많아지기 때문이다. 이런 감정 · 정서의 과다성 자체를 우리가 무조건적으로 시인하거나 긍정할 수도 없겠지만, 그럼에도 불구하고 이전의 교훈시적 성격에서 근대 서정시 확립의 본격적인 단계인 1920년대 주정적(主情的) 시들에서 매우 현저한 성격이 되어 있는 이 영탄과 시적 부름의 의의나 보편적 현상 자체를 다만 현대시학의 원론적 관점에서 비판적으로 부정하거나 간과해버리는 것 또한 반드시 온당한 해석의 태도는 되지 못한다. 이상화의 시와 시사적으로 동시대적 상동성을 갖고 있는 한용운이나 김소월의 시적 어법에서 그 시대의 서정적 기본유형이나 다름없는 감탄과 부름의 정적 상황이나 내면형식을 배제해버린다면, 과연 거기에서 그 시대 시의 서정적 상태성의 무엇이 남아 있을 수 있겠는가. 영탄과 부름은 그 시대의 서정시의 태도와 형식의 공분모요 근본이었던 것이며 그래서 그것대로의 시사적 가치를 충분히 지니고 있는 것이다. 이런 현상으로 해서 이상화의 시만을 폄하할 일은 아니다.

볼프강 카이저는 그의 문예학 이론서인 『언어예술작품』(1967)에서 부름을 서정적 표현구조를 만드는 근본태도 및 장르의 하나로서 분명하게 인정하고 있다. 즉 그는 세계 경험이 형성될 수 있는 세 가지 근본태도로서 서정적 말걸기 · 가요적 언표 · 서정적 명명 등을 제시하면서, 부름 · 노래 · 잠언 등이 세 개의 서정적 장르인 것으로 분화한 것이다.[97] 부름은 발화 즉 말하기나 말걸기의 가장 근원적인 상황이며 나 · 너 사이의 인간적인 대응과 연결을 이루는 붙임줄이며 말걸기와 소통을 위해서 양자 사이에 걸어놓게 되는 소리의 무지개인 것이다. 부름으로써 인간은 비로소 간(間)인간적(Zwischen-menschliche) 관계의 상호작용이 이루어진다. 부르지 않으면 양자의 소통의 상호성은 존재할 수 없는 것이다. 그리고 이름부르기를 통해서 기본적인 소통은 물론 고백 · 고통 · 비탄 · 환호 · 찬양 · 명령 · 갈망 · 호소 · 저주 · 탄식 · 화해 · 기도 · 그리움 · 푸념 등 일련의 내면적인 정서나 정황들을 토로하고 알리는 표출이 비로소 가능하게 된다. 이런 이름부르기와 기원의 태도나 형식은 영험과 치유력을 지닌 신격과 혼령을 주문으로 부르는 고대의 종교 · 신화적 원시 주가(呪歌)나 무가에서부터 이미 연원적으로 원형상이 존재하는 어법이다. 그래서 현시화되든 잠재화되든 시적 부름은 오래 전부터 시적 어법의 한 기반이 되어온 것이다.

그렇다면, 〈나 · 너 Ich-Du)〉 구조의 서정적 예술형태나 구조가 특별히 '나-님'의 관계로 두드러지는 1920년대의 시에서 이상화의 부름의 서정시로서의 시세계에 있어서 부름의 대상과 근본 형태 및 내용은 어떤 양상을 지니고 있는가. 이상화의 시적(서정적) 자아는 무엇을, 무엇 때문에 왜 이렇게 부르고 있는가. 이의 해명에는 물론 언어 현상과

97 Wolfgang Kayser, *Das Sprachliche Kunswerk, Eine Einführung in die Literaturwissenschaft, Zwolfte Aufgabe*, Francke Verlag, 1948/1967, S.339 및 S.346 'Ruf' 'Lied' 'Spruch'

관련된 시의 내재적 언어 시학과 더불어 외현적 사회시학(sociopoetics)이 함께 통합적으로 작용하는 시각이 요망된다. 그 까닭은 다음과 같다.

우선, 이상화의 시적 공간에 있어서의 부름의 내상은 '님'이라는 대상으로 비교적 집중 단일화되거나 내면적으로 은밀화되는 만해나 소월의 시세계와는 달리 그 '부름'에 대응하는 '들음'이나 대답의 역할이나 기능을 해야 할 대상으로 상정된 존재가 마돈나 · 애인 등과 같은 인격적 대상에서 비롯하여 하늘 · 달 · 산 · 요정 · 보리밭 · 하나님 · 신령(검) · 자연 세계까지를 포괄할 정도로 인격 · 신격 · 물격 등으로 그 스팩트럼이 다원화되고 포괄적이며 복수화되는 현상으로 나타난다. 즉 사람을 부르고 자연을 부르고 하늘과 신령을 부르고 심지어는 자신의 혼까지도 부른다. 그리고 표출의 근본 형태는 무엇인가의 원망(願望)이나 제의 · 청원의 기구 형식으로서의 성격과 이상(異常) 상황에 대한 풀이로서의 명령과 주사(呪詞)의 배척적 성격을 지니기도 한다. 즉 부름의 시적 어법은 기원(요청) · 찬탄 · 고백의 명령 · 푸념의 감정 등을 표출하려는 것으로서의 시적 문법을 갖는다. 그래서 이상화의 시세계의 언어 존재론적 위상이나 문법은 찬탄(영탄)과 시적 부름을 기조로 하고 감정상태나 시상체험을 바람의 청원과 거부적 명령(imperative)의 언어로 표출하는 크게 두 가닥으로 이루어져 있다. 그런데 이와 같은 호의와 비호의가 교차하는 청원이나 명령을 위한 시적 부름의 시학과 낭시의 레토릭 현상은 시적 현실이라는 내재성 자체와도 깊이 연관되는 것이지만, 그 시가 산출된 작품 외적 경험 현실로서의 당시의 사회 역사적인 시대 상황과도 연계되어 있는 것이 사실이다. 부름행위가 전존재적 대상인 님의 부재와 궁핍한 상실의 즉 '빼앗긴' 시대의 상황과 결코 무관치 않은 것이다. 이 현상은 한용운의 시적 상황만이 아니다. 그러므로 이 글은 이상화 시의 부름의 시학의 해석을 위해서 그의 서정적 자아(또는 시적 자아)가 경험 현실에 대응하는 태도 양상과 의식을 도피적 · 몽환적 대응과 도전적(대결적) · 현실적 대응 등 두 가지로 크게 분화하여 그 차이를 살펴 보려고 한다. 전자가 현실을 이탈하려는 낭만적 · 몽환적 의식이라면, 후자는 현실대응의 리얼리스틱한 반응과 맞닿는 의식이다.

2) '에로스'와 '타나토스'의 몽환적 원망공간으로

사랑의 연시(戀詩)인 「나의 침실로」는 상화가 낭만주의 문학을 표방하는 동인지 「백조(白潮)」 시대에 쓴 작품이다. 이 시는 그의 시적 부름 유형의 서정시를 대표한다. 소올 메이트 같은 존재의 이향적(異鄕的) 이름의 동경의 여성 '마돈나(Madonna)'를 타들어가는 갈망의 목마름으로 거듭 불러 그 〈너〉와 〈나〉가 더불어 파트너 관계인 〈우리〉가 되어, 표제의 '~로'란 공간적인 지향의 방향성이 암시하고 있는 '침실'이나 '동굴'로 상징화된 순수하고 아름답고 영원한 원망공간(願望空間, Wunschräume)으로 가고자 갈망하는, '나'의 초조하고 불안한 감정적 대망의 파동을 표백하는, 이향지향의 서간시적 연가이다. 마치 독백적인 편지형태가 매체화하여 영적 내면 공간을 전개시키듯, 낭만적 영혼과 아름다운 꿈의 내면 풍경을 상대에게 보여주는 형식이다. 언어로서의 사랑, 사랑으로서의 언어로 사랑하는 사람들의 열망 · 고독을 표출하는 낭만시의 한 기본이 되는 부름과 고백 · 청원의 형식이다. 이점에서부터 현실 감각이나 사회감각은 최대한 영도화시키면서 밤과 몽상의 세계로 둔주해 들어가려는 주정적이고 관능적인 욕망이 한껏 투사되는 대응방식이며 태도이다.

「마돈나」 뉘우침과 두려움의 외나무다리 건너 있는 내 침실 열 이도 없으니
아, 바람이 불도다 그와같이 가볍게 오려므나 나의 아씨여 네가 오느냐.

「마돈나」 언젠들 안갈수 있으랴 갈테면 우리가 가자 끄을려 가지말고
너는 내 말을 믿는 「마리아」 내 침실이 부활의 동굴임을 네야 알련만 ……

「마돈나」 밤이 주는 꿈. 우리가 엮는 꿈. 사람이 안고 뒹구는 목숨의 꿈이 다르지 않느냐
아 어린애가슴처럼 세월 모르는 나의 침실로 가자 아름답고 오랜 거기로[98]

그래서 이 시의 구조는 부름의 언술주체요 발화자인 〈나〉와 피화자인 마돈나(너)와의 나 · 너의 인격적 관계에서 비롯하여 시간과 공간이 현상학적 대비를 이루고 있을 뿐만 아니라, 사랑의 에로스(eros)적 욕망의 드라이브와 죽음의 타나토스(thanatos)적 욕망의 드라이브가 대비관계를 이루고 있는 형국이다. 시간의 대응현상은 빛(낮)과 어둠(밤)의 극성(極性)으로 나타나고, 공간의 대응 역시 발화주체의 현재 위치이기도 한 '여기(Hier)'의 '뉘우침'과 '두려움'의 부정적 체재 공간과 가고자하

98 이 구절은 최인훈의 장편소설 『광장』의 주인공 이명준과 북의 애인 은혜와의 낙동강전선의 어느 동굴에서 나누는 사랑 장면에서 효과적으로 인유되어 있다.

는 '저쪽'(Dort)이나 저기-지향의 원망공간으로 각각 대비된다. 그래서 부름은 이른바 '오라'는 '이쪽으로 부름(herrufen)'과 '가자'라는 '저쪽으로 부름(hinrufen)'으로 이중화된다. 이와 같은 시 · 공간의 대비를 표상하는 이미지들이나 비유양상은 서로 등가(유사)와 대립(반대)의 반복적인 질서 원리에 의해서 위상적으로 표치된다. 예컨대 그 흐르는 객관적 시간의 이미지 · 인덱스를 살펴보면 먼동 · 닭 울음소리 · 개짖음 · 사원의 쇠북소리 · 사라지는 안개는 모두 새벽과 낮과 밝음의 표상인 반면, 꿈 · 침실 · 촛불 · 별 · 밤물결 · 안개 등은 모두 밤과 어둠의 표상이다. 여기에 다시 두려워하고 불안해하고 뉘우치며 부재의 소리를 듣는 환청 현상과 초조해하는 자아의 내적 심리적 시간이 가세한다. 그리고 목거지 · (마음의) 거리 · 이곳 · 뉘우침과 두려움의 외나무다리 이쪽은 〈나〉의 현실적 체재 공간인데 반해서, 오랜나라 · 뉘우침과 두려움의 다리 건너 저쪽 · 침실 · 동굴 · 거기는 저쪽으로서의 지향적 원망 공간의 표상들이다. 밤은 휴면(休眠)과 몽상의 시간이다.

이와 같은 시공의 이미지가 테마화된 대비적 지형도로 짜인 이쪽과 저쪽 세계를 두고 〈나〉는 '내 말을 믿는 마리아'같은 구원의 존재이며 영원히 여성적인 몸을 가진 존재인 〈너〉 마돈나를 밤의 시간적 진행과 진도를 따라가면서 밤새워 부르고 바람같이 가볍게 오기를 기다리고 또 다시 저쪽의 공간으로 동행하기를 간청한다. 여기에 객관적인 시간과 주관적이고 내면적인 시간이 함께 교차함으로써 불안하고 초조한 기다림의 감정 표출 효과가 발휘된다. 그러나 그럼에도 불구하고 '오너라' '가자'의 간청 상태의 현재성이 암시하고 있는 것처럼, 시간의 객관적인 진행과는 달리 '마돈나'는 오는 것도 가는 것도 아니고 지향적 동행에의 열망이 아직 아무것도 이루어지지 않는 제로시대 즉 영점 상태에 있다. 여기에서 서정적 자아의 기다림의 촉급함과 부재 상태의 고독과 대결하는 낭만적인 고뇌의 일단을 보게 되지만, 어쨌거나 밤과 꿈을 찬미하는 〈나〉는 〈너〉를 상대로 하는 감정으로 침실이나 동굴로 대리되는 건너 쪽을 지향해서 거듭거듭 함께 가고자 한다. 부름은 먼 곳에 있거나 현실에 부재하는 것을 이쪽으로 오게 하는 부름이고 저쪽으로 가고자하는 부름인 것이다. 모두 부재를 현존케 하려는 원망이다. 영원과 순진과 미가 근원적으로 융합된 '침실'과 '동굴'이라는 상징적 장소[99]는 현실적으로는 지상에 존재하지 않지만, 낭만주의자들에게 있어서는 몽상의 장소애(Topophilia)적 성역으로서의 '낭만적인 동굴(romantic grotto)' 그것이다. 그래서 몽환주의자 상화는 여기서 '가장 아름답고 오랜 것은 오직 꿈속에만 있어라'라고 표백한 것이다.

그런데 이 시에서 내가 특별하게 주목하게 되는 것은 이상화의 낭만시학에서 나타나고 있는 에로스와 타나토스라는 두 개의 본능적 욕망의 축선이 함께 교호 · 병렬하는 관계이다. 먼저 에로스의 충동은 사랑에 빠지기 위한 쾌락에의 충동이다. 이는 욕망의 환유인 몸의 수사학으로 형상화되고 있다.

---

99 '침실'과 '동굴'은 문학적인 공간 상징에 있어서 휴식 · 동서 및 부활 · 생식 · 사랑 만들기의 보금자리 · 은신처의 상징이다.
Ad de Vries, *Dictionary of Symbols and Imagery*, North-Holland Publishing CO, 1974, pp.40-41, pp.87-88.
Michael Ferber, *A Dictionary of Literary Symbols*, Cambridge University Press, 2007, pp.40-41 참조.

– 수밀도의 네 가슴에 이슬이 맺도록 달려오너라.
– 네 집에서 눈으로 유전(遺傳)하던 진주는 다 두고 몸만 오너라
– 네 손이 내 목을 안아라.

몸이 전체로서가 아니라 부분이나 부위별로 분편화된 이미지의 시학이고 신체성의 환상이다.[100] 이렇게 표현의 신체학(somatology) 즉, 이미지의 신체적 연결성이 누구보다 강한 이상화의 시편들은 몸 특히 여성의 몸을 성적 욕망이나 생산성으로 대상화한다. 그래서 마돈나는 '수밀도의 가슴'을 가진 욕망의 대상으로서의 여성이다. 이렇게, 상화의 시적 상상력에 있어서 몸 또는 육체는 최인훈의 소설 「광장」에서 이명준과 은혜의 동굴에서의 뜨거운 사랑의 장면에서 연유되어 이어진다. 따라서 상화의 이 '동굴'은 목숨을 건 「광장」에서의 사랑의 동굴의 문학적인 전상이다. '사람이 안고 뒹구는 목숨'인 '생명원체'으로서의 존재가치인 것이다. 몸은 "눈으로 유전하던 진주"와 같은 단지 손대지 못하고 눈으로만 유전될 뿐인 귀한 촉지불가의 현세의 세속적인 가치(진주), 즉 교환가치로서의 물질성(재화성)과는 대비되는 존재 가치이다. 그래서 "다 두고 몸만 오너라"라는 존재 가치인 오직 몸만이 오라는 청원의 표백이 가능하게 되는 것이다. 그런 점에서 "눈으로 유전하던 진주"를 눈

100 David Hillman, Carla Mazzio (ed), *Tbe Body in Parts: Fantasies of Corpolity in Early Modern Europe,* Routledge, 1997, "Introdution" xi–xxv.
이상화의 시에서는 「나의 침실로」 외에도 "상아의 십자가같은 네 허리만 더부잡는 내 팔 안으로 달려오너라" "애인아 손을 다고 어둠 속에도 보이는 남색의 손을 내 손에 쥐어 다고/ 애인아 말해다고 벙어리 입이 말하는 침묵의 말을 내 눈에 일러다고", "살찐 젖가슴같은 부드러운 이 흙", "가르마 같은 논길", "삼단같은 머리" 등 부분으로 분편화된 몸의 이미지가 두드러지는 현상이다. 이는 라캉이 말한 '조각난 몸'(corps morcelé)의 한 현상이다.

물로 보는 김용직의 결합의 연상적 해석은 어불성설의 잘못된 해석이다. 물론 "수밀도의 네 가슴에 이슬이 맺히도록"에서 '이슬'이 '땀'의 환유로서 제시되어 있어서 유사하게 그렇게 볼 수도 있었겠지만, 진주는 '눈'과 '진주'가 연상시키는 '눈물'의 환유적 대칭이 아니라, 전후 문장구조의 맥락적 의미 작용으로 보아서 분명 속된 물질세계나 현실 세계의 귀하디 귀한 재산이고, 보물의 환유이다. 이를 다 두고 즉 모두버리고 오직 몸만 오라는 의미이기 때문이다.

마르틴 부버[M. Buber]는 「너와 나」(Ich und Du: Das dialogische prinzip 6997)에서 사랑은 '나'와 '그'에서 '나'와 '너'로의 이행을 뜻한다고 지적하고 있다. 그렇듯이 "네 손이 내 목을 안는" 합일된 침실 공간에서의 포옹의 에로스적 관능성과 생식성을 함축할 수 있는 몸과 사랑의 수사학은 이상화의 시적 공간에 있어서 굉장히 중요하고 비중있는 의미를 지니고 있다. 그것이 생명적 관계의 연대성에 대한 지각이기 때문이다. 「나의 침실로」에서의 몸과 연결된 이드(Id)나 에로스 지향성은 거듭되면서 급박스럽게 다가오고 있는 여러 새벽(낮)의 이미지에 대한 강박된 불안에서도 암시된다. 첫 닭의 울음 · 개 짖는 소리 · 빠지는 낡은 달 · 사원의 쇠북 · 흐려지는 별들의 웃음, 잦아지는 밤물결이 새벽의 도래와 그에 따르는 의식의 촉급성을 유발시키는 감각적 시간 효과인 것이다. 브라우닝의 시에서 제시되고 있듯이 서구의 낭만적인 연시 장르에 있어서, 밝음이 오면 서로가 헤어져야 하는 새벽은 연인들을 가장 아쉽고 안타깝고 유감스럽게 하는 현실에의 시간이다.

이런 목숨의 꿈인 에로스에의 열정과 함께 병렬되고 있는 것이 타나토스, 즉 죽음에의 충동이다. 「젊은 베르테르의 슬픔」의로터와 베르테르의 관계에서 사랑과 죽음이 중요한 기간 모티프가 되고 있듯이, 「나의 침실로」에서도 에로스 못지않게 죽음의 의식이 깊이 잠재되어 있다. 그것은 범속한 죽음이 아니라 생(生)의 낭만 원리와 재생 원리로서의 죽음이다. 즉 낭만주의 문학에 있어서 삶은 근원적으로 영원한 죽음을 풍요롭게 하기 위해서 존재한다는 것이다. 이것이 낭만주의 문학의 죽음의 찬미요, 미적 승화 현상이다. 이미 앞에서 인용되었듯이, "언젠들 안갈 수 있으랴. 갈 테면 우리가 가자. 끄을려 가지 말고"는 바로 삶을 초극하는 아름답고 오랜 죽음나라로의 적극적인 원망(願望)인 동시에 선언이다. 언젠가는 올 필연적인 죽음의 불가역성 앞에서 그 죽음에 피동적으로 질질 끌려서 가기보다는 능동적으로 적극적으로 죽음으로 가자는 것이다. 단적으로 지적해서 「나의 침실로」는 시로 쓴 정사(情死)에의 초대장이다. 죽음에 이끌리거나 지향하는 이 같은 사유는 죽음의 세계가 아름답고 영원하다는 월탄(月灘) 박종화의 시를 포함한 「백조」파들의 낭만미학이 근거됨으로써 비로소 가능한 것이다. 여기에 더 주목하게 되는 것은 사랑과 죽음을 이중적으로 표상하는 침실이 바로 '부활의 동굴'이 되고 있다는 사실이다. 침실은 기능적으로 자고 깨어 일어나는 생활이 이루어지는 공간이므로 잠=죽음, 깸=부활(재생)의 상징적 등식 관계가 가능하고, 사랑과 죽음의 공간적 상징이면서 동시에 '부활의 동굴'이라 하였듯이 죽음과 재생의 공간이다. 따라서 「나의 침실로」는 서정적 자아가 '마돈나'나 '아씨'인 낭만적이고 애욕적인 대상인 히로인을 불러서 서로가 '우리'라는 사랑의 공생적 상호관계를 이룬 가운데 정서적인 친밀, 에로스적 열정을 함께 하면서 순수와 아름다움과 영원의 피안, 그리고 부활의 표상인 원망공간으로서의 죽음에로 지향하고자 하는 열반의식을 표출한다. 그래서 이 시는 초탈적이고 아름다운 죽음에의 낭만적인 몽상을 표출하는 1920년대의 한국 근대시의 대표적인 밤의 찬가이며 사랑과 죽음의 패러독스가 함께 섭섬을 이루고 있는 것이다. 이렇게 몸에의 관능적인 결합, 죽음에의 강박 현상에 있어서 탐미적이고 퇴폐적인 양상으로 인해 「나의 침실로」는 낭만주의의 말기적 변형인 데카당스시로서의 면모도 함께 지닌다.

그렇다면 이러한 부름으로서의 연시가 생성된 요인이 무엇일까. 여기에는 시인 자신의 손필연 유보화 등의 연인들과의 연애와 실연의 개인사 및 넓게는 생존의 근본 기반인 '님'의 부재와 상실 그리고 궁핍이라는 시대적 상황성이 복합적으로 부름의 요인으로 작용하고 있음을 추론할 수 있다. 그러나 모든 것이 식민지적 상황에 돌려지는 환원주의적 요인보다는 무엇보다 문학은 문학에 의한 영향을 받는다는 관점이 우선한 것이다. 생의 파토스와 데카당스 및 현실 유리적 몽상과 주정성의 「나의 침실로」의 시적 정조는 사조적으로 이 시대를 풍미한 낭만주의 · 유미주의 · 상징주의 · 데카당스 문학과의 연계적 맥락과 횡단 속에서 비로소 가능했던 것이다. 여기에다 심리시학의 문제인 젊은 청년 이상화의 열정적 감성 · 혼의 충일 상태와 함께 실향성 · 탈출의식 · 자유연애사상 · 동시대의 윤심덕의 노래 「사의 찬미」로 표중되는 젊은이들의 자살론이나 청춘적 정사관, 현실탈각의식 등이 사회 시학적으로 복합화되어 작용한 것이다. 여기의 부름의 기본 성격이나 목적성은 결핍과 부재 상태에서 근원적으로 사랑과 죽음을 함께 할 사랑의 대상인 연인을 부르는 베르테르와 같은 낭만적 고뇌의 러브콜, 즉 사랑 부르기이다. 그러나 부르는 대상은 기다리는 간절함이나 촉급함과는 관계없이 아무리 기다려도 오지 않는 대상일 뿐이다. 그리고 이 부름은 인간이 인간에 대한 상호적 상태성에 근거되어 있다. 이러한 정조상태와 부름의 청원 양식은 애인과의 이별을 거역하고 함께 하기를 지향하는「이별하느니」와「To-S. W. Lee」(영시) 등의 시에도 그대로 연계되어 있다. 이 부름의 시학에 있어서는 동시대의 김소월의 초혼 사자의 넋의 부름에서 연유하는 서정적인 언어 역시 "부르다가 내가 죽을 이름이여"(「초혼」) 라고 하여 부름을 관계의 연속성이나 연대를 지각하는 호출 부호로 사랑의 정서적 표상작용으로서 중시했던 것이다.

여기에 부언해두고자 하는 것은「나의 침실로」의 해석에서 있어서 첫 행의 조어적 모호성을 지닌 '목거지'란 시어가 '모꼬지'의 대구지방 사투리와 일치하여 이것이 잔치 마당 · 향연을 의미한다는 해석의 견해가 정설로 굳어지다시피 되어서 밤이 깊어가고 있다는 사실을 나타내기 위한 의인법[101]으로 이해되고 있다는 것이다. 그러나 밤이 돌아다닌다는 의인화의 시학적 해석은 타당하지만, '목거지'가 꼭 '모꼬지'의 경상도 사투리로서의 잔치 마당이나 시공간적 한계로 고정되거나 유추한 것에 대해서는 수긍할 수 없는 점이 없지 않다. 내가 보기로는 '목거지'는 공간 시학적으로 모임이나 잔치보다는 길목이나 골목 · 길목 · 거리 입구와 같은 지리적 장소 등 터로서의 공간의 표상일 수 있겠다는 생각이다. 성내로 통하는 사면팔방 사통오달의 모든 길목 · 골목 · 길목

101 김용직,「의도의 오류와 의도비평」,『한국 문학의 비평적 성찰』, 민음사, 1974, 132-133쪽. 이 글은 방법론적으로는 '의도적 오류' 즉 'Intentional fallacy'(윌리엄 윔셋의 개념)가 시사하듯, 뉴크리티시즘의 방법을 적용한 거시다. 그리고 윌리엄 윔셋의 개념)가 시사하듯, 뉴크리티시즘의 방법을 적용한 것이다. 그리고 윌리엄 엠프슨의 '모호성'(Ambiguity) 개념도 원용한 해석태도다.

쟁이 · 거리 · 입구, 모이는 곳이나 터를 뜻하는 이상화의 하나의 공간 조어일 것이다. 어둠(밤)이 다니는 목거지가 어두워지는 거리나 골목 · 길목이라는 외적 세계의 상황이기 때문에 같은 시의 제3연에서 "구식지고도 어둔 마음의 거리에서 나는 두려워 떨며 기다리노라"라고 하여 '거리'의 암울한 상징법에 의한 '마음의 거리'인 영혼의 상태 즉 심리적 내면 세계를 병렬적으로 연계적으로 풍경화할 수가 있었던 것이 아닐까. 상화의 다른 시 「비음(緋音)」에서도 '목거지'가 등장한다. "그 밤의 어둠에서 스며난 뒤지기(두더지)같은 신령은/ 광명의 목거지란 이름도 모르고/ 술취한 장님이 먼 길을 가듯/ 비틀거리는 자욱엔/ 뒷물이 흐른다."란 시구에서다. '술취한'에 어구에 유의하면 잔치나 향연의 행사 · 제의적 의미와 연계될 수도 있겠지만, '먼-길을 가듯'에 장소성에 유의하면 길목 · 길거리 · 입구 등의 장소 · 공간적 의미가 되는 것이다. 따라서 "지금은 밤도 모든 목거지에 다니노라"는 표현의 상태는 지금은 밤도 모든 길목 · 길머리(걸·골목·입구)에 다니노라 라는 밤(어둠)의 편재적(遍在的) 침투현상, 즉 밤이 짐승처럼 모든 거리와 길목의 터에 내리고 퍼져 들어오는 상태를 의미한다.

3) 농경의 상상력과 빼앗김, 디아스포라, 재난의 사회시학

「빼앗긴 들에도 봄은 오는가」는 1926년 6월 『개벽』 70호에 발표된 작품으로 이상화의 시세계가 감학동의 지적대로 "퇴폐와 감상의 세계에서 저항의 세계로 전환"[102]하는 전기를 대표한다. 약간은 정치적 사회적 비판의식의 이념성이 함의된 자연서정시이다. 대부분의 기존 논의는 이를 두고 일제에 대한 완강한 저항시로서 대표화하고 전형화한다. 그러나 항일투쟁과 저항의 전형으로보다는 식민지 상태에 대한 경험적 현실인지 및 상실에 대한 비판적 인지가 투사된 작품으로 이해될 수 있다고 보는 것이 더 타당할 것이다. 이상화의 서정적 자아인 '나'의 의식은 이제 밤도 꿈도 죽음의 세계도 아닌 낮과 들판과 봄이 오는 '國破山河在 · 城春草木深'(두보)과 같은 조선의 땅이란 현실 위에 마침내 서게 되는 것이다. 몽상의 부재는 아니지만, 거기로부터의 이행이 분명한 현실에 대한 시적 리얼리스트로서의 새로운 출현이다. 동시대의 작가인 현진건의 『조선의 얼굴』(1926)의 단편 「고향」에서와 같은 당대의 사회구조나 현상이 반사된 농민이나 농부의 "빼앗긴 들", 즉 토지상실 · 실향성(Heimatlösigkeit)의 현실 의식 및 빼앗김과 상실의 사회 의식과 '남'(other)이라는 이중의 타자 의식이 뚜렷하게 복합적으로 나타난 것이다.

> 지금은 남의 땅 빼앗긴 들에도 봄은 오는가?
>
> 나는 온 모에 햇살을 받고
> 푸른 하늘 푸른 들이 맞붙은 곳으로
> 가르마같은 논길을 따라 꿈 속을 가듯 걸어만 간다.

102 김학동, 「낭만과 저항의 한계성」, 『이상화의 서정시와 그 아름다움』, 새문사, 1981.
______, 민족시와 저항의 한계, 미래사, 「빼앗긴 들에도 봄은 오는가」, 1991.
______, 이상화 평전, 새문사, 2015.
박철희, 자기회복의 시인: 이상화론, 현대문학, 1980.
유시욱, 양감정공존의 비극: 저항적 열정과 허무적 감상, 서강대출판부, 2008.

입술을 다문 하늘아 들아
내 맘에는 나 혼자 온 것 같지를 않구나
네가 끄을었느냐 누가 부르더냐 답답워라 말을 해다오.

'님'으로서의 이중의 타자(Other)와 그 타자에 의해서 현실적으로 농경지로서의 빼앗긴 들판의 상실된 상태를 표제나 서두에서 거의 직설적 설의법으로 지적함으로써 '나'는 식민지 지배 상태에 있는 식민화된 백성들의 타자에 대한 타자 혐오(Xenophobia)의 반응을 어느 정도 암시하거나 대리하고 있는 것이 분명하다. 그런 점에서 이 시는 단순한 봄의 자연시이기보다는 '빼앗음'의 주체인 '남'=지주(작은 ㅇ)·일세(큰 O)가 서로 이중으로 복합화된 타자에 대한 비판과 탄식의 사회적 상상력이 함께 작용하고 있는 정치적으로 이념화된 봄의 자연시이다. 부름은 입술을 다문 하늘과 땅을 향한다. 이 시대 시에 있어서 '님'의 상실이나 '땅'의 상실은 동일하거나 등가적 의미인 것이다. '땅도 토지와 국토로 이중화된다.

일반적으로 자연이 모티프가 된 자연시는 자연 풍경의 서경과 감회 · 반복 순환되는 자연 현상, 그리고 거기에 순응된 전원생활(노동)을 항상 다루면서, 자연과 자아 · 자연과 정신(혼) 간의 내적 조화를 근본 태도로 하는, 자연에서의 삶을 그리는 정황들을 기조로 하고 있으면서도 그 자연현상의 순환적 경과와 그 자연 속에서 출현하는 현상들에 대한 쾌미한 정적반응에다 땅의 상실과 수탈이라는 현실 상황을 함께 대응시키고 있다. 즉 자연에 대해서 느끼는 감흥의 상태와 사회 · 역사적인 박탈에 대한 울분의 감정을 이중화[103]시킴으로써 일반적인 자연시의

103 이승훈은 이 이중화를 구조주의 비평의 관점에서 '행동세계'와 '심리세계'로 분화

경지를 넘어서고 있는 것이다. 따라서 자연의 순환질서 즉, 봄의 재래에 대한 기쁨과 환희의 조화적 심리상태와 생과 존재의 기반으로서의 봄이 오는 들과 땅(토지)이 타자에 의해서 빼앗긴 상태이라는 암담하고 울분스러운 감정과 답답함의 의식, 즉 자연/역사 및 혼/ 봄의 이중화된 현상이 서로 교차하고 있다. '빼앗김'이라는 강탈, 박탈의 상황에 대한 의식과 자각이 처음과 끝에서 시종으로 가두고 있음으로써 이 시는 순수자연에서의 상태를 넘어선 사회성이 가미된 이념화된 자연시이며, 어느 정도 정치적 전원시로서의 양태를 지닌다.

그렇다면, '남'으로서의 타자는 과연 무엇이며 누구인가. 그 타자는 문의상에 있어서 땅(들)의 소유도 관련되어 있어서 일차적으로는 농토인 땅과 들을 '나'로부터 빼앗은 자인 지주나 자본가인 토지 소유자일 것이다. 그래서 '지금은 남의 땅' '빼앗긴 들'의 상태는 소작농민(경자)들이 이제까지 짓던 토지를 빼앗기거나 박탈당한 정황의 기술인 것으로 이해된다. 말할 것도 없이 이러한 관점은 경향 문학의 세계관이나 계급관과 관련된다. 이로 보면 타자인 〈남〉은 분명 지주가 된다. 사실 한때 카프의 경향 문학 운동에 참여한 바도 있는 이상화의 시에서 '남'이 이 같은 경향파 문학의 사회 미학적 요소와 양상이 전혀 없었던 것도 아니다. 가령 〈구루마길〉 〈엿장수〉 〈기러기〉가 그렇고 그의 시 「비를 타고」에서 '남'의 경우가 그렇다.

> 하늘아 한해 열두달 남의 일해주고 겨우 사는 이 목숨이

하고 있다. 「빼앗긴 들에도 봄은 오는가의 구조 분석」, 『문학과 비평』, 탑, 1987 여름, 239–241쪽.

곯아 죽으면 네 맘에 시원할게 뭐란 말이냐

여기서 '남의 일해주고'의 '남'은 분명 지주나 자본가(고용주)이며 '이 목숨'(나)으로서의 시의 화자는 소유한 것이 전혀 없어서 일년 내내 그런 남의 일이나 해주면서 품을 팔아 연명하는 일꾼(머슴)이거나 소작농사꾼이다. 그러나 그렇다고 할지라도 상화의 「빼앗긴 들에도 봄은 오는가」에 있어서의 타자에의 반응은 이런 소셜리스트 프로파간다로서의 경향문학의 계급적 대립과 그 적대감의 한계에 구애되지 않고 오히려 이를 넘어서 그 대상의 범역이 더 넓게 확대되어 있다. 즉 '남'인 타자는 남의 국토요 생존의 땅을 빼앗고 지주화된 동척(東拓: 동양척식회사)[104]으로 대리 표상되는 식민지 지배의 제국 일본일 것이고, '나'는 시인의 서정적 자아인 동시에 '문둥이 살같은'(「동경에서」) 피식민지 조선의 민(민중)이며 그들의 생존기반인 땅과 나라를 빼앗긴 조선의 초상이다. 즉 친민의식이 민족으로 연계되어 동시대의 현진건(玄鎭建)은 1926년 글벗집에서 발행한 작품집의 표제를 '조선의 얼굴'이라 하지 않았던가. 땅으로서의 어머니에 대한 강가에 나온 아이의 관계 이미지가 이에 대한 시사적 의미를 갖고 있다. 땅을 빼앗긴 상실 상태의 농부의 정황을 모자 관계로 유추적으로 암시적으로 비약시킨 전이의 방법이다. 그래서 '나'는 봄이 오는 푸른 들판의 논길을 하루 동안 산책하듯이 신들린 듯이 걸으면서 이중의 교차되는 분열적 의식을 갖고 있다. 현실적으로 그리고 사회적으로는 복합적 타자에 의해서 땅을 빼앗겼다는 답

104 동양척식주식회사(東洋拓殖株式會社): 1908년 일제가 한국의 경제를 독점 · 착취하기 위하여 한국내에 설립한 국책회사이다. 이는 토지소유 및 일본농업이민사업으로 조선 지배의 거점을 삼으려는 일본의 정치적 목적을 드러낸다.

답함과 상실감과 박탈감이 다른 한쪽으로는 순환적인 자연의 질서로서의 봄의 감흥으로 인해서 누적된 우울함을 벗어버리고 자연과 동화하는 경쾌함과 기쁨 및 의욕과 어린아이같이 짬도 없고 끝도 없이 내닫는 혼(魂)의 분주현상을 경험한다. 이런 이중적 감정의 교호 속에서 〈나〉는 자연의 온갖 대상들 하늘과 들 · 보리밭 · 나비 · 제비를 혹은 투정하듯 혹은 반겨서 인사하듯 출석이라도 부르듯이 불러서 경색된 마음의 답답함을 토로하거나 화해하듯 마른 논을 안고 도는 도랑물의 율동적 유동과 자신의 앙양된 감정의 파동과 환희를 동화시킨다. 뿐만 아니라 푸른 하늘 · 푸른 들 · 옷자락을 스치는 바람소리 · 물소리 · 맨드라미 · 들마꽃 등의 온갖 감각적 지각의 이미지들로 짜인 봄을 맞는 생명의 대지 · 들판의 풍경은 경쾌하고 생동력이 충일한 봄의 풍경화이며 거기에 시적 자아의 감흥과 의욕의 상태와 연대화시키거나 조화시킨다.

그 가운데 특별히 내가 주목하게 되는 곳은 다음과 같은 연이다.

> 나비 제비야 깝치지 마라
> 맨드라미 들마꽃에도 인사를 해야지
> 아주까리 기름을 바른 이가 지심매던 그들이라 다 보고 싶다
>
> 내 손에 호미를 쥐어 다오
> 살찐 젖가슴 같은 부드러운 이 흙을
> 팔목이 시도록 매고 좋은 땀조차 흘리고 싶다.

의타적인 단순 청원의 어법에서 자기 주체적 또는 자동적 의지와 회복의 의욕을 적극적으로 표명하는 근본 태도로의 변주가 이루어진 것이다. 여기에 잃어버린 과거의 시간에 대한 기억과 향수의 의식이 조

금 투영되고 있는 것이 사실이지만, "지심매던 그들" 즉 땅 또는 농민을 떠올리면서 호미질과 논(밭)매기로 환유화된 풍요한 농경에의 상상력을 발휘한 것에 주목해야한다. 그리고 "팔목이 시도록 매고 좋은 땀조차 흘리고 싶다"는 의욕의 표명일 뿐만 아니라 노동(일)의 예술화와 통하는 일과 노동의 신성화 현상이다. 씨를 뿌리고 지심매고 북돋우는 호미질은 일 또는 노동의 총괄적 형태의 상징이며, 왕성한 생명감과 건강성의 행동 형식이기 때문이다. 그래서 여기에 나타나고 있는 농민상으로서의 여인의 이미지는 「나의 침실로」의 마돈나와 같은 단지 관능적이고 이향적인 여인이 아니라 아주까리 기름을 바르고 지심매는 이로서의 본향적이고 육감적이면서도 대지의 흙과 같은 부드러운 풍요로서의 생산성을 가진 살찐 젖가슴의 여인이다. T. J 클라크가 예술 사회학적으로 독특하게 해명한 구스타브 꾸르베나 밀레의 그림에서의 농민상[105]들의 입상화와 마찬가지로 이상화의 시에 있어서의 일하는 농부나 농민같은 민(民)의 이미지 역시 각별한 현실 지각의 미학적 관심으로부터 비롯된 현상이다. 이런 '민(民)'의 친민적 이미지는 민족과 동화되는 개념이다. 그러나 이러한 의욕의 '나'는 몸과 혼이 서로 괴리 · 분열되어 있듯이, 푸른 하늘 푸른 들이 맞붙은 곳으로 지향하여 푸른 웃음과 푸른 설움이 어우러진 사이를 봄 신명이 잡힌 듯 아이같이 내딛고 걷는 교차와 균형이 마지막 "지금은 들을 빼앗겨 봄조차 빼앗기겠네"라는 의

105 T.J Clark. *Image of the People*: Gustave Courbet and the 1848 Revolution: University Press, 1982, pp. 115. *The Absolute Bourgeois and Politics, Artist in France* 1848–1851, Princeton University Press, 1982, pp. 78–82.

구적 탄식에 의해서 소실되고 깨어지면서 초두에서 제시된 박탈에 대한 에너지의 현실적 긴장이 이중적으로 더욱 심화된다. 결과적으로 「빼앗긴 들에도 봄은 오는가」는 역사 현실적 박탈감과 의구가 자연에의 환희를 압도해버리고 있는 비극적 형국이며 구조인 것인 것처럼 보인다. 그럼에도 불구하고 역사(계절)의 순환성에 의한 "찾음에의 기대가 그 속에 암묵적으로 내재되어 있는 것도 사실이다.

그런데 주목되는 현상은 이와 같은 이상화의 현실 대응적 또는 현실 지각적 리얼리즘계의 시편들에서도 여전히 시적부름은 일관되게 지속됨으로써 부름이 그의 시의 문법이 되고 있음을 확신케 한다. 「빼앗긴 들에도 봄은 오는가」에서의 시적 부름의 현상은 다음과 같이 제시된다.

– 입술을 다문 하늘아 · 들아
– 고맙게 잘 자란 보리밭아
– 나비 제비야 깝치지 마라
– 짬도 모르고 끝도 없이 닫는 내 혼아

이렇게 하늘과 들과 보리밭과 나비 · 제비 그리고 혼까지를 부름으로써 이전의 인격적 단일 대상으로부터 그 대상이 천지 · 자연현상 · 식물계 · 동물계 및 영혼의 영역으로까지 닿으며 확산되고 있다. 이런 현상은 궁극적으로 근원적 대상인 신령과 검과 하늘로 이어진다. '검'은 곧 신이나 신령 · 신격이다. 식민지 시대의 처절한 이주 즉 디아스포라의 수사학이 표출되고 있는 것이 '가장 비통한 기욕'이다.

아, 가도다, 가도다, 쫓겨 가도다.
잊음 속에 있는 간도와 요동벌로
주린 목숨 움켜쥐고 쫓아가도다.
진흙을 밥으로 해채를 마셔도
마구나 가졌으면 단잠을 얽을 것을

사람을 만든 검아 하루 일찍
차라리 주린 목숨을 뺏어가거라!
……
인간을 만든 검아, 하루 일찍
차라리 취한 목숨, 죽여버려라

– 가장 비통한 기욕(祈慾)

–간도 이민을 보고–라는 부제가 붙어있는 「가장 비통한 기욕(祈慾)」의 구절이다. 먹고 살길을 찾아서 간도와 요동벌로 이주 유민(流民)이 되어 이 땅을 쫓겨가는 식민지 조선의 디아스포라(Diaspora)들–신도 버린 듯 집과 땅으로부터 흩어진 존재 · 유랑으로 소외의 실존적 상태에 있는 사람들–의 굶주림의 절박한 생존 상태를 보면서 화자는 인간을 만든 영계의 검 또는 신이나 신령을 불러서 차라리 그 목숨들을 뺏고 죽여버리라고 독한 처형 기구의 처절한 역설법으로 기구한다. 천지신명과 하늘과 신령 · 검 등의 신격적이고 초월적 권능의 대상을 부르는 이같은 절규적 부름의 형태는 일종의 기우(祈雨)시라고 할 수 있는 「비를 다고」[106]에서도 다음과 같이 제시된다. 하늘만을 믿고 농사에 매달려 살면서 자연적 재난인 극심한 황무지 같은 가뭄상태에서 생명과도 같은 비를 갈망하고 비는 기우의 민중어적 기원 양식이다. 가뭄(한발)은 자연재난이다. 상화의 시에 있어서는 땅 뺏김의 인위적인 재난도 나타나지만 가뭄과 같은 자연재난도 역시 제시된다. 가뭄상태에서 생명과도 같은 비를 갈망하고 비는 기우의 민중어적 기원 양식이다.

106 「비를 다고」의 '다고'는 다오'의 경상도 방언의 기원적 청원어법이다. 즉 비를 다오라는 기우의 의미이다. 이상화의 시에서는 경상도 방언이 많이 등장한다. 예) 그리메, 가새, 깝치다, 뒤지기, 답답워라, 다랍다, 빠주다 등, 다랍다' '다랍어라'는 매우 인색하다는 경상도 지방방언.

사람만 다라워질 줄 알았더니
마침내 믿고 믿던 하늘까지 다라워졌다.
보리가 갉을 벌리고 달라다가
이제는 곯아진 몸으로 목을 대자나 빠뜨리고 섰구나.
……
하늘아 한해 열두 달 남의 일해주고 겨우 사는 이 목숨이
곯아 죽으면 네 맘에 시원할 게 뭐란 말이냐
제발 빌자! 밭에서 갈잎 소리가 나기 전에
무슨 수가 나주어야 올해는 그대로 살아가나 보제!

—「비를 다고—농민의 정서를 읊조림」

비를 내려주지 않는 초월적 자연 능력의 하늘의 '다라움' 즉 인색함을 원망하면서 오직 하늘만을 믿고 거기에 매달려 사는 농경 생활에서 절대적인 비에 대한 갈급한 감정으로 기원한다. 보리가 곯아서 타들어 가는 불모의 절박한 한발 상태에서 기우와 풍요를 비는 제사의 주술적 의전을 원형적 이미지나 원체험으로 하면서도 부르는 하늘의 상태가 원시 종교적 경건의 사고보다는 사람처럼 인색한 대상으로서 인간화됨으로써 갈망의 민중적 소박성과 절박성을 드러낸다. 갈급한 기구의 정서적 영탄이다.

이상화의 현실 대응의 현실시는 이렇게 「나의 침실로」의 몽환 세계와는 달리 농촌사회의 리얼리티나 농민 및 노동자의 삶과의 친화성이 있을 뿐만 아니라, 부름의 대상도 인간이 마돈나같은 인간에 대한 개체적 부름의 형식과는 달리 사람 · 자연 · 대상은 물론 검(신령) · 하늘 · 하나님 등과 같은 친화적인 자연을 넘어선 신격 적이고 초월적 대상에까지 이른다. 그리고 부름의 목적이나 의도 또한 생존과 관련된 감탄(탄식) · 요청 · 기원 · 명령 · 푸념의 상황이나 조건과 관련되어 있다. 기뻐

서 자연을 부르지만 또 이들의 농경의 삶이 너무나 살기에 절박하고 답답하고 궁색한 조건이고 상황이어서 천지신명과 하늘과 검을 찾고 트집 잡으며 애가 타고 말라가듯 부르는 것이다. 그래서 그의 시세계는 그 시대를 풍미한 예술론인 이른바 '인민과의 친화력'(벨린스키)과 함께 '민중예술'(윌리엄 모리스, 크로포트킨)[107]의 영향에 의한 예술과 사회 구조가 맥락화된 민중 친화적 미학성을 지닌 측면이 있는 것이 엄연한 사실이다. 그러나 그것은 생산적인 일을 하는 농민들이나 노동자들에게 대한 온정적이고 친화적 시선과 감정적 연대성과 관련된 노동시이지, 소셜리스트 프로파간다의 경직한 좌파적 표명은 결코 아닌 것이다. 이 같은 이상화의 친민의식(親民意識)의 시학의 근저에는 분명 시적 행위의 사회적 가치가 문제시되는 사회시학이 함의되어 있다. 이상화가 민의 이미지로서의 이들과 이들의 일의 가치 즉 노동의 사회적 가치에 대해서 얼마나 친화적으로 끌려 있는가는 시 「저무는 놀 안에서」에서의 일하고 노동하는 사람들을 위한 감사와 휴식을 위한 기구에서 잘 나타나고 있다.

> 거룩하고 감사론 이 동안이
> 영여 있게끔 나는 울면서 빈다.
> 하루의 이 동안–저녁의 이 동안이
> 다만 하루만치라도 머물러 있게끔 나는 빈다.

107 Yuri Barabash, Aesthetics and Poetics, Progress Publishers, pp.83–85, V. G. Beelines, "An overview of Folk Poetry and Its Significance" 및 William Morris, Hopes and Fears for Art, Sign of Change(1982–1983), Thoemmes Press, 1994, pp.25–27, 46–50, 60, 84 참조.

우리의 목숨을 기르는 이들
들에서 일 깐에서 돌아오는 때다.
사람아 감사의 웃는 눈물로 그들을 씻자
하늘의 하나님도 쫓아낸 목숨을 그들은 기른다.

거룩한 저녁 꺼지려는 이 동안에 나 혼자 울면서 노래 부른다.
사람이 세상의 하나님을 알고 섬기게 시리 나는 노래 부른다.

들판의 농부나 공장 일터의 노동자가 고된 일의 하루에서 휴식을 위해서 집으로 귀가하는 저녁노을 지는 거룩한 휴식의 시간을 갈망하고 또 찬미한다. 마치 밀레의 그림 「만종」의 저녁시간을 연상시킬 정도로 경건과 감사의 정회로 제시한 것이다. 물론 사람이 세상의 하나님이라 함으로써 기독교적인 '하늘의 하나님'의 천상적 관점과는 대립적인 지상적 신관의 요소가 있기도 하지만, '우리의 목숨을 기르는 이들' 및 '세상의 하나님'으로서 예찬됨으로써 일에서 돌아올 농민과 그들이 하는 일이나 노동의 생활이 세상의 하나님으로서 이 세상에서 모든 사람들의 목숨을 기르는 가장 유익하고 가치 있고 경건한 것으로서 신성화하고, 예술화하고 있는 것이다. 그래서 하늘의 하나님도 쫓아낸 사람의 목숨을 길러낸 고마운 존재이기에 사람이 세상의 하나님을 알고 섬기게 노래부른다. 라고 예찬한다. 이로써 이상화의 시세계에서 시학과 미학에 있어서의 리얼리즘의 지각과 함께 인위적 · 자연적 재난의 거칠고 황막한 상황에 있는 민중적 삶과 민중에 대한 사회시학인 친민적이고 인간애적 옹호와 애착에서 연유하는 민중의 예술(art of people) 미학으로서의 한 단면을 거듭 확인할 수 있게 되는 것이다. 그의 시세계는 이렇게 몽상지향과 현실지향의 양면성을 갖고 있는 것이다. 그리고 부름

현상도 이와 부합하여 크게 양자로 이루어진다.

4) 미무리

이상으로 이상화의 두드러진 시적 어법 내지 문법으로서의 시적 부름을 중심으로 하여 그의 시세계의 양면성을 살펴보았다. 그렇다면 요약하여서 그의 시세계에서의 시적 부름은 어떤 형식적 구조로 이루어지며 또 어떤 기능을 하며 결과적으로 어떤 의의를 지니고 있는 것일까. 즉 그의 부름의 시학의 구조와 의미는 무엇인가.

(1) 부름은 자아와 대상이라는 발화자와 피발화자의 나 · 너 관계를 구조로 하는 서정의 언표형식이다. 이상화의 시세계에 있어서의 서정적 자아인 '나'의 부름의 대상은 그 성격에 있어서 크게 인간 대 인간, 즉 마돈나와 애인같은 인간이 인간〈인격적 대상〉을 부르는 유형과 인간이 하늘과 검과 신령과 같은 신격적인 대상을 부르는 인간 대 초월적 대상의 유형이란 인격성과 신격성으로 크게 양분된다. 즉 부름의 대상인 '너'가 사람과 초월적 신령이나 권능적인 것이며 이 위상이 각각 수평관계와 수직 관계를 이루고 있다. 전자가 주로 사랑과 이별 등 개체적 서정의 낭만적인 연시이며 후자가 친민적 서정과 리얼리즘적 현실지향 의식이 연대된 자연시들이다. 어떤 경우든 그의 시는 부름의 시학이다.

(2) 부름은 그 목적성과 태도, 방법이라는 내면 형식을 지니고 있다. 즉 왜 대상을 부르고 어떤 태도와 방법으로 '너'를 상대로 어떤 고조

된 감정과 정조를 표출하는가. 이상화의 시의 경우, 사랑 이별 등이 중심 모티프가 되는 연애와 사랑의 서정시에 있어서는 주로 사랑의 내면적 감정을 상대에게 알리고 사랑받으려는 고지, 고백 및 청원, 간구, 함께함을 청유하기 위한 러브, 콜링으로서의 어법의 형식이다. 이와는 달리 주로 농민의 삶 등 현실 사회적 구조와 맥락화된 시의 세계에 있어서는 하늘과 같은 바라는 바를 들어줄 수 있는 능력을 가진 신격적 존재를 불러서 목마르게 비는 '나'의 기원과 발원 및 억울하고 답답해서 불만과 울분과 푸념, 분노, 원망 등을 토로하거나 나쁜 상태를 물리쳐 달라고 청원한다. 이 경우 나의 위상은 타자에 의한 생존의 기반 상실이라는 인위적 재난 및 가뭄과 같은 자연적 재난에 처한 상태이며, 그래서 기저에는 걸림뿐인 식민지의 시대적 역천(逆天)의 배반적 상황성에 대한 서름과 비판의 상상력이 작용하고 있는 것이다. 그리고 때로는 화자인 나의 시적 자아의 기능이 농부를 대리하는 대역적 역할을 아래도 한다. 이는 일종의 대역(代役)시의 형식이다.

(3) 부름의 시학이 함의하는 이와 같은 부재와 결핍의 시대사적 특징이나 의미에도 불구하고 이상화의 부름의 시학은 정서의 과다한 푸념과 울분 등 양분된 고열적 정서의 원초적 표출과 너무도 흔하게 관계되고, 또 시적 구조를 그만큼 단순화시키고 있다는 점에서 비판의 여지도 그에 못지않게 가지고 있다는 것이다. 감탄과 부름의 과잉현상, 그것은 이상화의 시가 지니고 있는 분명한 시학적 한계인 것은 분명하다. 그러나 이 부름은 식민지 상황의 답답한 시대적 탄원을 대리하는 호명의 목소리인 것도 또한 사실이다. 이상화의 시는 시학적으로 부름의 언어가 가장 현저히 인격과 신격이 이중적으로 디스플레이된 시이며 이

속에 몽환과 현실의 의식이 대응되어 있다. 어느 것이든 부름의 시학은 부재와 결핍이라는 궁핍하고 절박한 상황을 전제로 하고 있다. 이상화는 삶이 절박한 시대의 시인이다. 이 절박성을 '빼앗긴들', '수린복숨', '가뭄', '역천' 등의 극한적인 최악의 상황적 인식의 언어로 분명해진다. 그리고 그의 시의 저변의 친민의식은 바로 민족의식과도 서로 일맥상통할 뿐만 아니라 '농토'→'국토', '민'→'민족'으로 의미영역이 승화 확산되어 간다. 그의 시의 친민성은 소시얼리스트 계급 문학과는 일단 구별할 필요가 있다.

5) 추기(追記)

이상화는 일제 강점기 때 그가 4여년 동안 무보수 교사로서 봉직한 대구 대륜중학교(옛 교남학교(嶠南學校) = 현재 대륜고등학교(大倫高等學校))의 자랑스런 교가를 지었다. 이 교가 내용에도 상화 시의 민족의식의 한 단면이 은연히 함축되어 있다. 때문에 일제말기에 이 교가를 부르지 못하게 했다고 한다. 이 학교는 필자의 모교이다.

태백산이 높솟고 낙동강 내달은 곳에
오는 세기 앞잡이들 손에 손을 잡았다.
높은 내 이상 굳은 너의 의지로
나가자 가자 아아 나가자
예서 얻은 빛으로 삼천리 골곳에 샛별이 되어라.

제4부 바리데기와 현대인들

– 바라데기 상(像)의 순환과 변형

1장
'바리 매니아'와 소설적 변형

근래의 한국 문학은 신화 시학적 탐색의 일환으로서 무조(巫祖) 신화인 바리공주에 대한 특별한 관심을 가짐으로써 '바리 매니아'의 한 현상을 보여주고 있다. 이는 한국 구비전승의 대표적 샤먼 에픽(Shaman Epic)인 서사 무가 「바리데기」와 그 바리 상(像)의 테마가 2000년을 전후한 당대의 현대 소설이나 시에서 널리 투영되고 현저히 재현되는 현상을 뜻한다. 분명 이 시대의 문학과 인문학의 테마나 구조 및 모티프에 있어서 바리나 바리공주에 대해서 마치 들린 듯이 아주 특별한 관심을 보이고 있는 추세인 것만은 틀림없다.

이런 현상은 디어도어 치올코우스키가 일컫고 있는 바 '고전 신화의 현대적 개조' 및 '현대의 고대로의 회전'[108]과 매우 비슷한 현상이다. 이는 현재를 증명하기 위해서 과거를 전유한다는 뜻이다. 그만큼 우리

108 Theodore Ziolkowski, *Minos and the Moderns : The Cretan Myth in Twentieth-Century Literature and Art*, Oxford University Press, 2008, p. 23, p. 18.

현대문학은 바리를 많이 이용하고 또 때로는 남용까지 한다.

황석영의 『바리데기』(2007), 송경아의 『바리 3부작』(1996~8), 김선우의 『바리공주』(2003), 박정윤의 「프린세스 바리」(2012) 및 강은교의 시 「바리데기의 여행 노래」(2006), 김승희의 동화 『바리공주』(2006, 2014) 등이 이를 대표적으로 증좌하는 예들이다. 그 이전에는 김동리의 장편소설 『을화(乙火)』(1978)에서 이미 바리데기 굿이 작품의 한 장면으로 제시된 바도 있다. 이들 현대의 작품들은 그들 사이의 얼마씩의 필연적인 차이에도 불구하고 우선 전승 무속 신화의 인물인 바리의 상과 그의 삶이 모델화되거나 주제적으로 인용되고 있다는 점에서 기본적인 테마를 서로 공유하고 있는 것이 사실이다. 이 같은 바리의 소설화는 본래적인 것, 즉 무가로서의 원자료의 바리데기이야기와 연계된 바리공주의 소설적 변형화(Fictional Transfiguration) 현상이다. 달리 지적하면 현대와 고대 사이의 연속적인 병렬의 하나로서의 바리 무가의 변신(변모) 현상인 것이다. 이들 각각의 작품들은 표면적으로 모두가 그 표제와 주인공의 이름의 성명학(Onomastics)에 있어서 고유 명사인 '바리'에 대한 매혹과 관심의 일치들을 직접적으로 보여줌으로써 당대 소설의 작가들이 바리를 현대적 상황에 적용하고자 하는 나름의 미학적 도전과 노력을 짐작케하고 있는 것이다. 이 소설적 변형화의 근원적인 근거나 영상은 일단 인물의 인명화에 있어서의 일치, 즉 주인공의 이름이 모두 하나같이 '바리'로서 명명되는 것으로서 나타난다.

그렇게 되어서 할머니는 내 이름을 '바리'라고 짓기로 했다. 세상의 끝까지 돌아다니면서 온갖 고생을 겪다가 할머니가 내 이름을 바리라고 부르게 된 뜻을 스스로 깨우치게 된 것은 훨씬 나중의 일이다.(황석영, 『바리데기』)

푸른 것은 숨, 노란 것은 그 사이를 흐르고 도는 안개러니 하고 '바리'는 생가했다.(송경이, 『바리 3부작』)

일곱 번째 공주 아기를 내다버리라는 오구대왕의 전교를 받고 그 길로 왕에게 달려오는 길이었다. 아가, 버려질 내 아가. 바리데기 우리 아가. 한울님도 무심하시지. 버려질 운명이었으면 어찌 너를 이 몸 벌려 세상에 나게 하였단 말이냐.(김선우, 『바리공주』)

버리라. 바리데기로 새겨라. 던져라 던지데기로 새겨라. 나라의 칠공주라 새겨라. 열 두 바다 천길만길에 버려라.(김승희, 『바리공주』)

그렇다면, 이른바 '소설적 변형'이란 무엇인가. 이는 현대소설과 문학 주제학 분야에서 당대의 대표적인 이론가의 한 사람인 디오도어 치올코우스키(Theodore Ziolkowski)가 『예수의 소설적 변형』(1972)란 책에서 처음으로 규정하여 쓰고 있는 용어이다. 뒤에 『문학 주제학의 다양성(*Varieties of Literary Thematics*)』을 쓴 바도 있는 그는 19세기 후반에서부터, 오늘에 이르기까지의 서구 문학의 흐름을 통해서 '예수(Jesus)'라는 한 특별한 인물 또는 문화 영웅에 초점을 맞추어서 성서에 나타나고 있는 예수의 상(像)이 20여 편의 서구 근대 소설에서 어떻게 변형되었으며 또 그것이 현대 정신사의 흐름과 관련하여 그 같은 변형이 갖는 의미가 무엇이며 어떤 것인가를 섬세하게 탐구한 작업이다. 여기서, 그는 토마스 만의 『마의 산(*Der Zauberberg*)』(1924)의 제 7장에서의 페페르코론의 출현에 유의하고 그를 바로 예수의 상을 지닌 인물로 인정하면서 이를 근거로 하여 처음으로 '소설적 변형'이란 용어로 규정한다. 이에 대해서 그는 1장의 '소설적 변형'의 장에서 다음과 같이 지적하고 있다.

> 토마스 만의 장절(7장)은 이 책이 '소설적 변형'이라는 말로 의미하는 바의 대표적인 예를 판별적 의도로 우리에게 제시해 준다. 그것은 작품의 의미와 주제와는 관련 없는 인물들과 행동이 복음서에서 알려져 온 것과 같은, 예수의 삶을 일반적으로 연상케하는 인물들과 사건들에 의해서 두드러지게 예시되어진 허구적 서사이다. 즉 이 경우 우리는 페페르코른(Peeperkorn)을 하나의 예수상으로서 인정한다.……그러나 그 행동과 그 이미지와 장면의 구성은 어떤 의심할 나위도 없이 그를 '변형화(Transfigurations)' 예수로서, 그를 일치시킨다. '빵'과 '포도주'의 만찬, 그의 '후광과 몸짓', 열 두명의 제자 가운데서의 그의 고뇌 및 그의 밀고 등이 그것이다.[109]

'소설적 변형'을 같은 이름과 관계없이 이렇게. 규정한 치올코우스키는 같은 책과 또 다른 글에서 더 부연하며 이와 이원적으로 기원이 일치하는 것으로 인지되는 '후상'(Postfiguration)이라는 용어로 함께 설정한다. 이 '후상적인 것'으로 정의될 수 있는 소설의 범주란 그 소설들의 행동(사건)이 친숙하게 이미 잘 알려져 온 신화적 패턴 속에 '전상화된(Prefiguration, 미리 예시된) 것에 한정된다'[110]고 지적한다. 여기서 제기되는 것이 바로 이른바 '전상(前像 또는 先像, Prefiguration)'과 '후상(後像, Postfiguration)'이라는 두 용어와 그 대칭관계이다. 이는 이름 그대로 '변

---

109 Theodore Ziolkowski, *Fictional Transfigurations of Jesus,* Princeton University Press, 1972, pp. 5~6.
이 용어는 Walter A Strauss: Descent and Return in Modern Literature, Harvard University Press, 1971의 서장 "The Metamorphosis"의 '변신', '변용'과 유사하거나 일치한다.

110 같은 책, p. 7.
Theodore Ziolkowski, "Introdution" in Thematics Reconsidered, ed Frank Trommler, Rodopi, 1995, pp. 6~7.
이 용어는 Theodore Ziolkowski는 물론 John J. White의 *Mythology in the Modern Novel*(1971)에서도 쓰이고 있음.

형' 또는 '변상'(Transfiguration) 과정에 의해서 그의 작품 속에 옛 신화와 서사 등의 경우가 소개되거나 투영되었다면 그보다 먼저 미리 존재한 선행 신화는 뒤의 것에 대한 전상으로서, 그 뒤에 온 것인 후상으로서 변형된 소설 즉 후상적 소설에 작용하고 있음을 시사한다. 이처럼 신화 등은 전상으로서 현대 작가들에게 현대의 상황이나 사건들에 관한 상징적인 논의를 위한 적절하고 신속한 운송 수단으로서의 체계를 제공할 수 있게 한다. 이렇게 과거는 선구적 존재로서 현대에 빛과 그림자를 투사하는 것이다. 유사한 것이 신화론적으로는 '원형(Archtype)'이기도 하다. 현재는 문학 비평의 한 용어가 되어 있지만, 이 '전상'이란 용어는 에리히 아우얼바흐가 『구약』의 인물들과 사건을 '신약과 그 구속사의 전상이었다'라고 지적한데서 연유되는 것으로 이는 원래는 종교적 기원에서 연유되어진 것이다. 그 대표적인 예증의 하나가 바로 구약 『창세기』에서 아브라함이 그의 아들 이삭을 하나님에게 희생 제물로 바치는 것이, 곧 신약에서의 구속을 위한 예수의 십자가 상에서의 수난과의 예언적 상관관계[111]를 갖는 것이 그것이다. 이렇게 신화를 포함하는 전상의 모티프와 플롯으로서 현대 소설에 투영되거나 반복 작용되고 있는 것이 바로 문학적 전상인 것이다. 그리고 후상이란 앞에서 지적된 것처럼 곧 그것의 소설적 변형을 의미한다. 그런 점에서 우리의 경우 황석영의 『바리데기』에서 박정윤의 『프린세스 바리』에 이르기까지의 당대의 바리데기 소설은 그 일차적인 성격에 있어서 서사 무가인 『바리데기』로부터 소설적 변형이 이루어진 후상적 소설(Postfiguration Novel)

111 John J. White, *Mythology in the Modern Novel*, Princeton University Press, 1971, p.10.

이라 할 수 있으며 또 바리데기의 현대적 변신이요 '어뎁테이션'이기도 한 것이다. 당대 소설로서 황석영의 『심청-연꽃의 길』(2003), 그리고 김영하의 『아랑은 왜』(2001) 도 역시 넓게는 일종의 후상적인 소설들이다. 전자는 판소리계 소설 『심청전』과 후자는 전설인 「아랑 설화」와 각각 연계되어 있거나 과거를 응시하고 있기 때문이다.

그렇다면, 무조(巫祖) 신화요 서사 무가인 바리데기는 현대 소설에서 어떻게 소설적인 변형 내지 추상화 되고 있는가. 다시 말해서 무가인 바리공주는 어떻게 소설로서 현대화 되고 있는가. 그리고 또 현대소설이 바리데기상이나 구조를 다른 어떤 원형상들보다도 더 열성적으로 받아들임에 있어서 함축되어져 있는 사상적인 의미가 무엇인가. 계합해서 바리 신화가 오늘의 소설공간에서 어떻게 이용되고 있으며 그것이 갖는 특별한 의미 및 상징적인 의의가 무엇인가. 이런 여러 물음에의 응답과 함께 이에 대한 문학적인 해석을 근거로 나름대로 테마의 변주를 통해서 바리공부 테마의 주제학적 성격 탐색을 지향해보고자 하는 것이 이 글의 주된 관점이다.

현재까지 신화학 · 문화 인류학 및 기호학 등의 다각적 퍼스펙티브로 바리데기 신화를 선구적으로 살핀 김열규는 그의 『한국 신화와 무속 연구』(1977)에서 샤먼의 무조로서의 바리데기상의 의미에 대해서 진작 다음과 같이 평가함으로써 이후 이에 대한 문학적 변형을 다루는 연구와 비평을 위한 비전을 제시하고 있다.

> 스스로 생사의 신비와 죽음의 시련을 경험하고 또 극복한 영웅적인 인물이 죽어서도 오히려 저승에 못간 채 이승을 떠돌고 있는 불행한 사령(死靈)들 여태껏 의지했던 육신에 마저 되돌아 갈 길 없는 박행의 사

령들을 저승에 인도함으로써 그 사령 개인에게 구원을 줄뿐더러 그 사령들의 방황 때문에 재변을 당하고 있고, 살아있는 사람들에게도 구원을 주는 존재로서 신격화된 얘기. 그것이 바리데기 전승이다. 죽음의 어둠에 몸을 던져 스스로 위난을 감당해 냄으로써 자신의 삶의 위기의 극복과 타인들의 영적 구원자로서의 사명을 성취하여 삶의 빛 속에 다시 되돌아서게 되는 인물이 다른 사람 아닌 바리데기이다. 그는 삶과 죽음의 대립을 괴로워하고 있는 인간들에 주어진 그 '영원의 물음'에 대한 해답자인 것이다. 한 손에 죽음을, 한 손에 재생을 들고서 바리데기는 타계에 명암을 반영하고 있다.[112]

이런 바리데기는 오늘의 작가들이 가장 좋아하는 신화적 인물의 하나이다. 어쨌거나 오늘날 바리데기가 이처럼 우리 문학에서 재조명되거나 바리 매니아를 불러들이는 현상의 요인은 그 활발성을 드러내기 시작한 페미니즘의 영향 및 전통 서사에 나타난 생사관 및 구원의 관심 그리고 이주나 디아스포라(Diaspora)와 같은 이주의 수사학이 크게 주목되고 있는 이 시대의 정치 · 사회적 함축 등이 복합적으로 작용하고 있는 결과로서 이해된다.

먼저 바리 무가의 서사적 구조와 이의 구성소로서의 모티프들을 먼저 살펴보고 그 다음으로 현대 소설에 있어서의 소설적 변형화를 점검해 보기로 한다.

112 김열규, 『한국 신화와 무속연구』, 일조각, 1977, 247쪽.

2장

바리신화의 서사구조와 서사모티브

1) 무가 『바리데기』는 어떤 이야기인가?

바리데기 또는 바리공주는 죽은 사람의 혼령을 저승으로 천도하기 위해서 사령제(死靈祭), 즉 굿의 무의(巫儀)에서 무당에 의해서 구연되는 서사 무가이다. 지역에 따라서는 바리데기 · 베리데기 · 오구굿 · 칠공주 등으로 각기 달리 불리어지기도 한다. 주인공 '바리'는 '버리다'라는 동사에서 온 것이기 때문에 바리데기는 곧 버려진 아이라는 뜻이다. 여기에는 '숨겨진 아이'라는 함의도 동시에 있지 않나 하는 생각도 일단 가져본다. 1937년 일인 아카마츠(赤松智城)와 아키바(秋葉隆) 등의 『조선 무속의 연구(朝鮮巫俗の研究)』에 처음으로 수록된 이래로 현재까지 40여 편이 넘는 많은 이본 전승본들이 전해지고 있을 뿐만 아니라 이에 대한 연구 성과도 상당하게 축적되어 있다.[113] 이 바리데기는 기본적으로 서사 무가인 동시에 구비 서사로서의 무조(巫祖) 신화이다. 구비 문헌이라 지역과 구연자에 따라서 그 내용이 약간씩은 다르기도 하지만, 서울과 중부 지역의 바리공주 신화의 개요적 줄거리는 다음과 같다. 기초적인 것을 넘어선 개요로서 흔히 서울 지방의 것을 개요화한 카차마츠의 것을 현재까지도 많이 원용하지만, 여기서는 어느 것 보다도 지역적 상이성을 친절히 고구해 살핀 조철수의 근대의 요약으로서의 줄거리를 그대로 인용한다.

오구 대왕이 아내를 얻어 딸을 여섯 얻는다. 연이어 딸을 낳자 아들을 얻기 위해 공을 드린다. 오구 대왕은 태몽에 보라매, 백매, 금거북이, 해와 달, 청룡, 황룡을 보고 이번에는 세자 대군을 얻을 것이라고 확신한다. 그러나 딸을 낳았다. 화가 난 오구 대왕은 일곱 번째 공주를 작정한다.(이 때문에 '바리데기'라는 이름을 얻게 되었다. 버림받은 내용이 지방마다 다양하며 어떤 판에는 세 번이나 가져다 버리는 경우도 나온다. 이럴 경우 버리는 장소는 뒷동산이나 후원과 같은 가까운 곳에서 다시 황천강 피바다 등 먼 곳으로 이동한다. 함이나 옥함에 넣어서 버리는 경우가 가장 많으며, 바리 공주가 버려졌을 때 주로 학이 나와 보살핀다. 버려진 곳에서 바리공주를 구해주는 인물로 석가여래가 등장하며 산신이나 도사 스님, 사해 용왕도 나온다. 대부분 바리공주를 구해준 인물과 길러주는 사람이 각각 다르다.) 외롭게 사는 늙은 할아비와 할미가 바리공주를 데려다 키운다. 바리공주가 열다섯 살이 되었을 때, 아버지가 병에 걸린다.(중부지방 판본에는 부모가 모두 병

113 바리데기 수집과 대표적인 연구 논저들은 다음과 같다.
김태곤, 『황천 무가 연구』(1966), 『한국의 무속신화』(1985)
김열규, 『한국 신화와 무속연구』(1977), 『한국 문학사』(1983)
최길성, 『한국무속연구』(1976)
서대석, 『바리공주연구』(1977), 『한국 신화의 연구』(2001)
김진영 · 홍태한 편저, 『바리공주 전집 I, II』(1997)

에 걸린다.) 오구 대왕은 병에 필요한 약을 구했으나 백약이 무효였다. 마침내 서천 서역국의 약수를 먹으면 치유될 수 있다는 이야기를 듣게 된다.(점을 쳐서 알게 되는 경우도 있고 스님이나 도사가 와서 알려주기도 한다.) 우구 대왕의 여섯 딸 중 누구도 서천 서역국에 가서 약수를 가져오겠다고 하지 않는다.(여기에서 서천서역국은 저승을 가리킨다. 따라서 어느 누구도 저승에 가려고 하지 않았다.) 바리의 부모는 바리 공주를 찾아 그 딸에게 그 짐을 맡기기로 작심한다. 바리 공주는 궁궐에 불려와서 부모의 병을 위한 약수를 구해오겠다고 약속한다.

바리 공주는 남장(男裝)을 하고 약수를 구하러 길을 떠난다. 가는 도중에 길 안내를 받기 위해 몇 가지 과업을 수행한다. 바리 공주는 한 번은 검은 빨래를 하얗게 빨아주고 다음에는 아흔 아홉 칸의 다리를 놓아주며 길가 언덕에 높은 돌탑을 쌓아주어 서역 가는 길을 알게 된다.(과업을 처리하는 단락이 나오지 않는 본도 여럿 있으며 다른 지방 판본에는 밭을 갈아주거나 매주는 일을 해서 길 안내를 받는 경우도 있다.)

가는 도중에 바리는 석가여래를 만나 그에게서 낙화(洛花)를 받는다.(산신령에게서 낙화를 받는 지역 판본도 있다.) 바리 공주는 지옥에 도달했으며 낙화를 흔들어 지옥의 두려움을 몰아냈다. 또한 지옥을 지나가다가 죄인들을 구제하기도 한다.

드디어 바리공주는 약수가 있는 서천 서역국에 도착하며, 약수터를 지키는 이를 만난다. 그는 무장승 · 무장 선관 등으로 불리며 동해안 지역에서는 그를 동수자라고 부른다.(동수자는 하늘에서 죄를 지어 약수터를 지키는 이로 아들 셋 또는 다섯을 낳아야 다시 하늘로 돌아갈 수 있었다.)

무장승의 키는 하늘에 닿은 듯하며 얼굴은 쟁반만 하고 눈은 등잔 같았다. 손은 솥뚜껑같고 발은 석자 세치였다. 그는 바리에게 "그대는 사람인가 귀신인가?"하고 묻는다. 날짐승 날벌레도 들어오지 못하는 곳에 어떻게 들어왔으며 어디서 왔느냐고 계속해서 묻는다. 바리는 국왕의 세자로서 부모 봉양하려고 이곳에 왔다고 대답한다.

무장승은 부모 봉양 왔으면 물값을 가지고 왔느냐고 반문한다.(약수값을 내라는 말이다. 바리 공주가 약수값까지는 생각하지 않았던 것 같다. 아니면 오구 대왕이 그냥 보냈을지도 모른다.) 바삐 오다보니 잊었다고 말하자 무장승은 물 삼년 길어주고, 불 삼년 때어주고, 나무 삼 년 해달라고 그녀에게 청한다. 이래서 바리 공주는 아홉 해 동안 무장승 밑에서 일을 했다.

석 삼년 아홉 해를 살고 나니 무장승은 바리공주에게 '앞으로 보면 여자의 몸이 되어 보이고 뒤로 보면 국왕의 몸이 되어 보인다'고 말하며 그와 혼인하여 일곱 아들을 낳아주고 가달라고 요구한다. 그것도 부모 봉양하기 위한 것이라면 그렇게 하겠다고 해서 바리공주는 일곱 아들을 낳으며 산다.(이래서 바리공주가 서역/저승에 온지 벌써 열 여섯 해가 지났다.) 아무리 부부의 정(情)도 중하지만 부모 봉양이 늘어지자 바리 공주는 꿈에 부모가 위독한 것을 알게 된다.

무장승은 지금까지 길어온 물이 바로 약수라고 이제야 알려주며 바리공주가 베던 나무가 살(肉)과 뼈가 살아나게 하는 꽃나무이니 가지고 가라고 말한다.(이것은 사람 살리는 꽃을 말한다. 또한 뒷동산 꽃밭에 있는 삼색(三色) 복숭아 꽃이 숨살이(圖息), 뼈살이(圖骨), 살살이(圖肉)라고 말하는 지방본도 있다.

그러면서 무장승은 바리 공주에게 떠나기 전에 앞바다를 구경하고 뒷동산에 꽃구경을 하지고 권한다. 바리공주가 그럴 경황이 없다고 말하자 무장승은 전에는 혼자 홀아비로 살아 왔는데 이제 여덟 홀아비가 되어 어찌 살겠느냐고 일곱 아들 데리고 함께 가겠다며 따라 나선다.

바리공주는 홀몸으로 와서 아홉 몸이 되어 돌아가게 된 것이다. 바리공주 일행이 바삐 돌아오는 도중에 앞으로 황천강(黃泉江)이고 뒤로는 유사강(流沙江)인 곳에 이르러 피바다에 줄줄이 떠오는 장례 행렬 배를 본다. 연꽃으로 꾸미고 거북이로 받들어 청룡 황룡이 끌고 가는 배는 세상에 살 때 다리를 놓아 행인을 도와주고, 가난한 자에게 옷을 벗어주고 배고픈 사람에게 밥을 나누어 주던 사람들이 극락 세계 · 연화대로 가는 길이었다. 그 뒤에 오는 배는 활기에 차 있는데 그 안에는 세상에 있을 때 나라에 충성하고, 부모에게 효성하고, 동기 간에 우애있고, 일가에 친근하고, 동네 사람들에게 공손하고 없는 사람 구제하고 선심으로 평생을 산 사람들이 극락 세계로 왕생천도(往生천도)하여 가는 배였다. 그 뒤에는 활을 들고, 창을 들고, 칼을 들고, 머리를 풀어

헤친 사람들이 예복을 벗고 결박을 당한 채 살기(殺氣) 충천하며 악한 기운이 가득찬 배가 오고 있었다. 그 안에는 세상에 있을 때 나라에 역적질하고 부모에게 불효하고 동기 간에 우애 없고, 동네 사람에게 모질고 남의 말 엿듣고, 이간질에 쌈 붙이고 탐이 많아 적을 되로 주고, 큰 피를 빨아 먹고, 착한 사람을 비방한 죄로 칼산 지옥으로 가는 배였다. 한 편 돌에 얹혀오는 배가 있었는데, 거기에는 세상에 살았을 때 자식없이 지내다가 죽은 사람과 해산하다가 죽은 여인들이 타고 있었다. 죽은 뒤에는 진오기굿, 새날굿, 사십구제(四十九祭), 백일제도 못 받아 길을 잃고 떠돌아다니는 배였다. 바리 공주는 이들을 보자 가는 배 위에서 올라서서 축수(祝手)를 했다. (이미 바리 공주는 무녀/무신의 의식을 행하고 있다.)

바리공주는 어느덧 세상에 돌아왔다. 집 가까이 왔을 때 초동이 "지게 목발을 두드리며 칠 공주가 서역에 약수를 얻으러 갔다가 죽었는지 살았는지 소식이 돈절(頓絕)하다"는 노래 소리가 들린다.

바리 공주는 깜짝 놀라 일곱 아이는 덤불 밑에 숨기고 무장승은 수풀 속에 숨겼다. 모퉁이를 돌아서니 상여소리가 들려왔고 멀리 쳐다보니 명전에 임금 왕(王)자가 쓰여있는 것을 보앗다. 급히 머리를 풀어 발상(發喪)하고 죽은 부모에게 나아가 앞매듭 일곱과 발매듭 일곱과 대소염(大小殮)의 매듭을 풀어서 좌현 우현을 평안하게 했다.

그리고 서역에서 가져온 숨살이는 숨에 넣고 뼈살이는 뼈에 넣고 살살이는 살에 넣고 일영주(日映珠 : 눈을 뜨게 할 구슬인 것 같다)는 눈에 놓았다. 그리고 약수를 떠서 입에 흘려넣으니 죽은 부모가 한날 한시에 회춘하였고 다시 살아난 부모는 바리 공주가 아들 일곱을 낳았고 혼인했다는 말을 듣고 사윗감더러 들어오라고 명령한다. 그러나 무장승은 키가 매우 커서 대궐문에 걸려 들어오지 못했다. 대왕은 대궐의 한 쪽을 헐고 들어오게 했다.

바리 공주가 약수와 약화를 얻어올 수 있게 도와준 무장승의 공덕을 기리며 산신제를 받을 수 있게 그에게 신직(神職)을 정해 주었다. 그의 일곱 아들은 불전(佛錢 : 부처 앞에 바치는 돈)을 받게 했다. 바리 공주는 지방 판본에서는 다소 다르게 나오지만 만신의 몸주, 북쪽 칠성신, 인도 국왕의 보살 등 무조신(巫祖神)이 된다.(바리 공주는 신으로

좌정한다.)[114]

요약적 개요로서는 다소 긴 분량이지만, 온전한 이해를 돕기에는 어느 것보다도 이 개요는 공들인 개요이다.

2) 『바리데기』의 서사구조적 분절과 모티프

중서부 지방의 전승본으로서의 바리데기의 서사구조는 서대석 등이 분야의 전문학자들에 의해서 대략 11 내지 13개의 서사 단위 내지 서사 단락으로 분절되거나 구성된다. 신화의 발단은 국왕이 무당의 금지의 점을 무시하고 혼례를 함으로써 아들 대신 딸들이 태어나고 일곱째 여자아이가 탄생한다. 국왕은 바라지 않는 이 일곱째 아이를 버린다. 버려진 아이는 석가 세존에 의해서 발견되어 산신 노부부에게 15세까지 아낌받으며 양육케한다. 한편 일곱 번째의 딸을 버린 국왕 부부는 그후 딸을 버린 것이 원인이 되어서 병이 든다. 이 양친의 병은 서사의 전환점으로서 이야기를 역전시킨다. 즉 꿈 가운데서 이 병을 치료할 수 있는 것은 버린 바리를 다시 찾아와서 그가 불사의 약을 구해오는 것을 마셔야 하는 것이 필요하다는 것을 알게 된다. 그 결과 양친에 의해서 버려진 바리를 다시 찾게 된다. 바리는 발견되어 양친의 위독 상태를 고치기 위해서 약수를 찾아 다시 먼 길을 떠나게 된다. 바리는 자신의 의지로 저승의 세계를 편력하며 석가 세존의 '낙화'에 의해서 무상 신선과 만나고 온갖 일과 과제를 넘어 결혼하고 일곱 아이를 낳고 드디어는

114 조철수, 고대매소포타미아에 새겨진『한국 신화의 비밀』, 김영사, 2003, 291~5쪽의 개요를 인용함.

구해져서 약수를 얻어서 가족 전원이 귀환하고 병들어 죽은 양친을 살리고 무녀가 된다. 이렇게 서사의 구조 단위가 11 내지 13 단위로 분절된다.

이런 다소 미세한 서사 구조를 다른 다소 큰 구조로 대치하면 내지 5의 구조와 단위로 분절된다. 출생과 바리를 일단 버리고 필요 때문에 다시 찾아오는 행위로서의 '버림'과 '찾음'의 이가(二價) 구조로 이루어진 서두(Prelude)의 구조에다 조셉 캠벨(Goseph Campbell)의 이른바 '단원신화(monomyth)'의 신화적 탐색과 관련되어진 - 출발(Departure Separation, D.S)-시련(Initiation, I)-귀환(Return, R)의 3가(Triads) 단위를 복합적으로 첨가시킴으로써 넷 또는 다섯 개의 서사 구조로서 분절화 시킬 수도 있는 것이다. 여기서 이른바 단원 신화란 캠벨이 그의 유명한 저서 『천의 얼굴을 한 영웅(*The Hero with a Thousand Faces*, 1949)』에서 여덟 개의 기본 사건으로 분화함과 함께 신화 속 영웅의 탐색 여정을 밝힌 단위로서 3 단계로 간결화한 형식이다. 일단 버려졌다가 불라국에 다시 돌아오게 된 바리는 병들어 죽어가는 부왕 오구 대왕을 위해서 불라국을 다시 떠난다.(D.S) 서천 서역의 탐색 대상인 생명수를 찾아서 바리는 통과 의례가 중첩된 시련(I)의 고비와 장애물처럼 깔려있는 영계에의 문지방을 넘으며 먼 도정을 가게된다. 어려운 이 시련 끝에 찾기의 대상인 생명수(약수)를 구하여 다시 돌아옴으로써 부왕은 다시 죽음에서 삶으로 회생시키게 된다. 역설적이게도 버려진 자가 버린 자를 구원하는 것이다. 그 다음 바리는 무조가 된다.

이런 신화적 탐색의 결정적인 순환 단계에는 무쇠옷과 남장으로서의 변장, 시련의 문턱과의 대결, 증여자의 거듭된 시험과 과제 및 예약, 탐색 대상의 획득, 복귀와 재생 등과 같은 각종 단? 요소들이 포함된다. 바리의 이 출발-시련-복귀의 여정은 바리데기 이야기의 핵심이고 근본인 것이다. 생명을 위한 민족스런 수행으로 이같은 탐색 신화가 가지는 가치가 오늘의 황무지 같은 시대에 생명구제의 가치에 대한 창조적 상상력의 한 기반이 되는 것은 의미 있는 일이 아닐 수 없다. 현대 작가들이 바리데기에 관심을 두는 것이 이 같은 생명을 위한 탐색의 의미론 때문일 것이다. 작가란 길을 찾기 위한 이 시대의 진정한 미스-메이커(Myth-Maker)이기 때문이다.

한편, 이의 모티프를 찾아보자. 모티프는 테마와 함께 문학작품에서 기본적인 구성소이다. 즉 모티프는 '반복되는 단위'로서 순환되는 상황을 지시하는 전형적 · 신화적 · 원형적 특징의 개략적인 패턴으로, 모티프가 하는 것은 되살아서 순환되는 것이다. 그리고 그것은 서사 요소들을 서로 연결하고 작품의 구조적인 단일성에 기여한다. 즉 연속된 모티프들은 작품의 전체적인 디자인에 필요한 부분이 되는 것이다. 막스 뤼티는 '전통 속에서 그대로 유지될 힘을 가진 서사의 최소 단위'로 규정한다. 흔히 말하는 이중 자아 · 근친상간 · 부자갈등 · 지하세계(타계) 여행 · 변신과 같은 것들이 대표적인 모티프다. 이런 모티프들을 방대하게 인덱스로 편성 · 분류한 작업이 스티스 톰슨의 『민속 문학의 모티프 인덱스』(1955~58), 엘리자베트 프렌첼의 『세계 문학의 모티프』(1975) 홀스트 뎀리히 · 잉그리드 뎀리히의 『문학의 테마와 모티프』(1987) 등이다. 문학에서 모티프는 구조와 표현의 제한 단위요 사고와 행동의 영속

적인 단위로서 반복되고 변경되는 것이다.[115]

그렇다면 무가 바리데기의 구성소를 이루는 주요 모티프는 어떤 것이며 후대 문학에서 반복 구성으로서 어떻게 연출되고 있는가. 이에 대해서 민속 신화학자들에 의해서 추출되고 있는 바리데기의 모티프 항목은 크게 기아(棄兒)·구약(救藥 : 생명수 찾기)·회생(回生)·타계 여행·탐색 등이다. 정확한 추출이다. 그러나 이들 모티프의 논의들은 대개 반복된 단순 단위로서만 볼 뿐 구조적 성분으로서 그것들이 접속되어 작품의 구조적 통일에 기여하는 단위로서의 문학 주제학적 기능에 대해서는 다소 간과해버리고 있는 듯한 경향이 없지 않다. 단편이나 조각으로서가 아니라 단일의 통합적 구조로 봐도 바리데기는 버려지는 아이–병–탐색–생명수–재생의 핵심 단위가 주요 모티프로 연계된 서사구조이며 '모티프 시퀀스'인 것이다.

① '아이 버리기(棄兒)' 모티프와 '아이 숨기기' 모티프

이야기의 첫 머리에서 불라국의 일곱 번째 공주로 태어난 바리는 딸이라는 이유 때문에 남아 선호의 오구 대왕의 명으로 버려지게 된다. '바리'는 '버린다'는 뜻이다. 그래서 이름조차 바리공주인 것이다.

> …이왕지사 버리고 가는 자식 너와 나와 죽지 않고 만날 날이 있을라는지 버렸다가 얻는 자식이라고 바리데기 이름이나 한 번 지어보라…

아이를 버리고 유기한다는 것은 곧 기아(棄兒) 행위이다. 이런 아

115 Horst and Ingrid Daemmrich, Spirals and Circles : Studies and Themes and Motifs in Literature, Peter Lang, 1993, pp. 8~9.

기 버리기의 기아 모티프는 톰슨의 모티프 인덱스 분류 중 S〈이상한 잔혹〉에서의 S. 300-S. 399의 〈버려지거나 또는 살해되는 아이들〉(Abandoned or Murdered Children)에 등재되어 있다. 엘리사베트 프렌첼의 『세계문학의 모티프들(*Motive der Weltliteratur,* 1976)』에서 그는 '기아'[116](Findling) 모티프 또는 '내놓은 아이(Kind, Der Ausgesetete)' 모티프로서 〈알 수 없는 출생(Her Kunft der Unbekannte)〉 모티프와 함께 규명되어 있다. 이같은 아이가 유기되는 상태는 민담이나 신화 등의 민간전승에서 흔히 나타나는 보편적인 모티프이다. 동명왕(東明王)이 아기로서 버려지고 구약에서 『출애굽기』에서 아기 모세가 갈대 상자에 담겨서 나일강에 버려진다. 그렇듯 신생아 바리 역시 기아된 인물이고 버려지면서 그는 '알 수 없는 출생'의 상태에서 성장한다. 부계 상속 사회의 여성 기피(misogyny)의 현상으로서 버려진 바리는 비범한 존재이고 격리 배제 되어서 지정된 영웅적 과제의 수행을 기다리는 존재임을 배제할 수 없는 것이다. 바리의 출생도 초자연적 개념과 함께 단순히 버려진다기 보다는 신성한 징표나 존재(아이)로서 숨겨진다는 개념이 포함되어 있기 때문이 아닐까. 그래서 바리의 성장은 바리가 초월적인 능력을 갖추어가고 있음을 암시한다.

그런데 오구 대왕이 불치의 병에 걸려서 죽을 수밖에 없는 상황이 된다. 그런 점에서 바리의 버림 또는 숨김은 이렇게 뒷날을 미리 예비하는 징표적 행위이다. 즉 기아의 버려짐은 범상치 않은 '아이의 숨김(Hiding of the Child)'이기도 하다고 본다.[117]

116 Elisabeth Frenzel, *Motive Der Weltliteratur,* A. Kröner, 1976, s. 180.

117 David Adams Leeming, *Mythology Voyage of the Hero,* Oxford UP, 1998, p. vii.

② 병 모티브와 소생 모티프

오구 대왕 거동 보소. 애기같던 바리라는 그 말 한 마디 떨어지드마는 안으로 들어가서 원패같은 저 방에 네 활개를 벌리고 맥없이 누웠구나

오구 대왕이 병이 들어 거의 죽게 되었는데 방방곡곡의 의사마다 다 와도 병고칠 사랑이 전혀 없네

바리의 버림과 오구 대왕의 병은 전혀 무관한 관계라기보다는 인과론적으로 연계되어 있다. 즉 왕국의 대를 이을 아들을 얻지 못하고 딸을 버렸기 때문에 얻게 된 일종의 정신 · 신체 의학적 병이다. 여기에는 생물학적 부성과 법적 부성 간의 내적 갈등이 작용했으리라고 본다. 그러나 부왕의 병이 꼭 이 같은 죄와 연결되어 있다고 할 수만은 없을 것 같다. 왕과 왕국의 쇠약을 의미할 수도 있으며 그래서 인간은 영원한 삶을 위한 희망 내지 죽음을 극복하려는 영약에 대한 갈망을 갖게 되는 것이다. 그래서 염력을 지닌 바리는 생명수를 찾아서 죽음의 세계로 가 편력과 항해를 하고 드디어는 부왕을 재생시키는 것이다. 병의 명칭은 지역적 버전에 따라서 '노리병', '황달', '흑달'로 제시되기도 한다. 이 왕의 질병과 죽음이 바리로 하여금 숨겨짐과 버려짐에서 집으로 다시 돌아올 수 있게 하는 것이다.

문학 주제학자인 뎀리히 부부에 의하면 병의 은유는 단순한 묘사적인 요소로서보다는 인간 통제나 이해의 차원을 넘어서서 고하기 어렵고 변덕스럽고 그리고 신비한 힘에 대한 처지에 초점을 둔다. 행운의

데이비드 리밍의 『신화(Mythology, 1998)』에 의하면 '아이 숨기기'(Hiding of the Child) 모티프가 있다. 출생의 비범성이 있으면 그 아이는 숨긴다는 의미이다.

무상, 풀 수 없는 시련, 무자비한 사건들과 연계되어 있다. 순환되는 모티프로서 테마화에서 병은 여러 기능을 갖고 있다. 신성력이나 섭리의 징표, 고통받는 개인이나 사회의 도덕성에 대한 검증, 개인적 행동방식이나 사회적 타락의 은유, 집단적 사회적 재앙의 비전, 정해진 운명으로부터 벗어날 수 없음의 징표, 인간의 죽음과의 관계, 예술적 영감의 원천, 타락하거나 추방된 인간을 석방하는 수단, 죽음에의 인지를 고양하고 현 존재의 긍정에 대한 의지를 환기, 인간 삶을 관통하고 파괴하는 이질적이고 불가해한 힘, 수수께끼로서 기능하고 서사에 불안과 긴장을 주입시키는 구조적 요소 등으로서 다양한 기능을 한다. 바리데기에서의 부왕의 병은 왕의 생명의 쇠잔 및 부권적인 사회 · 정치적 역할과 세 개적 연속의 허약함에 대한 홧병 · 운명의 불가역성 및 딸을 버린 것에 대한 징벌적인 징표로서의 기능을 하지만, 서사 구조에 있어서는 버렸던 딸 바리데기를 다시 찾고 불러들이게 하는 기능을 한다.[118] 즉 부왕 오구 대왕의 병으로 인해서 외계에 유기 · 고립되고 소외되어 있던 바리로 하여금 가족과 집을 알게 되고 풀어가게 되는 것이다. 이는 그야말로 이탈-정보-복원(Separation-Information-Reintegration)의 과정인 동시에, 또 하나의 모티프인 아비찾기(Vatersuche)와 결합된다. 바리는 생후에 바로 버려졌다가 수동적이긴 하지만 다시 아버지에게로 되돌아오게 되는 것이다. 바리는 선택의 지표로서 예비되는 존재로서 격리되어 있다고 할 수 있다. 다른 자매들이 탐색을 거부한 것은 탐색자

118 Horst und Ingrid Daemmrich, *Themen und Motive in der Literatur*, Francke Verlag, Tübingen, 1987, S. 200–55.
영문판은 Themes & Motifs in Western Literature, Francke Verlag, pp. 90~1. 〈Disease〉

로서의 실격을 의미한다. 이렇게 바리가 되돌아오게 되는 것은 병으로 죽어가고 딸을 버리고 찾는 부왕을 살리기 위한 가치 대상인 생명수를 구하는 탐색과 모험의 길에 주동자, 즉 무속 영웅이 되어야 하기 때문인 것이다. 바리는 버려졌지만 죽어가는 생물학적 부성에 대한 치유자로서의 길인 효행을 실현하고자 한다.

3) 탐색 모티프로서의 생명수를 찾아서

생명수 찾기(탐색)는 바리데기에서 가장 핵심적 모티프이다. 버려진 상태에서 일단 돌아온 바리는 두 번째로 아버지와 집으로부터 다시 떠난다. 타계인 저승에 가서 부왕 오구 대왕을 구할 생명의 영약(Elixir)인 약수 생명수를 구해오기 위해서다. 바리는 버려져서 떠나야했고 이제는 부왕의 재생과 왕국을 위해서 효성의 탐색을 또 떠나게 된다. 노스롭 프라이는『동일성의 우화 : 시적 신화 연구』(*Fables of Identity : Studies in Poetic Mythology*)에서 '모든 문학 장르는 탐색 신화에서 연유한다'는 그의 독특한 관점을 드러내고 있지만, 탐색(Quest/Suche)이야말로 신화적 모험의 가장 중심적 양상이다. 바리데기 이야기는 실상 탐색의 이야기라고 하여도 과언이 아닌 것이다. 설화나 신화 문학에서 원형적이고 일반화된 모티프로서의 탐색 또는 찾기는 주제론적으로 여로나 길 떠남(Fahrt)의 한 변형이다.[119] 탐색자는 찾아야 할 가치의 대상을 향하여 긴 여행을 떠나야하며 이 여로의 기간에서 불가능한 과제를 수행해야 하

119 Horst und Ingrid Daemmrich, *Themen und Motive in der Literatur*, Francke Verlag, Tübingen, 1987, S. 301. 〈Suche〉 참조.

고 괴물과 싸워야 하고 풀 수 없는 수수께끼를 풀어야 하며 왕국을 구출하기 위해서 넘을 수 없는 장벽을 넘어서야만 하는 것이다. 탐색의 플롯은 '이야기의 가장 깊은 심층구조'이며 탐색자는 언제나 '가고 듣고 찾아내고 싸우고 취하고 달아나는 것'[120](Walter Burkert)을 지향해야 하는 것이다.

잃어버린 컬러 단추를 찾는 것은 진정한 의미에 있어서 탐색이 아니다. 탐색한다는 것은 누구도 아직 경험해 보지 못한 무엇인가를 찾는 것을 의미하기 때문이다. 우리는 그것이 무엇과 같은 것인가를 상상할 수는 있지만 그 상이 찾아졌을 때만 이 진위가 알려지게 되는 것이다. 그러나 인간은 미래가 항상 열려있는 역사를 창조하는 존재이다. 인간의 본성은 지속적으로 그 자체를 탐색하는 본성을 갖고 있다.[121]

가장 잘 알려진 전통적인 탐색의 전형적인 예로 바리데기의 생명수 찾기와 유사한 그림(Grimm)의 메르헨 「생명수」(Das Wasser des Leben)을 근거로 해서, 오든(W. H. Auden)은 탐색담의 본질 요소를 6개로 분화하여 다음처럼 설명한다. 생명수 이야기의 시작은 이렇다.

> 옛날 한 왕이 깊은 병에 걸렸습니다. 왕이 병을 이겨낼 거라고 믿는 사람은 아무도 없었어요. 왕의 세 아들은 몹시 슬퍼하며 정원으로 나가 눈물을 흘렸습니다. 그런데 한 노인이 오더니 무슨 일인지 물었지요. 아들들은 아버지가 아파서 곧 돌아가시게 됐는데, 자기들은 아무 것도 도울 수 없다고 말했습니다. 그러자 노인이 말했습니다. "내가 약 하나

120 Walter Burkert, *Structure and History in Greek Mythology and Ritual*, Berkley University of California Press, 1979, p. 116.

121 W. H. Auden, "The Quest Hero"(1961), *Perspective in Contemporary Criticism*, ed Seldom Norman Grebstein, Harper & Row, 1968, p. 370.

를 알고 있지. 생명의 물이라는 거야. 그걸 마시면 너희들 아버지는 다시 건강해질 수 있다. 하지만 그걸 찾기는 어려워.

Es war einmal ein König, der war krank, und niemand glaubte, daß er mit dem Leben davonkäme. Er hatte aber drei Söhne, die waren darüber betrübt, gingen hinunter in den Schloßgarten und weinten. Da begegnete ihnen ein alter Mann, der fragte sie nach ihrem Kummer. Sie sagten ihm, ihr Vater wäre so krank, daß er wohl sterben würde, denn es wollte ihm nichts helfen.

Da sprach der Alte: "Ich weiß noch ein Mittel, das ist das Wasser des Lebens; wenn er davon trinkt, so wird er wieder gesund; es ist aber schwer zu finden."[122]

1. 발견되거나 소유 또는 결혼할 고귀한 대상이나 인물.

2. 그것을 찾으려는 긴 여로. 그 소재는 원래부터 모든 탐색자들에게 알려져 있지 않다.

3. 한 사람의 영웅(탐색자), 고귀한 대상은 누구에게나 발견되지 않고 혈통과 성격에서 정당한 자질을 소유한 자에 의해서만 발견된다.

4. 정당하지 않은 자가 걸러지고, 한 영웅(탐색자)이 나타나는 시험 또는 일련의 시련

5. 획득되기 이전에 반드시 제압되어야만 하는 대상의 수호자 또는 감시자. 그는 단순히 탐색 영웅의 아르테(Arete)에 대한 시련일 수도 있거나 그 자체로 해로울 수도 있다.

6. 지혜와 마술적인 능력을 지닌 협조자가 영웅(탐색자)를 돕지만 그 자체로서는 결코 성공하지 못한다. 조력자는 인간으로 또는 동물의

122 Grimm's Märchen, Union Verlag, 1983, GMBH Stuttgart, S. 239.

형태로 나타나게 된다.[123]

바리데기 탐색 서사의 찾기 요소나 구조 또한 이 생명수의 경우와 상당히 유사하거나 일치하는 성격을 지니고 있다. 요컨대 「생명수」와 「바리데기」 양자 간에는 모티프의 일치와 상응이 적지 않다. 비록 탐색자의 성별(남/녀), 신분(왕자/공주)의 차이가 있지만 찾음의 대상이 부왕의 병을 치유하는 '생명수'(약수)임이 그렇다. 물이 모든 지상의 생물을 키워내고 살리는 대리 혈액으로 받아들여진다는 점에서 일치한다. 그리고 효(孝)의 가치가 내재되어 있다는 점에서 탐색의 대상을 향해가는 길에 대한 정보를 알려주는 협력자의 존재와 부과되는 시험과 간난과 시련, 대상의 수호자의 존재 등이 구성요소로서 상당히 유사하다. 비력의 난쟁이로부터 무쇠 채찍과 빵을 받은 것(생명수)과 석가세존으로부터 '라화'(羅花)를 받는 것도 그렇다. 그리고 생명수에 대한 죽음으로부터의 재생 모티프도 그렇다. 물론 탐색을 처음부터 기피하는 바리데기의 여섯 딸들과 뜻을 같이하여 결합하는 세 왕자는 서로 다르고 또 찾음 대상의 수호자로서 제압되어야 할 사자와 동수라(무장승)는 서로 다르다. 동수라는 수호자로서 조력의 동료와 반려자로서의 양가성을 지니고 있다.

여하간에 바리공주는 약수(생명수)를 찾고 얻기 위해서 서천지역이란 타계로서의 한 세계로의 죽음을 담보한 모험적 여정에 오르고 종국에는 귀환하면서 찾아올 생명수와 넋살이로의 치유력으로 죽은 생물학적 부왕을 회생(재생) 시키는 것이다. 쇠잔했던 왕국 또한 건전성을 지

123 W. H. Auden, 앞의 글, Seldom Norman Grebstein 편, 위의 책, 372쪽.

속하게 된다. 서천서역이란 타계는 죽은 자만이 갈 수 있는 세계일진대 바리의 탐색 여정은 이승과 저승, 즉 삶과 죽음의 경계를 넘나든 것이다. 이 탐색의 완성으로 인해서 바리는 버전들의 차이에 의해서 다소 다르기도 하지만, 망자의 혼을 저승으로 인도하는 오구신으로서의 무당의 조상신으로 신격화된다.

> 저는 천하도 싫고, 지하도 싫사옵니다. 다만 죽은 사람들을 저승 세계로 인도하는 오구신이 되게 하여 주십시오.

스스로를 희생함으로서 오히려 버린 자를 살리고 고통의 치유자와 사자의 영혼을 천도하는 자로서의 증여의 원리를 구현하고자 함으로써 바리는 신성을 획득하고 있는 것이다.

바리데기의 탐색 이야기를 살핌에 있어서 또 하나 우리가 간과해 버릴 수 없는 것은 한계(이승)과 타계(저승)가 교차하는 서사 공간 시간의 문제이다. 이는 탐색 여정의 공간적인 차원인 '탐색의 지리학'(Geography of Quest)과 '탐색의 시간성'(Temporality of Quest)[124]이다. 이를 작성해내고 이 시공론의 성격과 특성을 밝혀냄으로써 무속 서사 문학으로서의 바리데기 세계의 코스몰로지와 탐색의 양상과 위상적인 특수성이 더욱 분명하게 해명될 수 있을 것이다. 물론 구전으로 인한 다양한 버전들의 차이로 인해서 이것이 그리 용이한 것은 아니지만 그럼에도 불구하고 변화와 이질 가운데서도 고정적이고 공통적인 양상을 추출하는 것이 전혀 불가능한 것은 아니다.

---

124 Dean A. Miller, *The Epic Hero*, Johns Hopkins University Press, 2000, pp. 64~5. 밀러는 이 책의 「탐색의 양상」 장에서 탐색의 공간 · 시간을 다루면서 이 용어들을 쓰고 있어서 차용한다.

우선 공간적 상상력의 차원에 있어서, 수미산 이쪽의 현계(하계)와 타계인 명부(冥府)의 서천서역 사이에 유수강 또는 황천강이란 경계가 있어서 이 강이 인간의 현실적인 속계와 영계로의 다세와의 선이와 분할의 토포스(Topos)가 된다. 이 서천서역은 이정(里程) 계산이 안될 정도로 몇 천, 몇 만의 머나먼 길이어서 갔다가는 아무도 돌아올 수 없는 먼 곳이다. 즉, 죽은이들만이 갈 수 있는 곳이다. 이승의 넓은 평원을 지나 바리가 들어선 온갖 산과 고개와 강과 바다로 공간을 이루면서 수천리, 수 만리의 거리로 가시화되면서 수평적으로 확산되고 있을 뿐 아니라 약수(弱水) 바다와 갈산 지옥과 같은 험한 팔만 사천의 불바다, 피바다의 지옥도와 철성이 펼쳐진다. 바리는 생명수를 얻고 숨살이 · 살살이 · 필살이 · 뼈살이 · 넋살이 꽃을 함께 얻어서 하계로 돌아오는 길이어도 갈치산, 고개를 넘고 피바다 황천강을 건너서, 구만리 길을 거쳐서야 불라국에 도착한다. 이처럼 바리의 고통스런 탐색의 모험이 수행되는 이계행(異界行)의 공간은 참으로 이상하여서 실세계의 지리부도와 같은 지도가 결코 아니다.

그리고 타계인 서천서역의 시간도 현세의 시간과는 전혀 다른 시간성이다. 신화가 연출하는 시간 양식으로서의 무가 서사시의 유명의 시간론은 이승에서의 계측적인 시간이 아니다. 타계에서는 일상의 시간이 미끌어지며 왜곡되거나 변이되는 것이다. 그리고 생명수를 찾아가는 행로에서 지도(地圖)의 정보를 얻기 위해서 거듭 반복적으로 만난 조력자들은 계속하여서 부과 지정된 과제와 시험을 주고 이에 대한 이행의 시한(時限) 장치를 걸어 놓는다. 이른바 어려운 난제의 수행을 위한 장벽 시간(Barrier Time)으로서의 분편화된 단위이다. 시간이 과제나 약정 수행의 통과의례적 시간표로서(빨래·탑 쌓기·아이낳기) 상징적 의의를 지닌다. 어쨌거나 타계인 서천서역의 시간과 불라국에 있어서의 생로병사가 있는 시간성은 다르다. 불라국의 3년의 시간이 서천서역의 타계에서 보낸 시간은 측정이 가능할 수 없고 무시간적인 길이와 폭을 가진 시간이다.

이런 양계의 공간과 시간 속에서의 모험적인 탐색을 끝내고 돌아올 수 있었던 바리는 그 결과로서 이승과 저승을 넘나드는 탈시공적인 무조로서의 존재가 될 수 있었던 것이다. 서사무가 바리데기의 시간론과 공간론은 무가 연구자들에게 있어서는 금후의 중요한 연구과제이다.

그렇다면 이런 바리데기가 당대 현대 소설에서 어떻게 변신하고 있는가. 또 현대의 작가들은 무가 바리데기의 서사 세계를 어떻게 소설로써 변형화시키면서 받아들이고 있는가. 그 몇 가지를 살펴본다.

3장

바리공주의 변신: 현대소설에 반복된 바리의 거울상

1) 시적 변용으로서의 김선우의 『바리공주』

김선우의 『바리공주』(2003)는 '피'와 '꽃잎'의 영롱하고 선연한 이미지로 채색된 시와 쿤스트 메르헨(Kunst Märchen), 즉 예술 동화같은 소설이다. 구송되는 소박한 원래의 민화적 서사형태인 바리데기 무가가 시인 저자의 감미로운 시적 묘사와 합성적 서사 기법을 만나서 아름답게 미학적으로 윤색됨으로써 바리 공주가 마침내 하나의 문학적인 예술 형식으로 형상화되고 완성된 것이다. 이에 더하여 서사 속에 거듭 개입하고 반복되는 의성어 "휘여!"의 독백적 탄성에 의해서 무속적인 구연성의 성음효과까지 작용할 뿐 아니라 그러한 가운데서도 그 구조가 전통적인 바리데기들의 기본을 훼손없이 지켜가고 있는 구성의 시학이다. 이는 김선우에 의한 바리데기의 새로운 버전이다. 그래서 해설을 쓴 김혜순이 이 김선우의 『바리공주』를 '김선우 본 바리데기', '또 하나의 아름다운 바리데기 이본의 탄생'이라고 한 것은 음미해 볼 가치가 있는 지적이다. 이에는 두 가지 의미가 함축되어 있다. 이 지적에서 암시되고 있듯이, 김선우의 소설 『바리공주』는 엄격히 말해서 소설적 변형의 바리데기가 아니라 현실과 환상을 수반한 성인들의 동화로서 소설적인 재현으로서의 바리데기이라는 첫 번째 의미이다. 바리는 현대의 시공을 배경으로 현대인으로 살아가고 있는 현대화한 바리가 아니라, 무가 이본(異本)들 속의 바리 즉, 옛 바리데기 그대로의 역사적인 바리데기이다. 그래서 그의 바리공주는 바리공주에 의해서 그의 삶이 예시된 현대적 주인공으로서의 바리라기보다는 소설 형식으로 새롭게 쓰여진 전상(前像) 단계로서의 옛 바리공주전(傳)인 것이다. 그러나 이 글의 모두에서 제시한 '소설적 변용'(지올코우스키)의 후상적인 양상과는 거리가 있고 다르면서도, 그럼에도 불구하고 작가는 바리데기 무가와 옛 바리를 그대로 재생하는 것이 아니라 새롭게 바라보려는 차별화되는 해석의 독자적 관점을 가지고 있음을 결코 간과해버릴 수는 없다. 이것이 두 번째의 의미이다. 작가는 옛 바리를 현재와 관련시키고자 하는 시도 속에서 그를 현대화하고 있으며, 또 바리의 존재를 다만 신성(神性)으로서가 아니라 인간적인 관심으로 움직이는 한 인간으로서 이해하고자 하는 시선도 투영시키고 있다. 아와 관련하여 작가인 김선우는 「작가의 말」에서 바리공주의 의미에 대해서 다음과 같이 말하고 있다.

표면적으로 드러나는 바리공주의 내용은 전통적인 효 사상에서 그

다지 벗어나지 않는다…자기를 버렸지만 부모이기에 온갖 고난을 감수하며 생명수를 구해와 부모를 살리는 효성 지극한 장군 딸의 이야기 정도가 될 것이다…당대의 보편적이고 관습적인 미감을 따르면서도 예기치 않은 진동적 요소의 가능성을 내장하고 있는 것이 구비문학의 매혹이다.

바리공주는 다양한 시각으로 해석될 수 있는 특별하게 아름다운 우리 신화다. 비극적인 판타지이면서 동시에 해피엔딩이다. 샤먼이라는 이반에 의해(우리의 경우 샤먼은 변방의 낮은 자들이 신과 소통하는 통로이기도 하다) 구송되어온 이 이야기 속에는 죽음을 바라보는 민간의 무의식적 미의식이 배어 있다…단지 여성이라는 이유로 버려져야 했던 존재인 바리공주가 무조신(巫祖神)으로 좌정하는 데에 이르는 과정은 그대로 이 땅에 존재한-하는 봉건적이고 가부장적인 질서의 모순과 부조리함을 대변하기도 손색이 없다. 또한 바리공주가 구해오는 생명수의 치유력은 자연이 지닌 생명력을 가장 원형적인 형태의 상징으로 보여줌으로써 현대를 사는 우리의 긴급한 화두인 생태적 상상력을 환기하기에도 충분하다. 자신을 부정한 존재를 부정이 아닌 긍정으로 끌어안음으로써 세계의 상처를 향해 손 내미는 바리공주를 통해 갈등과 분쟁이 끊이지 않는 세계의 폭력에 일상적으로 직면해 있는 우리가 평화를 구할 수 있는 방법을 타진받을 수도 있을 것이다.[125]

이러한 서사 무가 바리데기에 대한 나름의 독자적 해석 관점에 근거하면서 새롭게 재련된 그의『바리공주』는 무엇보다도 먼저 이전의 내러티브에서 제시된 여성이라는 이유 때문에 막내 딸이 무조건 버려지는 부권 사회의 남성 중심주의와 친족 연대적인 세대 상속과 교체에서의 여성 통제와 배제 및 절대가치적인 효(孝)의 이데올로기에 대해서 적지 않게 해소시키거나 전복시키고 있다. 비록 자기를 유기해버린 아

125 김선우,『바리공주』, 열림원, 2003, 199~200쪽.

버지를 위해서 온갖 고난을 감수하고 생명수를 찾아와서 죽은 아버지를 살리는 행위에서 기존의 효 사상과 크게 떨어져 있는 것은 아니지만, 가부장적인 가치와 효의 일방성에 대해서 전복적인 의식을 다음과 같이 드러냄으로써 반비례하여 문학에 있어서의 여성성의 가치를 잠복시키거나 지향하고 있다.

> 휘여. 휘여 불라국 내 아버지도 지옥불의 고통을 면치 못하겠구나. 남아에게 권리를 전수하여 대통을 잇게 해야 한다는 법도는 대저 어디에서 왔으며 그 법의 감옥에 갇혀 제 자식을 버려야 했던 우매한 영혼은 어찌 구제받을거나

> 소녀. 부모님 은공 입은 바가 그리 크지 않사오나 아버님께 하루 저녁 신세지고 어머님 뱃속에서 열 달을 피를 받아 세상에 나왔으니 그 은공을 받겠나이다.

> 죽으소서. 아비여. 완전히 죽어 죄업을 벗으소서. 완전히 죽어 다시 소생하소서.

아버지에 대한 은원(恩怨)과 긍 · 부정의 양가성이 교차하는 가운데, 아버지–딸의 관계에서 아버지의 존재 이미지는 남아에게 천리를 전수하여 대통을 잇고 딸은 버려야하는 법적 부성으로서의 '뼈의 감옥에 갇혀있는 우매한 영혼'이고, 태어나기 위해서 '하루저녁 신세'진 생식학적 존재로서의 씨 뿌리는 남성이다. 이에 비해서 어머니는 '뱃 속에서 열 달을 피를 받은' 존재이다. 여성으로서의 어머니인 길대 부인은 시간적인 수치로 보아서 오구대왕에 비해서 1(하루) : 300(열 달)의 비중을 갖고 차별화된다. 그래서 거듭되는 성명의 액체로서의 '피'로 연계되어 있는 어머니–딸 관계에 있어서의 어머니는 아버지인 오구 대왕

보다는 딸에 대한 정이 깊고 넓게 다루어짐으로써 차별화되고 있다.

한편, 김선우의 바리데기에 있어서는 죽음의 세계이기도 한 이향 또는 피의 은유(Metaphor of Blood)로의 이계 탐색의 과정에서 사랑의 구성소가 모티프로서 크게 강화 · 고양된다. 그래서 무장승(동수자)과 바리와의 낭만적인 러브 스토리로서의 버전을 만들어 낸다. 무장승 또는 동수자는 이본에 따라서 조금씩 다르긴 하지만, 하늘에서 죄를 지어서 적강(謫降)하여 바리가 찾는 생명수를 30년 동안 지키는 지킴이 즉, 소호이면서 바리에 대한 조력자이다. 생명수의 수탐자와 수호자로서 이들은 각개의 다른 욕망인 승천과 수탐을 위해서 계약 결혼을 한 관계이다. 아들 셋을 낳는 약정이 완료되었을 때, 어떤 이본에서는 무장승(동수자)가 하늘로 다시 돌아간다. 또 다른 이본에서는 혼인한 매부의 남편으로서 현실의 이 세상으로 동행한다. 이 정도의 부부로서의 양가관계의 이야기를 차원 높은 사랑의 이야기로 치환해 냄으로써 사랑의 효에 못지않게 주요 구성소와 모티프가 된다. 「신성 사랑속의」 장은 특히 영육이 교차하는 사랑의 장이다. 사랑과 몸의 의미가 놀랍게 충전되어 있는 것이다. 그리고 야성적인 섹스와 지상과 천상의 에로스를 연결하는 지순한 영육적 사랑의 편력을 펼친다.

> 혼례를 올린 밤 이후 두 사람의 사랑은 지칠줄 몰랐다. 마음의 사랑이 그러했거니와 몸의 사랑 역시 무장승과 바리 공주를 매일매일 변화시키고 있었다. 바리 공주와 무장승은 서로의 몸을 알아가는 데에 오랜 시간 공을 들였다. 바리공주의 몸은 매일의 하늘과 땅의 기운에 따라 민감한 변화를 보였고 특히나 기울고 차는 달의 기운에 따라 몸의 체취며 예민해지는 성감의 부위가 미세하게 달라지곤 했다. 사랑을 나눌 때 하초를 적시는 체액도 그 빛깔과 냄새가 매일매일 달라졌다……무장승

은 온 마음으로 바리공주를 바라보고 만져보고 향기를 맡고 있었다. 바리공주 역시 지극한 마음으로 무장승의 몸을 읽어내고 아끼고 공경했다.

무장승과 바리공주의 속삼임이 끊임없이 이어지는 달밤들이 지나갔다. 바리공주와 무장승은 사랑 속에서 날마다 원시로 돌아가고 있엇고 서로의 신성을 발견하고 있었다…… 달 밝은 밤이면 온 산을 알몸으로 누비면서 바리공주와 무장승을 흘러가고 모든 것들을 있는 그대로 사랑했다. 온 산의 살아있는 모든 것들 속에서 날마다 사랑을 나누었고 사랑이라는 만남 속에서 날마다 근원으로 돌아왔다.

죄가 감해져 천계로 돌아갈 수 있게 되었으나 그대와 이별하고 나는 살 수가 없소. 천계로 돌아가지 않고 당신과 함께 가려오.

이처럼 김선우의 바리데기 탐색에는 모험과 탐색과 사랑의 모티프가 쌍을 이루고 있고, 그 사랑은 죽은 아내 에우리디케를 찾아서 지상에서 하데스로 지하 세계로 하강해가는 오르페우스와 같은 경계 초월적인 국면성을 지니고 있다. 몸에 대한 각별한 인지는 「첫 꽃의 혈흔 속」 장에서 바리의 초경 장면을 그린 선명한 '피'의 이미지에서 이미 비롯된다. 이에서 시작하여 에로틱한 열망으로 이어진다.

마지막 「씻김」 장에서 바리 공주는 이렇게 말한다.

저는 버려짐으로써 사랑을 얻은 존재이니 버려진 것들의 원과 혼을 이끄는 이가 되겠나이다. 처처에 가득한 슬픔을 위로하고 억울한 혼들 쓰다듬어 씻기는 만신의 언로왕이 되겠나이다.

이것이 김선우가 보고 있는 아픈자의 고통을 해결하고 억울한 혼령을 쓰다듬는 치유사로서의 바리상(像)이다. 자신이 행한 증여에 대해서 어떤 보상도 바라지 않으면서 자신을 부정한 대상을 오히려 긍정으로 받아들임으로써 해원과 치유의 사랑을 실천하고 그러면서도 가부장 사회의 법에 반발하며 자신이 욕망과 사랑까지 지키고 성취해가는 존재이다.

사족으로 덧붙이려는 내용은 『바리공주』의 시간 서술의 방법이다. 김선우는 이 바리데기를 쓰면서 이전의 이본들과는 달리 급진적 속도로서의 시간 단축, 과거로 거슬러 가는 서술적 역전의 서사 방법을 구사한다. 현실계와 이계와의 시간적 시퀀스의 변주를 한다. 독특한 '휘어진다'는 시간적 왜곡 현상을 상상하고 나타냄으로서 단속의 이질적 시간의 성격을 표출하고 있다.

> 수미산 정상이 더 이상 보이지 않는 지점에 이르면서 시간이 까마득히 휘어지고 있다는 느낌이 발 밑으로부터 온 몸으로 전해져 왔지만, 휘어지는 시간 속에서 무엇을 해야한다는 계획이 있을 리 만무했다.

> 이 곳에서는 시간이 공간 속을 헤매고 낮밤이 일그러지며 계절이 저 좋은 대로 휘어가기 십상이었다.

이로써, 현실과 몽환의 세계에 대한 작가 나름의 '휘어짐'이란 시간화로서의 시간 의식을 드러내주고 있다. 이것은 시간 현상학적으로 절단감, 이상 감각, 시공의 이질감, 비틀림, 멀어짐이고 다른 장소의 거의 친숙한 시간 공간으로부터의 이탈감의 표현이다.

2) 송경아의 「바리-길 위에서」와 강은교의 「바리데기의 여행 노래」

송경아의 소설 「바리-길 위에서」(1996), 「바리-불꽃 바리 동수자 바리-돌아오다」(1998)는 특이한 소설이다. 무속 서사 바리데기를 바탕으로 하면서도 새롭고 독특한 리텔링의 서사 방법을 택하고 있는 작품이어서 정통 소설 시학 영역에 있는 나로서는 이런 유행의 작품을 특별히 언급하기가 솔직히 부담스럽다. 그래서 이에 관련된 몇몇의 글들 가운데서 난삽함을 풀어주는 황도경의 명석한 해설이 이 작품에 대한 독자의 읽기에 큰 참고가 될 것 같아서 그의 글 몇 단락을 옮겨 본다.

> 본격적으로 바리데기 이야기를 패러디화하고 있는 이 작품은 일곱 번째 딸로 태어나 버려졌던 바리가 어머니 길대 부인에 의해 불러져 다시 블라국으로 돌아오게 되고 아버지인 블라 대왕의 병을 구하기 위해 생명의 물을 찾아 떠나는 바리데기 이야기의 기본 구조를 그대로 따르고 있다.
>
> 그러나 이 작품에서 불라국은 모든 것이 정보 단위로서 가능하고 그것으로서만 가치를 지니는 미래 사회의 한 모습으로 제시하고 있으며, 인물들과 그들의 움직임은 데이터의 흐름, 고립자 서브 루틴 포인터 병수 에러 시스템 데이터 처리과정 등과 같은 용어로서 설명된다. 우리가 살고 있는 세계가 하나의 거대한 컴퓨터 프로그램으로 치환되어 있는 것이다. 이때 우리들은 그 프로그램 속에 미리 정해진 쓰임에 의해 움직여지는 하나의 정보 단위로 전락하게 되며 정보체로서의 사회적 효용가치에 의해서만 존재 의의를 인정받게 되는 하나의 부품이 된다. 따라서 그 안에서의 인간 관계란 처음부터 영혼과 감정의 교류같은 것은 배제 될 수밖에 없고 부모 자식의 관계라는 것도 부모 프로그

램과 자식 프로그램 사이의 정보적 연결(Link)에 불과해지는 것이다.[126]

이 작품은 단순히 병든 아버지를 살려 내려는 딸의 효성어린 고행에 관한 먼 옛날의 이야기나 공상 과학 세계에서 벌어지는 먼 훗날의 신기한 이야기가 아니라 병든 세상에의 인식과 그 구현에의 가능성을 탐색하는 기존 우리 시대의 이야기로서 읽혀지게 된다. 우리는 이 작품에서 급격한 정보화 · 기계화가 불러올지도 모를 미래 사회의 섬뜩한 한 단면을, 아니 우리 안에 자리 잡고 있을지도 모를 병든 풍경을 만나게 된다.[127] 이 밖에 이에 대한 해설적 논의로 독자에게 도움을 주는 최성실의 글이 있다.

강은교(姜恩喬) 시인의 「바리데기 여행 노래」는 표제는 물론 시인 자신이 말미의 주(註)에서 '바리데기는 망인(亡人)의 낙지왕생(樂地往生)을 기원하는 무가로서 산중에의 버림받은 오구 대황의 일곱째 딸 바리데기가 죽은 부모를 살려내기 위해 저승에의 약수(藥水)를 구해오는 줄거리로 되어 있다'로 바리데기 무가와 연결되어 있다. 무가의 문학 시화이다. 시적 화자인 시인이 무당 바리의 목소리로 시를 쓴다. 그렇게 함으로써 일곡(一曲), 이곡(二曲) 등 모두 오곡으로 된 이 바리데기 여행시는 탐색 여정을 떠나는 바리같은 상상력의 재고와 창조성에 의해서 섬광같은 번쩍임을 불러내게 한다. 「삼곡(三曲)-사랑」의 일부를 옮겨본다.

126 황도경, 『우리 시대의 여성작가』, 문학과 지성사, 1999, 244~5쪽.

127 같은 책, 255~6쪽.

저 혼자 부는 바람아
찬 머리 맡에서 운다.
어디서 가던 길이 끊어졌는지
사람의 손은
빈 거문고 줄로 가득하고
창 밖에는
구슬픈 승냥이 울음소리가
또 다시
만리 길을 달려갈 채비를 한다.
…(중략)…
다음날 더 큰 바위로 가면
청천(晴天)에 빛날 저 이슬은
누구의 옷 속에서
다시 자랄 것인가

3) 두 번 버려지는 바리 : 「프린세스 바리」

근작인 박정윤의 「프린세스 바리」(2012)는 제 2회 최명희 혼불 문학상을 수상한 작품이다. 표제에서 이미 알려지고 있듯이 서사무가인 바리 공주 신화 이야기와 접목되어 그러면서도 주인공을 단순히 재현된 이전의 바리가 아니고 현대에 살고 있는 새로운 다른 인물로서 소설적인 변형이 이루어진 바리이다. 그래서 본래의 바리가 주가 되기보다는 작가의 새로운 상상력에 의해서 그 바리를 현실로 불러와서 오늘의 현실성에 맞도록 변형시키면서 인유적으로 재생시키는 것이다. 이를 통해서 도시의 양 끝자락 외곽의 변두리 사람들의 지역에 던져진 채 살아가고 있는 현재의 밑바닥의 디테일한 삶들과 연계되어 있는 연대와 증여 및 수수께끼같은 무서움의 실체를 특유한 패러디와 이미지에 의해서 복원하고 제시하고 있는 작품이다. 문학적 창작의 요소가 많이 가미된 작품이다.

시간적인 순진(順進)과 역전의 교차가 매우 번잡하게 이루어지는 시간의 서사구조로 이루어진 이 작품을 원 바리데기와의 연속적인 병행관계를 의식하고 있으면서도 그 관계는 매우 불투명할 정도로 변형되거나 다르게 재구성되고 이질화 되어있는 것이 특징이다. 즉 바리는 바리이면서도 패러디화됨으로써 이전의 바리가 전혀 아니거나 관계가 느슨한 상태로 새롭게 형상화된 바리인 것이다. 「프린세스 바리」가 바리데기 설화와 일단 관련되어 있다는 점은 일곱 번째의 딸로 태어남으로써 부모로부터 버림을 받는다는 뜻의 '바리'란 이름에서 비롯하여 『강원 민속학 9』에 게재되어 있는 「서사무가 바리공주 전집 2」(바리공주 강릉 송명희 본)의 바리데기 내용의 요약적 전문을 서사적인 전경(前景)으로서 작품 속에 인용하고 있는 것으로 그 상호의 연속관계는 자명하다. 그러나 그럼에도 불구하고 원 바리(A)와 프린세스 바리(B)가 다 아이 버리기의 기아(棄兒)로 버려지거나 던져진다는 기본 서사적 모티프에 있어서는 똑같이 일치하는 존재이지만, (B)의 바리는 (A)의 바리처럼 버린 부모에 의해서 다시 찾아지지도 않을 뿐만 아니라 오히려 그 부모로부터 한 번도 아닌 두 번이나 버려지고 외면당한다. (B)는 (A)에 비해서 버려짐의 불행한 상태나 모티프가 훨씬 강화되고 있거나 철저하다.

그들은 아무도 아프지 않았고 평화롭게 살고 있었다. 나는 토끼 할머니가 읽어준 이야기처럼 내가 아버지의 병을 고치기 위해서 거칠고 험한 길을 떠나고 내가 그들에게 도움을 줄 것이라 상상했다. 그러나 그곳에 내 자리는 없었다. 나는 그들의 고요한 생활을 휘젓고 싶지 않았다.

십오 년 전부터 저에겐 딸만 여섯입니다. 건강하게 잘 자랄 것이라 여기겠습니다. 부탁인데 다신 안 만나는 것이 좋을 것 같습니다. 죄송합니다. 저는 어미 자격이 없습니다.

성장한 바리가 어느날 양육자의 한 사람인 토끼 할머니를 통해서 자신이 버림받은 딸이고 엄마가 양육자인 산파가 아닌 것을 알고 진정한 엄마를 찾으려 트럭 운전사에 겁탈을 당하면서까지 해가 뜨는 동쪽 바닷가 도시의 녹색 담쟁이 집을 찾아간다. 그러나 신비로운 약도 찾지도 않고 도움도 필요로 하지 않고 아프지도 않는 행복한 엄마와 그들 가족들을 보면서 느끼게 되는 바리의 반응이 묘사된 부분이며 여기서 바리는 열다섯 살이 되는 날 엄마가 찾아 올 것이란 이제까지의 기대를 접는다. 그리고 그는 그가 돌아가야할 곳은 오직 기찻길 옆 산파의 골방이란 것을 깨닫는다. 그는 결코 바리공주가 아닌 것이다.

뒤의 글은 토끼 할머니가 오래 전 수소문하여 직접 바리의 친모를 찾아갔을 때에 돈과 함께 친모로부터 받은 쪽지의 글이다. 이로써 바리는 자신이 엄마로부터 두 번씩이나 버림받은 존재임을 확인하게 된다. 이러한 이중의 버림받음(abandoned)의 상태는 황량한 세계 속에 던져진 인간의 고독을 상징하는 의미를 지닌다. 그리고 바리로 하여금 버려진 자로서의 자신의 삶을 저승의 인도자로서의 증서에 내놓게 하는 계기를 만든다. (A)와 (B)가 대비되는 것은 이것뿐만 아니라 (A)의 양육자들인 비리 공덕 할머니와 할아버지 대 (B)의 산파와 토끼 할머니 그리고 (A)의 부부관계인 무장승(동수자)와 바리 대 (B)의 청하와 바리의 관계

역시도 분명하고 연속적인 병행관계이기보다는 유사하면서도 비연속적이고 이질화되어 있는 관계이다. 동수자와 청하의 승천은 그 의미가 전혀 다른 것이다. 또 (A)의 생명을 살리는 '생명수'나 '뇌살이 꽃'이 (B)에 있어서는 '초오'나 '천남성'같은 죽음에로 이끄는 '독초(약초)'로 생사가 치환되어 있다. 이런 현상은 원형적인 바리데기 이야기를 서사 내용의 특별한 프레임으로 이끌어 들이면서도 거기에 전적으로 의존하거나 일치하는 상황이나 병행물을 만들기보다는 모티프의 패러디적 전도(轉倒) 효과를 지향하는 것과 무관치 않다. 표제와 주인공, 부차적인 인물들의 기능, 플롯의 구성 등이 기존의 서사와 관련됨으로써 우리의 상상 속에 어떤 기대를 불러일으키게 하면서도, 바꾸거나 예기치 않게 전화시킴으로써 자신이 선택한 구조 속에서 독창성을 갖게 하고 있는 것이다. 따라서 이런 전도에 의해서 「프린세스 바리」고 신화적 이야기의 비신화화 현상을 이루어지게 된다. 바로 이 비신화성이 (B)의 특성이다.

「프린세스 바리」의 이야기는 산업화의 표상이라 할 공장의 높은 굴뚝들을 전경화하고 있다. 그런 가운데 시공을 이전하여 아기 버리기의 이야기로 거슬러 올라간다. 동해 연탄 공장 지사장 부인은 여섯 번째 딸을 낳고 나자 언제나 아들만 받았다는 산파에게 욕설과 화풀이를 해댄다. 이에 치욕감을 느끼게 된 산파는 일곱째 아기는 자기가 데려가겠다고 저주를 퍼부었다. 결국 일곱째 막내딸로 태어나게 된 바리는 신닥을 받은 아이로서 버려질 수밖에 없는 운명에 처하게 된다.

그래서 바리는 자신의 부모와 태생을 알 수 없게 동쪽 바닷가 마을에서부터 지리적으로 아주 반대의 격조한 낯선 서쪽 끝, 바닷가 항구로 옮겨져서 호호불어 키워주는 산파와 토끼할머니와 함께 살아가게 된다. 여기서 바리가 버려지는 이유가 굳이 있다면 그것은 없는 살림의 '입' 하나 줄이려는 가난의 상황이 아니라 '불알'단 아이를 원하는 뿌리 깊은 남아 선호의식이다. 여기에다 신탁을 두려워하는 무속 공동체적 의식도 얼마쯤은 작용하고 있다.

이이렇게 버려진 바리가 살아가는 곳은 서쪽 바다 끝 인천의 외곽 지대인 수인역 근처이다. 항(港)을 접하고 있는 이곳은 수인선 기찻길 옆이다. 기차가 다니던 때는 그 덕분에 곡물 시장으로 경기가 번창과 호황을 누렸지만, 수인선이 폐쇄됨과 함께 생활 환경을 썰무처럼 한 순간에 쇄락하고 황량해지지만, 연이어서 다시 아파트와 굴뚝들과 수십 개의 공장들이 들어차는 공단 지역으로 바꾸어져 가고 있는 곳이다. 주변은 곡물시장, 유녀(성매매 여인)들이 사는 옐로 하우스 · 양키시장 등이 근접한 생활 공간이며 환경이다. 이런 지역에 기찻길 옆, 내리면 집 뒤 산에서 흘러내린 흙이 쌓여서 문을 열 수가 없고 수돗가가 온통 진흙 구덩이가 되는 집의 작은 골방에서 바리는 약초를 만드는 산파와 함께 서로 의지하고 도와주며 살아간다. 그녀는 학교도 가지 못하고 호적도 없이 약초와 바리데기 이야기만 알 뿐 행복과 불행이 무엇인지 조차도 알거나 배우지 못한 채로 각자 저마다의 사연과 기우한 내력을 지닌 내몰린 사람들인 주변의 긴밀한 동류 공동체 이웃들 틈에서 서로의 사랑과 우정을 키워간다. 산파와 토끼 할멈과 그 손자인 굴뚝 청소부 청하 중국에서 건너온 나나진과 그 어머니 화얌, 옐로하우스의 유리인 연슬 연니 등이 바로 이웃으로서 서로 의지하고 도우며 더불어 살아가는 변두리 밑바닥 삶들이다. 이들과는 반대의 대척관계에 있는 것이 '하얀 대문집'과 녹슨 쇠줄을 흔들어 대는 협박하는 녹쇠로 표상되는 무서운 세계이다. 전자의 세계가 공동체적인데 비해서 혼자의 하얀 대문집의 '무서운 세계'는 고리 사채업과 관련된 약탈적 대출과 장기 매매와 은밀하고 끔찍한 범죄가 은밀히 지행되는 두려움의 공간이다. 순진한 바리는 바로 이 서로 상극하는 두 세계 사이에 끼어 있는 존재이다. 그는 이웃 공동체의 사람들과 살아가면서도 하얀 대문집의 검은 사내와 쇠줄을 흔드는 녹쇠의 내미는 손에 회유와 협박을 받으며 그들의 범죄에 어쩔 수 없이 끼어들도록 이용당한다. 바리에게는 아무나 잘 모르는 비밀을 간직하고 있기 때문이다. 그것은 바리는 엄마의 무병이 내림이 된 산파로부터 약초 민들기와 악초(독초)를 써서 간절히 죽음을 원하는 사람에게 두려움없이 죽음의 세계로 인도해주는 이상한 능력을 전주해 받은 존재라는 것이다. 산파와 연슬언니나 청하사 할머니는 다 그렇게 바리에 의해 죽음으로 인도된다. 바리는 또 그와 친구들을 이 능력으로 독초를 이용해서 엘로 하우스의 유리를 위해서 자궁에 매몰되어있는 씨를 떨어뜨리는 유산을 시켜주거나 치료해주고 양키 시장 상인들에게는 약초를 판다. 그와는 달리 하얀 대문집으로 이끌려 가서 그들이 내미는 손에 어쩔 수 없이 이용당하며 죽음의 범죄행위에 관여되기도 한다.

그러나 산파가 죽고 토끼 할머니의 제보로 떠난 뿌리찾기 여행에서 자신이 철저히 버림받은 존재임을 알고 자신의 골방으로 다시 돌아와서 바리는 청하를 사랑하면서부터 달리진다. 아기를 뱃속에 가지면서부터 하얀 대문집의 "무서운 세계"가 내미는 손을 거절한다. 그러나 세상은 바리의 사랑과 행복을 그냥 놓아두지를 않는다. 청하가 공장 굴뚝 점검을 위해서 올라간 굴뚝에서 녹쇠가 하수인으로 작용하였으리라 짐작되는 수수께끼같은 의문스러운 죽음을 당한다. 청하의 죽음을 인정한 바리는 공장지대를 떠나 해가 뜨는 곳으로 떠나지만 숨이 얼마 남지 않는 토끼 할머니를 편안하게 죽음으로 인도하기 위한 독초를 채취할 것과 다시 돌아올 것을 다짐한다. 버려진 존재로서의 바리는 '생명수'와는 다른 '약초'로 다른 사람을 차마 할 수 없는 죽음과 자살을 돕는 매우 특별한 증여에 의해서 죽음을 원하는 혼과 사람을 편안하고 안락하게 죽음의 세계로 이끌어주고 인도해주는 인도자로 이미 역설적인 해결사요 치유자이다. 통증없고 편안한 죽음에의 안배가 바리가 할 수 있는 치유로서의 유일한 증여란 점에서 전통 바리데기 서사에 대한 새로운 역설화의 배려 내지 한 성과를 보게 된다.

4장

이주와 치유를 위한 긴 여로: 황석영의 『바리데기』

1) 이주의 여정과 '가스트 아르바이터'로의 길

황석영(黃晳暎, 1943~)의 소설 『바리데기』(2007)는 이름 그대로 서사무가 바리데기 이야기를 원형으로 하면서도 모티브를 창조적으로 변형화함으로써 작가에 의한 독자적인 각색이 이루어진 새로운 작품이다. 이 작품의 구조는 서로가 맞붙어서 한 나무가 된 연리지(連理枝)의 은유처럼 플롯이 두 개의 포커스–즉 이주(Migration)의 서사와 아픈 사람들의 한과 고통의 치유사로서 성장해가는 만신 바리의 여성 성장 소설 또는 형성 과정의 서사가 이중적으로 그리고 둘로 접히면서도 상보적으로 교호하는 특수한 성격의 작품이다. 즉 작가는 작품의 원 재료인 서사 무가를 크게 이주와 구원을 위한 치유의 서사로서 독자적으로 혼성하거나 변형화시키고 있는 것이다. 여기에 꿈과 현실의 세계가 겹쳐진다.

우선, 이주의 서사로서의 경우이다. 작가는 이 작품을 두고서 이루어진 어느 인터뷰에서 다음과 같이 말하고 있다. 작품 창작의 동인과 관련되어 있어서 작품 해석이나 이해를 위한 중요한 열쇠나 단서가 된다.

> 『바리데기』는 오늘의 새로운 현상인 '이동'을 주제로 삼고 있습니다. 다시 되풀이되는 전쟁과 갈등의 새 세기에 문화와 종교와 민족과 빈부 차이의 이데올로기를 넘어선 어떤 다원적 조화의 가능성을 엿보고 싶었습니다. 사실 런던을 체류장으로 정한 것도 '바리'의 구상을 전제로 했던 것이지요.[128]

> 제가 2004년 영국 체류시기에 '바리데기' 얘기를 했더니 런던 대학의 이집트 교수 한 분이 어느 사진 작가 이야기를 하더군요. 저는 당장에 그의 작품집을 샀습니다. 브라질 출신으로 망명하여 프랑스에 체류 중인 사진작가 살가두(Sebastião Salgado)의 사진집이었지요. 예를 들어 '이주'[129]는 세계적으로 충격을 준 사진집입니다. 그 속에 동구와 동남아, 아프리카, 남아메리카 등 거의 현실과 형편들이 생생하게 찍혀 있었지만 북한만 빠져 있었지요. 누군가 세계를 향해서 발언을 해야 한다는 강한 충동을 느꼈습니다.[130]

여기에서는 그의 『바리데기』가 오늘의 세계화 시대에 있어서 범세계적인 현상이 되고 있는 제 나라로부터 흩어진 인간들의 반인간적 조건의 실존 상태인 노마디즘(Nomadism), 디아스포라(Diaspora) 및 인구 이주(이동)를 주제로 삼고자 했다는 점, 이를 준비하는 과정에서 세계

128 황석영, 「분쟁과 대립을 넘어 21세기의 생명수를 찾아서」, 『바리데기』, 창비, 2007, 275쪽.

129 이주'의 영어 원명은 'Migration'이다.

130 황석영, 같은 책, 299쪽.

적으로 큰 충격을 준 살가두의 사진집 『이주』에서 큰 자극을 받았다는 점, 그러나 아쉽게도 그런 살가두의 사진집에서도 이른바 고난의 행군 하에 많은 인명들이 아사하고 살길을 찾아 월경 · 탈북하는 유령이나 다름없는 북한의 참담한 상황이 빠져 있어서 세계를 향해서 이에 대한 발언을 꼭 해야 한다는 어떤 강한 의무감과 충동을 느낀 점 등이 바로 『바리데기』의 제작 의도인 것으로 천명되어 있다. 특히 여기서 주목되는 것은 브라질 출신의 세계적인 포토그래퍼인 세바스티앙 살가두(Sebastião Salgado)의 사진집 『이주(Migration)』(2000)가 황석영의 바리에 대한 상상력과 작품 『바리데기』의 이주의 서사적 지정학을 형성시키는데 있어서 결정적이고 본질적인 한 요인이자 영향으로서 작용한다고 밝힌 사실이다. 살가두의 사진은 옥스포드의 대학 출판부가 간행한 사진 안내서에 의하면 영상적 휴머니즘(Pictorial Humanism)[131]으로서 평가된다. 그의 사진집 『땅, 토지없는 자들의 투쟁』(*Terra : Struggle of the Landless*, 1997)과 『이주』 및 『아이들』(*The Children*, 2000)이 출간되었다. 이 사진집은 땅없는 브라질 농업 노동자들의 곤경 및 인구 이동과 그 효과에 대한 범세계적 현상에 대한 조사로서, 세계의 중요 사회-정치적 문제에 대한 강렬한 탐사로서 그 특성이 규정된다. 사진 안내서는 이전 사회적-정치적 문제에 대한 강렬한 탐사로서 그 특성이 규정된다. 이 안내서는 이전 사회적-정치적 문제 탐색으로서의 살가두의 작품을 통

131 Robin Lenman (ed), *The Oxford Companion to the Photograph*, Oxford University Press, 2005, p.557.
이 살가두의 한국 전시회는 2014년 10월 16일부터 2015년 1월 15일까지 서울 세종 문화회관의 예술동에서 제네시스(Genesis)란 이름으로 열린 바 있음. 이 무렵 국내에서 이세진이 옮기고 솔빛길 출판사에서 출간된 그의 『세바스티앙 살가두, 나의 땅에서 온 지구로』가 간행됨.

해서 두 개의 흥미로운 실마리가 풀린다고 밝힌다. 첫째는 보편적인 휴머니즘이란 의미에 있어서 살가두의 사건은 어느 곳에서도 적용되는 기본 인권에 관한 것이란 점, 둘째는 살가두 사진의 주제는 개인의 권리보다는 인간 유형이나 사회적인 범주들을 제시하는 것이란 점이 그것이다.[132] 이런 인구 이동 현상의 세계적인 살피는 살가두의 『이주』의 사진에서 자극을 받음으로써 그리고 북한의 경우가 거기에서 빠져있음에 대한 반응으로서 그는 오늘의 새로운 세계적인 현상인 '이동'(이주)를 『바리데기』의 일화적 주제로 삼은 것이다. 북한 난민을 세계화 체제의 그늘로 보고 있다는 것이 작가의 입장이다. 그래서 이 작품에서 주인공 바리의 현실적인 이주의 공간적 여정은 북한(청진)–중국(연길–낙원–다롄)–영국(런던)으로 넓게 이어진다. 이에 대한 많은 논외와 해석[133]들이 있지만, 『바리데기』는 이렇게 이주자와 샤먼으로서의 이중적인 퍼스펙티브로 바리데기 신화의 모티프를 현대적으로 융합하고 변형하고 재해석하고 있는 것이다. 서천에의 행로가 리얼한 런던으로의 이행된다. 그리고 '우리 식구들이 뿔뿔이 흩어지던 때에 나는 겨우 열두살이었다'로 시작하는 자전적 1인칭 서술의 회고적 서두 첫줄에서부터 이미 주인공

132 위의 책, 558쪽.

133 작품 『바리데기』에 대한 비평과 연구 논문은 상당히 많이 산출되었다. 대표적인 글 얼마를 지적하면 다음과 같다.
양진오, 「세계 문학으로서의 한국 문학, 그 위상과 전망」(2007)
김경수, 「작가의 욕망과 소설의 고립」(2008)
권성우, 「서사의 창조적 갱신과 리얼리즘의 퇴행 사이」(2008)
유경수, 「다원적 소통을 향한 디아스포라적 상상력」(2009)
이명원, 「약속없는 시대의 최저??–황석영의 『바리데기』에 대하여(2009)
박정근, 「디아스포라로 인한 다문화 사회의 바리데기적 비전」(2009)
표정옥, 「바리데기 과거에서 걸어나오다」(2013)

바리의 디아스포라적 이주 상태가 예조화되어 나타난다. 함경도 청진의 아름다운 바닷가 언덕 바리 단독 주택에서 평온한 일상의 삶을 누리던 바리네 가족(할머니, 아버지, 어머니 그리고 일곱 자매)에게 예상치 못한 엄청난 불행과 재앙이 닥치게 된다.

> 한 무리의 진달래들이 이 묶음 저 묶음 다투어 피어나 아침 저녁 노을에 더욱 붉게 타오르고 드높은 동편 하늘가에 아직도 눈을 하얗게 얹은 관모산이 아랫도리를 안개 속에 감추고 떠 있었다. 언덕에서 내려다보면 크고 둔해 보이는 철선들이 정박해 있었고, 그 주위로 작은 고깃배가 아련하게 통탕대는 발동소리를 내면서 느릿느릿 헤엄쳐 다녔다. 그리고 갈매기들이 생선 비늘처럼 반짝이는 바다 물결 위의 햇빛을 사방으로 흐트러뜨리며 역광 속으로 힘차게 살아왔다. 나는 항구의 사무실에서 돌아올 아버지를 기다리거나 장에 간 어머니를 기다렸다. 길을 벗어나 제법 가파른 언덕의 끝까지 나아가 쪼그려 앉아 있던 것은 두 사람을 기다릴 겸하여 그냥 바다를 내다보는 게 좋았기 때문이다.[134]

이 대목은 재해의 이산과 이주가 시작되기 전, 바리가 살았던 집과 본향으로서의 청진이란 원점공간을 표현한다. 이곳으로부터 흩어져 버린 존재로서의 바리는 다시는 이 아름다운 원점인 곳으로 돌아가지는 못하는 운명이 된다. 이 도입의 단락은 작품 전체에서 오직 유일하게 밝고 아름답고 서정적인 공간으로서의 의의를 지닌다. 무가 바리데기에서의 바리의 떠남(추방)과 돌아옴의 순환 과정은 이 작품『바리데기』에서는 배제된다.

이 가족이산과 이주를 불러들인 바꾸어놓기(Displacement)의 요인은 외연적으로는 구 소련의 붕괴와 내연적으로는 김일성의 죽음 이후

134 황석영,『바리데기』, 창비, 2007, 7~8쪽.

의 이른바 '고난의 행군'으로 표상되는 혼돈과 궁핍의 북한 내부 체제의 모순과 횡포 및 거기에다 가중되는 자연재해로 인한 절망적 기근과 배급이 끊어져 전국으로 편재하는 30여만의 아사 상태 그리고 가족적인 요인으로서 재난의 한 시초가 된 바리 외삼촌의 남으로의 탈북 사실 등 기타 외부적 요인 등으로 겹쳐진다.

이런 소용돌이에 휩쓸린 바리의 가족은 내부에서 이미 부령 등지로 이산되어서 뿔뿔이 흩어짐으로써 할머니 등 남은 가족들만 강을 건너서 중국으로 월경 이주한다. 거기에다 함께 강건너 중국 국경지대의 움막으로 갔던 할머니 등 남은 가족들마저 하나 둘씩 죽는다. 이 지경에서 바리가 부모와 가족들을 찾겠다고 다시 찾아간 북한이란 땅은 황막한 기근의 땅이고 아사와 죽음의 땅이며 헛것과 유령과 굶어죽는 사람들이 질러놓은 산의 불길과 연기로 가득찬 지옥의 정경이다. 바리와 동행했던 칠성이도 이 불 속에서 죽는다. 어린 바리로서는 실로 참담한 체험의 현상들이다.

> 가을이 되면서 두만강변은 어디라 할 것없이 굶주린 사람들이 몰려들었다. 중국에 친척이 있는 사람들은 저마다 나가서 양식과 돈을 구해 오려고 했고 식구들을 잃고 살아남은 사람들이다. 가동을 멈춘 공장의 노동자들은 막연하게 중국에 나가 돈을 벌어서 집안을 살리겠다고 몰려왔다. 대낮에 버젓이 도강을 하지 못했지만 밤이면 무리를 지어 개천 같은 강을 건너갔다. 경비원들도 병력이 반남아 부족하고 굶주리기는 마찬가지여서 강을 오가는 이들이 쥐어주는 돈이나 물건에 대개는 모른척 했다. 경비가 강화되고 붙잡히면 처벌을 받게된 것은 기근이 좀 가라앉은 몇 년 뒤부터였다. 두만강 연변의 조선족 마을이나 한족 마을에서도 초창기에는 너무 가엾다고 양식을 가진 마을을 방문하여 도와주기도 했고, 강변 촌민들이 굶주리다 못해 찾아들면 양푼에 새로 밥을

해서 먹여주기도 했다. 우리는 아직도 첩첩산중으로 가로막힌 안쪽 세상이 어떻게 돌아가는지 모르고 있었다. 가끔씩 공무차 우리집을 방문한 무역부서의 당일꾼이 찾아와 조심스럽게 전하는 이야기로는 온 공화국 천지에 굶어죽는 사람들로 사태가 날 지경이라는 소문을 들을 뿐이었다.[135]

나는 두만강을 건너 내가 떠나왔던 자리로 돌아갈 때까지 높은 곳에 올라서면 뒤를 돌아보았고 멀리 가까운 산들이 연기를 올리며 타는 모양을 보았다. 그것은 망망대해에서 외딴 섬에 갇힌 사람들이 멀리 가나갈 배나 다른땅에 구조를 해달라고 조난신호를 보내는 것처럼 보였다.[136]

이렇게 굶주림과 죽음만이 편재하고 있는 절박한 북한의 정황을 작가는 '외딴 섬에 갇힌 사람들이 멀리 지나가는 배나 다른 땅에 구조를 해달라는 조난신호'로서 비유한다. 이런 조난신호를 보내는 북한으로부터 월경하여 바리는 이주의 첫 번째의 영역인 중국 땅에 이르면서 디아스포라와 같은 이주자로서의 생활을 시작한다. 여기서부터 바리는 이주민이 되어가고 있는 것이다. 바리는 화룡(和龍)을 거쳐서 연길, 낙원의 한족 부부네 가정부에서 맛사지 집에서 중국 호구가 있는 사람들의 삼분의 일정도의 노임을 받는다. 공안의 단속을 피해 조선족으로 위장하여 이주 생활을 하는 가운데 친숙한 인연이 된 샹 언니와 그녀의 남편 쩌우로부터 침술과 발바닥의 혈을 배우고 발마사지 기술을 익히게 된다. 바리는 이상한 능력을 지닌 안마사로 인정을 받고 팔개월만에 안마사가 된다. 낙원에서 두 해를 보내고 바리는 열다섯 살 되던 해

135 같은 책, 57~58쪽.

136 같은 책, 98쪽.

에 샹 언니와 쩌우 형부를 따라서 다롄(大連)으로 이주한다. 다롄에서 희망에 부풀어 있던 이들에게 쩌우 형부가 차린 마사지 샵이 동료의 배반으로 문을 닫게 되어 바리와 샹 언니는 의도하지 않게 국제 이주 중개업자들에 의해서 처분 · 강제되는 인신매매의 대상으로 팔려서 남중국해를 지나 영국으로 가는 밀항선 밑바닥의 화물칸에 갇히게 된다. 이 밀항선의 항해는 바리의 이주 과정에 있어서 바리가 가장 견디어 낼 수 없는 극한적 통과 의례적 고통의 조건이다. 인간 유린의 야만 술수이고 폭력적이고 비인간적인 정황 그 자체이다. 노예선이나 다름없는 좁디좁은 밀항선 내에서 이주 여성들과 노동자들은 뱀처럼 짐과 짐 사이에 비좁은 틈바구니에 파고 들어서 있어야 했고, 용변도 그 자리에 선 채로 보고 밥은커녕 물 한 모금 조차도 얻을 수 없었다. 또한 첫 날 번호를 잘못 불렀다고 뒤통수를 엊어맞은 여자는 컨테이너에서 나온 뒤로 다시는 일어서지 못해 죽고 샹 언니는 선원들에게 강간당한다. 그래서 이런 상황과 장면을 두고 양진오는 다음과 같이 적절하게 지적한다.

> 밀항선의 이주자들, 특히 이주 여성들은 인격과 몸의 자율성이 완전히 소거된 위기의 여성으로 전락된다. 이 폭력적인 밀항 장면은 국제 이주의 본질이 인간의 이동이 아니라 통제 가능한 상품의 이동이라는 것을 확실히 가리킨다.[137]

바리의 이 리얼한 현실적 항해의 서사 시련 장면에서 환상에 의한 현실의 이탈과 극복이 이뤄진다. 바리는 신통력있는 영매의 할머니의 혼이 인도하는 몽환적인 환상에 의해서 현실을 견디며 악령이 날뛰는

137 양진오, 「세계 문학으로서의 한국 문학. 그 위상과 전망-황석영의 『바리데기』를 중심으로」, 『한민족어문학』 51집, 한민족어문학회, 2007, 83쪽.

저승같은 항해를 통과해서 하얀길을 향해 나가게 된다. 마침내 바리는 의도되지는 않았지만 이주의 험란한 밀항을 거쳐서 종착지인 런던에 도착하게 된다. 그리니 차이나타운에서 시내넌 그는 당연히 비자도 없고 노동허가증도 없는 불법 이주 상태이다. 이주자들이 겪게 될 차별에 직면할 수밖에 없는 궁색한 가스트-아르바이터(Gast-arbeiter)로서의 저층 이주 노동자가 된다. 밀항비용을 갚기 위해 상하이 반점의 수석 주방장인 루 아저씨의 소개로 힘든 차이나타운에서의 주방 일을 거쳐서 엘리펀트 앤 캐슬에서 타인의 고통스런 삶을 발을 통해서 아는 이상한 능력을 지닌 그는 중국에서 익힌 발마사지로 인정를 받아서 네일 살롱에 채용되어 출근하고 조금 나아진 노동자로서의 생활을 갖게 된다. 여기서 작품은 바리가 이때 생활하게 된 각국 출신 이주자들이 함께 공동공간으로 사는 연립주택의 구조와 다양한 인종적 혼주의 생활 상태에 대해 '나'의 시선으로써 다음과 같이 묘사하고 있다.

> 이 곳이 이제부터 나의 세계가 되었으니 집안 사람들을 소개해야겠다. 계단을 내려오자 마자 좁은 통로 양쪽에 우리네 문과 이웃의 문이 서로 마주보고 있는데 기다란 사각형은 침실 겸 거실공간과 부엌으로 나뉘어 있었다. 지하층의 우리 이웃에는 나이지리아에서 온 흑인 부부가 살았다. 남편은 주유소에서 일했고 아내는 파출부로 일했다.
>
> 일칭 오른쪽에는 중국인 요리사와 필리핀인 청소부가 우리처럼 파트너가 되어 방을 나누어 쓰고 있었으며, 일층 왼쪽에는 스리랑카인 가족이 살았는데 부로에서 작은 인도 식당을 하고 있었다. 이층 오른쪽에 폴란드인 가족이 살았고 남편은 계절별로 고향에서 일꾼을 불러다가 팀을 짜서 집수리를 하러 다녔다. 부인은 딸과 함께 상점 점원으로 일했다. 일층 왼쪽에 파키스탄에서 온 압둘 할아버지가 살았는데 내가 입주하자마자 두나 언니와 할아버지에게 데려가서 인사를 시켰기 때문에

유일하게 이름을 외우게 되었다.[138]

통킹 살롱의 탄 아저씨는 불교를 믿었고 루 아저씨는 요리를 끝내고 쉴 때면 뭔가 주문 비슷한 기도를 끝없이 외우고 했는데, 차이나타운의 많은 사람들이 도교 사원에 나가 향불을 피우고 기원을 올렸다. 루나 언니와 사라 아줌마는 방글라데시와 스리랑카 사람이었지만 영국에서 태어나 교회를 다니고 예수를 믿었다. 그래도 이들은 서로의 풍습에 따라서 격식 사이를 자유롭게 넘나 들었다.[139]

바리와 여러 나라로부터 온 이주노동자들이 함께 모여서 혼성적으로 거주하는 이 연립공간이란 공간은 각국의 여러 인종들이 거의 모두가 전쟁이나 그 밖의 다양한 이유들로 해서 제 땅과 나라에서 살지 못하고 떠날 수밖에 없이 이주한 가스트 아르바이터로서의 노동자가 된 사람들이 뒤섞여사는 공간이다. 민족과 종교적 정체성을 갖고 있으면서도 이를 소화하고 또 이주 노동자로서의 연대와 협동을 재구성하는 다원적 조화의 공동체로서 서로 교감하며 새롭게 살아가는 연대적 공간이다. 즉 이 지역과 공동 연립 주택은 지구화된 이주 노동의 축소로서의 공간인 셈이다.

이것은 작가가 작품의 창작 동인으로서 밝힌 바 있는 전쟁과 갈등의 새 세기에 문화와 종교와 민족과 빈부 차이의 이데올로기를 넘어서서 어떤 다원적 조화의 가능성을 지향해 가고 있는 공간과 일치하는 공간이라고 해도 과언이 아니다.

탈북자이고 정착되지 않는 이주 노동자인 바리는 할머니와 환생한 듯한 파키스탄 출신의 무슬림 압둘 할아버지를 만나고 그의 손자인 마

---

138 같은 책, 153쪽.

139 같은 책, 225쪽.

치 무장승같은 존재인 알리와 결혼을 하게 된다. 이 결혼으로서 그녀의 긴 역정으로서의 이주는 실질적으로 끝나게 된다. 영국 국적을 가진 사람과 결혼을 함으로써 제대로 된 여권을 구해서 체류 비자를 받을 수 있는 가능성이 열려지게 되었기 때문이다. 그리고 바리와 무슬림 알리의 결합은 인종적 · 종교적 · 정치적인 경계를 넘어서고 해소하다는 공동체를 표상하거나 다원적 조화의 가능성을 모색하고 추구한다는 의지를 지니고 있다.

그러나 원천인 서사 무가에서의 바리의 여로는 탐색의 생명수를 얻어서 원점의 공간으로 다시 돌아가지만 여기서 적응력이 빠른 바리의 여로와 귀환은 정착으로 인해서 불확실하거나 더 멀어지게 되는 것도 사실이다. 여기에다 이 정착화에 그치지 않고 한국 문학의 세계화란 의도에 지나치게 강박되어서 서사 공간을 간단없이 의식적으로 넓히고 확대해가고 있는 세계사적 전개의 후반부의 현상은 저자의 의도이기도 하지만 온 세계 문제를 혼자 걱정하듯이 너무 자의적인 정치의식의 노출로 인해서 점점 부자연서러워서 바리의 영매자로서의 역할보다는 오히려 소설적 구조의 안정성을 흔들어놓고 있다는 생각이다.

2) 큰 만신에의 길과 하얀 미학 · 희망의 원리

한편, 소설 『바리데기』는 이주 노동자로서의 바리의 힘든 삶의 여정을 보여주는 이주의 서사인 동시에 고통받는 고통의 치유자로서의 큰 만신이 되어 생명수를 찾아가고 있는 바리의 성장 무속 서사이기도 하다. 즉 한민족의 민속신앙에서의 만신 바리로서의 고행의 여정을 제시하는 일종의 여성 성장 소설로서의 구조를 담고 있다. 처음부터 '이상한 계집아이' '이상한 능력'의 바리는 어릴적 무병을 앓고 난 뒤부터 들리지 않던 소리를 듣고 보이지 않던 것을 보게 됨으로써 큰 무당의 후예로서 헛것을 보고 꿈을 통해서 미리 다가올 일을 알아채는 능력을 지닌 그의 할머니로부터 비상한 능력의 내림을 받은 아이라고 인정되는 존재이다. 그래서 태어나 백일이 넘을 때까지 이름이 없던 그의 이름이 할머니에 의해서 무조인 바리의 이름과 같은 바리로 지어진다. 무가의 바리와 서사과정에 있어서 동일한 운명적 존재가 됨을 암시한다. 그래서 원천과는 더 친숙하다.

마리안 허쉬(Marianne Hirsch)는 독일식의 이른바 성장 소설(Bildungsroman)을 일반화시킨 개념으로서의 '형성 소설(Novel of Formation)'이란 용어로서 이를 새롭게 장르화한다. 그는 형성소설의 포괄적인 성격과 모델을 규정하는 일곱 개의 항목을 제시하며 형성소설의 3항에서 플롯은 탐색담의 비전이고 6항은 주인공이 아닌 다른 인물들의 역할을 중개자로서 봉사하는 '교화자(Educator)'로서, 반영자로서의 '친구(조력자, Companion)' 및 감정 교육을 위한 기회를 마련해주는 '연인(Lover)'으로서 각각 고정된 기능을 수행한다고 규정하고 있다.[140]

이들 모형화로서의 두 항목은 소설 『바리데기』에 있어서 영매로서의 바리의 입무 과정 즉 성장 소설 내지 형성 소설적인 구성과 성격을 이해하거나 파악함에 있어서도 유용한 암시의 시각을 제공해준다. 주인공 바리는 그의 할머니가 짐작하고 있듯이 보통의 아이가 아니다. 무

140 Marianne Hirsch, "The Novel of Formation as Genre : Between Great Expectation and Lost Illusion, *Genre. Vol XII No. 3*, Fall, 1979, pp. 296~8.

병을 앓고 나서부터는 이상한 능력을 가짐으로써 샤먼으로서의 자질과 능력을 갖추고 있다. 즉 만인들을 치유할 수 있는 자질과 능력을 지닌 무속 세계의 만신으로서의 성장과 형성의 운명이 미리부터 예정되어 있는 존재인 것이다. 여기에 이런 바리의 입무 과정에서 긴요한 교화자 또는 인도자로서 그리고 친구이자 안내자로서 기능을 하고 있는 것이 바로 할머니와 개 칠성이 이다. 큰 무당의 후예로서 이상한 능력이 있었던 할머니는 먼저 이상한 계집 아이로서 내림을 받은 바리를 알아보고 그에게 버려졌다 병든 부모 살려주러 서천 서역에 생명수를 찾아가는 바리공주 즉, 바리 큰 할매의 얘기를 청진의 언덕 바위 집에서건 두만강 건너 중국땅 눈보라치는 고적한 산 속 움집에서건 몇 번이나 거듭하여 들여준다. 이는 단순히 재미난 이야기의 전수가 아니라 바리의 의식과 행동에 작용함으로써 바리의 영매를 위한 교화적 수련 행위의 시작임을 암시한다.

이 담에 좀 더 살아보믄 다 알게 된다. 떠온 생명수를 뿌레주니까니 부모님도 살아나고 병든 세상도 다 살아났대. 그 담부터 바리 큰 할미는 우리 속에 살아 계신다누. 내 속에 네 속에두 있댄 하지.

이런 할머니의 교화적 이야기로 해서 바리는 꿈속에서 할머니의 말대로 자기 속에 살아있는 존재로서의 하얀 빛 같은 바리 큰 할미를 만나기도 한다.

그이가 나타났던 순간에 나는 어느 인적없는 너른 바닷가를 거닐고 있었다……. 빛 속에 어떤 사람이 떠올랐다. 빛은 누런 색이 아니라 여름 날 햇빛처럼 짱짱하게 눈부신 하얀 빛이었다. 빛 속에 하얀 사람의 형상이 움직이지 않고 떠 있었다. 머리가 세었는지 빛의 반사 때문인지 모르지만 하얗고 옛날식으로 쪽자 비녀가 보이는데 흰 소복을 입었다.

치렁치렁한 치맛자락이 가벼운 바람에 날리는지 천의 수많은 구름들이 한들거렸다. 얼굴도 새하얗고 젊은지 늙었는지 가늠할 수 없었지만 그이가 잔잔히 웃던 모습만은 느낄 수 있었다. 그냥 그렇게 무심하게 떠올랐던 형상은 내가 뒷걸음질치며 사라졌다가 다시 안으로 걸을 내디디며 나타났다.[141]

이런 바리는 큰 할미의 꿈을 꾼 무렵에 이어 할머니가 죽자 움집을 떠나 버리는 줄을 끊은 칠성이와 더불어 행방을 알 수 없는 아버지, 어머니를 찾으러 불지옥같은 북한 땅 부령과 무산 등의 마을로 찾아 간다. 그곳으로 가는 집들은 빈 집이고 곳곳에서 바리는 배고파 굶어 죽는 자들의 많은 헛것과 혼들을 보고 그들과 말한다. 이런 여러 혼을 만나는 신통력은 지니고 있는 바리의 눈에는 즐비하게 죽은 이들의 혼과 귀신이 연달아 보이고 밤마다 들판과 마을을 돌아다니는 수 많은 헛것들이 몰려다니며 내는 우우우우하는 나직하고 음산한 소리를 듣기도 한다. 바리가 자신이 떠날 때 만든 떡을 던져주자 그 형상들은 일시에 허수아비처럼 사라져버린다. 바리와 그런 죽은 귀신들이나 헛것들과의 대화는 바리가 초월적인 능력을 지니고 영매적 존재로서 성장해 가고 있는 과정임을 의미한다. 그래서 중국 낙원에서 안마사로 일하면서 바리는 상대의 얼굴을 한 번 보면 그 몸 어딘가가 안 좋은지를 알아보는 이상한 능력과 치유를 발휘한다. 바리는 이렇게 몸과 넋을 분리할 수 있는 신통력을 갖추어 간다.

이후 바리가 가는 길에서는 연달아 장소와 공간의 이동에 따라서 환상과 꿈속에서 이미 죽은 할머니와 '소울 메이트'같은 칠성이와의 수

141 황석영, 위의 책, 82쪽.

시로 연동함에 의해서 저승과 이승을 넘나든다. 특히 이 현상은 다렌에서 잘못되어 인신매매단의 처분으로 밀매되어서 남중국해를 거쳐서 런던으로 향하는 밀항선의 항로에서, 그 컨테이너에 갇혀서 겪는 반인간적인 폭력과 저승 횡단같은 처절한 처지인 형신적인 장면에서 탈신하여 환상 가운데서 할머니와 칠성이의 인도를 받는 장면에서 두드러진다. 이렇게 바리는 사실 수동적인 인물이며 그의 성장과 능력은 할머니에 의해서 유도된다.

> 바리야. 나야 나.
>
> 무엇인가가 어둠 속에서 나를 불렀다. 그것은 파랗게 빛나는 두 개의 빛이었다. 나는 대번에 그게 칠성이라는 걸 알 수 있었다. 나는 몇 년 동안 가끔씩 칠성이를 꿈에서 보곤 했다. 그러나 칠성이는 생시처럼 이렇게 나에게 말을 걸어온 것은 처음이었다. 캄캄한 어둠 속에 달빛같은 희끄무레한 빛의 띄가 나타나더니 구불거리며 뻗어나가기 시작했다. 그 빛의 오솔길 끝에 하얀 털의 칠성이가 꼬리를 살랑대며 서서 나를 기다리고 있었다.
>
> 자꾸 달아나지 말구 좀 멈춰봐라.
>
> 너를 기다리는 사람이 있어.
>
> 칠성이는 자꾸만 뒤를 돌아보면서 종종걸음으로 뛰어가다가 멈추다가 했다. 강변에 이르렀다. 시커멓게 보였다. 긴 다리가 걸려 있었다. 다리 입구에 흰 옷 차림의 사람이 서 있었다. 내가 가까이 다가서자 어둠에 가려져 있던 얼굴에 빛이 내리듯 낯익은 얼굴이 떠올랐다.
>
> 우리 바리 왔구나!
>
> 할마니 어데서 오십네까?
>
> 나는 할머니에게 안기려고 앞으로 걸음을 내딛는데 그녀는 바람이 가득 든 비닐봉지처럼 딱 한 걸음의 거리로 가볍게 물러갔다. 내가 또 한 걸음 내디디면 다시 물러나고.
>
> 보구팠는데 안아주지도 않구서리.
>
> 할머니는 빙그레 웃으며 고개를 끄덕였다.

> 기래기래 이승저승이 달라 뵐수가 읎지비.
>
> 너가 걱정이 돼서 불렀구나 어제부터 나하는 얘기 잘 들으라. 수천 수만의 바다 건너 하늘 건너 갈텐데, 그 길은 악마구리 벅작대구 악령 사령이 날뛰는 지옥에 길이야. 사지육신이 다 찢겨질지두 모른다. 하지만 후르구 누런 길루 가지 말구. 흰 길루만 가문 된다. 여행이 다 끝나게 되믄 넌 예전 아기가 아니라 큰 만신 바리가 되는거다. 할머니가 도와줄테니까니 어려울 땐 칠성일 따라 내게 물으러 오라.[142]

이렇게 칠성이와 함께 나타난 할머니는 바리가 지옥에 떨어졌다 서역 · 서천으로 가듯 지옥길 같은 험한 수만리 고난과 견딤의 항해길에서 인도와 안내의 역할을 한다. 사지육신이 찢길 것 같은 역경과 고난의 여정을 이기고 끝내게 되면 비로소 세상을 구하는 큰 만신이 된다고 일러준다. 이런 영매적 인도자나 조력자로서의 할머니와 칠성이는 이후에도 여러번 위급할 때마다 바리의 몽환 속에 나타나서 넋살이 꽃과 생명수를 가지고 와야 할 하얀 길로 가기를 안내하거나 유도한다.

여기서 우리는 일단 황석영의 『바리데기』 소설 속에서 나타나는 할머니와 칠성의 이미지로서 응축되어 있는 하얀 백색의 환상의 미학을 간과해서는 결단코 안 된다는 생각에 이르게 된다. 흰 모래 벌판 · 짱짱하게 눈부신 하얀 빛 · 빛 속에 하얀 사람의 형상 · 하얀 털 · 하얀 털의 칠성이 흰 옷 차림의 사람 · 흰 길로만 가면 된다 · 하얀 길 · 흰 옷차림의 할머니 · 하얀 길로 하얀 길로 · 흰 치맛자락…… 이렇게 온통 흰 빛이다.

특히 작품 『바리데기』의 5장과 6장의 세계는 문학적인 원천이 색채론적인 흰(白)색으로 이루어짐으로써 멜빌의 『모비딕』 142장에 있어서

142 황석영, 위의 책, 124~5쪽.

의 유명한 고래의 순백의 경우와 같이 흰 색의 상징성이 우리 소설에 있어서 미학적 의미의 한 정점으로서 발휘되고 있다. 백색은 흔히 상복과 같은 색으로 죽음과 애도의 부정적 색이기도 하다. 그러나 여기서는 그런 부정적 이미지가 아니다. 순결과 무구(無垢)·정화·성스러움(신성)·제의적 권능 등의 긍정적인 색채 표상으로서 제시된다. 흰 색은 온갖 더러움과 때가 깨끗이 씻어진 눈부신 영계의 색이다. 무속의 미학을 성화하는 색채론이다. 그야 말로 황석영 문학의 하얀 신화다. 그리고 하얀 미학이다.

이런 흰 빛 영상의 할머니와 칠성이의 눈부신 흰 빛과 환상적인 몽환의 세계는 밀항선의 상황과 환상이 겹치는, 넋과 몸이 넘나들이 하는 6장에서 무지개 다리를 건너는 장면으로써 절정을 이룬다.

> 그리고 나면 하연 털이 눈부신 칠성이가나타나 내 앞에서 꼬리를 흔들었다. 우리는 앞서거니 뒷서거니 하면서 사방이 캄캄한 가운데 달빛의 띠처럼 계속되는 오솔길을 따라 흘러갔다. 한참을 가다보면 가볍게 바람이 불어오는 강변이 나왔고 다리가 보였다. 등불을 비춘 것처럼 다리만이 훤하게 밝혀져 있는데, 그 위로 할머니가 흰 치맛자락을 팔랑이며 걸어왔다.
>
> 바리야 따라오라.
>
> 할머니가 앞서서 다리를 건너가자 그것은 오색 찬란한 무지개 빛에 휩싸였다. 칠성이도 내 앞에서 걸었다, 나는 뒤를 따라 무지개 다리를 건너기 시작했다. 그때 시커먼 강물에서 여러 사람들의 아우성 소리가 들렸다. 살려 달라고 외치는 소리, 그냥 찢어지는 듯한 여자의 비명소라와 통곡하고 흐느끼는 울음소리, 앓는 소리……나는 도무지 다리를 걸어갈 수가 없을 지경이었다.
>
> 옆을 돌아보지두 말구 듣지두 말라. 이 길에서 벗어나믄 공덕이 모두 사라진다.

다리를 건너자마자 햇빛이 밝게 비치고 이상하게 사방이 그윽했다 ……할머니가 들판 끝에 보이는 느티나무를 손가락질하면서 말했다. 저 나무에 가차이 가믄 네 안내자가 나타날 거다. 글루 날래 가보라.

할머니는 함께 안가요?

못간다. 여기까지가 우리 세상이니까디……[143]

환상 속에서 바리는 흰 빛의 교화자요 안내자인 할머니 그리고 칠성이와 결별한다. 바리는 이제부터 여기서 생명수를 얻으려는 여정을 홀로 가야 하는 것이다. 헤어지면서 할머니는 바리에게 낙화 세 송이를 바리의 손바닥에 떨어뜨려준다. 조력자로서의 할머니가 준 낙화 세 송이로 바리는 생명수를 얻으려 서천으로 가는 지옥 통과의 고행 중에 닥치는 화를 면하고 지옥에서 고통을 받고 있는 것들을 발견할 뿐 아니라 지옥의 고통을 경험케 된다. 환상 속에서의 할머니의 인도와 도움은 바리가 지옥의 악령들에게 몸이 뜯겨지고 잘라지는 죽음에서 산산히 찢거진 뼈들을 하나씩 다시 모아 맞추어서 다시 살아나게 한다.

던져라 던지데기 바려라 바리데기 칼상 지옥, 불상 지옥, 독사 지옥, 한빙 지옥, 물지옥, 땅지옥 모우간 팔만 사천 지옥이나 해저무는 사천 땅끝까지 와시니 여기는 또 무슨 지옥이냐. 아린 영, 쓰린 영, 숨지구두 넋진 영, 한도 끝도 없이 헤아릴수도 없이 새로 나서 살아야 훠이 훠이

할머니에 의해서 환상을 통해 뼈를 다시 맞추고 다시 살아난 바리는 다시 무지개 다리를 건너서 할머니가 가라던 하얀 길로 발을 내디뎠지만 할머니는 물거품처럼 사라지고 칠성이마저도 사라져 버린다. 바

143 같은 책, 130~1쪽.

리는 이렇게 하여 서천 · 서역의 끝과도 같은 먼 낯선 땅 런던에 이르게 되어 색색가지 사람들이 섞여 사는 차이나타운 램버스 구역의 연립 주택에 살면서 전에는 잘보이지 않던 이쪽 편의 〈나〉를 보게 될 뿐 아니라 이상한 능력을 가진 영매가 되어가면서 여러 사람들에 대한 상처를 풀어주는 치유자로서의 역할을 수행한다. 또한 바리는 파키스탄인 무슬림 압둘 할아버지의 손자 알리와 결혼함으로써 아기도 낳고 정착한다. 알리란 존재는 바리데기 무가에 있어서의 무장승이다. 같은 존재인 장승이는 성장소설적 기능에 있어서 '연인'과 같은 존재이다. 그리고 이후에도 몸이 분리하는 환몽 가운데서 안내하는 하얀 털의 칠성이와 넋을 어루만지고 쓰다듬어 주는 할머니를 보기도 하고, 생명수를 가지고 오는 꿈을 꾼다. 그러나 환상 속의 까막까치의 조잘거림처럼 생명의 물은 가져올 수가 없는 것이다. 할머니로부터 '장승이와 인연을 맺었으니 앞으로 그 사람하고 살면서 생명수를 찾아내야 하지비'라는 말을 듣는다. 이제부터 할머니 대신으로 압둘 할아버지가 에듀케이터로 되어서 이성임에도 불구하고 할머니의 환생인 듯 동일화되는 전환이 이루어진다. 그래서 바리는 압둘 할아버지에게 할머니가 해주었던 바리공주 얘기를 하며 자신의 이름이 바리공주가 된 이유와 세상을 구해낼 생명의 물을 얻고자 하는 염원을 말하자 압둘 할아버지는 고개를 끄덕이며 다음과 같이 말해준다.

> 네가 전설 속의 바리와 같은 운명이라면 이제부터 생명의 물을 찾아야 되겠구나

그러면서 압둘 할아버지는 세상을 구해낼 넋살이꽃과 생명의 물을

찾아 헤매는 꿈을 꾸는 바리에게 이렇게 희망을 일깨우며 말한다.

> 희망을 버리면 살아 있어도 죽은거나 다름없지. 네가 바라는 생명수가 어떤 것인지 모르겠다만 사람은 스스로 구원하기 위해서도 남을 위해 눈물을 흘려야한다. 어떤 지독한 일을 겪을지라도 타인과 세상에 대한 희망을 버려서는 안된다.

그러나 서천의 끝에 다다른 바리는 원조 바리와는 달리 세상을 구해낼 그 생명의 물을 가져오지는 못한다. 또한 찾아내지도 못한다. 21세기에 있어서의 세상을 구해낼 특효약으로서 생명의 물은 환성적이고 설화적인 무속 세계에서의 생명을 구해낼 생명수 그것이 아니라 '희망'으로서 대치되어 버린다. 즉 찾고자 하고 얻고자 하는 생명수가 미래지향적인 것으로서의 보다 나은 삶에 대한 꿈 및 타인과 세상에 대한 연민인 희망의 원리를 지향과 찾음의 당면한 대안으로서 제시하고 있는 것이다. 이 희망(Hoffnung)의 원리가 일테면, 브룩흐, G. 마르셀 기타 등 어느 누구의 희망의 사상으로 연계되고 있는지는 또 단순한 위로적 담론차원의 언어에 불과한 지 살핌이 더 요청된다.

그러나 그의 소설 「오래된 정원」에서의 케테 콜비츠(Käthe Kolwitz)(1867~1945)의 어머니를 주제로 한 판화의 원용 버지니아 울프의 「등대로」에서의 미완 초상화의 완성장면 및 살가두의 사진원용 등 그리고 바리데기의 흰색영상의 서사라 회화(예술)의 상동관계를 특별히 드러내는 현상은 이제껏 관심한 바 없는 황석영 소설의 미학성을 밝히는 중요한 근거가 될 것으로 믿어진다.

현실과 몽환의 세계, 흰 빛 색채성 등 무속 세계의 신비성을 제시한 소설 『바리데기』의 환상 미학은 유니크하다. 그러나 이상한 능력의 주인공 바리를 생동감있게 그리기보다 수동적으로 끝까지 끌려만 다니게 함으로써 자존적이지 못하고 형성과정에 있어서도 주체적이지 못한 허점 등이 21세기의 바리 상으로서 세계적인 고통의 치유사나 해결사로 성장 형상화 하고자 한 작가의 본래의 의도와는 어울리지 않는 성격화의 난조현상으로서 머물러 있음이 아쉬운 점이다.

제5부 바보스러움의 미학과 정치학

-김유정 소설의 인간행동상

1장
가치의 전가치화로서의 바보상(像)

김유정(金裕貞, 1908~1937)의 문학세계는 미적 범주론으로 보면 골계나 해학의 미학으로 대변된다. 인간과 세계에 대한 인식방법이나 태도에 있어서 냉철하고 이지적인 현실감각이나 비극적인 진지성이나 엄숙성(숭고)보다는 온유하거나 낙천적이고 희화적인 익살스러움의 해학미가 넘쳐나고 있는 서사공간이기 때문이다. 웃음의 정감적 정조를 그 관조 방식으로 하고 있는 해학Humor(후모르)은 김유정 문학에 있어서는 일종의 '문학적인 상상력'이고 서사구조의 원리이며 사회학이고 수사학인 것이다. 동시에 세계관찰의 플렛폼이고 경험적인 현실이 이를 통해서 파악되거나 관찰되는 굴절경이나 요철경같은 거울 작용을 한다. 이 거울을 통해서 제시된 세계는 콩과 보리조차도 못 가린다는 못난 '숙맥'(菽麥)같은 등장 인물들과 그들이 연출하는 온갖 우직하고 엉뚱한 의외의 행동들, 유희적이고 때로는 장난기까지도 발휘하는 특유한 서술자의 역할, 반미학적이라 할만큼 수치의 사회적 감각이 이완되어 있는 분어(糞語, coprolalia)와 악담, 때로는 거침없이 즐펀한 욕지거리의 대화와 비속한 성적 외설의 육담, 속어(또는 지방어) 감각들의 언어적 수사가 멋진 계절성의 서정적인 정감과 함께 어우러지면서 조형된 매우 독특하고 특이한 세계이다. 일찍이 김문집이 김유정 문학의 특성을 '조선문학의 아름다운 자원'으로 지목하며 '전통적인 조선 어휘의 풍부와 언어구사의 개인적 묘미' 등 '모찌미(持味一個體香)'가 있다고 지적했던 것처럼 그의 소설적 담론의 목소리나 바보놀이 같은 서사 내용은 개성적으로 독특하거나 특이한 내재적 시학을 이루고 있다. 이것이 바로 그의 문학이 웃음의 사회학 · 심리학 · 수사학 · 기호학 등 다양한 읽기의 측면을 가능하게 하는 근거이다.

우선 김유정의 작품에 등장하는 인물들은 거개가 신분적으로 전혀 고귀하지 않고 우직스럽고 때로는 엉뚱하고 때로는 턱없이 탐욕스럽기까지 한 가난한 〈아그리코스(agrikos)〉들이다. 사회적 하층의, 살림이 거덜나고 게으른 농민 촌뜨기들이거나 도시의 비천한 존재들이며 이들은 그 유형적으로 어리석거나 순박한 바보와 운수만을 쫓는 노름꾼과 건달, 떠돌이 부랑자, 타자에 대한 꼬임수와 속임수로 살아가는 사기꾼 등의 인간군이다. 특히 그 중에서도 정상의 사람들과는 다르게 열성 인간 즉 어리석음과 엉뚱함, 단순 천진성 및 정신적인 모자람이나 결함 등을 그 기본적인 특징으로 하는 바보들의 우민같은 초상이 두드러지게 나타난다. 바보 모티프의 현저화 현상이다. 이 때문에 김유정의 작품세계는 바로 바보들이 연출하는 웃음을 기반으로 하여 이루어지는 바보들의 바보 행전(行傳)이거나 바보 열전(列傳)의 성격을 지니고 있다 하여도 그리 지나치지 않는다. 순진하고 우직하면서도 또 때로는 의외에 똑똑하고 교활하기까지한, 불변과 변동의 성격적 양면성을 교차하며 오가는 바보들, 즉 일련의 희극적 인물들(komische Helden)이 연출해내는 가지가지의 원초적 인간 본능지향 혹은 속는 우행과 기행 · 봉매함이 우월적인 관점에서 공격받거나 비난받는 것이 아니라, 오히려 연민적이고 긍정적인 것으로서 서사 세계에 수용되거나 포용됨으로써 단적으로 근본 모티프로서의 바보 모티프가 산출하는 순박과 어리석음의 서사학이 된다. 그래서 이 어리석음 또는 바보스러움의 '가치의 전가치화(transvaluation of values)' 또는 가치의 가치 전환현상이 그의 서사의 특징이다.

이는 하나의 가치가 그 반대의 가치를 예찬하는 방법에 의해서 가치 전환이 이루어지는 상태를 뜻한다. 즉 경솔함과 자기 기만을 예찬함으로써 겸허함이 전가치화되는 것, 웃음을 기본적으로 악으로 보는 전통적 입장을 전도해서 웃음을 기본적으로 선으로 보는 입장을 확립하는 것, 바보의 연금술에 의해서 바보의 새로운 가치가 정련되는 것이 그 일환이다. 이 바보의 가치전환과 더불어 김유정의 문학은 웃음의 문화성과 사회성이 투영되어 있는 웃음 공동체(Lachengemeinschaft)와 연계하여 모티브상에 있어서 한국형의 '바보문학(Narrenliteratur)'의 전통적 계보성을 잇는 또 하나의 특성을 지니기도 한다.

사실 김유정의 소설을 만드는 인물상과의 관련 언이 가운데서 상당 부분 현저하게 공유되고 있는 것은 '바보' 또는 '숙맥'(숭맥), '등신' 등과 같은 어휘이다. 몇몇 경우를 들면 다음과 같다.

"이 바보 녀석아!" "얘! 너 배냇병신이지?"

"콩밭에서 금을 딴다는 숭맥도 있담."하고 빗대놓고 비양거린다.

이 그걸 모르고 점순이의 키 자라기만 까맣게 기달리지 않었나.
"쇰을 잡아채지 그냥둬 이 바보야!"

그 앞에서 바보 바보 이렇게 별명을 들을테니까 오늘은 열쪽에 난대두 결정을 내고 싶었다.

가뜩이나 말한마디 톡톡히 못한다고 바보라는데 매까지 잠자코 맞는걸 보면 짜장 바보로 알게 아닌가.

나는 얼빠진 등신이 장모님도 덤벼들어 한쪽 귀마저 뒤로 잡아 채면서…….

그러나 아끼꼬는 바보가 아니라 사람이 너무 착해서 그렇다고 우긴다.

이런 인물화(성격화)에 있어서 '아이러닉 모드'를 대표하는 '바보'의 강조현상은 인간에게는 근원적으로 호의든 적의든 자신 이외의 타자에 대한 유희적 부정성과 비판적 강등화가 잠재되어 있음은 물론 인간의 자질이나 관계, 세상을 살아가는 방식에 있어서 약점과 어리석음이 적지 않다는 인간학적 사유, 규범의 이화(異化)나 우둔의 역설적 긍정과 같은 의미를 함축한다. 그래서 흔히 바보는 단순 바보나 똑똑한 바보가 있으며 바보=웃음은 등식 관계이다. 김유정의 작품에 등장하는 인간의 우둔한 바보스러움을 대리하면서 웃음거리의 대상들이 바로 바보요 숙맥이다. 이들은 단순하고 순진하거나 어리석기 때문에 예측할 수 없는 우행을 저지르고 우월적인 대척관계에 있는 정상적이고 똑똑한 사람,

혹은 속이는 자—들병이 · 마름 · 건달 · 사기꾼 따위—에게 조롱받거나 길들여지고 속거나 낭패한다. 때로는 겉으로 어리석은 체 바보를 위장하여 현명한과 진실함의 정체를 숨기기까시 한다. 또 어떤 바보는 허망하고 터무니없는 욕망과 기대를 갖지만, 끝내는 기대 와해와 불일치의 참담한 결과를 겪게 된다. 주로 「봄 · 봄」, 「총각과 맹꽁이」, 「안해」 등에도 등장하는 '뭉태'란 이름으로 의인화 된 영악한 속임수의 사기꾼이나 건달, 들병이들은 끊임없이 이 바보들을 사기와 꼬임의 말로 유혹할 뿐 아니라 부추기고 탐욕의 놀이인 반사회적인 노름으로 속이고 바보는 여기에 넘어긴다. 그래서 속이는 자/속는 이duper/duped로서 이루어지고 있는 인물관계에서 수행되는 속임/속음의 교환 관계나 이의 반전이 김유정의 웃음을 유발하는 해학적(또는 희극적)서사구조인 것이다. '똑똑한 바보'라는 모순어법Oxymoron의 상황이 포치된 「가을」에서의 아내 매매계약서 작성과 결말은 무지몽매한 인간의 우둔성과 터무니없는 기대의 바보스러움과 함께 그 바보스러움 속에 내재하는 의뭉함의 한 전형을 보여준다. 그리고 「총각과 맹꽁이」나 「솥」은 속임과 속음이 지닌 행동놀이와 관련된 기만성과 희극성의 단면을 여지없이 드러내준다. 이런 바보 상태와의 친화작용 내지 바보 상태로의 치환이 김유정 문학의 특성이다.

그런데 김유정의 문하은 바로 인긴의 바보스러움이나 기만성에 대해서 차갑게 비꼬거나 조롱하는 것이 아니라 후로저스트인 해학가가 지닌 영혼의 따뜻함으로 용납하고 연민적 호의로 대응하고 받아들인다. 이것은 그의 문학이 못나고 순진한 사람들에 대한 인간적인 애정은 물론 사회적 진공상태에서가 아니라 퇴화의 징표로서의 가난이 철저하게 심화된 1930년대라는 웃음부재의 식민지 농촌의 현실 속에서 바보스럽게 살아갈 수밖에 없는 하층사람들의 궁핍하고 척박한 생활 조건 및 습속과 정상적이지 못한 생활 방식, 생태에 대한 귀와 눈과 가슴을 통한 인식 즉 해학적 사회 통찰과 해학적 생래성과의 융합적 굴절화 현상과 관계가 있을 것이다. 생태의 골계적 희극화 현상, 여기서 김유정의 문학은 풍자도 경향소설도 아닌 익살스러움의 '희학적 리얼리즘'의 서사예술로서의 독자적인 면모가 이루어진다. 웃음을 환기하는 방법으로 현실을 왜곡(일그러트림)한다는 의미이다. 한스 야우스는 「희극적 인물에 있어서의 유쾌함의 근거에 관하여」(1976)란 글에서 희극적인 인물이나 세계에 대한 웃음의 기능을 '우월의 웃음(Lachen über)'과 '일치의 웃음(Lachen mit)'으로 분화한다. 전자가 견제하고 항의하는 웃음이라면, 후자는 연대화나 결속하는 웃음이다. 김유정 문학의 웃음 역시 우월적인 조소나 비난의 웃음이 아니라 웃음의 대상, 즉 아그리코스로서의 우둔한 시골내기들이 빚어내는 웃음꺼리같은 비속한 삶의 생태나 형태들과 함께하는 지평의 웃음 그리고 포용과 연민적인 아픔(Schmerz)과 애타(愛他)와 결속의 웃음이다.

그렇다면 바보들이 서사의 주된 행동 담당자가 되는 희극적 인물들에 의해서 또는 관련해서 이루어지는 김유정 소설의 유희내지 희극적 구조로서의 성격과 유형은 어떤 양상을 지니고 있는가. 그 응답은 바보스러움의 미학(해학)과 바보스러움(Narrenheit)의 정치학(사회성 풍자성)으로서의 양면이며, 따라서 김유정 문학 연구는 순박함에서부터 삶의 생계 수단화으로까지 확산되는 바보스러움의 미학적 · 정치적 의미론내지 스팩트럼을 밝히는 문제와 직결된다.

2장

놀이의 경쟁적 서사구조

김유정의 작품세계의 구조는 단적으로 지적해서 놀이와 노름의 서사구조이다. '경쟁'과 '우연'의 구조를 플롯의 근간으로 한다. 전자는 주로 게임(gaming)으로서의 사랑이나 결혼문제가, 후자는 노름 즉 도박(gambling) 및 그와 유사한 일탈적 행동 양식이 축을 이루고 있다. 즉 바보스러운 순박성과 어리석음을 표방하는 인물들이나 이들과 관련된 인물들이 행동주체나 객체로서 연행하는 행동놀이가 사랑과 혼사가 연계된 경쟁의 놀이와 돈이 걸리고 운을 바라는 노름놀이로서 소설 공간의 두 축선이나 주요 구성소를 이루고 있는 것이다. 로제 까이요와는 그의 『놀이와 인간』(1961)에서 놀이의 체계내지 구조 유형을 '아곤'(경쟁) '알레아'(우연) '미미크리'(모의) '일링크스'(현기증)로 4분화한다. 이 놀이 유형 가운데 김유정의 소설세계의 바보 놀이로서의 특성이나 구조와 가장 긴밀하게 연관되는 것이 아곤으로서의 경기놀이와 알레아로서의 노름놀이이다. 전자는 경쟁의 게임으로 우열 승패를 겨루는 겨룸놀이이며 후자는 우연이 지배하고 주로 운에 의해서 재물과 돈이 걸린 위험부담의 승패가 결정되는 걸기 놀이이다. 「동백꽃」「봄 · 봄」「산골 나그네」 등이 전자의 놀이계의 서사이며 「만무방」「소낙비」「금따는 콩밭」「솥」「가을」등이 후자의 노름계의 서사에 해당한다. 이런 사랑과 돈을 두 자장으로 하는 양자의 분류화는 김유정 문학의 특성인 유희성(미학성)과 사회성 분화의 근거가 될 수도 있겠지만, 양 계열은 서로가 엄격한 경계에 의해서 닫혀있기보다는 상호 공유되거나 얽히어져 있다고 보는 것이 융통성있는 관점이다.

1) 봄의 카니발과 사랑의 겨룸 놀이

1인칭 서술로 이루어진 「동백꽃」은 봄 닭싸움의 쟁투와 피흘림을 구성적 상징과 서사의 축으로 하면서 향토색 짙은 농촌을 배경으로 사춘기 소년 소녀의 미묘한 사랑 놀이의 풍속도를 제시하고 있는 작품이다. 농촌 마을에서의 이른 봄의 카니발인 닭싸움이 지니고 있는 피흘리는 쟁투 놀이와 사랑 게임의 주체인 '점순/나'가 연출하는, 엎치락 뒤치락 밀고 당기는 밀당놀이 동향을 상호 침투력 있게 연계하고 구조화한 짜임새 있는 이야기이다. 조숙하고 말괄량이인 당돌한 소녀와 바보스런 소년 사이의 사랑 놀이의 겨룸과 바보 길들이기가 다루어진 것이다. 이야기는 처음부터 처절한 닭싸움의 묘사로 시작된다.

발단 시퀀스는 점순네 수탉에게 함부로 쪼이는 '나'(우리)—1인칭 서술 상황의 화자이며 주인공—의 수탉의 참담한 묘사로 비롯된다. 이 닭싸움은 점순네의 힘이 우세한 닭에 의해서 일방적으로 주도된다. 이런 닭싸움이 처음이 아니라 여러 번 반복되어 왔으며, 이 싸움을 유발시키는 주체는 바로 마름의 딸인 점순이라는 사실을 〈나〉도 이미 짐작하거나 알고 있다. 사실 점순이에 의해 벌어지는 이 닭싸움은 게임 그 자체라기보다는 사랑을 위한 관심의 표시 내지 모의적인 구애 행위로서의 변칙적 놀이의 의미를 지니고 있는 것이다. 그리고 남성이 여성을 리드하는 일반적인 사랑의 문화와는 달리 외형적으로 여성인 점순이에 의해서 주도되고 남성인 〈나〉는 주눅이 들고 리드당하는 형국이다. 즉 놀이 주체인 점순이는 마치 조련사와도 같은 역할을 하면서 구애의 대상인 〈나〉를 길들이고 끌어들이려는 욕망에 의해서 유발되는 전략을 구사하고 있는 것이다. 그러나 실제에 있어서는 '나'는 의사 거짓말쟁이이며 일종의 '신빙성 없는 서술자'인 것이다. 알고 있으면서 짐짓 무지하고 모르는 체하며 피동적으로 이끌리고 있을 뿐이다. 이것이 바로 묘미이긴 하지만, 인물로서는 '나'는 순진함의 바보성을 지니고 있다는 것도 사실이다.

쪼여서 선혈이 낭자한 자기집 닭과 자신을 동일하게 투사할 수 있는 〈나〉는 점순이의 도발 행위에 내심 분노하면서도 반격할 생각을 고쳐먹거나 점순이의 진심에 대해서 '모른다'는 바보로서의 이해 불능 상태를 견지하고 있다. 점순이가 자신에게 벌이는 전략적 게임에 함의되어 있는 구애의 진의에 이해도 적응도 하지 못하는 척하는 바보의 상태이다. 이렇게 〈나〉로 하여금 점순이의 구애의 속내에 적극적으로 다가가지 못하게 하는 요인은 이중적이다. 〈나〉자신의 이성에 대한 무지할 정도의 순박한 단순성과 '열일곱씩이나 된 것들이 수군수군하고 붙어다니면 동리의 수문이 사납다'고 환기시키는 어머니의 주의의 말이 지닌 견제력_이를 '어머니의 법칙'이라 명명할 수 있다_이다. 〈나〉는 점순이로부터 '바보 녀석아!'라고 야유를 들을 만큼 이성과 간접적인 애정의 암시에 대해서 한번도 적당하게 대응하지 못하는 바보처럼 무지하고 순진한 상태다. 그리고 어머니의 주의 속에 함축되어 있는 뜻을 '내가 점순이하고 일을 저질렀다가는 점순네가 노할 것이고, 그러면 우리는 땅 도 떨어지고 집도 내쫓기고 하지 않으면 안 된다'는 '일 저지름'이 접근 금지 내지 성적 금기의 의미인 것으로 스스로가 받아들이고 있다. 사회적 의미를 중시하려는 입장이 아니지만, 이 시대 소작하는 사람들에게 있어서 땅떨어짐이 얼마나 엄청난 삶의 두려움인가를 암시하고 있는 것만은 분명하다. 이런 '나'와는 달리 조숙하고 적극적인 점순에게 있어서는 마름과 소작이라는 이질적 위계는 관심 밖이며, '나'는 비밀스럽고 원초적인 구애와 신체적 접촉 욕망의 대상인 이성일 뿐이다. 이와 같이 양자 간에는 가까이함과 멀리함의 대응적인 견인 관계의 역학이 작용한다. 말하자면 놀이의 역할이 서로 다른 것이다.

여기서 서사전략적인 엇갈림의 구조와 경쟁의 놀이가 전개되는 것은 필연적이다. 점순이는 구애를 위한 암시적이고 복합적인 방법과 도발적인 자극의 강도를 점점 강화하고 있는데 비해서, '나'는 각종 구애의 진의에는 바보처럼 어떤 적응도 못하면서 반발하거나 닭싸움이라는 외형적인 게임 그 자체에만 몰두하고 어긋나게 함으로써 양자 간의 소통이나 행동 약호 과정은 엇갈리고 있다. 그러니까 점순에게 있어서 그런 〈나〉는 '바보녀석'이나 '배냇병신'으로 보일 뿐인 것이다.

「동백꽃」은 놀이 주체인 점순이와 '나'가 연출하는 사랑의 암시를 위한 각종 놀이가 네 마당 내지 4단계 ① 말걸기와 공여(供與)의 마당

② 침해와 욕하기 마당 ③ 겨루기의 마당 ④ 동의와 화해의 마당 등의 놀이 구조를 지니고 있다. 이 각각의 점순이의 놀이에 대해서 '나'가 상대적으로 어떤 놀이적 대응을 하고 있느냐가 서사의 선개를 이루는 축이다. 전체적으로 이 네 마당의 수미(시작과 끝)에 발단과 끝내기 판이 부가되어 있는 구조이다.

서사적 발단 부위에 제시된 닭싸움 놀이의 원인은 서사의 시간적인 역전화로 다루어진 '나흘 전'에 있었던 감자 사건이다. 이 사건의 단계가 바로 점순이가 연출하는 말걸기와 공여의 마당으로서 구애 과정의 제1단계이며 여기서부터 엇갈림이 비롯된다. 점순이가 처음으로 '나'에게 행하는 '쌩이질'이라는 말걸기나 감자의 공여는 친밀과 호감의 표현이며 일종의 은밀한 구애의 프로포즈 행위이다. 그런데 '나'는 이 행위의 진의를 이해하지도 받아들이지도 못하는 행동으로 대응한다. 오히려 점순이의 행동을 '미친'상태로서 반응하거나, 감자를 주며 '느 집엔 이거 없지?'라는 약 올리는 말에 대해서 계급적인 열등감을 자극하는 것으로 타자화하는 과민 반응을 보이며 접근의 말과 감자의 호의를 모두 거부한다.

이런 '나'의 거절에 자존심이 상할 대로 상하여 당혹하는 것은 점순이다. 점순이의 반응상태의 묘사인 '심상치 않은 숨소리', '새빨개진 얼굴', '독이 오르고 눈물까지 어린 눈'은 거절에 대한 신체적 반응과 더불어 그 다음 단계의 대응의 강도를 예시하는 의미를 지닌다.

점순이에 의해 의도되는 2단계의 구애의 게임 놀이는 침해와 욕하기, 즉 골리기와 놀림의 형태로 전개된다. '나'를 놀이에 끌어들이기 위해서 '우리집' 씨암탉을 잡아 괴롭히고 또 '나'와 '나'의 아버지에 대한

'바보' 녀석, '고자'라는 성적인 모욕의 욕설을 감행한다. 자극의 강도가 1단계에 비해서 훨씬 강화된 도발성을 지니고 있다. 그러나 이 역시 '나'를 공유하는 게임에 끌어들이려는 놀이인 동시에 '나'의 성적인 성숙을 위한 일종이 조련술인 것이다. 의식의 발기를 위한 골려주기이다. 그러나 아이같이 눈물까지 흘리면서 '나'의 대응은 능동적인 대거리를 하지 못하는 철부지 미숙의 상태에 머물러 있다. 첫 번째 마당에서의 대응을 그대로 잇는 단계인 것이다.

그 다음이 3단계인 겨루기의 마당이다. 여기서 겨룸으로서의 놀이는 본격적인 대결 단계에 진입한다. 즉 겨룸 놀이인 양측의 닭싸움이 본격화하는 단계이다. 전통적인 기승전결의 체단사법(體段四法)의 구성논리로 보면 전(轉)으로의 단계이다.

> 이렇게 되면 나도 다른 배차를 차리지 않을 수 없었다.

점순이가 닭싸움을 걸어오는 것에 정면으로 맞서는 대항 행위로서 '나'는 늘 패배하는 약한 자기집 닭에게 고추장을 먹이로 궐련 물쭈리를 물리면서 힘을 북돋아 주면서 경기 자체에만 몰두한다. 물론 경합의 결과는 자기집 닭의 패배로 끝난다. 닭싸움은 점순이에게 있어서는 '나'의 관심을 자기 쪽으로 끌어들이려는 집요한 구애와 조련의 유인 수단으로서의 한갓 표피적 놀이이다. 또 상대를 이기려는 욕망이 투사된 놀이이기도 하다. 그러나 '나'에게는 이전의 반응과는 달리 점순이와의 경쟁적인 놀이 그 자체에 대한 본격적인 대응의 마당이다. '다른 배차'로서의 온갖 수단과 방법을 다하여 응전의 놀이를 함으로써 가장 놀이다운 놀이의 장이된다.

다음 네 번째 단계가 동의와 화해로 가는 전이의 마당이다. 서사 방법으로는 시간화에 있어서 과거로의 역전에서 다시 발단에 제시된 현재 상태로 복귀-연계되는 징이다. 여기서 점순이는 닭싸움을 시켜 놓고 우리 닭이 빈사 지경에 이른 것을 보면서도 천연스럽게 호드기를 분다. 이에 격분한 '나'는 더 이상 참지 못하고 달려들어 단매에 점순이네 큰 수탉을 죽여 버린다. 이 닭을 죽이는 행위는 닭을 매개한 양자 간의 아곤적 놀이의 끝장이기도 하지만, 어머니가 규제한 '일 저지름', 즉 사단의 발생을 의미한다. 이 돌연성은 일이 나도 큰 일이 일어날 위기적 고비의 순간이다. 그런데 닭을 죽이는 이 계율 파괴 놀이에 의해서 서사 상황은 새로운 국면으로 반전하는 결정적인 계기가 된다. 결과적으로 '나'로 하여금 게임의 패자가 되고 규칙 위반의 약자가 되는 결과를 진작부터 내심 바라고 있었을 점순이는 이로써 '나'에 대해 우월적인 승자가 됨으로써 용서와 함께 자신의 의도대로 '나'를 이끌어 가는 계기를 삼는다. '나' 또한 이 사단으로 인해서 점순이가 하라는 대로 이끌리고 동의한다. 이제 더 이상 '나'의 거부의 대응과 반응은 일어나지 않게 된 것이다. 여기서 비로소 이제까지의 양자 간의 불일치의 엇갈림이 합의로 인한 일치와 동화로 바뀌어지면서 화해의 마당을 이루게 되는 것이다.

놀이_이 주체적인 조련사인 점순이의 바보 조종술과 교화의 사랑 놀이는 우여곡절의 과정을 거쳐서 마침내 '나'와의 신체적 접촉으로 성공한다. 여기서 점순이의 역할에서는 전총 서사에 등장하는 어리거나 바보같은 사위에 대한 여성(신부)의 교화적 성격의 그림자가 드리워져 있다. 점순이가 대담하게 동백꽃 속으로 끌어들이는 장면에서조차 '나'

는 피동적으로 이끌려가면서 '땅이 꺼지는 듯한' 경천동지의 경악을 느끼고 있다. 이런 과장적인 어법에 담긴 '나'의 엉거주춤한 행동의 골계화 현상이 해학미를 유발한다. 뿐만 아니라 주인공의 행동의 소박한 바보다움에 대한 과도한 단순화와 전후행동의 결과적인 반전과 대조가 우리로 하여금 미소를 짓게한다. 그러나 이 상태가 곧 결말로서 완결이 되는 것은 아니다. 제약과 마무리 마당이 뒤따르고 있다. 경기 시합 심판자의 호각소리처럼 무아몽중의 놀이 공간을 깨는 점순이 어머니의 역정이 대단한 경각의 목소리에 현실 공간과 어른 세계의 규제, 은밀한 사랑의 탄로가 두려워 당황한 나머지 제각각 '산 위로, 산 아래로', '살금살금/엉금엉금'의 의태적 자세로 도망의 반응을 보이는 의태표출적 양자의 희극적 태도가 지닌 함축적 의미 생성의 기능을 간과할 수 없기 때문이다. 이는 해학성의 장면 외에도 전통적 농촌 사회에 있어서 사랑에 제도적 타율성이 존재하고 있다는 것. 그리고 그 규제 현실로서 작용하는 어른 또는 부모_그 중에서 특이하게 아버지가 아닌 어머니에 의해서 수행되는 '어머니의 법칙', '나'의 어머니나 점순이의 어머니나 동일함_으로 형상화 되고 있는 점이다. 점순이나 '나'나 제어의 기능은 모두 어머니들에 의해서 수행되는 현상도 독특하다.

2) 「봄 · 봄」과 어긋나는 결혼약속이 유발하는 쟁투

계절의 순환성 및 시간의 연속적 집적성을 암시하는 표제의 「봄 · 봄」은 혼사를 매개로 한 속이는 자인 장인과 속는 자인 데릴사위 간에서 벌어지는 희극적인 쟁투의 씨름 놀이가 다루어진 가장 희극적인 작품이다. 결혼은 위험스런 도박이란 지적도 있지만, 결혼의 약속과 계약이라는 교묘한 속임수와 함께 그 기만에 끌리고 속아서 결혼에 대한 그릇된 희망을 겪음으로써 전개되는 한바탕의 마당극 같은 소극(笑劇)이다. 웃음 공동체적 관점에서 보면 전통적인 바보 문학의 한 양태인 바보사위 이야기와 연관된 패러디화 현상이다.

숙맥인 데릴사위 〈나〉는 딸 점순이와 성례시켜 주겠다는 장인 영감의 구두 약정만 그대로 믿고 돈 한 푼 받지 않고 3년 7개월 동안 머슴살이로 일한다. 그런데 젊은 〈나〉는 결혼을 열망하고 기대하지만 장인인 봉필은 점순이가 키가 자라지 않는다는 핑계를 반복적으로 대면서 성례 즉 결혼을 막기 위한 키재기 내지 치수재기의 지연 전략을 쓴다. 그것은 점순이의 키의 성장과 관계없이 지연을 통해서 바보인 '나'를 오랫동안 노동력으로서 부려먹겠다는 속임수의 트릭인 것이다. 그러니 〈나〉가 아무리 항변을 하고 배앓이 꾀를 내어본들 자기가 내세운 결혼의 키의 기준에도 어울리지도 않는 '참새'만큼 왜소한 장모와 사는 자기 모순적인 장인은 들은 체조차 하지 않는다. 장인의 호통에 더 이상 반발할 수 없는 상태가 된 〈나〉에게 뭉태(그는 김유정의 작품에서 속임수나 교사하는 자의 전형임)는 물론 결혼상대인 점순이도 항변과 함께 행동암시를 교사한다. 이런 현상은 전통 민담에 흔히 등장하고 있는 아내의 조력자 및 교화자적 역할과 동일성의 의미를 갖는다.

> "임마 봉필일 모판에다 거꾸루 박아놓지 뭘 어떻게?"
> 하고 괜히 내 대신 화를 내가지고 주먹질을 하다 등잔까지 쳤다.

₩"안된다는 걸 그럼 어떡헌담!"하니까

"쉼(수염)을 잡아채지 그냥 둬. 이 바보야!"

하고 또 얼굴이 빨개지면서 성을 내며 안으로 샐죽하니 튀들어가지 않느냐.

뭉태와 점순이의 이런 이중의 부추김을 받은 '나'는 그제야 일차적인 태업의 대응으로 일을 하기 위해서 일어나는 것을 거부한다. 그러자 화가 난 장인 봉필은 지게 막대기로 '나'를 구타한다. 피할 길 없이 매를 감내하던 '나'는 그 다음 대응으로 점순이의 부추김 그대로 장인의 수염을 장한 듯 잡아챘다. 바보다운 단순성과 정직성을 지닌 행동 반응이다.

가뜩이나 말 한마디 톡톡히 못한다고 바라보는데 매까지 잠자코 맞는걸 보면 짜장 바보로 알게 아닌가. 또 점순이도 미워하는 이 까짓 놈의 장인님하곤 아무 것도 안 되니까 막 때려도 좋지만 사정보아서 수염만 채고(제 원대로 했으니까 이대 점순이는 퍽 기뻤겠지)저기까지 잘 들리도록 "이걸 까셀라부다!"하고 소리쳤다.

그러나 사태는 점순이가 교사하거나 부추긴 수염 잡아채기의 단계에서 끝나지 않고 장인의 음낭을 잡아채는 극단 지경에까지 발전하게 된다. 결과는 '나'의 과도한 반응—뭉태의 교사와 관련있는— 때문에 믿었던 후원군 점순이로부터도 '이 자식! 장인 입에서 할아버지 소리가 나도록 해!'하는 항변으로 인해 일은 비난과 냉대의 파국으로 끝나버리게 된다. 이는 희극을 실현하는 이른바 '기대도식(Erwartungsschemata)의 무화' 현상이다. 즉 기대와 현실의 모순관계이다. 바보의 단순한 어리석음에 의해서 결혼은 결국 꼬이고 이루어지지 못한다. 결혼으로 끝나는 전형적인 희극의 결말이 아닌 것이다. 이런 인간의 바보스러움과 바보들의 희극적인 언행—그것은 사위나 장인의 태도나 차별 없음—그리고 음낭 등 신체 부분과 호칭의 위계적 질서마저 '업사이드-다운'된 희극적 상황은 해학적인 전승 문화나 문학과의 친화적 연계는 물론 M. 바흐친의 이른바 그로테스크 리얼리즘의 신체 원리나 강등화의 웃음과도 일면 맥락에 닿고 있는 현상이다. 그러나 여기에는 카니발의 웃음과 같은 생의 갱신력이 확실하게 작용하지는 않는다. 그리고 장인의 존재는 딸의 구혼자에게 난제(難題)를 부과하는 심판자로서의 존재의 패러디화한 지속현상이기도 하다.

「산골 나그네」 역시 덕돌과 걸인 여인의 일시적인 혼사와 관련되어 있다. 일단 이루어졌던 결혼 상태가 다시 결말에서 예기치 않은 거지 남편의 등장으로 반전에의 역전에 의해서 원상태로 되돌아가버리는 놀이같은 실패의 구조로 이루어진다. 여기에 약간의 트릭이나 속임이 작용하고 있기는 하지만, 그것은 오히려 절박한 삶을 위한 일시적 속임놀이나 다름없으며, 결혼으로 받은 은반지를 남겨놓고 도망가는 나그네 색시의 선의와 거지 남편에 대한 열행이 울리는 연민의 파장이 결코 적지 않다. 「총각과 맹꽁이」도 혼사의 꿈과 관련된 서사이지만, 속임의 기만성과 함께 속음의 어리석고 바보같은 기대의 도박성이 함께 교호하는 이야기이다.

3장

노름의 우연과 요행 바라기

– 황금광 시대의 사행적 행태구조

김유정의 문학에서 놀이의 유희 구조와 더불어 또 하나의 현저한 서사적 구성소를 이루는 것은 반사회적 투기행위로서의 노름이며 노름꾼상의 보편적인 등장과 출현이다. 노름 또는 꾀임, 그와 유사한 일탈적인 행위들은 그의 많은 작품들에서 서사의 한 중추적 행동의 기능을 한다. 특히 가난한 신분적 저층의 사람들에게 깊게 파고 든 전염병 같은 노름의 열기가 자주 제시된다. 따라서 노름과 이에 수반되는 투전, 요행과 운수에의 기대, 속임, 돈에 대한 강박적인 집착, 잠채, 몸팔기(매춘), 싸움, 일에 대한 나태, 아내에 기대어 살기 등의 일탈적인 행태가 서사의 기본적인 요소가 된다. 이 점에서 김유정 문학은 해학성과 더불어 가난이 사람의 정서나 정신 · 행태에 미치는 영향의 파장에 대한 문학 사회학적 검증의 국면을 함께 지니고 있다. 삶을 전적으로 노름같은 우연에의 기대와 사행으로 살아가는 라이프 스타일의 방법도 같은 맥락이다. 그 대표적인 것이 「만부방」과 「소낙비」, 「노다지」, 「금」, 「금따는 콩밭」, 「솥」, 「가을」 등이다. 이른바 '황금광시대'의 세태와 깊은 관련이 있는 「금따는 콩밭」에서 허황된 황금에의 탐욕에 들떠서 터무니 없이 금이 나오리라 믿고 주인공은 멀쩡한 콩밭을 파뒤덮는다. 노름에 미친 바보같은 인간의 우행을 해부하는 풍자적 작품이다. 돈을 위한 서사 추동이 현저할 정도로 돈 모티프나 금(노다지) 모티프가 확산되어 있는 현상이다. 돈과 황금은 바로 빈자의 꿈인 것이다. 그래서 노름은 김유정 문학에서 유례없는 특징이며 허황된 꿈의 실현과 관련된 매개이며 수단이다.

> 응칠이는 그 속으로 들어서며 무서운 눈으로 좌중을 한번 훑어보았다.
> 그런데 재성이도 그 틈에 끼어 있는 것이 아닌가. 사날 전만 해도 응칠이더러 먹을 양식이 없으니 돈 좀 취하라던 놈이, 의심이 부쩍 일었다. 도적이란 흔히 이런 노름판에서 씨가 퍼진다. 고 옆으로 기호도 앉았다. 이놈은 며칠 전 제 계집을 팔았다. 그 돈으로 영동가서 장사를 하겠다던 놈이 노름을 왔다. 제깟 주제의 딸 듯 싶은가. 하나는 용구. 농사엔 힘 안 쓰고 노름에 몸이 달았다. 시키는 부역도 안 나온다고 동리에서 손두를 맞은 놈이다. 그리고 남의 집 머슴 녀석. 뽐을 내고 멋없이 점잔을 피우는 중늙은이 상투쟁이. 이 물건은 어서 날아왔는지 보도 못하든 놈이다. 체 이것들이 뭘 한다구.
>
> 응칠이는 우작스리 굴로 기어든다. 그 콧등에는 자신 있는 그리고 흡족한 미소가 떠오른다. 사실이지 노름만치 그를 행복하게 하는 건 다시 없었다. 슬프다가도 화투나 투전장을 손에 들면 공연스레 어깨가 으쓱거리고 아무리 일이 바빠도 노름판은 옆에 두고 못 지난다.…(중략)…어쩌다 "옛다 봐라."하고 화투짝이 쩔꺽 한다. 그리곤 다시 쥐죽은 듯 잠잠하다. 그들은 이욕에 몸이 달아서 이야기고 뭐고 할 여지가 없다. 행여 속지나 않을까 하여 눈들이 빨개서 서로 독을 올린다. 어떤 놈

이 뜯는 놈이고 어떤 놈이 뜯기는 놈인지 영문 모른다.

「만무방」에 제시된 은밀한 지하토굴 노름판에 끼어든 하층민 노름꾼들의 면면과 내력에 대한 묘사와 주인공 응칠을 비롯한 노름꾼들의 노름에의 중독 상태 · 노름판의 긴장된 분위기와 장면 묘사이다. 이 노름에 끼어 있는 인물들도 대부분이 바보같은 존재들이다. 특히 아내를 팔아서 그 돈으로 장사를 하겠다고 하고는 실제로는 속고 속이고 뜯고 뜯기는 노름판에 끼어든 기호, 일의 대가로 받은 피묻은 사경으로 오로지 돈만 따겠다고 노름판에 끼어들었다 돈을 잃고 마는 머슴이나 농사일은 제쳐두고 노름에만 몸이 달아 있는 용구 등 모두 그러하다. 노름판은 이렇듯 돈을 위한 바보놀이의 현장이다. 여기에다 도박 · 절도 등 전과 범범자 사범의 응칠이 역시 노름에서 흡족함과 행복함을 느끼는 노름광이며 일종의 타짜군이다.

노름gambling이란 무엇인가. 그것은 다른 말로는 돈 따먹기를 다투는 탐욕적 도박이다.

까이요와의 유형상으로는 두 번째인 운이나 요행을 바라는 '알레아'로의 놀이이며, 불확실한 미래 사건의 결과에 돈이나 경제적 가치의 상품 등의 내기 등 금전 거래로서 위험 부담이 있는 사회적 행위이다. 정직하고 성실한 이레의 추구보다는 요행으로 부에 빨리 다가가려는 사행적인 놀이행위이다. 그리고 노름은 돈 담론의 한 구성소인 것이다. 이 노름의 기능에 대해서는 사회적 악인가 혹은 사회적 선인가에 따라서 긍정적 관점과 부정적인 관점의 측면에서 합법성과 불법성이 존재하지만, 특히 부정적 관점은 가난의 문화로서의 노름이 부당하게 쉽게 돈을 벌려 함으로써의 일의 윤리를 부정하고 생산을 위협하며 유익한 경제적 기능을 결여함으로써 자기 파괴적 행위가 되며, 사회와 개인을 파괴하고 공적 도덕성에 대한 위협이요 개인, 가족, 일의 관계를 붕괴시킨다고 보고 있다. 요컨대 사회를 붕괴시키는 효과, 범죄적 침투 현상으로 간주함으로써 통제가 필요하다고 보고 있는 것이 노름에 대한 사회적 통례이다.

따라서 문학에서 제시되고 있는 노름의 기능도 이런 부정적인 경우가 우세한 것이 사실이다. 홀스트 뎀리히는 그의 「서구문학의 테마 · 모티프 사전」(1987)에서 ①방종하고 무책임한 삶의 징표 ②모험가 · 음모가 · 공격자 · 중독자의 특성을 시간 · 정력 · 소유 심지어는 사랑하는 사람까지도 편집광적 망상에 희생시키는 단순한 사람에 혼합시킴으로써 특별한 상을 형상화하는 수단 ③인간의 삶과 가치를 파국적인 평가 절하로 유도하는 악마적인 힘의 해명 등으로 3분화(pp 294~5) 하고 있다.

유례가 드물 정도로 우매하고 가난한 저층사람들의 돈과 노름, 열병의 모습을 확산시키고 있는 김유정의 소설들은 노름을 주변적인 사회 현상으로 보면서, 노름에 대해서 도덕적으로 단죄하거나 부정적인 비난을 하지 않는다. 그렇다고 긍정하지도 않는다. 일의 가치가 제로화된 비정상적인 사회에서는 노름의 열기는 오히려 어쩔 수 없는 필연적인 현상으로서 이해되고 있는 것처럼 보인다. 기닌의 위력이 노름을 발생시킨다고 보고 결핍된 돈의 확보를 위해서 운을 건 한판 노름에 의지할 수밖에 없는 공황의 삶 상태에 빠진 경제적 사회적 조건 아래서의 1920~30년대의 변칙적인 삶의 생태나 행동 현상으로 받아들이고 그런 부류의 인간들을 제시한다. 이러한 노름에만 넘겨져 버린 삶의 패러다임은 속이고 속기, 꾀기, 돈 빌리기, 일 안하기, 일확천금 바라기, 아내팔기, 매춘(들병이)의 여기저기 부동하면서 몸팔기, 그런 들병이에 붙어 기생하기 등의 행태로 짜이게 된다. 노름 모티프와 함께 이런 붙살이의 기생과 매춘 모티프는 동시대의 이상(李箱)의 「날개」나 「봉별기」 등의 경우에서도 흔히 출현하는 현상이다. 웃음의 해학 미학으로 굴절되거나 전경화된 김유정 문학의 이면 내지 밑바닥에는 극도의 가난으로 피폐한 식민지 농촌 사회에서 돈과 노름에 매달리거나 강박된 정도가 어느 정도인가, 그 비인간적조건 속에서의 삶이란 얼마나 황막한 것인가를 묵직한 다발로 내장하고 있는 것이다. 그의 후경화된 현실관에는 가난이 필연적으로 노름과 매춘을 산출한다는 관점이 투사되어 있는 듯하다. 노름의 우연과 사행적 구조의 출현은 그 시대의 사회제도 현실의 가난, 돈의 변칙적인 이동과의 상동성을 지니고 있는 것이다. 즉 이동 원리의 돈의 기능과 그 돈을 위한 이 시대의 인간들의 유동(떠돌이) 행위와 여자의 몸팔기 거기에 매달려 살기 및 요행 기대와 사행 행위 간에는 구조적 상동성이 작동한다. 여기서 살거나 돈을 버는 방법은 도박, 매춘, 들병이에 기생하기, 여자사서 술장사하기, 잠채 등의 변칙행위들과 관련되어 있다. 그리고 유동 또는 유랑과 도망은 존재기반인 집과 땅과 정상적인 삶을 상실한 이 시대의 인간 조건의 은유이기도 하다.

노름은 요행과 위험 부담의 모험을 전제로 하는 투기적 게임이다. 일반적인 게임은 한때의 놀이나 유희로 끝나고 또 잃는 것이 없지만, 노름의 경우는 게임의 형태를 빌려서 돈이나 거기에 상응하는 무엇을 걸어서 남의 돈을 취하려는 게임이다. 이것은 결핍에서 오는 돈에 대한 과도한 탐욕의 결과이다. 김유정 소설에 있어서 이런 노름의 증대 현상은 개인적 이유는 물론이고, 당대 현실 사회의 빈궁한 경제적 조건 및 모순과 결코 무관한 것이 아니다. 즉 여기에는 '농사'라는 일이 가혹한 도지 · 장리 · 세금 · 부채 등으로 헤서 밑질 뿐 아무런 보상도 없음으로써 절처에서 노름의 운수에나 위탁할 수밖에 없는 가난한 생활 조건과 깊이 연계된다. 이들 인물들은 일(노동)에 성실하거나 근면하지 않으며, 자신들의 궁한 처지를 오직 운명이나 운수에 의탁해서 한판에 타개하려 든다. 그리고 변칙적으로 살아가려 한다. 그래서 노동과 생산이 배제되어 있는 것이다. 돈과 금은 등장인물들의 행동 양식의 기본 동력이며 핵심축에 해당한다. 돈에 대한 탐욕에 이끌린 남자들은 게으르고 그 아내들이나 그녀들의 몸은 인간으로서가 아니라 마치 소나 말과 같은 가축으로 생각한다. 성을 돈이나 편한 생활을 위한 수단으로 삼아 상품화하면서도 거기에 대해서 아무런 도덕적 수치감이 없는 탐욕과 허욕으로 가득 찬 존재가 되거, 타락해버린 바보같은 존재들이다. 가난이 사람들로 하여금 바보로 만들어 버리고 몸팔고 술파는 아내들에게 기대어 사는 남편으로서의 바보짓을 하게 한다. 여기서 생활이 아니라 생존을 위한 욕망의 바닥을 보게 될 뿐 아니라 정상적인 삶이 부재하는 비인간화된 가난의 생태와 조건을 보게 된다. 이것이 곧 바보스러움의 정치학이다.

빈곤 · 굶주림 · 불법 등 사회적 억압의 문제와 얽힌 「만무방」은 표제 그대로 '막되 먹은 인간'의 의미를 지닌 만무방 응칠의 이야기이면서 동시에 그와는 대조적으로 다른 삶의 양식을 지니고 있는 그 아우 응오의 이야기이기도 하다. 양자는 범죄와 법의 대립 양상이다. 집 · 땅 · 가족 등 모든 정주의 기반을 잃은 떠돌이이며 노름꾼인 응칠, 착하고 성실하지만 자신의 벼를 자신이 도둑질해야 할 만큼 상황적으로 아이러닉한 반전의 궁지에 빠져 있는 응오의 삶을 통해서 어느 하나 황막하지 않은 삶이 없음을 보여준다. 그러면서도 계급적인 세력의 전경화나 명시화 내지 구조화된 목적론이 개재하고 있지 않다는 점에서 당대의 경향 소설과는 그 궤를 달리하고 있다. 「만무방」은 김유정 문학의 일반적 성격에 비해 예외적일만큼 그 스펙트럼에 있어서 사회성이 강하면서도 웃음 내지 해학의 유희성이나 미학성이 명시화 되지 않는 현상을 보여준다. 서사 구조상으로 보면 응칠이 추적자로서 기능하는 범인 추적의 범죄소설적 미스터리 구조이다. 벼를 베어간 범죄의 범인을 추적하는 과정 중에 미리 추정된 예상이나 기대와는 달리 진범은 엉뚱하게도 가장 모범적인 농민으로 지목된 응오로 밝혀진다. 이로 인해서 선/악, 법/범죄의 등식으로 대조 관계의 형제가 범죄로 일체화되어 버린다. 이렇게 예상과 기대 또는 결과의 전도와 불일치라는 점에서는 분명 희극적인 요소가 개재하고 있다. 그러나 제것을 제가 훔친다는 아이러니적 반전에 의해서 희극과 비극의 근접화와 교차 및 비극적 상황으로의 전화가 이루어진다.

이 「만무방」에서 김유정은 그의 다른 작품에서의 인물들과 친연관계를 지니고 있고 응오와는 다른 범법의 반란인, 막되먹은 응칠이같은 망나니 건달상을 양각 정형해 내고 있다든가 결말에서의 예기치 않은 아이러닉한 반전은 연민적 상황을 만들어 내는 서사 방식으로서 독특한 것이 사실이다. 그러나 응칠의 반사회적인 행동이 어떤 의미에서는 문학 사회학적으로 보아 여타의 아그리코스들과는 외형적인 대척점을 이루고 있는 것처럼 보이지만, 그도 그 많은 부류의 사람들이 만들어내고 있는 행동 스펙트럼의 영역이나 단계에서 행동의 적극성이 조금 더 강화되어 있을 뿐 정상적인 삶이 아니란 점에서는 같은 부류이며 또 그가 저지른 도둑질 범행의 보이지 않는 희생자들에게 냉담함으로써 결코 의적이라고 평가할 수는 없는 존재이다. 정상과 합리적인 것에서 벗어져 나와 범죄를 저지르는 악당, 부랑아인 것이다. 그리고 그는 또한 서사적 관찰자이기도 하다.

「소낙비」의 주인공 춘호 또한 표랑하는 사람으로 '일구멍'이 없어 '피폐하여 가는 농민 사이를 감도는 엉뚱한 투기심'에 몸이 달아 있는 상태의 투전꾼 즉 노름꾼이다. 흉작과 빚쟁이의 위협으로부터 벗어나기 위해 고향을 등진 그는 3년여의 철저한 궁핍 끝에 노름판 밑천으로 쓸 2원을 확보하기 위해서 아내로 하여금 돈의 대리자에게 매춘하기를 강요한다. 그러면서 그는 그 돈으로 노름판의 밑천을 삼아 많은 돈을 획득해서 서울로 올라갈 것을 꿈꾸고 있다. 이렇듯 완전히 허황되게 노름에 몸이 달아 있는 상태이기 때문에 여성이 돈과 삶을 위해서 상품화되고 있을 뿐 아내의 매춘이 조장되고 용인되는, 그리고 아내의 몸을 팔거나 술을 팔게 해서 살겠다는 부부간에 있어서 윤리적 정절의 교환양식은 처음부터 폐기되는 상태가 되고 삶의 방식이 모두 노름이나 노름의 행태로 치환되어 버린다. 즉 삶 자체를 모조리 사행화시키고 도박화시킨 바보같이 우둔한 삶들이다. 생존의 입박이 성상적인 삶과 도덕적 가치를 붕괴시키고 있다는 의미가 함축되어 있다. 여기서 바보스런 우둔함이 생존의 수단화가 되는 현상을 보게 된다. 이런 우연과 사행을 턱없이 기대하는 노름의 행동구조에 있어서 그 결과는 불일치 내지 기대가 와해되는 상태로 전화하는 구조이다. 노름과 매춘은 모두 바보스런 삶의 일탈적 방책이며 비윤리적 이탈의 행위란 점에서 상관성을 지니고 있다. 희극성을 기조로 하면서 속고 속이는 관계적 행위는 이 유형 구조에 있어서 중요한 서사 단위다. 「솥」「가을」도 같은 등식이다.

「솥」은 근식이는 이동 작부인 들병이에 홀려서 아내의 속옷, 맷돌, 함지박은 물론 최후의 가재도구인 밥솥마저 떼어다주면서 내심으로 그와 함께 도망하여 들병이에 기생하여 놀고 먹는 기둥서방으로서 상팔자를 누릴 것을 바라고 계획한다. 턱없는 욕망이다. 이런 욕망은 레오 베르사니가 「문학에 있어서의 인물과 욕망」(1976)에서 일컫는바 '만족의 원천에 대한 부재 속에서의 환각적 만족'이며 상상의 식욕 상태이다. 그러나 마지막 순간에 뜻밖에도 들병이 남편의 출현으로 인해 그의 바보같은 욕망과 기대는 허망하게 좌절되어버릴 뿐만 아니라 그의 우행도 아내 앞에서 낭패를 당하여 버린다. 들병이에게 있어서 이 속임수는 곧 살아가는 방법이다. 「가을」의 조복만 역시 기상천외한 매매계약서를 작성하면서 아내를 50원에 매도하고 그 돈으로 빚을 갚는다. 가축이나 노예 시장과 다름없는 인신매매 거래 사회의 한 모습이다. 살기 위한 돈에의 탐욕과 이같은 아내 매매는 아내의 매춘으로 삶을 살아가고 있는 들병이 서방의 경우나 파렴치함에 있어서는 마찬가지이다. 이 매매 관계를 역으로 보면 매매자인 황거풍 역시 술장사를 하겠다는 목적으로 조복만의 아내를 사지만, 조복만의 행방이 사라지던 날 조복만 처의 수상쩍은 도망으로 결국 오십원을 날리는 낭패를 당하고 마는 것이다. 인간 관계에 있어서의 속고 속임의 얽힘과 함께 욕망의 무모하고 허망함을 보여주는 이야기이다.

들병이와 결혼하여 술장사를 하면서 가난하고 타박난 살림을 벗어나고자 하는 어리석은 기생(寄生)의 욕망과 꿈은 「총각과 맹꽁이」에서도 제시된다. 덕만이의 바보같이 허황된 꿈도 역시 사기꾼 뭉태의 속임에 의해서 무산되어버리고 만다. 결말에서 맹꽁이 울음을 의성어로 처리하는 서술자의 익살스런 개입은 희극적인 경쾌감마저 느끼게 한다. 이처럼 바보상태의 삶들에 대한 희학적인 관조가 기반이 되어 있는 문학이다.

여기에서 하나 첨언해두고자 하는 것은 이제까지의 논의의 대상에서 「따라지」「두꺼비」「땡볕」「심청」「봄과 따라지」 등 일련의 도시소설이 배제되었다는 사실이다. 김유정의 소설은 농촌을 배경으로 한 작품 못지않게 도시가 배경이 된 작품이 적지 않다. 이들 도시형의 소설들은 동시대의 이상(李箱)의 「날개」나 박태원의 「소설가 구보시의 일일」 또는 「천변풍경」과 같은 모더니스트 도시소설과 함께 1930년대 경성(京城)에서의 도시성urbanity을 농촌에서 유입되어온 도시 하층민들의 삶이나 무위도식하는 지식인의 초상과 삶에 관련시키고 있어서 그 나름으로 또 다른 독특한 도시소설의 일면을 지니고 있다. 특히 사직골 꼭대기에 '올라붙은 깨웃한 초가집'이라는 좁은 주거 공간에서 밀집해 살아가고 있는 각양각색의 하찮은 존재들의 삶을 그린 「따라지」는 방과 집세 등 절박하고 척박한 도시 주거의 문제와 관련되어 있는 생태 그리고 기생적이고 무위도식하는 지식인의 삶을 위요한 동거지들의 애증의 반응과 갈등의 활극이 박진감있게 그리고 익살스럽게 제시되고 있어서 또 다른 도시생태 소설의 양상을 보여준다.

그러나 김유정의 많은 도시형 소설들은 시골과 도시라는 지리적인 장소의 차이에도 불구하고 그 희극성의 상황 양상이나 인물들의 행동

양태에 있어서는 농촌배경의 소설들과 특별한 이질화 현상이 발견되지는 않는다. 예컨대 작가의 자기극화의 성격을 지닌 「두꺼비」의 '나'는 얼빠진 등신 상태이고 「땡볕」에서 '영문 모를 아내의 병'을 두고 이웃의 말에 미혹된 나머지 병원으로부터 덕을 보겠다는 덕만이의 어리석고 턱없는 환상은 땡볕아래 여지없이 산산이 깨어져버리고 만다. 농촌형의 바보들의 행태와 크게 다르지 않다.

이 점에서 김유정 문학의 본령은 역시 농촌이라는 로케이션과 밀접히 관련되어 있다.

4장
웃음과 희극화를 이루는 서사 전략과 수사 양상

김유정 문학의 시학으로서의 희극성이나 해학성 및 풍자성은 어디에서 오는가. 이에 대한 해답은 우월 · 불일치 · 이완 · 기대 · 전도 · 해이 등 웃음의 발생이론들과 연계되지만 인물의 코믹, 언어의 코믹, 상황의 코믹 등 코믹의 3측면과 연계된다. 앞에서 이미 해명되고 있는 것처럼 기본적으로는 인물 코믹의 행위의 주체로서 제시되는 바보상(像)들과 그들이 연출하고 있는 순진 · 단순하고 또 때로는 모자라고 엉뚱하거나 우둔함의 성격적 · 행동적 자질이 만들어내는 행위와 상황들이 지닌 대비 · 병치적 · 전도적 불일치성 · 우발적 반전저 외외성들이 희극성을 산출하고 있는 것이 사실이다. 상황의 측면으로 보면 정상/비정상의 대립과 대비 · 정상적인 추이의 변조와 전이 · 극면적인 전환의 아이러니의 상황이 그러하다. 그러나 이와 함께 이를 상보하는 서술자의 특별한 역할과 기능 및 언어의 희극적 효과를 결코 배제될 수는 없을 것이다. 먼저 서술자의 경우, 김유정 소설에서 보는 자의 입각점에 있는 서술자의 서술태도는 객관화되어 배후에 숨어 있기보다는 수시로 그 모습이나 음성을 드러내는—그 점에 있어서는 전통소설과 닮아있다—짓궂고 유쾌한 '호모 루덴스(Homo Ludens)'이다. 서술의 입각점을 높게 혹은 낮게 하고 주관적으로 개입하여 대상을 해학적으로 왜곡·변형함으로써 유희적으로 희화화시킨다. 여기에 전통적인 골계담 및 소화(笑話)의 연계적 가세도 작용한다.

그러나 무엇보다도 김유정 소설시학의 독자성을 분명케 하고 있는 것은 인물 행동과 상황의 희극성에 병행하여 발휘되는 언어의 코믹 즉 언어의 희극성이다. 그의 풍요한 해학의 수사학적 언어들이 우리로 하여금 웃음의 희극 효과를 유발시킨다. 이 희극적 언어 형식의 몇 가지를 항목화해보면 다음과 같다.

1) 하층어와 지방어, 토착적 구어의 효과적 구사
2) 대화 기능에 있어서 골계감을 촉발시키는 속어와 육담과 농담적 말씨
3) 비미적(非美的) 비유화의 활용—이런 기상적인 비유 언어 속에 웃음과 쾌감이 배어 있다. 의성어의 왜곡화, 환유적 인물화.
4) 예어 또는 분어와 욕설·비방어의 표현적 빈출 과정에 내재하는 호의적이고 역설적 해학성
5) 과장법이나 돈강법(頓降法) 또는 과소법·아이러니의 빈번한 이용
6) 비속화·부실(不實)과 결손 예찬, 장난꾼 같은 표현법
7) 강등의 호칭화, 의성적인 언어 유희화

8) 근엄성이나 억제로부터 자유로운 톤과 익살스런 웃음을 내포한 어법
9) 판소리 풍의 어법

이렇듯 김유정의 소설세계는 인물 · 상황 · 언어의 코믹에 있어서 독특한 미학으로 이루어져 있다. 이는 김유정 문학의 희화적 미학성을 밝히는 중요한 기반이 된다.

5장

결론

이상으로 희극적인 인간상으로서의 바보 모티프를 그 중심점으로 하여 김유정 문학의 특성 내지 그의 서사의 내재 · 외현적 시학을 살펴보려고 하였다. 김유정은 인간의 바보스러움의 인물상을 통해서 우리를 웃겨주고 있다. 그러면서도 그의 웃음이나 웃기는 후모르에는 아픔과 연민이 함께 내재되어 있음을 보게 된다. 그러한 가운데 그의 문학이 지니고 있는 특성을 조심스럽게나마 '희학적 리얼리즘'이라는 새로운 명칭으로 규정하여 본 것이다. 이는 있는 그대로의 미메시스적 재현이 아니라 웃음을 환기 유발시키는 방법으로 현실을 다소 과장적으로 뒤틀거나 바보스러움의 상태로 익살스럽게 굴절하는 희극 형식적 제시 방법의 시학이라는 의미를 함축하는 것이다. 이로써 치열한 현실마저도 희극화 시킨다. 이는 웃음은 있되 웃음의 카니발 공간에서의 사회적 위계성 · 권위 · 규범 · 금기 · 정지와 강등의 〈업사이드-다운〉 현상(바흐찐)이 있고 없다는 점에서 그로테스크 리얼리즘과는 변별된다는 뜻이다. 사실 김유정의 소설에 등장하고 있는 인물들은 거의가 바보들이거나 바보 상태와의 친근성을 지니고 있을 정도로 정상 상태가 와해되어있는 사람들이다. 그의 서사공간은 바보놀이의 장과 다름이 없다. 이 것은 인간의 바보적 원천성에 대한 생래적 인식에서 비롯되었음은 물론이고 가난이 악화의 징표가 된 1930년대의 식민지 사회 현실적 상황 속에서 살아가기 위해서 바보의 경지에 까지 이르고 주변화된 아그리코스들의 웃지 못 할 본능적인 욕망의 생태를 해학적 주관성에 의해서 골계적으로 희극화한데서 연유된 것이다. 순박한 바보들의 삶이나 정상적인 삶이 어려운 상태에서 바보스러움의 경지나 상태에 이른 삶들에 대한 전가치화 된 순박성 · 생태의 지형도 만들기인 것이다. 세계에 관한 후모르 만들기의 수용 즉 시대 사회적 생태의 골계적 희극화의 상상력을 통한 서사 예술이 곧 우울한 시대의 후모리스트 김유정의 문학세계이다. 그리고 김유정 소설 세계의 놀이성의 스펙트럼은 한쪽으로 경쟁적 놀이 구조로서의 「동백꽃」 계와 다른 쪽으로 우연 · 사행적 노름 구조로서의 「만무방」 계를 양극으로 하면서 서로 대비되기도 하고 혼합되기도 한다. 전자는 주로 바보의 순수 미학으로서, 후자는 바보의 사회성과 정치학으로서의 측면을 지닌 것이 사실이지만 양자의 관계는 명확한 경계로 대척적이기 보다는 상통의 관계이다.

제6부 감금의 문학, 처형의 문학

–현대 소설 속의 '서울 구치소'라는 공간

사방 산이 옥(獄)을 에웠고 눈은 바다를 이루는데

四山圍獄雪如海

이불은 차갑기가 쇠와 같고 꿈은 재가 되었구나.

衾寒如鐵夢如灰

철창도 가둬두지 못하는 것 있으니

鐵窓猶有鎖不得

한밤중 종소리는 어디서 들려오는가.

夜聞鐘聲何處來

– 한용운의 감옥 한시, 「설야(雪夜)」

1장

감옥 소설: 닫힌 세계의 문학적 토포그래피

1960년대 이래로 4 반세기 동안, 우리 현대 소설의 특징 가운데서 간과해 버릴 수 없는 현상의 하나는 공간의 상상력에 있어서 갇힌 존재의 상황성에 대한 인식이 두드러지고 있다는 점이다. 이런 상황적 암시의 축도나 상징적인 공간적 비유가 바로 감옥이란 특수공간이다. 물론 감옥이 문학적 상징으로서 제시된 것은 이 시대의 문학만의 특징은 아니다. 감옥-경찰의 무단적 범죄적 체계인 일제(日帝)시대는 조선 사람의 삶 자체가 감금의 공간인 감옥 속에 갇힌 상황이었다. 그래서 일제 시기의 문학 현상을 면밀히 들여다보면 이것이 상황적인 닫힘 상태와 열림의 욕망 및 어둠과 빛 사이의 긴장 관계가 암묵적으로 투사되어 있는 검열하의 문학이었음은 누구든 감지하게 된다.

동서의 어느 문학에 있어서도 감옥 또는 감방은 많은 작가들에 의해서 중요한 공간상징으로서 반응되거나 활용되어 오기도 한다. 감옥은 언제나 두려운 격리와 징벌과 한숨과 고문과 처형의 고통스런 장소이다. 또한 그런가하면 역설적으로 자유가 알 까는 곳이고 자유와 열림에의 갈망과 몽상의 원천이다. 그래서 하이네는 '자유에 대한 사랑은 감옥의 꽃'이라고 했고 바슐라르는 '인간은 감금의 위대한 몽상가'라고까지 말했던 것이다.

현대 한국 소설에 있어서 닫힌 세계인 감옥을 그 배경 공간이나 상징적인 공간 매개로 삼는 작품들은 1960년 이후에도 적지 않다. 그것이 현대 소설의 주조적 장르가 되지는 않지만, 문학 영역에 영향을 주는 감옥의 상황을 제시한 이른바 '감옥 소설(Prison Novel)'의 양적인 증가 현상이 있는 것은 사실이다.[144] 소설에 있어서의 감금의 주제는 상당히 퍼져있고 편재된 현상이다. 이병주의 「소설 알렉산드리아」, 「겨울밤」, 「쥘부채」, 「삐에로와 국화」, 「예낭풍물지」, 이정환의 「까치방」, 「호각소리」, 이호철의 「문」, 정을병의 「육조지」, 이청준의 「잔인한 도시」, 이문열의 「어둠의 그늘」, 이승우의 「구평목씨의 바퀴벌레」, 정도상의 「십오방 이야기」, 김영현의 「벌레」와 같은 작품들은 이 시기 감옥과 관련된 대표적인 작품들이다. 작가의 감옥 구류의 경험에서 산출된 경우가 많아서 이것들은 그 성격에 있어서 일종의 감옥 소설이다. 따라서 그 시대의 인간 상황의 곤경에 대한 심미적 해석과 평가를 중시하는 이런 자유를 몽상하는 문학과 법적 기준에 의해서 판단하고 작동하는 사회적

144 이재선, 「닫힘과 열림의 상상력」, 『현대한국소설사 : 1945~1990』, 민음사, 1991, 141~97쪽, 제 3장.

통제의 체계인 법과는 의미있는 교차도 있고, 또 차이가 있게 마련이다. 법과 문학의 차이는 감옥을 인지함에 있어서의 양자의 현저한 차이일 수도 있는 것이다.

그렇다면 감옥이란 무엇인가. 국가의 법적 장치이며 사회적 통제 기관에 해당하는 감옥은 흔히 사회적 범법자에 대한 신체적 격리와 구금의 장소 및 벌과 교정의 공간 행태로서 이해된다. 그래서 법의 측면에서의 근대적인 감옥 및 형형 제도의 감옥 규칙은 법의 존엄과 범죄의 증오, 가차없는 징벌과 교정 · 교화의 기구로서 규정된다. 현대적인 감옥 제도의 출현사를 밝힌 가운데 벌의 전략과 강압의 정치를 분석한 미셸 푸코(Michel Foucault)는 그의 저서 『감시와 처벌 : 감옥의 탄생』(1975)에서 감옥을 교정 · 분류 · 벌의 조정 · 의무와 권리로써 직업 · 감화교육 · 구금의 기술적 감독 · 보조 기관의 원리 등과 같은 근본적인 제 원리와 관련된다고 보고 있다.[145] 이렇게 감옥은 법적으로는 국가 장치에 의한 구금과 처형이 집중화되어 있는 공간이다.

그러나 문학에 있어서의 감옥은 사회적 범죄자들에 대한 격리와 징벌 또는 사회 안전과 정의를 위한 교도적 체계로서 인지하는 법의 관점과는 달리 고통과 속박, 닫힘의 실존적 불안을 환기하는 장소이면서 다른 한편으로는 역설적으로 자유를 몽상하는 원천이다. 즉, 감옥은 외적 세계로부터의 신체적 격리 그리고 자유가 빼앗긴 세계의 축도인 동

145 Ruth Ahnert, *The Rise of Prison Literature in the Sixteenth Century*, Cambridge UP, 2013, p.3, p.6 참조.
John Bender, *Imagining the Penitentiary*, The University of Chicago Press, 1987, p.14 참조.
Michel Foucault : Discipline & Punish. *The Birth of the Prison*. Vintage Books, 1979. Part I. II 참조.

시에 역설적으로는 자유가 풍성하게 내재되어 있는 몽상의 시적 공간으로 이해되기도 한다. 이렇게 감옥은 문학의 공간에 있어서는 상황적 닫힘(Geschlossenheit)의 현실 상태와 열림(Erschlossenheit)의 몽상이 교차하는 토포그래피로서의 특수공간이다.

1960년대 이래 한국 사회나 상황은 한편으로는 경제적 개발과 성장과 근대화를 이루어가고 있는 형세이다. 그러나 이와 반비례하여 다른 측면에서는 감금과 감옥의 상황성이 통제의 표상으로서 더욱 두드러지는 퇴행적 정치 사회적 현상을 보이게 된 것도 사실이다. 5.16에 의한 군사 독재정부의 공고한 체재화와 더불어 70년대의 유신 체제와 이와 관련된 일련의 긴급조치는 민주화 운동에 대한 강압적인 통제와 억압이 감금의 시대를 연출한 것이다. 이 시기는 사회 전체를 '파놉티콘(Panopticon)'의 사회로 만들어버린 시기였다. 민주화 세력으로서 항거하는 수많은 지식인과 대학생들이 연달아서 미행 · 연행되고 유치장이나 감옥에 감금되는 상황이었던 것이다. 그리하여 1970년대란 시대적 상황은 예컨대 서사의 이채로운 언어미학성이 돋보이는 작가인 최윤의 소설 「회색 눈사람」, 「문경새재」 등에서 제시하고 있는 것처럼 검열과 검거 · 구속 · 감금과 도주(숨기)로 압축되는 변칙의 시기였던 것이다. 이런 감금의 경험과 통제의 시대 사회적 폐쇄 상황으로 대학이 제 기능을 상실한 이 시대의 문학에서 감옥을 매개로 한 감금과 공간의 상상력을 촉발시키고 감옥 소설을 출현시킨 필연적인 요인이다. 그래서 감옥은 이 시대의 문학 공간에 중요하고 영향을 주게 된 것이다.

그렇다면 이 시기의 감옥 소설은 우리에게 무엇을 보여주고 있는가. 그것을 살펴보려는 것이 이 글의 초점이다. 이 시기의 소설 속에 제시된 감방은 우선 환경적으로 열악하다. 춥고 덥고 똥내가 풍기는 낡고 더러운 이질 공간이고, 이 속에 갇힌 사람들은 정치적 사상범, 지식인, 문인, 간첩, 흉악범, 대학생들로 다양하다. 처형은 쉬지 않고 집행된다. 사람들을 가두어 놓고는 구치소 당국이 아침마다 틀어대는 '좋아졌네 좋아졌어'란 새마을 노래는 아이러니 중의 아이러니다. 거기에다 강압 통치에 항거하는 민주화 대학생들과 사람들은 양희은의 '아침이슬' 등을 부르다 더러는 고문당하고 항의와 소란을 피워 얻어맞거나 감방 중의 감방인 고립의 '먹방'으로 끌려간다. 또 더러는 주어진 형기를 살아내지 못하고 병사를 하는 수인도 있고 오랜 세월 감옥에 갇혀서 구금반응으로 '황제'가 되어버린 공산주의자는 출옥이 되고서도 입을 닫은 실어증 상태가 되고, 감방에서의 공포의 경험이 트라우마가 된 사람이 벌레의 환각 현상에 잡히고 스스로 벌레로 변신하는 환영의 정신적 징후에 시달리기도 한다. 1974년 1사(一舍)의 하층에서 그렇듯 서로 애절하게 통방을 하던 인혁당 사람들은 재판 뒤 곧 사형을 당한다.

여기서 문학 속의 감옥의 배경 대상이 된 것은 한국의 바스띠유인 서울 구치소로 한정한다. 그것도 1960년대에서 1987년 경기도 시흥군 의왕읍 포일리로 옮겨가기 전까지의 시기에만 한정한다. 이 서울 구치소는 그 이름과 기능이 여러번 바뀐다. 1908년 10월 서대문구 금계동에 일본인 건축가 시텐노 가즈마(四天王 要馬)의 설계에 의해 '경성 감옥'으로 준공되었고, 당시는 480평 규모의 감방과 80병 정도의 부속 시설이 있었다. 수감 인원은 약 500명이었고 이후 증축이 이루어지면서, '서대문 감옥'(1912), '서대문 형무소'(1923), '서울 형무소'(1945), '서울 교도소'(1961)로 명칭이 이어지다가 1967년 7월 7일 '교도소 직제개정'(대통령령 제 3140호)에 의해서 '서울 구치소'로 개편, 미결수 수용을 전담하게 되었다. 형무소의 옥사와 격벽장은 벤담(Bentham)의 *Penitenteiary Panopticon*(1791)과 마찬가지로 파놉티콘 구조로 만들어져 있다. 미셸 푸코의 파놉티콘은 표준화되고 조절 · 감시하는 감금사회의 중심상징이다. 1987년 의왕으로 옮겨지기 전까지 서울 구치소는 일제 시대에는 많은 애국 독립 운동가들이 혹독한 고초를 겪었고, 해방 이후에는 체재를 부정하는 정치범 사상범들이, 1970~80년대의 유신 시대의 민주화 운동가와 지식인과 대학생들이 수도 없이 갇히고 고문당하고 사형당하는 등 굴곡많은 한국 현대사의 흐름과 뗄레야 뗄 수 없을 정도로 밀접한 상관성을 갖고 있는 곳이고 우리나라에서 가장 대표적인 바스티유 파놉티콘의 감옥이다. 한시 〈설야〉에서처럼 한용운도 여기에 갇히고 안창호, 유관순 등 많은 독립운동가들도 갇히거나 목숨까지 잃은 감옥이다. 해방 이후에는 사상을 달리하는 사람들이 갇히고 처형된다. 물론 서대문 형무소는 이와는 달리 사회적 흉악범이나 범죄를 저지른 범법자들이 죄와 벌로 해서 징벌을 받고 처형되는 곳이기도 하였다. 이러나 저러나 서울구치소(서대문형무소)는 한국 형정사에 있어서 가장 대표적인 감금과 처형의 공간이다. 여기에 다루어지고 있는 작품은 모두 60년대에서 경기도 의왕으로 옮기기 전까지의 이 시기 동안의 서울 구치소를 서사의 공간으로한 대표적인 작품으로 제한되어 있음을 밝혀 둔다.

2장

이병주의 「소설 · 알렉산드리아」와 감금–자유의 테미

왕성한 다산의 작가 이병주(李炳注, 1921~1992)는 근대 이후의 우리 역사의 지평 또는 행간에 대한 독특한 문학적 시각과 상상력을 갖추고 있는 작가다. 그는 때로는 넘치거나 지나치다 싶을 정도로 작품에서 현학적인 지식의 재고량을 자랑을 하고 있지만, 그런 매우 해박하고 폭넓은 지식체계와 범상스럽지 않은 체험에 바탕을 두고 있는 작가임은 분명하다. 그리고 그는 기존 소설의 문법과 형식 한계를 해체하면서 역사와 인간의 상호 얽힘의 관계를 밝혀내는 역사적 경험을 기록하는 사가(史家)요, 회고의 증언적인 해설자의 자리에 있다. 이는 그의 『산하』나 『지리산』으로써도 감지된다. 따라서 그의 문학세계는 허구적인 현실과 함께 경험적인 현실의 기록성이 거침없이 수용될 뿐 아니라 작가 자신과 일치하는 '나'라는 경험적 자아를 거침없이 끌어들이는 자아 반사 현상을 전혀 개의치 않는다. 아니, 오히려 그런 자아를 과감히 노출하거나 투영함으로써 역사에 얽혀들거나 함몰된 인간에 대한 경험적 목격자로서의 증언을 기도한다. 여기에서 개인사를 통한 역사에의 연역논리가 성립될 근거가 제시된다. 그러면서도 그가 기록하고 증언하는 역사는 순전히 역사가의 건조한 '히스토리오그래피'로서의 그것이기를 거부한다. 그는 시심과 시정이 있는 기록을 주장하고 옹호한다. 이것이 바로 이병주 문학이 지니는 기록의 문학성이랄까 문학의 기록적인 성격이며 세계의 경도(硬度)에 대응하는 이른바 (헤겔의) 「가슴의 시(Poesie des Herzens)」로서의 그의 문학관이기도 하다.

> 기록이 문학적으로 가능하자면 시심 또는 시정이 기록의 밑바닥에 지하수처럼 스며 있어야 한다는 것이 나의 문학이론이었다. 그래야만 설득력과 감정이입이 함께 가능하다고 믿고 있었던 것이다.
>
> —「겨울밤」

헤겔의 『미학』에서 이 '가슴의 시'에 대립되는 것이 '상황에 대응하는 산문(Entgegenstehenden Prosa der Verhältnisse)'이다. 이런 이병주의 역사적인 증언과 문학적인 기록이 정치 · 사상범과 같은 이념 지향적인 인간의 현주소로서의 자리라고 할 수 있는 감옥과 감금상태를 출발의 원점 공간으로 한다는 사실은 인상적이다. 작가로서의 그의 출세작인 「소설 · 알렉산드리아」는 바로 감방을 그 배경공간으로 하고 있는 작품이다. 그의 문학의 출현은 곧 감방문학으로서의 탄생이다. 이 작품과 쌍생아적인 상보 관계에 있는 「겨울밤—어느 황제의 회상」 역시 이 출발점에 이어지는 작품이다. 이미 알고 있듯이 「소설 · 알렉산드리아」(1965)는 작가가 '조국이 없다. 산하(山河)가 있을 뿐이다'라는 중립 통일론의 사설을 쓴 필화사건으로 인해서 5.16 당시 혁명 재판소에 의해 10년 선고를 받고 복역하다 2년 7개월 후에 출감하고서 그 때의 감옥 체험을 근거로 한 작품이다. 이런 점에서 보면 이 소설은 성격적으로 문학 법리적 소설이면서 자전적 소설이기도 하다.

이집트의 고도인 알렉산드리아와 한국의 서울이 공간적인 대칭을 이루면서 1인칭 서술에다 편지, 재판의 논고, 변론의 언술이 서술 방법으로 혼성화된 「소설 · 알렉산드리아」는 알렉산드리아에 머물고 있는 악사인 아우가 서대문 형무소에 정치범으로 수감 중인 형의 14통의 편지를 받아 공개하는 내용과 또 동생이 알렉산드리아에서 2년 동안 만나서 사귄 사람들이 벌이는 나치의 폭력에 대한 보복과 그로 인한 재판 과정의 이야기를 병치시키고 있다. 그런 점에서 특히 형과 아우 양측간의 상호적 교환이기 보다는 일방적으로 이루어지는 서간 담화 또는 대화(Epistolary Dialogue) 및 서간 모자이크[146] 등 글쓰기의 '서간성'(Epistolarity)은 이 작품에 있어서 중요한 서사적인 매개 기능을 한다. 우선 이 작품에서 배경 공간이 원방인 알렉산드리아와 서울로 이중 대비되어 있는 현상은, 열린 상황과 닫힌 상황, 즉 감금-자유(Confinement-Freedom)의 테마 간의 대비임은 물론 형과 아우의 서로 다른 삶의 선택적 양상을 공간화시키고 있으며 아울러 역사가 연출하는 동서의 불행과 모순을 대비하거나 등거리화하는 의의를 지니고 있다.

먼저 형과 아우가 서로 각기 달리 위치한 세계와 공간구조는 내부 세계와 외부 세계로서의 대칭적인 관계에 있다. 말하자면 형은 세계의 수평적 대칭구조에 있어서 '안'에 있으며 존재의 위상에 있어서도 신체

146 Janet G. Altman, *Epistolarity*, Ohio State UP, 1982, 134쪽, 168쪽.

적으로 구금된 서대문 형무소라는 닫힌 상태에 있음에 비해서, 아우는 자유로운 '밖', 그것도 멀리 공간적으로 떨어져 있는 알렉산드리아라는 이중적인 외역에 있다. 그래서 안에 있는 형에게 있어서 알렉산드리아는 자신의 수인황제로서의 고독한 외로움에서 초월해 있는 공간적 원방이며 자유에의 몽상의 바깥 장소인 것이다. 그렇기 때문에 형은 그런 바깥에 있는 동생에게 끊임없이 편지를 보내는 것이다. 이렇게 편지를 보낸다는 것은 감옥의 벽 안에 있는 상황과 생활을 알리고 증언한다는 의미도 있지만, 편지쓰기가 원천적인 상호 차단을 피하려는 전달과 일탈의 욕구와 관련되어 있음을 감안한다면, 이런 글쓰기의 일탈이나 탈출의 욕구를 통해서 자유롭고 초월적인 외부세계와의 고리를 갖는 행위인 것이다.

> 아아, 바다, 태양. 그런데 왜 이렇게 알렉산드리아엘 가고 싶은 마음이 불현 듯 일어나는지 모르겠다. 알렉산드리아에 갈 수만 있다면, 이렇게 안전한 궁전을 버리고 황제의 지위를 내놓아도 좋다.[147]

> 옥창(獄窓) 너머로 산을 바라볼 수 있다. 간혹 산 위에 바깥 사람들이 서 있는 것이 보인다. …… 나는 그런 사람들을 자유라고 부른다. 자유로운 사람이 아니라 바로 '자유' 그것.

이 두 개의 인용을 짝지어 보면 암시되듯이, 주인공이 알렉산드리아에 가고 싶어한다는 사실은 그것이 단순히 타국인 공간적 원방과 원

---

147 감옥을 '궁전'처럼 묘사하는 것은 Giovanni B Piranesi의 일련의 판화 「감옥」(Carceri, Plate 6, 7)에 지시되어 있다. 고야(Goya)의 그림인 사슬에 매이거나 착고된 수인과는 대비적이다.

망 공간(Wunschräume)에 대한 이향정서적(Exotischen) 작용[148]이나 이향 정서의 현상의 발로가 아니라, 자유나 초월에 대한 갈망임을 뜻한다. 갇금된 자에게 있어서는 자유는 결코 추상이 아니라 가고픈 데를 마음대로 갈 수 있는 것. 옥창의 밖과 감옥의 바깥 그리고 바깥에 있는 인간과 삶 그 자체인 것이다.

한편, 머물고 있는 공간의 정황이 서로 다르듯이 형제는 각각 그 사람의 선택적인 양식이 또한 판이하게 이질적이다. 형은 어릴 적부터 책읽기만 좋아한 나머지 그가 선택한 학문을 '자학의 수단'으로 삼음으로써 사상을 가진 자로서의 불행이 필수적인 삶을 선택한 사람이며, 이념형의 인간으로서 현실에 부딪혀서 불행해져버린 인간이다. 작품의 말미에서 인용되고 있는 니체의 말처럼 "스스로의 힘에 겨운 뭔가를 시도하다가 파멸한 자"의 전형에 해당하는 이념형 인물이다. 이에 비해서 처음부터 피리 불기를 좋아함으로써 그것으로 세속에서 초탈하기 위한 '자위의 수단'을 삼는 악사 동생은, 피리를 불 수 있는 자연스런 상태만을 선택했을 뿐 사상과 이념 및 이에 이끌리는 형의 삶의 양식을 철저히 부정하려고 하는 인간이다. 다시 말하자면 철저하게 비이데올로기적이고 초탈적인 인간이다. 양자를 '책'과 '피리'를 기호론적 가치 체계로 대립화 되어 있다. 그렇기 때문에 예술적인 동생은 형과 그를 옭아매는 사상에 대해서 다음과 같은 비판적인 관점에 서 있으면서 자신의 입장을 옹호한다.

---

148 Wolfgang Reif, *Zivilisationsflucht und Literatrische Wunschräume*, J. B. Metzlerrsche Verlagsbuchhandlung, 1975, S. 14.

형의 불행은 사상을 가진 자의 불행이다. 형은 만인이 불행할 때 나 혼자 행복할 수 없다고 했다. 나는 그런 말을 거짓이라고 생각한다. 세계가 멸망하더라도 나 혼자 살아남으면 된다는 것이 인간의 자연스런 생각이라고 나는 믿기 때문이다.

어떤 사상이건 사상을 가진 사람은 한 번은 감옥엘 가야 한다고 생각한다. 사상엔 모(角)가 있는 법인데 그 모 있는 사상이 언젠가 한번은 세상과 충돌을 일으키지 않을 도리가 없는 것 아닌가. 세상과 충돌했을 때, 상하는 건 세상이 아니고 그런 사상을 지닌 사람인 것이 뻔한 일이다. 나는 감옥살이하는 형을 불쌍하겐 여기지만, 그의 감옥행이 부당하다 생각하지는 않는다.

이런 형의 사상 집착에 대한 동생의 반응은 사상의 절대성 내지는 사상 지향의 삶에 대한 비이념적이고 개인적인 인간주의자의 대응을 뜻한다. 사상보다 더 중요한 것은 언제나 인간이다. 말하자면 한 사회의 규범가치와 충돌함으로써 그 위험한 도발성에 의해서 오히려 사상을 가진 자가 자기파괴에 이끌리기 일쑤인 사상의 문제점을 지적하고 있기 때문이다. 심지어 동생은 "사상은 인간을 부자연하게, 그러니까 불행하게 만드는 작용"으로 비판함으로써 사상 그 자체의 이당성과 비인간성을 공격하기도 한다. 그러나 이런 동생이지만 형에 대해서 인간적인 연민을 끝내 가지고 있듯이, 형이 지닌 사상으로 인한 파멸이 단순히 형이 가진 사상적인 이단성 그 자체에만 있지 않음을 암시하고 있다. 이것은 매우 중요한 의미를 가지고 있다. 그것은 식민지 통치와 분단·전쟁 등이 필연적으로 사상이 존재토록 하고 이끌리게 한다는 것, 즉 역사의 현장에서 그 인과법칙이 있음을 암묵적으로 시사하고 있는 것이다. 또 감옥은 사상을 가진자의 현주소라는 것.

이 작품은 앞서의 지적처럼 동서의 역사를 등거리화하는 독특한 역사관을 내포함으로써 전쟁으로 인한 폭력적인 역사 간의 상동성의 병치, 그리고 상대화를 시도하고 있다. 형의 편시나 농생의 서술 속에는 각각 그들의 이야기뿐만 아니라 서로가 관찰자로서 목격하거나 들은 타인들의 이야기가 포함되어 있다. 즉 형의 편지 속에는 부대 무단 이탈 · 이적행위의 죄목으로 기소되었다가 병사한 어느 순진한 소년의 이야기를 비롯해서 사형수 K, J의 처형 이야기가 단편적으로 서술되고 있다. 그리고 아우는 증인적인 서술자가 되어 나치의 학살과 그 하나의 구체적인 전형으로서 한스 셀러가 동생 요한을 고문으로 죽인 원수 엔드레드를 15년 동안이나 추적하여 마침내 사라 안젤과 함께 벌이는 복수극과 이들에 대한 재판 과정을 법률적 레토릭으로 서술하고 있다. 지구의 이쪽과 저쪽에서 자행된 두 소년의 죽음은 전혀 별개의 죽음이 아닌 것이다. 그것은 하나의 인간 악에 저질러진 희생이라는 차원을 넘어서서 이념의 배타성, 조직의 악, 역사의 악에 의해서 자행된 희생과 죽음으로서 고발되고 있다는 점에서 서로가 같은 맥락을 가지고 있기 때문이다.

따라서 이병주가 소설의 공간을 동서로 확장한 것은 조직과 사상의 배타성과 전쟁으로 인간을 파괴하는 현대 인류사의 보편적인 모순을 고발하기 위함이다. 인간과 조직이 자체중심적인 이념을 강요하려고 하는 곳이면 어디든지 야만적인 폭력의 과정이 진행될 수밖에 없다는 생각이 그것이다. 그런 가운데도 “법률의 이름을 빌려 사람이 사람을 교살”하는 이쪽의 사법 살인의 사형제도에 대한 강렬한 분노와 알렉산드리아 제 일심 법원이 한스 셀러와 사라 안젤에게 내린 저쪽의 판결조치를 대비시킨 것은 상대적인 대칭의 설리를 암시함은 물론 법과 인간의 상충관계에 대한 적지 않은 생각의 여운을 남겨주기도 한다. 어쨌거나 소설 「소설 · 알렉산드리아」는 편지를 통해서 제시되고 있기는 하지만 내용은 거의 절반이 감방의 상황을 다루고 있다. 그러기에 여느 소설들처럼 감방 내에서의 수인간의 갈등이나 담배 피우기의 제약, 감호자의 감시와 통제 등에 대한 사실적인 세세한 묘사를 되도록 배제하고 있다. 그렇다고 해서 감방이나 감옥의 리얼한 정경들이 아주 배제되어 있는 것은 결코 아니다. 1960년대 서대문 형무소(서울 구치소)의 감방의 실상과 상황은 부분적으로 나마 리얼하게 묘사된다. 그 대신 여기에 나타난 감옥과 감방은 고독의 비극미, 자유에의 몽상의 자리로서 사상을 가진 자의 전락의 함정, 조직의 배타성과 역사 악에 의해 박해받거나 희생된 개인들의 극지(極地)로서, 그리고 법률의 이름으로 사람이 사람을 교살하고 도륙하는 끔찍한 현장으로 형상화되고 있다.

> …영하 20도라고 한다. 감방은 영락없이 냉동고다. 천장만 덩실하게 높고 이 비좁은 강방에 세 사람이 웅크리고 앉았는데, 그 입김이 유리창에 서려 하늘로 통하는 유일한 창구는 하얗게 두툼하게 얼어 붙었다. 조금 받아 놓은 물도 돌덩이처럼 얼어 붙었다. 방구석에 놓인 변기통도 얼어 붙었다.
>
> 미군에서 불하한 담요를 깐다. 그 위에 DDT를 담뿍 친다. 이나 벼룩 기타 반갑지 않은 곤충의 침략을 방지하기 위한 수단이다. 무위안좌도 열 여섯 시간이면 거친 노동에 비길만한 피로를 가져온다. 그 피로한 육체를 DDT 가루 위에 눕힌다. 두터운 문 밖으로 정복한 관리가 우리의 안전을 지키느라고 복도를 왔다 갔다 하는 소리가 들린다. 생각하면 이곳은 참 좋은 곳이다. 화재의 염려가 없다. 아닌 밤 중에 수재를

입을 위험도 없다.

> 원통형으로 굳어진 사동 밥이란 관명(官名)이 붙은 밥, 게다가 넓은 태평양도 비좁다는 듯이 웅크러져 살아온 새우의 아들의 아들들이 소금 속에 미라가 되어 나타나고 살은 이지러져 흔적이 없고, 앙상한 뼈로서 미루어 생선인 제법 깡치가 센 듯한 생선이 등장하기도 했다……이 생선은 바다 생활 1년에 육지 생활 3년의 경력을 가졌다느니……

이런 영하 20도의 낡고 열악한 감방 내에서의 추위, DDT를 쳐서 이 · 벼룩 · 빈대 등의 물 것을 처치하는 담요, 복도를 오가는 감시자의 계호(戒護)와 그리고 관명이 찍힌 사각의 밥과 조악하기가 이를 데 없는 반찬, 노동에 비길 만한 피로를 가져오는 무위안좌(無爲安座), 수인들의 시간 죽이기(시간 말소), 즉 감옥에서 수감자들이 수형의 남은 시간 계산하기, 감옥의 처형장의 밧줄 등의 내경, 그리고 그 속에서 이루어지는 처형 등이 서간들 속에서 묘사되기도 한다.

그러나 무엇보다도 이 작품에서 특히 주목되는 현상은 갇혀진 형-작가가 감옥을 '궁전'으로 그리고 수인의 존재인 자신을 '황제'로 비유하거나 상상하고 있는 독특한 감옥 환상(Prison Fantasies) 및 황제 환상이다. 즉 자신을 궁전의 황제인 것으로 환각하고 있는 것이다. 장기 유수의 수인으로서 계호받고 있음이 역설적으로 궁전에 있는 안전한 존재인 황제와 같다는 착각이고 환상이다. 이는 감금 처리와 이를 잊게 하거나 전복시키는 상태에서의 역설의 상상력 내지 몽상의 상상력으로 이루어진 일종의 자조적이거나 자존적 또는 자기 위무적 구금 반응으로서의 공간이라고 할 수 있다.

그래서 그는 황제가 되어서 영하 20도의 감옥(궁전) 속에서 잠들고 꿈을 꾼다. 그러나 이런 황제다운 구금 반응이 일관되게 나타나는 현상만은 아니다. 때로는 열림과 자유의 세계인 알렉산드리아에 갈 수 있다면 이렇게 안전한 궁전을 버리고 황제의 지위를 내놓아도 좋다고 한다. 그러다가는 자유와 원래 놓여있는 비자유를 두고 다시 또 갈등하는 내면을 드러내기도 한다.

> 지금 나의 비자유가 내겐 절대란 걸 깨달은 것이다. 황제로 설혹 죽는 한이 있더라도 노예가 될 수는 없다. 나는 단순히 황제로서의 비자유를 노예의 자유와 바꿀 수 없다는 심정을 가졌을 뿐이다.

이렇게 황제 모티브는 이병주의 감옥소설에 있어서의 수인의 중요한 구금반응이자 구성소이기도 하다.

3장

이병주의 「겨울밤」과 '황제'의 아파시아 (Aphasia)

「겨울밤」(1974) 역시 이병주의 작품으로 그 근본적인 바탕은 사상보다도 더 중요한 것은 언제나 인생 그 자체이며 인간이라는 명제로 이루어져 있다. 그런 점에서 분명히 인도주의의 시학과 반이데올로기 소설인 것이다. '회상'이라는 시간처리 형식의 일방적인 좁힘 가운데서도 연상의 수법을 서술방법으로 채택함으로써 일본 제국주의의 국가 범죄를 환기하기도 하는 이 작품은 앞에서 지적한 이병주의 문학론이 작가의 대리자인 '나'와 공산주의자 노정필을 통해서 첨예하게 대립적으로 천명된다. 작품의 시작은 예의 궁전 · 황제 한상론으로 비롯된다. 여기의 황제역은 노정필이다. 그는 형무소라는 궁전에서 20년 동안 이른바 제왕학을 익힌 존재로 비유되기까지 한다.

> 바보스러워야 황제가 될 수 있다……사람은 감옥 속에 유폐되어서만 스스로가 황제임을 깨닫게 된다. 자기의 운명을 인류의 운명과 결

> 부시켜 명상하는 황제다운 습성을 익히고 번거로운 생활의 늪에 분실해버린 역사상의 자기좌표를 되찾아 황제다운 고독을 오만하게 침묵할 줄 알게 되기 위해서도 사람은 감옥이란 이름의 궁전에 거처를 찾아보아야 하는 것이다.

이 「겨울밤」에서도 사상에 대한 집착이 유난히 강한 인물이 등장한다. 공산주의자로서 무기징역에서 감형된 20년의 형기를 채우고 나온 노정필이란 인물이 바로 그다. '나'가 처음 노정필을 알게 된 것은 서대문 형무소 제 3사 정치범 수용 옥사이었다. 당시 상하 감방에 300여명의 정치범이 도합 5천여년의 징역을 안고 유폐되어 있었고 '나'(이병주)가 있던 4인 수용의 74호 감방—이 감방에는 3.15 부정 선거 가담죄로 7년 형을 선고받은 전직 경찰국장 이만용, 용공단체 가입죄목의 유, 유족회 간부 김 등—의 돌쩌귀가 고장이 났을 때 수인 목수 2명이 고치기 위해서 왔는데 그 중 한 명이 노정필이다. 그는 작가의 표현으로는 "형무소라는 궁전에서 20년 동안 제왕학"을 익힌 사람이다. 일반 범죄자라기보다는 사회 체제에 대한 반항자이고 H군의 인민위원장을 지낸 사람이다. 그 때문에 그는 특별조치법 위반으로 일반 20년의 형기를 마치고 나오는데 실어증(Aphasia)에 걸린 사람처럼 어느 누구에게도 황제다운 고독과 침묵으로 말을 하지 않는다. 그야말로 침묵에의 컬트 상태이다. 이 철저한 침묵은 「겨울밤론」을 쓴 요시무라 데이치(古村貞司)의 지적처럼 세계 전체에 대한 묵비권 행사, 즉 자기 마음대로 안 되는 객관적 사실에 대한 항의이며 그가 바라면서 멀어져 있어야만 하는 자유에 대한 항거[149]일지도 모른다. 혹은 비인간적인 당착과 붕괴일 수도 있

149 요시무라 데이치(吉村 貞司), 「이병주의 「겨울밤」에 관해서」, 『문학사상』, 1982. 11.

으며, 인간과 세상에 대한 논커뮤니케이션 패턴으로서의 철저한 빗장지르기의 불신과 정치적인 실어증일 수도 있다. 그래서 이 작품은 크게 침묵—대화(Silence–Dialogue)의 모티프 시퀀스로 이루어지게 된다.

그는 소작인의 아들로 태어나 지주의 딸 하영신에의 연정을 노정필에 의해서 빼앗김으로써 경찰관이 되었다가, 부정선거 사범으로 2년 동안의 감옥생활을 견디지 못하고 죽는 이관용과는 달리, 오직 공산주의 사상에만 관심을 가지고 행동함으로써 끝내 비극을 자초해버린 인간이요, 그러면서도 수형의 고통을 견디고 끝내 살아난 인간이다. 이것은 분명 노정필과는 좌우의 이치가 전도된 아이러니이다. 그러나 노정필 역시 사상의 호위병으로서 추구한 사상의 승리자가 된 것이 아니라 그 사상에 의해서 철저하게 파멸해버린 하나의 희생자에 불과하다. 그가 지닌 "지옥을 보아버린 눈, 절대적인 운명의 벽 앞에 다물어버린 입"의 상태, 그것은 다름이 아니고 흉기화된 사상의 지옥과 벽 같은 현실의 실체를 확인함으로써 가질 수 있는 표정이요, 침묵의 행위인 것이다.

이러한 인간관계를 붕괴하는 실어증 같은 침묵상태에 있는 노정필이 '나'에 대해서 비로소 입을 연다는 것은 그 침묵의 뿌리와 진상을 드러내는 것과 관련된다. 입을 연다는 것은 곧 서사의 진행을 위한 대화적 원리가 열림을 뜻하는 것이다. 즉, 노정필이 유독 정치범이었던 '나'를 진술의 대상으로 삼아 입을 연다는 것은 그를 침묵하게 만든 심층의 요인과 관련되는데, 그것이 매우 복합성을 띠고 있다. 그것은 자신의 사상추구를 거부하게 만든 정치 체제에 대한 증오와 적의는 물론 자신이 신봉한 사상의 독성에 대한 거부반응, 동생 노상필의 사형 집행에 대한 분노와 자책 등이 함께 얽혀서 침묵의 원인이 되고 있기 때문이다. 그리고 그에게 있어서 말을 한다는 것은 곧 이런 침묵의 원천 · 요인들과 밀착되어 있는 항의의 의미가 된다. 그러나 중요한 것은 이런 노정필이 침묵을 지키든 항변을 하든 그는 여전히 그대로 인간과 세계에 대해서 돌과 같이 경직되고 냉혹한 인간으로 머물러 있다는 점이다. 그러니까 이런 노정필과 '나'(이병주)의 사이는 단층과 대립이 개재될 수밖에 없는 관계인 것이다.

'나'인 이병주는 자신의 작품 「소설 · 알렉산드리아」를 이 「겨울밤」에 끌어들임으로써 노정필로 하여금 '나'를 비판하게 하고 '나' 역시 교조주의적이고 황제연하는 노정필을 반격하게 하고 있다. 이 양자의 대화적 공방은 서로 다른 사상과 문학론의 대결 및 인생관과 세계관의 대립을 뜻한다. 기록이 문학으로서 기능하자면 시심 또는 시정이 기록의 밑바닥에 지하수처럼 스며 있어야 하는 '나'의 문학론에 대해 노정필은 시는 절망을 노래해서 절망 속에 무슨 구원이 있는 것처럼 조작하며 「소설 · 알렉산드리아」는 패배를 미화하고 모든 사람이 패배자가 되도록 권유하는 시인의 교활한 작품이라고 비난한다. 이렇게 대화는 전혀 상호 연계나 이해의 수만이 되지 못하고 공허한 공방의 상호 관계를 가져다 준다. 노정필은 이 논쟁의 공방에 있어서만은 분명히 공산주의 사상의 입장에 서 있으며 문학론에 있어서는 철저한 기록성의 옹호자이다. 이에 비해서 그런 노정필에게 인간회복을 기대하는 '나'는 노정필의 시각에서 보면 전향자로서 노정필이 신봉해온 사상의 허약성을 비판하는 인간주의자다. '나'에게 있어서는 노정필의 사상은 한갓 낡을 대로 낡고 녹이 슬어버린 '칼'이나 '창'에 불과한 것으로 간주된다. 그러나 인간적으로는 그런 노정필을 수난의 상징으로서 비호하고자 하기도 한다.

> 그가 어떤 주의와 사상으로 잔뜩 무장한 성(城)이라고 치고 내가 철저하게 서두르기만 하면 그 무장이 기실 돈키호테의 갑옷이며 그 성의 내부는 거미줄로 꽉 찬 폐품창고나 다름없다는 검증을 해낼 수 있을지도 모른다. 그가 쌓고 쉬은 경험의 진실이란 것이 사실은 녹슨 칼과 창이라는 것을 증명할 수 있을지도 모른다. 어떤 착각을 신념인 양 오인하고 있는 하나의 폐인을 발견할지도 모르지만, 설혹 그렇다고 치더라도 나는 그를 우리 민족의 만들어낸 수난의 상징으로 보고 소중히 감싸줄 아량을 가지고 있다.

여기서 우리는 작가인 이병주가 이념과 사상의 경직성이 주는 인간 위축에 대한 비판, 즉 어떤 사상의 절대성도 부정하면서 인간 그 자체와 삶의 인간다움의 가치 그 자체를 긍정하고 거기에 희망을 두고 있음을 이해하게 된다. 이런 어떤 이데올로기나 사상보다도 더 진실한 삶의 가치를 보여주기 위해서 작가는 두 개의 인물의 대립구조의 짝의 제시방법을 택한다. 일본 장고 오니시(大西)에게 죽은 중국 청년 · 노정필이 한 짝이고, 중국인 소년 사동수(謝東修)와 안양의 친구가 그 다른 한 짝이다. 오니시에 일본도에 목이 베인 소주성(蘇州城)의 중국 청년의 냉엄한 눈과 입은 노정필의 그것과 다를 바 없는 것 같은 체계로서의 고리를 이룬다. 이에 반해서 노정필의 노여움을 풀어야겠다는 인간주의나 '나'와 등질 관계에 있는 것은 사동수와 안양의 친구인 것이다. 사동수는 학병이었던 '나'를 두 번씩이나 곤경에서 구출해준 소년으로서, 그런 사동수를 생각한다는 것은 이병주로 하여금 인생과 용기 내지 보람 있는 인생을 생각하는 의미를 주는 것으로 제시되어 있다. 그리고 안양에서 만난 그의 친구도 노정필의 역정에 비해서 결코 수월했다고 할 수 없는 고난의 역정을 살아온 인물이다. 그러면서도 그는 고통 가운데 주위 사람을 우울하게 하지 않으려 애쓰고 항상 유머와 수줍음을 가지고 있고 출중한 어학력을 오히려 부끄러워하고 자신의 신앙을 절대로 남에게 강요하지 않는 인물이다. 2년 전에 상처를 하고 재혼할 겨를도 없이 어느 여자를 사랑한 죄책감 때문에 수없이 고해를 거듭하는 사람이다. 작가는 바로 이런 가장 인간적인 유신론자인 친구와 돌과 같이 경직해버린 무신론자 노정필을 날카롭게 대조시키고 있다. 전자가 인간주의자인 반면에 후자는 사상에 중독됨으로써 인간을 인지하지 못하는 철저하게 가두어진 고립의 황제요 정신적인 실인증(失認症, Agnosia)에 걸린 사람이다. 모처럼 이루어진 대화 역시 공허한 대화가 되어버리고 만다.

> 노정필 씨와 이 친구를 비교하여 그 우열을 말할 순 없다. 그러나 인간은 인간적인 사람을 좋아하게 마련이다.

이것이 이 작품의 결론이다. 그것은 사상(노정필)보다는 인간(친구)을, 응결화된 거부와 증오보다는 인간 개인 속에 있는 상호성의 인간애의 의무와 생의 인간다운 근본을 긍정하고 이를 감싸안으려는 것이다. 이것은 또한 문학은 경직된 사회에서의 고난의 기록으로서의 성격보다는 기록의 예술화, 즉 시심과 생의 활기를 지향해야 한다는 사실과도 깊이 연관된다. 그렇기 때문에 작가요 화자인 이병주는 노정필을 '수난의 상징'으로 보고 있다. 이것은 결국 이념의 분극성에 의해서 서로가 상대를 배제할 수밖에 없는 모순과 갈등을 지닌 우리 현대사의 비극적인 분열의 상처를 눈여겨보면서 이러한 상처를 감싸 안는다는 의미를 지닌다.

이처럼 이병주의 문학세계는 역사와 인간의 얽혀진 상호 긴장관계를 제시함으로써 역사의 범죄와 폭력이 고발됨은 물론 이데올로기와 그 희생이 비판되거나 옹호되고 있는 것이다. 이병주의 「겨울밤」에 있어서의 서대문 감옥은 범법자들의 죄와 벌의 감옥이 아니고 주로 정치적 사상범의 감옥이다. 사회체제의 규범의 둘레를 벗어난 사상 지향의 프로메테우적 인간이 전락한 장소이거나 시대 역사적인 이념이 빠뜨린 인간 개인의 비극적인 상황이 확인되는 장소인 것이다. 이런 감옥 속에서 무고한 사람들이 처형으로 죽어가는 것을 그는 안타깝게 증언한다. 두응규의 비극적인 병사의 죽음도 그 하나의 경우에 해당한다. 그래서 법의 이름으로 제자 조용수를 처형하고 그 안에서 살인이 적법화되는 사형제도에 대한 폐지론(Abolition)을 역설함으로써 작가의 법의식의 일단을 드러내기도 한다. 이것은 법의 경직한 냉혹성에 대한 비판으로서보다는 인간애나 구원의 비전을 믿는 그의 문학의 강한 휴머니즘 시학의 발로로서 음미될 수 있는 것이다. 이런 그의 반이데올로기적 휴머니즘은 장편 대하소설인 『지리산』의 주제로서 마침내 만발하게 되는 것이다.

이병주의 「소설 · 알렉산드리아」와 『겨울밤』의 서대문 감옥은 모두 이렇게 사회적 흉악범이나 범범자들의 감옥이 아니라 역사의 파도에 휩쓸린 정치적 사상범들이 감금되고 처형되는 1960년대의 감옥이다. 그래서 이 시대의 현대 한국 소설에 있어서는 도스토예프스키의 『죄와 벌』이나 트루만 캐포티의 『콜드 블러드』, 장 주네의 『도적 일기』와 같은 범죄 소설(Criminal Novel)이 별로 없다. 다만 이청준의 「밀양」이란 이름으로 영화화 된 소설 〈벌레이야기〉(1985)는 종교적인 문제를 다룬 소설이면서 아동유괴살인범에 대한 처형의 소설로서 특별하고 비중있는 문제의식을 담고 있다.

4장

처형 모티프와 사형에 대한 문학적 기소

한국의 현대 작가 가운데에서 처형(Execution)의 모티프를 소설의 구성소로서 가장 많이 다루고 있는 작가는 단연 이병주이다. 그의 작품 「소설 · 알렉산드리아」를 비롯하여, 「겨울밤–어느 황제(皇帝)의 회상」, 「삐에로와 국화」, 「쥘부채」, 「변명」, 「그해 5월」 등은 모두 처형이 다루어진 작품이다. 이것은 그의 일제 학병 체험보다도 시간적으로 더 긴 감옥체험이 그의 문학 영역에 영향을 주었기 때문일 것이다. 그래서 그의 이런 작품들은 감옥 문학으로서의 성격을 지니고 있다. 뿐만 아니라 그 「겨울밤」 등 몇몇 작품들 가운데는 사형 폐지의 퍼스펙티브가 현시적으로 피력되어 있는 작품도 있다.

처형은 극형으로서의 사형(Todesstrafe)이 확정된 수형자의 죽음을 집행하는 법적 의식 절차이다. 신체형인 이 처형은 미셸 푸코의 『감시와 처벌 : 감옥의 탄생』(1975)에 의하면 고통스럽고 다소 잔인한 신체 중심의 처벌이며 생명 및 생존권의 발탈이요 정의의 행위이기보다는 힘의 표명이다.[150] 즉, 법률적 · 정치적인 기능을 갖는 무한한 통치의 권력에 의해서 무력한 상태에 있는 사람들의 신체와 목숨이 파괴당하는 그것이다. 형법(刑法)은 이 사형(처형)의 개념을 수행자의 생명의 박탈을 내용으로 한다는 점에서 생명형이라 규정한다. 형법이 규정하고 있는 형벌 가운데 가장 중한 형벌이라는 의미에서 극형이라고 규정하기도 한다.[151] 형벌사에 있어서 가장 오랜 역사를 갖고 있는 범죄자에게 부과된 처형은 형벌 제도에 있어서 교형 · 참형 · 사약 · 총살 등 온갖 형태로 생명을 박탈하는 가혹한 법적 처벌이다.

근대적 형벌 체계 연구에 의미있는 큰 영향을 준 푸코의 『감시와 처벌』은 그 시작인 「선고 받은 자의 몸」에서부터 바로 처형과 고문에 대한 서술과 묘사로 시작한다. 1757년 3월 시종무관인 로베르 다미엥(1715~1799)이 베르사이유 궁에서 루이 15세를 살해하려다가 체포되어서 시역죄로 사지가 절단되는 극형을 받는 끔찍하고 처참한 장면이 그것이다. 이 처형의 일반적인 방법으로서 교수형, 참수형, 총살형 등이 있고 형제사적으로 보면 화형(火刑) 또는 분형(焚刑), 차륜형(車輪刑), 능지처참형(陵遲處斬刑)과 같은 집행 방법도 있었다. 그래서 현행 형법의 대표적인 처형 방법은 목을 옭아 죽게 하는 형벌로서의 교수형-교

150 Michel Foucault, *Surreiller et Punir : Naussance de la Prison*, 1975
영문판, Discipline and Punish : The Birth of the Prison, Vintage Book, 1979, pp. 33~50.
국역, 오생근 역, 『감시와 처벌』, 나남, 1994, 85~7쪽 참조.

151 형법학 연구회 편, 『형법사전』, 법문출판사, 1999, 271쪽.
『법률용어사전』, 법전출판사, 2015, 870~3쪽.
『법률용어사전』, 법문북스, 2015, 1025쪽, 2025~6쪽.
최정기, 『감금의 정치』, 책세상, 2005.
김경수, 「이병주 소설의 문학법리학적 연구」, 『한국현대문학연구』 43, 2014.

도소 내에서 집행됨–과 군법에 의한 총살형이다.

이병주의 공식적 데뷔작인 「소설 · 알렉산드리아」(1965)와 이와 밀접한 연관 관계가 있는 「겨울밤」(1974)에는 같은 사람의 한 건의 처형이 거듭 다루어져 있다. 서대문 교도소(서울 구치소)에서 사형이 집행되는 J—조용수의 처형과 관련된 일련의 대목이 두 작품에 함께 제시되어 있는 것이 그것이다. 「소설 · 알렉산드리아」에서는 처형자가 'J'라는 이니셜로 반 익명화 되어 나타나지만, 근 10년의 거리를 두고 뒷날 쓰인 「겨울밤」에서는 그(J)가 실존의 인물인 '조용수'로 실명화되어서 나타나고 있다.

'조용수(趙鏞壽, 1930~1961)'가 등장하는 「겨울밤」에는 서술자이고 주인공인 '나'(이병주)의 한 때 제자인 조용수가 '일본에서 자금을 만들어 신문사를 경영하고 있었는데, 그 자금의 출처에 말썽이 붙어 극형을 받는 처지'라고 하여 처형을 받게 된 이유가 얼마쯤은 제시되어 있다. 여기의 신문사라는 것이 바로 조용수가 사장인 〈민족 일보〉(民族日報, 1961)이다. 역시 1961년 필화사건으로 혁명 재판소에서 15년 구형, 그리고 10년 형을 선고 받은 이야기 속의 '나'(작가 이병주)는 무죄 판결을 받기 직전 감옥에서 옥사한 53호방에서 함께 지낸 두응규(杜應圭)의 얼굴에서 조용수와의 마지막 만남과 조용수의 사형 집행을 떠올리면서 통곡의 반응을 피력한다. 동시에 사형제도에 대한 비판과 함께 교수대 위에 흉기로서 걸려서 무수한 생명을 묶어 없애는 밧줄인 삼줄에 대한 상상을 펼쳐 놓는다. 이 대목이 두 작품에서 겹쳐져 있지만, 「겨울밤」의 경우가 더 자세하고 또 부연된 부분도 있어서 「소설 · 알렉산드리아」 대신 「겨울밤」의 처형과 관련된 장면을 편의상 분절해서 인용해 보면 다음과 같다.

(1) 두응규씨의 얼굴에 조용수의 얼굴이 겹쳤다. 면회하러 온 사람이 있다기에 대기실에 들어갔더니 수많은 사람 가운데 조용수만 수갑을 차고 앉아 있었다. 사형 언도를 받은 사람은 감옥 안에서도 수갑을 차고 지내야 하는 것이다. 조용수는 나를 보자 놀란 빛으로 '선생님도 이 곳에 와 있었습니까?'하고 중얼거렸다. 조용수는 고등학교 당시 내가 가르친 제자다. 일본에서 자금을 만들어 신문사를 경영하고 있었는데, 그 자금의 출처에 말썽이 붙어 극형을 받는 처지가 되었다… 조용수는 '선생님 마음 단단히 가지시고 몸조심 하시오'하는 말을 남겨놓고 면회장으로 나갔다. 그래도 나는 한마디 말을 못했다. 사형을 받은 제자로부터 15년의 구형을 받은 사람이 도리어 위로의 말을 듣고 이른바 은사(恩師)라는 입장의 인간이 떳떳한 말 한 마디 못했다는 것은 슬픈 일이다. 나는 조용수의 눈물이 얼어붙을 듯한 눈을 알지 못한다. 설혹 어떤 죄를 지었기로서니 그 청춘, 그 얼굴, 그 눈빛으로서 사형을 당할 수 없는 인물이었던 것인데……나는 그날로부터 불과 수일 후 그의 사형 집행이 있었다는 소리를 듣고 통곡했다. 그때의 감정을 나는 다음과 같이 적었다.

(2)……엄지 손가락만한 쇠창살이 10센티 가량의 간격을 두고 세로 일곱을 박혀있는 넓이의 창이 창살을 30센티의 폭으로 석 줄의 쇠창살이 가로질러 있다. 그 쇠창살 안으로 각각 여섯 칸의 사각형으로 나뉜 유리창문 두 짝이 미닫이 식으로 달려있다. 이렇게 사로세로 꽂힌 쇠창살에 열두칸의 유리창이 겹쳐 누워서보면 어린 아이가 서툴게 그려놓은 그래프 바닥처럼 보인다. 이 그래프에 좌표처럼 해가 걸리고 달이 걸리고 별이 걸린다……

그런데 하늘을 금 지어 놓고 태양과 달과 별을 가두어 놓은 창 앞에서 발돋움하면 막바로 사형장의 입구가 보인다. 두터운 담장의 일부에 거기만 푸르게 페인트칠한 문, 두 사람이 한꺼번에 들어갈 수 없을 정도로 좁고, 키작은 사람이라도 난장이가 아니면 꾸부리지 않고는 들어갈 수 없을 정도로 낮은 문이다. 문!

대통령이 관저로 들어가는 문……쇠사슬에 묶어 들어가는 감옥의 문, 시체가 되어 거적대기를 쓰고 나가야 하는 감옥의 문! 사람의 생활이란 따지고 보면 문을 드나드는 행동에 불과하다.…… 어제 조용수가 사형집행을 당했다는 소식이 흘러들었다. 시간을 알아보니 내가 한창 식사를 하고 있던 무렵이었다. 불과 1백 미터도 떨어져 있지 않은 문에서 옛날의 내 제자를 도살하는 작업이 진행되고 있었는데 나는 보리밥 덩어리를 분주히 입 속에 집어넣어 내 속에 돼지를 먹이고 있었던 것이다. 제자가 사형을 당했다고 해서 내가 밥을 먹지 말아야 할 까닭은 없다. 죽는자로 하여금 죽게하라! 죽을 만한 짓을 했기에 죽음을 당하는 거겠지……그런 운명이었기에 죽어간 것이겠지……어젠 청명한 날씨였다. 나뭇가지에 미풍이 산들거리고 새는 흥겹게 재잘거리겠지……이러한 날. 그 드높은 하늘 아래 그 밀실에서 법률의 이름을 빌어 사람이 사람을 교살하는 작업이 진행되고 있었던 것이다.

⑶ 사형이 뭣 때문에 필요한가를 생각해 본다. 사형이 필요하다는 논의만을 가지고라도 누차 하나의 도서관을 이룰 수 있는 부피가 될게다. 동시에 그만한 부피의, 사형이란 있을 수 없다는 논의도 가능할 것 아닌가. 어떠한 경우라도 사람이 사람을 죽여선 안된다는 설혹 신의 이름 법률의 이름으로써도 사람을 죽일 순 없는 것이 아닌가. 이것을 한갓 감상론이라고 할지 모르나 사형에 관한 문제는 이미 이론의 문제를 넘어 신념의 문제인 것이다.

그러니 우선 사형부터 없애놓고 그러한 조건이 충족되게끔 계속해서 노력할 수도 있을 것이 아닌가. 베카리아 이래 많은 사형 폐지론이 나왔다. 그 골자는 사형이 군주에 있어서 범죄 예방을 위해 효과적인 것이 못된다는 것이고 회복 불가능한 것이고 속죄의 길을 막는 것이며 혹 오핀이라도 있있을 경우, 반환불능한 것으로 그 보복의 뜻만 강한 형벌이라는 것이다……

⑷ 교수대의 삼줄은 단말마의 고통을 겪은 사형수들의 목에서 분비된 기름으로 해서 반들반들 윤택이 나 있는 교수대의 삼줄을 상상해 본다. 무수한 생명을 묶어 없앤 그 삼줄을 만든 삼은 넓은 하늘빛 넓은

들판에서 무럭무럭 자랐다. 4, 5월의 태양을 흠뻑 받고 농부들의 정성으로 해서 자랐다. 시골의 아낙네, 청순한 소녀들이 이빨로써 그 삼을 벗기고 하얀 포동포동한 살결의 무릎 위에서 꼬아 만들어진 삼줄이 교수대 위의 흉기로 걸리게 된 것이 아닌가. 아무리 법률이 잘 정비되어 있고 신중하게 재판이 진행되었다고 해도 판결은 언제나 오판의 부분을 포함하고 있는 것이다. 똑같아 보이는 천의 사건 · 만의 사건은 사람의 경험과 환경과 성품을 고려에 넣을 때 천 가지로 만 가지로 다른 사건으로 나타난다……작년만 해도 이 감옥에서 처형된 사형수의 수가 57명이나 된다고 한다. 57명의 생명이 그 문으로 들어간 것이다……조용수는 그 문으로 걸어들어가며 무엇을 생각했을까. 아아. 나는 이 감옥에서 나가는 날부터 사형 폐지 운동을 해야 하겠다. 꽃피는 아침에 눈을 비비며 일어나 엄마를 부르던 아이가 커서 옥 중에 앉아 사형을 기다리다가 드디어 저 문속으로 사라졌다.

인용된 글 모두가 처형(사형)에 대한 문학적 기소문과 같은 글들이다. (1)은 조용수의 처형 소식에 접한 화자(이병주)가 감옥에서 마지막으로 본 조용수의 모습과 말을 떠올리는 장면이다. 여기서 사형을 받은 제자 조용수가 15년 극형을 받을 은사(화자)에게 위로의 말을 하는데, 화자요 은사인 '나'는 떳떳한 말 한마디 못했음을 안타까워하고 준수한 얼굴을 물들인 깊은 우수의 젊은 청춘인 조용수의 눈물이 얼어붙을 듯한 눈을 잊지 못하며 집행 소식에 접하고는 연민의 눈물로 통곡을 한다. 조와 '나'(이병주)와의 개인적 은사(사제) 관계는 조가 진주 중학교 재학 기간(1943~48)에 이루어진다. 조용수는 진주 중학을 거쳐서 이후 대구로 전학한다.

(2)는 조용수의 처형에 접한 화자의 감정을 적는 대목이다. '나'의 감방을 해가 걸리고 달이 걸리고 별이 걸린 공간으로 묘사하면서도, 여기서 불과 1백 미터도 안되는 가까운 곳인 처형장에서 제자를 도살하

는 작업이 차차 진행되는데, 그때 그 시각 '나'는 보리밥 덩어리를 입속에 집어넣어 먹으면서 '내 속에 돼지를 먹이고 있었다'고 애도와 함께 생존과 식욕에 대한 심한 자괴의 삼성을 절절하게 피력한다.

(3)은 화자가 밝히는 사형 반대론의 단락이다. 여기에는 본문에서도 그 이름이 스치듯 밝혀지고 있지만, 사형제도 폐지에 관한 이론적인 효시인 체사레 베카리아(Cesare Bonesana Beccaria, 1738년~1794년)의 『범죄와 형벌(*Dei delitti e delle pene*)』[152]의 관점이 원용되어 있다. 이 책은 출간된 지 250여년이 경과한 현재까지도 기념비적인 고전이다. 여기서 그는 고문과 사형 제도의 폐지론을 주장한다. 근대형 사법제와 인권이 토대가 되고, 또 권력 남용을 견제하고 인도주의를 추구하려는 점에서 시대를 초월해서 공감을 얻기 때문이다. 이런 사형폐지론의 영향을 받고 있는 이병주는 작중 인물이요 화자인 '나'의 입을 통해서 사형을 이론의 문제를 넘어 신념의 문제라고 하면서, 이제까지의 사형폐지론의 골자를 밝힌다. 즉 사형은 궁극에 있어서 범죄 예방을 위해 효과적이지도 못하고 회복 불가능한 것, 속죄의 길을 막는 것, 오판일 경우 상환 불능한 것으로 보복의 뜻만이 강한 것이라고 하는 것이다. 조용수의 사형집행이 그렇듯 안타까워하고 분노하는 반응에서 보면 이병주는 사회적 흉악범보다는 특히 사상범의 처형에 대해서 반역사적인 행위로 간주하고 있다. 사형 반대이 결정적인 계기가 된 것이 조용수의 죽음이다.

(4) 역시 사형 폐지론과 맥락이 닿아 있는 문제이지만 사형수가 최

152 체사레 벡카리아, 한인섭 역, 『체사페 벡카리아의 범죄와 형벌』, 박영사, 2006, 16장, 28장 참조.
영문명, *On Crimes and Punishment.*

후의 순간 단말마의 고통을 겪게 하는 교수대의 교형의 삼줄을 묘사한 장면이다. 사형수들의 목에서 분비된 기름으로 반들반들하게 윤택이 나는 삼줄, 그것이 만들어지기까지 농부가 삼을 심고 아낙네가 길쌈을 하는 노력의 과정을 다 떠올릴만큼 섬세하지만, 어쩌면 부질없기까지 한 표현의 묘사가 이루어진다. 길쌈의 노고가 흉기화됨을 그림으로써 사형 폐지론의 의도적 당위성을 그리려는 것이겠지만, 감상주의적인 대목이다. 이와 함께 한해(작년)에 이 감옥에서 처형된 사형수가 57명이나 됨을 들고 출옥하면 앞으로도 무휴지의 상태로 거듭되고, 사형에 대한 폐지 운동을 전개한다는 각오를 다진다. 처형의 고통장이고 사형에 대한 작가의 문학적 기소요 폐지론이다.

이병주의 소설에서 제시되고 있는 처형은 「변명」에서의 탁인수의 처형과 같은 예외도 있으나 거의가 해방 이후와 6. 25 전후의 사상적 정치범이거나 간첩이 대상이다. 사회적인 범죄자로서의 흉악범이 처형의 대상화되는 경우는 거의 없다. 이병주의 이같은 사형 폐지론의 근거에는 비록 문학적인 법리학의 한계가 있다고는 할지라도 정치적 권력과 법적인 불법에 대한 문학적 기소로서의 성격이 함의되어 있는 것이 사실이다. 그래서 이병주 소설은 문학 법리학적 성격을 지닌 것이다.

작가는 사르트르가 지적하고 있듯이 그들 세대의 규범가치를 거부하는 '백색의 범인'인 것이다. 또한 알베르 베겡이 그의 「시인과 감옥(Le Poétes et la prison)」에서 밝히고 있듯 수인(囚人)의 운명과 밀접한 유대관계를 가진 영적 아나키스트인 시인과 작가는 무엇이든 문학의 대상으로 할 수 있으며, 또 언제나 자유로운 인간과 자유로운 상황을 제시하기 위해서 존재하고 말하는 사람들이다. 그러나 아무리 그렇다고 해도 우리의 보편적인 삶의 질서를 위한 정당한 가치와 체계를 의도적으로 파괴 · 부정하거나 자의적으로 허물어도 되는 무제한의 자유가 작가에게 허용되어 있는 것은 아닐 것 같다.

5장

오래 갇힌 자의 사랑과 죽음의 역설:「쥘부채」와「삐에로와 국화」

(1) 청명한 날. 동식은 단신 안산(鞍山)에 올랐다. 강덕기가 처형을 당하고 신명숙이 17년의 청춘을 묻은 서대문 교도소가 장난감처럼 눈 아래 보였다. 그러나 그날의 감상으로선 서울의 시가지가 그 장난감같은 서대문 교도소를 주축으로 짜여져 있는 것이었다. 그 교도소를 주축으로 눈에 보이지 않는 신경의 그물이 온 시가지를 감싸고 있는 것 같은 느낌조차 있었다.

동식은 가지고 온 휘발유를 쥘부채 위에 뿌리고 성냥을 그어댔다. 붉은 화염이 일시에 일고 자주빛 연기가 가을에 진동하면서 하늘로 올랐다. '당신은 죽어 나비가 되고 나는 죽어 꽃이 되리라.'는 염원이 자줏빛 연기가 피어 하늘에 올라 다시 퍼져 대기와 섞일 것이다. 그렇게 되면 신명숙의 집념은 이 우주에 미만하게 된다. 집념의 연기는 섭리의 기운을 불러 일으키며 그 섭리는 몇 억년 몇십억년 백억년 및 천억년 동안을 작용해서 산산히 흐르러진 강덕기의 원소와 신명숙의 원소를 한 마리의 나비로 한 떨기의 꽃으로 결합하는 생명전생(生命轉生)의 기억을 나타낼 것이다.

(2) 어느덧 해가 기울었다. 박명의 시간이 주위를 에워 쌌다. 전등이 꽃피기 시작했다. 유선생의 의견에 의하면 이 시간이 가장 아름답다고 했다. 밝지도 어둡지도 않은 시간은 지혜의 시간이라고 했다. 어둠을 비추는 전등이 이 시간에만은 꽃의 역할을 한다고 했다. 이 시간은 또 노인의 주름살을 밉지않게 하는 시간이며 초로의 잔주름을 뵈지 않게 하는 시간이며 청년의 미숙함이 나타나지 않는 시간이며 승자의 뽐냄도 패자의 억울함도 노출되지 않는 시간이며 미녀의 미도, 추녀의 추도 발언권을 잃은 시간이며 만상이 제대로의 품위와 가치로서 나타날 수 있는 시간이라고도 했다.

이런 시간 속을 450만이 붐비는 하계를 향해 내려오는 동석의 그 모습은 자라투스트라를 닮아 고고했고 그가 숨은 자라투스트라의 외침이 은은하게 메아리치고 있었다.

'진실로 인간은 더러운 강물과도 같다. 스스로를 더럽힘 없이 더러운 강물을 받아들이기 위해선 모름지기 바다가 되어야만 하는 것이다.'

(Wahrlich, ein schmatziger Strom ist der Mensch. Man muss schon ein Meer sein, um einen schmutzigen Strom aufnehmen zu können, ohne unrein zu werden.)[153]

이병주의 「쥘부채」(1969)의 마지막 부분을 크게 두 단락으로 각각 분화하여 인용한 대목이다. (1)은 연인 사이인 공산주의자 강덕기(처형)와 비상조치법 위반으로 무기형에서 감형된 20년의 형기 중 17년이란 긴 세월을 감방에 갇혀있다 끝내 병사하고 만 신명숙이 갇혀 지낸 서대문 교도소와 그 주변을 조감하는 안산(鞍山)에서의 지형도이다.

이 강덕기 · 신명숙 양자가 수없이 바라보았을 이 안산에 올라서 신명숙이 사형된 애인을 위해 긴 세월에 거쳐서 공들여 만든 사랑의 징표인 쥘부채—동식이 어느 겨울 아침 서대문 형무소 근처의 길에서 주

153 Friedrich Nietzsche, *Also sprach Zarathustra*, W. Goldmann Verlag, 1958, S. 12.

운 것—를 불태워주는 억겁을 넘는 사랑의 화신화와 생명 전생을 위한 의식의 장면이다. (2)는 동식이가 쥘부채를 태우고 하산해 내려오는 박명의 시간의 특성에 대대해서 작가는 현란스런 시적 표현과 명상적인 레토릭을 인용한 듯 구사하고 여기에다 동식의 하산과 차라투스트라의 속계 하강을 장엄하게 유사화시킨 니체의 『차라투스투라는 이렇게 말했다(Also sprach Zarathustra)』의 한 장을 인용하는 것으로 끝을 맺는다. 제임스 조이스, 헨리 밀러, 랭보, 골스워디, 볼테르, 니체가 호명되는 등 참으로 '인용(Quotation)의 작가'인 이병주의 소설다운 지적 현란함의 모습이다. 이를 두고서 이보영은 "작가의 교양주의의 약점인 지적 허영의 결과"로서의 결함을 가지고 있지만, 동시에 작가의 "시사적 관심이 시적 환상, 기지 및 딜레탕티즘과 품격을 갖추어 잘 조화된 예"[154]라고 부정과 긍정의 평가를 한다.

그렇다면 「쥘부채」는 어떤 작품인가.

젊은 대학생인 김동식이 성녀라는 세 살 연상의 대학원생 여자 선배로부터 배반당하고 환멸해 방황하던 어느 겨울날 아침 우연히 서대문 교도소 근방 길에서 조그만 쥘부채를 줍게 된다. 상앗빛으로 매끄러운 피죽과 부챗살은 여간 섬세한 솜씨가 아니고 무슨 비단인 듯 싶은 하늘빛 바탕에 수놓은 검은 나비의 형태도 이만저만 정교한 물건이 아니었다. 너무나 섬세하고 정교한, 그만큼 그 조그만 쥘부채에는 음습한 요기마저 감도는 느낌이었다. 동식은 이 심상치 않게 정교한 쥘부채의 출처와 그것의 비밀을 추적하기 시작한다. 끈질긴 추적 끝에 쥘부채

154 이보영, 「역사적 상황과 윤리」, 『역사의 그늘 · 문학의 길』, 한길사, 2008, 37쪽.

에 새겨진 'ㅅ·ㅁ·ㅅ'과 'ㄱ·ㄷ·ㄱ'이란 이니셜을 근거로 애인 관계임을 밝힘은 물론 비상조치법 위반의 무기형에서 감형된 20년을 다 살지 못하고 17년 되던 해 출감 3년을 앞두고 감옥에서 병사해 죽은 신명숙이 먼저 15년 전에 처형된 애인 강덕기에 대한 사랑과 집념의 표시로 만든 유품인 것을 알게 된다. 젊부채야 말로 사랑과 죽음을 초월한 예술이자 사랑의 화신이다. 동식의 추적은 여기에서 끝나지 않는다. 그는 신명숙과 연고가 있는 M동산 13번지에서를 찾아서 신명숙의 죽은 혼이 최근에 죽은 총각 귀신과의 영혼 결혼이 이루어지기 바로 직전 이를 저지하고 젊부채로서 강덕기와 신명숙의 시공을 초월한 사랑의 관계를 밝힌다.

이 「시대 증언의 문학」에서 밝히고 있듯이, 사랑하는 남자를 잃고 17년이란 긴 세월을 감방에 갇혀 있는 그녀(신명숙)에게 있어 구원의 방법이 있다면 그것은 그녀의 사랑을 예술적으로 승화시키는 것뿐이고, 젊부채는 바로 그녀의 각고 어린 예술품이며 에로스의 상징인 것이다.[155] 이렇게 감옥은 사랑을 키운다.

이 점에서 사랑을 대하는 신명숙과 성녀(聖女)는 너무나도 대조적이다. 동식에게 먼저 사랑을 고백했던 성녀는 부잣집 딸일 뿐 아니라 까다롭기 짝이 없는 애인으로 "최대한의 노오와 최소한의 예스로 된 여자"이다. 워커힐에서의 하루의 충격적인 '아방튀르'를 지내고 나간 그녀는 동식에게 어떤 사전의 연락도 없이 느닷없이 결혼을 하게 되었으니 그리 알라는 사연을 알린다. 두 달째 실성한 상태의 사람처럼 된 동

155 송재영, 「시대 증언의 문학」, 같은 책, 68쪽.

식에게 미국으로 가는 도중 성녀는 태평양의 섬 괌에서 "여길 떠나면 당신을 영영 잊을 작정입니다"란 사연이 적힌 'In Its Glory'란 영문의 빨간 붓꽃 나무가 그려진 엽서를 보내온다.

결별의 선고가 '영광'이란 모자의 꽃과 동반하고 있다니 동식의 악의와 독기를 가슴 속에 심는다. 모든 것이 제 맘대로이고, 일시적이고 일과적인 사랑을 하고, 그럼으로써 동식으로 하여금 배반된 사랑에 대한 환멸과 실성함을 갖게 하는 성녀다. 17년 동안 긴 세월과 감방에 갇혀서 한 남자를 위한 간절한 사랑을 승화하는 쥘부채를 만들어낸 신명숙과는 너무나도 대척적인 여인일 뿐이다. 동식이 왜 그렇듯 오묘한 예술 동인으로서의 쥘부채를 위한 추적과 행적의 오해를 받으면서까지도 무당에 의한 신명숙의 영혼 결혼이 이루어지기 직전 이를 제어하고 또 안산에 올라서 강덕기와 신명숙을 위해 집념의 무늬인 나비와 꽃이 억년의 시공 속에 피도록 쥘부채를 태우는 행동의 적극성을 나타낼 수가 있었을까. 그것은 신명숙의 죽음을 초극하는 애절한 쥘부채의 사랑의 힘에 이끌림은 물론이지만, 배반과 환멸적 사랑의 요정 성녀에 대한 부정과 반작용이기도 한 것이다. 또한 작가 이병주의 분신이나 다름없는 작중인물 유선생으로부터 "태백산에서 지리산에서 대한민국의 역적으로 죽은 사람들이 김일성 도당으로부터 미국 간첩의 앞잡이 취급을 받았으니 불쌍한 그들이다. 자네가 말한 신명숙이란 여자도 그 불쌍한 망자 가운데 하나라고 볼 수 있지 않을까"란 남로당이나 빨치산의 비극이나 어리석음에 대한 인도주의적이고 비판적 연민의 담론이 한가닥 작동하고 있는 것으로 믿어진다.

다음은 이병주의 「삐에로의 국화」의 경우이다. 「삐에로와 국화」 역시 서대문 구치소와 간첩의 처형이 다루어진 작품이다. 분단으로 인한 이념 상극의 비극적 상황이 한 가족 구조의 훼손과 몰락에 집중되어 있다. 그런 가운데서도 이념을 넘어선 가족적 연계의 고리가 서사의 저변 또는 이면에 연면하게 작용하고 있다. 법률 소설로서의 성격을 지니고 있을 정도로 국선 변호사 · 검사 · 심문조서 · 공판 · 구형 · 선고 · 사형 집행 등의 용어들이 빈번하게 등장한다.

이 작품은 앞서의 「젊부채」에서 젊부채의 내밀한 비밀이 김동식에 의해서 추적되고 있듯이 국선 변호사 강신중이 친구인 소설과 Y의 조력과 협조로 간첩 임수명의 실체와 사건을 추리적으로 밝히고 풀어 나가는 서사 과정이다. 임수명은 전향한 자수 간첩 도청자를 살해하려고 남파된 간첩이라는 죄목으로 수감 상태에 있는 존재이다.

어느 날 친구들과 소백산 여행을 계획하던 변호사 강신중(姜信中)은 법원 서기과로부터 임수명 간첩사건의 국선 변호사로 위임을 받는다. 여행을 취소하고 그 길로 법원으로 가서 간단한 수속을 끝내고 검사를 만나서 심문 조서를 보고 다시 구치감으로 가서 변호 대상자인 임수명을 면회한다. 그런데 간첩 임수명은 변호를 거부할 뿐만 아니라 참으로 희한한 존재의 간첩이다. 영웅 의식을 휘두르는 법도 없고, 그렇다고 해서 비굴하지도 않고, 뿐만 아니라 대한민국에 적대의식을 가지고 있는 것도 아니고, 솔직하게 진상을 털어 놓는 것도 아니고 그러면서 모든 걸 체관하고 있는 태도이다. 강신중이 보기로는 차돌같은 체관적 공산주의자도 '빈사상태의 개꼴 같은 비체관적 공산주의자도 아닌 이것도 저것도 아닌 유형의 간첩'이다. 더욱이 그는 법정에서도 '나는 대한민국의 법률에 의해 무죄가 되는 것보다 대한민국의 법률에 의해

처단받길 원합니다'는 단호한 태도를 보인다. 이 수수께끼 퍼즐 같은 말과 태도로 인해서 강신중은 간첩 임수명에게는 숨겨진 어떤 내밀한 사정이 있는 것을 감지하고 그 원인을 찾아가는 추적을 시작한다. 그래서 변호사 강신중은 임수명이 남파되어 살해하려고 한 자수 간첩 도청자의 전향의 수기를 대목 대목 읽는다. 그 속의 '박명구'란 이름에서 기업가 박봉길의 조카라는 일말의 실마리를 찾아낸다. 그가 도청자가 남파되어 거점을 삼았던 박복길이란 사람의 집과 관련되어 있음을 추론한다. 이 박씨가에 대해서는 중학교 후배인 소설가 Y를 통해서 알게 됨으로써 추적은 더욱 근접화되어 가게 된다.

결국 간첩 임수명은 강신중 변호사의 노력과는 관계없이 사형 선고를 받고 처형된다. 그는 처형이 집행되는 날 입회한 교도관을 통해서 임수명이란 이름의 본명이 바로 박복영임을 밝힌다. 뿐만 아니라 사형이 확정되는 날 임수명은 변호사 강신중에게 마지막 부탁으로 늦은 가을에 샛노란 국화꽃을 사서 자기를 고발한 성북구 장위동의 주영숙에게 대신 선사해 줄 것을 부탁한다. 이것으로 간첩 임수명에 대한 모든 의혹의 퍼즐을 확연하게 맞추어지게 된다.

> —하나의 결론은 박복영이 자기의 죽음을 최대한으로 이용해보려고 했다는 사실이다. 그는 자기의 사형을 북쪽에 있는 가족들을 편하게 살리기 위한 수단으로 했고—그 성공 여부는 고사하고—한편 남한에 있는 옛 마누라를 도우기 위한 수단으로 했다는 건 분명했다.

간첩 임수명 사건의 전말을 맞추어진 퍼즐로 다시 정리해보면 다음과 같은 내용이다. 6.25 직전 진주 지역에서 굉장한 부잣집으로 알려진 박복길의 집은 좌익 사람들에게 자금을 대어줌으로써 사 형제 가운데서 삼 형제가 월북한다. 박복길만 어머니와 함께 잔류한다. 박씨 가의 비운은 이에서 비롯된다. 막내 동생인 박복영의 아내인 주영숙은 개가한다. 이 월북한 박씨 가는 북에서 남파된 간첩 도청자의 간첩 활동의 거점이 되고 거듭 남파하여 이 집을 거점으로 한다. 그 뒤 도청자는 간첩 활동에 회의를 느끼고 자수하여 전향 수기를 쓴다. 숨겨준 도청자의 전향으로 인해서 오히려 박복길과 어머니는 사형을 당하게 된다.

한편, 공산당에게 재산을 바친 월북 박씨 삼형제는 자금을 남로당에 준 것이라는 모략으로 견디기 어려운 극한적 처지에 놓인다. 도청자의 지수로 자기들의 어머니와 복길이가 사형을 당했다는 참변의 소식을 접하고 막내인 박복영은 도청자를 죽이겠다고 남파를 자원한다.

> "내겐 이북에 가족이 있습니다. 내 처자식만이 아니라 형들도 있고 조카들도 있구요. 그들의 생활을 보장받고 나는 도청자를 죽이러 이남으로 내려온 겁니다."

이런 각오로 남파되어 임수명의 이름으로 생활하지만 복수의 처단 다상인 도청자는 이미 죽어 버린 상태로 어쩌지 못하는 상태에서 그는 개가한 전부인 주영숙에게 자기를 간첩으로 신고케 함으로써 보상금을 타게 하고, 법정에서는 대한민국에 반대한다는 자기에게 불리한 증언을 굳이 악질 빨갱이로서의 누명을 쓰고 사형이라는 죽음을 선택함으로서 그 죽음의 선택으로 인해서 북에 있는 자기 형제와 가족들을 살려내고자 하는 것이다.

결국 임수명을 살려 내려는 변호사 강신중의 역할은 결국 이 참극에 끼어든 삐에로가 되어버리고 마는 것이다. 작품은 이데올로기의 장치에 갇혀서 죽음과 삶이 야누스적 처신과 선택에 의해서 보장 받을 수 있는 분단 상태의 '비정적 실존(非情的 實存)'의 역설적 상황을 보여주고 있다. 감금력을 지닌 장소로서의 감옥은 신체적인 벌과 처형이 이루어지는 공간이다. 이렇게 이병주의 소설에 있어서의 서대문 형무소(서울구치소)는 주로 정치범이나 간첩의 구금과 처형의 공간이다.

6장

이호철의 단편 「문(門)」과 감금의 구금 반응

이호철(李浩哲, 1932~2016)의 단편소설 「문(門)」은 1976년 〈창작과 비평〉 봄호에 발표된 것으로 작가의 투옥의 경험이 그대로 반영된, 감옥 모티프의 작품이다. 작가는 1974년 이른바 '문인 간첩단' 사건에 연루되어서 김우종 · 정을병 · 장병일 · 임헌영 등 4명의 문인들과 함께 서울 서대문구 현저동 101번지의 서울 구치소에 수감된 후 그 해 10월까지 감금된다. 이때의 독방 감금의 경험을 기반으로 하여 1차로 작품화 한 것이 바로 이 단편 「문」이다. 제목인 문은 키와 함께 열림/닫힘, '열쇠-자물쇠-원리(Schlüssel-Schloß-Prinzip)' 등의 이중적인 표상이다.

이 작품은 작가의 경험적 자아를 객체화한 '사내'란 3인칭의 수삼자가 3사상(舍上) 6방에 수감된 뒤 일주일간의 구금 생활을 서사 내용으로 한 것이다. 이 단편 「문」이 창작된 지 10여년을 지나서 1989년 동명의 이름으로 다시 장편 소설로서 대폭적으로 보완 · 개작되게 된다. 이 두 작품은 모두 1970년대와 80년대의 이 땅 한국의 사회적 시공의 상황을 상징화한 감옥이라는 특수 공간이 문학 영역에 작용한 감옥 문학의 한 구체적인 예증이다. 1970년대 전후와 80년대에 있어서 '서울 구치소'로 대표되는 감옥은 여타 취조실 등과 함께 군사 정권 하의 유신 체제와 긴급조치(緊急措置)라는 엄혹하고 위압적인 법적 통제 장치가 서슬이 퍼렇던 당시의 제약되고 닫힌 한국 사회의 상황적 암시로서 그리고 이 살벌한 시기 문학 공유의 감금의 상징 공간적 의장이다. 이정환의 「까치방」, 이청준의 「잔인한 도시」, 이문열의 「어둠의 그늘」 등에 있어서의 감방이란 특정 공간에 대한 감금의 상상력이 촉발된 현상은 이른바 '감금의 시대'로서의 사회적 정치적 요인이 작용한 결과인 것이다.

주인공인 사내는 '내가 왜 이런델 왔지'라며 스스로도 의아할 만큼 하등의 죄책감도 없이 설명되지도 않는 죄로 체포되어 어느 겨울날 저녁 여덟시 경 등을 떠밀려서 한 평 반의 좁고 낯선 공간인 독방에 갇혀 버린다. 절거덕 하는 쇳소리와 함께 문이 잠기면서 사내는 자유를 잃고 감방 안에 갇혀져 버리는 몸, 즉 '갇힌 존재(Gefangensein)'가 된 것이다. 이렇게 낯선 공간에 구금된 의기소침한 사내가 처음으로 하는 반응은 눈에 들어오는 낯선 사회적 배제의 좁은 감방의 내부 상황이나 정경, 조건을 하나하나 살피는 일이다. 주인공은 그 속에 갇힌 자로서의 눈으로 감방 내부의 실상을 지각한다.

1) 상황적 닫힘으로서의 감방의 구금 반응

주변의 식구통, 다갈색의 바께스, 높은 천정과 거기에 매달린 희미한 20촉 짜리 전등, 온갖 잡동사니로 처바른 벽, 지독한 냄새가 코를 찌르는 변소(便所), 밖으로 굳게 잠겨진 문, 푸르끼한 군청색의 누더기 이불, 시찰구(視察口)의 구멍 등 감방 안의 너저분한 상황과 정경 등이 사내의 눈에 하나하나 들어온다. 이렇게 눈에 들어오는 이질적인 사물들과 현상들에 대한 지각과 더불어 사내는 어딘가 주변에 있는 감시자의 존재를 인지하게 됨으로써 자신이 자유롭지 못하고 갇혀 있는 존재라는 사실을 절감하게 된다.

> 방은 천정이 엄청나게 높고 길쭉한 것이 심심산골 오두막 집의 감자같은 거나 넣어두는 움 같기도 하고 메주 덩이들이 새끼 오라기에 얽매어져 구석박이에 주렁주렁 달려있지 않다 뿐이지…(중략)… 초저녁임에도 심야(深夜)를 느끼게 한다. 썰렁하고, 웬 퀴퀴한 냄새가 풍긴다. 천정은 허여끄름한 시멘트 블록인데, 방의 네 귀 구석 마다에는 보오얗게 거미줄이 쳐져 있고 한 가운데에 20촉 짜리로 보이는 전등 하나가 대롱 매달려 있다. 사내는 잠시 방 안의 이 구석 저 구석을 기웃거리듯이 둘러 보았다. 플라스틱 식기들이 바께스 옆에 거꾸로 엎어져 있고, 아직 밥풀이 더덕더덕 묻어있는 긴 대젓갈이 일어서서 벽 쪽으로 바싹 다가갔다. 벽에는 벽지 나부랭이, 성서 뜯은 것, 시멘트 포장지 같은 것을 잡동사니로 겹겹으로 붙여 놓았는데, 그나마 한 쪽은 벽 중간쯤부터 떨어져 있어 벽지가 볼품 사납게 불룩 솟아나와 있다……출입문 반대편에 반투명의 비닐 종이를 압침으로 꽂아 바람이 들이칠 때 마다 제풀에 부풀렸다가 잦아 들었다가 덜퍼덕 덜퍼덕 건조한 소리를 내고 있는 벽장문 같은 것이 또 있다. 사내는 그 문도 잡아당겨 보았다. 찬 바람이 들이치며 지독한 냄새가 코를 찌른다. 변소였다.
>
> 사내는 벌름하게 솜이 드러나 푸르끼한 이부자리를 두 가닥으로 포개어 펴고, 입은 채로 일단 그 속으로 기어들어갔다. 을씨년스럽게 차다. 그러자 바로 그 건너 편 완강하게 생긴 출입문이 막아서 있는 것이 보였다. 사내는 저도 모르게 흠칫했다. 초벌 벽지로 한 겹 쌌을 뿐인 그 문은 언 듯 보기에 무쇠처럼은 안 보인다. 보기에도 단단하게는 생겨

있지만, 문 특유의 질박(質朴)해 보이는 면도 없지 않아서 전혀 벽창호로 안 통할 것 같지는 않될 생각도 든다. 그러나 분명 지금 저 문은 밖으로 잠그어져 있다고 생각하며 사내는 자리 속에서 다시 일어나 문 앞까지 다가갔다.

이와 같은 재소자들이 구금된 감방의 정경 묘사는 70년대의 누추하고 참담한 서대문 구치소의 흡사 짐승우리같은 똥냄새나고 추루하고 고통스러운 감방의 으스스한 정경을 정말 있는 그대로 적나라하고 여실하게 그린 사실화적 묘사이다. 이는 작가와 함께 같은 사건으로 독방에 수감되었던 소설가 정을병(鄭乙炳)의 작품 「육조지」의 다음과 같은 묘사의 대목과도 너무나 유사하게 일치되는 정경이다. 투옥의 체험 없이는 상상할 수도 묘사할 수도 없는 감방 실경이다.

저는 그에게 다시 인도되어 조그마한 독방에 내던져지고 육중한 나무짝 문이 무의미하게 덜컹 닫히고 밖에서 커다란 자물쇠가 잠겼습니다. 어제부터 바야흐로 고독이란 형벌이 시작되는 것이 아니겠습니까? …… 조그마한 한평 짜리 방이었어요. 바닥에는 대구 푸대가 두 장, 길다랗게 깔려있고 구석에는 T자 형의 나무 판대기가 변기통을 막고 있었어요. 변기통은 큼직한 비닐통이었는데 깨어진 뚜껑을 들어 보니까 똥통 벽에 똥이 두텁게 누룽지처럼 들어 붙어서 괴상한 냄새를 풍기고 있습니다. 벽에는 반쯤 도배를 했는데 고약하게 찢어지고 더러워져 있었고, 도배하지 않은 벽은 횟가루가 더덕더덕 일어나 흉악하고, 높고 높은 천정에는 검은 거미줄이 주렁주렁 매달려 있었습니다. 오른쪽 벽에는 손바닥 두 개 크기만한 구멍이 나 있고 그 곳에 14촉쯤 되보이는 전등이 걸려서 옆엣방과 이 방에 희미한 불빛을 흘려 보내고 있고 뒤쪽의 높은 쪽 벽은 미농리같은 얇은 비닐로 씌운 창문이 두 짝 걸려 있는 철창이 있었는데, 찬바람이 부르르 몸을 떨고 있었습니다…… 구석에 파란색 이불이 있었습니다. 깔아 보니까 껍데기와 솜뭉치가 제각기 놀아나는 그런 이불인데다가 다 떨어져서 지저분하기 짝이 없었

습니다.[156]

> 몇시나 되었을까. 그러자 멀리서 바람소리처럼 지나가는 자동차 소리가 들렸다. 그 자동차 소리에는 바이올린 줄을 손 끝으로 살짝 튕겼을 때의 끝 여운같은 소리가 저변으로 섞여들어 있고, 여르릉하고 차츰 차츰 부풀어 올랐다가는 다시 같은 속도로 초스피드로 달리는 자동차의 속도가 짐작된다. 그렇게 한 대가 지나가면 얼마 있다가 다시 한 대가, 다시 한 대가 똑같은 모양을 뾰족하게 돋아 올랐다가는 하나하나 절망 속으로 떨어져가듯 적막 속으로 잦아들고 있었다. 사내는 웬일일까 하고 조금 의아해진다. 밖에서 시간이 늦어 더러 여관 같은데 묵을 때도 자정 임박한 시간이면 저렇게 자동차들 달리는 소리를 흔히 들어보았지만 그 때는 자동차들 달리는 소리를 흔히 들어보았지만 그 때는 자동차들이 의당 그렇게 달리는 대로 그냥 평면을 달리는 것으로 제대로의 감각으로 받아들여졌었는데 지금은 그렇지가 않았다. 자동차 하나하나가 수직(垂直)으로 곤두박질을 치는 듯이 느껴진다. 드디어 자동차들 소리의 돋아 오르는 간격이 급속도로 뜸해지더니 어느 순간 뚝 그쳤다. 그 다음은 적막 자정이군. 하고 중얼거리며 사내는 다시 눈을 감았다.

이 장면은 사내가 감방 내에 갇혀서 통금 직전 바깥 무악재 고개로부터 감옥의 높은 벽을 타 넘어온 어느 순간 뚝 끊기는 자동차 소리의 음향에 속도에 반응하면서 통행 금지 시간인 자정 전후를 지각하고 있는 장면이다. 사내는 눈으로 보는 감방이 아니라, 소리로 들으면서 감금 상태와 시간을 감지하고 있다. 70년대까지는 밤 12시 자정이 지나

156 정을병, 「육조지」, 〈창작과 비평〉, 창작과 비평사, 1974. 겨울.
이들 작가들과 같은 시기에 긴급조치 위반 관계에 걸려서(1974) 1사상(舍上) 17호 감방에 몇 달을 갇혀 지낸 필자의 경험으로 보아도 둘의 기록은 너무나 여실하고 상세한 묘사이다. 그 때 내가 독방 입감 첫날 덮었던 헤질대로 헤진 퍼런 누더기 이불에서는 죽은 쥐 한 마리과 보리알 만한 퍼런 이(蝨)들이 잔뜩 끼어 있어서 밤새 징그러워 긁으며 뒤척인 적이 있다.

면 사람과 차의 통행 일체를 금지하는 통행 금지법이 있었던 것이다. 이제는 일제 강점기부터 독립 운동, 해방건국기 그리고 긴급 조치 때까지 유서 깊은 수감자들의 역사의 공간으로서 문학 작품에서나 남은 서울 구치소의 의왕 이전으로 인해서 70~80 년대의 추루한 현저동 서울 구치소의 리얼한 감방 정경과 상황들과 역사는 아득한 기억과 장소와 공간이 되어버린지도 오래 지난 시점이다. 근작인 황석영의 자전『수인(囚人, 2017)』에 묘사된 의왕 구치소의 감방 정경도 약간의 변화와 차이가 있지, 현저동 구치소의 경우와 크게 다르지 않다.

2) 키(Key)에 대한 구금의 공간 현상학적 반응

두 번째로 사내가 드러내는 구금 반응은 감방의 T자형 키(Key)에 대한 매우 특별하고 민감한 반응이다. 열쇠-자물쇠의 모티프다. 주인공은 낮 동안에는 담당(간수)에게 맡겨지고 밤에는 모두 회수되는 각 사방(舍房)의 키와 그 이동 현상에 대해서 안도하거나 불안해하고 무서워하는 상반되는 반응을 나타낸다. 따라서 작품의 제목이 '문'(門)이듯이, 이와 의미론적 차원에서 문=열쇠로 뜻이 동일한 '키'에 대한 주인공의 민감한 반응과 의식이 공간 현상학적인 관점으로 강조되어 있다.

키에 대한 주인공의 반응의 몇몇 예를 들어보면 다음과 같다.

> 그렇게 담당이 근처, 어디엔가 얼쩡거리고 있는 기척만으로도 그런대로 위안이 되었다. 담당이 근처에 있다는 것은 키가 바로 근처에 있다는 뜻이고 방문이 바로 그만한 거리에 있다는 뜻이었다.

순간 사내는 가슴이 옥죄어 오듯이 답답해졌고 갑자기 가위 울리듯 공포와 불안이 엄습해왔다. 불이라도 나면 어떡하는가. 이를테면 그런 종류의 공포감이었는데 실은 불기라곤 전혀 없는 곳이어서 그 점은 쉽게 납득이 되었지만, 그저 서넉이면 키가 어디론가 멀리 회수되어 간다는 그 단순한 사실이 방문이 그렇게 멀리 달아나 있기라도 하듯이 덮어놓고 무서웠다.

해당 관구(管區) 각 사방의 키들이 서로 부딪치는 소리인 듯 하였다. 멀어져가는 그 쇳소리는 바로 방문이 저렇게 멀어져가는 소리였고 차단의 두께가 그 만큼 두꺼워지는 소리였다. 절겅, 절겅, 절겅, 그 쇳소리는 수십개의 방문이 한 손에 매달려서 그 수십 개의 방문이 서로 얼싸 안으며 부딪치는 소리였다.

이렇게 주인공인 사내가 밀실 공포증과 함께 병적일 만큼 키와 그 이동의 원근에 대해서 특별히 예민한 반응을 할 정도로 이동하는 감방의 키 모티프는 상징적인 의미로 작용한다. 키는 문을 열고 닫는 시정장치로서 의미론적으로 닫힘과 열림 및 감금-자유의 이중적인 양상과 기능을 지니고 있다. 바로 키의 열림-닫힘의 자물쇠-열쇠의 원리의 상징적인 양가성이다. 그래서 주인공은 키가 가까이 근접의 거리에 있을 때에는 그만큼 문이 곁에 있다는 열림과 자유에의 근접감에서 심리적으로 안도감을 느낀다. 그러나 밤에 키가 모두 회수되어서 어딘가 멀리 이동될 때에는 그만큼 자신과 열쇠와의 '사이'(Zwischen)가 확장되거나 멀고 두터워지는 격절의 거리를 느끼며 불안해하고 무서워한다. 이것은 열림과 닫힘의 상황성이 열쇠와의 '가까움'(Nähe)과 '멈'(Ferne)으로서의 공간 이동의 거리로서 표징되며 주인공의 내면적인 정서가 공간 현상학적으로 보아서 '근접의 정다움'(Heimeligkeit der Nähe)와 공간적인 원방으로서의 '멀어짐의 두려움(Furcht der Entfernung)'의 상태를 의미하는 것이다.[157]

이와 같이 주인공의 열쇠와의 거리로 인한 안도와 불안의 심리가 교차하는 반응은 벽 속에 갇혀서 격절되어 있는 사람의 마음과 해방과 자유에 대한 갈망의 마음이 서로 교차하는 내면 풍경을 드러내주는 구금 반응의 노출 현상에 다름이 아닌 것이다. 주인공 사내의 키에 대한 이러한 민감한 반응은 입감 다섯째 되는 날까지 계속된다. 이 모든 것이 주인공의 구금에 대한 공포 현상이다. '문'과 '키'는 열림/닫힘의 중의적 이미지이다.

3) '홀로'에서 '서로'의 이웃 관계로

주인공은 감방의 문이 덜컥 닫히면서 한 평짜리 독방에 갇힌 바 되고 낯선은 상황 속에서 고독이란 형벌을 받으며 그 속에서 혼자서 언제 끝날지도 모르는 시간을 지내야만 하는 처지이다. 땟국이 흐르는 푸른 관제의 수의를 입고 콩보리로 된 밥을 무 장아찌만의 반찬으로 대꼬챙이 젓가락으로 집어 먹고 지내게 된 것이다. '밥은 혼자 먹지만 말은 혼자 하지 못한다.' 말할 상대가 없는 갑갑한 단독으로의 '홀로(Solitary)'의 상태이다. 독방에 갇혀 있는 외로운 인간의 조건이란 인간 간(이웃) 대화(Mitmenschlichen Dialog)가 없다는 것, 즉 대화 상대와의 연대적 '서로

157 이재선, 『현대 한국 소설사 : 1945~1990』, 민음사, 1991, 152~3쪽.
Elisabeth Ströker, *Philosophisahe Untersuchungen Zum Raum*, Rittorio Klostermann, Frankfurt, 1964–1977, S. 33, S.92.

(Solidary)'의 관계가 존재하지 않는다는 사실이다. 그런데 주인공인 사내 혼자 입감되면서부터 그렇게도 아등바등 신경을 곤두세우고 불안해 하던 키에 대해서 몇 날(일주일 정도) 시나자 더 이상은 거기에는 신경을 쓰지 않고 냉담해지는 변화 현상이 나타나게 된다. 그것은 시간의 흐름에 따른 자연스런 적응 효과 때문이 아니고 수감 이후 처음으로 말을 걸어오는 대화의 파트너란 존재가 생겼기 때문이다. "식구통으로 손내미세요. 이거 받으세요"하고 넘기는 옆방의 '정'이라는 사람으로부터 '오경찬'이라는 별명의 무 장아찌를 받아들게 됨으로써 비로소 이루어진 것이다. 오경찬은 죄수들이 무 장아찌를 두어시간 정도 식수에 담그어서 짠물을 빼고 그것을 용각산 뚜껑과 같은 것으로 누그러뜨려 만든 대용칼로 잘게 썰어 설탕과 맛나니를 섞어 버무려 만든 죄수용 반찬이다. 하찮은 음식이지만 이것을 나누어 주면서 말을 걸어오는 '정'이라는 따뜻한 사람의 존재로 인해서 사내는 비로소 대화 상대가 없는 고립 상태에서 더불어 함께 있음의 '이웃'이 생기고 그로 인해서 소통의 끈이라고 할 수 있는 감옥에서의 연대 관계가 이루어지게 된 것이다. 구치소나 감옥 내에서는 이런 소통 방식을 통방이라 일컫는다. 이 통방은 감옥 내부 끼리를 이어주는 대표적 교신-대화 방법이고 포박 중인 사형수들에게는 죽음의 공포를 이겨내게 하는 수단이다.

> 순간 사내는 울컥 목구멍으로 무언가 솟구쳐 올라왔다. 자연스러운 이웃이 자연스럽게 건네오는 말과 요만한 정도의 호의나마 근 한 달만에 처음으로 맛보는 셈이었던 것이다.
> "감사합니다. 잘 먹겠습니다."
> 하고 사내가 인사를 하자, 옆방에서는 다시,

"잡수시고 이따가 식기는 돌려주세요. 난정이라는 사람인데, 저녁에라도 답답하거든 담당 눈치 안 체게 요령껏 절 부르세요. 심심풀이 정도 해드릴테니까요. 변소 쪽으로 나가서 불러도 됩니다.

"네. 감사합니다. 감사합니다."

이젠 이웃이 생겼다. 사내는 비로소 여간 마음이 든든해지는 것이 아니었고 바로 그 순간부터 사내는 그렇게도 아동바동 신경을 곤두세웠던 키 쪽에는 전혀 냉담해지는 것을 느꼈다.

이제 이 정도면 이 생활도 살아낼 만하다. 하고 사내는 어금니를 악물었다.

이런 말의 힘과 더불어 있게 하는 이웃이 존재한다는 서로의 연대성이 이루어지게 된 것이다. 결말에서 고립과 격리에서 사내가 '이 정도면 이 생활도 살아낼 만하다'고 안도한다. 이로써 단편 「문」의 이야기는 매우 미진하게 끝난다. 이처럼 단편 「문」은 시대적 상황성에 대한 비판 의식을 드러내기 보다는 이를 최대한 배제시키면서 부당한 수감자가 느끼는 구금 반응으로서의 감금-자유의 변증법을 열쇠 모티프의 중심으로서 제시함으로써 70년대 글쓰기의 제약적 한계를 노출하는 단순한 감옥(감방) 입감기로서의 기록적 감옥 문학이다.

그 때문에 작가에 의해서 10년의 시간이 경과한 다음, 장편 『문』(1989)으로서 개작 · 확장 작업이 이루어지게 된 것이다. 하기는 사내에게 오경찬을 주는 '정'의 등장은 서사 내용이 계속적으로 발전되어야 할 서사적 필연성으로서의 조짐이다. 그런데 장편에서 보듯 이 '정'은 이북 동향의 간첩 사형수 '강씨'가 된다.

6장

닫힘의 상황과 열림의 욕망: 장편『문(門)』

장편 감옥 소설『문』(1986)에 대한 논의에 들어가기에 앞서서 개작 또는 장편으로의 확장 이전의 상태인 원작 동명의 단편「문」(1979)의 마지막 장면을 일단 떠올려볼 필요가 있다. 이질 공간인 감방에 홀로 갇힌 순간부터 아동바동 감방 '키'의 원근 이동에 신경을 곤두세우던 주인공 사내는 며칠이 지나서 감방 식구통으로 '오경찬'(무 장아찌 반찬)을 전해오는 옆방 '정'이란 사람의 자연스럽게 걸어오는 말과 호의에 울컥 목구멍으로 무엇인가 솟구쳐 올라옴을 느낀다. 이어지는 단편의 마지막 부분의 묘사는 다음과 같다.

> "네. 감사합니다. 감사합니다."
> 이젠 이웃이 생겼다. 사내는 비로소 여간 마음이 든든해지는 것이 아니었고 바로 그 순간부터 사내는 그렇게도 아동바동 신경을 곤두세웠던 키 쪽에는 전혀 냉담해지는 것을 느꼈다.
> 이제 이 정도면 이 생활도 살아낼만하다. 하고 사내는 어금니를 악물었다.

왜 이 단편의 마지막을 떠올려 보게 되는가. 그것은 비단 작가가 아니어도 장편으로서 발전 · 전개될 서사적 연결의 핵이 이 속에 잠재되어 있다는 사실을 알 수 있기 때문이다. 장편의 내용은 의당 사내가 단편에서 '내가 왜 이런델 오나'라고 당혹감을 가질만큼 전혀 설명되지 않은 채, 체포 · 구금된 이유와 죄가 해명되어야 할 것이고, 또 최초로 감옥 내에서의 인간 간 대화(Mitmenschlichen Dialog)의 파트너가 된 '정'—개작에서는 '강'으로 대치됨—이란 사람과의 관계가 단순 일과성으로 끝나지 않고 그가 장편의 서사 진행을 위한 기대 지평의 인물로서 작용할 것이기 때문이다. 예상대로 개작 장편 『문』은 우리의 이 같은 기대 지평을 어그리지 않고 진행되어 간다.

우선 장편 『문』은 1970년대의 감금과 처형의 통제 공간인 서울 구치소의 실경과 구조를 비롯, 그 때 그 속에서의 구금과 생활 실상을 어떤 작품보다도 가장 사실성있게 그대로 여실히 묘사하고 기록한 문학 작품이다. 이 작품은 이 땅의 대표적인 감옥 공간으로서의 서울 구치소(서대문 형무소)의 역사성과 함께 70년대 구치소의 있는 그대로의 전모를 그대로 문학 공간에 수용하고 있다는 점에서 문학사적인 의의를 지니고 있다. 단편 「문」의 시작에서 제시되었던 구치소 감방의 칙칙함과 더러움 · 똥 · 냄새 · 차가움과 눅눅함과 이불 · 바께스 · 전등 등 허접스런 물건들과 같은 비인간적이고 괴이한 환경의 묘사와 주인공이 느끼는 열쇠에 대한 강박적인 구금 반응은 거의 그대로이다.

장편 『문』의 시작은 감옥 내에서 처음으로 이루어지는 강씨와 동료수인이 되는 것이다. 사내인 '그'와 강씨는 홀로의 상태에서 서로의 관계로 통방의 말을 하고 '오경찬'과 같은 식물(반찬)을 나누거나 교환할 수 있는 인간적인 관계를 형성하게 된다. 이 관계는 나중에는 서로가 비밀의 영내 배달 심부름꾼을 통해서 장문의 편지를 교환하는 관계로까지 발전할 정도로 서사 전체의 본체적 기능을 하게 된다.

그런데 이런 관계는 '옆방 사람'인 강씨가 남파 간첩으로 북에서 밀파되어 온 빨간색 삼각 딱지를 단 사형수와의 관계인 것임을 알게됨으로써 마치 남과 북의 대대(VS)의 분단의 축소적 정황이나 관계처럼 되어버리게 된다. 두 사람의 관계가 이렇게 됨으로써 설사 주인공인 '그'가 강씨에 대해서 이쪽과는 다른 이북 냄새가 난다는 향수나 노스탤지어로서의 동향 의식과 그의 인간적인 품성에 대해서 압도된 경외와 끌림의 정이 있다고 할지라도, 현실적으로 양자의 관계는 이념의 차이를 갖고 있는 엄연한 남북 분단 체제가 서로 마주하는 견인적 관계의 상황이 될 수밖에 없는 대응적 사정인 것이다. 결국 간첩과의 만남이다. 이를 두고서 권영민이 "작가는 이념의 대립과 갈등으로 점철된 분단의 역사를 좁은 감방의 문을 열고 그 속에 밀어 넣고 있고, 감방의 한정된 공간도 남북의 이념 대립이라는 무한히 큰 과제를 포괄할 수 있도록 내면의 상황을 확대시킨다"[158]라고 지적한다. 충분히 설득력이 있는 관점이다.

이런 가운데서 이후 서사는 두 개의 가닥으로 전개된다. 그 하나는 소설가인 나레이터 '그'(이호철)의 체포 및 구금 · 신분 등 작가의 사적 · 경험적 서사(이른바 문인 간첩단 사건)의 해명의 가닥이고, 다른 하나는 장문의 옥내 서신 교환이다. 특히 양자가 공간적인 폐소의 상황 속에서

158 권영민, 「이호철 소설, 닫힘과 열림의 세계」, 〈문학사상〉, 1989. 5. 한국현대문학사2. 민음사, 2002. pp.221-223.

1차, 2차의 서신을 통해서 남과 북의 통일에 관해서 서로의 생각을 펼쳐가는 상황을 제시하고 있는 점은 상당히 모험적이고 파격적인 설정이다. 이로 인해서 이 작품은 감옥소설인 동시에 남북의 현실 정치 상황에 대한 비판과 함께 작가의 통일론을 밝히는 정치 이념적 소설로서의 성격을 함께 지니기도 한다. 그런데 여기에는 장문의 옥중 서산 교환이 이루어지는 서사의 서간성(Epistolarity)이 양자 간한 관계의 소통의 매듭이 되고 있다. 작품에서 '편지'의 장이 있고 또 '회답'의 장이 있을 정도로 서간 교환이 중요 장절이 됨으로부터 서사는 실재적이고 이제까지의 경험적 서사로부터 허구적 서사로 변주된다고 볼 수 있다. 1974년의 서울 구지소의 상황에서 아무리 '물 샐 틈 없는 치밀한 알선에 의해서 편지가 교환'된다고 서술할지라도 쪽지도 아닌 긴 장문의 서신이 교환된다는 것은 실지의 내 경험으로는 절대로 불가능하기 때문이다.[159] 범법의 위험을 무릅쓰는 중개인의 존재도 현실적으로 쉬운 것이 아니다. 여기의 장문의 서신 교환은 현실이기 보다는 허구화를 위한 서사 방법이라고 보아야 할 것이다.

어쨌거나 「소설 · 알렉산드리아」에서도 편지가 서사의 중요 방법이 되고 있듯이, 이 『문』에서도 역시 그러하다. 두 번 편지가 교환된다. 서로가 교환하는 이 옥중 서신에서 남쪽의 '그'가 보내는 첫 번째 서신

159 이 시기(1974) 〈서강〉 교지 사건에 연루된 편집장 등 학생들의 지도 교수라는 이유 때문에 긴급조치에 걸려서 노랑 딱지를 달고 1사상 17호 감방에 홀로 구금상태였던 나는 종이 한 장, 펜 하나도 소지할 수 없는 상태에 있었다. 단지 입감 당시 교도관이 수번 594를 달라고 준 꼬부라진 바늘 하나(그것도 그가 회수를 잊은 듯)로 친지가 영치해 넣어 준 「The Way」라는 영문 성경의 여백장에 점자처럼 구멍을 내어 가면서 겨우 하루 한 줄의 일기를 쓸 수가 있었을 뿐이다. 그것이 내 유일한 필기 도구였다.

에는 아주 길게 동향의 간첩 강씨의 누이임이 분명한 강복순과 '그'와의 젊은 지난날의 인간적이고 개인사적 친연의 관계와 고향이 같은 동향 의식이 길게 설명된다. 이것은 되도록이면 이념이나 사상을 떠나서 동향 사람으로서 본원적이고 기본적인 인간의 관계를 배려하는 마음의 표출이다. 이에 대해 보내온 강씨의 회답은 조국 문제, 통일 문제를 허심탄회하게 토론함에는 동감하고, 수신자인 '그'의 유신 철폐와 민주 수호, 민주 회복이 다 거기에 닿는 문제라고는 하면서도 정작 정성스럽게 밝힌 여동생과의 옛날 이야기같은 개인사 같은 것은 하찮고 허접쓰레기요 당면해 있는 조국의 운명 앞에 그런 것들이 다 뭐라는 말이라고 꾸짖을 정도이고 그런 것들이 남쪽에서 20여년을 살아오면서 젖어든 오염현상이라고 지적한다. 이런 지적은 그의 노스탤지어 같은 동향 의식과 친밀감을 드러내는 사람다움에 대해서는 모욕이나 다름없는 방응인 것이다. 그리고 강씨를 통해서 이북 고향 냄새나는 사람으로서 남쪽의 어떤 부정적인 선배와도 대립시켜서 긍정화한 호의에 비하면 모욕이나 다름없는 지적인 것이다.

두 번째로 강씨에게 보내는 제 2신에서 '그'는 우선 인간사를 처음부터 하찮고 허접쓰레기같은 오염이라는 강씨에 지적에 대해서 반론을 제시한다. 그러면서도 남쪽과 북쪽 사람들의 관심과 일반적 성향의 엄청난 차이를 느끼면서 양자가 토론헤 기야 할 두어가지를 개진하는 가운데, 그는 강씨에게서 받은 놀라운 감동이 바로 그가 지닌 의연함이고 한국 사람이나 조선 사람으로서 지켜가야 할 민족의 덕목(德目)이라 본다고까지 지적한다. 이렇게 말하면서 남쪽 사람에게서 그런 덕목을 가진 인물을 어디에도 제시하고 않고 있는 그(작가)의 의식은 어딘가 노스탤지어와 현실의 양면에서 균형이 기운듯한 상태이다. 그의 동향의식은 현실적으로 강씨가 난파된 간첩이라는 사실은 접어두고 오직 의연함의 덕목이 그가 신봉하는 공산주의와 이데올로기적 차원의 것이 아니라 남북 통틀어 우리 민족의 미덕의 진수(眞隨)인 것으로 본다고 주장하고 긍정하기 때문이다. 그는 강씨가 북측을 전혀 비판하지 않고 있는 것과는 달리 공산주의 체제와 남쪽의 독재 권력 체제에 대해서 공히 통렬하게 비판함으로써 그는 강씨보다는 비판의 균형을 세운다. 그는 또 강씨의 덕목있고 의연한 인간적인 모습에서 감복을 하면서도 '그'와는 달리 이념이 인간을 통째로 지배하고 억누르는 자신이 속한 북의 체제에 대해서는 한 마디의 비판도 없이 함구하면서 남쪽의 쓰레기를 비판하면서 관념적인 조국 통일의 구호같이 외치는 경직성에 대해서만은 수긍하지 않는다. 그는 이런 기조 위해서 또한 타자와 어떠한 외세에 대해서도 조선 사람을 졸지에 도깨비로 둔갑시키는 '황당한 유령'이라는 강한 비판적 제노포비아(Xenophobia, 외세혐오)를 'Self-Identity'로서 드러낸다. 그(작가)는 이 편지에서 진정한 남북의 분단 상황을 극복할 남북 간 접점은 무언인가를 밝힌다. 그러나 그의 이 편지는 끝내 강씨에게 전달되지 못한 채, 강씨는 마침내 처형된다.

> 그렇다면 이제 이야기는 분명히 해야 하겠습니다. 선생께서 '오늘 우리 조국으로서 가장 당면한 문제는 뭐니뭐니해도 조국 통일 문제'라면서 제가 지금 이렇게 영어의 몸으로 갇힌 것은 '끝내는 그 문제에 가 닿을 거고, 작금에 이 땅에 지식인 그리고 학생들이 열렬히 주장해나서는 유신 철폐, 민주 수호, 민주 회복이라는 것도, 구경은 거기에 가 닿는거'라고 하신 말씀은 그대로 곧이 곧대로 통하지 못합니다. 거기에는 반드시 전제가 달립니다. 남북 공히, 독재 권력의 민주 권력으로의 전

화입니다. 그것이 필수적입니다. 물론 권력의 민주화와 함께 필수적으로 따르게 되겠지만, 사회의 광범한 민주화도 아울러 이룩되어야 합니다. 그렇게 동시적으로 조선 사람 · 한국 사람들을 두 정권의 볼모 상대에서 일단 풀어 놓아야 합니다.

그렇습니다. 문은 남북이 열리는 문은 달리 열리는 것이 아니라, 남북의 구치소 문이 같이 열리는데부터 비롯되어야 할 것입니다. 선생이 담고 있는 그 반의 문이 바깥 세상을 향해 활짝 열려서 뚜벅뚜벅 정문을 향해 걸어 나올 때, 그때 남북의 문은 제대로 열리는 것일 겁니다.

이것이 편지의 발신자인 '그'가 수신자 '강씨'에게 밝히고 있는 통일 내지 남북 통합에의 길의 요체이다. 다분히 민족주의적 관점이다. 결국은 남북으로 각각 갈라지고 닫혀있는 상극의 이념과 경직된 정치적 상황의 감옥문이 접점을 찾은 남북이 함께 여는 문으로 열릴 때에야 분단 상황은 마침내 극복의 가능성을 찾을 수 있다는 것이다. 이것이 '그'가 내세우고자 하는 통일론이다. 이것이 지닌 타당성 여부를 떠나서 이런 관점은 요컨대 상황적인 닫힘(Geschlossenheit)과 열림(Erschlossenheit)의 욕망(바람)의 상호 긴장관계인 열쇠–자물쇠의 대응원리에서 열림의 가치를 지향코자 함에 있는 것이다. 열림 · 닫힘의 양가성을 지닌 열쇠(Key)와 문은 상징의 의미론에 있어서는 동일 개념이다. 닫힘에서 열림은 언제쯤 이루어질지도 모르는 기대 지평일 뿐 현실적으로 '그'는 마침내 간첩 혐의를 벗으며 집행 유예로 열림의 문을 통과해 나오게 되지만, '의연한 품성'의 인간이지만 분명한 공산주의자요 남파 간첩인 강씨는 닫힘의 공간에서 마침내 처형장으로 가게 된다. 이렇게 이 시대의 서울구치소의 문은 열림과 닫힘의 양가성을 지닌다.

7장

장편 〈문〉의 처형 모티프 – 생명을 박탈하는 형벌

주인공 '그'와의 서신의 대화적 파트너인 강씨는 마지막 장에서 처형장으로 끌려가서 처형당한다. 따라서 작품 『문』에서 간과해버릴 수 없는 것은 처형의 모티프이다. 감옥은 의당 신체적인 징벌로서의 격리와 감금, 그리고 처형(Execution)이 이루어지는 반(反) 공중적인 영역이다. 한국의 감옥과 서대문 구치소에서도 그 이전을 차치해두고, 1960년대에서 사형제의 모라토리움(Moratorium)이 이루어진 1997년까지는 상당한 수의 흉악범 · 사상범 · 간첩 등 형사 피고인들이 사형을 당했다. 한 기록에 의하면 1970년 이후의 연중 처형자의 수가 가장 많았던 해가 1974년(58명), 1972년(34명), 1977년(27명), 1982년(23명), 1997년(23명)으로 이어지고 그 이후로는 처형(사형집행)이 제로화된다.[160] 이 기

160 Sangmin Bae, "Death Penalty Moratorium in South Korea", *The Politics of the Death Penalty in Countries in Transition*, ed. Makado Futamaru · Nadia Bernarz, Routledge,

록에 의하면, 작품『문』이 쓰인 시기인 1989년의 전후인 1988~1997년 동안에도 39명이 법적인 처형을 받은 것이다.

사람의 생목숨을 형벌의 이름으로 박탈하는 처형 행위는 그것이 국가 권력에 의한 징벌적 신체형으로서의 법적 살인이라고는 해도 무섭고 두려운 것이어서 우리의 관심에서 외면해버리고 싶은 현상이다. 그러나 처형은 법적 및 정치적 기능으로서 감옥 내에서는 언제나 집행되는 형벌 행위인 것이 사실이다. 따라서 감옥소설이고 그런 감옥이 영향력있는 문학적 중심 영역이 되어 있는『문』에서 작가는 결코 처형을 배제 시킬 수는 없었을 것이다.

작품『문』에는 '넥타이 공장', '고만통' 같은 교수형장을 일컫는 은어는 물론, 파란 딱지(사형수 : 살인범), 빨간 딱지(보안 사범 : 간첩 사형수) 등의 분류된 삼각형 딱지를 달고 확정된 사형 집행을 기다리고 있는 사형수들이 여러 감방에 수용되어 있다. 게다가 다른 장에서는 처형장과 그 주변 정경이 묘사되어 있다. 뿐만 아리나 사형장으로 옮기는 사형수들의 보행 즉, 이른바 '데드 맨 워킹(Deadman Walking)'의 행태 이야기도 제시되어 있다. 특히 작품의 끝부분인「처형」의 장은 이름 그대로 하루에도 몇 건씩 이방 저방의 강도 살인범 · 흉악범 및 간첩 사형수가 처형장으로 끌려간다. 개중에는 주인공인 '그'와 동향이며 당당하고 의연한 인간적 품성의 인물로 '그'에게 감동을 준 남파간첩 사형수 강씨도 처형장으로 끌려간다. 그리고 또 엽기적인 강변 살인범으로 감옥 내에서도 고약한 악인의 표상이었던 살인범 서복출도 백지장 같은 새하얀

2014, p. 95 도표 참조.

낯빛을 하고 뚜벅뚜벅 사형장으로 발버둥치지 않고 걸어간다. 처형은 이렇게 통치 권력과 법에 의해서 수형자의 생명을 박탈하고 끊는 잔인하며 고통스럽고 중하고 가혹한 형벌이고 생존권을 빼앗는 법으로서의 힘의 행사이다. 형법은 이 사형(처형)의 개념을 수행자의 생명을 박탈하는 것을 내용으로 하는 형벌 · 생명의 박탈을 내용으로 한다는 점에서 생명형이라고도 규정한다. 어쨌거나 처형은 가공할 만한 법에 의한 살인이다.

그렇다면 서울 구치소가 공간적인 배경이 되어 있는 작품 『문』에서 행해지는 처형은 어떻게 제시되고 있는가. 이를 작품의 마지막 장인 「처형」의 장에 국한하여 살펴본다.

'그'가 있는 사동의 8방 · 13방 · 11방 · 5방에는 4명의 사형 확정수가 죽음을 기다리는 상태에 있다. 모두가 간첩 수형수 · 친족 살인범 · 강도 살인범이다. 간첩 사형수 강씨는 군 출신의 흉악 살인범인 서복출로 인해서 5사하 쪽으로 전방되어 있는 상태이다. 대량 처형이 있을 것이라는 이상한 낌새나 뒷공론이 심심치 않게 돌면 사내 분위기는 조바심으로 획 달라져 버린다. 첫날 째의 사형의 경우 온 사동 안이 조용한 속에 갑자기 뒤꼍 2 사동 아래층 쪽에서 와그적 와그적 몸집 좋은 교도관 둘이 한 수인을 양쪽에서 팔을 끼고 방을 나가 달랑 들듯이 끌려간다. 그리고 그 뿐, 한 이생의 끝이다. 이는 13방 친족 살해의 수형수의 처형이다. 다음은 '서복출 면회' 소리와 함께 5방 앞 복도에 철버덕하고 고무신 내려 뜨리는 소리가 들리고 드디어 서복출이 끌고간다. 이 날 네 건의 처형이 있었고 이튿날에도 내리닫이로 세 사람이 목이 달렸다. 이틀 동안에 여섯 사람이 그렇게 저승길로 갔으며 3 사상에서는 서복출 뿐이었다. 이틀 째에 9사하에서는 차려로 두 사람이 끌려 나간 것이다. 이렇게 작품은 처형장으로 끌려가서 처형을 당하는 사형수들의 마지막 형태를 목격자의 진문으로 인용한다.

> 어린이 유괴 살인범 사형수 하나는 밧줄이 목에 와 닿자, "아이구 어머니, 어머니"하고 부르다가 금방 '고만통'으로 떨어져 가더라는 것이고, 집행관들에게 일일이 목례까지 보내며 가는 사람이 있는가 하면, 담배 한 대 달라는 사람도 있고, 집행 직전에 마지막 소원을 묻자 앙꼬빵이 먹고 싶다고 하여 갖다 준 빵 두 개를 맛있게 먹어 치우고 다시 물까지 청해 부글부글 입 안을 깨끗이 행구고 가는 사람도 있었다 하였다. 사형수 거의가 하나같이 마지막에 물을 청하였고 심지어 처형 직전에도 살아날 기적을 바라는 사형수가 있는가하면 끝까지 냉소 비슷한 웃음을 머금은 채 매달린 여자 사형수도 있엇다고 한다. 2사상에서 끌려 나갔던 친아버지 살해범은 어서 빨리 매달리고 싶어하더란다. 또 혹은 "여기가 어딥니까? 어째 기분이 이상합니다"하고 시종 두리번 거리다가 집행당하는 사형수도 있었고 "아니 내가 왜 죽어요"하고 울부짖으며 갖은 발악을 하다가 죽어간 사람도 있었다고 한다.

그 다음은 '처형장에서는 간단한 요식 절차가 있다'고 하며 처형이 집행되는 의식(儀式)이 요식 절차란 이름으로 서술되어 있다. 이 집행에서의 사형수의 떨고 있는 모습 · 원형대 위에서의 마지막 말, 그리고 집행 과정의 세밀한 묘사의 대목에 대한 인용은 일단 보류한다. 사실 형을 집행할 때 사형수에게 발언의 기회를 주는 것은 미셸 푸코가 『감시와 처벌』에서 지적하고 있듯이 그것은 그의 결백을 표명하도록 하기 위한 것이 아니라 그의 죄와 사형 선고의 정당성을 입증시키기 위한 것이다.

이틀째 처형은 개천 사람 간첩 사형수의 경우이다. 그는 인정 신문부터 아예 묵살하며 소리소리 지르고 목이 달리기 직전에는 대개의 그들의 관례대로 힘껏 인민 공화국과 김일성 주석 만세를 부르고 간다.

마지막 사흘째는 다시 세 사람이 처형된다. 마지막 차례가 바로 강씨이다. 입회한 사방 담당들의 전언에 의하면, 그는 방에서 끌려 나갈 때부터 처형장으로 들어가기까지 의연하고 당당했으며 앞서의 다른 간첩들과는 달리 '조국통일 만세'라고 우렁찬 고함을 지르고 뚜벅뚜벅 처형장으로 들어갔다고 한다. 서술자인 그의 의식의 노스탤지어는 끝까지 강씨를 부정함이 없이 긍정상으로 본다.

어쨌거나 강씨의 죽음은 한 인간의 법에 의한 처형인 것이 분명하지만, 작가는「소설 · 알렉산드리아」의 작가처럼 긴밀할 정도로 끌린 옥중 파트너인 강씨에 대한 남파된 간첩의 죽음을 두고 사형 폐지론까지는 펼치지 못한다. 분단의 엄혹한 정황은 그럴 만큼의 여건이 허용될 수 없기 때문이다. 그런 가운데서도 이 작품에서 특이한 점은 많은 여타의 작품들의 사형수들이 모두 정치적 범죄의 정치범이나 간첩임에 비해서 살인, 친족살해, 강간, 강도 등의 반사회적 일탈의 범죄자들이 처형됨으로써 외면된 듯한 범죄자의 처형과 범죄성(Criminality)의 관계를 드러내고 있는 점이다. 이는 죄와 벌이 긴밀하게 상관되는 서복출의 처형으로서 대표된다.

이 밖에도 서대문 서울 구치소에서의 처형이 작품화하고 있는 것으로는 김원일의 장편『푸른 혼』이 있다. 이는 1975년 4월 인혁당 사건으로 도예종, 하재완, 이수병 등이 재판 즉시 사법적 살인에 의해서 처형된 사실을 다룬 것이다. 그 이후로 처형은 현재 모라토리움 상태이다.

이문열의 장편『호모 엑스쿠탄스(Homo Excutans, 2006)』-처형하는 자로서의 인간-는 이들과는 다른 차원에서 처형(처형자) 모티프를 한국 문학의 특이 성과로서 끌어들이고 있는 작품이다. 그는 이미 『사람의 아들』에서 끝없는 권력의 모티프인 '방랑하는 유대인', '아하스 페루스' 등 세계적 모티프들을 한국 문학에 적극적으로 수용 · 활용한 바가 있는 작가이다.

8장

감금 경험의 징후적 표상으로서의 벌레

곧바로 마지막 학년의 첫 학기에 관여했던 학생 시위의 주동자로 몰리면서 그가 최초로 경험해야 했던 격리의 장소에 대해 회상했다. 그 격리의 장소에서 그가 매우 이례적인 양식으로 바퀴벌레를 체험하였다

갑작스런 공포가 전신으로 물밀 듯 확산되었던 것이다. 더욱 난감한 것은, 그 순간 대학 시절에 경험했던 통제된 공간과 그 밤들, 그 밤의 끔찍스런 벌레 떼들이 확산되는 공포의 밀물을 타고 일시에 습격해 들어온 일이었다.

— 이승우, 「구평목씨의 바퀴벌레」

어두컴컴한 방에서 보니 철창 밖으로 여전히 가랑비가 곧은 직선을 그리며 축축하게 내리고 있었다. 그때 나는 놀랍게도 내가 한 마리의 벌레로 변해가는 것을 알았다.

우리 시대에는 많은 사람들이 갖가지의 형태로 벌레가 되어버린 불유쾌한 기억을 가지고 살아가고 있을 것이다.

— 김영현, 「벌레」

인용된 이 글들은 이승우의 단편 「구평목씨의 바퀴벌레」와 김영현의 단편 「벌레」 속의 몇 구절을 먼저 인용한 것이다. 모두가 배제의 대상인 해충류(Venmin)벌레의 그로테스크한 이미지나 메타포와 관련되어 있다. 전자는 주인공의 의식이 벌레 공포(Wormphobia)의 하나로서의 바퀴벌레 공포증(Cockroachphobia)에 시달리는 징후 상태이고, 후자는 카프카의 「변신」(Die Verwandlung, 1916)에서처럼 주인공 잠자의 의식이 자신이 한 마리 벌레로 변해가고 있음을 느끼고 있는 이상 상태이다. 이런 벌레 공포나 벌레로의 변신의 상태는 신경 의학적으로나 정신 병리적으로 보면 건강하지 않고 병의 징후를 갖고 있거나 앓고 있는 상태인 것이다. 그런데 이와 같은 정신적인 공포의 징후 현상의 병인이 되고 있는 것이 모두 유신 · 긴급조치 시대인 70~80 년대의 대학 시절의 민주화 학생운동으로 인해서 겪은 감시 및 감옥이란 통제된 공간 내에서 겪은 혹독한 감금상태의 억압적 공포와 불안의 경험과 관련이 있다. 즉, 상황인(狀況因)이다. 이것은 감금의 장소인 감옥(감방)이 결과적으로 비유하면 정신적 불건강의 상태를 만들어 내는 무섭고 가학적인 일종의 정신 병동이나 다름없다는 퍼스펙티브이다.

1) 웜 포비아(Wormphobia)로서의 과민성 피해 망상

「구평목 씨의 바퀴벌레」(이승우)에는 실제의 바퀴벌레와 환영 속의 바퀴벌레가 이중삼중으로 나타나는 특이한 곤충 이미지의 작품이다. 나레이터인 '나'(윤기자)가 어느 날 아침 잡지사 사무실에서 여사원이 가져다 준 커피를 마시다 모르는 사이에 입 안으로 삼켜버린 실제의 바퀴벌레와, 같은 잡지사의 선배인 구평목 씨를 과민하게 반응하게 하거나 불안케 하고 출근까지도 못하게 하는 정신적인 망상 속에 있는 바퀴벌레가 그것이다. 바퀴벌레(Cookroach)의 이미지가 중요하게 다루어진 유명한 작품은 브라질 여류작가 클라리스 리스펙토르의 「G.H에 따른 열정」(1964)이다. 이승우의 이 작품 역시도 그만큼 바퀴벌레에 대한 지시성과 상징성의 성격이 함께 강조되어 있는 작품이다.

잡지사 기자인 구평목 씨는 학생 시절 마지막 학년의 첫 학기에 관여했던 데모의 주동 혐의로 몰려서 '격리된 장소'인 감방에 귀속되었던 내력을 가진 사람이다. 그런데, 이 감옥에 갇혔던 과거의 '의례적 양식'으로 겪은 두려운 바퀴벌레 체험이 그대로 그의 현재까지도 지배함으로써 회사 사무실에 대낮에도 자주 기어나오는 바퀴벌레의 출현을 보면서 보통 이상의 극단적인 혐오감을 갖고 안절부절하며 잡으려고 한다. 혹시 놓치기라도 하면 웅얼거리는 소리로 '이 놈의 사무실에 불을 지르든가, 내가 월급쟁이를 그만 두든가 해야지'라고 극단적인 혐오의 민감성을 보인다. 이는 그가 말하는 격리의 장소에서의 억류상태에서 매우 이례적인 양식으로 체험한 바퀴벌레에 대한 심리적인 공포의 체험이 그의 불안한 강박된 의식의 늪 깊은 곳에 또아리를 틀고 그대로 숨어 있었기 때문이다. '의례적 형식'이란 실재의 바퀴벌레가 아닌 것을 바퀴벌레로 의식하는 구평목 씨의 망상형 공포 상태를 의미할 여지가 있는 것이다.

그런데 이런 구평목 씨가 어느날 퇴근 후 후배인 화자 '나'와 함께 광화문 뒷골목 술집에서 술을 마시며 횡설수설 '사회구조의 체질적 모순'을 늘어놓는 중에 앞 쪽 좌석에 앉아서 이쪽을 노려보는 '칼날 같은 눈빛'과 마주치고 또 나와 헤어져 집으로 돌아가는 중에서도 '가죽 잠바'의 감시와 미행을 당하고 있다는 생각에 그로 하여금 현재의 일상 역시 전혀 안전하지 않나는 누려움과 피해 의식에 갇혀 있게 한다. 그 때문에 소설의 시작에서처럼 술을 마신 바로 그 다음 날인 바로 오늘, '구평목 씨는 출근하지 않았다'라는 상태로 느닷없는 결근을 하며, 전화 통보조차 거부한다. 이 결근을 두고 윤 기자(화자 '나')는 권 부장으로부터 그의 결근 사유에 대한 질문을 받는다. 윤 기자는 마침 그 때 여직원이 가져다 준 커피 잔의 바퀴벌레를 삼켜버려서 치밀어 오르는 구역질을 힘겹게 참아내고 있던 경황없는 처지에서 구평목 씨 보다는 그런 상태의 자기 해명을 해야 할 순간에 황황하게 사무실에 왕성하게 기식하는 바퀴벌레의 존재가 무관치 않으리라는 추측을 무의식적으로 발산하면서 "구평목 씨가 결근한 것은 ……빌어먹을 바퀴벌레 때문이에요"라고 말해버리게 된 것이다. 경황없는 처지에서 말해버린 결근의 이유로 바퀴벌레를 상정한 사유의 무의식적인 믿음은 사실상 터무니없는 것은 아니다. 구평목 씨의 바퀴벌레에 대한 내밀한 잠재적 두려움이나 피해 의식까지를 알바는 없어도 평소 구평목 씨로 하여금 사무실에 불을 지르고 싶을 만큼, 월급쟁이를 그만 둬야 할 만큼 사무실을 기어다니며 방화 충동을 일으키고 퇴사 충동을 일으키게 하는 바퀴벌레가 그의 결근의 이유로서 짐작되기에는 충분하였기 때문이다.

그날 구평목 씨가 취재하기로 된 '자매 복지원' 취재를 대신한 '나'(윤기자)는 취재를 마치고 회사로 돌아오는 귀로에 구평목 씨의 하숙집을 찾아간다. 그로부터 지난밤에 함께 한 술집에서 칼날 같은 눈빛과 '가죽 잠바'에 대한 이야기를 들으면서 '나'는 그의 피해 의식의 동조 하에 잔뜩 뒤틀리고 협착해진 그의 세계에 갇힐 수도 없는 노릇이어서 회사에 돌아와서도 구평목 씨를 만난 사실에 대해서 묵비한다. 뿐만 아니라 그를 붙잡고 있는 바퀴벌레에 대한 야만적인 피해망상의 폭력에 대해서도 전혀 모른 체 한다.

그런데 정작 구평목 씨는 그날 이후 하숙집에다 누군가 자기를 쫒아 다니는 사람이 있고 하숙집도 곧 들통이 날 터이므로 피할 수밖에 없다는 말을 하고는 회사를 그만둔 채 몸이 아프다는 이유로 꼼짝 않고 누워 지내다 한 밤 중에 몰래 빠져나가 도망쳐 버리고 만다.

그렇다면 구평목 씨에게 있어서 바퀴벌레는 과연 무엇인가. 또 왜 그는 바퀴벌레에 대해서 그렇듯 신경과민 현상을 보이고 있는가. 이에 대한 해답을 주기 위해서 작품은 바퀴벌레에 대해서 꽤나 많은 정보적 설명과 암시를 함께 제시하고 있다. 구평목 씨의 바퀴벌레에 대한 민감한 불안과 두려움은 신경과민의 두 개의 측면과 관련되어 있다. 격리된 장소에서의 밥벌레의 두려움이 작용한 망상형의 바퀴벌레와 자신에게 '바퀴벌레'라는 별명을 얻게까지 하면서 빈약한 육체를 점령하는 한 무리의 바퀴벌레가 그것이다.

그 첫 번째의 바퀴벌레는 실재의 것이라기보다는 격리된 감방에 갇혀있던 구평목 씨가 그 방에서 별의별 벌레들-특히 '빌어먹을 놈의 흉물'인 바퀴벌레에 시달리는 밤이 두려웠고 벌레들을 도저히 더 이상 인내할 수 없는 한계에 도달하는 상태가 되도록 하는 망상의 바퀴벌레라고 할 수 있다. 그럴 무렵 공교롭게도 그는 같이 감방에 갇힌 신세였던 동료들 중 그만이 유일하게 '개전의 정이 뚜렷'하고 시위에 충동 참가한 사실이 인정되어서 풀려나게 된다. 그는 그후 혼자만 풀려난 것에 대한 비난과 경멸의 질문에 대해서 '바퀴벌레 때문에'라는 명분과 변명을 마련하지만, 그치지 않고 그들의 비난과 비웃음이 계속 이어진다. 구평목 씨의 석방의 명분과 근거가 된 바퀴벌레에 의한 수난은 실제로 바로 옆 방에서 겪었던 그의 동료들이 '그놈의 벌레는 한 마리도 구경 못했다'는 한 마디에 부정되고 일축되어 버린다. 그래서 그가 말하는 바퀴벌레가 어떤 바퀴벌레인지를 따져 묻고 비웃고 또 추궁까지 한다. 완전히 배반의 바퀴벌레가 되어서 '한 무리의 바퀴벌레에게 빈약한 육체가 점령당하는' 악몽에 시달리게 된다.

> 납작한 몸체와 미끌미끌한 등짝의 광택을 이용하여 현저하게 좁은 틈새로 잽싸게 숨어들어가는 도피성으로서인지, 아니면 예민한 더듬이를 안테나처럼 현란하게 움직여 거기에 어둠이 탐지되면 비로소 기어나와 눈치를 살피며 거동을 시작하는 기회주의로서인지 그것도 아니면 퇴화된 날개를 장식처럼 달고서 하늘을 꿈꾸는 대신 장판 밑에 그늘에 안주하는 패배주의로서인지, 그가 말하는 바퀴벌레가 무엇의 상징으로서의 바퀴벌레인지를 캐물으며 비웃었다.

여기의 바퀴벌레는 모두가 부정적인 이미지이고 상징이다. 그 때부터 구평목 씨는 '바퀴벌레'라는 별로 아름답지 못한 별명을 얻어가지게 되었고 그를 아는 사람들로부터 그가 바퀴벌레 같은 부정적 처신을 한 것이라는 야유와 경멸을 받는다. 구평목 씨에게 있어서는 바퀴벌레 같은 존재들이다. 이렇게 이들은 그를 그들과 구별시킴으로써 자신들의 순수를 역으로 비호하려는 은밀한 의도를 뒤범벅하여서 그를 향해서는 '바퀴벌레'라고 숙덕거리게 된다. 여기서 말하는 도피성 · 기회주의 · 패배주의 등의 바퀴벌레 상징 가운데에서 그들이 말하는 별명의

'바퀴벌레'의 상징성은 무엇인지 구평목 씨는 확실히 알 수는 없었지만 그들이 말하는 모두가 부정의 원형이며, 군집성의 바퀴벌레가 되어 구평목 씨의 빈약한 육체 속으로 비집고 들어가서 매일밤 반복되는 악몽의 꿈으로서 작용하는 두려움과 신경과민의 요인이 되게 한 것이다.

두 번째의 바퀴벌레는 설사 같은 감방이나 바로 옆방에 있었던 동료들의 억측이 있었다고는 할지라도 그가 통제된 공간에서 도저히 인내할 수 없이 벌레가 바퀴벌레로부터의 습격을 받는 것이 사실이고, 또 그로 인한 두려움과 심각한 신경 과민성이 간힌 그의 심리적 내인성에서 연유되는 무서움이라는 괴물의 망상이 바퀴벌레가 된 것은 사실이다. 또 이 망상에 그가 시달린 것은 부정할 수 없는 것이다. 감옥에 가두어진 공포와 이렇게 여린 구평목 씨 같은 한 인간을 철저히 가두고 허물어 버리게 한 징후적 내지 병적인 현상이다. 이런 구속과 감금에서 이루어지는 잠복적인 공포의 심리적인 감옥 트라우마 현상이 현실적으로 '칼날같은 눈빛'과 '가죽 잠바'와 마주치게 됨으로써 끔찍스런 바퀴벌레처럼 전신으로 물 밀 듯 확산된 것이다. 결국 「구평목 씨의 바퀴벌레」의 공포는 그로 하여금 사무실과 집으로부터 잠적케 작용하고 있는 것이다. 이런 바퀴벌레 공포증의 불안 강박의 신경증의 징후를 모조리 부정해버리고 도피성 · 기회주의 · 패배주의의 표상으로서 보는 것은 자신들만의 순수를 대비에 의해서 비호하려 드는 군집성 바퀴벌레 떼가 실은 빈약한 존재의 육체를 점령해버리는 경우와 다를 바가 없는 것이다. 사실 구평목 씨는 이를 두려워했는지도 모른다. 구평목 씨가 배신의 표상이라면 연약한 그를 비판함으로써 구평목 씨처럼 풀려나지 않은 자신들을 비호화하고 정당성을 얻으려는 동료나 아는 사람들은 정의롭다기보다는 독선의 표상이다.

이런 두 부류의 아픈 경험을 가진 인간들과는 달리 구평목 씨의 전격적인 행방 불명에 대한 우려나 최소한의 관심조차 없이 대중가요 대상의 수상 예상이 누구의 무슨 곡이 될까란 도박에 푹 빠져 있는 부류의 속악한 세상살이의 세속적 인간들이 주변에 훨씬 더 많이 존재한다는 상황이 묘한 아이러니를 유발시킨다.

왜 '나'는 마지막 장면에서 힘을 모아서 신발 밑창으로 바퀴벌레를 흔적도 없이 뭉개어 버릴까. 이 의문의 행위가 함축하는 의미가 결코 예사스러운 것이 아닐 것 같다.

2) 벌레로 변신하는 완강한 벽 속의 저항자 : 〈벌레〉

김영현의 작품「벌레」는 감금 상태가 촉발한 정신적인 병리의 증상을 다룬 작품이다. 주제학적으로 인간이 짐승이나 벌레로 변해가는 형태의 변신(Metamorphosis) 모티프와 감금과 항거(Confinement/Protest)란 테마의 변증법적 관계가 구성 원리로서 작용하고 있다. 변신이란 점에서는 우선 이 작품은 프란츠 카프가의『변신』(1916)과 매우 닮아 있다. 보다 그것을 의식하고 있다.『변신』의 주인공인 그레고르 잠자가 그로테스크한 존재인 커다란 곤충(또는 딱정벌레)으로 변신해 가는 것처럼, 이「벌레」의 주인공 역시도 벌레가 되어 가고 있기 때문이다. 카프카와「벌레」와의 관계는 이것만으로 끝나는 것이 아니다. 작품의 시작에서부터 상당 부분『변신』의 줄거리와 해설까지를 인용하고 또 같은 변신에도 불구하고 인간의 의식을 유지하고 있는 점, 작중에 등장하는 담당

교도관이 주인공에게 들려주는 대학생이던 자기 형의 자살의 원인이 바로 미치광이 카프카 때문이라는 경멸적인 어투의 토설에서도 카프카가 등장한다. 아우의 입으로 '무책임한 놈'이라고 불리는 형의 유서라고 하는 글속의 '갈 수 없는 성'으로 가야겠다는 것은 짐작컨대 소설 『성』(*Das Schloß*, 1926)을 두고 한 말임이 분명하다. 이렇게 「벌레」는 인물 간에 존재하는 일치의 상호관계인 이른바 '상호 인물성'(Interfiguralität) 및 변신 모티프 그리고 인용 등으로 카프카의 『변신』과는 작가의 변별화에도 불구하고 가족과 사회의 의미 등[161] 친근성이 적지 않은 작품이다.

내레이터이면서 프로타고니스트인 '나'는 요즘에 이르러서 자신이 징그러운 벌레로 변해 버렸다는 두려움과 불안 상태에 빠져드는 정신적인 증상을 자주 느낀다. 이 증세는 혼자 방 안에 앉아 있거나 낯설고 어두운 거리를 걸어갈 때면 영락없이 찾아와서 괴롭힌다. 그것은 연이은 5년 간을 감옥과 군대에서 보내고 돌아온 시절부터 발생한 증세이다. '나'는 이 증세나 증상에 대해서 일단 스스로 '정신장애환자'로 자기 진단을 하고 이런 자신의 정신 상태가 최루탄 가스의 어떤 성분의 일정한 효과가 가져다 준 것이 아닌가 하는 생각까지 한다. 그래서 이런 자기 증상과 관련된 사회적 분위기와 과거의 몇 가지 기억을 더듬어 나가기 시작한다.

대학 졸업을 한 학기 남겨두고 주인공 '나'는 '시위 예비 혐의'로 긴급조치 9호에 걸려 영등포 구치소 0.7평 독방에 갇혀 있게 된다. 천장만 높은, 삼십 촉짜리 전등 아래서 책을 읽다가 어느 날 시찰구 쪽에서

161 Norman Friedman: *Form and Meaning in Fiction*, The university of Georgia press. 1975 "Self and Family" in "The Metamorphosis" p.231~234.

들여다보는 같은 나이 또래의 교도관과 말을 나눈다. '나'는 교도관으로부터 '무책임한 놈'이란 힐문을 듣는다. 그와 동시에 수재로서 가족의 희망과 기대를 저버리고 카프카에 미쳐서 대학 3학년 때 자살하고 만 형을 '무책임한 놈'이라고 말하며 비난하는 개인적 이야기도 함께 들음으로써 그는 내용을 알 수 없는 증오와 불행이 가슴 속에 불꽃처럼 부풀어 오름을 느낀다. 그 이후 '나'는 6개월 가량의 독방 생활이 끝날 무렵, 일심 재판을 받는다. 방청객이 철저히 통제된 텅텅 빈 재판정에서 일사천리로 진행되는 재판에서 5년 구형에 2년 선고를 받는다. 시위를 예비 음모했다는 죄목과 법정 태도가 매우 건방졌다는 이유가 첨가된 것이다. '나'는 영등포 구치소에서 항소를 하고 항소심 관할 재판소가 있는 서울 구치소로 이감된다. 이때 서울 구치소는 소용된 정치범들이 너무 많아서 일반수들이 들어 있는 방에 끼어 들어가서 있게 된다. 이 시기가 바로 78년 여름 유신 체제의 짙은 어둠 속에서 사람들이 몸부림치던 시기이다. '나'는 이감되자마자 갇힌 친구들과 함께 단식 투쟁에 돌입하면서 철창을 잡고 "유신 헌법 철폐하라! 긴급 조치 해제하라! 박정희는 물러가라!"란 구호를 소리치며 독재 정권에 항거하는 옥중 프로테스트를 감행한다.

그로 인해서 '나'는 교도관들에 의해 입과 얼굴을 가리는 방성구(防聲具)가 채워지고 손을 뒤로 수정(手錠)이 채워진 채 긴 복도를 거쳐서 좁은 바위 틈 공간 같은 소위 '먹방'이라는 곳으로 끌려가서 혼자 갇힌다. 감방 중의 감방이다. 낭패감과 절망감으로 가슴을 서늘하게 하고 곰팡이와 먼지 냄새 같은 게 나는 방, 투쟁적인 친구들이 떠드는 소리가 인간의 비장한 가슴을 공명통으로 울리면서 공포감을 자아낸다. 감방 중의 감방이고 완전한 벽 속의 방이다. '나'는 그 속에서 벌레같은 몸짓을 하고 '형이상학 요법'이라는 일종의 관념 조작술—자신을 이중으로 분리시켜 묶여 있는 비참한 자신과 그것을 관찰하는 나를 만들어 가는 것—로 참아보지만 가려움에는 별무성과이다. 거기에다 오줌보가 당기는 낭패한 일이 생긴다. 손을 뒤로 묶어서 수의(囚衣) 바지에 끈을 풀 수 없어 오줌보는 점점 팽팽하게 불어나고 그 압력이 고통스럽게 배를 누른다. 더 이상 참고 견딜 수 있는 재간이 없어서 그는 바로 철문을 차며 소리쳐 본다. 조금 있어 찾아온 '지도' 완장의 사내는 험하게 눈알을 부라리며 금방 욕이라도 퍼부을 듯한 기세다. 입이 꽉 막힌 상태라 몸짓으로 오줌이 마려워 죽겠다는 표시를 했지만 그는 '나'의 이같은 몸짓을 항의로 받아들인다. '나'는 나의 눈빛에서 항의가 아니라 애원의 빛이 발견되기를 기대하며 최대한 애원을 해본다. 그러나 '지도'의 반응은 "나한테는 그럴 권한이 없어. 열쇠도 없을뿐더러 절대로 문을 열어 주어서는 안된다는 엄명이 있거든."하고 황급히 복도 저쪽으로 사라져 버린다. 그 뒤에다 대고 다급하게 철문을 차대며 짐승 같이 소리를 질러 보지만, 누구하나 얼굴을 내미는 기색이 없고 '나'는 분노와 절망감을 동시에 느낀다. 어두컴컴한 고요와 견고한 벽이 다시 '나'를 에워싸고 '나'의 복잡한 감정을 차갑게 되받음을 느끼면서 원래의 자리로 돌아와 앉는다. 그때 이제껏 요도를 꽉 잠그고 있던 의지력이 풀리면서 고무 풍선처럼 팽팽하게 부풀어 있던 오줌이 황급히 빠져 나오며 척척하게 푸른 수의 바지를 적시고 사타구니를 타고 엉덩이 께로 흘러내린다. 비참해질대로 비참해진 기분이 되는 순간 '나'의 뇌리에 하얀 눈송이를 이고 면회를 온 시골의 어머니, 오빠를 아버지처럼 믿고 따르던 여동생, 또 하나의 얼굴인 애인을 떠 올린다. 그들을 기억하는 것만으로도 그 '나'에게 충분히 고통이 되어서 입에서는 끊임없이 개처럼 질질 흘러대고 있는 침, 질퍽하게 오줌을 싸놓은 옷, 손을 뒤로 묶어 팔이 없는 사람의 꼴인 지금의 자신의 형상이 그들을 놀라게 하고 미치게 하고 말 것이란 생각에 '나'는 끝없이 작아지고 싶어하고 남의 눈에 띄지 않는 먼지와 같은 존재가 되어버리고 싶어한다. 그때 '나'는 놀랍게도 자신이 한 마리의 벌레로 변해가는 것을 인지하게 된다.

> 나는 내 몸이 마치 여름날 나뭇잎 새에서 흔히 발견되는 나방의 애벌레처럼 물렁물렁해진 것을 알았다. 다리나 팔 대신 빨판 같은게 끝에 붙어 있는 여러 개의 발이 몸통에 달려 있었다. 그렇지만 나는 유감스럽게도 내 몸을 완전히 관찰할 수는 없었다. 왜냐하면 여전히 머리만은 마음껏 돌릴 수 없었기 때문이다. 그러나 내가 한 머리의 완전한 그리고 다소 징그러운 벌레로 변신해버린 것은 분명했다.
>
> 단지 입에서 여전히 더러운 침같은 액체가 흘러내리는 것이 기분 나빴지만, 벌레라면 흔히 그럴 수도 있는 것이다.
>
> 내 경험으로 말하자면 나의 의식은 여전히 벌레로 변해버린 내 몸통의 눈 속에 들어 있다는 사실이다. 말하자면 나는 벌레의 눈을 통해서 열쇠 구멍으로 밖을 내다보듯, 자신을 완전히 숨긴 채 세상을 내다보고 있는 셈이었다. 세상 사람들은 나를 볼 수가 없다.

이렇게 그는 자신이 변신하는 중세를 느끼는 상태가 된다. 인간을 침 흘리는 짐승이나 벌레처럼 오줌을 누어야만 하는, 그리하여 저급한 처지로 동물화시키고 불안하고 두려움의 정신 상태로 몰아가는 것은 무엇인가. 그것은 인간의 자유를 박탈하고 빼앗는 포악한 독재적 권력 체재와 그런 권력의 도구화가 된 감시 체제로서 인간을 유린하는 형벌

제도가 수행하는 반인간적인 법의 운용이다.

마지막 장면에서 '나'와 내 친구의 담당 의사인 국립 정신병원 의사와의 대화에서 나온 말, "우리 시대에는 많은 사람들이 갖가지의 형태로 벌레가 되어버린 불유쾌한 기억을 가지고 살아가고 있을 것이다"라는 말이 전제적 권력하에서 살아가는 인간 조건의 일반성 내지 모든 것을 함축한다.

이런 류의 감옥(감방) 소설로서 정도상의 「십오방 이야기」가 있고, 이들 감옥의 내측, 즉 벽 안 쪽의 소설들과는 달리 감옥에서의 구금의 상황을 외측, 즉 감옥의 벽 밖의 상황과 연계하여 제시하고 있는 것이 유명한 이청준의 「잔인한 도시」이다. 여기서 작가는 새의 날개 자르기와 방생(放生)의 모티프, 전깃불에 의한 다시 사로잡기의 모티프를 통해서 구금과 조작된 자유를 우의화하고 있는 것이다.[162] 다만 그 배경이 서울 구치소의 담 밖인지 아닌지는 확연하게 알 수 없는 상태이다.

시로서 서대문구치소(감옥)와 밀접하게 관련되어 있는 대표적인 작품으로는 고은의 「감옥 비둘기」, 김지하의 「새」, 「푸른 옷」, 김남주(金南柱)의 「서시」 등이 있다. 모두 수감의 고통스런 경험이 있는 시인들의 작품들이다. 그 중의 하나로,

청청한 하늘 끝
푸르른 저 산맥 너머 떠나가는 새

162 이재선, 『현대한국 소설사: 1945~1990』, 민음사, 1991, 154~6 쪽 참조.

왜 날 울리나
덧없는 가없는 저 눈부신 구름
아아 묶인 이 가슴

김지하의 옥중 시 〈새〉의 마지막 연이다. 시인은 묶이고 갇힌 존재로서의 고통속에서도 자유와 초월을 지향하고 노래한다.

9장
마무리의 장

비록 제한된 수의 작품을 대상으로 하였지만, 1960~1980년대의 서울 구치소(서대문 형무소)가 시공적 배경이 된 감옥문학 내지 감옥 소설의 성격을 간략하게 요약하면 다음과 같다.

(1) 대부분 수감의 경험을 가진 작가들의 작품이어서 감옥이나 감방 내의 여러 추루한 정황들의 묘사와 제시가 여실한 핍진성을 지닌다. 그래서 수감체험기 같은 성격을 지닌다.

(2) 수인 상태에 있는 갇힌 존재의 인물들은 국가 보안법이나 반공법 등과 관련된 이념형의 정치사상범이거나 남파 간첩이다. 그리고 유신 반대와 민주화 운동을 하다 긴급조치란 법에 의해서 수감된 대학생들이다. 간혹 사회적 흉악범도 사형수로 끼어 있다. 모두 일반 법적 규범가치와는 충돌되는 문제적 인간들이다. 특이하게도 「문」처럼 감옥 안의 간첩과의 대화적 국면으로 남북 현실의 축도로서 삼은 작품도 있다.

(3) 거개가 감옥은 갇히거나 자유가 제약된 정치적 · 사회적 현실의

상황 구조 및 닫힌 인간 실존의 공간 상징이고 비유이다.

⑷ 감옥은 법의 제도적 정당성과 개인의 자유 의지가 상충되는 처벌과 불복의 자리며, 정의의 실현 기능보다는 통제와 권력 장치로서 전화되어버린 법의 존재에 대한 비판의 대상이다. 이런 문학적 상상력에 의한 문학법리학과 실재의 형법과는 이질성이 있다. 정치 이념 지향의 기존의 감방 문학과는 이미지의 시학이 작용함으로써 이질화된다.

⑸ 영적인 아나키스트인 작가는 권력의 남용과 오용에 대해서 기소하는 입장이고, 갇힌 존재에 대해서는 변호하는 입장이다. 여기에는 갇혀진 사람이 작가 자신이기 때문이라는 사실과는 무관치않다. 이 점에서 법과 문학이 대척 관계를 이룬다. 그래서 어떤 작품의 경우는 사형 제도에 대한 폐지의 담론을 제시하고 있기도 하다.

⑹ 젊은 대학생들이 주인공이 된 소설의 경우, 감시와 통제, 고통과 징벌의 권력적 억압장치에 갇혀 이들에게 유신체제 및 긴급초치가 가하는 공포의 심리적 정신적 징후를 특수한 벌레의 이미지로서 그로테스크하게 형상화하여 제시하기도 한다.

⑺ 1960~80년대의 시대적 상징 공간인 서대문 감옥(서울 구치소)는 상황적 닫힘과 열림의 변증법인 열망의 시대적 상황의 축도이면서 현실적으로는 감금과 처형의 법적인 통제와 살인이 이행 · 집행되어 가고 있는 특수 공간이다. 서대문 구치소는 이 시기의 대표적인 공간의 정치학적 장소로서 상징공간이다.

⑻ 구속과 자유의 변증법적 긴장관계에 대한 치열한 문제의식을 제시하거나 형상화한 특수공간으로서의 감옥을 그린 거대 서사는 별로 보이지 않는다.

(9) 일제 강점기에서 유신시대까지 감시와 처벌의 대표적인 공간이었던 서울구치소는 1987년 그 기능이 끝나며 현재는 독립기념관이 되어 있다. 분명 역설의 상황이다.

참고문헌

제1부 신발의 테마틱스

Martin Heidegger. *Holzwege*, Vittorio Klostermann 1963.

Meyer Schapiro. *The still Life as a Personal Object*, 1968.

The Reach of Mind. *Essays in Memory of Kurt Goldstein*, 1968.

Jacques Derida. *The Truth in Painting*, The university of Chicago press, 1987.

Frank Trommler. *Thematics Reconsidered*, Rodopi, 1994.

서동욱 엮음.『미술은 철학의 눈이다』, 문학과 지성사, 2014/2016.

박정자.『빈센트의 구두』, 기파랑, 에크리, 2015.

김동규.『행복한 시지프스의 사색 : 하이데거 존재론과 예술철학』, 마티 2012.

Alan Dundes(ed) Cinderella. *A Casebook*, The University of Wisconsin Press 1980.

한국문화상징사전편집위원회 저.『한국문화상징사전 전 2권』, 동아출판, 1995.

유수경.『한국여성양장변천사』, 일지사, 1991.

김명웅.『신발의 역사』, 선진문화사, 2004/2013.

이규태.『개화백경』제 4권. 신태양사, 1971.

Peter McNeil. Vicki Karaminas, and Catherine Cole, ed, Fashion in Fiction, Text and Clothing in Literature Film and Television, Berg, 2009.

Elisabeth cook. *The ordinary and the Fabulous : An Introduction To Mythes, Legends And Fairy Tales*, Cambridge University Press, 1978.

이승훈.『문화상징사전』, 고려원, 1995.

이건창. 유수묘지명(俞叟墓誌銘).

류인균.『한국고소설에 나타난 오이디푸드 콤플렉스』, 서울대 출판부, 2004.

Ad de vries. *Dictionary of Symbols and Imagery*, North Holland publishing co, 1976.

Laurie Lawlor. *Where Will this Shoe Take you? : A walk Through the History of Footwear,* Walk &Co., 1996. 『신발의 역사』, 임자경 옮김, 이지북, 2002.

Elisabeth Frenzel. *Motive der Weltliteratur,* Kroener, 1976.

Jean Chevalier, *Alain Gheerbrant.* A Dictionary of Symbols, Blackwell, 1994.

유석성(劉錫城). 『왕문보(王文宝), (中國象徵辭典)』, 天津教育出版社, 1991.

Maria Tatar (ed). *The Annotated Classic Fairy Tales,* W. W. Norton & Company, 2002.

Jack Zipes. *Fairy Tales and the Art of Subversion,* Routledge, 2006.

장덕순. 『콩쥐팥쥐와 Cinderella』, 「국문학통론」, 신구문화사, 1963.

장덕순. 『한국설화문학연구』, 서울대출판부, 1970.

주종연. 『한독민담의 비교연구』, 집문당, 1999.

김윤식. 『소설과 현장 비평』, 새미, 1994.

Steven kern. *The culture of love,* Harvard university press, 1994.

주경철. 『신데렐라 천년의 여행』, 산처럼, 2005.

Hans Geld Röger. *Märchen,* c. c. Buchners Verlag, 1988.

Udo Reinhardt. *Mythen – Sagen – Märchen,* Rombach Verlag, 2012.

이여성. 『조선복식고』, 백양당, 1947.

김태준. 『조선소설사』, 학예사, 1939.

Maria Kublitz-Kramer. *Frauen auf Strassen : Topagraphien des Beqeherens in Erzähltexten von Gegenwarts-autorinnen,* Wilhelm Fink, 1995.

Antti Aarne, stith Thompson. The type of he folktales, 1893.

제2부 한국 문학의 스카톨로지

한국문화상징사전편집위원회 저. 『한국문화상징사전』, 동아출판, 1995.

Dieter J. Rollfinke, "Scatology", Jean-Charles Seigneuret ed, *Dictionary of Literary Themes and Motifs,* Greenwood Press, 1988, p. 1117.

Mikhail Bakhtin. *Rabelais and his world,* Indiana University press , 1984.

John Gregory Bourke. *Scatologic Rites of All Nations,* W. H. Lowdermilk & Co. 1891, 성귀순 역 『신성한 똥』 까치, 2002.

Laura Otis. *Membranes : Metaphor of Invasion in Nineteenth century literature,* Science

and Poeotics. The Johns Hopkins University Press, 2013.
한국문헌연구소 편. 『김옥균 전집』, 「치도약론」, 아세아문화사, 1979.
김광언. 『동아시아의 뒷간』, 민속원, 2002.
박지원. 「일신수필((馹迅隨筆)」, 『열하일기(熱河日記)』, 7월 15일, 기사.
황성신문. 『광무 3년 (1899) 6월 27일 〈논설〉 1901. 10. 9 논설.
이가원. 『연암소설연구』, 을유문화사, 1965.
성현경. 『한국 옛 소설론』, 새문사, 1995.
이종주. 『북학파의 인식과 문학. 태학사 2001.
고미숙. 『위생의 시대, 병리학과 근대적 신체의 탄생』, 북드라망, 2014.
이상정. 『호모 토일렛. 뒷간과 화장실의 미학』, 진화와 기획, 1998.
손진태. 『조선의 민담집』, 동경, 향토문화 연구사, 1934.
大江 健三郎. 『小說の方法』, 岩波現代選書, 1978.
권영민. 『이상 텍스트 연구』, 2009, 이상선집 4. 2009.
이경훈. 『철천의 수사학』, 소명, 2000.
김주현. 『정본 이상문학전집 3』, 소명, 2009.
서정주. 『질마재 신화』, 일지사, 1975.
김열규. 『근대문학의 전통』, 1970.
The Encyclopædia Britannica 7. The university of Chicago press. 1990.
Encyclopedia Americana. Grolia Incorporded, 1988.
조선총독부. 『조선위생 풍습록』, 1915, 민속원, 2013.

제3부 부름의 시학

Jean-Charles Seigneuret ed. *Dictionary of Literary Themes and Motifs*, Greenwood Press, 1988.
Francis Berry. Poet's Grammer, Routledge and Kegan Paul, 1958.
禮記. 「曲禮下」, 「喪大記」, 馬昌儀, 『中國靈魂信仰』, 雲龍 出版社, 1999,
"Calling the Soul : A Mongolian Litany", *Charles & Bauden, Confronting the Mongolian Traditional Ways & Means*, Collected Peter Harrosowitz Velag, 1990,
馬積高, 黃鈞. 『中國古代文化史』, 萬卷樓, 民國 87年, 台北.

김용직 · 박철희 편. 『한국 현대시 작품론』, 성기옥, 김소월의 「초혼」 : 고복의식의 문학적 재현과 임의 확산적 지평」, 문장, 1981.

Henry Staten, *Eros in Mourning*, The Johns Hopkins University Press, 1995,

정과리. 「정치도 넘고 신화도 넘어 또한 탑돌이도 넘어서」, 문학과지성사, 2011.

우찬제. 『풀이의 황홀경과 다시 태어나는 넋』, 열림원, 2003.

Nouri Gana. *Signifying Loss: Toward a Poetics of Narrative Mourning*, Bucknell University Press, 2011.

Elizabeth Frenzel. *Motive der Weltliteratur*, Kröner, 1972.

최재남. 『한국 애도시의 연구』, 1997.

이은영. 「예(禮)와 정(情)의 조화와 변주—조선시대의 애도문학 형상화 방식」, 2013.

송우혜. 『윤동주 평전』, 1998/2004.

Martin Heidegger. *Holzwege*, Vittorio Klostermann, 1950/1963,

F. Bollnow, Rilke. *W. Kohlhammer*, Verlag, 1356/1965.

이재선. 「한국현대시와 R. M. Rilke」, 『청구대학논문집』 5집, 1965/1976.

Werner Günther. Weltinnenraum, *Die Dichtung Rainer Maria Rilkes*, Erich Schmidt verlag, 1952,

오세영. 『한국현대시 분석적 읽기』, 고려대 출판부, 1998.

김윤식. 『김현과 세자르, 프랑크 마주하기 – 김종삼 과 김춘수 : 문학의 문학 2007』, 겨울호.

Annette Gerok—Reiter. Wink und Wandlung, *Komposition und poetik in Rilkés Sonette*, Max Nieer Verlag, 1996.

M. Heidegger. *Unterwegs zur Sprache*, 1959, 신상수 옮김, 나남.

Bernhard Sorg. *Das Lyrische Ich: Untersuchung zu deutschen Gedichten von Gryphius bis Benn*, Niemeyer, 1985.

Ad de Vries. *Dictionary of Symbols and Imagery,* North—Holland Publishing CO, 1974.

Michael Ferber. *A Dictionary of Literary Symbols*, Cambridge University Press, 2007.

김용직. 『한국 문학의 비평적 성찰』, 민음사, 1974.

김학동. 『이상화의 서정시와 그 아름다움』, 새문사, 1987

______, 이상화 평전, 새문사, 2015.
박철희. 『자기회복의 시인 이상화론』 현대문학 1992.
이승훈. 『빼앗긴 들에도 봄은 오는가의 구조 분석, 문학과 비평』, 탑, 1987, 여름.
T. J Clark, Image of the People. *Gustave Courbet and the 1848 Revolution*, Prineton University Press, 1973/198.
T. J Clark. *The Absolute Bourgeois: Artist and Politics in France 1848~1851*, Princeton University Press, 1982.
Yuri Barabash. *Aesthetis and poltics*, Progress publishes.
조동일. 『우리문학과의 만남』, 홍성사, 1978.
송명희. 『여성해방과 문학』, 지평, 1988.
유시욱. 『한국 현대시 백년 · 현대시인 백인』, 서강대학교 출판부, 2008.

제4부 바리데기와 현대인들

김열규. 『한국신화와 무속연구』, 일조각, 1977.
김열규. 『한국 문학사 : 그 현상과 해석』, 탐구당, 1983.
Theodore Ziolkowski. *Minos and the Moderns : The Cretan Myth in Twentieth-Century Literature and Art*, Oxford University Press, 2008.
Theodore Ziolkowski. *Fictional Transfigurations of Jesus*, Princeton University Press, 1972.
김태곤. 『황천무가연구』, 1966, 『한국의 무속신화』, 1985.
서대석. 『바리공주연구』, 1979, 『한국 신화의 연구』, 2001.
김진영, 홍태한 편저. 『바리공주전립 I, II』, 1997.
조철수: 『한국신화의 비밀』, 김영사, 2003.
David Adams Leeming. *Mythology Voyage of the Hero*, Oxford University press, 1998.
依田 千百子(요다 지호꼬). 『朝鮮民俗文化の研究』 瑠璃書房, 1985.
Dean A. Miller. *The Epic Hero*, Johns Hopkins University press 2002.
W. H. Auden. "*The Quest Hero*"(1961), Perspective in Contemporary Criticism,

ed Seldom Norman Grebstein, Harper & Row, 1968.
Robin Lenman (ed). *The Oxford Companion to the Photograph*, Oxford University Press, 2005.
양진오. 『세계문학으로서의 한국 문학, 그 위상과 전망』 2007.
권성우. 『서사의 창조적 정신과 리얼리즘의 퇴행사이』, 2008.
이명원. 『약속없는 시대의 최저낙원 – 황석원의 『바리데기』에 대하여』, 2009.
Marianne Hirsch. *The Novel of Formation as Genre : Between Great Expectation and Lost Illusion*, Genre. Vol XII No. 3, Fall, 1979.
Joseph Campbell. *The Hero with Thousand Faces*, Princeton University press, 1970.
Anne C. Petty. *One Ring to Bind Them All: Tolkien's Mythology*, The university of Alabama press, 2002.
Stith Thompson. *Motif-Index of Folk-Literature Vol.* Ⅲ, Indiana University Press; Revised edition, 1960.

제5부 바보스러움의 미학과 정치학

전신재. 『우리말 김유정 전립』, 강, 1997.
전신재. 『김유정 문학의 전통과 근대성』, 한림대 아시아문화 연구소』, 1987.
김유정탄생100주년기념사업추진위원회. 『한국인의 웃음문화』, 소명출판, 2008.
류종영. 『웃음의 미학』, 유로서적, 2005.
T. G. A. Nelson. *Comedy: An Introduction to Comedy in Literature*, Drama, and Cinema, Oxford university press, 1990.
Lothar Fietz, Joerg O. Fichte. *Hans-Werner Ludwig(Hrsg) : Semiotik, Rhetorik und Soziologie des Lachens*, Max Niemeyer Verlag, 1996.
Werner Röcke, Hans Rudolf Velten(Hrsg). *Lachgemeinschaften : Kulturellr Inszenierungen und Soziale Wilkungen von Gelächter im Mittelalter und in der Frühen Neuzeit,* Walter de Gruyter, 2005.
J. Jeffrey Franklin. *Serious Play : The Culture Forms of the Ninteenth-Century Realist*

Novel, University of Pennsylvania Press, 1999.

Lothar Fietz Joerg. Fichte. *Hanis-Werner Ludwig(Hrsg): Semiotik, Rhetorik and Sogiologuie des Lachens*, Max and Niemeyen Velag. 1991.

Werner Röcke, Hans Rudolf Velten(Hrsg). *Lachgemeinschaften : Kulturellr Inszenierungen und Soziale Wilkungen von Gelächter im Mittelalter und in der Frühen Neuzeit*, Walter de Gruyter, 2005.

J. Jeffrey Franklin. *Serious Play : The Culture Forms of the Ninteenth-Century Realist Novel*, University of Pennsylvania Press, 1999.

「笑い」, 『現代思想』 2月號 特輯, vol. 12-2, 青土社, 東京, 1984.

Jean-Charles Seigneuret ed. "Fool", *Dictionary of Literary Themes and Motifs*, Greenwood Press, 1988.

Max Dessoir. *Ästhetik und allgemeine Kunstwissenschaft*, Ferdinand Enke Verlag, 1923.

Mikhail Bakhtin. *Rabelais and His World*, Indiana University Press, 1984.

Caren Kaplan. *Questions of Travel*, Duke University Press, 1998.

Reallexikon der Deutschen Literaturgeschichte. L-O, 1965. walter de qruyter, Co. "Narren Literatur"

제6부 감금의 문학 처형의 문학

Michel Foncault. *Discipline & Punish: The Birth of the Prison*, Vintage Books, 1971/1997.

Michel Foucault. *Surveiller et punir*, 『감시와 처벌』, 오상근 역, 나남, 1994/1995.

John Bender, *Imagining the Penitentiary*, The University of Chicago Press, 1987.

Ruth Ahnert. *The Rise of Prison Literature in the Sixteenth Century*, Cambridge, 2013.

Joseph A. Melusky, Keith A Pesto. *The Death penalty*, ABC-Clio 2007.

Victor Bromberlt. *The romantic prison,* Princeton University press 1978.

Lerenz Eitner. *Cages, Prisons, and Captives in Eighteenth-Century Art Images of Romanticism* ed, Karl Krober William walling, Yale University Press 1978.

Elisa D. Gelfant. *Imagination in Confinement*, Cornell University Press, 1978.
Wolfgang Rief. *Zivilisationsflucht und Literatrische Wunschräume*, J. B. Metzlerrsche Verlagsbuchhandlung, 1975.
Richard Posner. *Law and Literature*, Harvard University press 2009.
Janet Altman. *Epistolarity*, Ohio State University Press 1902.
Horst Daemmrich Ingrid Daemmrich, *Spirals and Critics*, Peter Lang, 1994.
Roland Borgards. *Poltik des Schmezes*, Wilhelen Fink, 2005.
Cesare Beccaria. *On Crimes and Punishment*, 『범죄와 형벌』, 한인섭 옮김, 박영사, 2006.
전재경. 『복수와 형벌』, 웅진, 1996.
최정기. 『감금의 정치』, 책 세상, 2005.
황석영. 『수인』, 문학동네, 2017.
『한국 교정사』, 법무부, 1987.
이재선. 『현대 한국 소설사 1945-1990』, 민음사.
김경수. 「이병주 소설의 문합 법리학적 연구」, 『한국 현대문학연구 43』, 2014.
Jeremy Bentharm. Panopticon of the lnspelction Dogo press 2005.
Makado Futomaru, Nadia Bernarg (ed). T*he politics of the Death penalty in counties in Transition*, Routledge 2014.
형법학 연구회 편. 『형법사전』, 법문출판사, 1999.
김윤식외 이병주 문학연구. 『역사의 그늘, 문학의 길』, 한길사, 2008.
카를 브루노 레더. 세계사형백과 『사형의 기원과 역사, 그 희생자들』, 이상혁 역, 하서출판사, 2003.
Roger Mood. *The Death Penalty,* Oxford University Press 1989.
전병용. 『감방별곡 : 어느 민주 교도관이 본 서울 구치소』, 공동체, 1990.
신영복. 감옥으로부터의 사색
이재선. 현대소설의 서사주제학, 문학과 지성사, 2007.

찾아보기

ㄱ

가까움(nearness) 106
가람 이병기(李秉岐) 216
가스트-아르바이터(Gast-arbeiter) 433, 441
「가슴의 시(Poesie des Herzens)」 500
가치의 전가치화(transvaluation of values) 459
갇힌 존재(Gefangensein) 536
감금과 항거(Confinement/Protest) 565
『감시와 처벌 : 감옥의 탄생』 495
「감옥 비둘기」 570
감옥 소설(Prison Novel) 494
감옥 환상(Prison Fantasies) 507
감정적 오류(Pathetic fallacy) 358
강등화(Degradation) 178, 233
「강아지 똥」 170
강우성 7
강은교(姜恩喬) 392, 425
「개인적 사물로서의 정물화」 5
『거울속의 천사』 323
게임gaming 463
「겨울밤」 494, 509
계용묵 53
「고무신」 110, 118, 120
고미숙 188
고복(皐復) 274
「고양이의, 고양이에 의한, 고양이를 위한 소설」 170
고은(高銀) 269, 281, 570
고정희(高靜熙) 281
「고풍의상」 71
「곡례하(曲禮下)」 277
「곡자」 310
공(Merit) 183
공간 상실 20
공간소외 20
『과농소초(課農小抄)』 174
과소법 486
곽재구(郭在九) 48
곽하신(郭夏信) 131
교화자(Educator) 444
「구두 닦으세이!」 131
「구두 한 켤레의 시」 48
「구두」 48, 54
「구두에게 묻는 생」 156
구상(具常) 269

「구평목씨의 바퀴벌레」 494, 559
구혼(Brautwerbung) 72
구혼시험(Freierprobe) 72
굴원(屈原) 277
권성우 436
권영민 205, 208
권정생 170
권태 202
「권태(倦怠)」 170
「귀촉도(歸蜀道)」 100
귀향(Heimkehr) 336
귄터(Werner Günther) 349
그로테스크 리얼리즘 167
그림 형제(Jacob Grimm, Wilhelm Grimm) 72
『그림으로 철학하기』 7
그해 겨울 114
『근대 문학의 전통』 219
근접의 정다움(Heimeligkeit der Nähe) 541
글쓰기의 '서간성'(*Epistolarity*) 501
기대도식(Erwartungsschemata) 472
기분증(嗜糞症, Coprophilia) 171
기아(Findling) 모티프 407
길 떠남(Fahrt) 410
김경수 436
김광균(金光均) 310
김남주(金南柱) 570
김동규 7
김동리(金東里) 113, 392
김동인(金東仁) 54, 170, 192
김병연(金炳淵) 174
김선우 392
김소월(金素月) 101, 275, 278
김소진(金昭晋) 170, 258
김수영(金洙暎) 239, 240
김숨 39
김승옥(金承鈺) 237, 238
김승희(金勝熙) 150, 241
김시습(金時習) 100
김언희 170
김연경 170
김열규 219, 396, 399
김영현 494
김옥균(金玉均) 186
김용익 71, 103
김용직 372
김원일 556
김유정(金裕貞) 457
김윤식 84, 293, 345
김인숙 83
김정한 131
김주영(金周榮) 114, 117
김주현 205
김지하(金芝河) 229, 570
김춘수(金春洙) 323, 341
김치수(金治洙) 16
김학동 374
김학온 208
김현 345
김훈(金薰) 170, 253
「까치방」 494
깨끗하지 않음(不潔) 180
깨끗함(潔) 180

꽃신(갓신) 95
「꽃신」 71
『꽃의 소묘(素描)』 341
끌로드 브레몽 183

ㄴ

나희덕(羅喜德) 50
남(other) 374
남성우월주의(Phallogocentrism) 146
남정현(南廷賢) 238
「남한산성」 170, 253
낭만적인 동굴(romantic grotto) 367
내놓은 아이(Kind, Der Ausgesetete) 모티프 407
노름gambling 476
노마디즘(Nomadism) 434
노스롭 프라이 410
노천명 269
「녹천에는 똥이 많다」 170, 247
「눈길」 115
「눈사람 속의 검은 항아리」 170, 258
눈의 모티프(Augenmotif) 344
눈짓(wink) 344
니체 528

ㄷ

다니자키 준이치로(谷崎潤一郎) 214
단성식(段成式) 73
단원신화(monomyth) 404
닫힘(Geschlossenheit) 496
「달과 고무신」 110
담시(譚詩) 229
대칭점(Point of Symmetry) 32
대한매일신보 189
「더러운, 아니 깔끔한」 170, 225
더러움(穢)180
더럽지 않음(不穢) 180
더불어 사는 존재(Miteinandersein) 344
덕(德) 180
「데리다의 미술론」 7
데이비드 페이스(David Pace) 81
도망시(悼亡詩) 317
도박gambling 463
돈강법(頓降法) 486
돈호법(頓呼法)이 272
「돌의 초상」 170
「동구 앞 길」 113
『동일성의 우화 : 시적 신화 연구(*Fables of Identity : Studies in Poetic Mythology*)』 410
동해도로(同偕到老) 160
두 여사 사이의 한 남사(Mann Zwischen Zwei Frauen) 91
디아스포라(Diaspora) 434
디오도어 치올코우스키(Theodore Ziolkowski) 393
디터 롤핑케(Dieter J. Rollfinke) 166

「똥」 170
「똥개」 170
「똥바다」 170, 229
「뚫어」 170, 242

ㄹ

『라블레와 그의 세계』 167
라캉(Jacque Lacan) 21, 368
레오 버사니(Leo Bersani) 21
「렌의 애가」 334
로제 까이요와 463
루스 이리가레이 146
루오 354
루이 알튀세르(Louis Althusser) 270
류인균 75

ㅁ

마르끄 샤갈 354
마르틴 부버[M. Buber] 369
마리아 릴케 (Rainer Maria Rilke) 330
마리안 허쉬(Marianne Hirsch) 444
『만인보(萬人譜)』 269
『말테의 수기(*Die Aufzeichnungen des Malte Laurids Brigge*)』 331, 344
말함(Sagen) 343
멀어짐의 두려움(Furcht der Entfernung) 542
멀음(remoteness) 106
멂(Ferne) 330
메이어 샤피로(Meyer Schapiro) 5
멜더스(Thomas Robert Malthus) 193
명령(imperative) 363
명명행위(命名行爲, Namensnennung) 346
모노크롬(monochrome) 202
「모든 신발이 불편하다」 150
모순어법oxymoron 461
모윤숙(毛允淑) 334
「목숨」 269
몸짓(Gebärde) 346
「무교빌딩 8층」 170, 220
「무녀도(巫女圖)」 287
무명성(Namenlosigkeit) 350
무명성(無名性) 267
「무익조(無翼鳥)」 138
「문」 494, 535
문정희 269
『문학 주제학의 다양성(*Varieties of Literary Thematics*)』 393
「문학에서의 아비」 293
『문학의 테마와 모티프』 405
문학적 산책자 148
미셸 푸코(Michel Foucault) 495
미투리 95
미하일 바흐친(Mikhail Bakhtin) 167
『민속 문학의 모티프 인덱스』 405
민중예술(윌리엄 모리스, 크로포트킨) 383

ㅂ

바꾸어놓기(Displacement) 437
『바리 3부작』 392
『바리공주』 392
『바리공주연구』 399
「바리-길 위에서」 424
바리 매니아 391
「바리데기」 391, 292
「바리데기의 여행 노래」 392, 425
바보문학(Narrenliteratur) 459
바보스러움(Narrenheit) 462
『바알(Baal)』 169, 213
바퀴벌레 공포증(Cockroachphobia) 559
박두진(朴斗鎭) 335
박목월(朴木月) 23, 110, 312
박상우 170
박의상 7
박정윤 392, 426
박정자 7
박지원(朴趾源) 172, 174, 323
박철희 278, 374
박태순(朴泰洵) 245
박태원 130, 483
「방경각외전(放璚閣外傳)」 179
「방기 소리」 238
방영웅 170, 238
「배설, 그 욕망과 쾌락의 구조」 208
배설물 모티프(excrement motif) 171
배역시(Rollengedicht) 339
백영옥 158
「백저행(白紵行)」 321
백철(白鐵) 67, 68
벌(Punishment) 183
벌레 공포(Wormphobia) 559
「벌레」 494
범죄 소설(Criminal Novel) 515
『범죄와 형벌(*Dei delitti e delle pene*)』 523
베르톨드 브레히트 169, 213
베른하르트 조르그 359
벤담(Bentham) 498
변비(Conspiation) 204
변상(變像, transfiguration) 172
「변신(Die Verwandlung)」 559
변신(Metamorphosis) 모티프 565
변형화(Transfigurations) 394
「별헤는 밤」 325
보나벤튀르 데 페리에르(Bonaventure des Pèrier) 72
보상(Reward) 183
부덕(不德) 180
부름(Rufen) 343
부름의 시학 265
부실예찬(不實禮讚) 183
『북한피의 인식과 문학』 181
「분례기(糞禮記)」 238
분변학 165
분변학적인 모티프 178
분어(糞語, coprolalia) 458
「분지(糞地」 170, 238
불러냄(Invocation) 279

『불타는 샘물(Burning Fountain)』 153
비공(Demerit) 183
비명(悲鳴) 모티프 144
비재(非在) 352
비존재(Nicht-sein) 346
비행 공포증(Aviophobia) 141
빈센트 반 고흐 4
「빈센트의 구두 : 하이데거, 사르트르, 푸코, 데리다」 7
빌 게이츠 192
「삐에로와 국화」 494

ㅅ

사랑시(Liebeslied) 354
『사랑의 문화사』 92
사물 말하기(das Sagen der Dinge) 347
사물의 이름부르기(Das Sagen der Dinge) 342, 345
사전제시(prolepsis) 121
사조(詞藻) 189
사형(Todesstrafe) 517
사형 폐지론(Abolition) 515
사형제의 모라토리움(Moratorium) 552
「산문(山門에 기대어」 314
산아 제한론(Birth Control) 193
『산하』 499
살바도르 달리 354
『삼국유사』 98, 103
삽입된 서사(Inserted Narrative) 140
「상대기(喪大記)」 277
상황에 대응하는 산문(Entgegenstehnden Prosa der Verhältnisse) 500
상황적인 닫힘(Geschlossenheit) 551
「새」 570
생어(Margaret Sanger) 193, 197
샤를 페로(Charles Perrault) 72
서간 담화 501
「서경별곡」 334
「서구문학의 테마 · 모티프 사전」 477
서대석 399
서로(Solidary) 542
서로가 서로를 지향하여 기대고 있는 344
「서사의 창조적 갱신과 리얼리즘의 퇴행 사이」 436
서사적 애도 299
서사적인 예시(Vorausdeutung) 22
서술된 시간 255
「서시」 325, 570
『서정적 자아(*Das lyrische Ich*)』 359
서정주(徐廷柱) 100, 112, 170, 212, 216
「석문(石門)」 218
「설사의 알리바이」 170, 239, 240
설야 491
성(聖)/속(俗)(M. 엘리아데), 123
성기옥 278

성명학(Onomastics) 392
『성의 정치학』 146
성장 소설(Bildungsroman) 444
성현경(成賢慶) 185
「세 개의 변기」 170, 225
「세계 문학으로서의 한국 문학, 그 위상과 전망」 436
『세계 문학의 모티프』 405
『세계내면공간: 라이너 마리아 릴케의 시』 349
세바스티앙 살가두(Sebastião Salgado) 435
세잔느 354
「소망」(똥간) 170
「소설 알렉산드리아」 494
「소설가 구보씨의 일일」 130
소설적 변형화(Fictional Transfiguration) 392
속이는 자/속는 이duper/duped 461
손진태 173
손창섭 170
송경아 392, 424
송병수(宋炳洙) 131
송수권(宋秀權) 314
송효섭 212
「쇼리킴」 131
숭고/골계(M. 데스와) 123
「쉐리의 시 서풍부(Ode to the Westwind)」 271
슈사인 보이 서사 129
스커톨로지(Scatology) 165
스타일 158
스티븐 컨(Stephen Kern) 92
스티스 톰슨 405
시몬느 드 보부아르 80, 146
「시인과 감옥」(Le Poétes et la prison) 524
『시인의 문법(*Poet's Grammer*)』 271
시적 부름(dichterischen Nennen) 268
시적 부름(poetische Ruf) 360
시텐노 가즈마(四天王 要馬) 497
신경림 114
『신데렐라 : 케이스북(Cinderella : A Casebook)』 73
신데렐라 콤플렉스(Cinderella Complex) 80
「신데렐라(Cinderella)」 75
『신데렐라, 천년의 여행』 73
신동집(申瞳集) 269
「신발」 112
「신부」 170
「신의 희작」 170
신현림 153
『신화를 삼킨 섬』 291, 293
「실금」 245
실금증(Incontinence) 245
실어증(Aphasia) 510
실인증(失認症, Agnosia) 514
실향성(Heimatlösigkeit) 374
「심인(尋人)」 338
「십오방 이야기」 494

ㅇ

아그리코스(agrikos)〉 458
아드 드 브리스(Ad de Vries) 82
아비찾기(Vatersuche) 409
아이 숨기기(Hiding of the Child) 모티프 407, 408
「아직도 쭈그리고 앉은 사람이 있다」 170
아카마츠(赤松智城) 398
아키바(秋葉隆) 398
아파시아(Aphasia) 509
아포스트로피(Apostrophe) 272, 357
아픔Schmerz 462
「아홉 켤레의 구두로 남은 사내」 11
「안개 시정거리」 170
안도현 170
알 수 없는 출생(Her Kunft der Unbekannte) 모티프 407
알베르 베겡 524
앙리 프랑크포르(Mrs Henri Frankfort) 356
『애도 속의 에로스(*Eros in Mourning*)』 307
애도(哀悼) 306
앨런 던데스(Alan Dundes) 73
「야뇨증의 여자」 241
양운한(楊雲閒) 48, 67
양진오 436, 440
「어둠의 그늘」 494
어머니에 대한 사랑의 유착(Liebender Bindung an die Mutter) 331
「어서 너는 오너라」 335
「언어로의 도상(Unterwegs zur Sprache)」 273
언어에 의한 존재의 건설 343
업워드 모빌리티(Upward Mobility) 20
에피세트(Ephithet) 153, 352
엘렌 쇼월터 146
엘렌 식수 146
엘리자베트 프렌첼 405
여성 기피(misogyny) 407
여성적 자아(Female Self) 146
『연암소설연구』 181
「연오랑 세오녀(延烏郎 細烏女)」 98
연인(Lover) 444
열림(Erschlossenheit) 496, 551
열쇠－자물쇠－원리(Schlüssel－Schloß－Prinzip) 535
『열하일기(熱河日記)』 174
염상섭(廉想涉) 54
엿보기적 여성 절시증(Scopophilia) 148
『예기(禮記)』 277
「예낭풍물지」 494
예덕론(穢德論) 185
「예덕선생전」 179
『예수의 소설적 변형』 393
예술 작품의 근원 4

「오감도(烏瞰圖)」 31
오든(W. H. Auden) 411
오세영(吳世榮) 101, 119, 344
오영수(吳永壽) 120, 131
「오예당결쟁(汚穢當潔淨)」 188
오장환 170
「오적」 229
오정희 170
오토 볼노우(Otto Bollnow) 342
옥시몰론(Oxymoron, 모순어법) 311
완곡어법(euphemism) 82
외결내예(外潔內穢) 181
외예내결(外穢內潔) 181
『우리시대의 여성작가』 425
우월의 웃음(Lachen über) 462
우찬제 293
웃음 공동체(Lachengemeinschaft) 459
원망 공간(Wunschräume) 364, 502
「원왕생가)」 270
웜 포비아(Wormphobia) 559
「위대한 유산」 131, 137
위생론(衛生論) 185
『위생의 시대 : 병리학과 근대적 신체의 탄생』 188
「유리구두」 84
「유리창」 310
유명성(有名性) 267
유수묘지명 95
유시욱 374
『유양잡조』 73
「육조지」 494, 539
윤동주(尹東柱) 325
윤정룡 170
윤흥길(尹興吉) 11
「은수저」 310
『을화』 291, 392
「의도의 오류와 의도비평」 372
의미(bedeutung) 344
의인법(Prosopopoeia) 307
의인화((Personification) 356
이가원 181
이건창(李建昌, 1852~1898)의 묘지명 95
이경훈 208
이동하 170
이름 부르기(Naming) 268, 307
이름없는 것에 대한 사랑(Liebe dem Namenlosen) 351
이름없는(namenlos) 353
이름없이 머무르는 것에 대한 동경(Sehnsucht nach dem Namenlosbleiben) 351
이름의 히스토리오그래피(Historiography) 269
이무영(李無影) 44
이문열(李文烈) 114, 494, 556
이병주(李炳注) 494, 499
이보영 528
『이상 : 철천의 수사학』 208
『이상 텍스트 연구』 208
이상(李箱) 30, 202
이상정 171, 215

이상화(李相和) 310, 359
이선구 92
이선영 157, 170, 225
이승우 26, 494, 559
이어령(李御寧) 138
이정환 494
이종주 181
『이주(Migration)』 435
이주(Migration)의 서사 433
이중섭 354
이쪽으로 부름(herrufen) 366
이창동(李滄東) 170, 247
이청준(李淸俊) 115, 220, 242, 291, 494, 570
이향정서적(Exotischen) 503
「이혜동진(二惠同塵)」 103
이호철(李浩哲) 123, 494, 535
익명성(匿名性) 267
인간 간 대화(Mitmenschlichen Dialog) 546
인간 간(이웃) 대화(Mitmenschlichen Dialog) 542
『인구론(*Essay on the Principles of Population*)』 193
인용(Quotation)의 작가 528
인유인유(引喩, Allusion)의 시학 101
인텔렉츄얼 프롤레탈리아트 67
「일신수필」 175
일치의 웃음 (Lachen mit) 462
잃어버린 신발(Verlorene schuh) 72
잉그리드 뎀리히 405

ㅈ

자기애도(Automourning) 290
자기애도(Self-Mourning) 288
자매(sibling)모티프 301
자크 데리다(Jacques Derida) 6
자크 라캉 146
「작가의 욕망과 소설의 고립」 436
「잔인한 도시」 494, 570
「장난감 도시」 170
장덕순 75
장벽 시간(Barrier Time) 415
장소애(Topophilia) 336, 367
장순하 118
「장화」 44
저쪽으로 부름(hinrufen) 366
전 미래(future anterior) 333
전광용(全光鏞) 299
전복(顚覆, Subversion) 90
전상(Prefiguration) 172
전상화 된(Prefiguration, 미리 예시 된) 394
『절대 부르조아 : 프랑스의 예술가와 정치(*he Absolute Bourgeois : Artist and Poetics in France*)』 38
〈젊은날의 초상〉 114
정과리 293
정도상 494
정은숙 156
정을병 494, 539
정지(Suspension) 184

정지용(鄭芝溶) 310
「정치도 넘고 신화도 넘어 또한 탑 돌이도 넘어서」 293
『제 2의 성』 146
제노포비아(Xenophobia, 외세혐오) 550
조각난 몸(corps morcelė) 368
조남현 494
『조생 위생 풍습록』 191
『조선 무속의 연구』 398
『조선의 민담집』 173
조셉 캠벨(Goseph Campbell) 404
조지훈(趙芝薰) 71, 218
조철수 403
존재(sein) 346
「존재와 시간(Sein und Zeit)」 343
존재의 집(das Haus des Seins) 343
주(主)의 이름으로(In Nomine Domini) 270
「주기도문」 270
주종연 75
죽음(thanatos) 316
줄리아 크리스테바 146
「질부채」 494
『지루한 세상에 불타는 구두를 던져라』 153
『지리산』 499
「지옥변(地獄變)」 131
「진혼(Requiem)」 355
『질마재 신화』 212, 216
짚신 95
짝패(double) 140

ㅊ

「차 한 잔」 170, 237, 238
『차라투스투라는 이렇게 말했다(Also sprach Zarathustra)』 528
채제공(蔡濟恭) 321
처형(Execution) 552
처형(Execution)의 모티프 517
「천수대비가」(도천수관음가) 270
천이두(千二斗) 17
『철학 이전(Before Philosophy)』 356
체사레 베카리아(Cesare Bonesana Beccaria) 523
「초사(楚辭)」 277
「초토의 시」 269
「초혼」 101, 275, 278
「초혼곡」 299
『초혼제』 281
최승호(崔勝鎬) 225
최윤 496
최인호(崔仁浩) 131, 137, 170
『춘향전』 170
「치도약론(治道略論)」 186
친구(조력자, Companion) 444
침묵－내화(Silence－Dialogue) 511
침범의 은유'(metaphor of invasion) 191
칭찬－비난(praise－abuse) 180

ㅋ

카프로필리아(Caprophilia) 203
카프카 559
케이트 밀레트 146
케테 콜비츠(Käthe kolwitz) 452
「콩쥐팥쥐」 70, 75
「콩쥐팥쥐전」 연구 : 한국 고소설에 나타난 75
쿤스트 메르헨(Kunst Märchen)
「큰 산」 123
클라크(T. J. Clark) 38

ㅌ

타나토스(thanatos) 365
타자 애도(Heteromourning) 290
타자 혐오(Xenophobia) 375
탐색(Quest / Suche) 410
탐색의 시간성 414
탐색의 지리학(공간성) 414
트라우마적 유년회상(Traumatische Kindheitserinnerung) 127

ㅍ

파놉티콘(Panopticon) 496
「파장」 114
『페미니즘 비판』 146
「푸른 옷」 570
『푸른 혼』 556
『풀이의 황홀경과 다시 태어나는 넋』 293
프란시스 베리 271
프랑시스 잠(Francis Jammes) 330
「프린세스 바리」 392, 426
피메일 바디(Female Body) 146
피의 은유(Metaphor of Blood) 421
필립 휠라이트 153

ㅎ

「하관(下棺)」 312
하이데거 273
하이데거(Martin Heidegger) 4, 273
『한국 문화 상징 사전』 9
『한국 신화와 무속연구』 396, 399
『한국 신화의 비밀』 403
『한국 신화의 연구』 399
한국현대시 분석적 읽기 344
한수산 170
한스 야우스 462
한용운(韓龍雲) 491
함민복 170
해학Humor(후모르) 457
『행복한 시지프스의 사색 : 하이데거 존재론과 예술철학』 7
허난설헌(許蘭雪軒) 310
「헌 구두를 내려다보며 탄식함」 157
헨리 스테이튼 307
「현대 독일 문학에 있어서의 분변학의 역할」 166
형성 소설(Novel of Formation) 444

혜원 신윤복(申潤福) 71
「호각소리」 494
호명(엥테르펠라시옹 Interpellation), 칭명 269
호모 루덴스(Homo Ludens) 486
호모 엑스쿠탄스(Homo Excutans) 556
『호모 토일렛, 뒷간과 화장실의 미학』 171, 215
「호질」 176
혼귀달(洪貴達) 319
홀로(Solitary) 542
홀스트 뎀리히 405, 477
『홍어』 114, 117
「화」 26
황도경 424
황석영(黃晳暎) 392
황성신문(皇城新聞) 186, 188, 189
황지우(黃芝雨) 338
「회화의 진리」 6
횔덜린(F. Hölderlin) 49
후상(後像, postfiguration) 172, 394
「후조(候鳥)」 131
「흥부전」 183
『흥부전』 170
「희극적 인물에 있어서의 유쾌함의 근거에 관하여」 462
희망(Hoffnung) 452
「흰 고무신」 119
히라누마 도쥬우(平沼東柱) 332

A

A Dictionary of Symbols 102
Alan Dundes 73

C

Chinese Fairy Tales and Fork Tales 73
Cinderella: A Casebook 73

D

Dean A. Miller 414
Death Penalty Moratorium in South Korea 552
Der Ursprung des Kunstwerks 4

E

Elisabeth Frenzel 72
Elisabeth Ströker 542
Epische Kurzformen 74
Erinnerrung und Identität 127

I

Imagining the Penitentiary 495
Incontinence 211
Incontinentia 211

J

Jean Chevalier · Alan Gheerbrant 102
John Bender 495
John Gregory Bourke 171
John J. White 394

L
Laura Otis, Membranes 191
la Vérite en Peinture 6

M
Maria Kublitz−Kramer 148
Maria Tater ed 73, 74
Membranes : Metaphor of Invasion in Nineteenth Century Literature, Science and Poetics 191
Minos and the Moderns 391
Monika Schrader 74

N
Nicht Sein 352
non−être 352

O
Oxymoron 154

P
Penitenteiary Panopticon 498
Philosophisahe Untersuchungen Zum Raum 542

R
Raumentfernung 20
raumverlorenheit 20
Robin Lenman 435
Ruth Ahnert 495

S
Sangmin Bae 552
Scatologic Rites of All Nations 171
Self−Identity 550

T
The Cambridge Companion Fairy Tales 74
The Classic Fairy Tales 73
The Epic Hero 414
Theodore Ziolkowski 391, 394
The Oxford Companion to the Photograph 435
The Quest Hero 411
The Rise of Prison Literature in the Sixteenth Century 495
The Still Life as a Personal Object 5
The Wedding Shoes 103

U
Unsinnspoesie 348

W
Weltinnenraum: Die Dichtung Rainer Maria Rilkes 349
Werner Günther 347
W. H. Auden 411
Wolfgang Düsing 127
Wolfram Eberhard 73